CONTENTS

항목별 주요개념 및 소득계산

법인세 과세표준 세액계산

1 법인세 총론

Ⅰ. 법인세의 신고 · 납부

1. 법인세 납세의무

내국법인과 국내원천소득이 있는 외국법인은 법인세를 신고 · 납부할 의무가 있다.

여기서 '내국법인'이란 국내에 본점이나 주사무소 또는 사업의 실질적 관리장소가 있는 법인을 말하며, '외국법인'이란 외국에 본점 또는 주사무소가 있는 단체(국내에 사업의 실질적 관리장소가 있지 아니하는 경우만 해당함)로서 다음의 어느 하나에 해당하는 단체를 말한다.

① 설립된 국가의 법에 따라 법인격이 부여된 단체
② 구성원이 유한책임사원으로만 구성된 단체
③ 그 밖에 해당 외국단체와 동종 또는 유사한 국내의 단체가 상법 등 국내의 법률에 따른 법인인 경우의 그 외국단체

법인의 종류별 납세의무의 범위를 요약하면 다음과 같다.

〈법인 구분별 납세의무의 범위〉

법인의 종류		각 사업연도 소득	토지 등 양도소득	청산 소득	미환류 소득
내국 법인	영 리 법 인	국내외 원천의 모든 소득	○	○	○
	비영리법인	국내외 원천소득 중 열거된 수익사업에서 발생하는 소득	○	×	×
외국 법인	영 리 법 인	국내원천소득(법법 제93조)	○	×	×
	비영리법인	국내원천소득 중 열거된 수익사업에서 발생한 소득	○	×	×
국가 · 지방자치단체		비 과 세			

※ 국세기본법 제13조 제4항에 따른 "법인으로 보는 단체"의 납세의무는 비영리내국법인의 납세의무와 같음.

2. 신고납세제도

(1) 신고납세제도의 의의

법인세 과세제도는 신고납세제도이다. "신고납세제도"란 납부하여야 할 세액을 납세자의 신고에 의하여 확정하고, 신고가 없거나 사실과 다르게 신고한 경우에 한하여 정부가 결정 또는 경정에 의하여 세액을 확정하는 제도를 말한다.

법인세법은 신고납세제도의 원활한 운용을 기하기 위하여, 일정한 제도를 운용하고 있는바, 간략히 살펴보면 다음과 같다.

① 외부세무조정 계산서의 첨부 (법법 제60조 제9항)	기업회계와 세무회계의 정확한 조정 또는 성실한 납세를 위하여 필요하다고 인정되는 특정법인의 경우 세무사 등으로서 조정반에 소속된 자가 작성한 외부 세무조정계산서를 첨부하도록 함.
② 성실신고확인서 제출 (법법 제60조의 2)	성실신고확인대상법인의 경우 법인세 과세표준·세액 신고시 세무사 등이 과세표준금액의 적정성 여부를 확인하고 작성한 성실신고확인서를 제출하도록 함.
③ 수정신고 (국기법 제45조)	과세표준신고서를 법정신고기한까지 제출한 자 및 기한후과세표준신고서를 제출한 자는 과세표준과 세액을 증가시키는 사유 등이 발생한 경우에는 관할 세무서장이 이를 결정 또는 경정하여 통지하기 전으로서 국세부과제척기간이 끝나기 전까지 수정신고를 할 수 있음.
④ 경정청구 (국기법 제45조의 2)	• 일반적인 경정 등의 청구: 과세표준신고서를 법정신고기한까지 제출한 자 및 기한후과세표준신고서를 제출한 자는 과세표준신고서에 기재된 과세표준 및 세액을 감소시키는 사유 등이 발생한 경우에는 최초신고 및 수정신고한 과세표준 및 세액의 결정 또는 경정을 법정신고기한이 지난 후 5년 이내에 관할 세무서장에게 청구할 수 있음. 다만, 결정 또는 경정으로 인하여 증가된 과세표준 및 세액에 대하여는 해당 처분이 있음을 안 날(처분의 통지를 받은 때에는 그 받은 날)부터 3개월 이내(법정신고기한이 지난 후 5년 이내로 한정)에 경정을 청구할 수 있음. • 후발적 사유로 인한 경정 등의 청구: 과세표준신고서를 법정신고기한까지 제출한 자 또는 과세표준 및 세액의 결정을 받은 자는 일정한 후발적 사유가 발생하였을 때에는 상기 일반적인 경정 등의 청구기간이 도과하였더라도 그 사유가 발생한 것을 안 날부터 3개월 이내에 결정 또는 경정을 청구할 수 있음.
⑤ 세무조정계산서의 법정서식화 (법령 제97조 제2항·제4항·제5항)	자동검증 기능을 갖춘 세무조정계산서를 법정서식화하고 서식 이면에 구체적인 작성요령을 수록함으로써 신고의 착오 및 오류를 최대한으로 방지하고 정확한 세무조정이 가능하도록 함.

(2) 신고납세제도와 부과과세제도의 비교

신고납세제도의 대응개념인 부과과세제도는 납세의무의 확정 권한을 과세권자에게만 부여하는 제도로서, 납세의무자인 법인이 스스로 신고·납부를 이행하였다 하더라도 이는 예비적 절차에 불과하고 그 후 반드시 정부의 결정을 거쳐야 한다. 따라서, 부과과세제도 하에서는 법인의 과세표준 및 세액의 신고가 납세의무를 확정시키는 효력을 갖지 못한다.

양 제도의 차이점을 간략히 요약하면 다음과 같다.

구 분		신고납세제도	부과과세제도
의 의		납부할 세액을 납세의무자의 신고에 의하여 확정하는 제도	납부할 세액을 행정관청의 처분에 의하여 확정하는 제도
납세의무 확정	주 관	납세의무자	정부(세무서장)
	시 기	납세의무자의 신고시(단, 무신고·부실신고한 경우 정부의 결정·경정시)	정부의 결정시
	절 차	신고서의 제출	조사, 결정, 납세고지
조사권의 성질		정부의 권한, 납세의무자도 청구 가능	정부의 권한인 동시에 의무
범칙행위의 기수시기 (조처법 제3조 제5항)		신고·납부기한이 경과한 때	결정 후 납부기한이 경과한 때(단, 조세포탈 목적의 무신고로 결정·조사결정할 수 없는 경우 그 신고기한이 지난 때)

3. 법인세 과세표준 및 세액의 신고 · 납부

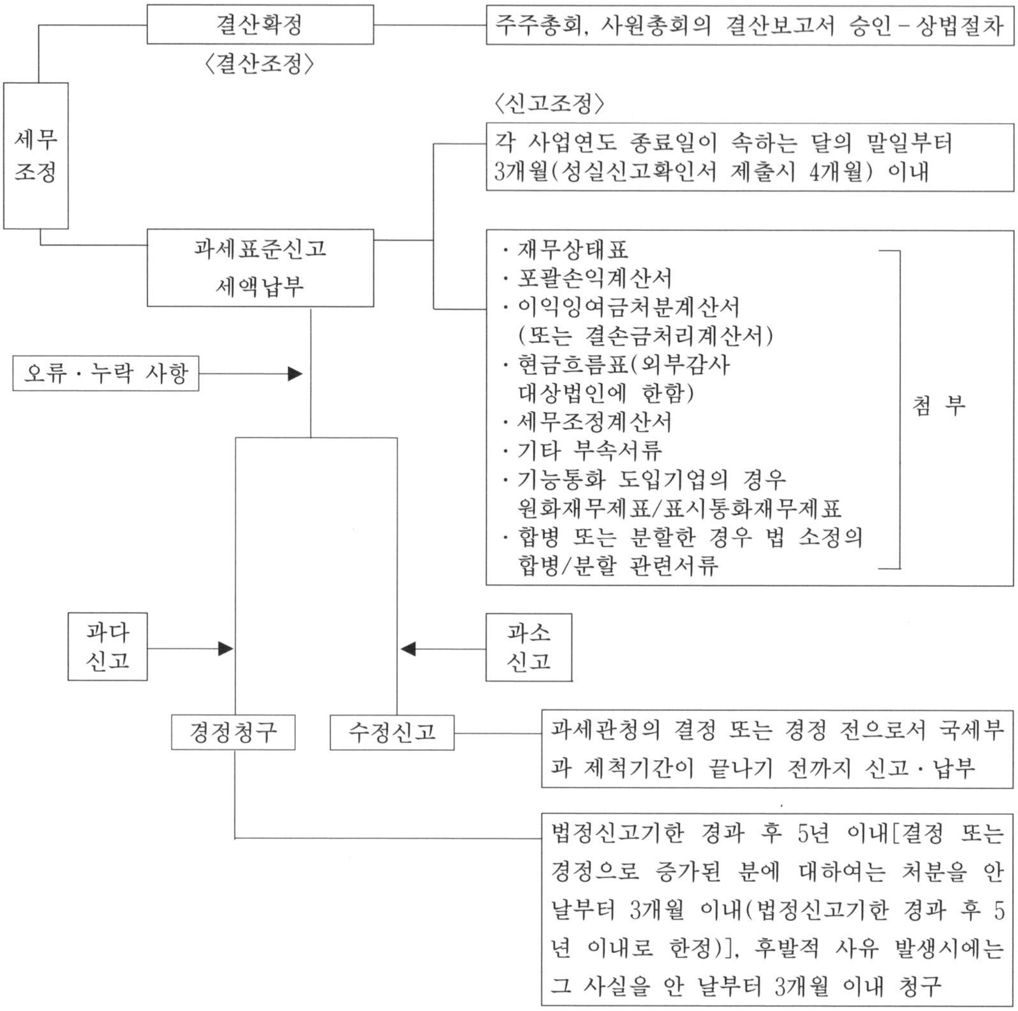

(1) 법인세의 신고기한

납세의무가 있는 내국법인은 각 사업연도의 종료일이 속하는 달의 말일부터 3개월(성실신고확인서 제출시 4개월) 이내에 법인세의 과세표준과 세액을 납세지 관할 세무서장에게 신고하고 납부하여야 한다(법법 제60조 제1항).

다만, 주식회사 등의 외부감사에 관한 법률에 따라 감사인에 의한 감사를 받아야 하는 내국법인이 해당 사업연도의 감사가 종결되지 아니하여 결산이 확정되지 아니하였다는 사유로 신고기한의 종료일 3일 전까지 신고기한의 연장을 신청한 경우에는 그 신고기한을 1개월의 범위에서 연장할 수 있다. 이와 같이, 신고기한이 연장된 내국법인이 세액을 납부할 때에는 기한 연장일수[당초 신고기한의 다음 날부터 신고 및 납부가 이루어진 날(연장기한까지 신고납부가 이루어진 경우에만 해당함) 또는 연장된 날까지의 일수]에 연 3.1%의 이자율을 적용하여 계산한 금액을 가산하여 납부하여야 한다(법법 제60조 제7항, 제8항 및 법령 제97조 제12항, 제13항).

한편, 비영리내국법인의 경우에는 이자소득(소득세법 제16조 제1항 제11호의 비영업대금의 이익을 제외하고, 투자신탁의 이익을 포함)으로서 원천징수된 이자소득에 대하여는 과세표준 신고를 하지 아니할 수 있다(법법 제62조 제1항). 또한 수익사업(사업소득)을 영위하지 않는 비영리내국법인이 양도소득세 과세대상 주식 등, 토지, 건물(건물에 부속된 시설물과 구축물 포함), 부동산에 관한 권리 또는 기타자산의 양도소득이 있을 때 소득세법상 양도소득세에 관한 규정을 준용하여 계산한 과세표준에 양도소득세율을 적용하여 계산한 금액을 법인세로 납부한 경우에는 법인세 과세표준 신고를 하지 아니할 수 있다(법법 제62조의 2 제1항, 제2항).

(2) 법인세 과세표준의 신고서류

법인세 과세표준 등의 신고에 있어서는 법인세 과세표준 및 세액신고서에 다음의 서류를 첨부하여야 하며, 수익사업(법법 제4조 제3항 제1호 및 제7호)을 영위하지 않는 비영리법인을 제외한 모든 법인은 ①과 ②의 서류를 첨부하지 아니한 경우 무신고로 간주된다(법법 제60조 제2항, 제5항 및 법령 제97조 제2항, 제3항, 제4항, 제5항).

① 기업회계기준을 준용하여 작성한 개별 내국법인의 재무상태표 · 포괄손익계산서 및 이익잉여금처분계산서(또는 결손금처리계산서)(*)

② 세무조정계산서

③ 세무조정계산서 부속서류 및 기업회계기준에 따라 작성한 현금흐름표(외부감사 대상법인에 한함)(*)

④ 기능통화 도입기업의 경우 표시통화재무제표

⑤ 기능통화 도입기업의 경우 원화재무제표(원화 기준 과세표준 계산방법을 선택한 기업에 한함)

⑥ 합병 또는 분할한 경우(합병법인등만 해당)

  ㉠ 합병 · 분할등기일 현재의 피합병법인등의 재무상태표와 합병법인등이 그 합병 또는 분할로 승계한 자산 및 부채의 명세서

  ㉡ 합병법인등의 본점 등의 소재지, 대표자의 성명, 피합병법인등의 명칭, 합병등기일 또는 분할등기일, 그 밖에 필요한 사항이 기재된 서류

(*) 기능통화 도입기업의 경우 기능통화재무제표를 말함.

한편, 내국법인이 합병 또는 분할로 해산하는 경우에 과세표준 등의 신고를 할 때에는

그 신고서에 다음의 서류를 첨부하여야 한다(법법 제60조 제4항 및 법령 제97조 제7항).

① 합병등기일 또는 분할등기일 현재의 피합병법인 · 분할법인 또는 소멸한 분할합병의 상대방 법인의 재무상태표와 합병법인등이 그 합병 또는 분할에 의하여 승계한 자산 및 부채의 명세서

② 합병법인등의 본점 등의 소재지, 대표자의 성명, 피합병법인등의 명칭, 합병등기일 또는 분할등기일, 그 밖에 필요한 사항이 기재된 서류

국세기본법 제2조 제19호에 따른 전자신고로 해당 사업연도의 소득에 대한 과세표준과 세액을 신고한 법인의 경우에는 아래 표의 서류를 제출하지 아니할 수 있다. 다만, 이들 법인 중에서도 다음 ①~③에 해당하는 법인의 경우에는 다음의 서류(법인세 전자신고시 제출 제외 서류) 중 기업회계기준을 준용하여 작성한 재무제표의 부속서류(연번 21)는 제출하여야 한다(법령 제97조 제5항 단서 및 법칙 제82조 제3항).

① 주식회사 등의 외부감사에 관한 법률 제2조 제7호에 따라 외부감사인에 의한 회계감사를 받아야 하는 법인(이하 "외부감사 대상 법인"이라 함)

※ 외부감사 대상 법인이 전자신고를 통하여 법인세 과세표준과 세액을 신고하는 때에는 그 신고서에 대표자가 서명날인하여 서면으로 납세지 관할 세무서장에게 제출하여야 함(법령 제97조 제1항).

② 주식회사가 아닌 법인 중 직전 사업연도의 자산총액이 100억 원 이상인 법인(비영리법인은 수익사업부문에 한정하여 판정함)

③ 해당 사업연도의 수입금액이 30억 원 이상인 법인

〈법인세 전자신고시 제출 제외 서류〉

연번	서 식 명	근거규정
1	비과세소득명세서	법인세법 시행규칙 별지 제6호
2	익금불산입조정명세서	법인세법 시행규칙 별지 제6호의 2
3	공제감면세액계산서(2)	법인세법 시행규칙 별지 제8호 부표 2
4	외국 Hybrid 사업체를 통한 국외투자 관련 외국납부세액공제 명세서	법인세법 시행규칙 별지 제8호 부표 5의 5
5	임대보증금 등의 간주익금조정명세서	법인세법 시행규칙 별지 제18호
6	가지급금 등의 인정이자 조정명세서(을)	법인세법 시행규칙 별지 제19호(을)
7	유형자산감가상각비 조정명세서(정률법)	법인세법 시행규칙 별지 제20호(1)
8	유형 · 무형자산감가상각비 조정명세서(정액법)	법인세법 시행규칙 별지 제20호(2)
9	감가상각비신고조정명세서	법인세법 시행규칙 별지 제20호(3)
10	기업업무추진비조정명세서(갑)(을)	법인세법 시행규칙 별지 제23호(갑)(을)
11	건설자금이자조정명세서	법인세법 시행규칙 별지 제25호
12	업무무관부동산등에 관련한 차입금이자조정명세서(을)	법인세법 시행규칙 별지 제26호(을)

연번	서 식 명	근거규정
13	책임준비금/비상위험준비금/해약환급금준비금 명세서	법인세법 시행규칙 별지 제28호
14	퇴직급여충당금 조정명세서	법인세법 시행규칙 별지 제32호
15	퇴직연금부담금 조정명세서	법인세법 시행규칙 별지 제33호
16	(국고보조금등/공사부담금)사용계획서	법인세법 시행규칙 별지 제36호
17	보험차익 사용계획서	법인세법 시행규칙 별지 제37호
18	(재고자산/유가증권)평가조정명세서	법인세법 시행규칙 별지 제39호
19	외화자산 등 평가차손익조정명세서(갑)(을)	법인세법 시행규칙 별지 제40호(갑), (을)
20	국제선박양도차익의 손금산입조정명세서	법인세법 시행규칙 별지 제45호
21	재무상태표 · 포괄손익계산서 및 이익잉여금처분계산서(또는 결손금처리계산서)의 부속서류	법인세법 시행규칙 제82조 제1항 제56호

재무제표, 기능통화재무제표, 원화재무제표 및 표시통화재무제표의 제출은 국세정보통신망을 이용한 표준재무상태표 · 표준손익계산서 및 표준손익계산서 부속명세서(이하 "표준재무제표"라 함)의 제출로 갈음할 수 있다. 다만, 한국채택국제회계기준을 적용하는 법인은 표준재무제표를 제출해야 한다(법령 제97조 제11항).

(3) 외부세무조정 대상법인

다음의 법인들은 세무조정계산서를 2명 이상의 세무사 등으로 구성된 조정반에 소속된 자가 작성하여야 하는데, 이를 외부세무조정 대상법인이라 한다. 다만, 조세특례제한법 제72조에 따른 당기순이익과세를 적용받는 법인은 제외하며, 아래 ①부터 ③까지를 적용할 때 해당 사업연도에 설립된 법인인 경우에는 해당 사업연도의 수입금액을 1년으로 환산한 금액을 직전 사업연도의 수입금액으로 본다(법법 제60조 제9항, 법령 제97조의 2 제1항, 제3항 및 제97조의 3).

① 직전 사업연도의 수입금액이 70억 원 이상인 법인 및 주식회사 등의 외부감사에 관한 법률 제4조에 따라 외부의 감사인에 의한 회계감사를 받아야 하는 법인

② 직전 사업연도의 수입금액이 3억 원 이상인 법인으로서 법인세법 제29조부터 제31조까지, 제45조 또는 조세특례제한법에 따른 조세특례(같은 법 제104조의 8에 따른 조세특례는 제외함)를 적용받는 법인

③ 직전 사업연도의 수입금액이 3억 원 이상인 법인으로서 해당 사업연도 종료일 현재 법인세법 및 조세특례제한법에 따른 준비금 잔액이 3억 원 이상인 법인

④ 해당 사업연도 종료일부터 2년 이내에 설립된 법인으로서 해당 사업연도 수입금액이 3억 원 이상인 법인

⑤ 직전 사업연도의 법인세 과세표준과 세액에 대하여 법인세법 제66조 제3항 단서에 따라 추계결정 또는 추계경정 받은 법인

⑥ 해당 사업연도 종료일부터 소급하여 3년 이내에 합병 또는 분할한 합병법인, 분할법인, 분할신설법인 및 분할합병의 상대방 법인

⑦ 국외에 사업장을 가지고 있거나 법인세법 제57조 제5항에 따른 외국자회사를 가지고 있는 법인

한편, 상기 외부세무조정 대상법인 외의 법인의 경우에도 과세표준 등을 신고할 때 세무사 등이 정확한 세무조정을 위하여 작성한 세무조정계산서를 첨부할 수 있다(법령 제97조의 2 제2항).

(4) 성실신고확인대상법인

다음 중 어느 하나에 해당하는 내국법인(단, 주식회사 등의 외부감사에 관한 법률 제4조에 따라 감사인에 의한 감사를 받은 내국법인은 제외함)은 성실한 납세를 위하여 법인세의 과세표준과 세액을 신고할 때, 상기 '(2) 법인세 과세표준의 신고서류'에서 열거한 제출서류에 더하여 법인세법 제112조 및 제116조에 따라 비치 · 기록된 장부와 증명서류에 의하여 계산한 과세표준금액의 적정성을 세무사 등(법령 제97조의 4 제1항)이 확인하고 작성한 성실신고확인서[별지 제63호의 16 서식]를 납세지 관할 세무서장에게 제출하여야 한다(법법 제60조의 2 제1항 및 법령 제97조의 4 제1항, 제2항, 제3항, 제4항).

① 부동산임대업을 주업으로 하는 등 법인세법 시행령 제42조 제2항 각 호의 요건을 모두 갖춘 내국법인(법인세법 제51조의 2 제1항 각 호의 어느 하나에 해당하는 유동화전문회사 등과 조세특례제한법 제104조의 31 제1항에 따른 프로젝트금융투자회사는 제외함)

② 법인의 설립일이 속하는 연도 또는 직전 연도에 소득세법 제70조의 2에 따른 성실신고확인대상사업자가 사업용 유형자산 · 무형자산의 현물출자 및 사업의 양도 · 양수 등에 따라 내국법인으로 전환한 경우 그 내국법인(사업연도 종료일 현재 법인으로 전환한 후 3년 이내의 내국법인으로 한정함)

③ 상기 ②에 따라 전환한 내국법인이 그 전환에 따라 경영하던 사업을 ②에서 정하는 방법으로 인수한 다른 내국법인(②에 따른 전환일부터 3년 이내인 경우로서 그 다른 내국법인의 사업연도 종료일 현재 인수한 사업을 계속 경영하고 있는 경우로 한정함)

한편, 성실신고확인대상법인이 성실신고확인서를 제출하는 경우에는 법인세의 과세표준과 세액의 신고를 각 사업연도의 종료일이 속하는 달의 말일부터 4개월 이내에 납세지 관할 세무서장에게 할 수 있으며, 성실신고확인에 직접 사용한 비용의 60%에 해당하는 금액(단, 150만 원을 한도로 함)을 해당 사업연도의 법인세에서 공제할 수 있다(법법 제60조 제1항 및 조특법 제126조의 6 제1항 및 조특령 제121조의 6 제1항).

다만, 성실신고확인대상법인이 각 사업연도의 종료일이 속하는 달의 말일부터 4개월 이내에 성실신고확인서를 납세지 관할 세무서장에게 제출하지 아니한 경우에는 다음 중 큰 금액을 가산세로 납부하여야 한다(법법 제75조 제1항).

① 법인세 산출세액(법인세법 제55조의 2에 따른 토지등 양도소득에 대한 법인세액 및 조세특례제한법 제100조의 32에 따른 투자·상생협력 촉진을 위한 과세특례를 적용하여 계산한 법인세액은 제외함)의 5%

② 수입금액의 0.02%

Ⅱ. 세무조정

1. 세무조정의 의의

기업회계는 일반적으로 공정·타당하다고 인정되는 기업회계기준에 의하여 기업의 경영성과를 정확히 계산하는 것을 목적으로 하는 반면, 세무회계는 세법의 규정에 의하여 정확한 과세소득을 계산하는 데 그 목적이 있다. 따라서 세법에 의한 정확한 과세소득의 계산을 위하여 기업이 작성한 재무제표상의 당기순손익을 기초로 하여 세법의 규정에 따라 손금과 익금을 조정하여야 한다.

즉, 세법의 규정에 의한 익금산입, 손금불산입, 손금산입, 익금불산입 사항을 가감계산하는 절차를 협의의 세무조정이라 하고, 과세소득과 과세표준의 산정은 물론 납부할 세액의 계산까지를 포함하는 일련의 절차를 광의의 세무조정이라 하는 바, 일반적으로 세법상 세무조정이라 함은 후자의 경우를 말한다.

이러한 세무조정은 그 절차상의 특색을 기준으로 크게 두 가지로 분류할 수 있다. 즉, 세무조정에는 기업이 스스로 기말의 결산정리를 통하여 장부에 반영하여야 하는 사항(이하 "결산조정"이라 함)과 장부에 계상함이 없이 결산서상의 당기순이익을 기초로 과세표준신고서에만 계상해도 되는 사항(이하 "신고조정"이라 함)이 있다.

(1) 결산조정

세법에서는 특정한 손비에 대하여는 법인의 내부적 의사결정, 즉 결산확정에 의하여 손금으로 계상하여야만 손금으로 인정하는 항목이 있는데 이에 해당하는 것을 예시하면 다음과 같다.

◈ 결산조정항목

① 감가상각비(즉시상각액 포함)(법법 제23조)

※ 단, 감가상각의제액 및 K-IFRS 적용 기업이 보유한 유형자산과 내용연수가 비한정인 일정 무형자산의 감가상각비 등은 신고조정 가능

② 퇴직급여충당금(법법 제33조)

③ 구상채권상각충당금(법법 제35조)

④ 대손충당금(법법 제34조)

⑤ 보험사업을 하는 내국법인(보험업법에 따른 보험회사는 제외)의 책임준비금(법법 제30조)

⑥ 보험사업을 하는 내국법인의 비상위험준비금(법법 제31조)

※ K-IFRS를 적용하는 기업은 잉여금처분에 의한 신고조정으로 비상위험준비금을 손금산입 가능(법법 제31조 제2항)

⑦ 비영리내국법인의 고유목적사업준비금(법법 제29조)

※ 단, 외부감사를 받는 비영리내국법인은 잉여금처분에 의한 신고조정으로 고유목적사업준비금을 손금산입 가능(법법 제29조 제2항)

⑧ 법인세법 시행령 제19조의 2 제1항 제7호부터 제13호까지의 대손금(법령 제19조의 2 제3항 제2호)

⑨ 천재지변・화재 등에 의한 유형자산평가손(법법 제42조 제3항 제2호)

⑩ 다음 주식으로서 그 발행법인이 부도가 발생한 경우 또는 채무자 회생 및 파산에 관한 법률에 의한 회생계획인가의 결정을 받았거나 기업구조조정 촉진법에 의한 부실징후기업이 된 경우의 해당 주식 등의 평가손(법법 제42조 제3항 제3호 가목 내지 다목 및 법령 제78조 제2항 제1호)

- 주권상장법인이 발행한 주식 등
- 벤처투자 촉진에 관한 법률에 따른 벤처투자회사 또는 여신전문금융업법에 따른 신기술사업금융업자가 보유하는 주식 등 중 각각 창업자 또는 신기술사업자가 발행한 주식 등
- 주권상장법인 외의 법인 중 특수관계에 있지 아니한 법인이 발행한 주식 등

⑪ 주식 등의 발행법인이 파산한 경우 해당 주식 등의 평가손(법법 제42조 제3항 제3호 라목 및 법령 제78조 제2항 제2호)

(2) 신고조정

신고조정은 결산조정과는 달리 결산확정에 의한 손금산입・익금산입을 강요하지 않고, 법인세 과세표준및세액조정계산서에서 재무제표상의 당기순손익에 익금과 손금을 가감조정하여 과세표준을 계산할 수 있는 항목으로서, 이에 해당하는 것을 예시하면 다음과 같다.

◈ 신고조정항목

① 무상으로 받은 자산의 가액과 채무의 면제 또는 소멸로 인한 부채의 감소액 중 이월결손금의 보전에 충당한 금액(법법 제18조 제6호)

② 퇴직보험료 등의 손금산입 및 손금불산입(법령 제44조의 2)

③ 자산계상기부금의 손금산입(법법 제24조 및 법령 제36조 제2항)

④ 부당행위계산 부인에 관계되는 익금산입 또는 손금불산입(법법 제52조)

⑤ 손익귀속 사업연도의 차이로 인한 익금산입과 손금산입(법법 제40조)

⑥ 보험차익으로 취득한 유형자산가액의 손금산입(법법 제38조)

2. 세무조정계산서의 작성절차 및 흐름도

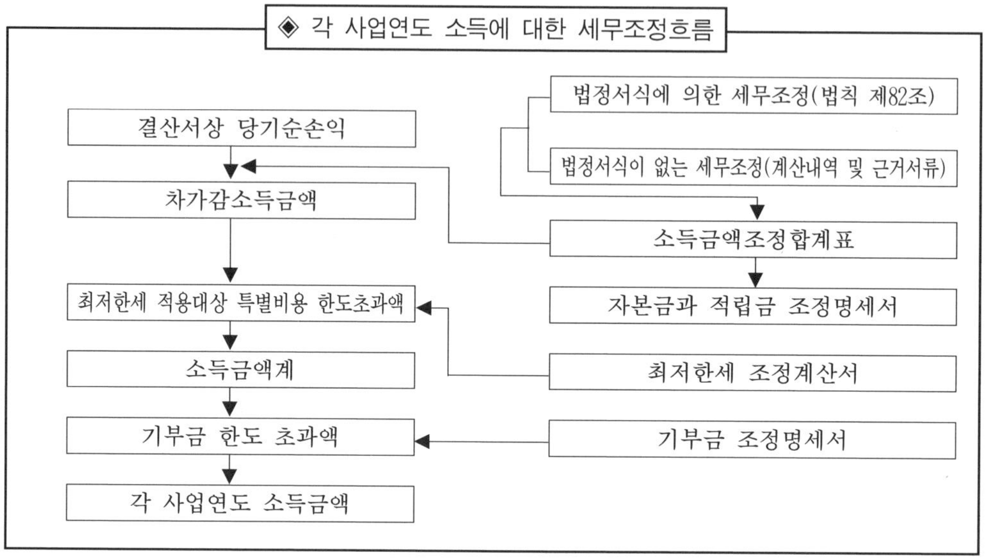

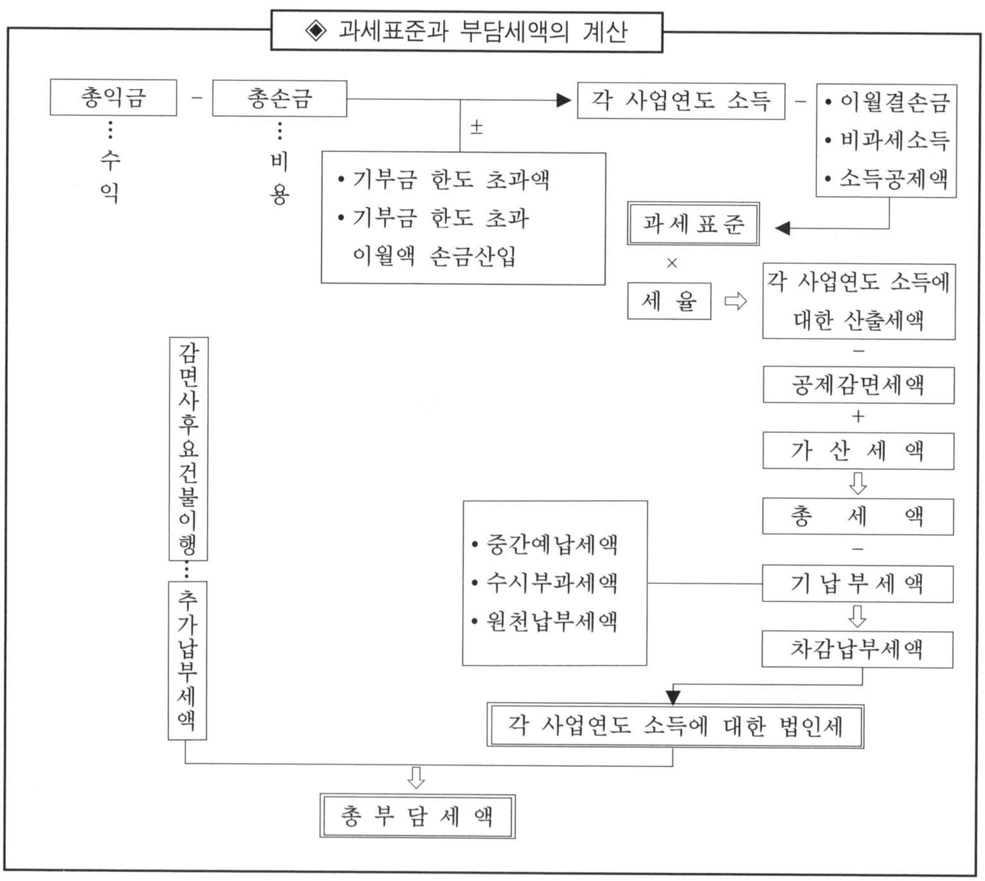

3. 소득의 처분

법인세법상 각 사업연도 소득금액은 결산서상 당기순이익을 기초로 하여 익금산입 및 손금불산입 항목을 가산하고 손금산입 및 익금불산입 항목을 차감하는 세무조정을 통하여 계산되는데, 결산서상 당기순이익은 상법상 이익처분에 의하여 그 귀속이 결정되므로 세무조정사항에 대해서만 추가적으로 귀속을 결정하면 각 사업연도 소득 전체에 대한 귀속이 결정된다. 이와 같이 기업회계상 당기순이익과 세무회계상 과세소득과의 차이를 세무조정하면서 발생한 각 세무조정사항 금액에 대하여 그 귀속자와 소득의 종류 등을 확정하는 세법상의 절차를 소득처분[주)]이라고 한다(법법 제67조).

소득처분은 크게 사내유보와 사외유출로 나누어진다. 사내유보 처분된 금액은 다음 사업연도 이후의 소득금액계산에 영향을 미치며, 사외유출된 금액은 해당 귀속자의 과세소득을 구성하여 납세의무를 지우게 된다.

주) 이러한 소득처분은 비영리법인에도 적용됨.

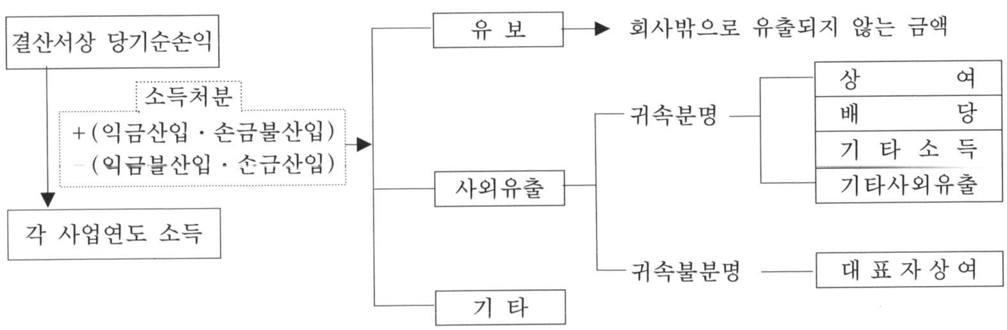

(1) 익금산입 또는 손금불산입액의 소득처분

익금산입 또는 손금불산입액의 소득처분 유형에는 "유보", "상여", "배당", "기타소득", "기타사외유출" 및 아래 (3)에서 후술하는 "기타(잉여금)"이 있다.

1) 유 보

각 사업연도 소득금액 계산상 세무조정사항이 사외에 유출되지 아니한 것으로 간주되는 것으로, 일반적으로 회계와 세무상 손익귀속시기의 차이, 자산·부채 평가방법의 차이로 발생된다(예: 감가상각 한도 초과, 유가증권 평가손실 등). 이러한 유보는 자산(또는 부채)의 회계상 장부가액과 세무상 장부가액을 상이하게 만들게 되며, 결과적으로는 회계상 잉여금과 세무상 잉여금 간에 차이를 발생시키게 된다.
유보는 반드시 반대의 유보로 반전되어 소멸되는 과정을 거치게 되기 때문에, 차후 연도 이후의 각 사업연도 소득금액에 영향을 미치게 되며, 청산소득 및 자산가치평가 등에도 영향을 주

> 게 되므로, 자본금과 적립금 조정명세서(을)[별지 제50호 서식(을)]에 그 내용을 명확히 기재하여 관리하도록 하고 있다.

* 세무조정을 하는 경우에는 전기이월유보금[전기 자본금과 적립금 조정명세서(을)]을 고려하여야 한다.

[예 시]

제품평가감 익금산입액, 퇴직급여충당금 한도 초과액, 대손충당금 한도 초과액, 건설자금이자 과소계상액, 각종 준비금 한도 초과액, 감가상각비 한도 초과액, 미지급기부금 등

2) 상 여

> 각 사업연도 소득금액 계산상의 익금산입 또는 손금불산입으로 생긴 세무조정소득이 사외에 유출되어 직원 또는 임원에 귀속되었음이 분명한 경우에 행하는 소득처분을 말한다.
> 또한 소득이 사외로 유출되었으나 그 귀속이 불분명한 경우(기타사외유출로 처분하는 경우 제외)에는 대표자에게 귀속된 것으로 보아 상여(인정상여)로 처분한다.
> - 소액주주 등이 아닌 주주 등인 임원 및 그와 특수관계에 있는 자(법령 제43조 제8항)가 소유하는 주식 등을 합하여 해당 법인의 발행주식총수 또는 출자총액의 30% 이상을 소유하고 있는 경우의 그 임원이 법인의 경영을 사실상 지배하고 있는 경우에는 그 자를 대표자로 하고, 대표자가 2명 이상인 경우에는 사실상의 대표자로 한다(법령 제106조 제1항 제1호).

* 상여로 처분된 금액은 귀속자의 근로제공 연도의 근로소득에 포함되며, 해당 법인에게는 근로소득세 원천징수의무가 발생한다.
* 인정상여의 지급시기
  - 신고조정시에 처분된 상여: 법인세 과세표준 신고일 또는 수정신고일(소법 제135조 제4항)
  - 결정 또는 경정시에 처분된 상여: 소득금액변동통지서를 받은 날(소법 제135조 제4항)
* 인정상여의 수입시기
  - 해당 법인의 결산사업연도 중 근로를 제공한 날. 이 경우 월평균금액을 계산한 것이 2년도에 걸친 때에는 각각 해당 사업연도 중 근로를 제공한 날(소령 제49조 제1항 제3호)

[예 시]

- 귀속이 불분명한 매출누락액 및 가공경비의 유출액
- 채권자 불분명 사채이자(원천징수세액 상당액은 기타사외유출로 처분)

3) 배 당

> 각 사업연도 소득금액 계산상의 익금산입 또는 손금불산입으로 생긴 세무조정소득이 사외에 유출되어 출자자(직원과 임원 제외)에 귀속되었음이 분명한 경우(기타사외유출로 처분하는 경우 제외)에는 그 출자자에 대한 배당으로 처분한다.

* 배당으로 처분된 금액은 출자자의 배당소득에 포함되어 종합소득세가 과세되게 되며(소법 제17

조 제1항 제4호), 해당 법인에게는 배당소득세 원천징수의무가 발생한다.

* 배당소득의 지급시기
  - 신고조정시에 처분된 배당: 법인세 과세표준 신고일 또는 수정신고일(소법 제131조 제2항)
  - 결정 또는 경정시에 처분된 배당: 소득금액변동통지서를 받은 날(소법 제131조 제2항)
* 배당소득의 수입시기
  - 법인세법에 의하여 처분된 배당소득에 있어서는 해당 법인의 해당 사업연도 결산확정일(소령 제46조 제6호)

[예 시]

- 출자자가 부담할 출연금을 법인이 부담한 경우
- 출자자에 대한 가지급금 인정이자

4) 기타소득

각 사업연도 소득금액 계산상의 익금산입 또는 손금불산입으로 생긴 세무조정소득이 사외에 유출되어 출자자 · 직원 · 임원 이외의 자에게 귀속되었음이 분명한 경우(기타사외유출로 처분하는 경우 제외)에는 그 귀속자에 대한 기타소득으로 처분한다.

* 기타소득으로 처분된 금액은 그 귀속자의 기타소득금액(필요경비 공제액 없음)이 되며, 해당 법인에게는 기타소득세 원천징수의무가 발생한다.
* 기타소득의 지급시기
  - 신고조정시에 처분된 기타소득: 법인세 과세표준 신고일 또는 수정신고일(소법 제145조의 2)
  - 결정 · 경정시에 처분된 기타소득: 소득금액변동통지서를 받은 날(소법 제145조의 2)
* 기타소득의 수입시기
  - 법인세법에 의하여 처분된 기타소득에 있어서는 해당 사업연도 결산확정일(소령 제50조 제1항 제2호)

5) 기타사외유출

각 사업연도 소득금액 계산상의 익금산입 또는 손금불산입으로 생긴 세무조정소득이 사외에 유출되어 법인이나 사업을 영위하는 개인에게 귀속된 것이 분명한 경우로서 그 소득이 내국법인 또는 외국법인의 국내사업장의 각 사업연도 소득이나 거주자 또는 비거주자의 국내사업장의 사업소득을 구성하는 금액과 법인세법 시행령 제106조 제1항 제3호 각 목의 익금산입금액은 기타사외유출로 처분한다.

[예 시]

- 법인세 비용 등의 손금불산입액
- 기부금, 기업업무추진비 등의 한도 초과액
- 업무무관 부동산 등에 대한 지급이자 손금불산입액 등

(2) 손금산입 또는 익금불산입액의 소득처분

손금산입 또는 익금불산입액의 소득처분 유형에는 "△유보" 및 아래의 "기타(잉여금)"이 있다. "△유보"는 그 발생시점에 손금산입·익금불산입 효과가 발생하는 유보를 말하며, 그 외 내용 및 영향은 앞에서 설명한 유보와 동일하므로 설명을 생략하기로 한다.

(3) 기타(잉여금)

세무조정사항이 기업회계상 자본과 세무회계상 자본 간에 차이를 발생시키지 아니함에 따라 유보(△유보)에 해당하지 않을 뿐만 아니라 사외유출된 것으로도 볼 수 없는 경우에 한하여 적용하는 소득처분형태를 말한다(예: 자기주식처분이익 등).

2 퇴직급여충당금

1. 퇴직급여제도

사용자는 퇴직하는 근로자에게 근로자퇴직급여 보장법이 정하는 바에 따라 퇴직급여를 지급하여야 하며, 이를 위하여 동법에 의한 퇴직금제도, 확정급여형 퇴직연금제도, 확정기여형 퇴직연금제도 또는 중소기업퇴직연금기금제도 중 하나 이상의 제도를 설정하여야 한다(근로자퇴직급여 보장법 제4조 제1항).

(1) 퇴직금제도

퇴직금제도는 기업의 내부자금 등으로 퇴직금을 지급하는 제도를 말한다. 퇴직금제도는 퇴직금의 지급에 소요되는 재원을 사외에 적립할 것을 강제하지 아니하며, 사용자는 퇴직하는 근로자에게 계속근로기간 1년에 대하여 30일분 이상의 평균임금을 퇴직금으로 지급하여야 한다(근로자퇴직급여 보장법 제8조 제1항).

(2) 퇴직연금제도

퇴직연금제도는 근로자의 퇴직급여 수급권 보호를 위해 사용자가 근로자의 재직기간 중에 일정요건을 갖춘 퇴직연금사업자에게 퇴직연금부담금을 납입하고, 해당 퇴직연금사업자가 퇴직하는 근로자에게 퇴직급여를 일시금 또는 연금의 형태로 지급하는 제도를 말한다. 퇴직연금제도는 사업장별로 노사의 협의에 따라 확정기여형 퇴직연금제도와 확정급여형 퇴직연금제도 중 하나 이상을 선택할 수 있다.

〈확정기여형 퇴직연금과 확정급여형 퇴직연금의 비교〉

구 분	확정기여형(Defined Contribution)	확정급여형(Defined Benefit)
개 념	• 사전에 부담할 기여금을 확정 • 적립금을 근로자가 자기책임으로 운용 • 근로자가 일정한 연령에 달한 때에 그 운용 결과에 기초하여 급여를 지급(연금 55세 이상)	• 사전에 급여의 수준 · 내용을 약정 • 근로자가 일정한 연령에 달한 때에 약정에 따른 급여를 지급(연금 55세 이상)
기여금	확 정	변 동 (운용수익률 · 승급률 등 변경시)
기여금액	연간 임금총액의 1/12 이상	퇴직급여예상액*의 100% 이상 * Max[청산기준 추계액(현행 추계액 기준), 계속기준 추계액(예상근속기간 등을 추정하여 계산)]
급 부	운영실적에 따름	확 정 (계속근로기간 1년에 대하여 30일분의 평균임금 이상)
운용책임	개별 근로자 부담	회사 부담
기업부담	축소 불가	축소 가능(수익률이 높을 경우)
연금수리	불필요	필 요
선호계층	단기근속자 및 젊은층	장기근속자
주요대상	연봉제, 중소기업	대기업, 기존 사외적립기업

(3) 중소기업퇴직연금기금제도

중소기업퇴직연금기금제도는 중소기업(상시 30명 이하의 근로자를 사용하는 사업에 한정함) 근로자의 안정적인 노후생활 보장을 지원하기 위하여 둘 이상의 중소기업 사용자 및 근로자가 납입한 부담금 등으로 공동의 기금을 조성하고, 근로복지공단이 이를 운영하여 근로자에게 급여를 지급하는 제도를 말한다. 동 제도를 설정한 사용자는 매년 1회 이상 정기적으로 가입자의 연간 임금총액의 12분의 1 이상에 해당하는 부담금을 현금으로 가입자의 중소기업퇴직연금기금제도 계정에 납입하여야 한다(근로자퇴직급여 보장법 제2조 제14호, 제23조의 7 제1항).

2. 퇴직급여충당금의 의의

법인은 임원 또는 직원이 퇴직하는 경우 근로기준법 및 근로자퇴직급여 보장법 또는 이에 준하여 법인 내부에서 규정한 퇴직급여지급규정에 따라 퇴직하는 임원 또는 직원에게 퇴직급여를 지급하여야 한다. 이에 따라 기업회계기준에서는 회계연도말 현재 전임직원이 일시에 퇴직할 경우 지급하여야 할 퇴직금에 상당하는 금액 등을 퇴직급여충당부채[주)] 등으로 계상하도록 하고 있으며, 법인세법에서는 법인이 각 사업연도의 결산을 확정할 때 임직원의 퇴직급여에 충당하기 위하여 퇴직급여충당금을 손비로 계상한 경우에는 법 소정의 요건과 일정 금액의 범위에서 그 계상한 퇴직급여충당금을 손금에 산입할 수 있도록 하고 있다(법법 제33조 제1항). 이러한 퇴직급여충당금은 반드시 결산조정에 의하여 손비로 계상하여야 하며, 결산에 반영함이 없이 세무조정계산서에 신고조정으로 손금에 산입할 수 없다(법기통 19-19…42).

주) 기업회계기준에서는 퇴직급여충당부채 등으로 용어가 변경되었으나 법인세법에서는 퇴직급여충당금이라는 기존 용어를 그대로 사용하므로 이하에서는 기업회계기준의 직접서술 외에는 퇴직급여충당금으로 용어를 통일함.

3. 퇴직급여충당금의 설정

(1) 설정대상자

법인세법상 퇴직급여충당금의 설정대상자는 ① 해당 사업연도 종료일 현재 재직하며 ② 퇴직급여의 지급대상이 되는 ③ 임원 또는 직원으로서 ④ 확정기여형 퇴직연금 등이 설정되지 아니한 자를 말한다(법령 제60조 제1항).

1) 퇴직급여의 지급대상

퇴직급여의 지급대상이라 함은, '법인의 퇴직급여지급규정(임원의 경우에는 정관이나 정관에서 위임된 퇴직급여지급규정)상 퇴직급여 지급대상으로 규정된 자'를 말한다. 따라서 법인의 퇴직급여지급규정상 1년 미만 근속자에 대해서도 퇴직급여 지급대상으로 규정하고 있는 경우에는 해당 근속자에 대해서도 법인세법상 퇴직급여충당금을 설정할 수 있다. 다만, 퇴직급여지급규정이 없는 법인 등의 경우에는 근로조건에 대한 최저한의 기준을 제시하고 있는 근로기준법 및 근로자퇴직급여 보장법이 정하는 바에 따라 퇴직급여의 지급대상을 판단하여야 할 것이다.

2) 확정기여형 퇴직연금 등이 설정되지 아니한 자

확정기여형 퇴직연금 등이란 근로자퇴직급여 보장법 제19조에 따른 확정기여형 퇴직연금, 같은 법 제23조의 6에 따른 중소기업퇴직연금기금제도, 같은 법 제24조에 따른 개인형 퇴직연금제도 및 과학기술인공제회법에 따른 퇴직연금 중 확정기여형 퇴직연금에 해당하는 것을 말한다(법령 제44조의 2 제3항). 확정기여형 퇴직연금제도의 경우에는 법인이 납부하여야 할 부담금(기여금)이 사전에 확정되고 그 운용 책임은 근로자에게 있다. 즉, 법인은 해당 부담금(기여금)을 금융기관에 적립할 의무만 있을 뿐, 임직원이 차기 이후에 실제 퇴직시 퇴직급여를 지급할 어떠한 의무도 부담하지 아니한다. 따라서 확정기여형 퇴직연금이 설정된 자의 경우에는 퇴직급여충당금의 설정 대상자가 아닐 뿐만 아니라 퇴직급여충당금 한도계산을 위한 퇴직급여추계액에도 포함하지 아니한다.

(2) 퇴직급여충당금의 손금산입한도액

내국법인이 각 사업연도의 결산을 확정할 때 임직원의 퇴직급여에 충당하기 위하여 퇴직급여충당금을 손비로 계상한 경우에는 다음의 금액 범위 안에서 해당 사업연도의 소득금액계산에 있어서 그 계상한 퇴직급여충당금을 손금에 산입한다(법령 제60조 제1항, 제2항 및 제4항). 다만, 2016년 1월 1일 이후 개시하는 사업연도부터는 퇴직급여충당금 누적액기준의 한도율이 0%이므로 실질적으로 퇴직급여충당금 손금산입 한도액은 0원이 될 것이다.

• 퇴직급여충당금 손금산입한도액 = Min(① 총급여액기준, ② 퇴직급여충당금 누적액기준)
① 퇴직급여충당금 설정대상자에게 해당 사업연도에 지급한 총급여액 × 5%
② (퇴직급여추계액[주1)] × 한도율[주2)] + 퇴직금전환금 기말잔액) − 당기말 세무상 충당금 잔액

주1) 퇴직급여추계액 = Max[① 일시퇴직기준 추계액, ② 보험수리기준 추계액](법령 제44조에 따라 손금에 산입하지 아니하는 금액은 제외)

주2)

2010년도에 개시하는 사업연도	30%
2011년도에 개시하는 사업연도	25%
2012년도에 개시하는 사업연도	20%
2013년도에 개시하는 사업연도	15%
2014년도에 개시하는 사업연도	10%
2015년도에 개시하는 사업연도	5%
2016년도 이후 개시하는 사업연도	0%

한편, 퇴직급여추계액(법령 제44조에 따라 손금에 산입하지 아니하는 금액은 제외)에 한도율을 곱한 금액의 한도 내에서 손금에 산입한 퇴직급여충당금의 누적액에서 퇴직급여충당금을 손금에 산입한 사업연도의 다음 사업연도 중 임원 또는 직원에게 지급한 퇴직금을 뺀 금액이 퇴직급여추계액(법령 제44조에 따라 손금에 산입하지 아니하는 금액은 제외)에 한도율을 곱한 금액을 초과하는 경우 그 초과한 금액은 익금으로 환입하지 아니한다(법령 제60조 제3항).

1) 총급여액

총급여액이라 함은 퇴직급여의 지급대상이 되는 임원 또는 직원(확정기여형 퇴직연금 등이 설정된 자는 제외)에게 해당 사업연도에 지급한 다음의 금액(소득세법 제12조에 따른

비과세소득 및 법인세법 시행령 제43조에 따른 손금불산입 상여금 등은 제외)을 말한다. 따라서 법인세법에 의하여 손금불산입된 인정상여, 퇴직으로 인하여 받는 소득으로서 소득세법상 퇴직소득에 속하지 아니하는 소득 및 직무발명보상금은 제외한다(법령 제44조 제4항 제2호, 소법 제20조 제1항 제1호 및 제2호).

① 근로를 제공함으로써 받는 봉급 · 급료 · 보수 · 세비 · 임금 · 상여 · 수당과 이와 유사한 성질의 급여

② 법인의 주주총회 · 사원총회 또는 이에 준하는 의결기관의 결의에 의해 상여로 받는 소득

2) 퇴직급여추계액

퇴직급여충당금 누적액기준 손금산입 한도액을 계산할 때 퇴직급여추계액이란 다음의 금액 중 큰 금액(법령 제44조에 따라 손금에 산입하지 아니하는 금액은 제외)으로 한다(법령 제60조 제2항).

① 일시퇴직기준 추계액: 해당 사업연도종료일 현재 재직하는 임원 또는 직원(확정기여형 퇴직연금 등이 설정된 자는 제외)의 전원이 퇴직할 경우에 퇴직급여로 지급되어야 할 금액의 추계액

② 보험수리기준 추계액: 법령 제44조의 2 제4항 제1호의 2 각 목의 금액을 더한 금액 (㉠+㉡)

㉠ 근로자퇴직급여 보장법 제16조 제1항 제1호에 따른 금액

㉡ 해당 사업연도종료일 현재 재직하는 임원 또는 직원 중 확정급여형 퇴직연금제도(근로자퇴직급여 보장법 제2조 제8호)에 가입하지 아니한 사람 전원이 퇴직할 경우에 퇴직급여로 지급되어야 할 금액의 추계액과 확정급여형 퇴직연금제도에 가입한 사람으로서 그 재직기간 중 가입하지 아니한 기간이 있는 사람 전원이 퇴직할 경우에 그 가입하지 아니한 기간에 대하여 퇴직급여로 지급되어야 할 금액의 추계액을 더한 금액

상기 ① 일시퇴직기준 추계액에서 '퇴직급여로 지급되어야 할 금액의 추계액'이란 퇴직급여지급 등이 있는 경우에는 동 규정에 의하여 계산한 금액을 말하고, 퇴직급여지급규정이 없는 법인의 경우에는 근로자퇴직급여 보장법이 정하는 바에 따라 계산한 금액으로 한다(법칙 제31조 제1항).

3) 퇴직금전환금 기말잔액

퇴직금전환금 기말잔액은 퇴직급여충당금 누적액기준에 의한 손금산입 한도액에 가산한다(법령 제60조 제4항). 이때 퇴직금전환금 기말잔액이라 함은 1998년 12월 31일 국민연금법의 개정으로 퇴직전환금제도가 폐지되기 전인 1999년 3월 31일 이전에 내국법인이

종업원의 국민연금 중 일부를 대납하고 퇴직급여의 선급금으로 계상하여 퇴직급여충당금에서 차감 표시한 퇴직금전환금으로써 해당 사업연도말 재무상태표상에 계상된 잔액을 말한다.

4) 당기말 세무상 충당금 잔액

당기말 세무상 충당금 잔액이라 함은 전기 이전 각 사업연도의 소득금액계산상 손금에 산입한 퇴직급여충당금의 누적액 중 해당 사업연도 말까지 퇴직급여지급액과 상계하고 남은 세무상 잔액을 말하며, 이는 곧 해당 사업연도에 대한 퇴직급여충당금을 설정하기 전의 세무상 퇴직급여충당금 잔액을 말한다.

당기말 세무상 충당금 잔액 =장부상 퇴직급여충당금 기초잔액**주1)** - 기중 환입액**주2)** - 기초 충당금 부인누계액**주3)** - 기중 지급액**주4)** - 확정기여형 퇴직연금가입자의 퇴직연금 설정 전 기계상된 퇴직급여충당금**주5)**

주1) 법인의 장부상 퇴직급여충당금 전기말 잔액을 말하며, 세무상 손금부인액이 있는 경우에도 이를 차감하지 아니한다.

주2) 당기 중 장부상의 퇴직급여충당금을 환입한 금액을 말하며, 직전 사업연도로부터 이월된 퇴직급여충당금 부인액이 있는 법인이 퇴직급여충당금을 환입한 경우에는 그 부인액에 상당하는 퇴직급여충당금을 먼저 환입한 것으로 본다(법인 46012-1993, 1999. 5. 28.).

주3) 장부상 퇴직급여충당금 기초잔액에 포함되어 있는 세무상 부인액을 말하며, 이는 곧 「자본금과 적립금 조정명세서(을)」 표상의 퇴직급여충당금 유보금액을 말한다. 다만, 당기 중 세무상 부인액을 환입한 경우에는 동 금액(위 주2)의 금액)을 차감한 금액으로 한다.

주4) 해당 사업연도 중에 임원 또는 직원의 현실적인 퇴직으로 인해 지급한 퇴직금 중 퇴직급여충당금에서 상계한 금액을 말하며, 퇴직급여충당금에서 상계하여 지급하여야 할 금액을 직접 손금으로 계상한 경우에는 동 금액을 포함한다.

주5) 법인이 확정기여형 퇴직연금 등으로 지출한 퇴직연금부담금은 전액 손금산입하며, 확정기여형 퇴직연금가입자에 대하여 확정기여형 퇴직연금 등이 설정되기 전에 계상된 세무상 퇴직급여충당금(다음의 산식에 의하여 계산한 금액을 말함)은 퇴직급여충당금 누적액기준에 의한 손금산입 한도액에서 차감한다(법칙 제31조 제2항).

$$\text{직전 사업연도 종료일 현재 퇴직급여충당금 누적액} \times \frac{\text{해당 사업연도에 확정기여형 퇴직연금 등이 설정된 자의 직전 사업연도 종료일 현재 퇴직급여추계액}}{\text{직전 사업연도 종료일 현재 재직 중인 자 전원의 퇴직급여추계액}}$$

(3) 퇴직급여충당금의 설정과 세무조정

법인의 해당 사업연도 결산서상 퇴직급여(퇴직급여충당금 당기 설정액)가 퇴직급여충당금 손금산입 한도액을 초과하는 경우에는 그 한도초과액을 손금불산입(유보)하여야 하며, 한도미달액이 발생하는 경우에는 별도의 세무조정이 불필요하다. 여기서 '결산서상 퇴직급여'라 함은 법인이 해당 임원 또는 직원의 근무현황에 따라 손익계산서(판매비와 관리비), 제조원가명세서(노무비), 이익잉여금처분계산서(전기오류수정손실) 및 각종 자산에 계상한 퇴직급여의 합계액을 말한다.

【사 례】

다음 자료에 의하여 법인세법상 퇴직급여충당금 한도액을 계산하시오.

1. 사업연도: 2025. 1. 1.~12. 31.
2. 퇴직급여추계액: Max[①, ②] = 1,798,000,000원
   ① 기말 현재 전 임원 및 직원 퇴직급여추계액: 1,798,000,000원
   ② 근로자퇴직급여 보장법에 따른 추계액: 1,600,000,000원
3. 퇴직급여충당금 내역
   ① 장부상 기초잔액: 478,000,000원
   ② 충당금 부인누계액: 338,000,000원
   ③ 기중 퇴직금지급액: 104,000,000원
4. 총급여 시급내역

계정과목	총급여액		출자임원 해당분		1년 미만 직원분	
임원급여	3명	180,000,000	2명	120,000,000		
급료수당	30명	602,000,000			7명	54,000,000
임　　금	110명	1,678,000,000			25명	233,000,000
계	143명	2,460,000,000	2명	120,000,000	32명	287,000,000

* 회사의 퇴직금지급규정상 1년 미만 근속자에 대하여는 퇴직금을 지급하지 아니함.

5. 회사가 당기에 추가로 설정한 퇴직급여충당금: 229,300,000원
6. 국민연금법에 의한 "퇴직금전환금" 잔액: 10,000,000원

【해 설】

1. 1년 미만 근무한 직원에 대한 급여는 총급여액 계산에서 제외함(출자임원 해당분은 제외하지 아니함).
2. 총급여액 기준 : (2,460,000,000 − 287,000,000) × 5% = 108,650,000
3. 충당금 누적액 기준
   (1,798,000,000 × 0%) − (478,000,000 − 338,000,000 − 104,000,000) + 10,000,000 + 26,000,000[주)] = 0
   주) 설정률 감소에 따른 환입을 제외하는 금액 Max〔①, ②〕
      ① (478,000,000 − 338,000,000 − 104,000,000) − (1,798,000,000 × 0%) − 10,000,000 = 26,000,000
      ② 0
4. 한도초과액: 229,300,000 − Min[108,650,000, 0] = 229,300,000

4. 퇴직급여 지급시의 처리

(1) 개 요

퇴직급여충당금을 손금에 산입한 내국법인이 임원이나 직원에게 퇴직급여를 지급하는 경우에는 그 퇴직급여충당금에서 먼저 지급한 것으로 보며(법법 제33조 제2항), 이 경우 개인별 퇴직급여충당금과는 관계없이 법인 전체의 퇴직급여충당금과 상계하여야 한다(법기통 33-60…4).

(2) 상계대상 퇴직급여

1) 퇴직급여의 범위

퇴직급여충당금과 상계하여야 할 퇴직급여의 범위는 임원과 직원으로 구분하여 각각 다음과 같다. 다만, 해당 임원 또는 직원이 현실적으로 퇴직하는 경우에 한하며, 현실적으로 퇴직하지 아니한 임원 또는 직원에게 지급한 퇴직급여는 해당 임원 또는 직원이 현실적으로 퇴직할 때까지 이를 업무와 관련이 없는 가지급금으로 본다(법령 제44조 제1항, 법칙 제22조 제2항).

<table>
<tr><th colspan="2">구 분</th><th>퇴직급여의 범위</th></tr>
<tr><td colspan="2">직 원</td><td>정관이나 기타 퇴직급여 지급규정에 의하여 계산한 금액을 말하되, 퇴직급여 지급규정 등이 없는 경우에는 근로자퇴직급여 보장법이 정하는 바에 의하여 계산한 금액</td></tr>
<tr><td rowspan="2">임 원</td><td>정관 등에 퇴직급여 지급규정이 있는 경우</td><td>정관에서 정해지거나 정관에 기재된 계산 기준에 의한 금액(퇴직위로금 등 포함) 또는 정관에서 위임된 퇴직급여지급규정에 의한 금액(법령 제44조 제4항 제1호 및 제5항)</td></tr>
<tr><td>정관 등에 퇴직급여 지급규정이 없는 경우</td><td>다음의 산식에 의한 임원퇴직급여 한도 범위 내의 금액
(법령 제44조 제4항 제2호 및 법칙 제22조 제5항)

퇴직일 직전 1년 간의 총급여액주1) × 10% × 근속연수주2)

주1) 퇴직급여충당금의 손금산입한도액 계산시 '총급여액'과 동일
주2) 해당 임원이 직원에서 임원으로 된 때에 퇴직금을 지급하지 아니한 경우에는 직원으로 근무한 기간을 근속연수에 합산할 수 있으며, 역에 따라 계산하되 1년 미만의 기간은 월수로 계산하고, 1개월 미만은 절사</td></tr>
</table>

2) 현실적인 퇴직

현실적인 퇴직이란 근무관계가 종료되는 것을 말한다. 다만, 법인세법에서는 법인이 퇴직급여를 실제로 지급한 경우로서 다음과 같이 일정한 경우는 '현실적인 퇴직'으로 보도록 하고 있다(법령 제44조 제2항, 법기통 26-44…1).

현실적인 퇴직에 해당하는 경우	현실적인 퇴직에 해당하지 않는 경우
① 법인의 직원이 해당 법인의 임원으로 취임한 때 ② 법인의 임원 또는 직원이 그 법인의 조직변경·합병·분할 또는 사업양도에 의하여 퇴직한 때(합병으로 소멸하는 피합병법인의 임원이 퇴직급여지급규정에 따라 퇴직급여를 실제로 지급받고 합병법인의 임원이 된 경우를 포함함) ③ 근로자퇴직급여 보장법 제8조 제2항에 따라 퇴직급여를 중간정산(종전에 퇴직급여를 중간정산하여 지급한 적이 있는 경우에는 직전 중간정산 대상기간이 종료한 다음 날부터 기산하여 퇴직급여를 중간정산한 것을 말함)하여 지급한 때 ④ 정관 또는 정관에서 위임된 퇴직급여지급규정에 따라 장기 요양 등의 사유[주)]로 그때까지의 퇴직급여를 중간정산(종전에 퇴직급여를 중간정산하여 지급한 적이 있는 경우에는 직전 중간정산 대상기간이 종료한 다음 날부터 기산하여 퇴직급여를 중간정산한 것을 말함)하여 임원에게 지급한 때 ⑤ 법인의 직영차량 운전기사가 법인소속 지입차량의 운전기사로 전직하는 경우 ⑥ 법인의 임원 또는 직원이 사규에 의하여 정년퇴직을 한 후 다음 날 동 법인의 별정직 사원(촉탁)으로 채용된 경우 ⑦ 법인의 상근임원이 비상근임원으로 된 경우	① 임원이 연임된 경우 ② 법인의 대주주 변동으로 인하여 계산의 편의, 그 밖의 사유로 전직원에게 퇴직급여를 지급한 경우 ③ 외국법인의 국내지점 종업원이 본점(본국)으로 전출하는 경우 ④ 정부투자기관 등이 민영화됨에 따라 전종업원의 사표를 일단 수리한 후 재채용한 경우 ⑤ 근로자퇴직급여 보장법 제8조 제2항에 따라 퇴직급여를 중간정산하기로 하였으나 이를 실제로 지급하지 아니한 경우(다만, 확정된 중간정산 퇴직급여를 회사의 자금사정 등을 이유로 퇴직급여 전액을 일시에 지급하지 못하고 노사합의에 따라 일정기간 분할하여 지급하기로 한 경우에는 그 최초 지급일이 속하는 사업연도의 손금에 산입함)

주) 다음 각 호의 어느 하나에 해당하는 경우를 말함(법칙 제22조 제3항).

- 중간정산일 현재 1년 이상 주택을 소유하지 아니한 세대의 세대주인 임원이 주택을 구입하려는 경우(중간정산일부터 3개월 내에 해당 주택을 취득하는 경우만 해당함)
- 임원(임원의 배우자 및 소득세법 제50조 제1항 제3호에 따른 생계를 같이 하는 부양가족을 포함함)이 3개월 이상의 질병 치료 또는 요양을 필요로 하는 경우
- 천재지변, 그 밖에 이에 준하는 재해를 입은 경우

(3) 퇴직급여충당금과의 상계

퇴직급여의 지급대상이 되는 임원 또는 직원이 현실적으로 퇴직함으로써 법인이 직원 등에게 퇴직급여를 지급할 때에는, 이미 손금에 산입한 퇴직급여충당금이 있으면 그 퇴직급여충당금에서 먼저 지급한 것으로 본다(법법 제33조 제2항). 또한, 퇴직급여충당금 설정액 중 손금불산입된 금액이 있는 법인이 퇴직급여를 지급하는 경우 손금산입한 퇴직급여충당금과 상계하고 남은 금액에 대하여는 기 손금불산입된 금액을 손금으로 추인한다(법기통 33-60…5).

한편, 법인세법 시행령 제44조의 2의 퇴직보험료 등을 손금에 산입한 법인의 경우에는 해

당 임직원의 퇴직으로 인해 보험회사 등으로부터 수령한 퇴직보험금, 퇴직일시금신탁, 퇴직연금, 퇴직급여충당금 순으로 지급한 것으로 본다. 다만, 퇴직보험료 등을 신고조정에 의하여 손금산입한 경우에는 해당 퇴직보험금 등 상당액을 퇴직급여로 계상한 후 동 금액을 손금불산입(유보)함으로써 손금산입(△유보)액과 상계하여야 한다(법기통 26-44의 2…2).

5. 퇴직급여충당금의 인수 · 인계

(1) 합병 · 분할에 따른 퇴직급여충당금의 인수 · 인계

법인이 합병 또는 분할하는 경우 피합병법인 · 분할법인 또는 소멸한 분할합병의 상대방법인(이하 "피합병법인 등"이라 함)의 퇴직급여 처리방법은 다음 중 한 가지를 선택하여 적용할 수 있다.

① 피합병법인 등의 임직원에게 퇴직급여를 실제로 지급하여 현실적인 퇴직으로 처리하고, 합병법인 · 분할신설법인 또는 분할합병의 상대방법인(이하 "합병법인 등"이라 함)은 피합병법인 등으로부터 인수한 임직원을 신규채용한 임직원과 동일하게 처리하는 방법

② 피합병법인 등의 임직원에게 퇴직급여를 지급하지 않고 합병법인 등에게 인계하여 현실적인 퇴직으로 처리하지 않는 방법

이때 상기 ②의 방법에 따라 현실적인 퇴직으로 처리하지 않는 경우, 피합병법인 등의 합병등기일 또는 분할등기일 현재의 해당 퇴직급여충당금 중 합병법인 등이 승계받은 금액은 그 합병법인 등이 합병등기일 또는 분할등기일에 가지고 있는 퇴직급여충당금으로 본다(법법 제33조 제3항). 따라서, 합병법인 등은 피합병법인 등으로부터 승계받은 퇴직급여충당금을 합병법인 등의 퇴직급여충당금 잔액에 가산하여야 하며, 피합병법인 등의 퇴직급여충당금 부인액은 다음과 같이 처리하여야 한다(법령 제85조).

구 분	처 리 방 법
적격합병 · 적격분할의 경우	세무조정사항(분할의 경우에는 분할하는 사업부문의 세무조정사항에 한정함)은 모두 합병법인 등에 승계
적격합병 · 적격분할이 아닌 경우	퇴직급여충당금을 합병법인 등이 승계한 경우에는 그와 관련된 세무조정사항을 승계

한편, 피합병법인 등으로부터 퇴직급여상당액을 전액 인수하지 아니하거나 부족하게 인수하고 근무기간을 통산하여 퇴직급여를 지급하기로 한 경우에는 인수하지 아니하였거나 부족하게 인수한 금액은 해당 합병법인 등에 지급의무가 없는 부채의 인수액으로 보아 임직원별 퇴직급여상당액명세서를 작성하고 인수일이 속하는 사업연도에 손금산입(△유보)

및 손금불산입(기타사외유출)한 후, 인수한 임직원에 대한 퇴직급여지급일이 속하는 사업연도에 손금불산입(유보)하여 추인한다(법기통 33-60…2 제2항).

(2) 사업의 포괄적 양수·도에 따른 퇴직급여충당금의 인수·인계

사업의 포괄적 양수·도란 사업장별로 해당 사업에 관한 모든 권리(미수금에 관한 것은 제외)와 의무(미지급금에 관한 것은 제외)를 포괄적으로 양도하는 경우를 말하되, 법인세법 시행령 제49조 제1항에서 규정한 업무무관자산을 제외하고 양도하는 경우를 포함한다(법칙 제31조 제3항).

사업을 포괄적으로 양수·도하는 경우의 퇴직급여의 처리방법은 전술한 합병·분할에 따른 퇴직급여충당금의 인계·인수와 같이 다음 중 한 가지를 선택하여 적용 가능하다.

① 양도법인이 양도시점에 퇴직급여를 실제로 지급하여 현실적인 퇴직으로 처리하고, 양수법인은 양도법인으로부터 인수한 임직원을 신규채용한 임직원과 동일하게 처리하는 방법
② 양도법인이 양도시점에 퇴직급여를 지급하지 않고 양수법인에게 인계하여 현실적인 퇴직으로 처리하지 않는 방법

이 경우, 사업의 포괄적 양·수도로 인한 임직원의 퇴직급여충당금의 처리방법은 전술한 합병·분할에 의한 퇴직급여충당금의 처리규정을 준용하여 처리하는 것으로(법법 제33조 제4항, 법기통 33-60…2 제1항), 양수법인이 양도법인의 퇴직급여충당금을 승계한 경우 그와 관련된 세무조정사항은 양수법인이 승계한다(서면법령법인-4334, 2017. 9. 14., 서면법령법인-3250, 2021. 11. 29.).

또한, 사업양수 당시 퇴직급여상당액을 전사업자로부터 인수하지 아니하거나 부족하게 인수하고 전사업자에 근무한 기간을 통산하여 퇴직급여를 지급하기로 한 경우에는 인수하지 아니하였거나 부족하게 인수한 금액은 해당 법인에 지급의무가 없는 부채의 인수액으로 보아 임직원별 퇴직급여상당액명세서를 작성하고 인수일이 속하는 사업연도의 각 사업연도 소득금액 계산상 손금산입(△유보) 및 손금불산입(기타사외유출)한 후, 인수한 임직원에 대한 퇴직급여지급일이 속하는 사업연도에 손금불산입(유보)하여 추인한다(법기통 33-60…2 제2항).

(3) 특수관계법인 전출 · 입에 따른 퇴직급여충당금의 인수 · 인계

법인의 임원 또는 직원이 해당 법인과 법인세법 시행령 제2조 제8항에 따른 특수관계인인 법인에 전출한 경우의 퇴직급여 처리방법은 다음 중 한 가지를 선택하여 적용 가능하다(법령 제44조 제3항 및 제6항).

① 전출법인이 전출하는 임원 또는 직원에게 퇴직급여를 실제로 지급하여 현실적인 퇴직으로 처리하고, 전입법인은 전입하는 임원 또는 직원을 신규채용한 임원 또는 직원과 동일하게 처리하는 방법

② 전출법인은 전출하는 임원 또는 직원에게 퇴직급여를 지급하지 않고 해당 임원 또는 직원의 실제 퇴직시점에 퇴직급여를 지급함으로써 현실적인 퇴직으로 처리하지 아니하는 방법(지배주주 등인 임원 및 지배주주 등과 법인세법 시행령 제43조 제8항에 따른 특수관계에 있는 임원은 제외하며, 특수관계의 유무를 판단할 때 지배주주 등과 법인세법 시행령 제2조 제8항 제7호의 관계에 있는 임원의 경우에는 특수관계에 있는 것으로 보지 아니함)

한편, 위 ②의 방법에 따라 현실적인 퇴직으로 처리하지 않는 경우로서 특수관계법인 간에 전 · 출입한 임원 또는 직원의 퇴직급여 및 퇴직급여충당금을 계산하는 경우에는 퇴직금상당액을 전액 인수하였는지 여부에 따라 다음과 같은 처리가 필요하다.

〈특수관계법인 전출 · 입에 따른 퇴직급여충당금의 처리방법〉

<table>
<tr><th colspan="2">구 분</th><th>퇴직급여상당액을
전액 인수한 경우</th><th>퇴직급여상당액을
인수하지 아니한 경우</th></tr>
<tr><td rowspan="2">전입
법인의
처리</td><td>퇴직급여의
통산 여부</td><td>전출법인과 전입법인의 근속기간을 전부 통산하여 퇴직급여 및 퇴직급여추계액을 계산할 수 있다(법기통 33-60…2 제1항).</td><td rowspan="3">전출 · 입 법인은 퇴직급여 전액 중 해당 법인이 지급할 퇴직급여의 금액(각 법인으로부터의 전출 또는 각 법인으로의 전입을 각각 퇴직 및 신규채용으로 보아 계산한 금액을 말함)을 임원 또는 직원이 해당 법인에서 퇴직하는 때에 각 법인별로 안분하여 손금에 산입한다(법령 제44조 제3항 및 법칙 제22조 제4항).</td></tr>
<tr><td>퇴직급여
충당금
(부인액)의
처리</td><td>전출법인으로부터 인수한 퇴직급여충당금은 전입법인의 퇴직급여충당금으로 본다. 단, 전출법인으로부터 인수한 퇴직급여충당금 중 손금산입 한도초과액은 전입법인이 승계할 수 없다.</td></tr>
<tr><td colspan="2">전출법인의 처리</td><td>전입법인에게 지급한 임원 또는 직원 인계시점의 퇴직급여상당액은 퇴직급여충당금과 상계하고 그 부족액은 손금산입한다(법기통 33-60…2 제3항).</td></tr>
</table>

6. 관련 유권해석

① 내국법인의 종업원급여 중 장기근속휴가, 안식년휴가, 그 밖의 장기근속급여, 장기장애급여, 회계기간말부터 12개월 이내에 전부나 일부가 지급되지 않는 이익분배금, 상여금 및 이연보상 등(한국채택국제회계기준 제1019호 문단 5(3)의 기타장기종업원급여) 퇴직을 원인으로 하지 않는 종업원급여와 관련된 확정급여채무 비용계상액은 법인세법 제33조 제1항에 따른 퇴직급여충당금 손금계상액에 해당하지 않는 것임(법인-501, 2012. 8. 20.).

② 한국채택국제회계기준을 도입한 내국법인이 확정급여형 퇴직급여제도를 운용하면서 확정급여채무 현재가치의 증감으로 발생한 보험수리적손익을 기타포괄손익으로 인식하고, 미처분이익잉여금으로 대체하는 경우 미처분이익잉여금의 감소로 처리한 금액은 손금산입(기타)으로, 미처분이익잉여금의 증가로 처리한 금액은 익금산입(기타)으로 각각 세무조정하여 법인세법 제33조 및 법인세법 시행령 제44조의 2에 따라 손금산입하는 것임(서면법인-1465, 2017. 10. 26.).

③ 퇴직급여충당금을 손금에 산입한 내국법인이 일부 사업의 중단으로 인하여 우발적으로 퇴직하게 되는 임원 및 직원에게 퇴직급여 지급규정에 따라 명예퇴직금을 지급하는 경우, 동 금액은 퇴직급여충당금에서 지급하지 아니하고 직접 해당 사업연도의 손비로 처리할 수 있음(서면2팀-633, 2005. 5. 2.).

④ 총급여액 기준에 의한 퇴직급여충당금의 손금산입 한도액 계산시 해당 사업연도에 지급의무가 확정된 연차수당은 총급여액의 범위에 포함됨(서면2팀-2646, 2004. 12. 16.).

⑤ 정관의 위임에 따라 주주총회에서 정한 퇴직금지급규정에 의하여 지급한 퇴직금은 법인세법 시행령 제44조 제4항 제1호의 규정에 의하여 정관에 정하여진 금액으로 보아 손금산입하나, 정관의 위임에 따라 이사회에서 정한 퇴직금지급규정에 의하여 지급한 퇴직금은 임원퇴직금지급규정이 없는 것으로 보아 법인세법 시행령 제44조 제4항 제2호의 규정에 의하여 계산한 한도액 내에서 손금산입하는 것임(서면2팀-2064, 2004. 10. 11.).

⑥ 근로자가 실제 퇴직시에 최초 입사일부터 기산하여 계산한 퇴직금에서 중간정산 명목으로 지급한 퇴직금을 차감하고 지급하는 경우, 해당 중간정산금액은 근로자가 실제로 퇴직할 때까지 가지급금으로 보아 손금에 산입할 수 없음(재법인 46012-168, 2001. 9. 25.).

⑦ 정관에서 임원퇴직금지급규정을 주주총회에 포괄적으로 위임하고 또 주주총회에서는 이사회에 재차 포괄적으로 위임한 경우 정관에 정한 임원퇴직금지급규정이 없는 것으로 봄(심사법인99-32, 1999. 4. 9.)

⑧ 법인이 퇴직급여충당금 손금산입한 한도액을 계산함에 있어 근로자에게 해당 사업연도

중의 특정일을 기준으로 근로기준법에 의하여 퇴직금을 중간정산 지급한 경우에도 해당 근로자에 대한 총급여액 및 퇴직급여추계액을 포함하여 한도액을 계산할 수 있는 것이며, 이 경우 총급여액은 퇴직금 중간정산 기준일의 익일부터 해당 사업연도 종료일까지의 급여액(손금불산입하는 상여금은 제외)으로 하고, 퇴직급여추계액은 해당 법인의 퇴직급여 지급규정 등에 의하여 계산한 금액으로 함(법인 46012-776, 1998. 3. 30.).

♠ 조정명세서 작성 사례

다음 자료에 의하여 (주)삼일의 제10기 사업연도(2025. 1. 1.~ 12. 31.)의 퇴직급여충당금 조정명세서[별지 제32호 서식]를 작성하시오.

1. 퇴직급여충당금 계정의 내용은 다음과 같다.

기초잔액	당기 지급액	당기 설정액	기말잔액
55,000,000	55,000,000	23,500,000	23,500,000

한편, 전기로부터 이월된 퇴직급여충당금 기초잔액에는 퇴직급여충당금 손금불산입액 3,000,000원이 포함되어 있으며, 기말 현재 재무상태표상 퇴직급여충당금에서 차감 표시된 국민연금전환금은 0원이다.

2. 총급여액의 내용은 다음과 같다.

계정과목	총급여액		출자임원 해당분		1년 미만 근속자분	
	인 원	금 액	인 원	금 액	인 원	금 액
임원급여(판매비와 관리비)	2	30,000,000	1	20,000,000	–	–
급 여(판매비와 관리비)	28	28,000,000	–	–	5	8,000,000
임 금(제조원가)	239	239,000,000	–	–	59	59,000,000
합 계	269	297,000,000	1	20,000,000	64	67,000,000

* (주)삼일의 퇴직급여 지급규정상 1년 미만 근속자에 대하여는 퇴직금을 지급하지 아니함.

3. 해당 사업연도 종료일 현재 퇴직급여 지급대상이 되는 임원 및 직원이 퇴직할 경우 지급하여야 할 퇴직급여추계액은 220,000,000원이며, 근로자퇴직급여 보장법에 따른 추계액은 275,000,000원이다.

[작성 해설]

1. 퇴직급여충당금 손금산입 한도액의 계산
   ① 총급여액 기준
   (297,000,000원 - 67,000,000원) × 5% = 11,500,000원
   ② 퇴직급여충당금 누적액 기준
   - 퇴직급여추계액 = Max[㉠, ㉡]
     ㉠ 기말 현재 전 임원 및 직원 퇴직급여추계액: 220,000,000원
     ㉡ 근로자퇴직급여 보장법에 따른 추계액: 275,000,000원
   - 275,000,000원 × 0% - (55,000,000원 - 3,000,000원 - 55,000,000원) + 0 + 0[주2)]
     = 0 - (△3,000,000원[주1)]) + 0 + 0[주2)]
     = 0 - 0[주1)] + 0 = 0

주1) 세무상 퇴직급여충당금 잔액을 초과하여 지급한 퇴직급여 3,000,000원은 손금산입(△유보)하고, 퇴직급여충당금 이월잔액은 퇴직급여충당금 기초잔액이 전부 지급되었으므로 0으로 하여야 한다.

주2) 설정률 감소에 따른 환입을 제외하는 금액 = Max [①, ②]

① 0[주1)] - 0 - 0 = 0

② 0

③ 한도액

MIN(① 총급여액 기준에 의한 한도액, ② 퇴직급여충당금 누적액 기준에 의한 한도액)
= MIN(① 11,500,000원, ② 0원)
= 0원

2. 퇴직급여충당금 한도초과액
= 23,500,000원 - 0원 = 23,500,000원

3. 세무조정

〈손금산입〉	전기 퇴직급여충당금 한도초과액	3,000,000(△유보)
〈손금불산입〉	퇴직급여충당금 한도초과액	23,500,000(유보)

[별지 제32호 서식] (2019. 3. 20. 개정)

사 업 연 도	2025. 1. 1. ~ 2025. 12. 31.	퇴직급여충당금 조정명세서	법 인 명	(주)삼일
			사업자등록번호	

1. 퇴직급여충당금 조정

「법인세법 시행령」 제60조 제1항에 따른 한도액	①퇴직급여 지급대상이 되는 임원 또는 직원에게 지급한 총급여액(⑲의 계)	②설정률	③한도액 (①×②)	비 고
	230,000,000	5/100	11,500,000	

「법인세법 시행령」 제60조 제2항 및 제3항에 따른 한도액	④ 장부상 충당금 기초잔액	⑤ 확정기여형 퇴직연금자의 퇴직연금 설정 전 기계상된 퇴직급여충당금	⑥ 기중 충당금 환입액	⑦ 기초충당금 부인누계액	⑧ 기중퇴직금 지급액	⑨ 차감액 (④-⑤-⑥-⑦-⑧)
	55,000,000			3,000,000	55,000,000	0(△3,000,000)

⑩ 추계액 대비 설정액 (㉒ × 설정률)	⑪퇴직금전환금	⑫ 설정률 감소에 따른 환입을 제외하는 금액 MAX(⑨-⑩-⑪, 0)	⑬누적한도액 (⑩-⑨+⑪+⑫)
0	0	0	0

한도초과액 계 산	⑭ 한도액 MIN(③, ⑬)	⑮ 회사계상액	⑯ 한도초과액 (⑮-⑭)
	0	23,500,000	23,500,000

2. 총급여액 및 퇴직급여추계액 명세

구 분 / 계정명	⑰총급여액		⑱퇴직급여 지급대상이 아닌 임원 또는 직원에 대한 급여액		⑲퇴직급여 지급대상이 되는 임원 또는 직원에 대한 급여액		⑳기말현재 임원 또는 직원 전원의 퇴직시 퇴직급여 추계액	
	인 원	금 액	인 원	금 액	인 원	금 액	인 원	금 액
임원급여	2	30,000,000			2	30,000,000		220,000,000
급여	28	28,000,000	5	8,000,000	23	20,000,000	㉑「근로자퇴직급여 보장법」에 따른 추계액[퇴직연금미가입자의 경우 일시퇴직기준(⑳)을 적용하여 계산한 금액]	
임금	239	239,000,000	59	59,000,000	180	180,000,000		
							인 원	금 액
								275,000,000
							㉒세법상 추계액 MAX(⑳, ㉑)	
계	269	297,000,000	64	67,000,000	205	230,000,000		275,000,000

3 퇴직연금

1. 퇴직급여의 사외적립

법인세법은 퇴직급여충당금이 현실적으로 장부상으로만 유보되는 사내적립제도임을 감안하여 퇴직급여추계액에 일정률을 곱하여 산정한 금액의 범위 내에서만 법인의 각 사업연도의 소득금액 계산에 있어서 이를 손금으로 인정하고 있다(다만, 2016년 1월 1일 이후 개시하는 사업연도 분부터는 누적액 기준의 한도율이 0%이므로 실질적인 손금산입 한도액은 0이 될 것임). 그리고 나머지는 사외적립제도인 퇴직연금 등의 가입을 통해 법인이 실제로 불입한 금액을 추가적으로 손금에 산입하도록 허용하고 있다.

2. 퇴직연금 등의 범위

퇴직연금 등이라 함은, 법인이 임원 또는 직원의 퇴직을 퇴직급여의 지급사유로 하고 임원 또는 직원을 수급자로 하는 연금으로서, 다음의 어느 하나에 해당하는 기관이 취급하는 퇴직연금을 말한다(법령 제44조의 2 제2항, 법칙 제23조).

① 보험업법에 따른 보험회사
② 자본시장과 금융투자업에 관한 법률에 따른 신탁업자 · 집합투자업자 · 투자매매업자 또는 투자중개업자
③ 은행법에 따른 은행
④ 산업재해보상보험법 제10조에 따른 근로복지공단

3. 퇴직연금 등의 손금산입방법

퇴직연금 등은 각 사업연도의 결산을 확정할 때 손비로 계상한 경우 손금에 산입하는 결산조정사항이다. 그러나 현행 기업회계기준에서는 확정급여형 퇴직연금 등의 경우 불입한

부담금을 비용으로 인정하고 있지 않으므로 세법에서는 신고조정에 의하여 각 사업연도 소득금액 계산시 손금에 산입할 수 있도록 규정하고 있다.

4. 확정기여형 퇴직연금 등의 처리

(1) 원 칙

근로자퇴직급여 보장법 제19조에 따른 확정기여형 퇴직연금, 같은 법 제23조의 6에 따른 중소기업퇴직연금기금제도, 같은 법 제24조에 따른 개인형퇴직연금제도 및 과학기술인공제회법에 따른 퇴직연금 중 확정기여형 퇴직연금에 해당하는 것(이하 "확정기여형 퇴직연금 등")의 부담금은 법인이 이를 사외의 퇴직연금사업자에게 불입함으로써 법인의 퇴직급여 지급의무가 종결되는 것이므로 후술하는 퇴직연금 등의 손금산입 한도규정에 관계없이 전액 해당 법인의 손금에 산입한다(법령 제44조의 2 제3항). 따라서 법인이 납부한 확정기여형 퇴직연금 등의 부담금을 장부상 비용으로 회계처리한 경우에는 별도의 세무조정이 발생하지 아니한다.

다만, 임원에 대한 부담금은 법인이 퇴직 시까지 부담한 부담금의 합계액을 퇴직급여로 보아 임원의 퇴직급여 손금한도 규정(법령 제44조 제4항)을 적용하되, 손금산입한도 초과금액이 있는 경우에는 퇴직일이 속하는 사업연도의 부담금 중 손금산입 한도 초과금액 상당액을 손금에 산입하지 아니하고, 손금산입 한도 초과금액이 퇴직일이 속하는 사업연도의 부담금을 초과하는 경우 그 초과금액은 퇴직일이 속하는 사업연도의 익금에 산입한다(법령 제44조의 2 제3항 단서).

(2) 확정기여형 퇴직연금 등의 설정전 근무기간분에 대한 부담금의 처리

법인이 임원 또는 직원에 대하여 확정기여형 퇴직연금 등을 설정하면서 설정 전의 근무기간분에 대하여 지출한 부담금은 다음의 산식에 따라 계산된 퇴직급여충당금에서 먼저 지출한 것으로 본다(법칙 제24조 제1항 및 제31조 제2항). 이는 확정기여형 퇴직연금 등으로 전환됨에 따라 전환전 근무기간에 대하여 지출한 확정기여형 퇴직연금 등의 부담금을 퇴직급여충당금에서 먼저 지급한 것으로 보도록 함으로써 이미 손금에 산입된 퇴직급여충당금 부분이 다시 손금산입되는 것을 방지하기 위함이다.

$$\begin{matrix}\text{직전 사업연도 종료일 현재}\\\text{퇴직급여충당금 누적액}\end{matrix} \times \frac{\begin{matrix}\text{해당 사업연도에 확정기여형 퇴직연금 등이 설정된 자의}\\\text{직전 사업연도 종료일 현재 퇴직급여추계액}\end{matrix}}{\text{직전 사업연도 종료일 현재 재직 중인 자 전원의 퇴직급여추계액}}$$

5. 확정급여형 퇴직연금 등의 처리

(1) 기업회계상 확정급여형 퇴직연금 등

1) 한국채택국제회계기준(K-IFRS)

확정급여제도의 회계처리는 채무와 비용의 측정에 보험수리적 가정이 요구되고 보험수리적손익이 발생할 가능성이 있기 때문에 복잡하다. 또한 채무는 종업원이 관련 근무용역을 제공한 후 오랜 기간이 지나서야 결제될 수 있으므로 할인된 금액으로 측정한다(K-IFRS 1019호 문단 55).

확정급여제도에서는 확정급여채무의 현재가치에서 사외적립자산의 공정가치(존재하는 경우)를 차감한 금액을 과소적립액 또는 초과적립액(자산인식상한을 한도로 함)이라 하며, 이는 재무상태표에 순확정급여부채 또는 순확정급여자산으로 인식한다. 이때 자산인식상한이란 제도에서 환급받는 형태로 또는 제도에 납부할 미래기여금을 절감하는 형태로 얻을 수 있는 경제적효익의 현재가치를 말한다(K-IFRS 1019호 문단 8, 63, 64).

순확정급여부채(자산)의 모든 변동은 발생한 기간에 근무원가, 순확정급여부채(자산)의 순이자, 순확정급여부채(자산)의 재측정요소로 세분화하여 인식하며, 당기손익으로 인식되는 금액과 기타포괄손익으로 인식되는 금액을 구분하면 다음과 같다(K-IFRS 1019호 문단 57).

당기손익으로 인식되는 금액	기타포괄손익으로 인식되는 금액
• 당기근무원가 • 과거근무원가와 정산 손익 • 순확정급여부채(자산)의 순이자	• 보험수리적손익 • 순확정급여부채(자산)의 순이자에 포함된 금액을 제외한 사외적립자산의 수익 • 순확정급여부채(자산)의 순이자에 포함된 금액을 제외한 자산인식상한 효과의 변동

2) 일반기업회계기준

① 퇴직급여와 관련된 부채의 회계처리

확정급여형퇴직연금제도에서 퇴직급여와 관련된 부채는 다음 두 가지의 경우로 나누어 회계처리한다(일반기준 21장 문단 21.10).

• 종업원이 퇴직하기 전의 경우

보고기간말 현재 종업원이 퇴직할 경우 지급하여야 할 퇴직일시금에 상당하는 금액을 측정하여 퇴직급여충당부채로 인식한다.

• 종업원이 퇴직시 퇴직연금의 수령을 선택한 경우

종업원이 퇴직연금에 대한 수급요건 중 가입기간 요건을 갖추고 퇴사하였으며 퇴직연금의 수령을 선택한 경우에는 보고기간말 이후 퇴직 종업원에게 지급하여야 할 예상퇴직연금합계액의 현재가치를 측정하여 '퇴직연금미지급금'으로 계상한다. 즉, 퇴직급여충당부채는 퇴직하기 전의 종업원을 대상으로 하고 있기 때문에, 퇴직한 후의 종업원에 대한 부채는 구분하여 표시하여야 한다.

다만, 확정급여형퇴직연금제도가 설정되었음에도 불구하고 종업원이 퇴직한 이후에 기업이 연금지급의무를 부담하지 않는다면 상기의 내용을 적용하지 아니한다. 예를 들어, 확정급여형퇴직연금제도의 규약에서 종업원이 연금수령을 선택할 때 기업이 퇴직일시금 상당액으로 일시납 연금상품을 구매하도록 정하는 경우가 이에 해당한다. 이 경우에는 기업이 퇴직일시금을 지급함으로써 연금지급에 대한 책임을 부담하지 않는다.

② 퇴직급여와 관련된 자산의 회계처리

확정급여형퇴직연금제도에서 운용되는 자산은 기업이 직접 보유하고 있는 것으로 보아 회계처리한다. 재무상태표에는 운용되는 자산을 하나로 통합하여 "퇴직연금운용자산"으로 표시한다(일반기준 21장 문단 21.11).

또한, 확정급여형퇴직연금제도에서 퇴직급여와 관련된 자산과 부채를 재무상태표에 표시할 때에는 퇴직급여와 관련된 부채(퇴직급여충당부채와 퇴직연금미지급금)에서 퇴직급여와 관련된 자산(퇴직연금운용자산)을 차감하는 형식으로 표시한다. 만약, 퇴직연금운용자산이 퇴직급여충당부채와 퇴직연금미지급금의 합계액을 초과하는 경우에는 그 초과액을 투자자산의 과목으로 표시한다(일반기준 21장 문단 21.12).

(2) 법인세법상 확정급여형 퇴직연금 등

1) 개 요

확정기여형 퇴직연금 등을 제외한 퇴직연금 등은 다음과 같이 ① 퇴직급여추계액 기준에 의한 한도액과 ② 퇴직연금예치금 기준에 의한 한도액 중 적은 금액을 한도로 손금에 산입한다.

퇴직연금 등의 손금산입 한도액 = MIN
- ① 퇴직급여추계액 기준에 의한 한도액
- ② 퇴직연금예치금 기준에 의한 한도액

2) 퇴직급여추계액 기준에 의한 한도액

퇴직급여추계액 기준에 의한 퇴직연금 등의 손금산입 한도액은 해당 사업연도 종료일 현재 재직하는 임원 또는 직원의 퇴직급여추계액에서 해당 사업연도 종료일 현재의 퇴직급여충당금과 이미 손금에 산입한 부담금등을 차감하여 계산하는 바, 이를 산식으로 나타내면 다음과 같다(법령 제44조의 2 제4항).

당기말 현재 퇴직급여추계액	-	당기말 현재 세무상 퇴직급여충당금 잔액	-	이미 손금산입한 부담금

① 당기말 현재 퇴직급여추계액

당기말 현재 퇴직급여추계액은 다음의 ㉮와 ㉯ 중 큰 금액(법령 제44조에 따라 손금에 산입하지 아니하는 금액과 확정기여형 퇴직연금 등으로서 손금에 산입하는 금액은 제외)으로 한다.

㉮ 일시퇴직기준 추계액: 해당 사업연도 종료일 현재 재직하는 임원 또는 직원의 전원이 퇴직할 경우에 퇴직급여로 지급되어야 할 금액의 추계액

㉯ 보험수리기준 추계액: 법령 제44조의 2 제4항 제1호의 2 각 목의 금액을 더한 금액(㉠+㉡)

㉠ 근로자퇴직급여 보장법 제16조 제1항 제1호에 따른 금액

㉡ 해당 사업연도 종료일 현재 재직하는 임원 또는 직원 중 확정급여형 퇴직연금제도(근로자퇴직급여 보장법 제2조 제8호)에 가입하지 아니한 사람 전원이 퇴직할 경우에 퇴직급여로 지급되어야 할 금액의 추계액과 확정급여형 퇴직연금제도에 가입한 사람으로서 그 재직기간 중 가입하지 아니한 기간이 있는 사람 전원이 퇴직할 경우에 그 가입하지 아니한 기간에 대하여 퇴직급여로 지급되어야 할 금액의 추계액을 더한 금액

② 당기말 현재 세무상 퇴직급여충당금 잔액

해당 사업연도의 퇴직급여충당금을 설정한 후의 당기말 현재 장부상 퇴직급여충당금 잔액에서 퇴직급여충당금 부인누계액 및 확정기여형 퇴직연금가입자의 퇴직연금 설정 전기 계상된 퇴직급여충당금을 차감한 금액을 말하며, 이를 산식으로 나타내면 다음과 같다.

	당기말 현재 재무상태표상 퇴직급여충당금 잔액
(−)	당기말 현재 퇴직급여충당금 부인누계액
(−)	확정기여형 퇴직연금자의 퇴직연금 설정 전 기계상된 퇴직급여충당금
=	당기말 현재 세무상 퇴직급여충당금 잔액

③ 이미 손금산입한 부담금

직전 사업연도 종료일까지 결산조정 또는 신고조정에 의해 손금산입한 부담금의 합계액에서 해당 사업연도 종료일까지 퇴직급여 지급에 충당하거나 확정기여형 퇴직연금 등으로 전환하고 남은 잔액을 말하며, 이를 산식으로 나타내면 다음과 같다(법칙 제24조 제2항).

	전기말 재무상태표상 퇴직연금충당금 등 잔액
(+)	전기말 신고조정에 의한 손금산입 누계액
(-)	퇴직연금충당금 등 손금부인 누계액
(-)	당기 중 퇴직연금 등 수령액 및 해약액
(-)	확정기여형 퇴직연금 등으로 전환된 금액
=	이미 손금산입한 부담금

3) 퇴직연금예치금 기준에 의한 한도액

퇴직연금예치금 기준에 의한 퇴직연금 등의 손금산입 한도액은 해당 사업연도 종료일 현재 확정급여형 퇴직연금제도에 따라 불입한 퇴직연금부담금(이하 "퇴직연금예치금 등"이라 함)의 잔액에서 이미 손금에 산입한 부담금 등을 차감하여 계산하는 바, 이를 산식으로 나타내면 다음과 같다.

기말 퇴직연금예치금 등의 잔액	-	이미 손금산입한 부담금

① 기말 퇴직연금예치금 등의 잔액

직전 사업연도 종료일 현재의 장부상 퇴직연금예치금 등의 잔액에서 해당 사업연도의 퇴직연금예치금 등의 수령액·해약액 및 확정기여형 퇴직연금 등으로 전환된 금액을 차감한 후 당기에 퇴직연금예치금 등으로 납입한 금액을 가산한 금액을 말하며, 이를 산식으로 나타내면 다음과 같다.

	전기말 재무상태표상 퇴직연금예치금 등 잔액
(-)	당기 중 퇴직연금예치금 등 수령액 및 해약액
(-)	확정기여형 퇴직연금으로 전환된 금액
(+)	당기 중 퇴직연금예치금 등의 납입액
=	기말 퇴직연금예치금 등의 잔액

② 이미 손금산입한 부담금

위의 '2) ③'과 동일하다.

6. 관련 유권해석

① 내국법인이 임직원에 대한 확정기여형 퇴직연금을 설정하면서 설정 전의 근무기간분에 대한 부담금을 지출한 경우 그 지출금액은 법인세법 시행규칙 제31조 제2항에 따라 퇴직급여충당금의 누적액에서 차감된 퇴직급여충당금에서 먼저 지출한 것으로 보는 것이며, 차감된 퇴직급여충당금을 초과하여 지출한 부담금은 손금에 산입하는 것임(법규

법인 2012-135, 2012. 6. 5.).

② 내국법인이 확정급여형 퇴직연금제도를 도입하면서 퇴직연금운용사업자에게 그 퇴직연금운용자산의 운용을 위탁하여 기업회계기준에 따라 법인이 해당 자산을 직접 보유한 것으로 인정되는 경우 해당 운용자산에서 발생한 손익은 그 구성자산별로 법인세법 제40조 및 제42조의 규정에 따라 손익을 인식하는 것임(법인-572, 2009. 5. 13.).

③ 퇴직보험료 등의 손금산입 한도액을 초과함에 따라 손금불산입한 퇴직보험료 등은 그 후 사업연도의 손금산입 한도액 범위 내에서 손금에 산입할 수 있음(서면2팀-212, 2006. 1. 25.).

④ 퇴직보험료 등을 결산조정에 의한 퇴직보험충당금의 설정방법으로 손금산입한 법인이 다음 사업연도에 신고조정으로 변경하기 위하여 퇴직보험충당금을 퇴직급여충당금으로 계정 대체한 경우, 동 퇴직보험충당금의 임의환입 상당액은 익금불산입(△유보)하여 세무상 퇴직보험충당금 잔액을 증가시키고, 퇴직급여충당금으로 대체한 금액은 손금불산입(유보)하는 것임(서면2팀-1463, 2004. 7. 14.).

⑤ 보험료 납입시 신고조정에 의하여 퇴직보험료를 손금에 산입한 법인의 임직원이 실제로 퇴직한 경우, 해당 퇴직보험금 상당액을 익금에 산입하고 퇴직급여충당금이 과다상계된 부분에 대하여 세무상 퇴직급여충당금잔액을 증가시켜 주는 조정을 하여야 함(서면2팀-632, 2004. 3. 30.).

⑥ 해당 사업연도 중에 퇴직하는 종업원에게 지급할 퇴직금을 퇴직보험료 등으로 납입하였다가 퇴직금으로 지급하는 경우, 동 보험료는 해당 사업연도에 손금산입하지 아니하는 것임(서이 46012-11510, 2002. 8. 12.).

⑦ 법인이 납입한 퇴직보험료 등을 자산으로만 계상하고 결산조정에 의하여 손금으로 계상하지 아니한 경우에는, 이를 납입한 사업연도에 퇴직보험료 등의 손금산입 한도액 범위 내에서 그 전액을 신고조정으로 손금산입하여야 함(서이 46012-10897, 2002. 4. 29.).

⑧ 퇴직보험료 등의 일부는 결산조정으로 손금산입하고, 나머지 잔액은 신고조정에 의해 손금산입할 수도 있음(법인 46012-3388, 1994. 12. 12.).

♠ 조정명세서 작성 사례

다음 자료에 의하여 (주)삼일의 제10기 사업연도(2025. 1. 1.~12. 31.)의 퇴직급여충당금 조정명세서[별지 제32호 서식]와 퇴직연금부담금 조정명세서[별지 제33호 서식]를 작성하시오.

1. (주)삼일의 제10기 사업연도 중 퇴직급여충당금, 퇴직연금예치금 및 퇴직금전환금 계정의 변동내용은 다음과 같다.

퇴직급여충당금

퇴직연금예치금	120,000,000	전기이월	600,000,000
현금 및 현금등가물	130,000,000	퇴직급여	350,000,000
차기이월	700,000,000		

퇴직연금예치금

전기이월	405,000,000	퇴직급여충당금	120,000,000
현금 및 현금등가물	350,000,000	차기이월	635,000,000

퇴직금전환금

전기이월	10,000,000	지급액	4,000,000
		차기이월	6,000,000

2. 당기 중 실제 퇴직한 자에게 지급한 퇴직급여는 다음과 같으며, (주)삼일은 퇴직급여 전액을 퇴직급여충당금과 상계하는 회계처리를 하였다.
   ① (주)삼일 지급분: 130,000,000원
   ② 퇴직연금 지급분: 120,000,000원

(차) 퇴직급여충당금	250,000,000	(대) 퇴직연금예치금	120,000,000
		현금 및 현금성자산	130,000,000

3. 해당 사업연도 종료일 현재 퇴직급여의 지급대상인 임원 및 직원이 퇴직할 경우 지급하여야 할 퇴직급여추계액은 700,000,000원, 근로자퇴직급여 보장법에 따른 추계액은 650,000,000원이며, 퇴직급여의 지급대상인 임직원에게 지급한 1년간 총급여액은 1,000,000,000원이다.
4. (주)삼일은 해당 사업연도에 설정한 퇴직급여충당금 전입액은 350,000,000원과 퇴직연금예치금 납입액 350,000,000원에 대하여 다음과 같이 회계처리하였다.

(차) 퇴직급여	350,000,000	(대) 퇴직급여충당부채	350,000,000
퇴직연금예치금	350,000,000	현금 및 현금성자산	350,000,000

5. 전기말 현재 자본금과 적립금 조정명세서(을)상 세무조정 내역은 다음과 같다.
   ① 퇴직급여충당금 손금불산입액: 405,000,000원(유보)
   ② 퇴직연금충당금 손금산입액: 405,000,000원(△유보)

[작성 해설]

1. 퇴직급여충당금
   ① 총급여액 기준
   1,000,000,000원 × 5% = 50,000,000원
   ② 퇴직급여충당금 누적액 기준
   - 퇴직급여추계액 = Max[㉠, ㉡]
     ㉠ 기말 현재 전 임원 및 직원 퇴직급여추계액: 700,000,000원
     ㉡ 근로자퇴직급여 보장법에 따른 퇴직급여추계액: 650,000,000원
   - 700,000,000원 × 0% − (600,000,000원 − 405,000,000원 − 130,000,000원[주1]) + 6,000,000원

+ 59,000,000[주2)] = 0원

주1) 퇴직급여충당금과 상계된 금액 중 퇴직연금예치금에서 지급된 금액을 제외한 회사 지급분만을 기중 퇴직급여지급액에서 차감한다(서이 46012-11468, 2003. 8. 8.).

주2) 설정률 감소에 따른 환입을 제외하는 금액 = Max[①, ②]

① 65,000,000 - 0 - 6,000,000 = 59,000,000

② 0

③ 한도액

MIN[㉠ 총급여액 기준에 의한 한도액, ㉡ 퇴직급여충당금 누적액 기준에 의한 한도액]
= MIN[㉠ 50,000,000원, ㉡ 0원]
= 0원

④ 퇴직급여충당금 한도초과액
= 350,000,000원 - 0원 = 350,000,000원

⑤ 당기말 현재 퇴직급여충당금 부인누계액
= 405,000,000원 + 350,000,000원 - 120,000,000원[주)] = 635,000,000원

주) 전기 이전에 퇴직연금부담금 납입시 신고조정에 의해 손금산입한 퇴직연금부담금의 당기 지급액(120,000,000원)을 퇴직급여충당금의 감소로 회계처리한 경우에는 해당 퇴직연금 상당액을 손금불산입(유보)하고, 동시에 퇴직급여충당금이 과다 상계되었으므로 손금산입(△유보)하여 세무상 퇴직급여충당금을 증가시켜 주는 세무조정을 하여야 한다(서면2팀-632, 2004. 3. 30.).

⑥ 세무조정

〈손금불산입〉	전기 퇴직연금충당금	120,000,000(유보)
〈손금산입〉	전기 퇴직급여충당금 한도초과액	120,000,000(△유보)
〈손금불산입〉	퇴직급여충당금 한도초과액	350,000,000(유보)

2. 퇴직연금부담금

① 퇴직급여추계액 기준
= 700,000,000원 - (700,000,000원 - 635,000,000원) - (405,000,000원 - 120,000,000원)
= 700,000,000원 - 65,000,000원 - 285,000,000원 = 350,000,000원

② 퇴직연금예치금 기준
= (405,000,000원 - 120,000,000원 + 350,000,000원) - 285,000,000원
= 635,000,000원 - 285,000,000원
= 350,000,000원

③ 한도액

MIN[① 퇴직급여추계액 기준에 의한 한도액, ② 퇴직연금예치금 기준에 의한 한도액]
= MIN[① 350,000,000원, ② 350,000,000원]
= 350,000,000원

④ 세무조정

회사가 손금으로 계상한 퇴직연금부담금이 없으므로, 퇴직연금부담금 손금산입 한도액 350,000,000원을 전액 손금산입(△유보)한다.

〈손금산입〉	퇴직연금충당금	350,000,000(△유보)

[별지 제32호 서식] (2019. 3. 20. 개정)

사 업 연 도	2025. 1. 1. ~ 2025. 12. 31.	**퇴직급여충당금 조정명세서**	법 인 명	(주)삼일
			사업자등록번호	

1\. 퇴직급여충당금 조정

「법인세법 시행령」 제60조 제1항에 따른 한도액	①퇴직급여 지급대상이 되는 임원 또는 직원에게 지급한 총급여액(⑲의 계)	②설정률	③한도액 (①×②)	비 고
	1,000,000,000	5/100	50,000,000	

「법인세법 시행령」 제60조 제2항 및 제3항에 따른 한도액	④ 장부상 충당금 기초잔액	⑤ 확정기여형 퇴직연금자의 퇴직연금 설정 전 기계상된 퇴직급여충당금	⑥ 기중충당금환입액	⑦ 기초충당금 부인누계액	⑧ 기중퇴직금 지급액	⑨ 차감액 (④－⑤－⑥－⑦－⑧)
	600,000,000			405,000,000	130,000,000	65,000,000

「법인세법 시행령」 제60조 제2항 및 제3항에 따른 한도액	⑩ 추계액 대비 설정액 (㉒ × 설정률)	⑪퇴직금전환금	⑫ 설정률 감소에 따른 환입을 제외하는 금액 MAX(⑨-⑩-⑪, 0)	⑬누적한도액 (⑩-⑨+⑪+⑫)
	0	6,000,000	59,000,000	0

한도초과액 계 산	⑭한도액 MIN(③, ⑬)	⑮회사계상액	⑯한도초과액 (⑮-⑭)
	0	350,000,000	350,000,000

2\. 총급여액 및 퇴직급여추계액 명세

구 분 / 계정명	⑰총급여액		⑱퇴직급여 지급대상이 아닌 임원 또는 직원에 대한 급여액		⑲퇴직급여 지급대상이 되는 임원 또는 직원에 대한 급여액		⑳기말현재 임원 또는 직원 전원의 퇴직시 퇴직급여 추계액	
	인원	금 액	인원	금 액	인원	금 액	인원	금 액
								700,000,000
							㉑「근로자퇴직급여 보장법」에 따른 추계액[퇴직연금미가입자의 경우 일시퇴직기준(⑳)을 적용하여 계산한 금액]	
							인원	금 액
								650,000,000
							㉒세법상 추계액 MAX(⑳, ㉑)	
계						1,000,000,000		700,000,000

[별지 제33호 서식] (2014. 3. 14. 개정)

사업연도	2025. 1. 1. ~ 2025. 12. 31.	퇴직연금부담금 조정명세서	법 인 명	(주)삼일
			사업자등록번호	

1. 퇴직연금 등의 부담금 조정

① 퇴직급여추계액	당기말 현재 퇴직급여충당금				⑥ 퇴직부담금 등 손금산입누적 한도액(①－⑤)
	② 장부상 기말잔액	⑤ 확정기여형 퇴직연금자의 퇴직연금 설정 전 기계상된 퇴직급여충당금	④ 당기말 부인누계액	⑤ 차감액 (②－③－④)	
700,000,000	700,000,000		635,000,000	65,000,000	635,000,000

⑦ 이미 손금산입한 부담금 등(⑰)	⑧ 손금산입 한도액 (⑥－⑦)	⑨ 손금산입대상 부담금 등(⑱)	⑩ 손금산입 범위액(⑧과 ⑨ 중 작은 금액)	⑪ 회사손금계상액	⑫ 조정금액 (⑩－⑪)
285,000,000	350,000,000	350,000,000	350,000,000	-	350,000,000

2. 이미 손금산입한 부담금 등의 계산

가. 손금산입대상 부담금 등 계산

⑬ 퇴직연금예치금 등 계(㉒)	⑭ 기초퇴직연금 충당금등 및 전기말신고 조정에 의한 손금산입액	⑮ 퇴직연금 충당금 등 손금 부인 누계액	⑯ 기중 퇴직연금 등 수령 및 해약액	⑰ 이미 손금 산입한 부담금 등 (⑭－⑮－⑯)	⑱ 손금산입대상 부담금 등 (⑬－⑰)
635,000,000	405,000,000	-	120,000,000	285,000,000	350,000,000

나. 기말 퇴직연금 예치금 등의 계산

⑲ 기초퇴직연금예치금 등	⑳ 기중 퇴직연금예치금 등 수령 및 해약액	㉑ 당기 퇴직연금예치금 등의 납입액	㉒ 퇴직연금예치금 등 계 (⑲－⑳＋㉑)
405,000,000	120,000,000	350,000,000	635,000,000

4 대손금과 대손충당금

Ⅰ. 대손금

1. 요 지

대손금이란 소멸시효완성 등의 사유로 회수할 수 없는 채권금액을 말한다. 대손금은 순자산감소액이므로 법인의 손금이며(법법 제19조의 2 제1항), 법인세법에서는 대손사유, 대손채권의 범위 및 대손금의 귀속시기에 대하여 엄격하게 규정하고 있다.

2. 대손금의 범위

(1) 대손금으로 인정되는 채권(법령 제19조의 2 제1항)

대손처리할 수 있는 채권의 범위는 대손충당금 설정대상채권의 범위보다 넓어 영업거래뿐만 아니라 영업외거래에서 발생한 장부상 모든 채권으로 다음에 해당하는 것으로 한다.주1)

구 분	요 건
(1) 법률적으로 청구권이 소멸하여 회수할 수 없게 된 채권(채무의 면제로 인한 청구권 소멸은 제외)	① 소멸시효가 완성된 다음의 채권(법령 제19조의 2 제1항 제1호~제4호) • 상법에 따른 소멸시효가 완성된 외상매출금 및 미수금 • 어음법에 따른 소멸시효가 완성된 어음 • 수표법에 따른 소멸시효가 완성된 수표 • 민법에 따른 소멸시효가 완성된 대여금 및 선급금 ② 법정소멸채권(법령 제19조의 2 제1항 제5호, 제5호의 2, 제6호, 제10호) • 채무자 회생 및 파산에 관한 법률에 의한 회생계획인가의 결정 또는 법원의 면책결정에 따라 회수불능으로 확정된 채권

주1) 해외매출채권도 국내매출채권과 같이 채무자의 파산 등 대손사유로 인해 회수할 수 없는 금액은 대손금으로 손금산입할 수 있음(서면2팀 - 2150, 2005. 12. 22.).

<table>
<tr><th>구 분</th><th>요 건</th></tr>
<tr><td></td><td>• 서민의 금융생활 지원에 관한 법률에 따른 채무조정을 받아 같은 법 제75조의 신용회복지원협약에 따라 면책으로 확정된 채권
• 민사집행법 제102조에 따라 채무자의 재산에 대한 경매가 취소된 압류채권
• 재판상 화해 등 확정판결과 같은 효력을 가지는 것으로서 민사소송법에 따른 화해 및 화해권고결정, 민사조정법 제30조에 따른 결정 및 민사조정법에 따른 조정에 따라 회수불능으로 확정된 채권</td></tr>
<tr><td>(2) 채무자의 상태로 보아 회수할 수 없다고 인정되는 채권
(법령 제19조의 2 제1항 제8호)</td><td>① 채무자회생 및 파산에 관한 법률에 따라 법원이 파산폐지의 결정을 하거나 파산종결의 결정을 하여 공고한 경우, 또는 파산폐지 · 파산종결 공고일 이전에 파산절차 진행과정에서 관계서류 등에 의해 해당 채권자가 배당 받을 금액이 채권금액에 미달하는 사실이 객관적으로 확인되는 경우로서 회수할 수 없는 채권(법기통 19의 2-19의 2…1)
② 채무자의 사망, 실종 또는 행방불명으로 회수할 수 없는 채권
③ 채무자에 대한 채권회수를 위한 법원의 강제집행결과 무재산 · 행방불명 등의 사유로 강제집행불능조서가 작성되고, 회수 가능한 재산이 없는 채권(법기통 19의 2-19의 2…3)
④ 채무자가 형 집행 중에 있고, 회수 가능한 재산이 없는 채권
⑤ 채무자가 사업을 폐지함으로써 회수가 불가능한 채권. 채무법인이 해산되어 상법 소정의 절차에 의하여 청산이 종결된 후에도 회수하지 못한 채권이 있는 법인은 사업의 폐지로 인하여 회수할 수 없는 채권으로서 대손금으로 처리할 수 있으며 단순히 폐업으로 인한 채권에 대하여는 대손처리할 수 없음.</td></tr>
<tr><td>(3) 감독기관 등의 대손승인을 얻은 채권
(법령 제19조의 2 제1항 제12호, 제13호)</td><td>① 다음 금융회사 등의 채권으로서 금융감독원장이 기획재정부장관과 협의하여 정한 대손처리기준에 따라 금융회사 등이 금융감독원장으로부터 대손금으로 승인받은 채권 또는 금융감독원장이 동 기준에 해당한다고 인정하여 대손처리를 요구한 채권으로 금융회사 등이 대손금으로 계상한 채권
• 은행법에 의한 인가를 받아 설립된 은행
• 한국산업은행, 중소기업은행, 한국수출입은행
• 농업협동조합중앙회(농업협동조합법 제134조 제1항 제4호의 사업에 한정함) 및 농협은행, 수산업협동조합중앙회(수산업협동조합법 제138조 제1항 제4호 및 제5호의 사업에 한정함) 및 수협은행
• 자본시장과 금융투자업에 관한 법률에 따른 투자매매업자 및 투자중개업자
• 종합금융회사, 상호저축은행중앙회(지급준비예탁금에 한함) 및 상호저축은행, 보험회사, 신탁업자
• 여신전문금융회사(신기술사업금융업자의 경우에는 신기술사업자에 대한 것에 한정함)
• 산림조합중앙회(산림조합법 제108조 제1항 제3호, 제4호 및 제5호의 사업에 한정함)
• 한국주택금융공사</td></tr>
</table>

구 분	요 건
	• 자금중개회사, 금융지주회사 • 신용협동조합중앙회(신용협동조합법 제78조 제1항 제5호 · 제6호 및 제78조의 2 제1항의 사업에 한정함) • 새마을금고중앙회(새마을금고법 제67조 제1항 제5호 및 제6호의 사업에 한정함) ② 벤처투자회사(벤처투자 촉진에 관한 법률 제2조 제10호)의 창업자에 대한 채권으로서 중소벤처기업부장관이 기획재정부장관과 협의하여 정한 대손처리기준에 해당한다고 인정한 것
(4) 부도수표 · 어음상의 채권 (법령 제19조의 2 제1항 제9호 및 제2항)	부도발생일로부터 6개월 이상 지난 수표 또는 어음상의 채권 및 부도발생일로부터 6개월 이상 지난 중소기업의 외상매출금으로서 부도발생일 이전의 채권[주1]으로 1,000원을 공제한 금액으로 하되, 해당 법인이 채무자의 재산에 대해 저당권을 설정하고 있는 경우를 제외함. 그러나 저당권을 설정한 경우에도 해당 자산의 가액이 채권액에 미달하고 해당 재산 외에 사실상 회수할 수 있는 다른 재산이 없는 경우에는 해당 재산의 가액을 초과하는 금액은 대손금으로 하고, 이때 해당 자산의 가액은 법령 제89조에 따른 시가에서 선순위채권가액을 차감한 금액으로 하고 선순위채권가액은 객관적으로 확인 가능한 실제의 채권가액으로 함(법기통 19의 2-19의 2…7 제2항).
(5) 기타(법령 제19조의 2 제1항 제7호, 제9호의 2, 제11호 및 제5항)	① 물품의 수출 또는 외국에서의 용역제공으로 발생한 채권으로서 법칙 제10조의 4 제1항 각 호[주2]의 어느 하나에 해당하여 무역에 관한 법령에 따라 한국무역보험공사로부터 회수불능으로 확인된 채권 ② 중소기업의 외상매출금등(외상매출금 및 미수금)으로서 회수기일이 2년 이상 지난 외상매출금등. 다만, 특수관계인과의 거래로 인하여 발생한 외상매출금등은 제외함. ③ 회수기일이 6개월 이상 지난 채권 중 채권가액이 30만 원 이하(채무자별 채권가액의 합계액 기준)인 채권 ④ 기업회계기준에 따른 채권의 재조정에 따라 채권의 장부가액과 현재가치의 차액을 대손금으로 계상한 금액(동 손금산입액은 기업회계기준의 환입방법에 따라 이를 익금에 산입함)

주1) 채권자가 중소기업인 경우를 말함(법인 46012-1610, 1999. 4. 29.).

주2) 1. 채무자의 파산 · 행방불명 또는 이에 준하는 불가항력으로 채권회수가 불가능함을 현지의 거래은행 · 상공회의소 · 공공기관 또는 해외채권추심기관(한국무역보험공사와 무역보험법 제53조 제3항에 따른 대외채권 추심 업무 수행에 관한 협약을 체결한 외국의 기관을 말함)이 확인하는 경우(해외채권추심기관이 2023년 3월 19일 이전에 발생한 채권으로서 2023년 3월 20일 이후 채권의 회수불능을 확인하는 경우에도 적용)

2. 거래당사자 간에 분쟁이 발생하여 중재기관 · 법원 또는 보험기관 등이 채권금액을 감면하기로 결정하거나 채권금액을 그 소요경비로 하기로 확정한 경우(채권금액의 일부를 감액하거나 일부를 소요경비로 하는 경우에는 그 감액되거나 소요경비로 하는 부분으로 한정함)

3. 채무자의 인수거절 · 지급거절에 따라 채권금액의 회수가 불가능하거나 불가피하게 거래

당사자 간의 합의에 따라 채권금액을 감면하기로 한 경우로서 이를 현지의 거래은행 · 검사기관 · 공증기관 · 공공기관 또는 해외채권추심기관이 확인하는 경우(채권금액의 일부를 감액한 경우에는 그 감액된 부분으로 한정하며, 해외채권추심기관이 2023년 3월 19일 이전에 발생한 채권으로서 2023년 3월 20일 이후 채권의 회수불능을 확인하는 경우에도 적용)

(2) 대손금으로 인정되지 않는 채권

① 부가가치세 매출세액 미수금으로서 대손세액공제를 받은 금액(법령 제19조 제8호)

② 채무보증(법령 제19조의 2 제6항 각 호의 보증주1)은 제외)으로 인하여 발생한 구상채권(법법 제19조의 2 제2항 제1호)

③ 특수관계인에 대한 업무무관가지급금주2)(법법 제19조의 2 제2항 제2호)

④ 법령 제106조 제1항 제1호 본문에 따라 특수관계인에게 처분된 소득에 대한 소득세 대납액을 가지급금 등으로 계상한 경우(법기통 19의 2-19의 2…4)

⑤ 약정에 의하여 채권의 전부 또는 일부를 포기한 금액(법기통 19의 2-19의 2…5)

3. 대손금의 귀속시기(법령 제19조의 2 제3항, 제4항)

법인세법상 대손금은 해당 대손사유가 발생하여 법인이 장부에 손비로 계상한 날이 속하는 사업연도에 대손으로 인정하는 결산조정채권과 법인이 장부에 손비로 계상하지 않더라도 신고조정에 의해 해당 대손사유가 발생한 날이 속하는 사업연도에 손금으로 산입할

주1) 1. 독점규제 및 공정거래에 관한 법률 제24조 각 호의 어느 하나에 해당하는 채무보증
2. 법인세법 시행령 제61조 제2항 각 호의 어느 하나에 해당하는 금융회사 등이 행한 채무보증
3. 법률에 따라 신용보증사업을 영위하는 법인이 행한 채무보증
4. 대 · 중소기업 상생협력 촉진에 관한 법률에 따른 위탁기업이 수탁기업협의회의 구성원인 수탁기업에 대하여 행한 채무보증
5. 건설업 및 전기 통신업을 영위하는 내국법인이 건설사업(미분양주택을 기초로 하는 법인세법 시행령 제10조 제1항 제4호 각 목 외의 부분에 따른 유동화거래를 포함함)과 직접 관련하여 특수관계인에 해당하지 아니하는 자에 대한 채무보증. 다만, 다음의 어느 하나에 해당하는 자에 대한 채무보증은 특수관계인에 대한 채무보증을 포함함(법칙 제10조의 5).
㉠ 사회기반시설에 대한 민간투자법 제2조 제7호에 따른 사업시행자
㉡ 국유재산법 제13조 제2항 제1호 또는 공유재산 및 물품 관리법 제7조 제2항 제1호에 따라 기부한 행정재산을 운영하는 내국법인
㉢ 법인세법 제51조의 2 제1항 제1호 · 제2호 · 제4호 · 제6호에 해당하는 내국법인 또는 이와 유사한 투자회사로서 조세특례제한법 제104조의 31 제1항 각 호에 해당하는 내국법인
6. 해외자원개발사업자가 해외자원개발사업과 직접 관련하여 해외에서 설립된 법인에 대하여 행한 채무보증(2023년 2월 27일 이전의 채무보증으로 발생한 구상채권으로서 2023년 2월 28일 이후 해당 채권을 회수할 수 없게 되는 경우에도 적용)
7. 해외건설 촉진법에 따른 해외건설사업자가 해외자원개발을 위한 해외건설업과 직접 관련하여 해외에서 설립된 법인에 대해 행한 채무보증(2023년 2월 27일 이전의 채무보증으로 발생한 구상채권으로서 2023년 2월 28일 이후 해당 채권을 회수할 수 없게 되는 경우에도 적용)

주2) 특수관계인에 대한 판단은 대여시점을 기준으로 함.

수 있는 신고조정가능채권으로 구분되며, 이는 다음과 같다.

구 분	귀속 사업연도	조정구분
법령 제19조의 2 제1항 제1호부터 제6호에서 규정한 대손채권(소멸시효완성채권 및 법정소멸채권)	해당 사유가 발생한 날	신고조정 가능
기타의 대손채권	해당 사유가 발생하여 법인이 손비로 계상한 날	결산조정

(1) 소멸시효완성채권과 법정소멸채권 - 신고조정 가능

소멸시효완성채권(법령 제19조의 2 제1항 제1호부터 제4호)과 재판상 화해 등에 따라 회수불능으로 확정된 채권 외의 법정소멸채권 등(법령 제19조의 2 제1항 제5호, 제5호의 2, 제6호)은 해당 사유가 발생한 날이 속하는 사업연도의 손금으로 한다. 즉, 소멸시효완성채권 등을 손비로 회계처리하지 않았더라도 해당 사유가 발생한 날이 속하는 사업연도의 세무조정으로 손금산입이 가능하다(법인 46012-804, 1998. 4. 1.).

(2) 기타의 대손채권

기타의 대손채권은 대손사유가 발생하여 법인이 손비로 계상한 날이 속하는 사업연도의 손금으로 한다. 즉, 결산조정에 의해서만 법인의 손금으로 할 수 있다. 예컨대, 부도발생일부터 6월 이상 경과한 어음상의 채권은 해당 법인의 채무자의 재산에 대하여 저당권을 설정하고 있는 경우를 제외하고는 소멸시효가 완성되기 전까지 기업회계기준에 따라 대손금으로 계상한 사업연도에 대손처리할 수 있다(법인 46012-650, 2000. 3. 9.). 그러나 부도어음에 대한 소멸시효가 경과한 이후 사업연도에는 부도어음에 대한 대손금을 손금산입할 수 없다(법인 46012-2060, 1997. 7. 25.).

한편, 법인이 다른 법인과 합병하거나 분할하는 경우로서 기타의 대손채권(법령 제19조의 2 제1항 제8호부터 제13호)에 해당하는 대손금을 합병등기일 또는 분할등기일이 속하는 사업연도까지 손비로 계상하지 아니한 경우 그 대손금은 해당 법인의 합병등기일 또는 분할등기일이 속하는 사업연도의 손비로 한다(법령 제19조의 2 제4항).

4. 대손증빙서류

법인이 채권을 대손금으로 확정하는 경우에는 객관적인 자료에 의하여 그 채권이 회수불능임을 입증하여야 한다.

부도발생일로부터 6월 이상 경과한 수표 또는 어음상의 채권(해당 법인이 채무자의 재산에 대해 저당권을 설정하고 있는 경우 제외)의 경우에는 은행의 부도확인서 등에 의해 증명하여야 한다(법인 46012-80, 1994. 1. 10.). 또한 채무자의 파산, 강제집행, 사망·실종, 행방불명 등을 사유로 채권을 대손처리하고자 하는 법인은 객관적인 자료에 의하여 회수불능임을 입증하여야 한다. 대손요건을 입증함에 있어 법정구비서류가 별도로 규정되어 있는 것은 아니나, 다음의 사항을 기재한 채권관리부서의 조사보고서 등으로 이를 대신할 수 있다(서이 46012-11866, 2003. 10. 27.).

- 채무자의 등록기준지, 최종 및 직전 주소지(법인의 경우는 등기부상 소재지)와 사업장 소재지를 관할하는 관서의 공부상 등록된 채무자 소유재산이 있는지의 여부
- 채무자가 보유하고 있는 동산에 관한 사항
- 다른 장소에서의 사업영위 여부
- 기타 채무자의 거래처·거래은행 등에 대한 탐문조사내용 등 채권회수를 위한 조치사항
- 보증인이 있는 경우에는 보증인에 대하여도 위와 같은 조사내용을 기재함.

5. 대손금의 세무조정

(1) 세무조정 요약

대손금은 대손충당금 잔액이 있으면 동 충당금과 상계하여야 하며, 충당금 잔액이 부족할 경우 충당금 잔액을 초과하는 금액은 직접 비용처리한다. 다음은 대손요건 충족 여부에 따른 세무조정을 요약한 것이다.

구 분		세 무 조 정
대손계상채권	대손사유 충족시	세무조정 없음.
	대손사유 미충족시	손금불산입 대손금 유보
대손미계상채권	대손사유 충족시	신고조정항목인 대손채권 - 손금산입 △유보 결산조정항목인 대손채권 - 없음.
	대손사유 미충족시	없음.

(2) 사후관리

① 대손사유 미충족으로 대손부인된 채권

- 대손처리하였으나 대손요건 미충족으로 손금불산입된 것은 해당 채권의 대손사유가 충족되는 날이 속하는 사업연도에 손금산입(△유보)한다.
- 부도어음·수표 및 중소기업의 외상매출금은 부도발생일로부터 6개월이 지나면**주3)**

자동적으로 대손사유를 충족하므로, 대손부인된 다음 사업연도에 1,000원을 공제한 채권잔액을 손금산입한다(법령 제19조의 2 제2항).

② 신고조정으로 대손처리한 대손금을 이후 사업연도에 해당 법인이 손비로 계상한 경우, 동 대손금은 이월손금이므로 손금불산입(유보)한다.

(3) 정당한 사유 없는 채권포기 금액을 대손금으로 회계처리한 경우

① 채권의 포기목적이 거래처에 대한 접대의 성질인 경우: 기업업무추진비에 포함하여 시부인

② 채권의 포기목적이 기업업무추진비에 해당하지 아니한 경우: 비지정기부금으로 조정

③ 특수관계인에 대한 채권의 포기: 부당행위계산의 부인

④ 직원이 횡령한 법인의 공금: 동 직원 및 그 보증인에게 법에 의한 제반절차를 취하였으나 회수할 수 없는 경우에는 대손처리 가능함(법기통 19의 2-19의 2…6).

(4) 신고조정대상 대손금에 해당하지 않는 회수불능채권을 신고조정으로 손금산입한 경우

회수불능의 사유는 법인 임의로 정하는 것이 아닌 만큼 신고조정대상이 아닌 회수불능채권을 신고조정으로 손금산입한 대손금은 세무조정의 오류에 해당하므로, 이후 사업연도에 발견한 경우에는 수정신고를 하여야 한다.

6. 채권 · 채무의 조정 (이자율 인하 또는 만기연장의 방법에 의한 조건 변경)

(1) 기업회계기준의 내용

채권 · 채무조정은 채무자의 현재 또는 장래의 채무변제능력이 크게 저하된 경우에 채권자와 채무자 간의 합의 또는 법원의 결정 등의 방법으로 채무자의 부담완화를 공식화하는 것을 말한다.

채권 · 채무조정의 유형은 자산 또는 지분증권 등의 이전을 통한 채무의 변제와 이자율이나

주3) 부도발생일이란 부도어음 · 수표의 지급기일(지급기일 전 해당 어음 · 수표를 제시하여 금융기관으로부터 부도확인을 받은 경우 그 부도확인일)을 말하며, 6개월이 지난 날이란 6개월이 되는 날이 아니라 6개월이 되는 날의 다음 날을 말함(법인 46012-2435, 2000. 12. 21.). 한편, 부도발생일부터 6개월이 지난 어음상의 채권에는 배서받은 어음으로서 배서인에 대하여 어음법 제43조에 따라 상환청구권을 행사할 수 있는 어음도 대손처리할 수 있음(법기통 19의 2-19의 2…7 제1항).

만기 등의 조건변경을 통한 채무의 존속으로 구분할 수 있다. 이 중 이자율 인하 또는 만기연장의 방법에 의한 채권·채무의 조건변경의 경우, 채권자는 채권의 장부가액과 현재가치의 차이를 '대손상각비'와 '대손충당금'으로 계상한 후 유효이자율법에 의하여 대손충당금을 환입하고, 채무자는 채무의 장부가액과 현재가치의 차이를 '현재가치할인차금'과 '채무조정이익'으로 계상한 후 유효이자율법에 의하여 현재가치할인차금을 상각한다(일반기준 6장).

【사 례】

조정대상 채권의 명목가액이 1,000이고, 현재가치가 700이며, 유효이자율법에 의한 현재가치할인차금의 상각(또는 환입액)이 각각 80, 100, 120일 경우 채권자와 채무자의 회계처리를 하시오.

구 분	채권자	채무자
채권·채무조정시	(차) 대 손 상 각 비 300 (대) 대 손 충 당 금 300	(차) 현재가치할인차금 300 (대) 채 무 조 정 이 익 300
환입·상각시주)	(차) 대 손 충 당 금 80 (대) 이 자 수 익 80	(차) 이 자 비 용 80 (대) 현재가치할인차금 80

주) 이후 연도에는 각각 100과 120이 계상되나, 이에 대한 분개는 생략함.

(2) 법인세법의 내용

법인세법에서는 기업회계기준에 따른 채권재조정에 따라 채권의 장부가액과 현재가치의 차액을 대손금으로 계상한 경우에는 이를 손금에 산입하며, 손금에 산입한 금액은 기업회계기준의 환입방법에 따라 이를 익금에 산입한다(법령 제19조의 2 제5항). 다만, 채권자인 법인이 기업회계기준에 의한 채권·채무의 조정과 관련하여 원금의 일부를 감면한 경우로 객관적으로 정당한 사유가 없는 경우에는 대손금으로 보지 않고 기업업무추진비나 기부금으로 본다(법기통 19의 2-19의 2…5, 8). 한편, 채무법인이 기업회계기준에 의한 채권·채무조정에 따라 채무의 장부가액과 현재가치의 차액을 채무조정이익으로 계상한 경우에는 이를 익금에 산입하지 아니한다(법기통 19의 2-19의 2…9).

7. 부가가치세 대손세액 공제제도(부법 제45조)

(1) 대손세액공제의 의의

사업자가 부가가치세가 과세되는 재화 또는 용역을 공급하고 공급받는 자의 파산, 강제집행, 기타 법정사유로 인하여 해당 재화 또는 용역의 공급에 대한 외상매출금, 기타 매출채권(부가가치세액을 포함)의 전부 또는 일부가 대손되어 회수할 수 없는 경우에는 그 대손세액을 그 대손이 확정된 날이 속하는 과세기간의 매출세액에서 차감할 수 있다. 한편, 부가가치세법 제45조의 규정에 의한 대손세액공제를 받은 매출세액미수금에 대해서는 법인세법상 대손금으로 손금에 산입할 수 없다(법령 제19조 제8호).

(2) 대손사유(부령 제87조)

부가가치세법상 사업자는 과세대상 재화·용역을 공급받은 자에게 다음의 사유가 발생한 경우에는 대손세액공제규정을 적용할 수 있다(부령 제87조 제1항).

① 법인세법상 대손사유(법령 제19조의 2 제1항) 및 소득세법상 대손사유(소령 제55조 제2항)에 따라 대손금으로 인정되는 경우

② 채무자 회생 및 파산에 관한 법률에 따른 법원의 회생계획인가 결정에 따라 채무를 출사선환하는 경우. 이 경우 대손되어 회수할 수 없는 금액은 출사선환하는 시점의 출자전환된 매출채권 장부가액과 출자전환으로 취득한 주식 또는 출자지분의 시가와의 차액으로 함.

법인세법상 대손사유는 전술한 '2. 대손금의 범위'를 참조하기 바란다.

(3) 대손세액 공제범위

사업자가 부가가치세 과세대상 재화 또는 용역을 공급한 후 그 공급일로부터 10년이 경과된 날이 속하는 과세기간에 대한 확정신고기한까지 위 "(2) 대손사유"로 인하여 회수할 수 없는 것으로 확정되는 대손세액(부가가치세법 제57조에 따른 결정 또는 경정으로 증가된 과세표준에 대해 부가가치세액을 납부한 경우 해당 대손세액을 포함)으로 한다(부령 제87조 제2항).

(4) 대손세액의 계산방법(부법 제45조 제1항)

대손세액 = 매출채권 등의 대손금액(부가가치세액 포함) × 10/110

(5) 대손세액의 처리

구 분	대손이 확정된 경우	대손금을 회수(변제)한 경우
공급자	대손세액을 매출세액에서 차감	회수한 대손세액을 매출세액에 가산
공급받는 자	대손세액을 매입세액에서 차감	변제한 대손세액을 매입세액에 가산

(6) 대손세액공제의 신청

대손세액공제를 받고자 하거나 변제한 대손세액을 매입세액에 가산하고자 하는 사업자는 부가가치세확정신고서에 대손세액공제(변제)신고서(부칙 별지 제19호 서식(1)부터 (3))와 대손사실 또는 변제사실을 증명하는 서류를 첨부하여 관할 세무서장에게 제출(국세정보통신망에 의한 제출을 포함함)하여야 한다(부령 제87조 제4항, 부칙 제60조). 만약, 실수로 확정신고시 대손세액공제를 하지 못한 경우에는 경정청구할 수 있다(재소비 46015-346, 2002. 12. 12.).

Ⅱ. 대손충당금

1. 대손충당금 설정대상채권 (법법 제34조 제1항, 제2항 및 법령 제61조 제1항)

<table>
<tr><th>구 분</th><th>대손충당금 설정가능채권의 범위</th></tr>
<tr><td>외상매출금</td><td>상품, 제품 판매가액의 미수액과 가공료·용역 등의 제공에 의한 사업수입금액의 미수액</td></tr>
<tr><td>대여금</td><td>금전소비대차계약 등에 의하여 타인에게 대여한 금액</td></tr>
<tr><td>기타 이에 준하는 채권</td><td>• 어음상의 채권 및 미수금
• 그 밖에 기업회계기준에 따른 대손충당금 설정대상채권(외상매출금 기장누락에 대하여 익금산입 처분된 매출에 해당하는 매출채권금액, 공사진행률에 의하여 계상된 공사미수금 포함)</td></tr>
<tr><th colspan="2">대손충당금 설정제외채권의 범위</th></tr>
<tr><td colspan="2">① 채무보증(법령 제19조의 2 제6항 각 호의 보증주)은 제외)으로 인하여 발생하는 구상채권
② 특수관계인에 대한 업무무관가지급금. 이 경우 특수관계인에 대한 판단은 대여시점을 기준으로 함.
③ 부당행위계산 부인규정을 적용받는 시가초과액에 상당하는 채권(법령 제61조 제1항 제3호)
④ 동일인에 대하여 채권·채무가 동시에 있고 상계약정이 있는 경우 상계대상금액(법칙 제32조 제2항)
⑤ 기업회계기준상 매각거래에 해당하는 할인어음·배서어음(재법인 46012-180, 2001. 10. 17.)
⑥ 수탁판매법인이 보유하는 수탁물품의 판매대금(국심 1989서 141, 1989. 4. 27.)
⑦ 법인세법상 익금의 귀속시기가 도래하지 아니한 미수이자(서이 46012-10667, 2003. 3. 31.)</td></tr>
</table>

주) 전술한 'Ⅰ. 대손금 2. 대손금의 범위 (2) 대손금으로 인정되지 않는 채권'의 주1) 참조

2. 손금산입 범위액(법령 제61조 제2항)

<table>
<tr><th>해당 사업연도 종료일 현재 설정대상채권의 장부가액 합계</th><th>×</th><th colspan="3">설정비율</th></tr>
<tr><td rowspan="2">기말 B/S상 매출채권 등의 잔액
+ 기말현재 대손금 부인누계액
- 설정제외채권</td><td rowspan="2"></td><td>(1) 일반법인</td><td>(2) 일반적인 금융회사 등</td><td>(3) 대손충당금 적립기준 적용대상 금융회사 등</td></tr>
<tr><td>한도액 = 기말설정대상채권 등의 잔액 × Max(1%, 대손실적률)</td><td>한도액 = 기말설정대상채권 등의 잔액 × Max(1%, 대손실적률)</td><td>한도액
= Max(A, B)
A: 기말설정대상채권 등의 잔액 × Max(1%, 대손실적률)
B: 대손충당금 적립기준에 따른 금액</td></tr>
</table>

※ 대손실적률(법령 제61조 제3항) $= \dfrac{\text{해당 사업연도의 손금 인정 대손금}}{\text{직전 사업연도 종료일 현재의 채권가액}}$

(1) 금융회사 등 이외의 법인

해당 사업연도 종료일 현재 설정대상채권의 세무상 장부가액에 1%와 대손실적률 중 큰 비율을 적용하여 대손충당금 설정한도액을 계산한다.

(2) 금융회사 등

1) 일반적인 금융회사 등의 경우

다음의 금융회사 등은 해당 사업연도 종료일 현재 설정대상채권의 세무상 장부가액의 1%와 대손실적률 중 큰 비율을 적용하여 대손충당금 설정한도액을 계산한다.

① 신용보증기금, 기술보증기금, 농림수산업자신용보증기금, 주택금융신용보증기금
② 한국무역보험공사, 예금보험공사 및 정리금융회사, 한국자산관리공사(부실채권정리기금을 포함함), 유동화전문회사
③ 신용보증재단
④ 벤처투자회사
⑤ 대부업자로 등록한 법인
⑥ 근로복지공단(근로자 신용보증 지원사업에서 발생한 구상채권에 한정함)

⑦ 농업협동조합자산관리회사

2) 대손충당금 적립기준 적용대상 금융회사 등의 경우

다음 금융회사 등의 경우에는 금융위원회(⑫의 경우 행정안전부)가 기획재정부장관과 협의하여 정하는 대손충당금 적립기준에 따라 적립하여야 하는 금액, 채권잔액의 1% 또는 대손실적률을 곱하여 계산한 금액 중 큰 금액으로 한다(법령 제61조 제2항 단서).

① 은행법에 의한 인가를 받아 설립된 은행
② 한국산업은행, 중소기업은행, 한국수출입은행
③ 농업협동조합중앙회(농업협동조합법 제134조 제1항 제4호의 사업에 한정함) 및 농협은행, 수산업협동조합중앙회(수산업협동조합법 제138조 제1항 제4호 및 제5호의 사업에 한정함) 및 수협은행
④ 자본시장과 금융투자업에 관한 법률에 따른 투자매매업자 및 투자중개업자
⑤ 종합금융회사, 상호저축은행중앙회(지급준비예탁금에 한함) 및 상호저축은행, 보험회사, 신탁업자
⑥ 여신전문금융회사
⑦ 산림조합중앙회(산림조합법 제108조 제1항 제3호, 제4호 및 제5호의 사업에 한정함)
⑧ 한국주택금융공사
⑨ 자금중개회사
⑩ 금융지주회사
⑪ 신용협동조합중앙회(신용협동조합법 제78조 제1항 제5호 · 제6호 및 제78조의 2 제1항의 사업에 한정함)
⑫ 새마을금고중앙회(새마을금고법 제67조 제1항 제5호 및 제6호의 사업으로 한정함)

3. 회계처리 및 세무조정

(1) 회계처리

대손충당금을 손금에 산입하기 위해서는 반드시 결산을 확정할 때 손비로 계상하여야 한다(결산조정). 또한, 대손충당금을 설정해 놓은 법인은 대손금이 발생한 때 대손충당금과 먼저 상계하고 그 잔액은 환입한다.

(2) 세무조정

한도초과액(부족액은 소멸함) = 기말 재무상태표상 대손충당금 잔액 - 세무상 한도액

세무상 대손충당금 한도액과 비교하는 대상은 손익계산서상 대손충당금 전입액이 아닌 기말 재무상태표상 대손충당금 잔액이다. 그 이유는 대손충당금에 대한 회계처리가 기업회계에서는 보충법인 반면, 세무상으로는 총액법이기 때문이다.**주4)**

4. 관련통칙 및 예규

① 내국법인이 특수관계 없는 제3자에 대한 채권 전액을 기업회계기준에 따라 손금으로 계상하였으나, 법인세법상 대손요건 미비로 손금불산입한 경우로서 해당 사업연도 이후에 채권회수를 위한 제반절차를 취하였음에도 법인세법 시행령 제19조의 2 제1항 제8호의 사유가 발생한 경우에는 해당 사유가 발생하는 사업연도 이후에 법인세 확정신고 시 세무조정으로 손금에 산입할 수 있는 것임(사전 - 2019 - 법령해석법인 - 0135, 2019. 3. 28.).

② 민법상 정지조건에 해당하는 조건이 붙어 있는 회생계획에 대해 회생계획인가의 결정이 있는 경우에는 동 조건이 성취되어 채무면제가 확정되는 날이 속하는 사업연도에 해당 채권의 금액을 대손금으로 손금에 산입하는 것임(재법인 - 274, 2013. 4. 9.).

③ 국제회계기준을 도입한 내국법인이 국제회계기준에 채권 재조정에 대한 규정이 없는 경우에는 법인세법 시행령 제19조의 2 제5항을 적용할 수 없는 것이며, 해당 채권의 장부가액을 같은 영 제61조 제1항 각 호의 채권으로 보아 계산한 대손충당금의 범위에서 해당 사업연도의 소득금액을 계산할 때 손금에 산입하는 것임(법인 - 573, 2012. 9. 21.).

④ 법인이 특수관계인에 대한 채권을 결산시 대손금으로 손금계상 하였다가, 세법상 대손요건 미비를 이유로 손금불산입(유보)한 경우로서 그 이후 결산상 대손사유가 발생한 사

주4) 대손충당금 기초잔액이 100(부인액 20 포함)이며, 기말 현재 추정되는 대손예상액이 300인 경우

대손충당금(보충법)			
		기초잔액	100
기말잔액	300	전 입 액	200
	300		300

대손충당금(총액법)			
환 입 액	100	기초잔액	100
기말잔액	300	전 입 액	300
	400		400

ⓐ 보충법에 의한 회계처리: 대손충당금 전입액 200 / 대손충당금 200
ⓑ 총액법에 의한 회계처리: 대손충당금 100 / 대손충당금 환입액 100
대손충당금 전입액 300 / 대손충당금 300

세무상으로는 총액법에 의하는 것이므로 과다환입한 전기부인액(20)은 익금불산입(△유보)한다. 즉, 전기 대손충당금 한도초과액은 차기 사업연도에 자동적으로 조정되는 세무조정사항이다.

업연도의 법인세 신고시 손금에 산입하지 않은 경우, 대손사유가 발생한 사업연도에 손금에 산입하는 경정청구를 할 수 없는 것임(기획재정부 법인세제과 - 400, 2009. 5. 7.).

⑤ 채권조정에 따라 손금에 산입한 채권의 장부가액과 현재가치의 차액은 대손실적률 산정시 대손금에 해당하지 않음(법인 - 2015, 2008. 8. 14.).

⑥ 동일거래처에 대한 어음채권별 소멸시효기간이 동일한 사업연도에 도래하는 부도어음은 그 회수가능연도가 상이함이 객관적으로 인정되는 경우를 제외하고는 동일한 사업연도에 손금산입하는 것임(서면2팀 - 835, 2007. 5. 2.).

⑦ 법인이 파산선고를 받은 법인으로부터 회수할 채권의 일부를 현금으로 변제받는 대신 일부는 포기하는 내용의 합의서를 파산관재인과 작성하고 채무자 회생 및 파산에 관한 법률에 따라 법원의 허가를 받은 경우로서, 채권자인 해당 법인이 회수가능성이 불확실한 채권을 조기에 회수하기 위하여 채권의 일부를 불가피하게 포기하는 등 채권포기 행위에 객관적으로 정당한 사유가 있다고 인정되는 경우에는 해당 채권의 법률적 청구권이 소멸한 날이 속하는 사업연도에 해당 법인이 손금에 계상하거나 신고조정 등에 의해 손금에 산입하는 것임(서면2팀 - 1747, 2006. 9. 12.).

⑧ 대손실적률을 계산함에 있어 의제사업연도가 1년 미만인 경우에는 대손요건을 충족한 경우에 한해서 법인세법 제55조 제2항의 규정에 의하여 해당 사업연도의 대손금을 그 사업연도의 월수로 나눈 금액에 12를 곱하여 계산하는 것임(서면2팀 - 1078, 2006. 6. 13.).

⑨ 분할신설법인이 상법 제530조의 9 제1항의 규정에 의하여 분할법인의 채무(보증채무 제외)를 연대하여 변제함에 따라 발생하는 구상채권은 대손충당금 설정이 가능한 것이므로, 그 대손요건 충족시 손금에 산입할 수 있음(서면2팀 - 892, 2005. 6. 23.).

⑩ 법인이 특수관계 있는 법인에 대한 채권(법인세법 제34조 제2항에 해당되지 아니함)을 출자전환함으로써 취득하는 주식의 시가가 채권가액에 미달하는 경우, 그 차액에 대하여는 부당행위계산부인에 해당되는 경우를 제외하고는 구법인세법 기본통칙 34 - 62…5(현, 법기통 19의 2 - 19의 2…5)의 단서 규정(정당한 채권포기액은 손금산입 가능)을 적용할 수 있음(서면2팀 - 811, 2005. 6. 13.).

⑪ 법원의 판결에 의하여 확정된 외상매출채권은 민법 제165조 제1항의 규정에 10년간 그 권리를 행사하지 아니하면 소멸시효가 완성되는 것이나, 해당 소멸시효 완성일 이전에 구법인세법 시행령 제62조 제1항 각 호의 규정(현, 법령 제19조의 2 제1항 각 호)에 의거하여 이미 대손금으로 확정된 경우에는 해당 대손이 확정된 날이 속하는 사업연도의 손금에 산입하는 것임(서면2팀 - 31, 2005. 1. 5.).

⑫ 어음법에 의한 소멸시효가 완성되어 회수할 수 없는 어음상의 채권금액은 그 소멸시효가 완성된 날이 속하는 사업연도의 손금으로 산입하는 것임. 다만, 법인이 어음상의 채권을 담보하기 위하여 채무자의 재산에 설정한 저당권을 행사하지 않는 것과 같이,

채권의 회수 가능성 등 구체적인 사정을 감안하여 정당한 사유없이 채권회수를 위한 제반 법적 조치를 취하지 아니함에 따라 채권의 소멸시효가 완성된 경우에는 동 채권의 금액은 기업업무추진비 또는 기부금으로 보는 것임(재법인 46012-93, 2003. 5. 31.).

⑬ 채무자 재산에 근저당권을 설정한 경우 확인 가능한 실제의 선순위 채권가액을 차감한 설정재산 시가(법원의 감정가액) 상당액을 초과하는 금액은 대손처리할 수 있음(제도 46012-10639, 2001. 4. 18.).

【사 례】

다음 자료에 의하여 (주)삼일(금융회사 등은 아님)의 대손충당금 한도초과액을 계산하시오.

(1) 재무상태표상 채권 내역

① 외상매출금(부가가치세 매출세액 미수금 50,000,000원 포함) ················ 400,000,000원

② 받을어음(회계상 매각거래에 해당하는 할인어음 80,000,000원 포함) ···· 580,000,000원

③ 거래처 대여금(연이자율 12%로 약정) ·· 100,000,000원

④ 미수금(기계장치매각 미수금 10,000,000원 포함) ·································· 20,000,000원

(2) 외상매출금 중 30,000,000원은 (주)신용산에 대한 것이며, 동 법인에게 지급할 외상매입금 40,000,000원이 유동부채에 계상되어 있다. 동 법인과의 계약서에는 채권과 채무를 상계하고 지급한다는 약정은 없다.

(3) 대손충당금 계정의 변동 내역

대손충당금

차변	금액	대변	금액
당기상계주)	1,000,000	기초잔액	13,000,000
기말잔액	15,000,000	전입액	3,000,000
	16,000,000		16,000,000

주) 당기 상계액은 소멸시효가 완성된 부도어음이며, 이외의 대손금은 없다. 전기말 현재 대손충당금 설정대상채권잔액은 12억 원이다.

【해 설】

(1) 설정대상채권잔액의 계산

구분	금액	비고
외상매출금	₩400,000,000	
받을어음	500,000,000	(할인어음 80,000,000 제외)
거래처대여금	100,000,000	
미수금	20,000,000	
합 계	₩1,020,000,000	

(2) 한도액

= 1,020,000,000 × Max(1/100, 1백만 원/12억 원) = 10,200,000

(3) 한도초과액

= 15,000,000 - 10,200,000 = 4,800,000(손금불산입 유보)

♠ 조정명세서 작성 사례

1. (주)삼일의 사업연도: 2025. 1. 1.~2025. 12. 31.(금융회사 등이 아닌 일반법인임)
2. 매출채권 등의 내역

받을어음	₩41,000,000	(회계상 매각거래에 해당하는 할인어음 20,000,000원 포함)
외상매출금	154,000,000	(부가가치세 14,000,000원 포함)
합 계	₩195,000,000	

3. 대손충당금 계정 변동 내역

대손충당금

당기상계[주1)]	400,000	기초잔액[주2)]	2,300,000
기말잔액	1,950,000	전입액	50,000
	2,350,000		2,350,000

주1) (주)신용산에 대한 외상매출금으로 2025. 10. 1. 소멸시효가 완성되었으며, 이 중 미확정 대손금 100,000원이 포함됨.

주2) 전기부인액 300,000원이 포함됨.

4. 당기 대손실적률은 1% 미만임.

[작성 해설]

1. 설정대상채권잔액의 계산

받을어음	₩21,000,000	(할인어음 20,000,000원 제외)
외상매출금	154,100,000	(당기 대손금 상계액 중 미확정대손금 100,000원 포함)
합 계	₩175,100,000	

2. 한도액

= 175,100,000 × 1% = 1,751,000

3. 한도초과액

= 1,950,000 − 1,751,000 = 199,000

4. 환입 또는 보충할 금액

장부상 충당금 기초잔액		₩2,300,000
충당금 부인 누계액	(−)	300,000
당기 대손금 상계액	(−)	400,000
보충할 금액(△환입할 금액)		₩1,600,000

5. 과다환입 또는 과다보충액

회사보충액[주)]		₩1,900,000	주) (=기초 대손충당금잔액 − 당기 대손상계액)
보충할 금액	(−)	1,600,000	회사보충액은 조정명세서 ⑤, ⑫에 기재함.
과다보충액		₩300,000	과다보충액은 조정명세서 ⑮에 기재함.

6. 세무조정 요약

손금불산입 대손충당금 한도초과액	199,000(유보)
손금불산입 미확정대손금	100,000(유보)
손금산입 전기대손충당금 한도초과액	300,000(△유보)

[별지 제34호 서식] (2025. 3. 21. 개정)

사업연도	2025. 1. 1. ~ 2025. 12. 31.	대손충당금 및 대손금조정명세서	법인명	(주) 삼일
			사업자등록번호	

1. 대손충당금조정

손금산입액조정	① 채권잔액(㉑의 금액)	② 설정률			③ 한도액(①×②)	회사계상액			⑦한도초과액(⑥－③)
						④당기계상액	⑤보충액	⑥계	
	175,100,000	(ㄱ) 1(2)/100 (○)	(ㄴ) 실적률 ( )	(ㄷ) 적립기준 ( )	1,751,000	50,000	1,900,000	1,950,000	199,000

익금산입액조정	⑧장부상 충당금 기초잔액	⑨기중 충당금 환입액	⑩충당금 부인 누계액	⑪당기 대손금 상계액(㉗의 금액)	⑫당기 설정충당금 보충액	⑬환입할 금액(⑧－⑨－⑩－⑪－⑫)	⑭회사 환입액	⑮과소환입·과다환입(△)(⑬－⑭)
	2,300,000		300,000	400,000	1,900,000	△300,000		△300,000

채권잔액	⑯계정과목	⑰채권잔액의 장부가액	⑱기말현재 대손금부인누계	⑲합계(⑰＋⑱)	⑳충당금 설정제외 채권	㉑채권잔액(⑲－⑳)	비고
	받을어음	41,000,000		41,000,000	20,000,000	21,000,000	
	외상매출금	154,000,000	100,000	154,100,000		154,100,000	
	계	195,000,000	100,000	195,100,000	20,000,000	175,100,000	

2. 대손금조정

㉒ 일자	㉓ 계정과목	㉔ 채권명세	㉕ 대손사유	㉖ 금액	대손충당금상계액			당기 손비계상액			비고
					㉗ 계	㉘ 시인액	㉙ 부인액	㉚ 계	㉛ 시인액	㉜ 부인액	
2025.10.1.	외상매출금	㈜신용산	소멸시효	400,000	400,000	300,000	100,000				
계				400,000	400,000	300,000	100,000				

3. 한국채택국제회계기준 등 적용 내국법인에 대한 대손충당금 환입액의 익금불산입액의 조정

㉝ 대손충당금 환입액의 익금불산입 금액	익금에 산입할 금액			㊲ 상계후 대손충당금 환입액의 익금불산입 금액(㉝－㊱)	비고
	㉞「법인세법」 제34조 제1항에 따라 손금에 산입하여야 할 금액 Min(③, ⑥)	㉟「법인세법」 제34조 제4항에 따라 익금에 산입해야 할 금액 Max(0, [⑧－⑩－⑪])	㊱ 차액 Min[㉝, Max(0, ㉞－㉟)]		

4. 해외건설자회사 대여금에 대한 대손충당금 조정

손금 산입액 조정	㊳ 채권 잔액 (59란의 금액)	㊴ 순자산 장부가액	㊵ 손금 산입률	㊶ 한도액 [(㊳ - ㊴) ×㊵]	회사계상액			㊺ 한도초과액 (㊹ - ㊶)
					㊷ 당기 계상액	㊸ 보충액	㊹ 계	

익금 산입액 조정	㊻ 장부상 충당금 기초잔액	㊼ 기중 충당금 환입액	㊽ 충당금 부인 누계액	㊾ 당기 대손금 상계액 (65란의 금액)	㊿ 당기 설정 충당금 보충액	(51) 환입할 금액 (㊻ - ㊼ - ㊽ - ㊾ - ㊿)	(52) 회사 환입액	(53) 과소환입 · 과다환입(△) ((51) - (52))

관련 채권 잔액	(54) 계정과목	(55) 채권잔액의 장부가액	(56) 기말 현재 대손금 부인누계	(57) 합계 ((55) + (56))	(58) 충당금 설정제외 채 권	(59) 채권잔액 ((57) - (58))	비고
	계						

5. 해외건설자회사 대여금에 대한 대손금 조정

(60) 일자	(61) 계정 과목	(62) 채권 명세	(63) 대손 사유	(64) 금액	대손충당금상계액			당기 손비계상액			비고
					(65) 계	(66) 시인액	(67) 부인액	(68) 계	(69) 시인액	(70) 부인액	
계											

5 기업업무추진비

1. 요 지

기업업무추진비는 업무와 관련된 순자산 감소액이므로 원칙적으로 손금으로 용인된다. 그러나 법인세법은 소비성 경비의 과다지출 억제와 조세채권 확보 등의 측면에서 그 지출한도를 규제하고 해당 기업업무추진비를 수익으로 하는 유흥업소 등의 소득을 포착하기 위하여 신용카드 등의 사용을 강제함으로써 다음과 같은 2단계의 순차적인 규제절차를 두고 있다.

〈기업업무추진비에 대한 2단계 규제〉

구 분	손금불산입 순서	소득처분
〈1단계 규제〉 증빙요건 등을 충족하지 못한 기업업무추진비의 부인	① 증빙없는 기업업무추진비, 개인용도로 지출한 기업업무추진비 등	(대표자)상여 등
	② 건당 3만 원(경조금은 20만 원) 초과 기업업무추진비 중 신용카드 등의 증빙요건을 충족하지 못한 것	기타사외유출 등
〈2단계 규제〉 기업업무추진비 한도초과액의 부인	기업업무추진비 한도초과액 =[법인의 기업업무추진비 총액－(①＋②)] －세무상 기업업무추진비 한도액	기타사외유출

한편, 내국법인이 2025년 12월 31일까지 국내 문화예술공연 등의 입장권 구입 등에 지출한 기업업무추진비가 있는 경우에는 기업업무추진비 한도액의 20% 이내에서 손금에 산입한다(조특법 제136조 제3항).

2. 기업업무추진비의 범위

"기업업무추진비"란 접대, 교제, 사례 또는 그 밖에 어떠한 명목이든 상관없이 이와 유사한 목적으로 지출한 비용으로서 내국법인이 직접 또는 간접적으로 업무와 관련이 있는 자와 업무를 원활하게 진행하기 위하여 지출한 금액을 말하며, 그 해당 여부는 거래명칭, 계정처리 등에 불구하고 거래의 실질내용에 따라 판단한다(법법 제25조 제1항).

기업업무추진비는 임직원의 복리후생을 위한 비용(법법 제26조 제2호)이나 광고선전의 목적으로 불특정다수인에게 지출하는 광고선전비(법령 제19조 제18호)와 다르며, 반대급부 없이 업무와 무관하게 지출하는 기부금(법법 제24조)과도 구분된다.

(1) 시부인 대상 기업업무추진비주1)

① 법인이 그 직원이 조직한 조합 또는 단체에 지출한 복리시설비(법령 제40조 제2항). 해당 조합이나 단체가 법인인 때에는 이를 기업업무추진비로 보며, 해당 조합이나 단체가 법인이 아닌 때에는 그 법인의 경리의 일부로 본다. 복리시설비라 함은 법인이 직원을 위하여 지출한 복리후생의 시설비, 시설구입비 등을 말한다(법기통 25-40…1).

② 보험사업을 영위하는 법인이 사업자인 보험설계사에게 접대 목적으로 지출한 비용(법기통 25-0…6)

③ 광고선전목적으로 견본품·달력 기타 이와 유사한 물품을 특정인에게 한정적으로 지출한 비용. 다만, 특정인에게 기증하기 위하여 지출한 것으로서 연간 5만 원 이내의 비용은 기업업무추진비로 보지 아니하고, 이때 개당 구입비용이 3만 원 이하인 물품은 연간 5만 원 한도 계산시 포함하지 아니한다(법령 제19조 제18호).

④ 정당한 사유없이 업무와 관련하여 특수관계 없는 거래처 등과 약정에 따라 포기한 채권금액(법기통 19의 2-19의 2…5)

⑤ 기업업무추진비 관련 부가가치세 매입세액 불공제액과 접대의 목적(사업상 증여)으로 제공한 자산에 대한 부가가치세 매출세액 부담액(법령 제22조 제1항 제2호 및 법기통 25-0…3)

⑥ 회의비 중 통상회의비를 초과하는 것과 유흥을 위하여 지출한 금액(법기통 25-0…4)

⑦ 판매한 상품 또는 제품의 보관료, 포장비, 운반비, 판매장려금 및 판매수당 등 판매와 관련된 부대비용(판매장려금 및 판매수당의 경우 사전약정 없이 지급하는 경우를 포함함)은 기업업무추진비로 보지 아니하고 판매부대비용으로 보아 손금산입한다(법령 제19조 제1호의 2).

주1) 시부인 대상 기업업무추진비란 세무상 기업업무추진비 해당 금액에서 당초 요건을 갖추지 못해 손금불산입되는 기업업무추진비 등을 제외한 것으로, 기업업무추진비 한도액 초과액 계산시 한도액과 비교대상이 되는 기업업무추진비를 말함.

⑧ 주주 등·임원·직원이 부담하여야 할 성질의 기업업무추진비를 법인이 대신 지출한 것은 기업업무추진비에 포함하지 아니한다. 동 금액은 시부인 대상 기업업무추진비에서 제외(손금불산입)되며, 당사자에 대한 배당 또는 상여로 소득처분한다(법령 제40조 제1항).

(2) 기업업무추진비 시부인시 주의사항

① 기업업부추진비의 손익귀속시기는 접대행위가 일어난 날이 속하는 사업연도이다. 따라서 접대행위는 이루어졌으나 미지급되거나 이연된 금액도 시부인 대상 접대비에 포함한다(법기통 25-0…1).
② 금전 외의 자산(법인 자신이 생산·판매하는 제품·상품 등)을 접대목적으로 제공한 경우, 해당 기업업무추진비의 가액은 제공 당시 해당 자산의 장부가액과 시가 중 큰 금액으로 한다(법령 제42조 제6항).
③ 기업업무추진비를 비용계상하지 않고 건설 중인 자산·개발비 등 자산으로 계상한 경우에도 시부인 대상 기업업무추진비에 포함한다(법기통 25-0…2).
④ 자산가액에 포함할 성질이 아닌 기업업무추진비를 자산(가지급금, 미착상품 등)으로 계상한 경우에는, 이를 지출한 사업연도의 손금에 산입하고 시부인 대상 기업업무추진비에 포함한다.

3. 기업업무추진비에 대한 법인의 입증책임

구 분	건당 기준금액[주)] 이하 기업업무추진비	건당 기준금액[주)] 초과 기업업무추진비
증빙 없는 기업업무추진비	손금불산입(대표자 상여 등)	
신용카드 등 수취분	시부인 대상 기업업무추진비에 포함	
신용카드 등 외의 증거자료 수취분	시부인 대상 기업업무추진비에 포함	손금불산입(기타사외유출 등)

주) 경조금은 20만 원, 경조금 이외의 접대비는 3만 원(법령 제41조 제1항)

(1) 건당 기준금액을 초과하는 기업업무추진비

법인은 기업업무추진비 중 건당 3만 원(경조금은 20만 원)을 초과하는 기업업무추진비에 대해서는 반드시 다음에 열거하는 신용카드 등에 의해서 입증하여야만 손금으로 인정받을 수 있다. 다만, 증거자료를 구비하기 어려운 국외지역에서 지출한 기업업무추진비 및 농어민에 대해 지출한 기업업무추진비로서 지출사실이 객관적으로 명백한 경우와 법인이 직접 생산한 제품 등으로 제공한 경우는 증빙수취대상에서 제외한다(법법 제25조 제2항, 법령 제41조 제1항 내지 제3항 및 법칙 제20조 제2항).

① 해당 법인의 명의로 발급받은 신용카드(신용카드와 유사한 것으로서 직불카드, 외국에서 발행된 신용카드, 기명식 선불카드 · 직불전자지급수단 · 기명식선불전자지급수단 · 기명식전자화폐 및 현금영수증 포함). 이 경우 재화 또는 용역을 공급하는 신용카드 등의 가맹점과 다른 가맹점의 명의로 작성된 매출전표 등을 교부받은 경우 해당 지출금액은 “신용카드 등”에 의한 입증금액에 포함하지 아니한다(법법 제25조 제3항).

② 법인세법 및 소득세법의 규정에 의한 계산서 또는 부가가치세법의 규정에 의한 세금계산서를 교부받거나 법인세법에 따른 매입자발행세금계산서 또는 소득세법 제168조에 따라 사업자등록을 하지 아니한 자로부터 용역을 제공받고 교부하는 원천징수영수증

(2) 건당 기준금액 이하의 기업업무추진비

건당 기준금액 이하인 기업업무추진비는 “신용카드 등”에 의한 입증책임은 부담하지 않으나, 법인의 업무에 지출되었음은 입증하여야 한다. 따라서 건당 기준금액 이하의 기업업무추진비는 개인명의 신용카드 매출전표, 영수증, 금전등록기 계산서 등의 증빙만으로도 기업업무추진비로 인정받을 수는 있으나, 업무관련성 등 기업업무추진비로서의 실질은 갖추어야 한다.

4. 기업업무추진비 세무조정

(1) 손금산입 범위액(법법 제25조 제4항)

1) 일반법인의 기업업무추진비 한도액 = ①+②

① 1,200만 원(중소기업[주1]은 3,600만 원) × $\dfrac{\text{해당 사업연도 개월수}^{\text{주2)}}}{12}$
② (일반수입금액 × 적용률) + (특정수입금액[주3] × 적용률 × 10%)

주1) 조세특례제한법 제6조 제1항에 따른 중소기업을 말함(법법 제13조 제1항).

주2) 해당 사업연도 개월수는 역에 따라 계산하되 1개월 미만의 일수는 1개월로 함.

주3) ‘특정수입금액’이란 특수관계인과의 거래에서 발생한 수입금액을 말하며, ‘일반수입금액’은 특정수입금액 이외의 수입금액을 말함(법칙 제20조 제1항).

2) 문화기업업무추진비 지출액이 있는 법인의 기업업무추진비 한도액(조특법 제136조 제3항)
 = 일반법인의 기업업무추진비 한도액 + 문화기업업무추진비 한도액[Min(①, ②)]

① 문화기업업무추진비 지출액[주4)]

② 기업업무추진비 한도액 × 20%

주4) 문화기업업무추진비 지출액이란 2025년 12월 31일 이전에 국내 문화관련 지출로서, 다음의 용도로 지출한 비용을 말함(조특령 제130조 제5항).

- 문화예술진흥법 제2조에 따른 문화예술의 공연이나 전시회 또는 박물관 및 미술관 진흥법에 따른 박물관의 입장권 구입
- 국민체육진흥법 제2조에 따른 체육활동의 관람을 위한 입장권의 구입
- 영화 및 비디오물의 진흥에 관한 법률 제2조에 따른 비디오물의 구입
- 음악산업진흥에 관한 법률 제2조에 따른 음반 및 음악영상물의 구입
- 출판문화산업 진흥법 제2조 제3호에 따른 간행물의 구입
- 관광진흥법 제48조의 2 제3항에 따라 문화체육관광부장관이 지정한 문화관광축제의 관람 또는 체험을 위한 입장권 · 이용권의 구입
- 관광진흥법 시행령 제2조 제1항 제3호 마목에 따른 관광공연장의 입장권의 구입
- 2012년에 개최되는 여수세계박람회의 입장권 구입(조특칙 제57조)
- 다음의 어느 하나에 해당하는 국가유산의 관람을 위한 입장권의 구입
  ① 근현대문화유산의 보존 및 활용에 관한 법률에 따른 지정문화유산
  ② 근현대문화유산의 보존 및 활용에 관한 법률에 따른 국가등록문화유산
  ③ 자연유산의 보존 및 활용에 관한 법률에 따른 천연기념물등
  ④ 무형유산의 보전 및 진흥에 관한 법률에 따른 국가무형유산
  ⑤ 무형유산의 보전 및 진흥에 관한 법률에 따른 시 · 도무형유산
- 문화예술진흥법 제2조에 따른 문화예술 관련 강연의 입장권 구입 또는 초빙강사에 대한 강연료 등
- 자체시설 또는 외부임대시설을 활용하여 해당 내국인이 직접 개최하는 공연 등 문화예술행사비
- 문화체육관광부의 후원을 받아 진행하는 문화예술, 체육행사에 지출하는 경비
- 취득가액이 거래단위별로 1백만 원 이하인 미술품의 구입
- 관광진흥법 제5조 제2항에 따라 같은 법 시행령 제2조 제1항 제5호 가목 또는 나목에 따른 종합테마파크업 또는 일반테마파크업의 허가를 받은 자가 설치한 테마파크시설의 이용을 위한 입장권 · 이용권의 구입
- 수목원 · 정원의 조성 및 진흥에 관한 법률 제2조 제1호 및 제1호의 2에 따른 수목원 및 정원의 입장권 구입
- 궤도운송법 제2조 제3호에 따른 궤도시설의 이용권 구입

3) 정부출자기관(정부가 20% 이상 출자한 법인. 다만, 공기업 · 준정부기관이 아닌 상장법인은 제외) 및 정부출자기관이 최대주주인 법인의 기업업무추진비 한도액(조특법 제136조 제2항)

= 일반법인의 기업업무추진비 한도액 × 70%

4) 부동산임대업 주업 법인 등[주5), 주6)]의 기업업무추진비 한도액

= 일반법인의 기업업무추진비 한도액 × 50%

주5) '부동산임대업 주업 법인 등'이란 다음의 요건을 모두 갖춘 내국법인을 말함(법령 제42조 제2항).

① 해당 사업연도 종료일 현재 내국법인의 지배주주등(법령 제43조 제7항)이 보유한 주식 등의 합계가 해당 내국법인의 발행주식총수 또는 출자총액의 50%를 초과할 것

② 해당 사업연도에 부동산 임대업을 주된 사업으로 하거나 다음의 금액 합계가 기업회계기준에 따라 계산한 매출액(㉠~㉢의 금액이 포함되지 않은 경우에는 이를 포함하여 계산함)의 50% 이상일 것. 이 경우 내국법인이 둘 이상의 서로 다른 사업을 영위하는 경우에는 사업별 사업수입금액이 큰 사업을 주된 사업으로 봄(법령 제42조 제3항).

㉠ 부동산 또는 부동산상의 권리의 대여로 인하여 발생하는 수입금액(조특법 제138조 제1항에 따른 임대보증금에 대한 간주익금을 포함함)

㉡ 소득세법 제16조 제1항에 따른 이자소득의 금액

㉢ 소득세법 제17조 제1항에 따른 배당소득의 금액

③ 해당 사업연도의 상시근로자 수(조특령 제26조의 4 제3항)가 5명 미만일 것

주6) 위 주5)의 요건 중 '③'을 적용할 때 '상시근로자'는 근로기준법에 따라 근로계약을 체결한 내국인 근로자로 하되, 다음의 어느 하나에 해당하는 근로자는 제외함(법령 제42조 제4항).

① 해당 법인의 최대주주 또는 최대출자자와 그와 국세기본법 시행령 제1조의 2 제1항에 따른 친족관계인 근로자

② 소득세법 시행령 제196조 제1항에 따른 근로소득원천징수부에 의하여 근로소득세를 원천징수한 사실이 확인되지 아니하는 근로자

③ 근로계약기간이 1년 미만인 근로자. 다만, 근로계약의 연속된 갱신으로 인하여 그 근로계약의 총기간이 1년 이상인 근로자는 제외한다.

④ 근로기준법 제2조 제1항 제8호에 따른 단시간근로자

5) 전통시장 기업업무추진비 지출액이 있는 법인의 기업업무추진비 한도액(조특법 제136조 제6항)

= 일반법인의 기업업무추진비 한도액 + 전통시장 기업업무추진비 한도액 [Min(①, ②)]

① 전통시장 기업업무추진비 지출액 [주7)]

② 기업업무추진비 한도액 × 10%

주7) 전통시장 기업업무추진비 지출액이란 2025년 12월 31일 이전에 전통시장에서 신용카드 등으로 지출한 금액으로서 호텔업 및 여관업(관광숙박업 제외), 일반유흥주점업, 무도유흥주점업 등 소비성서비스업 지출액을 제외한 금액을 말함(조특령 제130조 제7항).

(2) 적용률

〈수입금액별 적용률〉

수입금액의 범위	적 용 률
100억 원 이하	0.3%
100억 원 초과~500억 원 이하	3천만 원+100억 원 초과액 × 0.2%
500억 원 초과	1억 1천만 원+500억 원 초과액 × 0.03%

수입금액의 구성은 일반수입금액이 특정수입금액에 우선하여 존재하는 것으로 보고 먼저 일반수입금액에 대하여 해당 구간의 적용률을 적용한 다음, 특정수입금액에 대해서는 일반수입금액을 초과하는 구간의 적용률을 적용한다(법칙 제20조 제1항).

【사 례】

수입금액이 700억원(특정수입금액 250억원 포함)일 경우 2025. 1. 1 ~ 2025. 12. 31.까지 지출한 기업업무추진비의 수입금액별 기업업무추진비 한도액은 다음과 같다.

100억 원 × 0.3% + 350억 원 × 0.2% + (50억 원 × 0.2% + 200억 원 × 0.03%) × 10%
= 101,600,000원

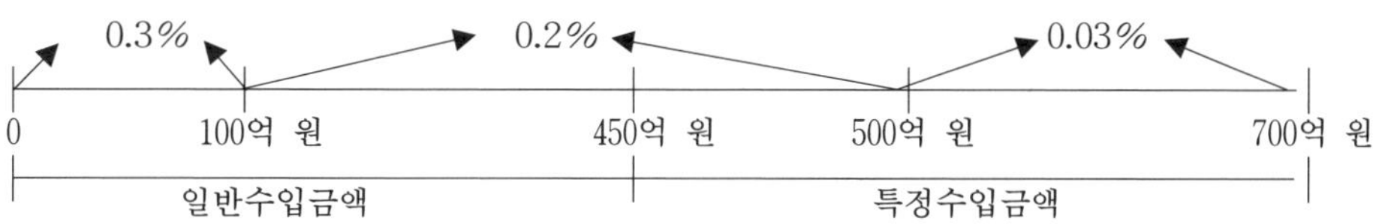

(3) 수입금액(법령 제42조 제1항)

① 수입금액은 기업회계기준에 따라 계산한 매출액[사업연도 중에 중단된 사업부분의 매출액을 포함하며, 자본시장과 금융투자업에 관한 법률 제4조 제7항에 따른 파생결합증권 및 같은 법 제5조 제1항에 따른 파생상품 거래의 경우 해당 거래의 손익을 통산한 순이익(0보다 작은 경우 0으로 함)을 말함]을 말하는 바, 일반기업회계기준에서는 총매출액에서 매출에누리·환입, 매출할인 등을 차감한 금액을 말한다(법령 제42조 제1항 및 일반기준 2장 문단 2.46). 주의할 것은 기업회계기준상 매출액에 해당하는 금액을 법인이 손익계산서에 매출액으로 계상하지 아니하였다가 세무조정으로 익금산입한 금액은 수입금액에 포함되나(법인 46012-1451, 1998. 6. 1.), 기업회계기준과 법인세법간 손익귀속시기의 차이로 인하여 손익계산서상 매출액으로 계상하지 아니한 금액을 익금산입한 경우는 기업회계기준상 매출액을 법인세법상 매출액으로 조정하는 사항이므로 수입금액에 포함하지 않는다(서이 46012-10561, 2001. 11. 17.; 서면2팀-65, 2005. 1. 10.).

② 부가가치세법상 간주공급액은 기업회계기준상 타계정대체액이므로(매출액이 아니므

로), 기업업무추진비 한도액 계산을 위한 수입금액에 포함되지 아니한다.

③ 단, 투자매매업자 등 특수업종의 기업업무추진비 한도액을 계산하기 위한 수입금액에 대해서는 업종의 특성을 반영한 별도의 기준을 사용하는데, 그 기준은 다음 표와 같다.

〈투자매매업자 등의 기업업무추진비 계산을 위한 기준수입금액〉

업 종	수입금액 계산기준
자본시장과 금융투자업에 관한 법률에 따른 투자매매업자 또는 투자중개업자	매출액 + 자본시장과 금융투자업에 관한 법률 제6조 제1항 제2호의 영업과 관련한 보수 및 수수료 × 9
자본시장과 금융투자업에 관한 법률에 따른 집합투자업자	매출액 + 자본시장과 금융투자업에 관한 법률 제9조 제20항에 따른 집합투자재산의 운용과 관련한 보수 및 수수료 × 9
한국투자공사법에 따른 한국투자공사	매출액 + 한국투자공사법 제34조 제2항에 따른 운용수수료 × 6
한국수출입은행법에 의한 한국수출입은행	매출액 + 수입보증료 × 6
한국자산관리공사 설립 등에 관한 법률에 따른 한국자산관리공사	매출액 + 한국자산관리공사 설립 등에 관한 법률 제31조 제1항의 업무수행에 따른 수수료 × 6
주택도시기금법에 따른 주택도시보증공사	매출액 + 수입보증료 × 6
법인세법 시행령 제63조 제1항 각 호의 법인	매출액 + 수입보증료 × 6

(4) 기업업무추진비 손금불산입액의 처리

1) 기업업무추진비의 요건을 갖추지 아니한 지출금액 등

① 증빙 없는 기업업무추진비, 개인 용도로 지출한 기업업무추진비 등은 손금불산입(시부인 대상 기업업무추진비에서 제외)하여 귀속자에게 소득처분하고, 귀속자가 불분명한 때에는 대표이사에 대한 상여로 처분한다.

② 건당 기준금액 초과 기업업무추진비 중 신용카드 등을 사용하지 아니한 기업업무추진비는 손금불산입(시부인 대상 기업업무추진비에서 제외)하고 기타사외유출로 처분한다.

2) 손비로 계상한 기업업무추진비 한도초과액의 처리

손비로 계상한 기업업무추진비의 한도초과액은, 각 사업연도의 소득금액 계산에 있어 손금불산입하고 기타사외유출로 처분한다.

3) 자산으로 계상한 기업업무추진비 한도초과액의 처리

법인이 지출한 기업업무추진비 중 건설중인 자산 등으로 처리한 금액(자산처리대상이 아닌 금액은 제외)은 동 금액을 지출한 사업연도의 시부인 대상 기업업무추진비와 합산하여 시부인하고, 그 한도초과액은 다음과 같이 처리한다(법기통 25-0…2).

① 한도초과액이 당기에 손비로 계상한 기업업무추진비보다 많은 때에는 손비로 계상한 기업업무추진비 금액을 초과하는 금액은 기업업무추진비로 손금불산입하고, 해당 자산가액을 감액하여야 하므로 그 금액을 손금에 산입하여 유보로 처리한다. 이 경우 기업업무추진비 한도초과액이 수 개의 자산계정에 계상된 경우에는 건설 중인 자산, 유형자산 등의 순서로 자산을 감액한다.

② 상기 ①의 세무계산에서 감액한 금액이 있는 자산에 대하여 법인이 해당 자산을 감가상각하는 때에 감가상각비 중 "감액계상액 잔액 ÷ 해당 연도 감가상각 전 장부가액"에 상당하는 금액을 익금산입한다.

③ 기업업무추진비 한도초과액이 당기에 손비로 계상한 기업업무추진비보다 적은 때에는 그 초과액만큼을 손금불산입하고 자산가액은 감액하지 아니한다.

【사 례】

다음 자료에 의하여 제조업을 영위하는 중소기업인 (주)삼일의 기업업무추진비 한도초과액을 계산하시오.

(1) (주)삼일의 사업연도: 2025. 1. 1.~2025. 12. 31.
(2) 해당 사업연도 기업업무추진비 한도액을 계산하기 위한 수입금액: 1,000,000,000원
(3) 기업업무추진비계정잔액: 40,000,000원
(4) 광고선전비 중 기업업무추진비 해당액: 1,000,000원
(5) 기업업무추진비 중 지출 건별로 3만 원 초과인 경우에는 모두 신용카드 등을 사용함.

【해 설】

(1) 기업업무추진비 한도액 = ①+② = 39,000,000원
① 36,000,000 × 12/12 = 36,000,000원
② 1,000,000,000 × 0.3% = 3,000,000원
(2) 한도초과액
= (40,000,000 + 1,000,000) - 39,000,000
= 2,000,000(손금불산입, 기타사외유출)

♠ 조정명세서 작성 사례

다음 자료에 의하여 제조업을 영위하는 (주)삼일의 2025년 기업업무추진비 관련 세무조정을 하고, 기업업무추진비 조정명세서(갑)과 (을)을 작성하라.

1. (주)삼일은 중소기업이 아니며, 해당 사업연도는 2025. 1. 1.~2025. 12. 31.이다.

2. 해당 사업연도의 기업회계기준에 의한 매출액은 80,000,000,000원이며, 이 금액에는 특수관계인간 거래에 의한 수입금액 20,000,000,000원이 포함되어 있다.
3. 손익계산서 및 제조원가명세서상 기업업무추진비 계정에 계상된 금액은 170,000,000원이며, 이의 상세내역은 다음과 같다.

구 분	건당 3만 원 초과	건당 3만 원 이하	합 계
신용카드 등 사용분	120,000,000주1)	25,000,000	145,000,000
신용카드 등 미사용분	17,500,000주2)	7,500,000	25,000,000
합 계	137,500,000	32,500,000	170,000,000

주1) 동 금액에는 대주주의 개인적 유흥비용 10,000,000원이 포함되어 있다.
주2) 건당 3만 원을 초과하는 기업업무추진비 중 신용카드 등 미사용분은 업무와 관련하여 지출된 기업업무추진비임이 입증되며, 임직원에게 귀속되는 금액은 없다.

4. 기타 비용계정의 분석결과는 다음과 같으며, 기업업무추진비로 간주되는 금액 중 잡비계정과 경조사비 일부를 제외하고는 모두 신용카드 등의 증빙을 구비하였다.
   (1) 잡비계정에는 특수관계가 없는 거래처에 대한 업무관련 매출채권포기액 1,500,000원과 기업업무추진비 관련 부가가치세 매입세액 1,000,000원이 포함되어 있다.
   (2) 복리후생비계정에는 종업원 복지회(법인이 아님)의 사무실구입 보조비용 1,000,000원이 포함되어 있다.
   (3) 건물계정에는 11월 중 완공된 공장의 건설을 위한 건설회사 등에 대한 건당 20만 원을 초과하는 10건의 경조사비 2,000,000원이 포함되어 있다. 이 중 건당 20만 원을 초과하는 금액으로서 신용카드 등 증빙을 구비하지 못한 금액은 500,000원이다.

[작성 해설]

1. 기업업무추진비 시부인
   (1) 시부인대상 기업업무추진비에서 제외되는 것

1) 대주주의 사적사용경비	10,000,000	손금불산입(배당)
2) 신용카드 미사용 기업업무추진비		
① 건당 3만 원 초과 기업업무추진비	17,500,000	손금불산입(기타사외유출)
② 건당 20만 원 초과 경조비(*)	500,000	손금불산입(기타사외유출)
	28,000,000	

   (*) 건물계정에 포함된 건당 20만 원 초과 경조사비 중 신용카드 등 미사용액은 추가로 "500,000 손금산입(△유보)"하여야 함.

   (2) 시부인대상 기업업무추진비(① + ②) = 146,500,000
   ① 본래의 기업업무추진비
   = 170,000,000 - 10,000,000(대주주의 사적사용경비) - 17,500,000(건당 3만 원 초과 기업업무추진비 중 신용카드 미사용분)
   = 142,500,000
   ② 간주 기업업무추진비
   = 1,500,000(업무관련 매출채권포기액) + 1,000,000(기업업무추진비 관련 매입세액)
   + 1,500,000(건물에 포함된 경조사비 중 20만 원을 초과하는 금액으로서 신용카드 등

미사용 금액 제외)

= 4,000,000

(3) 기업업무추진비 한도액(①+②) = 125,600,000

① 기본금액 기준 = 12,000,000 × 12/12 = 12,000,000

② 수입금액 기준

= [(10,000,000,000 × 0.3% + 40,000,000,000 × 0.2% + 10,000,000,000 × 0.03%)]

\+ (20,000,000,000 × 0.03% × 10%)

= 113,600,000

(4) 기업업무추진비 한도초과액

= 146,500,000 - 125,600,000

= 20,900,000

(5) 기업업무추진비 세무조정 요약

구 분	금 액	세무조정	소득처분
기업업무추진비 한도초과액	20,900,000	손금불산입	기타사외유출
신용카드 등 미사용분	18,000,000	손금불산입	기타사외유출
대주주의 사적사용경비	10,000,000	손금불산입	배 당
합 계	48,900,000		

2. 기업업무추진비 조정명세서(을)의 작성[주)]

주) 기업업무추진비 조정명세서는 (을)서식을 먼저 작성한 후 (갑)서식을 작성한다.

(1) ① 일반수입금액란과 ② 특수관계인간 거래금액란은 해당 업종별로 기업회계기준에 따라 계산한 매출액에 상당하는 금액을 적는다. 다만, 자본시장과 금융투자업에 관한 법률에 따른 투자매매업자 또는 투자중개업자, 집합투자업자 등의 법인은 법령 제42조 제1항 각 호에 따라 계산한 금액을 적는다.

(2) ④ 계정과목란은 기업업무추진비로 사용된 비용, 건설 중인 자산 또는 유형자산 및 무형자산 등의 계정과목을 각각 적는다.

(3) ⑦ 기업업무추진비 해당 금액란은 기업업무추진비 지출금액 중 사적비용 성격의 기업업무추진비를 제외한 금액을 적는다(법법 제25조 제2항에 따른 신용카드 등 증빙미수취에 따라 손금에 산입하지 않은 금액을 포함하여 적는다).

(4) ⑧ 신용카드 등 미사용금액란은 해당 사업연도에 지출한 ⑦ 기업업무추진비 해당 금액 중 신용카드(직불카드와 해외발행 신용카드를 포함함), 현금영수증, 계산서·세금계산서 및 비사업자에 대한 원천징수영수증을 발급·발행하지 않은 금액을 경조사비, 국외지역 지출액, 농어민 지출액 및 기준금액 초과액으로 구분하여 다음과 같이 적는다.

가. 경조사비 중 기준금액 초과액란: ⑨에는 경조사비 중 1회 20만원 초과 지출금액 중 신용카드 등 미사용금액, ⑩에는 총초과금액을 적는다.

나. 국외지역 지출액란: ⑪에는 국외지역에서 지출한 금액 중 법령 제41조 제2항 제1호에 해당하는 지역 외의 지역에서 신용카드 등 미사용금액, ⑫에는 총지출액을 적는다.

다. 농어민 지출액란: ⑬에는 법령 제41조 제2항 제2호에 따른 농어민으로부터 직접 업무추진 목적에 사용하기 위한 재화를 공급받는 경우의 지출로서 금융실명거래 및 비밀보장에 관한 법률 제2조 제1호에 따른 금융회사등을 통하여 대가를 지급하지 않거나 법법 제60조에 따른 과세표준 신고시 송금명세서를 제출하지 않은 금액, ⑭에는 총지출액을 적는다.

라. 기업업무추진비 중 기준금액 초과액란: 에는 ⑩, ⑫ 및 ⑭란의 지출금액을 제외한 3만원 초과 기업업무추진비 지출액 중 신용카드 등 미사용금액, 에는 총초과액을 적는다.

마. ⑰ 신용카드 등 미사용 부인액란에는 ⑨, ⑪, ⑬ 및 ⑮란의 합계액을 적는다.

(5) ⑱ 기업업무추진비 부인액란: 사적사용경비 성격의 기업업무추진비와 신용카드 등 증빙미수취에 따른 손금불산입 기업업무추진비 금액을 더하여(⑥란과 ⑰란의 합계) 적는다.

[별지 제23호 서식(을)] (2023. 3. 20. 개정)

<table>
<tr><td rowspan="2">사 업
연 도</td><td rowspan="2">2025. 1. 1.
~
2025. 12. 31.</td><td rowspan="2">기업업무추진비조정명세서(을)</td><td>법 인 명</td><td>㈜ 삼일</td></tr>
<tr><td>사업자등록번호</td><td></td></tr>
</table>

1. 수입금액명세

구 분	① 일반수입금액	② 특수관계인간 거래금액	③ 합 계 (①+②)
금 액	60,000,000,000	20,000,000,000	80,000,000,000

2. 접대비 해당 금액

<table>
<tr><td colspan="3">④ 계 정 과 목</td><td>접대비</td><td>잡 비</td><td>건 물</td><td>합 계</td></tr>
<tr><td colspan="3">⑤ 계 정 금 액</td><td>170,000,000</td><td>2,500,000</td><td>2,000,000</td><td>174,500,000</td></tr>
<tr><td colspan="3">⑥ 기업업무추진비 계상액 중 사적사용경비</td><td>10,000,000</td><td>-</td><td>-</td><td>10,000,000</td></tr>
<tr><td colspan="3">⑦ 기업업무추진비 해당 금액 (⑤－⑥)</td><td>160,000,000</td><td>2,500,000</td><td>2,000,000</td><td>164,500,000</td></tr>
<tr><td rowspan="9">⑧신용카드 등 미사용 금액</td><td rowspan="2">경조사비 중 기준 금액 초과액</td><td>⑨ 신용카드 등 미사용금액</td><td>-</td><td>-</td><td>500,000</td><td>500,000</td></tr>
<tr><td>⑩ 총 초과금액</td><td>-</td><td>-</td><td>2,000,000</td><td>2,000,000</td></tr>
<tr><td rowspan="2">국외지역 지출액 (「법인세법 시행령」 제41조 제2항 제1호)</td><td>⑪ 신용카드 등 미사용금액</td><td>-</td><td>-</td><td>-</td><td>-</td></tr>
<tr><td>⑫ 총 지출액</td><td>-</td><td>-</td><td>-</td><td>-</td></tr>
<tr><td rowspan="2">농어민 지출액 (「법인세법 시행령」 제41조 제2항 제2호)</td><td>⑬ 송금명세서 미제출금액</td><td>-</td><td>-</td><td>-</td><td>-</td></tr>
<tr><td>⑭ 총 지출액</td><td>-</td><td>-</td><td>-</td><td>-</td></tr>
<tr><td rowspan="2">기업업무추진비 중 기준금액 초과액</td><td>⑮ 신용카드 등 미사용금액</td><td>17,500,000</td><td>-</td><td>-</td><td>17,500,000</td></tr>
<tr><td>⑯ 총 초과금액</td><td>137,500,000</td><td>2,500,000</td><td>-</td><td>140,000,000</td></tr>
<tr><td colspan="2">⑰ 신용카드 등 미사용 부인액 (⑨ + ⑪ + ⑬ + ⑮)</td><td>17,500,000</td><td>-</td><td>500,000</td><td>18,000,000</td></tr>
<tr><td colspan="3">⑱ 기업업무추진비 부인액 (⑥ + ⑰)</td><td>27,500,000</td><td>-</td><td>500,000</td><td>28,000,000</td></tr>
</table>

3. 기업업무추진비 조정명세서(갑)의 작성

(1) ① 기업업무추진비 해당 금액란: "기업업무추진비 조정명세서(을)[별지 제23호 서식(을)]"의 ⑦ 기업업무추진비 해당 금액의 합계란 금액을 적는다.

(2) ② 기준금액 초과 기업업무추진비 중 신용카드 등 미사용으로 인한 손금불산입액란: "기업업무추진비 조정명세서(을)[별지 제23호 서식(을)]"의 ⑰ 신용카드 등 미사용 부인액의 합계란 금액을 적는다.

* 기준금액(법령 제41조 제1항)

- 경조사비: 20만원
- 경조사비 외의 기업업무추진비: 3만원

(3) 일반 기업업무추진비 한도(④~⑧)

가. ④란에서 중소기업 외의 법인은 1,200만원, 중소기업은 3,600만원을 적용한다.

나. 총수입금액 기준의 금액란: "기업업무추진비 조정명세서(을)[별지 제23호 서식(을)]"의 ③란의 금액을 금액별 적용률에 따라 계산한 금액을 적는다.

다. 일반수입금액 기준의 금액란: "기업업무추진비 조정명세서(을)[별지 제23호 서식(을)]"의 ①란의 금액을 금액별 적용률에 따라 계산한 금액을 적는다.

라. 정부가 20% 이상 출자한 정부출자기관 및 정부출자기관이 출자한 법인으로서 그 정부출자기관 등이 최대주주인 법인의 경우에는 ⑧ 일반 기업업무추진비 한도액의 금액란에 법법 제25조 제4항 각 호 외의 부분에 따른 금액을 합한 금액(④+⑥+⑦)의 70%에 상당하는 금액을 적는다.

마. 수입금액 기준란의 적용률은 2013년 1월 1일 이후 개시하는 사업연도분부터는 10%를 적용한다.

바. ⑧ 일반 기업업무추진비 한도액 계산 시 법인이 법령 제42조 제2항에 해당하는 경우에는 ⑧ 일반 기업업무추진비 한도액의 50%에 해당하는 금액을 적는다.

(4) 문화 기업업무추진비 한도(⑨~⑩)는 조특법 제136조 제3항에 따른 문화 기업업무추진비 지출금액이 있는 경우 작성한다.

⑨ 문화 기업업무추진비 지출액은 ③ 차감 기업업무추진비 해당 금액 중 조특령 제130조 제5항에 따른 지출액을 적는다.

(5) 전통시장 기업업무추진비 한도(⑪~⑫)는 조특법 제136조 제6항에 따른 전통시장 기업업무추진비 지출금액이 있는 경우 작성한다. ⑪ 전통시장 기업업무추진비 지출액은 ③ 차감 기업업무추진비 해당 금액 중 조특법 제136조 제6항에 따른 지출액을 적는다.

(6) ⑭ 한도초과액은 음수인 경우 "0"으로 적는다.

[별지 제23호 서식(갑)] (2024. 3. 22. 개정)

<table>
<tr><td rowspan="2">사 업
연 도</td><td rowspan="2">2025. 1. 1.
~
2025. 12. 31.</td><td rowspan="2">기업업무추진비조정명세서(갑)</td><td>법 인 명</td><td>㈜ 삼일</td></tr>
<tr><td>사업자등록번호</td><td></td></tr>
</table>

<table>
<tr><th colspan="3">구 분</th><th>금 액</th></tr>
<tr><td colspan="3">① 기업업무추진비 해당 금액</td><td>164,500,000</td></tr>
<tr><td colspan="3">② 기준금액 초과 기업업무추진비 중 신용카드 등 미사용으로 인한 손금불산입액</td><td>18,000,000</td></tr>
<tr><td colspan="3">③ 차감 기업업무추진비 해당 금액(①－②)</td><td>146,500,000</td></tr>
<tr><td rowspan="11">일반
기업업무
추진비
한도</td><td colspan="2">④ 1,200만 원 (중소기업 3,600만 원) × 해당 사업연도 월수(12) / 12</td><td>12,000,000</td></tr>
<tr><td rowspan="4">총수입금액
기준</td><td>100억 원 이하의 금액×30/10,000
(2020년 사업연도 분은 35/10,000)</td><td>30,000,000</td></tr>
<tr><td>100억 원 초과 500억 원 이하의 금액×20/10,000
(2020년 사업연도 분은 25/10,000)</td><td>80,000,000</td></tr>
<tr><td>500억 원 초과 금액×3/10,000
(2020년 사업연도 분은 6/10,000)</td><td>9,000,000</td></tr>
<tr><td>⑤ 소 계</td><td>119,000,000</td></tr>
<tr><td rowspan="4">일반수입금액
기준</td><td>100억 원 이하의 금액×30/10,000
(2020년 사업연도 분은 35/10,000)</td><td>30,000,000</td></tr>
<tr><td>100억 원 초과 500억 원 이하의 금액×20/10,000
(2020년 사업연도 분은 25/10,000)</td><td>80,000,000</td></tr>
<tr><td>500억 원 초과 금액×3/10,000
(2020년 사업연도 분은 6/10,000)</td><td>3,000,000</td></tr>
<tr><td>⑥ 소 계</td><td>113,000,000</td></tr>
<tr><td>⑦ 수입금액 기준</td><td>(⑤－⑥)×20(10)/100</td><td>600,000</td></tr>
<tr><td colspan="2">⑧ 일반기업업무추진비 한도액(④＋⑥＋⑦)</td><td>125,600,000</td></tr>
<tr><td rowspan="2">문화
기업업무
추진비
한도
(「조세특례제한법」 제136조 제3항)</td><td colspan="2">⑨ 문화기업업무추진비 지출액</td><td></td></tr>
<tr><td colspan="2">⑩ 문화기업업무추진비 한도액
(⑨과 (⑧×20/100)에 해당하는 금액 중 적은 금액)</td><td></td></tr>
<tr><td rowspan="2">전통시장
기업업무
추진비 한도
(「조세특례제한법」 제136조 제6항)</td><td colspan="2">⑪ 전통시장 기업업무추진비 지출액</td><td></td></tr>
<tr><td colspan="2">⑫ 전통시장 기업업무추진비 한도액
[⑪과 (⑧×10/100)에 해당하는 금액 중 적은 금액]</td><td></td></tr>
<tr><td colspan="3">⑬ 기업업무추진비 한도액 합계(⑧＋⑩＋⑫)</td><td>125,600,000</td></tr>
<tr><td colspan="3">⑭ 한도초과액(③－⑬)</td><td>20,900,000</td></tr>
<tr><td colspan="3">⑮ 손금산입 한도 내 기업업무추진비 지출액(③과 ⑬에 해당하는 금액 중 적은 금액)</td><td>125,600,000</td></tr>
</table>

6 외화평가

1. 외화자산 및 부채의 평가

(1) 기업회계

기업회계기준에서는 화폐액의 고정 여부에 따라 외화자산·부채를 크게 화폐성 외화자산·부채와 비화폐성 외화자산·부채로 구분하고 있다.

화폐성 항목이란, 현금으로 지급하는 연금과 그 밖의 종업원급여, 현금으로 상환하는 충당부채, 부채로 인식하는 현금배당 등과 같이 확정되었거나 결정가능한 화폐단위 수량으로 받을 권리나 지급할 의무를 말한다.

반면에, 비화폐성 항목이란 재화와 용역에 대한 선급금(예: 선급임차료), 영업권, 무형자산, 재고자산, 유형자산, 비화폐성 자산의 인도에 의해 상환하는 충당부채 등과 같이 확정되었거나 결정가능한 화폐단위 수량으로 받을 권리나 지급할 의무가 없는 것을 말한다(K-IFRS 1021호 문단 16 및 일반기준 23장 부록 실23.1).

법인이 보유하는 외화자산·부채는 화폐성 성격의 유무와 측정 방법에 따라 외화환산손익을 아래와 같이 인식한다(K-IFRS 1021호 문단 23, 28, 30 및 일반기준 23장 문단 23.9, 23.10, 23.11).

자산의 구분	환산방법	외환차이(외화환산손익)의 회계처리
화폐성 외화항목	마감환율로 환산	당기손익으로 인식
역사적원가로 측정하는 비화폐성 외화항목	거래일의 환율로 환산	외환차이(외화환산손익)가 발생하지 않음.
공정가치로 측정하는 비화폐성 외화항목	공정가치가 측정된 날의 환율로 환산	공정가치평가손익을 당기손익(또는 기타포괄손익)으로 인식하면 외환차이도 당기손익(또는 기타포괄손익)으로 인식

(2) 법인세법

법인세법에서는 기업회계기준에 따른 화폐성 외화자산과 부채주1)(이하 "화폐성 외화자산·부채"라 함)의 평가손익을 익금 또는 손금으로 인정한다. 이때, 다음의 금융회사 등(법령 제61조 제2항 제1호부터 제7호까지)이 보유하는 화폐성 외화자산·부채의 평가는 강제규정이므로 결산상 화폐성 외화자산·부채의 평가손익을 반영하지 아니한 경우에는 장부가액과 세무상 평가액의 차이를 세무조정하여야 한다(법령 제76조 제1항 및 제4항).

① 은행법에 의한 인가를 받아 설립된 은행
② 한국산업은행법에 의한 한국산업은행
③ 중소기업은행법에 의한 중소기업은행
④ 한국수출입은행법에 의한 한국수출입은행
⑤ 농업협동조합법에 따른 농업협동조합중앙회(같은 법 제134조 제1항 제4호의 사업에 한정함) 및 농협은행
⑥ 수산업협동조합법에 따른 수산업협동조합중앙회(같은 법 제138조 제1항 제4호 및 제5호의 사업에 한정함) 및 수협은행

그러나 상기의 금융회사 등 외의 법인이 보유하는 화폐성 외화자산·부채(보험회사의 책임준비금은 제외하며, 이하 같음)는 다음에 해당하는 방법 중 관할 세무서장에게 신고한 방법에 따라 평가하여야 한다. 다만, 최초로 ②의 방법을 신고하여 적용하기 이전 사업연도의 경우에는 ①의 방법을 적용하여야 한다. 한편, 신고한 평가방법은 그 후의 사업연도에도 계속하여 적용하여야 하는 것이나, 신고한 평가방법을 적용한 사업연도를 포함하여 5개 사업연도가 지난 후에는 다른 방법으로 신고하여 변경된 평가방법을 적용할 수 있다(법령 제76조 제2항 및 제3항).

① 화폐성 외화자산·부채를 취득일 또는 발생일 현재의 매매기준율등으로 평가하는 방법
② 화폐성 외화자산·부채를 사업연도 종료일 현재의 매매기준율등으로 평가하는 방법

2. 외화자산·부채의 상환손익

(1) 상환손익의 처리

상환받거나 상환하는 외화채권·채무의 원화금액과 세무상 원화기장액의 차익 또는 차손은 해당 사업연도의 익금 또는 손금에 산입한다. 다만, 한국은행법에 따른 한국은행의 외

주1) 한국채택국제회계기준(K-IFRS)상 외화표시 신종자본증권이 외화부채에서 자본으로 재분류되어 동 기준에 의한 평가대상 화폐성 외화부채에서 제외되는 경우 해당 외화표시 신종자본증권은 '기업회계기준에 따른 화폐성 외화자산과 부채'에 해당하지 않는 것임(법인-975, 2011. 12. 5.).

화채권 · 채무 중 외화로 상환받거나 상환하는 금액의 환율변동분은 한국은행이 정하는 방식에 따라 해당 외화금액을 매각하여 원화로 전환한 사업연도의 익금 또는 손금에 산입한다(법령 제76조 제5항).

이 경우 외화자산 · 부채의 상환손익은 해당 법인이 실제로 적용한 환율에 따라 산정하는 것이며(법인 46012-803, 2000. 3. 28.), 실무상 외화부채를 상환하는 때에는 대고객외국환매도율에 의하며, 외화자산을 상환받아 즉시 원화로 환산하는 경우에는 대고객외국환매입률을 적용하는 것이 일반적이다.

또한, 법인이 수차례에 걸쳐 입금한 외화예금의 일부를 원화로 인출하는 경우 외화예금의 원화기장액 산정방법은 선입선출법을 적용하는 것이나, 해당 법인이 법인세법 시행령 제74조 제1항 제1호 마목의 이동평균법을 준용한 평가방법을 계속적으로 적용하여 온 경우에는 그에 따른 평가방법을 적용할 수 있다(법인세법 집행기준 42-76-5).

(2) 외화자산 · 부채의 차환(借換) 등

새로운 외화채무로 종전의 외화채무를 상환한 경우에는 해당 채무의 원화기장액을 수정하지 아니하는 것이며(법기통 42-76…3), 자산의 양도대가로 외화부채를 인계 · 인수하는 경우에는 동 부채의 인계 · 인수일 현재의 매매기준율 등에 따라 환산한 금액을 자산양도가액 또는 자산의 취득가액으로 한다(법인세법 집행기준 42-76-3).

3. 기능통화 도입기업의 과세표준 계산 특례

기업회계기준에 따라 원화 외의 통화를 기능통화로 채택하여 재무제표를 작성하는 내국법인의 과세표준 계산은 다음의 구분에 따른 방법(이하 '과세표준 계산방법'이라 함) 중 납세지 관할 세무서장에게 신고한 방법을 적용한다. 다만, 최초로 아래 ② 또는 ③의 과세표준 계산방법을 신고하여 적용하기 이전 사업연도의 소득에 대한 과세표준을 계산할 때에는 ①의 과세표준 계산방법을 적용하여야 하며, 같은 연결집단에 속하는 연결법인은 같은 과세표준 계산방법을 신고하여 적용하여야 한다. 또한, 아래 ② 또는 ③의 과세표준 계산방법을 신고하여 적용하는 법인은 기능통화의 변경, 과세표준 계산방법이 서로 다른 법인 간 합병 등 법령 제91조의 2 제2항에서 정하는 사유가 발생한 경우 외에는 과세표준 계산방법을 변경할 수 없다(법법 제53조의 2 제1항 · 제2항 및 법령 제91조의 3 제6항).

① 원화 재무제표 기준 과세표준 계산방법

원화 외의 기능통화를 채택하지 아니하였을 경우에 작성하여야 할 재무제표를 기준으로 과세표준을 계산하는 방법을 말함.

② 기능통화 재무제표 기준 과세표준 계산방법
기능통화로 표시된 재무제표를 기준으로 과세표준을 계산한 후 이를 원화로 환산하는 방법을 말함.

③ 환산 재무제표 기준 과세표준 계산방법
재무상태표 항목은 사업연도 종료일 현재의 환율, 포괄손익계산서(포괄손익계산서가 없는 경우에는 손익계산서) 항목은 해당 거래일 현재의 환율(감가상각비 등 일부 항목은 해당 사업연도 평균환율)을 적용하여 원화로 환산한 재무제표를 기준으로 과세표준을 계산하는 방법을 말함.

4. 해외사업장의 과세표준 계산 특례

내국법인의 해외사업장의 과세표준 계산은 다음의 방법(이하 "과세표준 계산방법"이라 함) 중 납세지 관할 세무서장에게 신고한 방법에 따르되, 최초로 아래 ② 또는 ③의 과세표준 계산방법을 신고하여 적용하기 이전 사업연도의 소득에 대한 과세표준을 계산할 때에는 ①의 과세표준 계산방법을 적용하여야 한다(법법 제53조의 3 제1항 및 법령 제91조의 5 제7항). 또한, 아래 ② 또는 ③의 과세표준 계산방법을 신고하여 적용하는 법인은 과세표준 계산방법이 서로 다른 법인 간 합병 등 법령 제91조의 4 제1항에서 정하는 사유가 발생한 경우 외에는 과세표준 계산방법을 변경할 수 없다(법법 제53조의 3 제2항).

① 원화 재무제표 기준 과세표준 계산방법
해외사업장 재무제표를 원화 외의 기능통화를 채택하지 아니하였을 경우에 작성하여야 할 재무제표로 재작성하여 본점의 재무제표와 합산한 후 합산한 재무제표를 기준으로 과세표준을 계산하는 방법을 말함.

② 기능통화 재무제표 기준 과세표준 계산방법
해외사업장의 기능통화로 표시된 해외사업장 재무제표를 기준으로 과세표준을 계산한 후 이를 원화로 환산하여 본점의 과세표준과 합산하는 방법을 말함.

③ 환산 재무제표 기준 과세표준 계산방법
해외사업장의 재무제표에 대하여 재무상태표 항목은 사업연도 종료일 현재의 매매기준율 등을, 포괄손익계산서 항목 중 감가상각비 등 일부 항목은 평균환율 · 그 밖의 항목은 해당 항목의 거래일 현재의 매매기준율 등 또는 평균환율 중 납세지 관할 세무서장에게 신고한 환율을 각각 적용하여 원화로 환산하고 본점 재무제표와 합산한 후 합산한 재무제표를 기준으로 과세표준을 계산하는 방법을 말함.

5. 파생상품거래로 인한 손익의 귀속시기

(1) 기업회계

1) 한국채택국제회계기준(K-IFRS)

한국채택국제회계기준(K-IFRS)에서 파생상품은 한국채택국제회계기준(K-IFRS) 제1109호의 적용범위에 해당하면서 다음의 세 가지 특성을 모두 가진 금융상품이나 그 밖의 계약으로 정의한다(K-IFRS 1109호 부록A 용어의 정의).

① 기초변수의 변동에 따라 가치가 변동한다. 기초변수는 이자율, 금융상품가격, 일반상품가격, 환율, 가격 또는 비율의 지수, 신용등급 또는 신용지수나 그 밖의 변수를 말한다. 다만, 비금융변수의 경우에는 계약의 당사자에게 특정되지 아니하여야 한다.

② 최초 계약시 순투자금액이 필요하지 않거나 시장요소의 변동에 비슷한 영향을 받을 것으로 예상되는 다른 유형의 계약보다 적은 순투자금액이 필요하다.

③ 미래에 결제된다.

파생상품은 다른 금융상품과 마찬가지로 최초인식시점에 공정가치로 인식하고, 최초인식 후 후속측정시에도 공정가치로 인식하며, 위험회피관계가 적용되지 않는 파생상품의 평가손익은 낭기손익에 반영하고, 위험회피관계가 적용되어 위험회피수단으로 지정된 파생상품의 평가손익은 위험회피 유형별로 한국채택국제회계기준(K-FIRS) 제1109호 문단 6.5.8~6.5.14(해당사항이 있다면, 이자율위험의 포트폴리오 위험회피에 대한 공정가치위험회피회계를 규정하는 기업회계기준서 제1039호 문단 89~94 참조)에 따라 처리한다. 한편, 위험회피대상항목인 금융자산이나 금융부채의 손익은 한국채택국제회계기준(K-FIRS) 제1109호 문단 6.5.8~6.5.14와, 해당사항이 있다면 이자율위험의 포트폴리오 위험회피에 대한 공정가치위험회피회계를 규정하는 한국채택국제회계기준(K-FIRS) 제1039호의 문단 89~94에 따라 인식한다(K-IFRS 1109호 문단 5.7.1, 5.7.3).

2) 일반기업회계기준

일반기업회계기준에서 파생상품은 다음의 요건을 모두 충족하는 금융상품 또는 이와 유사한 계약을 말한다(일반기준 6장 문단 6.36).

① 기초변수 및 계약단위의 수량(또는 지급규정)이 있어야 한다. 다만, 기초변수가 물리적 변수(예: 온도, 강우량 등)인 경우로서 해당 금융상품 등이 거래소에서 거래되지 않는 경우는 제외되며, 비금융변수인 경우에는 계약의 당사자에게 특정되지 아니하여야 한다.

② 최초 계약시 순투자금액을 필요로 하지 않거나 시장가격변동에 유사한 영향을 받는 다른 유형의 거래보다 적은 순투자금액을 필요로 해야 한다.

③ 차액결제가 가능해야 한다.

이때, 차액결제가 가능한 경우는 다음 중 하나를 충족하는 경우로 한다(일반기준 6장 문단 6.37).

① 거래당사자는 파생상품의 계약단위의 수량을 직접 인도할 의무가 없다.

② 만기 이전에 시장에서의 거래 등에 의해 차액결제가 가능하다.

③ 거래당사자가 파생상품의 약정내용에 따라 계약단위의 수량을 직접 인도해야 할지라도 해당 자산은 즉시 현금화될 수 있다.

일반기업회계기준에서 파생상품은 해당 계약에 따라 발생된 권리와 의무를 자산 · 부채로 인식하며 공정가치로 평가하도록 하고 있다. 위험회피수단으로 지정되지 않고 매매목적 등으로 보유하고 있는 파생상품의 평가손익은 당기손익으로 인식하고, 위험회피수단으로 지정된 파생상품의 평가손익은 위험회피유형별로 일반기업회계기준 제6장 제3절에서 정하는 바에 따라 처리한다(일반기준 6장 문단 6.39).

(2) 법인세법

1) 일반원칙

법인세법상 만기가 도래하지 아니한 파생상품에 대한 평가손익은 원칙적으로 해당 사업연도의 익금 또는 손금으로 인정되지 아니한다. 따라서 후술하는 2), 3)의 경우를 제외하고 법인이 기업회계기준에 따라 파생상품을 평가하여 결산에 반영한 경우, 해당 평가손익은 익금불산입(△유보) 또는 손금불산입(유보)의 세무조정이 필요하다.

2) 금융회사 등이 보유하는 통화선도등

금융회사 등(법령 제61조 제2항 제1호부터 제7호까지에 해당하는 법인)이 보유하는 "통화선도등"에 대하여는 다음 중 어느 하나에 해당하는 방법 중 관할 세무서장에게 신고한 방법에 따라 평가하여야 하며, 그 신고한 평가방법은 그 후의 사업연도에도 계속하여 적용하여야 한다. 다만, 최초로 아래 ②의 방법을 신고하여 적용하기 이전 사업연도에는 아래 ①의 방법을 적용하여야 한다(법령 제73조 제4호, 제76조 제1항 제2호 · 제3항).

① 계약의 내용 중 외화자산 및 부채를 계약체결일의 매매기준율등으로 평가하는 방법

② 계약의 내용 중 외화자산 및 부채를 사업연도 종료일 현재의 매매기준율등으로 평가하는 방법

여기서, "통화선도등"이라 함은, 다음 각각의 거래를 말한다(법칙 제37조의 2).

① 통화선도: 원화와 외국통화 또는 서로 다른 외국통화의 매매계약을 체결함에 있어 장래의 약정기일에 약정환율에 따라 인수 · 도 하기로 하는 거래

② 통화스왑: 약정된 시기에 약정된 환율로 서로 다른 표시통화 간의 채권채무를 상호 교환하기로 하는 거래

③ 환변동보험: 무역보험법 제3조에 따라 한국무역보험공사가 운영하는 환변동위험을 회피하기 위한 선물환 방식의 보험계약(당사자 어느 한쪽의 의사표시에 의하여 기초자산이나 기초자산의 가격 · 이자율 · 지표 · 단위 또는 이를 기초로 하는 지수 등에 의하여 산출된 금전, 그 밖의 재산적 가치가 있는 것을 수수하는 거래를 성립시킬 수 있는 권리를 부여하는 것을 약정하는 계약과 결합된 보험계약은 제외함)

상기에 따른 통화선도등을 평가함에 따라 발생하는 평가한 원화금액과 원화기장액의 차익 또는 차손은 해당 사업연도의 익금 또는 손금에 이를 산입한다. 이 경우 통화선도등의 계약 당시 원화기장액은 계약의 내용 중 외화자산 및 부채의 가액에 계약체결일의 매매기준율 등을 곱한 금액을 말한다(법령 제76조 제4항).

3) 금융회사 등 외의 일반법인이 보유하는 환위험회피용통화선도등

금융회사 등 외의 일반법인이 보유하는 화폐성외화자산 · 부채(보험회사의 책임준비금은 제외하며, 이하 같음)와 화폐성외화자산 · 부채의 환위험을 회피하기 위하여 보유하는 통화선도등(이하 "환위험회피용통화선도등"이라 함)은 다음의 어느 하나에 해당하는 방법 중 관할 세무서장에게 신고한 방법에 따라 평가하여야 하며, 그 신고한 평가방법은 그 후의 사업연도에도 계속하여 적용하여야 하는 것이나, 신고한 평가방법을 적용한 사업연도를 포함하여 5개 사업연도가 지난 후에는 다른 방법으로 신고하여 변경된 평가방법을 적용할 수 있다. 다만, 최초로 아래 ②의 방법을 신고하여 적용하기 이전 사업연도의 경우에는 아래 ①의 방법을 적용하여야 한다. 즉, 환위험회피용통화선도등의 평가방법은 화폐성외화자산 · 부채의 평가방법과 동일한 방법을 선택하여 적용하여야 한다(법령 제73조 제5호, 제76조 제2항 및 제3항 및 집행기준 42-76-1 ②).

① 화폐성외화자산 · 부채와 환위험회피용통화선도등의 계약 내용 중 외화자산 및 부채를 취득일 또는 발생일(통화선도등의 경우에는 계약체결일) 현재의 매매기준율등으로 평가하는 방법

② 화폐성외화자산 · 부채와 환위험회피용통화선도등의 계약 내용 중 외화자산 및 부채를 사업연도 종료일 현재의 매매기준율등으로 평가하는 방법

상기에 따른 화폐성외화자산 · 부채 및 환위험회피용통화선도등을 평가함에 따라 발생하는 평가한 원화금액과 원화기장액의 차익 또는 차손은 해당 사업연도의 익금 또는 손금에 이를 산입한다. 이 경우 환위험회피용통화선도등의 계약 당시 원화기장액은 계약의 내용 중 외화자산 및 부채의 가액에 계약체결일의 매매기준율등을 곱한 금액을 말한다(법령 제76조 제4항).

♠ 조정명세서 작성 사례: 외화평가 – 화폐성과 비화폐성

제조업을 영위하는 (주)삼일의 제12기 사업연도(2025. 1. 1.~12. 31.)의 외화자산 · 부채 평가손익에 대한 자료가 다음과 같을 경우 회계처리 및 세무조정을 하고, 별지 제40호(을) 서식을 작성하시오.

1. 당 법인의 기말 외화자산 및 외화부채의 내역은 다음과 같다.

계정과목	적 요	외화(US$)	발생일	회수 또는 상환일	평가전 장부가액
예 금	-	200,000	2025. 9. 20.	-	₩248,120,000
선 급 금	물품대선지급금	100,000	2025. 11. 24.	-	148,000,000
매도가능증권	해외법인투자목적	1,000,000	2025. 11. 20.	-	1,520,600,000
장기대여금	해외법인대여금	500,000	2025. 1. 1.	2027. 1. 1.	655,200,000
선 수 금	제품판매선수금	50,000	2025. 12. 13.	-	74,025,000
단기차입금	일시차입금	250,000	2025. 2. 1.	2026. 2. 1.	324,650,000
장기차입금	장기차입금	600,000	2025. 3. 1.	2027. 3. 1.	753,960,000

2. 당기말 현재 환율은 다음과 같다(가정치).

외 화	대고객외국환매입률	매매기준율
US$	1,280.^{20}원/1US$	1,290.^{60}원/1US$

3. 당사는 기업회계기준상 기말 현재 평가대상 외화자산 · 부채에 대하여 매매기준율에 의하여 평가하고, 평가차액을 당기의 손익으로 계상하였다.
4. 단, (주)삼일은 일반기업회계기준을 적용하고 있으며, 법인세 신고시에는 화폐성 외화자산 · 부채를 사업연도 종료일 현재의 매매기준율등으로 평가하는 방법을 선택하였다.
5. 매도가능증권은 2025년 12월 31일 현재 기준으로 공정가치평가손익을 인식하지 않는 것으로 가정한다.

[작성 해설]

1. 회계처리

기업회계기준상 화폐성외화자산 · 부채는 보고기간 종료일 현재의 적절한 환율로 환산한 가액을 재무상태표가액으로 하도록 하고 있으므로, (주)삼일은 다음과 같은 회계처리를 하여야 한다.

(차)	외 화 예 금	10,000,000	(대)	외 화 환 산 이 익	10,000,000
(차)	외화환산손실	9,900,000	(대)	외 화 장 기 대 여 금	9,900,000
(차)	외화단기차입금	2,000,000	(대)	외 화 환 산 이 익	2,000,000
(차)	외화환산손실	20,400,000	(대)	외 화 장 기 차 입 금	20,400,000

과 목	외화금액	매매기준율	①평가금액	②평가전 금액	장부상 외화환산손익
예 금	200,000	1,290.60	258,120,000	248,120,000	10,000,000
장 기 대 여 금	500,000	1,290.60	645,300,000	655,200,000	△ 9,900,000
단 기 차 입 금	250,000	1,290.60	322,650,000	324,650,000	2,000,000
장 기 차 입 금	600,000	1,290.60	774,360,000	753,960,000	△ 20,400,000

※ 외화선급금과 선수금은 비화폐성 자산 · 부채로 분류되므로 평가대상에서 제외한다.

2. 세무조정

화폐성 외화자산 · 부채를 사업연도 종료일 현재의 매매기준율등으로 평가하는 방법을 선택한 금융회사 등(법령 제61조 제2항 제1호~제7호) 외의 법인이 보유하고 있는 화폐성 외화자산 · 부채는 법인세법상 평가대상 자산 · 부채이므로, 일반기업회계기준에 따라 화폐성 외화자산 · 부채를 환산(평가)하여 결산에 반영한 외화환산이익 12,000,000원 및 외화환산손실 30,300,000원은 별도의 세무조정이 필요없다.

[별지 제40호 서식(을)] (2012. 2. 28. 개정)

사업연도	2025. 1. 1. ~ 2025. 12. 31.	외화자산 등 평가차손익조정명세서(을)	법 인 명	㈜ 삼일
			사업자등록번호	

①구분	②외화종류	③외화금액	④장부가액		⑦평가금액		⑩평가손익
			⑤적용환율	⑥원화금액	⑧적용환율	⑨원화금액	자산(⑨－⑥) 부채(⑥－⑨)
외화자산	예금(USD)	200,000	1240.60	248,120,000	1290.60	258,120,000	10,000,000
	장기대여금(USD)	500,000	1310.40	655,200,000	1290.60	645,300,000	△9,900,000
	합 계			903,320,000		903,420,000	100,000
외화부채	단기차입금(USD)	250,000	1,298.60	324,650,000	1290.60	322,650,000	2,000,000
	장기차입금(USD)	600,000	1,256.60	753,960,000	1290.60	774,360,000	△20,400,000
	합 계			1,078,610,000		1,097,010,000	△18,400,000
통화선도							
	합 계						
통화스왑							
	합 계						
환변동보험							
	합 계						
총 계							△18,300,000

210㎜×297㎜[백상지 80g/㎡ 또는 중질지 80g/㎡]

7 국고보조금 등의 손금산입

1. 개 요

자본적 지출에 충당할 국고보조금이나 공사부담금 및 보험차익에 대하여 법인세를 부과하면 그 보조금 등의 효과가 반감되므로, 세법에서는 이를 일시에 과세하지 않고 해당 자산의 내용연수에 걸쳐 분할하여 과세하기 위하여 일시상각(압축기장)충당금을 설정하도록 하고 있다.

2. 내 용

공사부담금 등의 일시상각충당금 제도를 요약하면 다음과 같다.

구 분	공사부담금	국고보조금	보험차익
관계법규	법법 37, 법령 65, 법기통 37-0…1	법법 36, 법령 64, 법기통 40-71…7, 36-0…1, 36-64…1	법법 38, 법령 66, 법기통 40-71…8, 38-66…1, 38-66…2
대상법인	전기사업, 도시가스사업, 액화석유가스 충전사업·액화석유가스 집단공급사업 및 액화석유가스 판매사업, 집단에너지공급사업, 초연결지능정보통신기반구축사업, 수도사업을 하는 법인	보조금 관리에 관한 법률, 지방자치단체 보조금 관리에 관한 법률, 농어촌전기공급사업 촉진법, 전기사업법, 사회기반시설에 대한 민간투자법, 한국철도공사법, 농어촌정비법, 도시 및 주거환경 정비법, 산업재해보상보험법, 환경정책기본법, 산업기술혁신 촉진법에 의한 국고보조금(금전 외의 자산으로 받은 경우 포함)을 수령한 법인	보험대상자산의 멸실이나 손괴로 보험금을 수령한 법인
제약조건	사업용자산을 먼저 취득하고 이에 대한 공사부담금을 사	사업용 유형·무형자산과 석유류를 먼저 취득·개량하고 이	보험금 수령한 다음 사업연도 개시일부터 2년 이내

구 분	공사부담금	국고보조금	보험차익
제약조건	후에 수령 또는 사전에 공사부담금을 수령한 다음 사업연도 개시일부터 1년 이내 사업용자산 취득. 다만, 공사의 허가·인가의 지연 등 부득이한 사유(법령 64 ⑦)로 기한 내에 사용하지 못한 경우에는 해당 사유가 끝나는 날이 속하는 사업연도의 종료일까지 취득	에 대한 국고보조금을 사후에 수령 또는 사전에 국고보조금을 수령한 경우 그 다음 사업연도 개시일부터 1년 이내 사업용 유형·무형자산 및 석유류 취득·개량. 다만, 허가 또는 인가의 지연 등 부득이한 사유(법령 64 ⑦)로 기한 내에 사용하지 못한 경우에는 해당 사유가 끝나는 날이 속하는 사업연도의 종료일까지 취득·개량	대체 유형자산 취득 또는 개량. 다만, 허가 또는 인가의 지연 등 부득이한 사유(법령 64 ⑦)로 기한 내에 사용하지 못한 경우에는 해당 사유가 끝나는 날이 속하는 사업연도의 종료일까지 취득·개량
손금산입 범위액	공사부담금 수령액 중 사업용자산 취득에 소요된 가액.[주)] 단, 장기할부조건으로 공사부담금을 받은 경우 각 사업연도에 교부받았거나 교부받을 금전 또는 자재에 상당하는 가액	국고보조금 수령액 중 사업용자산 등의 취득 또는 개량에 소요된 금액.[주)] 단, 손실보상적인 공장 이전 보상금과 탄가규제와 관련하여 교부받은 보조금은 제외	유형자산의 취득 또는 개량에 소요된 보험차익에 상당하는 금액. 단, 멸실된 건물과 기계장치에 대한 보험차익을 모두 건물취득에만 사용한 경우 기계장치에 대한 보험차익은 각 사업연도 소득금액 계산상 익금산입
손금산입 방법	감가상각대상자산인 경우에는 일시상각충당금으로, 기타 자산의 경우에는 압축기장충당금 과목으로 결산조정 또는 신고조정	좌 동	일시상각충당금 과목으로 결산조정 또는 신고조정
첨부서류	공사부담금 상당액 손금산입 조정명세서(별지 제35호 서식) 및 공사부담금 사용계획서(별지 제36호 서식)	국고보조금 등 상당액 손금산입 조정명세서(별지 제35호 서식), 보조금 등 수취명세서(별지 제35호의 2 서식) 및 국고보조금 등 사용계획서(별지 제36호 서식)	보험차익 상당액 손금산입 조정명세서(별지 제35호 서식) 및 보험차익 사용계획서(별지 제37호 서식)
감가상각비	동 자산에 대한 감가상각비는 동 충당금과 상계		
세무조정	공사부담금 등을 자산차감항목으로 처리한 경우: 공사부담금 익금산입(유보) 일시상각충당금 손금산입(△유보) 보험차익을 영업외수익으로 처리한 경우: 일시상각충당금 손금산입(△유보)		
세무조정 절차	1. 손금 가능 여부: 공사부담금 등 수령시기와 사업용자산 등 취득 또는 개량을 검토 2. 일시상각충당금 또는 압축기장충당금 계상의 적정성 검토 3. 동 자산에 대한 감가상각비와 기설립된 충당금과 상계 여부 검토 4. 첨부서류의 적정성 검토		
익금산입 / 일반적인 경우	다음의 때에 다음의 금액을 익금산입 1. 비상각자산: 매각시 매각분에 상당하는 압축기장충당금을 익금산입	좌 동 1. 좌 동	1. 해당 없음

구 분		공사부담금	국고보조금	보험차익
익금산입	일반적인 경우	2. 상각자산: 감가상각시 및 매각시 각각 상각분 및 매각분에 상응하는 일시상각충당금을 익금산입	2. 좌 동 3. 석유류: 매출원가 차이분 익금산입(법인 46012-3649, 1998. 11. 27.)	2. 좌 동
	일시익금산입	1. 기한내 미사용시 2. 폐업 또는 해산시(단, 합병 또는 분할로 합병법인 등이 승계하는 경우 제외)	좌 동	좌 동

주) 사업용자산 등을 취득하거나 개량한 후 공사부담금 또는 국고보조금 등을 지급받았을 때에는 지급일이 속한 사업연도 이전 사업연도에 이미 손금에 산입한 감가상각비에 상당하는 금액은 손금산입 범위액에서 제외

3. 일시상각(압축기장)충당금 등의 신고조정

내국법인이 일시상각충당금 또는 압축기장충당금을 장부에 계상하지 아니하고 세무조정계산서에 계상하여 손금에 산입한 경우, 그 금액은 손비로 계상한 것으로 본다. 이 경우 각 자산별로 해당 자산의 일시상각충당금 또는 압축기장충당금과 감가상각비에 관한 명세서를 세무조정계산서에 첨부하여 제출하여야 한다(법령 제98조 제2항).

4. 국고보조금 등에 대한 회계처리 및 세무조정

(1) 국고보조금 및 공사부담금

상환의무가 없는 국고보조금을 현금으로 수령하여 기업회계기준상 자산차감법에 따라 회계처리한 경우를 예로 들어 설명하면, 다음과 같다(일반기업회계기준상 공사부담금도 동일함).

구 분	회계처리	세무조정[주2)]
① 보조금 수령시(6/28)	차) 현 금 10,000 대) 국고보조금 10,000 (현금차감)	익금산입 국고보조금(현금차감) 10,000(유보)
② 유형자산 취득시(7/1)	차) 유 형 자 산 15,000 대) 현 금 15,000 국고보조금 10,000 국고보조금 10,000 (현금차감) (자산차감)	손금산입 국고보조금(현금차감) 10,000(△유보) 익금산입 국고보조금(자산차감) 10,000(유보) 손금산입 일시상각충당금 10,000(△유보)

구 분	회계처리	세무조정주2)
③ 감가상각시 (12/31)	차) 감가상각비 625 대) 감가누계액 1,875주1) 국고보조금 1,250 (자산차감)	익금산입 일시상각충당금 1,250(유보) 손금산입 국고보조금(자산차감) 1,250(△유보)
부분재무 상태표	유형자산 15,000 (감가누계액) 1,875 (국고보조금) 8,750 4,375	〈자본금과 적립금(을) 잔액〉 과 목 / 금 액 국고보조금(자산차감) 8,750 일시상각충당금 △ 8,750

주1) 감가상각누계액 = 15,000 × 1/4 × 1/2 = 1,875(내용연수는 4년 가정)
주2) 법기통 36-64…1

(2) 보험차익

유형자산에 대한 보험차익은 기업회계기준상 수취할 권리가 발생하는 시점에 당기손익으로 반영한다(일반기준 10장 문단 10.43 및 K-IFRS 1016호 문단 65). 따라서 일시상각충당금 손금산입(△유보) 처리와 이후 감가상각시 보험차익상당액 손금불산입(유보) 처리가 필요하다.

【사 례】

다음 자료에 의하여 보험차익의 손금산입에 관한 회계처리와 세무조정을 하시오.

1. 2025. 4. 10. 소유건물의 취득가액 150,000,000원(동 감가상각누계액 60,000,000원)이 화재로 인하여 소실되다.
2. 2025. 5. 25. 위 건물에 대한 보험금으로 130,000,000원을 수령하다.
3. 2025. 8. 11. 대체건물을 200,000,000원에 구입하다.
4. 해당 사업연도(2025. 1. 1.~12. 31.)의 손금에 산입할 감가상각범위액은 2,000,000원이 된다(장부가액 200,000,000원을 기준).

【해 설】

1. 일시상각충당금을 장부에 설정한 경우

가. 화재 발생시

(차)	손 상 차 손	90,000,000	(대) 건 물	150,000,000
	감가상각누계액	60,000,000		

나. 보험금 수령시

(차)	현 금	130,000,000	(대) 보 험 금 수 익	130,000,000

다. 건물 구입시

(차)	건 물	200,000,000	(대) 현 금 · 예 금	200,000,000

라. 일시상각충당금 설정

(차)	일시상각충당금전입액	40,000,000	(대) 일시상각충당금	40,000,000

• Min [① 130,000,000 − (150,000,000 − 60,000,000), ② 200,000,000 − (150,000,000 − 60,000,000)] = 40,000,000

마. 감가상각비 계상시

(차) 감 가 상 각 비 2,000,000 (대) 감가상각누계액 2,000,000

바. 보험차익으로 취득한 유형자산의 감가상각비와 일시상각충당금과의 상계

(차) 일시상각충당금 400,000 (대) 감 가 상 각 비 400,000

• 2,000,000 × 40,000,000 / 200,000,000 = 400,000

2. 일시상각충당금을 신고조정에 의하여 설정한 경우

1) 회계처리

• 가, 나, 다, 마는 상기와 동일

• 라: 회계처리하지 않음.

• 바: 회계처리하지 않음.

2) 세무조정

• 일시상각충당금 설정: 일시상각충당금 40,000,000 손금산입(△유보)

• 감가상각비와 상계: 일시상각충당금 400,000 손금불산입(유보)

8 감가상각

1. 의 의

감가상각이란, 미래 일정 기간 동안 실현될 용역잠재력의 집합체인 유·무형자산이 사용에 의한 마모, 진부화 등에 의해 감소되는 용역잠재력을 인식하는 절차 또는 일정 기간에 걸쳐 합리적인 방법에 의하여 비용으로 배분하는 절차를 의미한다.

기업회계기준에서는 적정한 기간손익의 배분관점에서 여러 감가상각방법, 내용연수·잔존가치의 추정을 허용하고 있다(다만, 한번 채택된 감가상각방법 등은 정당한 사유가 없는 한 계속적으로 적용하도록 하고 있음).

법인세법의 감가상각제도도 본질적으로 기업회계기준과 다를 바는 없으나, 조세부담의 공평성, 계산의 편의성 및 국가정책적 목적 등을 위하여 여러 제약을 가하고 있다.

2. 법인세법상 감가상각제도의 특징

① 임의상각제도이다. 즉, 감가상각비는 각 사업연도의 결산을 확정할 때 손비로 계상한 경우에 한하여 한도 내에서 손금으로 인정되는 결산조정사항이다. 그 결과 감가상각 여부, 금액 및 손금산입시기를 법인 스스로 선택할 수 있는 여지가 있다. 다만, 법인세법과 다른 법률에 따라 법인세를 감면·면제받은 법인의 경우 법인세법 제23조 제3항 및 같은 법 시행령 제30조에 따라 감가상각 의제액(미달 상각액)은 신고조정에 의하여 손금에 산입하여야 하며, 업무용승용차의 경우 법인세법 제27조의 2 제1항 및 같은 법 시행령 제50조의 2 제3항에 따라 감가상각비 한도미달액을 신고조정에 의해 손금에 산입하여야 한다. 또한, 한국채택국제회계기준(K-IFRS)을 적용하는 내국법인이 보유한 유형자산과 일정한 무형자산에 대하여 법인세법 제23조 제2항에 따라 일정한도의 범위 내에서 신고조정에 의하여 손금산입할 수 있으며, 이외에도 법인세법 시행령 제19조 제5호의 2에 따른 특수관계인으로부터 사업양수한 자산의 감가상각비의 손금산입특례, 조

세특례제한법 제28조에 따른 서비스업 감가상각비의 손금산입특례, 제28조의 2에 따른 중소 · 중견기업 설비투자자산의 감가상각비 손금산입특례, 제28조의 3에 따른 설비투자자산의 감가상각비 손금산입특례, 제28조의 4에 따른 에너지절약시설의 감가상각비 손금산입특례에 의한 감가상각비는 신고조정에 의하여 손금에 산입할 수 있다.

② 자산별 상각방법 및 내용연수를 법정화하고 있다. 내용연수 및 수정내용연수를 법정화하고 있으며, 자산별로 적용 가능한 상각방법을 규정하고 있다.

③ 법인이 감가상각비를 손비로 계상하더라도 동 손금이 모두 용인되는 것은 아니다. 즉, 법에서는 각 사업연도에 손금으로 계상할 수 있는 감가상각비의 최고한도액을 정함으로써 이를 초과하여 계상한 금액은 손금에 산입하지 아니한다.

3. 감가상각자산

① 감가상각자산은 토지를 제외한 다음의 유형자산 및 무형자산으로 하되, 후술하는 '② 감가상각대상에서 제외되는 자산'은 제외한다(법령 제24조 제1항).

구 분	감 가 상 각 자 산
유형자산	건물(부속설비 포함) 및 구축물, 차량 및 운반구, 공구, 기구 및 비품, 선박 및 항공기, 기계 및 장치, 동물 및 식물, 기타 이와 유사한 유형자산
무형자산	영업권(합병 또는 분할로 인하여 합병법인 등이 계상한 영업권 제외),주1) 디자인권, 실용신안권, 상표권, 특허권, 어업권, 양식업권, 채취권, 유료도로관리권, 철도시설관리권(2025. 2. 28.이 속하는 사업연도에 감가상각하는 경우부터 적용), 수리권, 전기가스공급시설이용권, 공업용수도시설이용권, 수도시설이용권, 열공급시설이용권, 광업권, 전신전화전용시설이용권, 전용측선이용권, 하수종말처리장시설관리권, 수도시설관리권, 댐사용권, 개발비,주2) 사용수익기부자산가액,주3) 주파수이용권, 공항시설관리권, 항만시설관리권, 그 밖에 열거된 무형자산과 유사한 무형자산(2025. 2. 28.이 속하는 사업연도에 감가상각하는 경우부터 적용)

주1) 영업권의 범위

- 사업의 양도 · 양수과정에서 양도 · 양수자산과는 별도로 양도사업에 관한 허가 · 인가 등 법률상의 지위, 사업상 편리한 지리적 여건, 영업상의 비법, 신용 · 명성 · 거래처 등 영업상의 이점 등을 고려하여 적절한 평가방법에 따라 유상으로 취득한 금액(법칙 제12조 제1항 제1호)
- 설립인가, 특정사업의 면허, 사업의 개시 등과 관련하여 부담한 기금 · 입회금 등으로, 반환청구를 할 수 없는 금액과 기부금 등(법칙 제12조 제1항 제2호)

주2) 개발비

- 상업적인 생산 또는 사용 전에 재료 · 장치 · 제품 · 공정 · 시스템 또는 용역을 창출하거나 현저히 개선하기 위한 계획 또는 설계를 위하여 연구결과 또는 관련 지식을 적용하는데 발생하는 비용으로서 기업회계기준에 따른 개발비 요건을 갖춘 것을 말하며, 산업기술연구조합 육성

법에 따른 산업기술연구조합의 조합원이 해당 조합에 연구개발 및 연구시설 취득 등을 위하여 지출하는 금액을 포함함(법령 제24조 제1항 제2호 바목).

주3) 사용수익기부자산가액

- 금전 외의 자산을 국가 또는 지방자치단체, 법인세법 제24조 제2항 제1호 라목부터 바목까지의 규정에 따른 특례기부금 대상 법인, 법인세법 시행령 제39조 제1항 제1호에 따른 공익법인 등에게 기부한 후 그 자산을 사용하거나 그 자산으로부터 수익을 얻는 경우 해당 자산의 장부가액(법령 제24조 제1항 제2호 사목)

② 감가상각대상에서 제외되는 자산(법령 제24조 제3항).

ⅰ) 사업에 사용하지 아니하는 자산(유휴설비를 제외함)

사용 중 철거하여 사업에 사용하지 아니하는 기계 및 장치 등이거나, 취득 후 사용하지 아니하고 보관 중인 기계 및 장치 등은 감가상각대상인 유휴설비로 보지 아니한다(법칙 제12조 제3항).

ⅱ) 건설 중인 것

설치중인 자산 또는 그 성능을 시험하기 위한 시운전기간에 있는 자산은 건설 중인 자산에 포함하여 감가상각하지 아니하나, 건설 중인 자산의 일부가 완성되어 사업에 사용되는 경우 그 부분은 감가상각자산에 해당한다(법칙 제12조 제4항).

ⅲ) 시간의 경과에 따라 그 가치가 감소되지 아니하는 것(예: 토지)

③ 장기할부조건 등으로 매입한 감가상각자산의 경우, 해당 자산의 가액 전액을 자산으로 계상하고 사업에 사용하는 경우에는 그 대금의 청산 또는 소유권의 이전 여부에 관계없이 감가상각자산에 포함한다(법령 제24조 제4항).

④ 자산을 시설대여하는 자(이하 '리스회사')가 대여하는 해당자산(이하 '리스자산') 중 기업회계기준에 따른 금융리스자산은 리스이용자의 감가상각자산으로, 금융리스 외의 리스자산(운용리스자산)은 리스회사의 감가상각자산으로 한다(법령 제24조 제5항). 이 경우 리스회사가 리스이용자와의 금융리스계약이 해지되어 회수 · 보유 중인 리스자산은 감가상각대상자산에서 제외한다(법인 46012-2173, 2000. 10. 26.).

⑤ 리스회사가 부실화되어 유동화전문회사가 리스회사 등으로부터 해당 금융리스자산을 양도받아, 이를 기초로 유동화증권을 발행하는 경우에도 리스이용자의 감가상각자산으로 한다(법령 제24조 제6항).

4. 감가상각비의 손금계상방법

법인이 감가상각비를 손비로 계상하거나 신고조정에 의하여 손금에 산입하는 경우 해당 감가상각자산의 장부가액을 직접 감액하는 방법 또는 감가상각누계액으로 계상하는 방법 중 선택하여야 하며(법령 제25조 제1항), 감가상각누계액으로 계상하는 경우 개별자산별로 계상하되 개별자산별로 구분하여 작성된 감가상각비조정명세서를 보관하고 있는 경우 감가상각비 총액을 일괄하여 감가상각누계액으로 계상할 수 있다(법령 제25조 제2항).

5. 감가상각방법

(1) 감가상각방법의 적용

법인세법은 아래와 같이 해당 감가상각자산의 종류 및 감가상각방법의 신고유무에 따라 정액법, 정률법, 생산량비례법 또는 균등액상각의 4가지 자산별 상각방법만을 인정하고 있다(법령 제26조 제1항, 제4항).

형태별 자산분류	상각방법(신고하는 경우)	상각방법(무신고하는 경우)
건축물(폐기물매립시설 제외), 무형자산(광업권, 개발비, 사용수익기부자산가액, 주파수이용권, 공항시설관리권, 항만시설관리권 및 그 밖에 열거된 무형자산과 유사한 무형자산 제외)	정 액 법	정 액 법
건축물 외의 유형자산 (광업용 유형자산 제외)	정률법 또는 정액법	정 률 법
광업권(채취권 포함), 폐기물매립시설(폐기물관리법 시행령 별표 3 제2호 가목의 매립시설)	생산량비례법 또는 정액법	생산량비례법
광업용 유형자산	생산량비례법, 정률법 또는 정액법	생산량비례법
개 발 비	관련 제품의 판매 또는 사용이 가능한 시점부터 20년의 범위에서 연단위로 신고한 내용연수에 따라 매 사업연도별 경과월수에 비례하여 상각(월할상각)	관련 제품의 판매 또는 사용이 가능한 시점부터 5년 동안 매년 균등액 상각(월할상각)
사용수익기부자산가액	해당 자산의 사용수익기간(그 기간에 관한 특약이 없는 경우 신고내용연수를 말함)에 따라 균등하게 안분한 금액(그 기간 중에 해당 기부자산이 멸실되거나 계약이 해지된 경우 그 잔액을 말함)을 상각	좌 동

형태별 자산분류	상각방법(신고하는 경우)	상각방법(무신고하는 경우)
주파수이용권, 공항시설관리권 및 항만시설관리권	주무관청에서 고시 또는 주무관청에 등록한 기간 내에서 사용기간에 따라 균등액 상각	좌 동
그 밖에 열거된 무형자산과 유사한 무형자산(법령 제24조 제1항 제2호 차목)	연 단위로 신고한 내용연수(기업회계기준에 따른 내용연수를 말함)에 따라 매 사업연도별 경과월수에 비례하여 상각하는 방법	5년 동안 매년 균등액을 상각하는 방법

법인이 감가상각방법을 신고하려는 때에는 상기 구분에 따른 자산별로 하나의 방법을 선택하여 작성한 감가상각방법신고서(법칙 별지 제63호 서식)를 다음에 따른 날이 속하는 사업연도의 법인세 과세표준의 신고기한까지 납세지 관할세무서장에게 제출(국세정보통신망에 의한 제출을 포함)하여야 하며, 신고한 상각방법(상각방법을 신고하지 아니한 경우에는 법령 제26조 제4항 각 호에 따른 상각방법)은 그 후의 사업연도에도 계속하여 그 상각방법을 적용하여야 한다(법령 제26조 제3항 및 제5항).

① 신설법인과 새로 수익사업을 개시한 비영리법인은 그 영업을 개시한 날

② 위 '①' 이외의 법인이 위 형태별 자산분류의 구분에 따른 감가상각자산을 새로 취득한 경우에는 그 취득한 날

(2) 감가상각방법의 변경

다음의 사유에 해당하는 경우에는 납세지 관할 세무서장의 승인을 얻어 감가상각방법을 변경할 수 있다(법령 제27조 제1항 및 법칙 제14조).

① 상각방법이 서로 다른 법인이 합병(분할합병 포함)한 경우

② 상각방법이 서로 다른 사업자의 사업을 인수 또는 승계한 경우

③ 외국인투자촉진법에 의하여 외국투자자가 내국법인의 주식 등을 20% 이상 인수 또는 보유하게 된 경우

④ 해외시장의 경기변동 또는 경제적 여건의 변동으로 인하여 종전의 상각방법을 변경할 필요가 있는 경우

⑤ 다음의 어느 하나에 따른 회계정책의 변경에 따라 결산상각방법이 변경된 경우. 단, 변경한 결산상각방법과 같은 방법으로 변경하는 경우만 해당함.

㉠ 한국채택국제회계기준을 최초로 적용한 사업연도에 결산상각방법을 변경하는 경우

㉡ 한국채택국제회계기준을 최초로 적용한 사업연도에 지배기업의 연결재무제표 작성 대상에 포함되는 종속기업이 지배기업과 회계정책을 일치시키기 위하여 결산상각방법을 지배기업과 동일하게 변경하는 경우

변경승인을 받지 아니한 경우에는 변경전 상각방법을 적용하되, 상기 '①'과 '②'의 경우에는 각각 합병법인 또는 인수승계법인의 감가상각방법을 적용하여야 한다(법령 제27조 제5항, 법기통 23-26…3).

감가상각방법의 변경승인을 얻고자 하는 법인은 그 변경할 상각방법을 적용하고자 하는 최초 사업연도의 종료일까지 납세지 관할 세무서장에게 감가상각방법변경신청서(법칙 별지 제63호 서식)를 제출(국세정보통신망에 의한 제출을 포함)하여야 한다(법령 제27조 제2항).

만일 관할 세무서장의 승인을 득하여 상각방법의 변경이 이루어진 경우, 상각범위액은 다음과 같이 계산한다(법령 제27조 제6항).

상각범위액 = (감가상각누계액을 공제한 장부가액 + 전기이월 상각한도초과액) × 상각률주)

주) 상각률

변경 후 상각방법	상 각 률
정 액 법	기 신고된 내용연수(무신고시 기준내용연수)에 따른 정액법 상각률
정 률 법	기 신고된 내용연수(무신고시 기준내용연수)에 따른 정률법 상각률
생산량비례법	해당 사업연도의 채굴량 · 매립량 ÷ (총채굴예정량(*1) · 총매립예정량(*2) - 변경전 사업연도까지의 총채굴량 · 총매립량)

(*1) 한국광해광업공단이 인정하는 총채굴량

(*2) 기후에너지환경부장관 또는 시 · 도지사가 폐기물처리업을 허가할 때 인정한 총매립량

(3) 감가상각방법의 변경으로 인한 누적효과의 처리

감가상각방법의 변경으로 인하여 자산 또는 부채에 미치는 누적효과를 기업회계기준에 따라 전기이월이익잉여금에 반영한 경우에는, 다음과 같이 처리한다(법기통 23-26…8).

① 전기이월이익잉여금을 감소시킨 경우: 감소로 회계처리한 금액을 손금산입(기타)하고, 회사가 당기에 이를 감가상각비로 계상한 것으로 보아 감가상각비 시부인계산을 한다.

② 전기이월이익잉여금을 증가시킨 경우: 증가로 회계처리한 금액을 익금산입(기타)하고, 동 금액을 손금산입(△유보)한다. 이 경우 상각범위액을 계산함에 있어서 동 금액은 이미 감가상각비로 손금에 산입한 금액으로 본다.

6. 취득가액

감가상각자산의 취득가액은 법인세법 시행령 제72조에서 정하는 일반적인 자산의 취득가액에 관한 규정을 적용하며(법령 제26조 제2항 제1호), 이를 요약하면 다음과 같다.

구 분		취 득 가 액
일반적인 취득가액의 범위	① 타인으로부터 매입한 자산	매입가액에 취득세(농어촌특별세와 지방교육세 포함), 등록면허세, 그 밖의 부대비용을 가산한 금액. 단, 토지와 그 토지에 정착된 건물등을 함께 취득하여 토지의 가액과 건물등의 가액의 구분이 불분명한 경우 시가(법법 제52조 제2항)에 비례하여 안분계산한 금액
	② 자기가 제조·생산·건설 기타 이에 준하는 방법에 의하여 취득한 자산	원재료비·노무비·운임·하역비·보험료·수수료·공과금(취득세와 등록세를 포함함)·설치비 기타 부대비용의 합계액
	③ 합병·분할 또는 현물출자에 따라 취득한 자산	적격합병 또는 적격분할의 경우에는 법인세법 시행령 제80조의 4 제1항 또는 제82조의 4 제1항에 따른 장부가액으로 하고, 그 밖의 경우에는 해당 자산의 시가로 함.
	④ 출연재산에 대해 상속세 및 증여세 과세가액불산입되는 공익법인 등이 기부받은 자산	특수관계인 외의 자로부터 기부받은 일반기부금에 해당하는 자산(금전 외의 자산만 해당함)은 기부한 자의 기부 당시 장부가액[사업소득과 관련이 없는 자산(개인인 경우만 해당함)의 경우에는 취득 당시의 취득가액(소령 제89조)을 말함]. 다만, 상속세 및 증여세법에 따라 증여세 과세가액에 산입되지 않은 출연재산이 그 후에 과세요인이 발생하여 그 과세가액에 산입되지 않은 출연재산에 대하여 증여세의 전액이 부과되는 경우에는 기부 당시의 시가로 함.
	위 ①~④ 외의 방법으로 취득한 자산	취득 당시의 시가
취득 가액에 산입하는 금액	건설자금에 충당한 차입금의 이자	사업용 유형자산 및 무형자산에 대한 건설자금이자
	유형자산의 취득시 함께 매입하는 국·공채	기업회계기준에 따라 국·공채의 매입가액과 현재가치의 차액을 해당 유형자산의 취득가액으로 계상한 금액
취득 가액에 포함하지 아니하는 금액	장기할부조건 등으로 취득하는 경우 발생한 채무를 기업회계기준이 정하는 바에 따라 현재가치로 평가하여 현재가치할인차금으로 계상한 경우	장기할부매입채무에 대한 현재가치할인차금 계상액
	연지급수입(법칙 제37조 제3항)	취득가액과 구분하여 지급이자로 계상한 금액
	특수관계인으로부터 고가매입한 자산(법령 제88조 제1항 제1호)	특수관계인으로부터 고가매입한 자산의 부당행위계산 부인액

7. 자산재평가로 인한 증감액

(1) 개 요

감가상각자산의 장부가액을 증액 또는 감액(감가상각을 제외)한 경우 법인세법상 원칙적으로 평가(증액 또는 감액)를 인정하지 아니하기 때문에 평가(증액 또는 감액)하기 전의 가액으로 하여야 한다. 다만, 다음의 경우에는 예외적으로 평가를 인정한다(법법 제42조 제1항 제1호, 제3항 제2호 및 법령 제78조 제1항, 제3항).

① 보험업법이나 그 밖의 법률에 따른 유형자산 및 무형자산 등의 평가(장부가액을 증액한 경우만 해당함)

② 다음의 사유로 인하여 파손·멸실된 유형자산의 감액. 이 경우에는 해당 자산의 장부가액을 해당 파손·멸실이 발생한 사업연도(파손·멸실이 확정된 사업연도를 포함)에 시가(사업연도 종료일 현재)로 감액하고, 그 감액한 금액을 해당 사업연도의 손비로 계상하는 경우에 감액이 인정된다.

㉠ 천재지변 또는 화재

㉡ 법령에 의한 수용 등

㉢ 채굴예정량의 채진으로 인한 폐광(토지를 포함한 광업용 유형자산이 그 고유의 목적에 사용될 수 없는 경우를 포함함)

(2) 회계상 재평가모형에 의한 평가

기업회계기준에 따르면 유형자산을 취득한 후에 유형자산 분류별로 원가모형이나 재평가모형 중 하나를 선택하여 적용할 수 있도록 함에 따라 회사가 재평가모형을 선택하여 적용한 경우에는 유형자산을 증액 또는 감액할 수 있으나(K-IFRS 1016호 문단 29, 31 및 일반기준 10장 문단 10.22, 10.24), 법인세법상으로는 해당 재평가를 임의평가로 보는 것이므로 해당 유형자산의 세무상 장부가액은 그 평가하기 전 가액으로 하여야 한다(법인-782, 2009. 2. 25.; 법인-435, 2009. 4. 10.).

8. 잔존가액

잔존가액은 '0'으로 한다. 다만, 정률법을 적용하는 경우에는 취득가액의 5%를 잔존가액으로 하여 상각률을 계산하고, 그 금액은 미상각잔액이 최초로 취득가액의 5% 이하가 되는 사업연도의 상각범위액에 가산한다. 다만, 감가상각이 종료되는 감가상각자산에 대하여는 취득가액의 5%와 1,000원 중 적은 금액을 해당 장부가액으로 하고, 동 금액에 대하여는 이를 손금에 산입하지 아니한다(법령 제26조 제6항 · 제7항).

9. 내용연수

(1) 내용연수의 적용

다음 표에서 보듯이, 시험연구용자산과 무형자산 이외의 감가상각자산의 내용연수는 구조 또는 자산별 · 업종별로 주어진 '기준내용연수(법칙 제13조의 2, 이하 동일)'에 25%를 가감하여 '내용연수범위'를 정하고 있다. 상각범위액을 계산함에 있어서는 내용연수 범위 내에서 법인이 선택하여 납세지 관할 세무서장에게 신고한 내용연수, 즉 '신고내용연수'와 그에 따른 상각률을 적용한다(법령 제28조 제1항 및 법칙 제15조).

<table>
<tr><th colspan="2">대상자산</th><th>내용연수</th><th>관련근거</th></tr>
<tr><td colspan="2">시험연구용 자산[주1)]</td><td>3년, 5년</td><td>〈별표 2〉 시험연구용자산의 내용연수표</td></tr>
<tr><td colspan="2">무형자산[주2)]</td><td>5년, 7년, 10년, 20년, 30년, 50년</td><td>〈별표 3〉 무형자산의 내용연수표</td></tr>
<tr><td rowspan="4">그 외의 감가상각자산[주2), 주8), 주9), 주10), 주11), 주12), 주13), 주14)]</td><td>차량 및 운반구,[주3)] 공구, 기구, 비품 및 금형[주4)]</td><td>5년(4년~6년)</td><td rowspan="3">〈별표 5〉 건축물 등의 기준내용연수 및 내용연수 범위표</td></tr>
<tr><td>선박 및 항공기[주5)]</td><td>12년(9년~15년)</td></tr>
<tr><td>건물과 구축물[주6)]</td><td>① 20년(15년~25년)
② 40년(30년~50년)</td></tr>
<tr><td>〈별표 3〉 및 〈별표 5〉의 적용을 받지 않는 자산</td><td>① 4년(3년~5년)
② 5년(4년~6년)
③ 6년(5년~7년)
④ 8년(6년~10년)
⑤ 10년(8년~12년)
⑥ 12년(9년~15년)
⑦ 14년(11년~17년)
⑧ 16년(12년~20년)
⑨ 20년(15년~25년)</td><td>〈별표 6〉 업종별 자산의 기준내용연수 및 내용연수 범위표[주7)]</td></tr>
</table>

주1) 시험연구용 자산 중 조세특례제한법 시행령 제25조의 3 제3항 제2호에 따른 연구 · 시험용 시설 및 직업훈련용 시설에 대한 투자에 대해 조세특례제한법 제24조에 따른 세액공제를 이미 받은 자산에 대하여는 위의 내용연수(3년, 5년)를 적용받을 수 없다. 또한 시험연구용 자산에 대하여 위의 내용연수(3년, 5년)를 적용하지 아니하고자 하는 경우에는 〈별표 5〉 및 〈별표 6〉의 내용연수를 적용할 수 있다.

주2) 개발비, 사용수익기부자산가액, 주파수이용권, 공항시설관리권, 항만시설관리권 및 그 밖에 열

거된 무형자산과 유사한 무형자산(법령 제24조 제1항 제2호 차목)은 제외

주3) 운수업, 임대업(부동산 제외)에 사용되는 차량 및 운반구는 제외

주4) 2024년 4월 1일부터 금형은 〈별표 6〉의 업종별 기준내용연수가 아닌 자산별 기준내용연수(5년)를 적용한다.

주5) 어업, 운수업, 임대업(부동산 제외)에 사용되는 선박 및 항공기는 제외

주6) 건물(부속설비를 포함) 및 구축물이 기준내용연수 및 내용연수범위가 서로 다른 둘 이상의 복합구조로 구성되어 있는 경우에는 주된 구조에 따른 기준내용연수 및 내용연수범위를 적용하며, 건축물 부속설비로서 건축물과 별도로 구분하여 업종별자산으로 회계처리하는 경우에는 〈별표 6〉의 업종별 자산의 기준내용연수를 적용할 수 있다.

다만, 다음 ①~③의 어느 하나에 해당하는 건물(부속설비를 포함함) 또는 구축물에 대해서는 〈별표 5〉 제3호의 기준내용연수 및 내용연수범위(하한~상한)를 10년(8년~12년)으로 하고, 제4호의 기준내용연수 및 내용연수범위(하한~상한)를 20년(15년~25년)으로 한다.

① 건물 중 변전소, 발전소, 공장, 창고, 정거장 · 정류장 · 차고용 건물, 폐수 및 폐기물처리용 건물, 유통산업발전법 별표에 따른 대형마트 또는 전문점(해당 대형마트 또는 전문점의 지상층에 주차장이 있는 경우로 한정함), 국제회의산업 육성에 관한 법률에 따른 국제회의시설, 무역거래기반 조성에 관한 법률에 따른 무역거래기반시설(별도의 건물인 무역연수원은 제외함), 축사

② 구축물 중 하수도, 굴뚝, 경륜장, 포장도로, 폐수 및 폐기물처리용 구축물

③ 건물 또는 구축물 중 진동이 심하거나 부식성 물질에 심하게 노출된 것

주7) 〈별표 6〉은 〈별표 3〉이나 〈별표 5〉의 적용을 받는 자산을 제외한 모든 감가상각자산에 대하여 적용한다. 또한 내용연수 범위가 서로 다른 2 이상의 업종에 공통으로 사용되는 자산이 있는 경우에는, 그 사용기간이나 사용 정도의 비율에 따라 사용비율이 큰 업종의 기준내용연수 및 내용연수 범위를 적용한다.

주8) 내국법인이 2003년 7월 1일부터 2004년 6월 30일까지 투자를 개시하거나 취득한 유형자산에 대해서는 기준 내용연수의 50%를 가감한 범위 내에서 신고한 내용연수에 따라 감가상각할 수 있다. 이는 감가상각기간의 단축을 가능하게 하여 투자자금의 조기회수를 통한 기업의 투자활성화를 유도하고자 한시적으로 운용하는 조세특례로서, 결산상 감가상각비를 비용으로 계상하지 않더라도 상각범위액의 범위 내에서 신고조정에 의하여 손금에 산입할 수 있다(구조특법 제30조). 상기 감가상각비의 손금산입특례는 구조세특례제한법 제30조에서 규정하고 있었으나 2010년 3월 12일 법 개정시 삭제되었다. 그러나, 구조세특례제한법 제30조의 적용을 받고 있는 유형고정자산에 대하여는 해당 유형고정자산의 감가상각이 종료될 때까지 종전 규정을 계속 적용받을 수 있다(조특법 부칙(2010. 3. 12.) 제4조).

주9) 중소기업(조특령 제2조)이 2013년 9월 1일부터 2014년 3월 31일까지 및 2014년 10월 1일부터 2016년 6월 30일까지 취득한 다음의 설비투자자산의 경우에는 기준내용연수에 50%를 가감한 범위(1년 미만은 없는 것으로 함) 내에서 내용연수를 선택하여 신고할 수 있다. 다만, 해당 사업연도에 취득한 설비투자자산에 대한 취득가액의 합계액이 직전 사업연도에 취득한 설비투자자산에 대한 취득가액의 합계액보다 적은 경우는 제외한다(구법령 제28조 제6항).

① 차량 및 운반구(운수업에 사용되거나 임대목적으로 임대업에 사용되는 경우로 한정)

② 선박 및 항공기(어업 및 운수업에 사용되거나 임대목적으로 임대업에 사용되는 경우로 한정)

③ 공구, 기구 및 비품

④ 기계 및 장치

상기 특례 규정은 2019년 2월 12일 법인세법 시행령 개정시 삭제되었으나, 중소기업이 2013년 9월 1일부터 2014년 3월 31일까지 및 2014년 10월 1일부터 2016년 6월 30일까지 취득한 설비투자자산에 대해서는 종전의 규정에 따른다(법령 부칙(2014. 9. 26.) 제3조 제2항 및 부칙(2019. 2. 12.) 제16조).

注10) 조세특례제한법 시행령 제23조 제4항에 따른 서비스업을 영위하는 내국법인이 2년 연속 설비투자자산 투자액이 증가한 경우로서 2015년 1월 1일부터 2015년 12월 31일까지 설비투자자산(상기 '주9)'의 ①~④)을 취득한 경우에는 법인세법 시행규칙 별표 5 및 별표 6의 기준내용연수에 그 기준내용연수의 40%를 더하거나 뺀 내용연수(1년 미만은 없는 것으로 함) 안에서 선택하여 신고할 수 있으며, 이 경우 결산을 확정할 때 손금으로 계상하였는지와 관계없이 신고한 내용연수를 적용하여 계산한 상각범위액 내의 감가상각비를 해당 과세연도의 손금에 산입할 수 있다(조특법 제28조 및 조특령 제25조).

한편, 본 감가상각 손금산입 특례를 적용받는 설비투자자산에 대해서는 법인세법 제23조 제2항에 따른 한국채택국제회계기준(K-IFRS) 적용법인의 감가상각비 신고조정 특례 규정을 적용하지 아니하며, 해당 설비투자자산을 적격합병 또는 적격분할로 취득한 경우에는 해당 합병법인, 분할신설법인 또는 분할합병의 상대방 법인이 서비스업을 영위하여 해당 사업에 사용하는 경우로 한정하여 법인세법 시행령 제29조의 2 제2항 제1호의 규정에 따라 양도법인의 상각범위액을 승계하는 방법을 적용한다(조특령 제25조 제6항).

注11) 중소기업(조특령 제2조) 또는 중견기업(조특령 제6조의 4 제1항)이 사업에 사용하기 위하여 설비투자자산(상기 '주9)'의 ①~④) 중 어느 하나를 2016년 7월 1일(중견기업의 경우 2016년 1월 1일)부터 2017년 6월 30일까지 취득한 경우에는 법인세법 시행규칙 별표 5 및 별표 6의 기준내용연수에 그 기준내용연수의 50%를 가감한 범위(1년 미만은 없는 것으로 함) 안에서 선택하여 신고할 수 있으며(사업연도가 1년 미만인 법인의 경우 법인세법 시행령 제28조 제2항을 준용하여 계산함), 이 경우 해당 설비투자자산에 대한 감가상각비는 각 과세연도의 결산을 확정할 때 손금으로 계상하였는지와 관계없이 신고한 내용연수를 적용하여 계산한 금액을 해당 과세연도에 손금으로 산입할 수 있다. 다만, 중소기업 또는 중견기업이 해당 사업연도에 취득한 설비투자자산에 대한 취득가액의 합계액이 직전 사업연도에 취득한 설비투자자산에 대한 취득가액의 합계액보다 적은 경우에는 그러하지 아니한다(조특법 제28조의 2 제1항, 제2항 및 조특령 제25조의 2 제1항부터 제4항).

한편, 본 감가상각 손금산입 특례를 적용받은 설비투자자산에 대해서는 법인세법 제23조 제2항에 따른 한국채택국제회계기준(K-IFRS) 적용법인의 감가상각비 신고조정 특례규정을 적용하지 아니하며, 해당 설비투자자산을 적격합병 또는 적격분할로 취득한 경우에는 법인세법 시행령 제29조의 2 제2항 제1호의 규정에 따라 양도법인의 상각범위액을 승계하는 방법을 적용한다(조특령 제25조의 2 제6항).

注12) 다음의 구분에 따른 설비투자자산을 2018년 7월 1일부터 2020년 6월 30일까지 취득하는 경우(②의 ㉢ 및 ㉣의 경우 2019. 7. 3. 이후 취득하는 경우에 한정)에는 법인세법 시행규칙 별표 5 및 별표 6의 기준내용연수에 그 기준내용연수의 50%(중소・중견기업이 2019. 7. 3. 이후 취득하는 아래 ①의 사업용 고정자산의 경우에는 75%)를 가감한 범위(1년 미만은 없는 것으로 함) 안에서 선택하여 신고할 수 있으며(사업연도가 1년 미만인 법인의 경우 법인세법 시행령 제28조 제2항을 준용하여 계산함), 이 경우 해당 설비투자자산에 대한 감가상각비는 각 과세연도의 결산을 확정할 때 손비로 계상하였는지와 관계없이 신고한 내용연수를 적용하여 계산한 금액을 해당 과세연도의 소득금액을 계산할 때 손금에 산입할 수 있다(구 조특법 제28조의 3 및 구 조

특령 제25조의 3).

① 중소기업(조특령 제2조) 또는 중견기업(구 조특령 제4조 제1항): 다음의 사업용 고정자산

㉠ 차량 및 운반구(운수업에 사용되거나 임대목적으로 임대업에 사용되는 경우로 한정)

㉡ 선박 및 항공기(어업 및 운수업에 사용되거나 임대목적으로 임대업에 사용되는 경우로 한정)

㉢ 공구, 기구 및 비품

㉣ 기계 및 장치

② 상기 외의 기업: 다음의 혁신성장투자자산

㉠ 사업용 자산(구 조특령 제4조 제2항) 중 신성장동력·원천기술을 연구개발한 기업이 해당 기술을 사업화하는 시설(구 조특칙 제13조의 8 제1항 및 별표 8의 8)

㉡ 연구시험용 시설 및 직업훈련용 시설(구 조특령 제22조)

㉢ 에너지절약시설(구 조특령 제22의 2)

㉣ 생산성향상시설(구 조특법 제25조 제1항 제6호)

한편, 본 특례를 적용받는 설비투자자산에 대해서는 법인세법 제23조 제2항에 따른 한국채택국제회계기준(K-IFRS) 적용법인의 감가상각비 신고조정 특례규정을 적용하지 아니하며, 해당 설비투자자산을 적격합병 또는 적격분할로 취득한 경우에는 법인세법 시행령 제29조의 2 제2항 제1호의 규정에 따라 양도법인의 상각범위액을 승계하는 방법을 적용한다(구 조특령 제25조의 3 제7항).

주13) 다음의 구분에 따른 설비투자자산을 2021년 1월 1일부터 2021년 12월 31일까지 취득하는 경우에는 법인세법 시행규칙 별표 5 및 별표 6의 기준내용연수에 그 기준내용연수의 50%(중소·중견기업이 취득하는 아래 ①의 사업용 고정자산의 경우에는 75%)를 가감한 범위(1년 미만은 없는 것으로 함) 안에서 선택하여 신고할 수 있으며(사업연도가 1년 미만인 경우 법인세법 시행령 제28조 제2항을 준용하여 계산함), 이 경우 해당 설비투자자산에 대한 감가상각비는 각 과세연도의 결산을 확정할 때 손비로 계상하였는지와 관계없이 신고한 내용연수를 적용하여 계산한 금액을 해당 과세연도의 소득금액을 계산할 때 손금에 산입할 수 있다(조특법 제28조의 3 및 조특령 제25조의 3).

① 중소기업(조특령 제2조) 또는 중견기업(조특령 제6조의 4 제1항) : 다음의 사업용 고정자산

㉠ 차량 및 운반구(운수업에 사용되거나 임대목적으로 임대업에 사용되는 경우로 한정)

㉡ 선박 및 항공기(어업 및 운수업에 사용되거나 임대목적으로 임대업에 사용되는 경우로 한정)

㉢ 공구, 기구 및 비품

㉣ 기계 및 장치

② 상기 외의 기업 : 다음의 혁신성장투자자산

㉠ 신성장사업화시설(조특령 제21조 제4항)

㉡ 연구·시험용 시설 및 직업훈련용 시설(조특령 제25조의 3 제3항 제2호 및 조특칙 제13조의 10 제1항·제2항)

㉢ 에너지절약시설(조특령 제25조의 3 제3항 제3호 및 조특칙 제13조의 10 제3항·제4항)

㉣ 생산성향상시설(조특령 제25조의 3 제3항 제4호 및 조특칙 제13조의 10 제5항)

한편, 본 특례를 적용받는 설비투자자산에 대해서는 법인세법 제23조 제2항에 따른 한국채택국제회계기준(K-IFRS) 적용법인의 감가상각비 신고조정 특례규정을 적용하지 아니하며, 해당 설비투자자산을 적격합병 또는 적격분할로 취득한 경우에는 법인세법 시행령 제29조의 2 제2항

제1호의 규정에 따라 양도법인의 상각범위액을 승계하는 방법을 적용한다(조특령 제25조의 3 제7항).

주14) 에너지절약시설(상기 '주13)'의 ② - ㉢)을 2023년 1월 1일부터 2024년 12월 31일까지 취득하는 경우에는 법인세법 시행규칙 별표 5 및 별표 6의 기준내용연수에 그 기준내용연수의 50%(중소·중견기업의 경우에는 75%)를 가감한 범위(1년 미만은 없는 것으로 함) 안에서 선택하여 신고할 수 있으며(사업연도가 1년 미만인 경우 법인세법 시행령 제28조 제2항을 준용하여 계산함), 이 경우 해당 에너지절약시설에 대한 감가상각비는 각 과세연도의 결산을 확정할 때 손비로 계상하였는지와 관계없이 신고한 내용연수를 적용하여 계산한 금액을 해당 과세연도의 소득금액을 계산할 때 손금에 산입할 수 있다(조특법 제28조의 4 제1항 및 조특령 제25조의 4 제1항부터 제3항).

한편, 본 특례를 적용받는 에너지절약시설에 대해서는 법인세법 제23조 제2항에 따른 한국채택국제회계기준(K-IFRS) 적용법인의 감가상각비 신고조정 특례규정을 적용하지 아니하며, 해당 에너지절약시설을 적격합병 또는 적격분할로 취득한 경우에는 법인세법 시행령 제29조의 2 제2항 제1호에 따라 양도법인의 상각범위액을 승계하는 방법을 적용한다(조특령 제25조의 4 제6항).

(2) 내용연수의 신고

신설법인과 새로운 수익사업을 개시하는 비영리법인의 경우 영업개시일, 그 외의 법인이 자산별·업종별 구분에 따라 기준내용연수가 다른 감가상각자산을 새로 취득하거나 새로운 업종의 사업을 개시한 경우 그 취득일 또는 새로운 사업의 개시일이 속하는 사업연도의 법인세 과세표준 신고기한까지 내용연수신고서(법칙 별지 제63호 서식)를 납세지 관할 세무서장에게 제출(국세정보통신망에 의한 제출을 포함)하여야 한다(법령 제28조 제3항). 신고기한 내에 신고를 하지 아니한 경우에는 기준내용연수와 그에 따른 상각률을 적용한다. 이때 내용연수의 신고는 연단위로 하여야 하며, 법인이 이처럼 자산별·업종별로 적용한 신고내용연수 또는 기준내용연수는 그 후의 사업연도에 있어서도 계속하여 그 내용연수를 적용하여야 한다(법령 제28조 제1항 제2호, 제4항 및 제5항).

또한, 상기 '(1) 내용연수의 적용' 중 '주10), 주11), 주12), 주13) 및 주14)'에 따른 내용연수 특례를 적용받으려는 법인은 설비투자자산 및 에너지절약시설을 그 밖의 자산과 구분하여 감가상각비조정명세서를 작성·보관하고, 과세표준 신고와 함께 감가상각비조정명세서합계표 및 감가상각비조정명세서를 납세지 관할 세무서장에게 제출하여야 하며, 내용연수 특례적용 신청서를 해당 설비투자자산을 취득한 날이 속하는 과세연도의 과세표준 신고기한까지 납세지 관할 세무서장에게 제출하여야 한다(조특령 제25조 제9항, 제25조의 2 제9항, 제25조의 3 제10항 및 제25조의 4 제4항, 제9항, 제10항).

(3) 내용연수의 특례 또는 변경

법인은 다음 사유 해당시 사업장별로 납세지 관할지방국세청장의 승인을 받아 기준내용연수에 기준내용연수의 50%(하기 ⑤와 ⑥의 경우 25%)를 가감한 범위 내에서 내용연수표상의 내용연수 범위와는 달리 내용연수를 적용하거나 적용하던 내용연수를 변경할 수 있다(법령 제29조 제1항).

① 사업장의 특성으로 자산의 부식·마모 및 훼손의 정도가 현저한 경우
② 영업개시 후 3년이 경과한 법인으로서 생산설비(건축물 제외)의 가동률이 직전 3개 사업연도의 평균가동률보다 현저히 증가한 경우
③ 새로운 생산기술 및 신제품의 개발·보급 등으로 기존 생산설비의 가속상각이 필요하다고 인정되는 경우
④ 경제적 여건의 변동으로 조업을 중단하거나 생산설비의 가동률이 감소한 경우
⑤ 일반감가상각자산(시험연구용자산 및 무형자산 제외)에 대하여 한국채택국제회계기준을 최초로 적용하는 사업연도에 결산내용연수를 변경한 경우(결산내용연수가 연장된 경우 내용연수를 연장하고 결산내용연수가 단축된 경우 내용연수를 단축하는 경우만 해당하되 내용연수를 단축하는 경우에는 결산내용연수보다 짧은 내용연수로 변경할 수 없음)
⑥ 일반감가상각자산(시험연구용자산 및 무형자산 제외)에 대한 기준내용연수가 변경된 경우. 다만, 내용연수를 단축하는 경우로서 결산내용연수가 변경된 기준내용연수의 25%를 가감한 범위 내에 포함되는 경우에는 결산내용연수보다 짧은 내용연수로 변경할 수 없음.

(4) 내용연수변경 신청 및 승인

법인이 내용연수의 승인 또는 변경승인을 얻고자 할 때에는 다음에 정해진 날 또는 그 변경할 내용연수를 적용하고자 하는 최초 사업연도의 종료일까지 내용연수승인(변경승인)신청서(법칙 별지 제63호 서식)를 납세지 관할 세무서장을 거쳐 관할지방국세청장에게 제출(국세정보통신망에 의한 제출을 포함함)하여야 한다(법령 제29조 제2항).

① 신설법인과 새로 수익사업을 개시한 비영리내국법인의 경우: 영업개시일로부터 3월이 되는 날
② '①' 이외의 법인이 자산별·업종별 구분에 따라 기준내용연수가 다른 감가상각자산을 새로 취득하거나 새로운 업종의 사업을 개시한 경우: 그 취득일 또는 개시일로부터 3월이 되는 날

이 경우 내용연수의 승인·변경승인의 신청은 연단위로 하여야 하며, 내용연수승인(변경승인)신청서를 접수한 납세지 관할 세무서장은 신청서의 접수일이 속하는 사업연도 종료일부터 1개월 이내에 관할지방국세청장으로부터 통보받은 승인 여부에 관한 사항을 통지하여

야 한다(법령 제29조 제2항 및 제3항).

(5) 내용연수의 재변경

감가상각자산의 내용연수를 변경(재변경을 포함)한 법인이 해당 자산의 내용연수를 다시 변경하고자 하는 경우에는, 변경한 내용연수를 최초로 적용한 사업연도 종료일부터 3년이 경과하여야 한다(법령 제29조 제5항).

(6) 내용연수의 수정

기준내용연수(자산취득법인에 적용되는 기준내용연수)의 50% 이상 경과한 중고자산으로서 다음의 자산에 대해서는 그 자산의 기준내용연수의 50%에 상당하는 연수와 기준내용연수의 범위 내에서 납세지 관할 세무서장에게 신고한 연수(이하 "수정내용연수"라 함)를 내용연수로 할 수 있다. 이 경우 수정내용연수를 계산함에 있어 1년 미만은 없는 것으로 한다(법령 제29조의 2 제1항).

① 다른 법인 또는 개인사업자로부터 취득한 중고자산

② 합병·분할에 의하여 승계한 자산

위와 같이 수정내용연수를 적용하고자 하는 법인은, '①'의 경우에는 그 취득일이 속하는 사업연도의 법인세 과세표준 신고기한 내에, '②'의 경우에는 합병·분할 등기일이 속하는 사업연도의 법인세 과세표준 신고기한 내에 내용연수변경신고서(법칙 별지 제63호 서식)를 제출하여야 한다(법령 제29조의 2 제5항).

(7) 사업연도가 1년 미만인 경우의 환산내용연수

법령 또는 법인의 정관 등에서 정하는 사업연도가 1년 미만인 경우에는, 다음 산식에 의하여 계산한 내용연수와 그에 따른 상각률에 따른다. 이 경우 개월수는 태양력에 따라 계산하되 1개월 미만의 일수는 1개월로 한다(법령 제28조 제2항).

$$(\text{내용연수}\cdot\text{신고내용연수 또는 기준내용연수}) \times \frac{12}{\text{사업연도의 개월수}} = \text{환산내용연수}$$

10. 특수한 경우의 상각범위액 계산

(1) 기중 신규취득의 경우

사업연도 중에 새로이 취득한 자산의 상각범위액은 다음과 같이 동 자산의 사업에 사용한 날로부터 사업연도 종료일까지의 월수에 따라 계산한다. 이 경우 월수는 역에 따라 계산하되 1월 미만의 일수는 1월로 한다(법령 제26조 제9항).

$$\text{일반적인 상각범위액} \times \frac{\text{사업에 사용한 날로부터 해당 사업연도 종료일까지의 월수}}{\text{해당 사업연도의 월수}}$$

(2) 일시적으로 사업연도가 1년 미만이 된 경우

사업연도의 변경, 해산 · 합병 · 분할 등으로 사업연도가 일시적으로 1년 미만이 된 경우에는 다음과 같이 상각범위액에 해당 사업연도의 월수를 곱한 금액을 12로 나누어 계산한 금액을 그 상각범위액으로 한다. 이 경우 월수는 역에 따라 계산하되 1월 미만의 일수는 1월로 한다(법령 제26조 제8항).

$$\text{사업연도가 1년인 경우의 상각범위액} \times \frac{\text{해당 사업연도의 월수}}{12}$$

(3) 적격합병 등에 따라 취득한 자산의 경우

적격합병(법법 제44조 제2항 및 제3항), 적격분할(법법 제46조 제2항), 적격물적분할(법법 제47조 제1항) 또는 적격현물출자(법법 제47조의 2 제1항)(이하 "적격합병등"이라 함)에 의하여 취득한 자산의 상각범위액을 정할 때 취득가액은 적격합병등에 의하여 자산을 양도한 법인(이하 "양도법인"이라 함)의 취득가액으로 하고, 미상각잔액은 양도법인의 양도 당시의 장부가액에서 적격합병등에 의하여 자산을 양수한 법인(이하 "양수법인"이라 함)이 이미 감가상각비로 손금에 산입한 금액을 공제한 잔액으로 하며, 해당 자산의 상각범위액은 다음의 어느 하나에 해당하는 방법으로 정할 수 있다. 이 경우 선택한 방법은 그 후 사업연도에도 계속 적용한다(법령 제29조의 2 제2항).

① 양도법인의 상각범위액을 승계하는 방법: 양도법인이 적용하던 상각방법 및 내용연수에 의하여 계산한 금액으로 함.

② 양수법인의 상각범위액을 적용하는 방법: 양수법인이 적용하던 상각방법 및 내용연수에 의하여 계산한 금액으로 함.

적격물적분할 또는 적격현물출자함에 따라 상기 규정을 적용하여 감가상각을 하는 경우로서 상각범위액이 해당 자산의 장부가액을 초과하는 경우에는 그 초과하는 금액을 손금에 산입할 수 있다. 이 경우 그 자산을 처분하면 해당 손금에 산입한 금액의 합계액을 그 자산을 처분한 날이 속하는 사업연도에 익금산입한다(법령 제29조의 2 제3항).

한편, 상기 '적격합병등 취득자산에 대한 상각범위액 산정특례'를 적용받은 법인이 적격요건위반사유(법법 제44조의 3 제3항, 제46조의 3 제3항, 제47조 제2항)에 해당하는 경우 해당 사유가 발생한 날이 속하는 사업연도 이후의 소득금액을 계산할 때 '적격합병등 취득자산에 대한 상각범위액 산정특례'를 최초로 적용한 사업연도 및 그 이후의 사업연도에 그 특례를 적용하지 아니한 것으로 보고 감가상각비 손금산입액을 계산하며, 아래 ①의 금액에서 ②의 금액을 뺀 금액을 적격요건위반사유가 발생한 날이 속하는 사업연도의 소득금액을 계산할 때 익금에 산입한다. 이 경우 ①의 금액에서 ②의 금액을 뺀 금액이 0보다 작은 경우에는 0으로 보며, 해당 사유가 발생한 날이 속하는 사업연도의 법인세법 제60조에 따른 신고와 함께 적격합병등으로 취득한 자산 중 중고자산에 대한 수정내용연수를 신고하되, 신고하지 아니하는 경우에는 양수법인이 해당 자산에 대하여 법령에서 정한 내용연수(법령 제28조 제1항)로 신고한 것으로 본다(법령 제26조의 2 제10항 및 제29조의 2 제4항).

① 적격합병등 취득자산에 대한 상각범위액 산정특례를 최초로 적용한 사업연도부터 해당 사업연도의 직전 사업연도까지 손금에 산입한 감가상각비 총액(법령 제29조의 2 제3항 전단에 따라 손금에 산입한 금액을 포함함)

② 적격합병등 취득자산에 대한 상각범위액 산정특례를 최초로 적용한 사업연도부터 해당 사업연도의 직전 사업연도까지 그 특례를 적용하지 아니한 것으로 보고 재계산한 감가상각비 총액

11. 감가상각비의 시부인

감가상각비는 원칙적으로 결산상 손비로 계상한 경우에 한하여 손금으로 인정[단, 법인세법과 다른 법률에 따라 법인세를 감면 · 면제받은 법인의 경우 감가상각 의제액(미달 상각액)을 신고조정에 의하여 손금에 산입하여야 하고, 업무용승용차의 경우 감가상각비 한도미달액을 신고조정에 의해 손금에 산입하여야 하며, 한국채택국제회계기준을 적용하는 내국법인이 보유한 유형자산과 일정한 무형자산에 대한 감가상각의 경우 신고조정에 의한 손금산입이 허용되며, 이외에도 법인세법 시행령 제19조 제5호의 2에 따른 특수관계인으로부터 사업양수한 자산의 감가상각비의 손금산입특례, 조세특례제한법 제28조에 따른 서비스업 감가상각비의 손금산입특례, 제28조의 2에 따른 중소 · 중견기업 설비투자자산의 감가상

각비 손금산입특례, 제28조의 3에 따른 설비투자자산의 감가상각비 손금산입특례, 제28조의 4에 따른 에너지절약시설의 감가상각비 손금산입특례에 의한 감가상각비는 신고조정에 의한 손금산입 허용]되며, 법인의 각 사업연도 감가상각액의 시부인은 개별 자산별로 계산한 금액에 의한다.

〈감가상각 시부인액의 처리〉

구 분		세무조정	
시부인의 계산	상각시부인	당기의 처리	차기 이후의 처리
회사계상 감가상각비 (-) 감가상각 범위액	(+) 상각부인액	손금불산입 (유보)	다음의 금액을 손금산입(△유보)으로 추인 MIN[① 당기 시인부족액, ② 전기 이전의 상각부인액]
	(-) 시인부족액	세무조정 없음.	차기 이후 상각부인액에 전기 시인부족액을 충당할 수 없음.

이때, 보험업법 등의 법률에 의하여 감가상각자산의 장부가액을 평가증한 경우 해당 자산의 상각부인액은 평가증 한도까지 익금에 산입된 것으로 보아 손금에 산입하고, 평가증의 한도를 초과하는 금액은 그 후의 사업연도에 이월할 상각부인액으로 하며, 이 경우 자산의 시인부족액은 소멸하는 것으로 한다(법령 제32조 제3항).

12. 양도자산 상각시부인액

① 상각부인액이 있는 자산을 양도하는 경우 그 상각부인액은 양도일이 속하는 사업연도의 손금에 산입하나(법령 제32조 제5항), 시인부족액이 있는 자산을 양도하는 경우에는 세무조정이 발생하지 않는다.

② 상각부인액 또는 시인부족액이 있는 자산의 일부를 양도한 경우 일부 양도자산에 대한 감가상각누계액, 상각부인액 및 시인부족액은 감가상각자산의 전체 가액에서 양도부분의 가액이 차지하는 비율에 의한다. 이 경우 그 가액은 취득 당시의 장부가액에 의한다(법령 제32조 제6항).

13. 즉시상각의제

법인이 감가상각자산을 취득하기 위하여 지출한 금액과 감가상각자산에 대한 자본적 지출에 해당하는 금액을 손비로 계상한 경우에는 해당 사업연도의 소득금액을 계산할 때 감가상각비로 계상한 것으로 보아 상각범위액을 계산한다(법법 제23조 제4항). 따라서 동 금액은 회사계상 상각액에 합산되어 시부인의 대상이 되며, 자산의 취득가액에 합산되어 상각범위액을 증가시키게 된다. 그러나 다음과 같은 (1)~(4)의 경우에는 위의 규정에 불구하고 손금으로 계상한 취득가액 등을 감가상각 시부인계산 없이 손금으로 인정한다.

수익적 지출(법칙 제17조)	자본적 지출(법령 제31조 제2항)
① 건물 또는 벽의 도장 ② 파손된 유리나 기와의 대체 ③ 기계의 소모된 부속품 또는 벨트의 대체 ④ 자동차 타이어의 대체 ⑤ 재해를 입은 자산에 대한 외장의 복구 · 도장 및 유리의 삽입 ⑥ 기타 조업가능한 상태의 유지 등 위와 유사한 것	① 본래의 용도를 변경하기 위한 개조 ② 엘리베이터 또는 냉난방장치의 설치 ③ 빌딩 등에 있어서 피난시설 등의 설치 ④ 재해 등으로 인하여 멸실 또는 훼손되어 본래의 용도에 이용할 가치가 없는 건축물 · 기계 · 설비 등의 복구 ⑤ 그 밖에 개량 · 확장 · 증설 등 ① 내지 ④의 지출과 유사한 성질을 가지는 것

한편, 감가상각자산이 진부화, 물리적 손상 등에 따라 시장가치가 급격히 하락하여 법인이 기업회계기준에 따라 손상차손을 계상한 경우(유형자산으로서 천재지변 · 화재 등의 사유로 파손되거나 멸실된 것으로서 법인세법 제42조 제3항 제2호에 해당하는 경우는 제외함)에도 해당 금액을 감가상각비로서 손비로 계상한 것으로 보아 법인세법 제23조 제1항에 따라 일정한 상각범위액 내에서 손금에 산입한다(법령 제31조 제8항).

(1) 소액자산을 취득하는 경우

다음의 자산을 제외하고 그 취득가액이 거래단위별로 100만 원 이하인 것에 대해서는 이를 그 사업에 사용한 날이 속하는 사업연도의 손비로 계상한 것에 한정하여 손금에 산입한다(법령 제31조 제4항).

- 그 고유업무의 성질상 대량으로 보유하는 자산
- 그 사업의 개시 또는 확장을 위하여 취득하는 자산

(2) 어구 등의 취득가액

다음의 자산은 사업에 사용한 날이 속하는 사업연도의 손비로 계상한 것에 한정하여 손금으로 인정된다(법령 제31조 제6항).

① 어업에 사용되는 어구(어선용구를 포함함)
② 영화필름, 공구, 가구, 전기기구, 가스기기, 가정용 기구 · 비품, 시계, 시험기기, 측정기기 및 간판
③ 대여사업용 비디오테이프 및 음악용 콤팩트디스크로서 개별자산의 취득가액이 30만 원 미만인 것
④ 전화기(휴대용 전화기를 포함함) 및 개인용컴퓨터(그 주변기기를 포함함)

(3) 소액수선비 등

다음에 해당하는 수선비를 지출한 사업연도의 손비로 계상한 경우에는, 자본적 지출에 포함하지 않고 손금에 산입한다(법령 제31조 제3항).

① 개별 자산별로 수선비로 지출한 금액이 600만 원 미만인 경우
② 개별 자산별로 수선비로 지출한 금액이 직전 사업연도 종료일 현재 재무상태표상의 자산가액(취득가액 - 감가상각누계액)의 5%에 미달하는 경우
③ 3년 미만의 기간마다 주기적인 수선을 위하여 지출하는 경우

이때, 소액수선비 여부를 판단하는 데 있어 수선비로 지출한 금액은 자본적 지출액과 수익적 지출액을 합산하여 계산한다(법인 46012 - 2660, 1996. 9. 20.).

(4) 생산설비의 폐기손실

다음 중 어느 하나에 해당하는 경우에는, 해당 자산의 장부가액에서 1,000원을 공제한 금액을 폐기일이 속하는 사업연도의 손금에 산입할 수 있다(법령 제31조 제7항).

① 시설의 개체 또는 기술의 낙후로 인하여 생산설비의 일부를 폐기한 경우

② 사업의 폐지 또는 사업장의 이전으로 임대차계약에 따라 임차한 사업장의 원상회복을 위하여 시설물을 철거하는 경우

14. 감가상각의제

법인세를 면제 또는 감면받은 법인(법기통 23 - 30…1)이 감가상각비를 계상하지 아니하거나 과소계상한 경우에는 개별 자산에 대한 감가상각비가 법인세법 제23조 제1항 본문에 따른 상각범위액이 되도록 감가상각비를 손금에 산입하여야 하며, 법인세가 추계결정 또는 경정된 법인의 경우에는 감가상각자산에 대한 감가상각비를 손금에 산입한 것으로 간주하게 되는데, 이를 감가상각의제라 한다. 다만, 한국채택국제회계기준을 적용하는 법인은 감가상각의제 규정에도 불구하고 법인세법 제23조 제2항에 따라 개별 자산에 대한 감가상각비를 추가로 손금에 산입할 수 있다(법법 제23조 제3항 및 법령 제30조 제1항, 제2항).

감가상각의제액 = 일반 감가상각범위액 - 법인의 손비계상 감가상각비

이때, 법인세를 면제 또는 감면받은 법인이 감가상각의제규정에 따른 개별자산의 감가상각비를 상각범위액에 미달하게 손금산입한 경우 차기 이후 사업연도에는 그 의제상각액을 감가상각비로 손금에 산입할 수 없으며, 감가상각 의제에 따라 그 이후 사업연도에 발생하는 상각부인액은 해당 자산의 양도일이 속하는 사업연도에 손금으로 추인할 수 없다(서면법규-778, 2013. 7. 5.).

15. 한국채택국제회계기준(K-IFRS) 적용법인의 감가상각비 신고조정

한국채택국제회계기준(주식회사 등의 외부감사에 관한 법률 제5조 제1항 제1호에 따른 회계처리기준을 말하며, 이하 같음)을 적용하는 내국법인이 보유한 감가상각자산 중 유형자산과 일정한 무형자산의 감가상각비는 개별 자산별로 2013년 12월 31일 이전 취득분에 대해서는 한국채택국제회계기준 도입 직전 3년간의 평균 상각률을 적용한 금액을, 2014년 1월 1일 이후 취득분에 대해서는 법인세법상 기준내용연수를 적용한 금액을 한도로 신고조정으로 손금에 산입할 수 있다(법법 제23조 제2항).

(1) 신고조정의 적용요건

한국채택국제회계기준을 적용하는 내국법인이 보유한 감가상각자산 중 유형자산(법령 제24조 제1항 제1호) 및 무형자산(법령 제24조 제1항 제2호) 중 다음 어느 하나에 해당하는 무형자산의 감가상각비는 신고조정에 의하여 감가상각비를 손금에 산입할 수 있다(법령 제24조 제1항·제2항 및 법칙 제12조 제2항).

① 감가상각비를 손비로 계상할 때 적용하는 내용연수(이하 '결산내용연수'라 함)를 확정할 수 없는 것으로서 다음의 요건을 모두 갖춘 무형자산
  ㉠ 법령 또는 계약에 따른 권리로부터 발생하는 무형자산으로서 법령 또는 계약에 따른 사용 기간이 무한하거나, 무한하지 아니하더라도 취득가액의 10% 미만의 비용으로 그 사용 기간을 갱신할 수 있을 것
  ㉡ 한국채택국제회계기준에 따라 내용연수가 비한정인 무형자산으로 분류될 것
  ㉢ 결산을 확정할 때 해당 무형자산에 대한 감가상각비를 계상하지 아니할 것

② 한국채택국제회계기준을 최초로 적용하는 사업연도 전에 취득한 영업권(합병 또는 분할로 인하여 합병법인 등이 계상한 영업권은 제외)

(2) 2013년 12월 31일 이전 취득자산의 감가상각비 신고조정

1) 2013년 12월 31일 이전 취득자산의 범위

2013년 12월 31일 이전에 취득한 감가상각자산이란 다음의 기존보유자산 및 동종자산을 말한다(법령 제26조의 2 제1항).

① 기존보유자산: 한국채택국제회계기준을 최초로 적용한 사업연도의 직전 사업연도(이하 "기준연도"라 함) 이전에 취득한 감가상각자산

② 동종자산: 기존보유자산과 다음의 구분에 따른 동일한 종류의 자산으로서 기존보유자산과 법인세법 시행규칙 별표 6의 중분류에 따른 동일한 업종(해당 법인이 해당 업종을 한국채택국제회계기준 도입 이후에도 계속하여 영위하는 경우로 한정함)에 사용되는 것(법칙 제13조 제1항, 제2항).

㉠ 시험연구용 자산으로서 법인세법 시행규칙 별표 2에 따라 동일한 내용연수를 적용받는 자산

㉡ 무형자산(법령 제24조 제1항 제2호 가목부터 라목)으로서 법인세법 시행규칙 별표 3에 따라 동일한 내용연수를 적용받는 자산

㉢ 법인세법 시행규칙 별표 5에 해당하는 자산으로서 같은 표에 따라 동일한 기준내용연수를 적용받는 자산

㉣ 법인세법 시행규칙 별표 6에 따른 기준내용연수를 적용받는 자산

한편, 내국법인이 한국채택국제회계기준을 최초로 적용한 사업연도의 직전 사업연도에 한국채택국제회계기준을 준용하여 비교재무제표를 작성하고 비교재무제표를 작성할 때 사용한 상각방법 및 내용연수와 동일하게 해당 사업연도의 결산상각방법 및 결산내용연수를 변경한 경우에는 해당 사업연도에 한국채택국제회계기준을 최초로 적용한 것으로 본다(법령 제26조의 2 제5항).

2) 손금산입한도액의 계산

구 분	손금산입한도액[주3)]
일반적인 경우[주1)]	다음 ①의 범위에서 개별자산에 대하여 추가로 손금산입한 감가상각비를 동종자산별로 합한 금액이 ②를 초과하지 아니하는 범위에서 손금산입(법령 제26조의 2 제2항) ① 개별자산의 감가상각비 한도 ㉠ 기준연도에 해당 자산의 동종자산에 대하여 감가상각비를 손비로 계상할 때 적용한 상각방법(이하 "결산상각방법"이라 함)이 정액법인 경우: 감가상각자산의 취득가액 × 한국채택국제회계기준 도입 이전 상각률(이하 "기준상각률"이라 함)[주2)]

구 분	손금산입한도액[주3)]
일반적인 경우[주1)]	㉡ 기준연도의 해당 자산의 동종자산에 대한 결산상각방법이 정률법인 경우: 미상각잔액 × 기준상각률[주2)] ② 동종자산의 감가상각비 한도(0보다 작은 경우 0으로 봄) ㉠ 기준연도에 해당 자산의 동종자산에 대한 결산상각방법이 정액법인 경우 (해당 사업연도에 결산조정에 따라 감가상각비를 손금에 산입한 동종자산의 취득가액 합계액 × 기준상각률[주2)]) − 해당 사업연도에 동종자산에 대하여 결산조정에 따라 손금에 산입한 감가상각비 합계액 ㉡ 기준연도의 해당 자산의 동종자산에 대한 결산상각방법이 정률법인 경우 (해당 사업연도에 결산조정에 따라 감가상각비를 손금에 산입한 동종자산의 미상각잔액 합계액 × 기준상각률[주2)]) − 해당 사업연도에 동종자산에 대하여 결산조정에 따라 손금에 산입한 감가상각비 합계액
정액법과 정률법을 모두 적용한 경우	기준연도에 동종자산에 대하여 감가상각비를 손금으로 계상할 때 정액법과 정률법을 모두 적용한 경우(동종자산을 보유한 법인간의 적격합병에 해당하는 경우로서 결산상각방법이 법인 간 다른 경우를 포함함) 개별자산의 감가상각비 한도 및 동종자산의 감가상각비 한도는 다음의 어느 하나에 해당하는 방법을 선택 가능하며, 이 경우 선택한 방법은 그 이후의 사업연도에도 계속하여 적용함(법칙 제13조 제3항). ① 안분하는 방법[주4)] ㉠ 개별자산의 감가상각비 한도 (감가상각자산의 취득가액 × 결산상각방법이 정액법인 감가상각자산의 취득가액 비중 × 정액법 기준상각률) + (감가상각자산의 미상각잔액 × 결산상각방법이 정률법인 감가상각자산의 취득가액 비중 × 정률법 기준상각률) ㉡ 동종자산의 감가상각비 한도 (동종자산의 취득가액 합계 × 결산상각방법이 정액법인 감가상각자산의 취득가액 비중 × 정액법 기준상각률) + (동종자산의 미상각잔액 합계 × 결산상각방법이 정률법인 감가상각자산의 취득가액 비중 × 정률법 기준상각률) ② 결산상각방법이 정액법인 감가상각자산과 정률법인 감가상각자산 중 취득가액 비중이 더 큰 감가상각자산의 결산상각방법을 기준연도의 결산상각방법으로 보고 상기 '일반적인 경우'에서 기술한 방법에 따라 개별자산의 감가상각비 한도 및 동종자산의 감가상각비 한도를 계산하는 방법

주1) 기준연도에 해당 자산의 동종자산에 대하여 감가상각비를 손비로 계상하지 아니한 경우에는 기준연도 이전 마지막으로 해당 자산의 동종자산에 대하여 감가상각비를 손비로 계상한 사업연도의 결산상각방법을 기준연도의 결산상각방법으로 함(법령 제26조의 2 제3항).

주2) 기준연도 및 그 이전 2개 사업연도에 대하여 각 사업연도별로 계산한 다음의 비율의 평균. 이 경우 기준연도 및 그 이전 2개 사업연도 중에 법인이 신규 설립된 경우, 합병 또는 분할한 경우, 법령 제27조에 따라 상각방법을 변경한 경우 또는 법령 제29조에 따라 내용연수범위와 달리 특례 내용연수를 적용하거나 적용하던 내용연수를 변경한 경우 그 사유가 발생하기 전에 종료한 사업연도는 제외하고 계산함(법령 제26조의 2 제4항).

① 기준연도의 해당 자산의 동종자산에 대한 결산상각방법이 정액법인 경우: 동종자산의 감가상각비 손금산입액 합계액이 동종자산의 취득가액 합계액에서 차지하는 비율

② 기준연도의 해당 자산의 동종자산에 대한 결산상각방법이 정률법인 경우: 동종자산의 감가상각비 손금산입액 합계액이 동종자산의 미상각잔액 합계액에서 차지하는 비율

주3) 감가상각비 신고조정한도 및 기준상각률을 계산함에 있어 사업연도 중에 취득한 감가상각자산 및 사업연도 중에 처분한 감가상각자산의 취득가액 및 미상각잔액은 각각 그 취득가액 및 미상각잔액에 해당 감가상각자산을 사업에 사용한 월수를 사업연도의 월수로 나눈 금액을 곱하여 계산하며, 이 경우 월수는 역에 따라 계산하되, 1월 미만의 일수는 1월로 함(법칙 제13조 제5항).

주4) 정액법 기준상각률 및 정률법 기준상각률은 해당 사업연도에 결산상각방법이 정액법인 자산 및 정률법인 자산에 대하여 상기 '일반적인 경우'에서 기술한 기준상각률의 계산방법에 따라 계산함(법칙 제13조 제4항).

(3) 2014년 1월 1일 이후 취득자산의 감가상각비 신고조정

1) 2014년 1월 1일 이후 취득자산의 범위

2014년 1월 1일 이후 취득한 감가상각자산이란 2014년 1월 1일 이후에 취득한 감가상각자산으로서 다음의 기존보유자산 및 동종자산을 말한다(법령 제26조의 3 제1항 및 제26조의 2 제1항).

① 기존보유자산: 한국채택국제회계기준을 최초로 적용한 사업연도의 직전 사업연도(기준연도) 이전에 취득한 감가상각자산

② 동종자산: 기존보유자산과 다음의 구분에 따른 동일한 종류의 자산으로서 기존보유자산과 법인세법 시행규칙 별표 6의 중분류에 따른 동일한 업종(해당 법인이 해당 업종을 한국채택국제회계기준 도입 이후에도 계속하여 영위하는 경우로 한정함)에 사용되는 것(법칙 제13조 제1항, 제2항)

㉠ 시험연구용 자산으로서 법인세법 시행규칙 별표 2에 따라 동일한 내용연수를 적용받는 자산

㉡ 무형자산(법령 제24조 제1항 제2호 가목부터 라목)으로서 법인세법 시행규칙 별표 3에 따라 동일한 내용연수를 적용받는 자산

㉢ 법인세법 시행규칙 별표 5에 해당하는 자산으로서 같은 표에 따라 동일한 기준내용

연수를 적용받는 자산

㉣ 법인세법 시행규칙 별표 6에 따른 기준내용연수를 적용받는 자산

2) 손금산입한도액의 계산

다음 ①의 범위에서 개별 자산에 대하여 추가로 손금에 산입하는 감가상각비를 동종자산별로 합한 금액이 ②와 ③ 중 작은 금액(③에 따른 금액의 25%에 해당하는 금액이 ②의 금액보다 큰 경우에는 ③에 따른 금액의 25%에 해당하는 금액)을 초과하지 아니하는 범위에서 손금에 산입한다(법령 제26조의 3 제2항, 제3항).

① 개별 자산의 기준감가상각비: 해당 사업연도의 결산상각방법과 기준내용연수**주1)**를 적용하여 계산한 금액

② 기준감가상각비를 고려한 동종자산의 감가상각비 한도**주2)**: 해당 사업연도에 동종자산에 대하여 해당 사업연도의 결산상각방법과 기준내용연수**주1)**를 적용하여 계산한 감가상각비 합계액 - 해당 사업연도에 동종자산에 대하여 결산조정에 따라 손금에 산입한 감가상각비 합계액

③ 종전감가상각비를 고려한 동종자산의 감가상각비 한도: 다음의 구분에 따른 금액**주2)**

㉠ 기준연도의 결산상각방법이 정액법인 경우: (해당 사업연도에 결산조정에 따라 감가상각비를 손금에 산입한 동종자산의 취득가액 합계액 × 기준상각률) - 해당 사업연도에 동종자산에 대하여 결산조정에 따라 손금에 산입한 감가상각비 합계액

㉡ 기준연도의 결산상각방법이 정률법인 경우: (해당 사업연도에 결산조정에 따라 감가상각비를 손금에 산입한 동종자산의 미상각잔액 합계액 × 기준상각률) - 해당 사업연도에 동종자산에 대하여 결산조정에 따라 손금에 산입한 감가상각비 합계액

상기에 따라 2014년 1월 1일 이후 취득자산에 대한 감가상각비 신고조정 손금산입 한도액을 계산할 때에는 '기준연도에 해당 자산의 동종자산에 대하여 감가상각비를 손금으로 계상하지 아니한 경우의 신고조정 손금산입 한도액의 계산방법(법령 제26조의 2 제3항)', '기준상각률의 계산방법(법령 제26조의 2 제4항)', '한국채택국제회계기준의 최초 적용시점에 대한 간주(법령 제26조의 2 제5항)' 등에 대하여는 2013년 12월 31일 이전 취득자산에 대한 감가상각비 신고조정 손금산입한도액의 계산 규정을 준용하는 바, 이에 대해서는 상기 '(2) 2013년 12월 31일 이전 취득자산의 감가상각비 신고조정'의 해설내용을 참고하기로 한다(법령 제26조의 3 제4항).

주1) 기준내용연수는 다음 구분에 따름(법칙 제13조의 2).
① 시험연구용자산과 무형자산(법령 제28조 제1항 제1호): 법인세법 시행규칙 별표 2 및 별표 3에 따른 내용연수
② 상기 ① 외의 감가상각자산(법령 제28조 제1항 제2호): 법인세법 시행규칙 별표 5 및 별표 6에 따른 기준내용연수

주2) 0보다 작은 경우에는 0으로 봄.

(4) 적격합병등취득자산의 감가상각비 손금산입

법인이 한국채택국제회계기준을 적용한 사업연도 및 그 후 사업연도에 적격합병(법법 제44조 제2항 및 제3항), 적격분할(법법 제46조 제2항) 및 적격물적분할(법법 제47조 제1항)에 의하여 취득한 자산으로서 기존보유자산 및 동종자산(법령 제26조의 2 제1항), 즉 적격합병등취득자산의 감가상각비는 하기 '1) 손금산입 방법'에 따라 손금에 산입할 수 있다(법령 제26조의 2 제6항). 이 경우 기존보유자산 및 동종자산(법령 제26조의 2 제1항)을 판단함에 있어 양도법인이 취득한 날을 적격합병등취득자산의 취득일로 보되, 양도법인이 합병등기일등이 속하는 사업연도 이전에 한국채택국제회계기준을 적용한 경우에는 양도법인의 기존보유자산과 동종자산이 아닌 자산에 대해서는 본 감가상각비 손금산입 규정을 적용하지 아니한다(법령 제26조의 2 제7항).

1) 손금산입 방법

① 동종자산을 보유한 법인 간 적격합병(적격분할에 해당하는 분할합병을 포함함)한 경우: 합병등기일이 속하는 사업연도의 직전 사업연도를 기준연도로 하여 법인세법 시행령 제26조의 2 제4항에 따라 해당 동종자산의 기준상각률을 재계산한 후 그 기준상각률을 적용하여 '(2) 2013년 12월 31일 이전 취득자산의 감가상각비 신고조정' 및 '(3) 2014년 1월 1일 이후 취득자산의 감가상각비 신고조정'에서 설명한 방법(법령 제26조의 2 제2항 및 제26조의 3 제2항 및 제3항, 이하 "한국채택국제회계기준 적용법인의 감가상각비 신고조정의 한도 계산방법"이라 함)에 따라 손금에 산입한다. 이 경우 기준상각률을 계산할 때 동종자산의 감가상각비 손금산입액 합계액은 적격합병등취득자산을 양도한 법인과 양수한 법인이 해당 동종자산에 대하여 손금에 산입한 감가상각비를 더한 금액으로 하고, 동종자산의 취득가액 합계액은 양도법인과 양수법인이 계상한 해당 동종자산의 취득가액을 더한 금액으로 하며, 동종자산의 미상각잔액 합계액은 양도법인 및 양수법인이 계상한 해당 동종자산의 미상각잔액을 더한 금액으로 한다.

② 동종자산을 보유하지 아니한 법인 간 적격합병한 경우, 적격분할 또는 적격물적분할에 의하여 신설된 법인이 적격분할 또는 적격물적분할에 의하여 취득한 자산의 경우

㉠ 양도법인이 합병등기일, 분할등기일이 속하는 사업연도 이전에 한국채택국제회계기준을 적용하여 한국채택국제회계기준 적용법인의 감가상각비 신고규정(법법 제23조 제2항)에 따라 해당 자산에 대한 감가상각비를 추가로 손금에 산입한 경우: 해당 자산에 대하여 양도법인이 이미 계산한 기준상각률을 적용하여 한국채택국제회계기준 적용법인의 감가상각비 신고조정의 한도 계산방법(법령 제26조의 2 제2항 및 제26조의 3 제2항, 제3항)에 따라 손금에 산입한다.

㉡ 상기 ㉠ 외의 경우: 합병등기일등이 속하는 사업연도의 직전 사업연도를 기준연도

로 하고 적격합병등취득자산을 양수법인이 보유한 다른 자산과 구분하여 업종 및 종류별로 법인세법 시행령 제26조의 2 제4항에 따라 기준상각률을 새로 계산한 후 그 기준상각률을 적용하여 한국채택국제회계기준 적용법인의 감가상각비 신고조정의 한도 계산방법(법령 제26조의 2 제2항 및 제26조의 3 제2항, 제3항)에 따라 손금에 산입한다. 이 경우 기준상각률을 계산함에 있어 동종자산의 감가상각비 손금산입액은 양도법인이 적격합병등취득자산에 대하여 손금에 산입한 감가상각비로 하고, 취득가액 및 미상각잔액은 각각 양도법인이 계상한 적격합병등취득자산의 취득가액 및 미상각잔액으로 한다.

한편, 상기에 따라 적격합병등취득자산의 감가상각비를 손금에 산입하는 경우 한국채택국제회계기준 적용법인의 감가상각비 신고조정의 한도 계산방법(법령 제26조의 2 제2항 및 제26조의 3 제2항, 제3항)을 적용할 때 적격합병등취득자산의 취득가액은 양도법인의 취득가액으로 하고, 미상각잔액은 양도법인의 양도 당시의 장부가액[양도 당시의 시가에서 자산조정계정(법령 제80조의 4 제1항, 제82조의 4 제1항)을 뺀 금액을 말함]에서 양수법인이 이미 감가상각비로 손금에 산입한 금액을 공제한 잔액으로 한다(법령 제26조의 2 제8항).

또한, 적격합병등취득자산의 기준상각률 및 손금산입한도를 계산할 때 양도법인 또는 양수법인의 결산상각방법이 한국채택국제회계기준을 최초로 적용한 사업연도 이후에 변경된 경우에는 변경되기 전 결산상각방법을 기준연도의 결산상각방법으로 하여 한국채택국제회계기준 적용법인의 감가상각비 신고조정의 한도 계산방법(법령 제26조의 2 제2항 및 제26조의 3 제2항, 제3항) 및 기준상각률의 계산방법(법령 제26조의 2 제4항)을 적용하며, 법인 간 결산상각방법이 서로 다른 경우의 기준상각률 및 손금산입한도 계산방법은 법인세법 시행규칙 제13조 제3항(상기 '(2)의 2) 손금산입한도액의 계산'의 '정액법과 정률법을 모두 적용한 경우')의 방법을 따른다(법령 제26조의 2 제9항).

2) 사후관리

적격합병등취득자산의 감가상각비를 손금에 산입한 법인이 적격요건위반사유(법법 제44조의 3 제3항, 제46조의 3 제3항 및 제47조 제2항)에 해당하는 경우 해당 사유가 발생한 날이 속하는 사업연도 이후의 소득금액을 계산할 때 적격합병등취득자산에 대한 감가상각비 손금산입특례를 최초로 적용한 사업연도 및 그 이후의 사업연도에 그 특례를 적용하지 아니한 것으로 보고 감가상각비 손금산입액을 계산하며, 아래 ①의 금액에서 ②의 금액을 뺀 금액을 적격요건위반사유가 발생한 날이 속하는 사업연도의 소득금액을 계산할 때 익금에 산입한다(법령 제26조의 2 제10항).

① 적격합병등취득자산에 대한 감가상각비 손금산입특례를 최초로 적용한 사업연도부터 해당 사업연도의 직전 사업연도까지 손금에 산입한 감가상각비 총액

② 적격합병등취득자산에 대한 감가상각비 손금산입특례를 최초로 적용한 사업연도부터 해당사업연도의 직전 사업연도까지 그 특례를 적용하지 아니한 것으로 보고 재계산한 감가상각비 총액

16. 기 타

감가상각비를 손비로 계상(결산조정)하거나 손금에 산입(신고조정)한 경우 개별 자산별로 구분하여 감가상각비조정명세서를 작성·보관하고, 법인세 신고시 감가상각비조정명세서합계표와 감가상각비시부인명세서 및 취득·양도자산의 감가상각비조정명세서를 납세지 관할 세무서장에게 제출하여야 한다(법령 제33조).

♠ 조정명세서 작성 사례

다음 자료를 이용하여 (주)삼일의 유형자산 감가상각비조정명세서를 작성하시오. 단, (주)삼일은 일반기업회계기준을 적용한다.

종 류	일반건물	공 장	차 량	의복제조업	의복제조업
구 조	철근콘크리트	콘크리트	화물차	기계 A	기계 B
취 득 일	2024. 1. 2.	2024. 1. 5.	2025. 11. 1.	2025. 2. 3.	2024. 1. 5.
내 용 연 수	40년	20년	5년	8년	8년
상 각 방 법	정액법	정액법	정률법	정률법	정률법
취 득 가 액	31,000,000	17,200,000	4,500,000	17,200,000	10,000,000
당기자본적지출액주)		10,000,000			7,000,000
감가상각누계액	1,500,000	1,920,000	338,250	4,934,966	5,534,500
감 가 상 각 비	700,000	960,000	338,250	4,934,966	2,034,500
전기말부인누계액	25,000	100,000			370,000

주) 회계상으로는 비용처리함.

[별지 제20호 서식(1)] (2019. 3. 20. 개정)

사 업 연 도	2025. 1. 1. ~ 2025. 12. 31.	유형자산감가상각비 조정명세서(정률법)	법 인 명	㈜삼일
			사업자등록번호	

구분		항목	총계			
자산 구분	①종류 또는 업종명		총계	차량	의복제조업	의복제조업
	②구조(용도) 또는 자산명			화물차	기계A	기계B
	③취득일			2025. 11. 1.	2025. 2. 3.	2024. 1. 5.
④내용연수(기준 · 신고)				5년	8년	8년
상각 계산의 기초 가액	재무상태표 자산가액	⑤기말현재액	31,700,000	4,500,000	17,200,000	10,000,000
		⑥감가상각누계액	10,807,716	338,250	4,934,966	5,534,500
		⑦미상각잔액(⑤-⑥)	20,892,284	4,161,750	12,265,034	4,465,500
	⑧회사계산감가상각비		7,307,716	338,250	4,934,966	2,034,500
	⑨자본적지출액		7,000,000			7,000,000
	⑩전기말의제상각누계액					
	⑪전기말부인누계		370,000			370,000
	⑫가감계(⑦+⑧+⑨-⑩+⑪)		35,570,000	4,500,000	17,200,000	13,870,000
⑬일반상각률 · 특별상각률				0.451×2/12	0.313×11/12	0.313
상각 범위액 계산	당기산출 상각액	⑭일반상각액	9,614,526	338,250	4,934,966	4,341,310
		⑮특별상각액				
		⑯계(⑭+⑮)	9,614,526	338,250	4,934,966	4,341,310
	취득가액	⑰전기말현재취득가액	10,000,000			10,000,000
		⑱당기회사계산증가액	21,700,000	4,500,000	17,200,000	
		⑲당기자본적지출액	7,000,000			7,000,000
		⑳ 계(⑰+⑱+⑲)	38,700,000	4,500,000	17,200,000	17,000,000
	㉑잔존가액(⑳×5/100)		1,935,000	225,000	860,000	850,000
	㉒당기상각시인범위액 {⑯, 단 (⑫-⑯)≦㉑인 경우 ⑫}		9,614,526	338,250	4,934,966	4,341,310
㉓회사계상상각액(⑧+⑨)			14,307,716	338,250	4,934,966	9,034,500
㉔차감액(㉓-㉒)			4,693,190	0	0	4,693,190
㉕최저한세적용에 따른 특별상각부인액						
조정액	㉖상각부인액(㉔+㉕)		4,693,190	0	0	4,693,190
	㉗기왕부인액중 당기 손금추인액 (⑪, 단 ⑪≦ㅣ△㉔ㅣ)					
㉘당기말부인액누계(⑪+㉖-ㅣ㉗ㅣ)			5,063,190			5,063,190
당기말의 제상각액	㉙당기의제상각액(ㅣ△㉔ㅣ-ㅣ㉗ㅣ)					
	㉚의제상각누계(⑩+㉙)					
신고조정감가상각비계산 (2013. 12. 31. 이전 취득분)	㉛기준상각률					
	㉜종전상각비					
	㉝종전감가상각비 한도[㉜-{㉓-(㉘-⑪)}]					
	㉞추가손금산입대상액					
	㉟동종자산 한도계산 후 추가손금산입액					
신고조정감가상각비계산 (2014. 1. 1. 이후 취득분)	㊱기획재정부령으로 정하는 기준내용연수					
	㊲기준감가상각비 한도					
	㊳추가손금산입액					
㊴추가 손금산입 후 당기말부인액 누계 (㉘-㉟-㊳)			5,063,190			5,063,190

[별지 제20호 서식(2)] (2019. 3. 20. 개정)

사 업 연 도	2025. 1. 1. ~ 2025. 12. 31.	유형 · 무형자산감가상각비 조정명세서(정액법)	법 인 명	(주)삼일
			사업자등록번호	

구분		항목	총계	일반건물	공장
자 산 구 분		①종류 또는 업종명	총계	일반건물	공장
		②구조(용도) 또는 자산명		철근콘크리트	콘크리트
		③취득일		2024. 1. 2.	2024. 1. 5.
④내용연수(기준 · 신고)				40년	20년
상각계산의 기초가액	재무상태표 자산가액	⑤기말현재액	48,200,000	31,000,000	17,200,000
		⑥감가상각누계액	3,420,000	1,500,000	1,920,000
		⑦미상각잔액(⑤-⑥)	44,780,000	29,500,000	15,280,000
	회사계산 상각비	⑧전기말누계	1,760,000	800,000	960,000
		⑨당기상각비	1,660,000	700,000	960,000
		⑩당기말누계(⑧+⑨)	3,420,000	1,500,000	1,920,000
	자본적 지출액	⑪전기말부인누계			
		⑫당기지출액	10,000,000		10,000,000
		⑬합계(⑪+⑫)	10,000,000	0	10,000,000
⑭취득가액(⑦+⑩+⑬)			58,200,000	31,000,000	27,200,000
⑮일반상각률 · 특별상각률				0.025	0.05
상각범위액 계산	당기산출 상각액	⑯일반상각액	2,135,000	775,000	1,360,000
		⑰특별상각액			
		⑱ 계(⑯+⑰)	2,135,000	775,000	1,360,000
	⑲당기상각시인범위액 {⑱, 단 ⑱≦⑭-⑧-⑪+㉕-전기㉘}		2,135,000	775,000	1,360,000
⑳회사계상상각액(⑨+⑫)			11,660,000	700,000	10,960,000
㉑차감액(⑳-⑲)			9,525,000	△75,000	9,600,000
㉒최저한세적용에 따른 특별상각부인액					
조정액		㉓상각부인액(㉑+㉒)	9,600,000	0	9,600,000
		㉔기왕부인액 중 당기 손금 추인액 (㉕, 단 ㉕≦ㅣ△㉑ㅣ)	25,000	25,000	
부인액누계		㉕전기말부인액누계(전기㉖)	125,000	25,000	100,000
		㉖당기말부인액누계(㉕+㉓-ㅣ㉔ㅣ)	9,700,000	0	9,700,000
당기말 의제상각액		㉗당기의제상각액(ㅣ△㉑ㅣ-ㅣ㉔ㅣ)			
		㉘의제상각의누계(전기㉘+㉗)			
신고조정감가상각비계산 (2013.12.31 이전 취득분)		㉙기준상각률			
		㉚종전상각비			
		㉛종전감가상각비 한도[㉚-{⑳-(㉖-㉕)}]			
		㉜추가손금산입대상액			
		㉝동종자산 한도계산 후 추가손금산입액			
신고조정감가상각비계산 (2014.1.1 이후 취득분)		㉞기획재정부령으로 정하는 기준내용연수			
		㉟기준감가상각비 한도			
		㊱추가손금산입액			
㊲추가 손금산입 후 당기말부인액 누계 (㉖-㉝-㊱)			9,700,000	0	9,700,000

[별지 제20호 서식(4)] (2019. 3. 20. 개정)

사 업 연 도	2025. 1. 1. ~ 2025. 12. 31.	감가상각비조정명세서합계표	법 인 명	(주)삼일
			사업자등록번호	

①자산구분		코드	② 합계액	유형자산			⑥ 무형자산
				③ 건축물	④ 기계장치	⑤ 기타자산	
재무 상태표 상가액	⑩기말현재액	01	79,900,000	48,200,000	27,200,000	4,500,000	
	⑩감가상각누계액	02	14,227,716	3,420,000	10,469,466	338,250	
	⑩미상각잔액	03	65,672,284	44,780,000	16,730,534	4,161,750	
⑩상각범위액		04	11,749,526	2,135,000	9,276,276	338,250	
⑩회사손비계상액		05	25,967,716	11,660,000	13,969,466	338,250	
조 정 금 액	⑩상각부인액 (⑩-⑩)	06	14,293,190	9,600,000	4,693,190	0	
	⑩시인부족액 (⑩-⑩)	07	△75,000	△75,000	0	0	
	⑩기왕부인액 중 당기손금추인액	08	25,000	25,000	0	0	
⑩신고조정손비계상액		09					

작 성 방 법

1. ⑩회사손비계상액란: 「법인세법」 제23조 제1항에 따라 결산서상 손비로 계상한 금액을 적습니다.
2. ⑩기왕부인액 중 당기손금추인액란: 당기에 시인부족액이 발생한 경우 당기 이전까지 한도초과로 부인했던 금액과 당기 시인부족액 중 작은 금액[별지 제20호 서식(1) 유형자산감가상각비조정명세서의 ㉗금액, 별지 제20호 서식(2) 유 · 무형자산감가상각비조정명세서의 ㉔금액의 합]을 적습니다.
3. ⑩신고조정손비계상액란: 「법인세법」 제23조 제2항에 따라 추가로 손금산입한 금액 {"유형자산감가상각비조정명세서 및 유형 · 무형자산감가상각비조정명세서[별지 제20호 서식(1),(2)]"의 추가손금산입액 합계[(1)의 ㉟, ㊳, (2)의 ㉝, ㊱]}을 적습니다.

9 업무용승용차 관련비용

1. 요 지

법인세법에서는 고가 업무용승용차의 사적사용을 제한하고자 업무용승용차 관련비용의 손금불산입 등 특례규정을 두고 있다. 이에 따라 업무용승용차에 대한 감가상각이 의무화되는 한편, 업무용승용차 관련비용 중 업무사용금액으로 인정되지 아니하는 금액, 법 소정 한도금액을 초과하는 감가상각비나 처분손실은 손금에 산입할 수 없다.

〈업무용승용차 관련비용 등의 손금산입기준 요약〉

<table>
<tr><th>구 분</th><th colspan="2">주 요 내 용</th></tr>
<tr><td>감가상각 의무화(5년, 정액법)</td><td colspan="2">2016. 1. 1. 이후 개시 사업연도에 취득하는 승용자동차부터 적용</td></tr>
<tr><td rowspan="3">관련비용 손금불산입
(감가상각비 포함)</td><td>업무전용자동차보험에
가입한 경우</td><td>업무사용금액(관련비용 × 업무사용비율)
초과 금액을 손금불산입</td></tr>
<tr><td>업무전용자동차보험에
미가입한 경우</td><td rowspan="2">전액 손금불산입</td></tr>
<tr><td>법인업무용
자동차번호판을
부착하지 않은 경우(*1)</td></tr>
<tr><td>감가상각비 손금불산입</td><td colspan="2">업무사용금액 중 손금산입한도(800만 원)(*2) 초과액의 이월 손금산입</td></tr>
<tr><td>처분손실 손금불산입</td><td colspan="2">손금산입한도(800만 원)(*2) 초과액의 이월 손금산입</td></tr>
</table>

(*1) 국토교통부장관이 정하여 고시하는 기준에 해당하는 법인의 업무용승용차(취득가액 8,000만 원 이상)에 부착하는 번호판을 부착하지 않은 경우

(*2) 부동산임대업 주업 법인등(아래 '7')의 경우에는 400만 원

2. 업무용승용차의 범위

업무용승용차란 개별소비세법 제1조 제2항 제3호에 해당하는 승용자동차를 말한다. 다만, 사업에 직접 사용하는 승용자동차로서 다음의 어느 하나에 해당하는 승용자동차는 제외한다(법법 제27조의 2 제1항 및 법령 제50조의 2 제1항).

① 다음의 업종(부가령 제19조) 또는 시설대여업에서 사업상 수익을 얻기 위하여 직접 사용하는 승용자동차
   ㉠ 운수업
   ㉡ 자동차 판매업
   ㉢ 자동차 임대업
   ㉣ 운전학원업
   ㉤ 기계경비업무를 하는 경비업
   ㉥ 위 ㉠~㉤ 까지의 업종과 유사한 업종
② 한국표준산업분류표 중 장례식장 및 장의관련 서비스업을 영위하는 법인이 소유하거나 임차한 운구용 승용차(법칙 제27조의 2 제1항)
③ 자동차관리법 제27조 제1항 단서에 따라 국토교통부장관의 임시운행허가를 받은 자율주행자동차

3. 업무용승용차의 감가상각방법

2016년 1월 1일 이후 개시하는 사업연도에 취득하는 업무용승용차는 법인세법 시행령 제26조 제1항 제2호 및 제28조 제1항 제2호에도 불구하고 감가상각방법과 내용연수 선택을 배제하고 5년의 내용연수로 정액법에 따라 강제상각하여야 한다(법령 제50조의 2 제3항).

구 분	2015. 12. 31. 이전 개시 사업연도 취득분	2016. 1. 1. 이후 개시 사업연도 취득분
상각방법	정률법 또는 정액법	정액법
내용연수	4~6년	5년
상각방식	임의상각	강제상각

4. 업무용승용차 관련비용의 손금불산입

(1) 개 요

내국법인이 업무용승용차를 취득하거나 임차함에 따라 해당 사업연도에 발생하는 업무용승용차 관련비용 중 업무사용금액에 해당하지 아니하는 금액, 즉, 업무전용자동차보험 가입 여부에 따른 아래 '(2)' 또는 '(3)' 및 법인업무용 자동차번호판 부착 여부에 따른 아래 '(4)'의 금액은 해당 사업연도의 소득금액을 계산할 때 손금불산입한다(법법 제27조의 2 제2항). 동 손금불산입액은 법인세법 시행령 제106조 제1항 제1호에 따라 귀속자별로 배당, 상여 등으로 소득처분하되, 그 귀속이 불분명한 경우에는 대표자에게 귀속된 것으로 보아 소득처분한다.

① 업무전용자동차보험

업무전용자동차보험이란 해당 사업연도의 전체 기간(임차한 승용차의 경우 해당 사업연도 중에 임차한 기간을 말함) 동안 다음의 어느 하나에 해당하는 사람이 운전하는 경우만 보상하는 자동차보험을 말한다(법령 제50조의 2 제4항 및 법칙 제27조의 2 제3항).

㉠ 해당 법인의 임원 또는 직원

㉡ 계약에 따라 해당 법인의 업무를 위하여 운전하는 사람

㉢ 해당 법인의 운전자 채용을 위한 면접에 응시한 지원자

이 경우 시설대여업자 외의 자동차대여사업자로부터 임차한 승용차로서 임차계약기간이 30일 이내인 승용차(해당 사업연도에 임차계약기간의 합계일이 30일을 초과하는 승용차는 제외)에 대하여 다음의 어느 하나에 해당하는 사람을 운전자로 한정하는 임대차 특약을 체결한 경우에는 업무전용자동차보험에 가입한 것으로 본다(법령 제50조의 2 제8항 및 법칙 제27조의 2 제5항).

㉠ 해당 법인의 임원 또는 직원

㉡ 계약에 따라 해당 법인의 업무를 위하여 운전하는 사람

② 업무용승용차 관련비용

업무용승용차 관련비용이란 업무용승용차에 대한 감가상각비(법법 제27조의 2 제1항에 따라 손금에 산입하여야 하는 감가상각비를 말함), 임차료, 유류비, 보험료, 수선비, 자동차세, 통행료 및 금융리스부채에 대한 이자비용 등 업무용승용차의 취득·유지를 위하여 지출한 비용을 말한다(법령 제50조의 2 제2항).

(2) 업무전용자동차보험에 가입한 경우

업무전용자동차보험에 가입한 경우에는 업무용승용차 관련비용에 업무사용비율을 곱한 금액(업무사용금액)을 초과하는 금액은 손금불산입한다(법령 제50조의 2 제4항 제1호).

관련비용의 손금불산입액 = ① - ②
① 업무용승용차의 관련비용
② 업무사용금액 = ① × 업무사용비율

상기 산식상 '업무사용비율'은 운행기록 등을 작성·비치하였는지 여부에 따라 다음 구분에 따른다(법령 제50조의 2 제5항 및 제7항). 이때 운행기록 등이란 "국세청고시 제2025-8호 업무용승용차 운행기록부에 관한 별지 서식"을 말하는 것으로(법칙 제27조의 2 제4항), 업무사용비율에 따른 업무용승용차 관련비용을 손금에 산입하고자 하는 내국법인은 업무용승용차별로 운행기록 등을 작성·비치하여야 하며 납세지 관할 세무서장이 요구할 경우 이를 즉시 제출하여야 한다(법령 제50조의 2 제6항).

구 분	관련비용 ≤ 1천 5백만 원(*1)	관련비용 〉1천 5백만 원(*1)
운행기록 등 미작성	100%	1천 5백만 원(*1) ÷ 관련비용
운행기록 등 작성	업무용 사용거리(*2) ÷ 총 주행거리	

(*1) 해당 사업연도가 1년 미만인 경우 1천 5백만 원에 해당 사업연도의 월수를 곱하고 이를 12로 나누어 산출한 금액으로 하고, 사업연도 중 일부 기간 동안 보유하거나 임차한 경우에는 1천 5백만 원에 해당 보유기간 또는 임차기간 월수를 곱하고 이를 사업연도 월수로 나누어 산출한 금액으로 함. 이 경우 월수의 계산은 역에 따라 계산하되, 1개월 미만의 일수는 1개월로 함(법령 제50조의 2 제16항). 한편, 부동산임대업 주업 법인 등(아래 '7')의 경우에는 '1천 5백만 원'을 '500만 원'으로 함(법령 제50조의 2 제15항).

(*2) 제조·판매시설 등 해당 법인의 사업장 방문, 거래처·대리점 방문, 회의 참석, 판촉 활동, 출·퇴근 등 직무와 관련된 업무수행을 위하여 주행한 거리를 말함(법칙 제27조의 2 제7항).

한편, 업무용승용차 사적 사용자가 사업연도 중간에 퇴직하는 경우 해당 퇴직자에 대한 업무용승용차 관련비용의 손금불산입 금액은 해당 사업연도 개시일부터 퇴직시까지 발생한 업무용승용차 관련비용에 동 기간의 사적사용비율(해당 퇴직자의 사적사용거리÷총 주행거리)을 곱하여 산출한 금액으로 한다(법기통 27의 2-50의 2…2).

(3) 업무전용자동차보험에 가입하지 않은 경우

업무전용자동차보험에 가입하지 아니한 경우에는 업무용승용차 관련비용 전액을 손금에 산입하지 아니한다(법령 제50조의 2 제4항 제2호).

다만, 상기에도 불구하고 해당 사업연도 전체기간(임차한 승용차의 경우 해당 사업연도 중에 임차한 기간을 말한다) 중 일부 기간만 업무전용자동차보험에 가입한 경우 다음의 계산식에 따라 산정한 금액을 업무사용금액으로 한다(법령 제50조의 2 제9항).

업무사용금액 = 업무용승용차 관련비용 × 업무사용비율 × (해당 사업연도에 실제로 업무전용자동차보험에 가입한 일수 ÷ 해당 사업연도에 업무전용자동차보험에 의무적으로 가입하여야 할 일수)

(4) 법인업무용 자동차번호판을 미부착한 경우

자동차관리법 시행규칙 제6조 제3항에 따라 국토교통부장관이 정하여 고시(국토교통부 자동차등록번호판 등의 기준에 관한 고시 제2025-121호, 2025. 3. 15.)하는 기준(취득가액 8,000만원 이상)에 해당하는 법인의 업무용승용차에 부착하는 번호판을 부착하지 않은 경우에는 업무용승용차 관련비용 전액을 손금에 산입하지 아니한다(법령 제50조의 2 제4항 단서 및 법칙 제27조의 2 제2항).

5. 업무용승용차 감가상각비의 손금불산입

(1) 감가상각비 한도초과액의 손금불산입

업무사용금액 중 업무용승용차별 감가상각비(임차한 승용차의 경우 임차료 중 감가상각비 상당액) 중 다음의 감가상각비 한도초과액은 해당 사업연도의 손금에 산입하지 아니한다(법법 제27조의 2 제3항 및 법령 제50조의 2 제10항). 동 손금불산입액은 아래 '(2)'에 따라 이후 사업연도에 이월 손금산입되므로 유보로 소득처분하되(법령 제106조 제1항 제2호), 업무용승용차의 임차료에 대한 감가상각비 한도초과액을 손금불산입하는 경우에는 기타사외유출로 소득처분한다(법령 제106조 제1항 제3호 다목).

감가상각비 한도초과액

$$= \text{① 또는 ② − 800만 원}^{(*1)} \times \frac{\text{해당 사업연도 월수}^{(*2)}}{12} \times \frac{\text{보유(임차)기간 월수}^{(*2)}}{\text{해당 사업연도 월수}^{(*2)}}$$

① 업무용승용차별 감가상각비 × 업무사용비율

② 업무용승용차별 임차료 중 감가상각비 상당액 × 업무사용비율

(*1) 부동산임대업 주업 법인 등의 경우에는 '400만 원'으로 함(법령 제50조의 2 제15항).

(*2) 해당 사업연도가 1년 미만인 경우 800만 원에 해당 사업연도의 월수를 곱하고 이를 12로 나누어 산출한 금액으로 하고, 사업연도 중 일부 기간 동안 보유하거나 임차한 경우에는 800만 원에 해당 보유기간 또는 임차기간 월수를 곱하고 이를 사업연도 월수로 나누어 산출한 금액으로 함. 이 경우 월수의 계산은 역에 따라 계산하되, 1개월 미만의 일수는 1개월로 함(법령 제50조의 2 제16항).

상기 산식상 '임차료 중 감가상각비 상당액'은 다음 구분에 따른 금액을 말한다(법칙 제27조의 2 제5항).

구 분	임차료 중 감가상각비 상당액
시설대여업자로부터 임차한 승용차	임차료 - 임차료 중 보험료 · 자동차세 · 수선유지비(*)
시설대여업자 외의 자동차대여사업자로부터 임차한 승용차	임차료 × 70%

(*) 수선유지비를 별도로 구분하기 어려운 경우에는 임차료(보험료와 자동차세를 차감한 금액)의 7%

(2) 감가상각비 한도초과액의 이월 손금산입

상기 '(1)'에 따라 손금에 산입하지 아니한 업무용승용차의 감가상각비 한도초과액은 다음 구분에 따른 방법에 따라 산정된 금액을 한도로 이월하여 손금에 산입한다(법령 제50조의 2 제11항 및 제15항).

① 업무용승용차별 감가상각비 이월액
해당 사업연도의 다음 사업연도부터 해당 업무용승용차의 업무사용금액 중 감가상각비가 800만 원(부동산임대업 주업 법인 등의 경우 400만 원)에 미달하는 경우 그 미달하는 금액을 한도로 하여 손금으로 추인한다.

② 업무용승용차별 임차료 중 감가상각비 상당액 이월액**주1)**
해당 사업연도의 다음 사업연도부터 해당 업무용승용차의 업무사용금액 중 감가상각비 상당액이 800만 원(부동산임대업 주업 법인 등의 경우 400만 원)에 미달하는 경우 그 미달하는 금액을 한도로 손금에 산입한다.

6. 업무용승용차 처분손실의 손금불산입

업무용승용차별로 다음의 처분손실 한도초과액은 해당 사업연도의 손금에 산입하지 아니한다(법법 제27조의 2 제4항 및 법령 제50조의 2 제15항). 동 손금불산입액은 기타사외유출로 소득처분한다(법령 제106조 제1항 제3호 다목).

처분손실 한도초과액

$$= \text{처분손실} - 800\text{만 원(부동산임대업 주업 법인 등의 경우 400만 원)} \times \frac{\text{해당 사업연도 월수}^{\text{주2)}}}{12}$$

주1) 내국법인이 해산(합병 · 분할 또는 분할합병에 따른 해산 포함)한 경우에는 이월된 금액 중 남은 금액을 해산등기일(합병 · 분할 또는 분할합병에 따라 해산한 경우에는 합병등기일 또는 분할등기일)이 속하는 사업연도에 모두 손금에 산입한다(법칙 제27조의 2 제8항).

주2) 해당 사업연도가 1년 미만인 경우 800만 원(부동산임대업 주업 법인 등의 경우 400만 원)에 해당 사업연도의 월

상기에 따라 손금에 산입하지 아니한 업무용승용차의 처분손실 한도초과액은 해당 사업연도의 다음 사업연도부터 800만 원(부동산임대업 주업 법인 등의 경우 400만 원)을 균등하게 손금에 산입하되, 남은 금액이 800만 원(부동산임대업 주업 법인 등의 경우 400만 원) 미만인 사업연도에는 남은 금액을 모두 손금에 산입한다(법령 제50조의 2 제13항).[주1)]

7. 부동산임대업 주업 법인 등의 손금인정범위 제한

업무용승용차 관련비용 등의 손금불산입시 '부동산임대업 주업 법인 등'에 대하여는 일반법인에 비해 축소된 손금산입한도가 적용된다(법법 제27조의 2 제5항 및 법령 제50조의 2 제15항).

구 분	일반법인	부동산임대업 주업 법인 등
운행기록 미작성시 관련비용 손금산입한도(법령 제50조의 2 제7항)	1천 5백만 원	500만 원
감가상각비 손금산입한도 (법령 제50조의 2 제10항, 제11항)	800만 원	400만 원
처분손실 손금산입한도 (법령 제50조의 2 제13항)	800만 원	400만 원

여기서 '부동산임대업 주업 법인 등'이란 다음의 요건을 모두 갖춘 내국법인을 말한다(법령 제42조 제2항).

① 해당 사업연도 종료일 현재 내국법인의 지배주주등(법령 제43조 제7항)이 보유한 주식등의 합계가 해당 내국법인의 발행주식총수 또는 출자총액의 50%를 초과할 것

② 해당 사업연도에 부동산임대업을 주된 사업으로 하거나 다음의 금액 합계가 기업회계기준에 따라 계산한 매출액(㉠~㉢의 금액이 포함되지 않은 경우에는 이를 포함하여 계산함)의 50% 이상일 것. 이 경우 내국법인이 둘 이상의 서로 다른 사업을 영위하는 경우에는 사업별 사업수입금액이 큰 사업을 주된 사업으로 본다(법령 제42조 제3항).

㉠ 부동산 또는 부동산상의 권리의 대여로 인하여 발생하는 수입금액(조특법 제138조 제1항에 따라 익금에 가산할 금액을 포함함)

㉡ 소득세법 제16조 제1항에 따른 이자소득의 금액

㉢ 소득세법 제17조 제1항에 따른 배당소득의 금액

수를 곱하고 이를 12로 나누어 산출한 금액으로 하고, 이 경우 월수의 계산은 역에 따라 계산하되, 1개월 미만의 일수는 1개월로 한다(법령 제50조의 2 제16항).

③ 해당 사업연도의 상시근로자 수가 5명 미만일 것. 이 경우 상시근로자는 근로기준법에 따라 근로계약을 체결한 내국인 근로자로 하되, 다음의 어느 하나에 해당하는 근로자는 제외한다(법령 제42조 제4항).주3)

㉠ 해당 법인의 최대주주 또는 최대출자자와 그와 친족관계(국기령 제1조의 2 제1항)인 근로자

㉡ 근로소득원천징수부(소령 제196조 제1항)에 의하여 근로소득세를 원천징수한 사실이 확인되지 아니하는 근로자

㉢ 근로계약기간이 1년 미만인 근로자. 다만, 근로계약의 연속된 갱신으로 인하여 그 근로계약의 총기간이 1년 이상인 근로자는 제외한다.

㉣ 단시간근로자(근로기준법 제2조 제1항 제8호)

8. 업무용승용차 관련비용 명세서 제출

업무용승용차 관련비용 또는 처분손실을 손금에 산입한 법인은 법인세 과세표준과 세액을 신고할 때 업무용승용차 관련비용 명세서[법칙 별지 제29호 서식]를 첨부하여 납세지 관할 세무서장에게 제출하여야 한다(법령 제50조의 2 제14항 및 법칙 제82조 제1항 제29호).

9. 업무용승용차 관련비용 명세서 제출 불성실 가산세

업무용승용차 관련비용 등을 손금에 산입한 내국법인이 업무용승용차 관련비용 등에 관한 명세서(이하 "명세서"라 함)를 제출하지 않거나 사실과 다르게 제출한 경우에는 다음의 구분에 따른 금액을 가산세로 해당 사업연도의 법인세액에 더하여 납부하여야 한다. 이 때 가산세는 산출세액이 없는 경우에도 적용한다(법법 제74조의 2 제1항 및 제2항).

① 명세서를 제출하지 아니한 경우: 해당 내국법인이 법인세법 제60조에 따른 신고를 할 때 업무용승용차 관련비용 등으로 손금에 산입한 금액의 1%

② 명세서를 사실과 다르게 제출한 경우: 해당 내국법인이 법인세법 제60조에 따른 신고를 할 때 업무용승용차 관련비용 등으로 손금에 산입한 금액 중 해당 명세서에 사실과 다르게 적은 금액의 1%

♠ 업무용승용차 관련비용 명세서 작성 사례

다음 자료에 의하여 부동산임대업을 주된 사업으로 하지 않는 ㈜삼일의 2025사업연도(2025. 1. 1.~

주3) 상시근로자 수의 계산방법은 조세특례제한법 시행령 제26조의 4 제3항을 준용한다(법령 제42조 제5항).

2025. 12. 31.) 업무용승용차 관련비용 명세서[별지 제29호 서식]를 작성하시오.

1. 업무용승용차 현황

구 분	A 승용차	B 승용차
임차 여부	자가	렌트(*)
사용자	직원 乙	직원 丙
업무전용자동차보험 가입 여부	가입	가입
업무전용자동차보험 의무가입 대상일수	365	184
실제 보험 가입 일수	365	184
법인업무용 자동차번호판 부착 여부	해당사항 없음	해당사항 없음
운행기록부 작성 여부	작성	미작성
취득일 또는 임차일(임차기간)	2025. 1. 1.	2025. 7. 1.(3년)
신고한 상각방법 및 내용연수	정액법, 6년	-
취득가액	60,000,000	-

(*) 시설대여업자 외의 자동자대여사업자로부터 임차한 승용차

2. 운행기록부

구 분	A 승용차
총 주행거리(①)	10,000Km
업무용 사용거리(②)	9,000Km
업무사용비율(②/①)	90%

3. 관련비용 지출내역

구 분	A 승용차	B 승용차
감가상각비	10,000,000	-
유류비	4,000,000	7,000,000
보험료	800,000	-
수선비	2,700,000	-
자동차세	500,000	-
임차료	-	8,000,000
합 계	18,000,000	15,000,000

4. 처분내역(처분일: 2025. 12. 31.)

구 분	A 승용차
a. 양도가액	40,000,000
b. 장부가액	50,000,000
- 취득가액	60,000,000
- 감가상각누계액	(-) 10,000,000
c. 장부상 처분손익(a-b)	(-) 10,000,000

[작성 해설]

1. 감가상각비 상각범위액 검토

(1) 상각범위액 계산

A 승용차: 60,000,000 × 0.2 = 12,000,000

(2) 세무조정

A 승용차의 경우 2016. 1. 1. 이후 개시하는 사업연도에 취득한 승용차로서 5년 · 정액법으로 강제 상각하여야 하므로, 당기 감가상각비 계상액 중 상각범위액에 미달하는 금액 (12,000,000 - 10,000,000 = 2,000,000)을 추가로 손금산입한다.

〈손금산입〉 A 승용차 감가상각비 과소계상액 2,000,000(△유보)

2. 승용차별 관련비용 손금불산입액의 계산

(1) 업무사용비율

1) A 승용차: 90%

2) B 승용차: 7,500,000 ÷ 15,000,000 = 50% (관련비용 > 7,500,000(*))

(*) 15,000,000 × 6 ÷ 12 = 7,500,000

(2) 관련비용 손금불산입액

1) A 승용차: ① - ② = 20,000,000 - 18,000,000 = 2,000,000

① 관련비용: 18,000,000 + 2,000,000(*) = 20,000,000

② 업무사용금액: ① × '(1) 업무사용비율' = 20,000,000 × 90% = 18,000,000

(*) 감가상각비 과소계상액 손금산입액

2) B 승용차: ① - ② = 15,000,000 - 7,500,000 = 7,500,000

① 관련비용: 15,000,000

② 업무사용금액: ① × '(1) 업무사용비율' = 15,000,000 × 50% = 7,500,000

(3) 세무조정

〈손금불산입〉 업무용승용차 관련비용 손금불산입액 9,500,000(*)(상여)

(*) 2,000,000(A 승용차) + 7,500,000(B 승용차) = 9,500,000

3. 승용차별 감가상각비(상당액) 한도초과액의 계산

(1) 감가상각비(상당액) 한도초과액

1) A 승용차: 10,800,000 - 8,000,000 = 2,800,000

- 감가상각비 업무사용금액: (10,000,000 + 2,000,000(*)) × 90% = 10,800,000

(*) 감가상각비 과소계상액 손금산입액

2) B 승용차: Max [(2,800,000 - 4,000,000(*1)),0] = 0

- 감가상각비 상당액: 8,000,000 × 70%(*2) = 5,600,000

- 감가상각비 업무사용금액: 5,600,000 × 50% = 2,800,000

(*1) 8,000,000 × 6 ÷ 12 = 4,000,000

(*2) 시설대여업자 외의 자동차대여사업자에 대한 임차료 중 감가상각비 상당액 비율(법칙 제27조의 2 제5항 제2호)

(2) 세무조정

〈손금불산입〉 업무용승용차 감가상각비 한도초과액 2,800,000(*)(유보)

(*) 2,800,000(A 승용차) + 0(B 승용차) = 2,800,000

4. A 승용차 처분손실 한도초과액의 계산

(1) 처분손실 한도초과액

1) 세무상 장부가액: ① - ② + ③ = 50,800,000

① 취득가액: 60,000,000

② 세무상 감가상각비누계액: 12,000,000

③ 감가상각비 800만 원 한도초과액 차기 이월액: 2,800,000

2) 세무상 처분손실

= 양도가액 - 세무상 장부가액 = 40,000,000 - 50,800,000 = (-)10,800,000

3) 처분손실 한도초과액

= 10,800,000 - 8,000,000 = 2,800,000

(2) 세무조정

〈손금산입〉 처분손실 과소계상액(감가상각비 손금추인) 800,000(△유보)

〈손금불산입〉 처분손실 한도초과액 2,800,000(기타사외유출)

[별지 제29호 서식] (2025. 3. 21. 개정)

(3쪽 중 제1쪽)

사업연도	2025. 1. 1. ~ 2025. 12. 31.	업무용승용차 관련비용 명세서	법인명	㈜삼일
			사업자등록번호	

1. 업무사용비율 및 업무용승용차 관련비용 명세 [부동산임대업 주업법인 [ ]해당, [ ]미해당]

① 차량번호	② 차종	③ 임차여부	④ 보험가입여부	⑤ 전용번호판 부착여부	⑥ 운행기록 작성여부	⑦ 총주행거리(㎞)	⑧ 업무용 사용거리(㎞)	⑨ 업무사용비율(⑧/⑦)	⑩ 보험의무가입대상일수	⑪ 실제보험가입일수	⑫ 보험가입일수비율(⑪/⑩)	⑬ 취득가액(취득일, 임차기간)	⑭ 해당연도 보유 또는 임차기간 월수	⑮ 업무용승용차 관련비용 ⑯ 감가상각비	⑰ 임차료	⑱ 감가상각비 상당액	⑲ 유류비	⑳ 보험료	㉑ 수선비	㉒ 자동차세	㉓ 기타	㉔ 합계
A		자가	여	해당없음	여	10,000	9,000	90%	365	365	100%	60,000,000 (2025. 1.1. ~ 2025.12.31.)	12	12,000,000			4,000,000	800,000	2,700,000	500,000		20,000,000
B		임차	부	해당없음	부			50%	184	184	100%	(2025. 7.1. ~ 2025.12.31.)	6		8,000,000	5,600,000	7,000,000					15,000,000
												(. . ~ . .)										
												(. . ~ . .)										
												(. . ~ . .)										
㉕ 합계														12,000,000	8,000,000	5,600,000	11,000,000	800,000	2,700,000	500,000		35,000,000

2. 업무용승용차 관련비용 손금불산입 계산

㉖ 차량번호	㉗ 업무사용금액 ㉙ 감가상각비(상당액) [(⑯또는⑱)×⑨×⑫]	㉚ 관련비용 [(㉔-⑯ 또는 ㉔-⑱)×⑨×⑫]	㉛ 합계 (㉙+㉚)	㉘ 업무외사용금액 ㉜ 감가상각비(상당액) (⑯-㉙ 또는 ⑱-㉙)	㉝ 관련비용 [(㉔-⑯ 또는 ㉔-⑱)-㉚]	㉞ 합계 (㉜+㉝)	㉟ 감가상각비(상당액) 한도초과금액	㊱ 손금불산입 합계 (㉞+㉟)	㊲ 손금산입 합계 (㉔-㊱)
A	10,800,000	7,200,000	18,000,000	1,200,000	800,000	2,000,000	2,800,000	4,800,000	15,200,000
B	2,800,000	4,700,000	7,500,000	2,800,000	4,700,000	7,500,000		7,500,000	7,500,000
㊳ 합계	13,600,000	11,900,000	25,500,000	4,000,000	5,500,000	9,500,000	2,800,000	12,300,000	22,700,000

210㎜×297㎜[백상지 80g/㎡ 또는 중질지 80g/㎡]

(3쪽 중 제2쪽)

3. 감가상각비(상당액) 한도초과금액 이월명세

㊴ 차량번호	㊵ 차종	㊶ 취득일 (임차기간)	㊷ 전기이월액	㊸ 당기 감가상각비 (상당액) 한도초과금액	㊹ 감가상각비(상당액) 한도초과금액 누계	㊺ 손금추인(산입)액	㊻ 차기이월액(㊹-㊺)
A		2025. 1. 1.		2,800,000	2,800,000		2,800,000
B		2025. 7. 1.					
㊼ 합계				2,800,000	2,800,000		2,800,000

4. 업무용승용차 처분손실 및 한도초과금액 손금불산입액 계산

㊽ 차량번호	㊾ 양도가액	㊿ 세무상 장부가액				(55) 처분손실 (㊾-(54)<0)	(56) 당기손금 산입액	(57) 한도초과금액 손금불산입 ((55)-(56))
		(51) 취득가액	(52) 감가상각비 누계액	(53) 감가상각비한도초과금액 차기이월액(=㊻)	(54) 합계 ((51)-(52)+(53))			
A	40,000,000	60,000,000	12,000,000	2,800,000	50,800,000	10,800,000	8,000,000	2,800,000
(58) 합계	40,000,000	60,000,000	12,000,000	2,800,000	50,800,000	10,800,000	8,000,000	2,800,000

5. 업무용승용차 처분손실 한도초과금액 이월명세

(59) 차량번호	(60) 차종	(61) 처분일	(62) 전기이월액	(63) 손금산입액	(64) 차기이월액 ((62)-(63))
(65) 합계					

10 부당행위계산 부인 및 가지급금 인정이자

Ⅰ. 부당행위계산 부인

1. 의 의

부당행위계산 부인이란 내국법인의 행위 또는 소득금액의 계산이 특수관계인과의 거래로 인하여 그 법인의 소득에 대한 조세의 부담을 부당하게 감소시킨 것으로 인정되는 경우, 과세당국이 그 법인의 행위 또는 소득금액의 계산과 관계없이 그 법인의 각 사업연도 소득을 계산할 수 있는 것을 말한다(법법 제52조 제1항).

2. 부당행위계산 부인의 효력

(1) 거래당사자 간의 법률효과에 영향을 미치지 않음

부당행위계산 부인제도는 과세목적상 소득금액 재계산을 위한 것임에 불과하며, 법인과 특수관계인과의 사이에 적법·유효하게 성립한 법률행위나 계산 그 자체의 사법상 효력까지 부인하는 것은 아니다.

(2) 상속세 및 증여세법상 증여와의 관계

상속세 및 증여세법에 따라 증여세가 과세되는 거래에 대하여 법인세법상 부당행위계산의 부인 규정이 동시에 적용되는 경우로서 동 규정에 따른 익금산입 금액의 소득처분에 따라 소득세가 과세되는 경우에는 증여세를 과세하지 않는다(상증법 제4조의 2 제3항). 한편, 불공정합병, 불균등 증·감자 등 법인세법 시행령 제88조 제1항 제8호·제8호의 2 및 제9호(같은 호 제8호 및 제8호의 2에 준하는 행위 또는 계산에 한정함)에 따라 익금산입된 금액으로, 그 귀속자에게 증여세가 과세되는 금액은 기타사외유출로 처분한다(법령 제106조 제

1항 제3호 자목).

(3) 국제조세조정에 관한 법률(이하 "국조법")과의 관계

국조법은 법인세법보다 우선 적용되므로 국외특수관계자와의 국제거래에 대해서는 국제조세조정에 관한 법률에 따른 이전가격세제가 적용되고, 법인세법상 부당행위계산 부인규정은 그 적용이 배제된다. 다만, 이전가격세제의 적용이 곤란한 다음의 거래에 대해서는 법인세법상 부당행위계산부인 규정을 적용한다(국조법 제4조 제2항 및 국조령 제4조).

① 자산을 무상으로 이전(현저히 저렴한 대가를 받고 이전하는 경우는 제외)하거나 채무를 면제하는 경우

② 수익이 없는 자산을 매입하거나 현물출자를 받는 경우 또는 그 자산에 대한 비용을 부담한 경우

③ 출연금을 대신 부담하는 경우

④ 불공정 합병, 불균등 증·감자 등 법인세법 시행령 제88조 제1항 제8호 각 목의 어느 하나 또는 같은 항 제8호의 2에 해당하는 경우

3. 적용요건

부당행위계산 부인은 다음의 두 가지 요건을 모두 충족시켜야 한다.

(1) 특수관계인과의 거래일 것주1)

부당행위계산 부인규정은 그 행위 당시를 기준으로 하여, 해당 법인과 특수관계인 간의 거래에 대하여 이를 적용한다. 다만, 불공정 합병에 따른 부당행위계산 부인규정을 적용함에 있어서 특수관계인인 법인의 판정은 합병등기일이 속하는 사업연도의 직전 사업연도의 개시일(그 개시일이 서로 다른 법인이 합병한 경우에는 먼저 개시한 날을 말함)부터 합병등기일까지의 기간에 의한다. 이때 특수관계인 간 직접 거래가 아닌 제3자를 통한 우회 및 다단계 거래라 하더라도, 실질적으로 특수관계인 간 부당한 거래인 경우에는 부당행위계산 부인규정을 적용한다(법령 제88조 제2항).

한편, 특수관계인의 범위는 다음과 같이 법인세법 시행령 제2조 제8항에 열거된 자를 말한다. 이 경우 본인도 특수관계인의 특수관계인으로 본다(법법 제2조 제12호). 즉, 어느 일방을 기준으로 할 때 특수관계에 해당되지 않더라도 타방을 기준으로 하면 특수관계에 해

주1) 특수관계인 외의 자와의 부당거래에 대해서는 부당행위계산 부인규정을 적용할 수 없으며, 이 경우에는 접대비, 기부금, 업무무관경비 등의 규정을 적용함.

당되는 경우에는 이들 모두가 특수관계인에 해당된다.

① 임원(법령 제40조 제1항)의 임면권의 행사, 사업방침의 결정 등 해당 법인의 경영에 대해 사실상 영향력을 행사하고 있다고 인정되는 자(상법상 이사로 보는 자를 포함)와 그 친족(국기령 제1조의 2 제1항, 이하 같음)

② 소액주주 등(*)이 아닌 주주 또는 출자자(이하 "비소액주주 등")와 그 친족

(*) '소액주주 등'이라 함은 발행주식총수 또는 출자총액의 1%에 미달하는 주식 또는 출자지분을 소유한 주주 또는 출자자를 말한다. 다만, 해당 법인의 국가, 지방자치단체가 아닌 지배주주 등의 특수관계인은 소액주주 등으로 보지 아니하는데, 여기서 '지배주주 등'이라 함은 법인의 발행주식총수 또는 출자총액의 1% 이상의 주식 또는 출자지분을 소유한 주주 또는 출자자로서 그와 법인세법 시행령 제43조 제8항에 따른 특수관계에 있는 자와의 소유 주식 또는 출자지분의 합계가 해당 법인의 주주 또는 출자자 중 가장 많은 경우의 해당 주주 또는 출자자를 말한다(법령 제43조 제7항 및 제50조 제2항).

③ 다음의 어느 하나에 해당하는 자 및 이들과 생계를 함께하는 친족

㉠ 법인의 임원·직원 또는 비소액주주 등의 직원(비소액주주 등이 영리법인인 경우에는 그 임원을, 비영리법인인 경우에는 그 이사 및 설립자)

㉡ 법인 또는 비소액주주 등의 금전이나 그 밖의 자산에 의해 생계를 유지하는 자

④ 해당 법인이 직접 또는 그와 상기 ①~③의 관계에 있는 자를 통하여 어느 법인의 경영에 대하여 지배적인 영향력을 행사하고 있는 경우 그 법인

⑤ 해당 법인이 직접 또는 그와 상기 ①~④의 관계에 있는 자를 통하여 어느 법인의 경영에 대하여 지배적인 영향력을 행사하고 있는 경우 그 법인

⑥ 해당 법인에 30% 이상을 출자하고 있는 법인에 30% 이상을 출자하고 있는 법인이나 개인

⑦ 해당 법인이 독점규제 및 공정거래에 관한 법률에 의한 기업집단에 속하는 법인인 경우, 그 기업집단에 소속된 다른 계열회사 및 그 계열회사의 임원

이 경우 상기 ④ 및 ⑤에 따른 특수관계인 해당 여부를 판단함에 있어, 다음 구분에 따른 요건에 해당하는 경우에는 해당 법인의 경영에 대하여 지배적인 영향력을 행사하고 있는 것으로 본다(국기령 제1조의 2 제4항).

구 분	요 건
영리법인	① 법인의 발행주식총수(출자총액)의 30% 이상을 출자한 경우 ② 임원의 임면권의 행사, 사업방침의 결정 등 법인의 경영에 대하여 사실상 영향력을 행사하고 있다고 인정되는 경우
비영리법인	① 법인의 이사의 과반수를 차지하는 경우 ② 법인의 출연재산(설립을 위한 출연재산만 해당)의 30% 이상을 출연하고 그 중 1인이 설립자인 경우

(2) 조세의 부담을 부당하게 감소시킨 것으로 인정될 것

조세의 부담을 부당하게 감소시킨 것으로 인정되는 경우라 함은, 다음 중 어느 하나에 해당하는 경우를 말한다(법령 제88조 제1항). 이 경우 조세부담회피에 대한 법인의 주관적인 의도 유무에 관계없이, 해당 법인의 거래가 세무상 부당하다고 인정되는 한 부당행위계산 부인규정을 적용하는 것이다(대법 95누 7260, 1996. 7. 12.).

① 자산을 시가보다 높은 가액으로 매입 또는 현물출자 받았거나 그 자산을 과대상각한 경우

② 무수익 자산을 매입 또는 현물출자 받았거나 그 자산에 대한 비용을 부담한 경우

③ 자산을 무상 또는 시가보다 낮은 가액으로 양도 또는 현물출자한 경우. 다만, 상법 제340조의 2, 제542조의 3, 벤처기업육성에 관한 특별법 제16조의 3 또는 소재・부품・장비산업 경쟁력 강화 및 공급망 안정화를 위한 특별조치법 제56조에 따른 주식매수선택권(상법 제542조의 3에 따른 주식매수선택권은 해당 법인의 임직원에게 부여하는 것으로 한정함) 등(법령 제19조 제19호의 2 각 목 외의 부분)의 행사 또는 지급에 따라 주식을 양도하는 경우는 부당행위계산의 부인 대상에서 제외한다.

④ 특수관계인인 법인 간 합병(분할합병을 포함)ㆍ분할에 있어서 불공정한 비율로 합병ㆍ분할하여 합병ㆍ분할에 따른 양도손익을 감소시킨 경우. 다만, 자본시장과 금융투자업에 관한 법률 제165조의 4에 따라 합병(분할합병을 포함)ㆍ분할하는 경우는 제외함.

⑤ 불량자산을 차환하거나 불량채권을 양수한 경우

⑥ 출연금을 대신 부담한 경우

⑦ 금전 그 밖의 자산 또는 용역을 무상 또는 시가보다 낮은 이율ㆍ요율이나 임대료로 대부하거나 제공한 경우. 다만, 다음의 어느 하나에 해당하는 경우에는 부당행위계산의 부인대상에 해당하지 아니한다(법령 제88조 제1항 제6호 및 법칙 제42조의 3, 제42조의 5).

가. 상법 제340조의 2, 제542조의 3, 벤처기업육성에 관한 특별법 제16조의 3 또는 소재ㆍ부품・장비산업 경쟁력 강화 및 공급망 안정화를 위한 특별조치법 제56조에 따른 주식매수선택권(상법 제542조의 3에 따른 주식매수선택권은 해당 법인의 임직원에게 부여하는 것으로 한정함) 등(법령 제19조 제19호의 2 각 목 외의 부분)의 행사 또는 지급에 따라 금전을 제공하는 경우

나. 주주 등이나 출연자가 아닌 임원(소액주주등인 임원을 포함) 및 직원에게 사택(임차사택(*)을 포함)을 제공하는 경우

(*) 법인이 직접 임차하여 임원 또는 직원(이하 "직원 등"이라 함)에게 무상으로 제공하는 주택으로서 다음의 경우를 제외하고는 임차기간 동안 직원 등이 거주하고 있는 주택을 말한다.

- 입주한 직원 등이 전근ㆍ퇴직 또는 이사한 후에 해당 법인의 직원 등 중에서 입주 희망자가 없는 경우
- 해당 임차사택의 계약 잔여기간이 1년 이하인 경우로서 주택임대인이 주택 임대차계약의 갱신을 거부하는 경우

다. 법인세법 제76조의 8에 따른 연결납세방식을 적용받는 연결법인 간에 연결법인세액의 변동이 없는 등 다음의 요건을 갖추어 용역을 제공하는 경우

- 용역의 거래가격에 따른 연결납세방식(법법 제76조의 8)을 적용받는 연결법인 간에 연결법인세액의 변동이 없을 것. 이 경우 다음 중 어느 하나에 해당하는 사유로 연결법인세액의 변동이 있는 경우는 변동이 없는 것으로 본다.

  ㉠ 연결 조정항목의 연결법인별 배분(법법 제76조의 14 제1항 제4호)

  ㉡ 법인세 외의 세목의 손금산입

  ㉢ 그 밖에 '㉠ 및 ㉡'과 유사한 것으로서 그 영향이 경미하다고 기획재정부장관이 인정하는 사유

- 해당 용역의 착수일 등 용역을 제공하기 시작한 날이 속하는 사업연도부터 그 용역의 제공을 완료한 날이 속하는 사업연도까지 연결납세방식(법법 제76조의 8)을 적용하는 연결법인 간의 거래일 것

⑧ 금전, 그 밖의 자산 또는 용역을 시가보다 높은 이율 · 요율이나 임차료로 차용하거나 제공받은 경우. 다만, 상기 '⑦'의 '다'에 해당하는 용역을 제공받은 경우는 제외한다.

⑨ 파생상품(기업회계기준에 따른 선도거래, 선물, 스왑, 옵션, 그 밖에 이와 유사한 거래 또는 계약)에 근거한 권리를 행사하지 아니하거나 그 행사기간을 조정하는 등의 방법으로 이익을 분여하는 경우(법칙 제42조의 4)

⑩ 다음 중 어느 하나에 해당하는 자본거래로 인하여 주주 등(소액주주 등은 제외)인 법인이 특수관계인인 다른 주주 등에게 이익을 분여한 경우

가. 특수관계인인 법인 간의 합병(분할합병 포함)에 있어서 주식등을 시가보다 높거나 낮게 평가하여 불공정한 비율로 합병한 경우. 다만, 자본시장과 금융투자업에 관한 법률 제165조의 4에 따라 합병(분할합병 포함)하는 경우를 제외한다.

나. 법인의 자본(출자액을 포함)을 증가시키는 거래에 있어서 신주(전환사채 · 신주인수권부사채 또는 교환사채 등을 포함)를 배정 · 인수받을 수 있는 권리의 전부 또는 일부를 포기(그 포기한 신주가 자본시장과 금융투자업에 관한 법률 제9조 제7항에 따른 모집방법으로 배정되는 경우는 제외)하거나 신주를 시가보다 높은 가액으로 인수하는 경우

다. 법인의 감자에 있어서 주주 등의 소유주식 등의 비율에 의하지 아니하고 일부 주주 등의 주식 등을 소각하는 경우

⑪ 위의 ⑩ 외의 경우로서 증자 · 감자, 합병(분할합병 포함) · 분할, 상속세 및 증여세법 제40조 제1항에 따른 전환사채 등에 의한 주식의 전환 · 인수 · 교환 등 자본거래를 통해 법인의 이익을 분여하였다고 인정되는 경우. 다만, 상법 제340조의 2, 제542조의 3, 벤처기업육성에 관한 특별법 제16조의 3 또는 소재 · 부품 · 장비산업 경쟁력 강화 및 공급망

안정화를 위한 특별조치법 제56조에 따른 주식매수선택권(상법 제542조의 3에 따른 주식매수선택권은 해당 법인의 임직원에게 부여하는 것으로 한정함)등(법령 제19조 제19호의 2 각 목 외의 부분) 중 주식매수선택권의 행사에 따라 주식을 발행하는 경우는 제외한다.

⑫ 기타 ①~⑪에 준하는 행위 또는 계산 및 그외에 법인의 이익을 분여하였다고 인정되는 경우

한편, 위의 ①, ③, ⑦, ⑧ 및 ⑫(①, ③, ⑦ 및 ⑧에 준하는 행위 또는 계산에 한함)에 해당하는 경우(주권상장법인이 발행한 주식을 거래한 경우는 제외)에는 시가와 거래가액의 차액이 3억 원 이상이거나 시가의 5%에 상당하는 금액 이상인 경우에 한하여 부당행위계산부인 규정을 적용한다(법령 제88조 제3항, 제4항).

다음은 조세의 부담을 부당하게 감소시킨 것으로 인정되는 사례이다(법기통 52-88…2).

① 특수관계인으로부터 영업권을 적정대가를 초과하여 취득한 때
② 주주 등이 부담하여야 할 성질의 것을 법인이 부담한 때
③ 주주 또는 출자자인 비영리법인에게 주식비율에 따라 기부금을 지급한 때
④ 사업연도 기간 중에 가결산에 의하여 중간배당금 등의 명목으로 주주 등에게 금전을 지급한 때(상법 제462조의 3에 따른 중간배당의 경우는 제외)
⑤ 대표자의 친족에게 무상으로 금전을 대여한 때(이 경우에는 대표자에게 대여한 것으로 봄)
⑥ 연임된 임원에게 퇴직금을 지급한 때

반면, 다음은 조세의 부담을 부당하게 감소시킨 것으로 인정되지 않는 사례이다(법기통 52-88…3).

① 법인의 업무를 수행하기 위하여 초청된 외국인에게 사택 등을 무상으로 제공한 때
② 채무자 회생 및 파산에 관한 법률에 따른 범위 내에서 법정관리인에게 보수를 지급한 때
③ 채무자 회생 및 파산에 관한 법률에 의한 법정관리인이 법원의 허가를 받아 통상의 이율이나 요율보다 낮게 이자나 임대료를 받은 때
④ 건설공제조합이 조합원에게 대출하는 경우의 이자율이 금융기관의 일반대출금리보다 낮은 경우로, 정부의 승인을 받아 이자율을 정한 때
⑤ 정부의 지시에 의하여 통상판매가격보다 낮은 가격으로 판매한 때
⑥ 특수관계인 간에 보증금 또는 선수금 등을 수수한 경우에, 그 수수행위가 통상의 상관례의 범위를 벗어나지 아니한 때
⑦ 사용인(주주 등이 아닌 임원과 소액주주등인 임원을 포함)에게 포상으로 지급하는 금품의 가액이 해당 사용인의 근속기간, 공적내용, 월급여액 등에 비추어 적당하다고 인정되는 때
⑧ 사용인에게 자기의 제품이나 상품 등을 할인판매하는 경우로, 다음에 해당하는 때

가. 할인판매가격이 법인의 취득가액 이상이며, 통상 일반소비자에게 판매하는 가액에 비하여 현저하게 낮은 가액이 아닌 것

나. 할인판매를 하는 제품 등의 수량은 사용인이 통상 자기의 가사를 위하여 소비하는 것이라고 인정되는 정도의 것

⑨ 대리점으로부터 판매대리와 관련하여 보증금을 받고, 해당 보증금에 대한 이자를 적정 이자율을 초과하지 아니하는 범위 내에서 지급하는 때

⑩ 특수관계인 간의 거래에서 발생된 외상매출금 등의 회수가 지연된 경우에도 사회통념 및 상관습에 비추어 부당함이 없다고 인정되는 때

⑪ 사용인이 부당 유용한 공금을 보증인 등으로부터 회수하는 때

⑫ 사용인이 공금을 부당 유용한 경우로서 해당 사용인과 그 보증인에 대하여 횡령액의 회수를 위하여 법에 의한 제반절차를 취하였음에도 무재산 등으로 회수할 수 없는 때

⑬ 특수관계인에 대한 가지급금 등의 채권액이 채무자 회생 및 파산에 관한 법률에 따라 정리채권으로 동결된 때

⑭ 법인이 합병으로 인하여 취득하는 자기주식에 대하여 배당을 하지 아니하는 때

⑮ 법인이 국세기본법 제39조에 따른 제2차 납세의무자로서, 특수관계인의 국세를 대신 납부하고 가지급금 등으로 처리한 경우

⑯ 법인이 근로자복지기본법에 의한 우리사주조합의 조합원에게 자사주를 법령 제89조에 따른 시가에 미달하는 가액으로 양도하는 경우. 다만, 금융지주회사의 자회사인 비상장 법인이 해당 금융지주회사의 우리사주조합원에게 양도하는 경우에는 해당 법인의 종업원이 취득하는 경우에 한한다.

4. 시 가

부당행위계산 부인규정을 적용할 때에는 건전한 사회 통념 및 상거래 관행과 특수관계인이 아닌 자 간의 정상적인 거래에서 적용되거나 적용될 것으로 판단되는 가격(요율 · 이자율 · 임대료 및 교환비율과 그 밖에 이에 준하는 것을 포함하며, 이하 "시가"라 함)을 기준으로 한다(법인세법 제52조 제2항).

(1) 시가의 범위

① 시가가 분명한 경우(법령 제89조 제1항)

해당 거래와 유사한 상황에서 해당 법인이 특수관계인 외의 불특정다수인과 계속적으로 거래한 가격 또는 특수관계인이 아닌 제3자 간에 일반적으로 거래된 가격은 시가로 본다.

다만, 주권상장법인이 발행한 주식을 다음의 어느 하나에 해당하는 방법으로 거래한 경우 해당 주식의 시가는 그 거래일의 자본시장과 금융투자업에 관한 법률 제8조의 2 제2항에 따른 거래소(이하 "거래소") 최종시세가액(거래소 휴장 중에 거래한 경우에는 그 거래일의 직전 최종시세가액)으로 하며, 기획재정부령으로 정하는 바에 따라 사실상 경영권의 이전이 수반되는 경우(해당 주식이 상속세 및 증여세법 시행령 제53조 제8항 각 호의 어느 하나에 해당하는 주식인 경우는 제외함)**주2)**에는 그 가액의 100분의 20을 가산한다.

가. 자본시장과 금융투자업에 관한 법률 제8조의 2 제4항 제1호에 따른 증권시장 외에서 거래하는 방법

나. 대량매매 등 거래소의 증권시장업무규정(자본시장과 금융투자업에 관한 법률 제393조)에서 일정 수량 또는 금액 이상의 요건을 충족하는 경우에 한정하여 매매가 성립하는 거래방법(법칙 제42조의 6 제2항)

② 시가가 불분명한 경우: 다음 순서대로 적용함(법령 제89조 제2항).

가. 감정평가법인 등이 감정한 가액이 있는 경우 그 가액(감정가액이 2 이상인 경우에는 그 감정가액의 평균액). 단, 주식 등 및 가상자산은 제외

나. 상속세 및 증여세법 제38조, 제39조, 제39조의 2, 제39조의 3, 제61조~제66조를 준용하여 평가한 가액. 이 경우 상속세 및 증여세법 제63조 제1항 제1호 나목 및 같은 법 시행령 제54조에 따라 비상장주식을 평가할 때 해당 비상장주식을 발행한 법인이 보유한 주식(주권상장법인이 발행한 주식으로 한정함)의 평가금액은 평가기준일의 거래소 최종시세가액으로 하며, 상속세 및 증여세법 제63조 제2항 제1호·제2호 및 같은 법 시행령 제57조 제1항·제2항을 준용할 때 "직전 6개월(증여세가 부과되는 주식등의 경우에는 3개월로 함)"은 각각 "직전 6개월"로 본다.

③ 금전거래의 경우(법령 제89조 제3항)

특수관계인에게 자금을 대여하거나 차용하는 경우에는 가중평균차입이자율**주3)**을 시가

주2) 다음 중 어느 하나에 해당하는 경우를 말함. 다만, 법인세법 시행령 제10조 제1항 제1호부터 제3호까지 및 제6호의 어느 하나에 해당하는 법인이 해당 호에 따른 회생계획, 기업개선계획, 경영정상화계획 또는 사업재편계획을 이행하기 위하여 주식을 거래하는 경우는 제외함(법칙 제42조의 6 제1항).

1) 상속세 및 증여세법 제63조 제3항에 따른 최대주주 또는 최대출자자가 변경되는 경우
2) 상속세 및 증여세법 제63조 제3항에 따른 최대주주등 간의 거래에서 주식등의 보유비율이 100분의 1 이상 변동되는 경우

주3) 자금을 대여한 법인의 대여시점 현재 각각의 차입금 잔액(특수관계인으로부터의 차입금은 제외)에 차입 당시의 각각의 이자율을 곱한 금액의 합계액을 해당 차입금 잔액의 총액으로 나눈 비율을 말함. 이 경우 산출된 비율 또는 대여금리가 해당 대여시점 현재 자금을 차입한 법인의 각각의 차입금 잔액(특수관계인으로부터의 차입금은 제외)에 차입 당시의 각각의 이자율을 곱한 금액의 합계액을 해당 차입금 잔액의 총액으로 나눈 비율보다 높은 때에는 해당 사업연도의 가중평균차입이자율이 없는 것으로 봄(법칙 제43조 제1항).

한편, 가중평균차입이자율을 계산할 때 변동금리로 차입한 경우에는 차입 당시의 이자율로 차입금을 상환하고 변동된 이자율로 그 금액을 다시 차입한 것으로 보며, 차입금이 채권자가 불분명한 사채 또는 매입자가 불분명한 채권·증권의 발행으로 조달된 차입금에 해당하는 경우에는 해당 차입금의 잔액은 가중평균차입이자율 계산

로 한다. 다만, 다음의 경우에는 각각의 구분에 따라 당좌대출이자율(연 4.6%)주4)을 시가로 한다(법칙 제43조 제2항).

가. 가중평균차입이자율의 적용이 불가능한 경우로서 다음의 어느 하나에 해당하는 사유가 있는 경우에는 해당 대여금 또는 차입금에 한정하여 당좌대출이자율을 시가로 한다(법령 제89조 제3항 제1호 및 법칙 제43조 제3항).

- 특수관계인이 아닌 자로부터 차입한 금액이 없는 경우
- 차입금 전액이 채권자가 불분명한 사채 또는 매입자가 불분명한 채권 · 증권의 발행으로 조달된 경우
- 자금대여법인의 가중평균차입이자율 또는 대여금리가 대여시점 현재 차입법인의 가중평균차입이자율보다 높아 가중평균차입이자율이 없는 것으로 보는 경우

나. 대여한 날(계약을 갱신한 경우에는 그 갱신일을 말함)부터 해당 사업연도 종료일(해당 사업연도에 상환하는 경우는 상환일을 말함)까지의 기간이 5년을 초과하는 대여금이 있는 경우 해당 대여금 또는 차입금에 한정하여 당좌대출이자율을 시가로 한다(법령 제89조 제3항 제1호의 2 및 법칙 제43조 제4항).

다. 해당 법인이 과세표준 신고와 함께 당좌대출이자율을 시가로 선택하는 경우(법령 제89조 제3항 제2호) 당좌대출이자율을 시가로 하여 선택한 사업연도와 이후 2개 사업연도는 당좌대출이자율을 시가로 한다(법칙 제43조 제5항).

④ 시가 또는 감정가액 등을 적용할 수 없는 자산 · 용역제공의 경우(법령 제89조 제4항)

가. 유 · 무형자산의 제공시 시가

(자산시가의 50% 상당액 - 전세금 등) × 정기예금이자율주5)

나. 건설 기타 용역의 제공시 시가

원가 × (1 + 특수관계인 외의 유사용역거래 또는 특수관계인이 아닌 제3자간의 일반적인 용역거래에서의 수익률주6))

여러 자산을 포괄적으로 양수한 때에는 개개의 자산별로 그 거래가격과 시가를 비교하지 않고, 그 자산들의 전체 거래가격과 시가를 비교하여 고가양수 여부를 판단한다(대법 2013두10335, 2013. 9. 27.).

(2) 시가의 판정시점 및 입증책임

시가의 판정시점은 거래가액이 결정된 계약체결일을 기준으로 하는 것이며(법인 46012-

을 위한 잔액에 포함하지 아니함(법칙 제43조 제6항).

주4) 2016년 3월 6일 이전에 종전의 당좌대출이자율에 따라 이자를 수수하기로 약정을 체결한 경우로서 약정기간이 있는 대여금에 대해서는 해당 약정기간 만료일까지는 연 6.9%를 적용함.

주5) 정기예금이자율은 2025. 1. 1. 이후 최초로 개시하는 사업연도분부터는 연간 3.1%로 함(법칙 제6조).

주6) 기업회계기준에 의해 계산한 비율: (매출액 - 원가)/원가

1594, 2000. 7. 18.), 보충적 평가방법으로 신고한 것을 시가로 과세하는 경우와 시가라고 신고한 내용을 부인하고 보충적 평가방법을 적용하는 경우 시가의 입증책임은 과세관청에게 있다(대법 2005두 14455, 2007. 9. 20.).

5. 거래명세서 제출

각 사업연도에 특수관계인과 거래가 있는 법인은 법인세 과세표준신고와 함께 특수관계인간 거래명세서를 납세지 관할 세무서장에게 제출하여야 한다. 단, 국제조세조정에 관한 법률 제16조에 따른 납세지 관할 세무서장에게 그 내역을 제출한 국제거래의 내역은 제외할 수 있다(법령 제90조 제1항).

II. 가지급금 인정이자

1. 의 의

법인이 특수관계인에게 무상 또는 시가(가중평균차입이자율. 단, 일정한 경우에는 당좌대출이자율)보다 낮은 이율로 금전을 대여한 경우에는, 시가상당액(인정이자) 또는 시가와 실제 이자수령액의 차액(시가와의 차액이 3억 원 이상이거나 시가의 5% 이상인 경우에 한함)을 익금에 산입한다(법령 제88조 제1항 제6호, 제3항 및 제89조 제3항).

2. 가지급금

(1) 의 의

가지급금이란 명칭 여하에 불구하고 해당 법인의 업무와 관련이 없는 자금의 대여액(금융회사 등의 경우 주된 수익사업으로 볼 수 없는 자금의 대여액을 포함)을 말하며(법령 제53조 제1항), 현행 법인세법상 가지급금에 대한 규제내용을 요약하면 다음과 같다.

구 분	관련조문	지급 상대방	이자수령 여부
가지급금 인정이자	법법 제52조	특수관계인	무상 또는 저율의 경우에 한함
지급이자 손금불산입	법법 제28조	특수관계인	불 문
대손부인 · 충당금 설정 제외	법법 제19조의 2, 제34조	특수관계인	불 문
처분손실 손금불산입	법령 제50조	특수관계인	불 문

(2) 인정이자 계산대상 가지급금

법인이 특수관계인에게 대여한 자금은 그 대여원인이 업무와 관련있는지의 여부를 불문하고 원칙적으로 인정이자 계산대상이다. 단, 세법상 적정이자를 수령하는 경우에는 당연히 부인규정이 적용되지 않는다. 인정이자 계산대상이 되는 가지급금의 범위에 대한 사례는 다음과 같다.

① 매출채권을 임의로 지연회수시 인정이자 계산대상임(법기통 52-88…3 제10호; 국심 2000서 419, 2000. 6. 16.).

② 특수관계인의 채무를 대위변제한 경우 해당 대위변제액은 가지급금으로 봄. 단, 주채무자의 파산으로 채권자의 강제집행에 의한 대위변제는 제외됨(재법인-106, 2004. 2. 13.).

③ 특수관계인이 발행한 기업어음(CP)이나 후순위채권을 매입하는 경우, 실질적인 자금대여목적인 경우 가지급금으로 봄(국심 2003서 900, 2003. 5. 20.).

④ 특수관계인으로부터 대여금을 회수하면서 통상 변제방식과 달리 이자채무보다 원금을 먼저 상환받는 조건인 경우는 부당행위계산 부인대상임(국심 99경 442, 2000. 3. 4.).

⑤ 비현실적 퇴직에 대한 퇴직금(법칙 제22조 제1항)

(3) 인정이자 계산대상에서 제외되는 가지급금(법칙 제44조)

① 미지급소득에 대한 소득세 대납액(소득을 실제 지급할 때까지의 기간에 한함)

② 국외투자법인에 종사하거나 종사할 자의 여비, 급여 등 대납액(실지로 환부받을 때까지의 기간에 한함)

③ 우리사주조합 또는 그 조합원에게 해당 법인의 주식취득에 소요되는 자금을 대여한 금액(상환할 때까지의 기간에 한함)

④ 국민연금법에 의하여 근로자가 지급받은 것으로 보는 퇴직금전환금(근로자가 퇴직할 때까지의 기간에 한함)

⑤ 소득귀속이 불분명하여 대표자에게 상여처분한 금액에 대한 소득세를 법인이 대납하고, 이를 가지급금으로 계상한 금액(특수관계가 소멸될 때까지의 기간에 한함)

⑥ 직원에 대한 월정급여액의 범위에서의 일시적인 급료의 가불금[주7)]
⑦ 직원에 대한 경조사비 또는 학자금(자녀의 학자금을 포함)의 대여액
⑧ 중소기업의 직원(지배주주 등인 직원은 제외)에 대한 주택구입·전세자금 대여금
⑨ 한국자산관리공사가 출자총액 전액을 출자하여 설립한 법인에 대여한 금액

3. 인정이자 계산 및 세무조정

인정이자 = 가지급금 적수 × 이자율 × 1 / 365(윤년은 1 / 366)

(1) 가지급금 적수

① 가지급금 잔액의 매일 합계액으로 하며, 적수 계산시 초일은 산입하고 말일은 불산입한다(재법인 46012-99, 2001. 5. 18.).
② 동일인에 대한 가지급금과 가수금은 상계함을 원칙으로 한다. 다만, 가지급금 및 가수금의 발생시기에 상환기간·이자율 등에 대한 약정이 있어 이를 서로 상계할 수 없는 경우에는 상계하지 아니한다(법령 제53조 제3항, 법인 46012-2096, 2000. 10. 12.).

(2) 적용 이자율

특수관계인 간에 금전의 대여 또는 차용시에 적용할 인정이자율은 가중평균차입이자율을 시가로 한다(법령 제89조 제3항). 가중평균차입이자율이란 자금을 대여한 법인의 대여시점 현재 각각의 차입금 잔액(특수관계인으로부터의 차입금은 제외함)에 차입 당시의 각각의 이자율을 곱한 금액의 합계액을 해당 차입금 잔액의 총액으로 나눈 비율을 말하는데, 이를 산식으로 표현하면 다음과 같으며, 자금대여법인의 가중평균차입이자율 또는 대여금리가 대여시점 현재 차입법인의 가중평균이자율보다 높은 경우 이를 없는 것으로 본다(법칙 제43조 제1항).

$$\text{가중평균차입이자율} = \frac{\sum(\text{대여시점 각각의 차입금 잔액}^{\text{주1)}} \times \text{차입 당시 각각의 이자율}^{\text{주2)}})}{\text{해당 차입금 잔액의 총액}^{\text{주1)}}}$$

주1) 가중평균차입이자율 계산에서 제외되는 차입금(법칙 제43조 제6항)
차입금이 채권자가 불분명한 사채 또는 매입자가 불분명한 채권(債券)·증권의 발행으로 조달된 차입금에 해당하는 경우에는 해당 차입금의 잔액은 가중평균차입이자율 계산을 위한 잔액

주7) 우수인력 확보를 위해 일정기간 근무를 조건으로 계약기간 이내 중도퇴사시 일정금액을 반환하기로 하는 근로계약을 체결하고 지급하는 사이닝보너스는 업무무관가지급금에 해당하지 아니함(서면2팀-125, 2008. 1. 17.).

에 포함하지 아니함.

주2) 변동금리로 차입한 경우(법칙 제43조 제6항)
변동금리로 차입한 경우에는 차입 당시의 이자율로 차입금을 상환하고 변동된 이자율로 그 금액을 다시 차입한 것으로 봄.

한편, 다음의 경우에는 당좌대출이자율을 시가로 한다(법령 제89조 제3항 및 법칙 제43조 제3항).

① 가중평균차입이자율 적용이 불가능한 경우
법인이 가지급금 등에 적용될 인정이자율로 가중평균차입이자율을 선택하였으나, 그 이후 사업연도에 다음의 사유로 가중평균차입이자율의 적용이 불가능한 경우에는 해당 대여금 또는 차입금에 한정하여 당좌대출이자율을 시가로 한다(법령 제89조 제3항 제1호 및 법칙 제43조 제3항).

- 특수관계인이 아닌 자로부터 차입한 금액이 없는 경우
- 차입금 전액이 채권자가 불분명한 사채 또는 매입자가 불분명한 채권 · 증권의 발행으로 조달된 경우
- 대여법인의 가중평균차입이자율 또는 대여금리가 대여시점 현재 차입법인의 가중평균차입이자율보다 높아 대여법인의 가중평균차입이자율이 없는 것으로 보는 경우. 이 경우 차입자의 가중평균차입이자율은 대여시점 현재 자금을 차입한 법인의 각각의 차입금 잔액(특수관계인으로부터의 차입금은 제외함)에 차입 당시의 각각의 이자율을 곱한 금액의 합계액을 해당 차입금 잔액의 총액으로 나눈 비율을 말하는바, 상기에서 기술한 가중평균차입이자율 산식을 참고하기로 함.

② 대여기간이 5년을 초과하는 대여금이 있는 경우
대여한 날(계약을 갱신한 경우에는 그 갱신일을 말함)부터 해당 사업연도 종료일(해당 사업연도에 상환하는 경우는 상환일을 말함)까지의 기간이 5년을 초과하는 대여금이 있는 경우 해당 대여금(차입금)에 한정하여 당좌대출이자율을 시가로 한다(법령 제89조 제3항 제1호의 2 및 법칙 제43조 제4항).

③ 해당 법인이 과세표준 신고와 함께 당좌대출이자율을 시가로 선택하는 경우
당좌대출이자율을 시가로 하여 선택한 사업연도와 이후 2개 사업연도는 당좌대출이자율을 시가로 하며, 3개 사업연도에 대해 당좌대출이자율을 적용한 후 4차 사업연도에 다시 당좌대출이자율로 신고한 경우에는 3개 사업연도가 지난 후 당좌대출이자율을 신규로 선택하여 신고한 것으로 보아 그 이후 2개 사업연도에 대해서도 계속 적용하여야 한다. 이 때, 법인이 당좌대출이자율을 시가로 선택한 경우에는 가지급금 등의 인정이자조정명세서(갑)을 작성하여 제출하여야 한다(법령 제89조 제3항 제2호 및 법칙 제43조 제5항, 법기통 52-89…3).
이 경우 당좌대출이자율은 2016년 3월 7일 이후 발생하는 분부터는 4.6%를 적용하되

(법칙 제43조 제2항), 2016년 3월 6일 이전에 종전의 당좌대출이자율에 따라 이자를 수수하기로 약정을 체결한 경우로서 약정기간이 있는 대여금에 대해서는 해당 약정기간 만료일까지는 연 6.9%를 적용한다.

(3) 가지급금의 처리기준

① 특수관계인에게 해당 법인의 업무와 관련 없이 지급한 가지급금 및 그 이자(이하 "가지급금등"이라 함)로서 다음의 어느 하나에 해당하는 금액은 법인의 수익으로 보아 익금에 산입한다. 다만, 채권 · 채무에 대한 쟁송으로 회수가 불가능한 경우 등 정당한 사유가 있는 경우**주8)**는 제외한다(법령 제11조 제9호).

㉠ 법인세법 시행령 제2조 제8항의 특수관계가 소멸되는 날까지 회수하지 아니한 가지급금 등(아래 ㉡에 따라 익금에 산입한 이자는 제외). 이 경우 가지급금 등은 특수관계가 소멸하는 날이 속하는 사업연도에 익금산입 및 소득처분한다(서면 - 2019 - 법령해석법인 - 0101, 2019. 8. 21.).

㉡ 법인세법 시행령 제2조 제8항의 특수관계가 소멸되지 아니한 경우로서 가지급금의 이자를 이자발생일이 속하는 사업연도 종료일부터 1년이 되는 날까지 회수하지 아니한 경우 그 이자. 이 경우 미수이자는 발생일이 속하는 사업연도 종료일로부터 1년이 되는 날(1년 이내에 특수관계 소멸시 특수관계가 소멸되는 날)이 속하는 사업연도에 익금산입 및 소득처분한다(법인세과 - 391, 2011. 6. 2.).

② 특수관계인 간의 금전거래에 있어서 상환기간 및 이자율 등에 대한 약정이 없는 대여금 및 가지급금 등에 대하여 결산상 미수이자를 계상한 경우 동 미수이자는 익금불산입하고 인정이자상당액을 익금에 산입하여 귀속자에 소득처분한다(법기통 67 - 106…10 제2항).

【사 례】

다음 자료에 의하여 ㈜삼일의 제11기 사업연도(2025. 1. 1.~2025. 12. 31.) 세무조정시 대여시점에 관계회사 ㈜용산의 가중평균차입이자율이 15%인 경우(Case1)와 5%(Case2)로 나누어 인정이자로 익금에 산입할 금액을 구하고 세무조정 하시오.

주8) "채권 · 채무에 대한 쟁송으로 회수가 불가능한 경우 등 정당한 사유"란 다음의 어느 하나에 해당하는 경우를 말한다(법칙 제6조의 2).

가. 채권 · 채무에 대한 쟁송으로 회수가 불가능한 경우
나. 특수관계인이 회수할 채권에 상당하는 재산을 담보로 제공하였거나 특수관계인의 소유재산에 대한 강제집행으로 채권을 확보하고 있는 경우
다. 해당 채권과 상계할 수 있는 채무를 보유하고 있는 경우
라. 기타 상기와 비슷한 사유로서 회수하지 아니하는 것이 정당하다고 인정되는 경우

(1) 가지급금

가지급 내역	가지급금액	대여일	상환일
대표이사 홍길동 대여금	₩20,000,000	2024. 9. 10.	차기이월
대표이사 미지급소득세 대납액	10,000,000	2024. 5. 1.	2025. 9. 30.
관계회사 ㈜용산 대여금주)	50,000,000	2025. 4. 26.	차기이월

주) 관계회사 ㈜용산에 대한 대여금은 상환기간을 정하여 8%로 수수하기로 약정하였음.

(2) 차입금과 지급이자내역(모든 차입금은 고정금리이며, 당기 중 상환은 없었음)

차입금	차입일	차입금적수	차입금액	지급이자	이자율
사채 a	2024. 5. 4.	₩1,464,000,000	₩4,000,000	₩400,000	10%
사채 b	2025. 8. 8.	730,000,000	5,000,000	160,000	8%
사채 c주)	2024. 7. 1.	366,000,000	1,000,000	60,000	6%
은행차입금	2025. 3. 7.	2,400,000,000	8,000,000	361,644	5.5%

주) 특수관계인으로부터 차입한 차입금

(3) ㈜삼일은 해당 사업연도의 가지급금등에 대한 인정이자를 계산함에 있어서 적용할 이자율로 가중평균차입이자율을 선택하기로 하였다.
(4) 2025년말 현재 당좌대출이자율은 연 4.6%라고 가정한다.
(5) 해당 연도에 이자수령액 및 미수이자 계상액은 없었다.

【해 설】

1. 가지급금인정이자 계산대상의 판단
(1) 대표이사 홍길동의 대여금의 경우 특수관계인에 대한 가지급금에 해당하므로 인정이자 계산대상임.
(2) 대표이사에 대한 미지급소득에 대한 대납액은 인정이자 계산대상이 아님(법칙 제44조 제1호).
(3) 관계회사에 대한 대여금의 경우 특수관계인에 대한 가지급금에 해당하므로 인정이자 계산대상임.

2. 가지급금 적수계산
① 대표이사 홍길동에 대한 가지급금 적수의 계산
₩20,000,000 × 365일(2025. 1. 1.~2025. 12. 31.) = ₩7,300,000,000
② 관계회사 ㈜용산에 대한 가지급금 적수의 계산
₩50,000,000 × 250일(2025. 4. 26.~2025. 12. 31.) = ₩12,500,000,000

3. 가지급금 인정이자의 계산

〈Case1〉 ㈜용산의 가중평균차입이자율이 15%인 경우
(1) 대표이사 홍길동의 경우
① 가중평균차입이자율(대여시점: 2024년 9월 10일)
가지급금 인정이자를 계산함에 있어 적용될 인정이자율은 법인이 대여시점 현재 각각의

차입금 잔액(특수관계인으로부터의 차입금 제외)에 차입 당시의 각각의 이자율을 곱한 금액의 합계액을 해당 차입금 잔액의 총액으로 나눈 비율인 가중평균차입이자율을 원칙으로 함.

$$가중평균차입이자율 = \frac{4{,}000{,}000 \times 10\%}{4{,}000{,}000} = 10\%$$

② 인정이자의 계산

$$인정이자^{주)} = ₩7{,}300{,}000{,}000 \times 10\% \times \frac{1}{365} = ₩2{,}000{,}000$$

주) 계산된 인정이자상당액과 회사가 장부에 계상한 이자상당액의 차액이 시가(인정이자 상당액)의 5% 이상이므로 부당행위 계산부인을 적용함.

(2) 관계회사 ㈜용산의 경우

① 가중평균차입이자율(대여시점: 2025년 4월 26일)

$$가중평균차입이자율 = \frac{4{,}000{,}000 \times 10\% + 8{,}000{,}000 \times 5.5\%}{12{,}000{,}000} = 7\%$$

② 인정이자의 계산

$$인정이자^{주)} = ₩12{,}500{,}000{,}000 \times 7\% \times \frac{1}{365} = ₩2{,}397{,}260$$

주) 계산된 인정이자상당액과 회사가 장부에 계상한 이자상당액의 차액이 시가(인정이자 상당액)의 5% 이상이므로 부당행위 계산부인을 적용함.

〈Case2〉 ㈜용산의 가중평균차입이자율이 5%인 경우

가지급금 등의 인정이자를 계산함에 있어 적용할 인정이자율로 가중평균차입이자율을 선택하였으나, 대여자의 가중평균차입이자율(7%) 또는 대여금리(8%)가 관계회사 ㈜용산의 가중평균차입이자율(5%)보다 높은 경우에는 인정이자율로 가중평균차입이자율을 적용할 수 없으므로 해당 대여금에 대하여는 당좌대출이자율(4.6%)을 적용하여야 하며, 대표이사 홍길동의 대여금에 대하여는 가중평균차입이자율(10%)을 적용함(법령 제89조 제3항 제1호 및 법칙 제43조 제1항, 제3항 제3호).

(1) 대표이사 홍길동의 경우

$$인정이자^{주)} = ₩7{,}300{,}000{,}000 \times 10\% \times \frac{1}{365} = ₩2{,}000{,}000$$

주) 계산된 인정이자상당액과 회사가 장부에 계상한 이자상당액의 차액이 시가(인정이자 상당액)의 5% 이상이므로 부당행위 계산부인을 적용함.

(2) 관계회사 ㈜용산의 경우

$$인정이자^{주)} = ₩12{,}500{,}000{,}000 \times 4.6\% \times \frac{1}{365} = ₩1{,}575{,}342$$

주) 계산된 인정이자상당액과 회사가 장부에 계상한 이자상당액의 차액이 시가(인정이자 상당액)의 5% 이상이므로 부당행위 계산부인을 적용함.

4. 세무조정

〈Case1〉 ㈜용산의 가중평균차입이자율이 15%인 경우

〈익금산입〉 대표이사 가지급금 인정이자 2,000,000(상여)
〈익금산입〉 관계회사 가지급금 인정이자 2,397,260(기타사외유출)

〈Case2〉 ㈜용산의 가중평균차입이자율이 5%인 경우

〈익금산입〉 대표이사 가지급금 인정이자 2,000,000(상여)
〈익금산입〉 관계회사 가지급금 인정이자 1,575,342(기타사외유출)

♠ 조정명세서 작성 사례

다음 자료를 이용하여 ㈜삼일의 제10기 사업연도(2025. 1. 1.~2025. 12. 31.) 법인세 신고를 위한 특수관계자 가지급금 등에 대한 세무조정 및 인정이자조정명세서(별지 제19호 서식(갑), (을))를 작성하시오.

1. 대표이사 김갑동에 대한 가지급금 내역

월 일	적 요	차 변	대 변	잔 액	비 고
2025. 1. 1.	전기이월주1)	10,000,000		10,000,000	전액 일시가불로서, 상환기간 및 이자율 등에 대한 약정이 없음. 김갑동에 대한 미수이자를 500,000 계상함.
3. 9.	가불 일부회수		5,000,000	5,000,000	
5. 31.	소득세 가불주2)	7,000,000		12,000,000	
8. 16.	일시가불	3,000,000		15,000,000	
12. 31.	차기이월			15,000,000	

주1) 전액 2024년 5월 1일 발생분으로서 2024년 중 변동은 없었음.

주2) 전액 해당 사업연도말까지 미지급된 배당소득에 대한 세액임.

2. 대표이사 김갑동에 대한 가수금 내역

월 일	적 요	차 변	대 변	잔 액	비 고
2025. 4. 1.	일시가수		3,000,000	3,000,000	
5. 31.	일부반제	2,000,000		1,000,000	
6. 10.	반 제	1,000,000		0	

3. 기타 특수관계인에 대한 가지급금 및 가수금 내역

성 명	대여일	가지급금적수	가수금적수	차감적수	미수이자 계상액
홍길동(대주주)	2025. 2. 1.	1,320,000,000	0	1,320,000,000	0
㈜용산	2025. 6. 1.	1,352,000,000	1,632,158,000	△280,158,000	0
㈜신용산주3)	2025. 10. 1.	1,035,000,000	122,500,000	912,500,000	225,000

주3) 관계회사 ㈜신용산에 대한 대여금은 상환기간 및 이자율 등에 관한 약정이 있는 대여금임.

4. 차입금 및 지급이자 내역(모든 차입금은 고정금리이며, 당기 중 추가차입 및 상환은 없었음)

이자율	차입일	차입금적수	차입금액	지급이자
연 25%주4)	2025. 1. 1.	912,500,000	2,500,000	625,000
연 20%	2024. 3. 5.	1,825,000,000	5,000,000	1,000,000
연 15%	2025. 2. 1.	5,010,000,000	15,000,000	2,058,904
연 10%주5)	2024. 5. 1.	7,300,000,000	20,000,000	2,000,000
연 8%	2025. 8. 4.	4,500,000,000	30,000,000	983,606

주4) 채권자가 불분명한 사채임.

주5) 특수관계인으로부터의 차입금임.

5. ㈜삼일은 해당 사업연도의 가지급금 등에 대한 인정이자를 계산함에 있어서 적용할 이자율로 가중평균차입이자율을 선택하기로 하였으며, 가중평균차입이자율을 적용하기 곤란한 사유는 없는 것으로 가정한다.

6. 2025년말 현재 당좌대출이자율은 4.6%로 가정한다.

[작성 해설]

1. 가지급금 등의 인정이자조정명세서(을)를 먼저 작성한다.

(1) 가지급금 인정이자 계산 대상이 다수인 경우에는 인별로 작성한다. 단, 본 사례의 경우에는 대표이사 김갑동에 한하여 인정이자조정명세서(을)를 작성하기로 한다.

(2) 가수금적수는 먼저 발생한 가지급금의 가지급금적수부터 순서대로 상계하는 것이므로, '가지급금 등의 인정이자 조정명세서(을)'의 가수금적수란(⑩)에는 ㉙ 가수금적수의 계란의 금액 중 먼저 발생한 가지급금의 가지급금적수부터 순서대로 상계하여 적고, 가수금적수란(㉑)의 계란에는 가수금적수란(㉙)의 계 금액을 적는다.

(3) 대표이사 김갑동에 대한 가지급금 및 가수금적수의 계산

① 2024년 5월 1일 발생분

잔 액	기 간	일 수	적 수	비 고
10,000,000	1. 1.~3. 8.	67	670,000,000	가지급금 중 5. 31.의 7,000,000원은 미지급 배당소득에 대한 종합소득세 해당액이므로 인정이자를 계산하지 않음.
5,000,000	3. 9.~12. 31.	298	1,490,000,000	
가지급금 적수 소계(A)		365	2,160,000,000	
3,000,000	4. 1.~5. 30.	60	180,000,000	
1,000,000	5. 31.~6. 9.	10	10,000,000	
가수금 적수 소계(B)		70	190,000,000	
차감 적수 잔액(A-B)			1,970,000,000	

② 2025년 8월 16일 발생분

잔 액	기 간	일 수	적 수	비 고
3,000,000	8. 16.~12. 31.	138	414,000,000	
가지급금 적수 소계		138	414,000,000	

2. 가지급금 인정이자의 계산 및 가지급금 등의 인정이자조정명세서(갑)의 작성

(1) 관계회사 ㈜용산의 경우 가수금의 적수가 가지급금의 적수를 초과하므로 인정이자를 계산하지 아니하며 인명별 계산원칙상 타인의 가지급금 적수와 상계하지 아니한다.

(2) 가중평균차입이자율 및 인정이자의 계산

① 가중평균차입이자율의 계산

특수관계인에 대한 차입금 및 채권자가 불분명한 사채는 가중평균차입이자율 계산에서 제외한다.

이자율 (고정금리)	당초차입금	차입일	대여시점별 차입금잔액			
			2024. 5. 1.	2025. 2. 1.	2025. 8. 16	2025. 10. 1.
연 20%	5,000,000	2024. 3. 5.	5,000,000	5,000,000	5,000,000	5,000,000
연 15%	15,000,000	2025. 2. 1.	-	15,000,000	15,000,000	15,000,000
연 8%	30,000,000	2025. 8. 4.	-		30,000,000	30,000,000
합계	50,000,000		5,000,000	20,000,000	50,000,000	50,000,000

- 2024년 5월 1일의 가중평균차입이자율: 20%
- 2025년 2월 1일의 가중평균차입이자율

$$\text{가중평균 차입이자율} = \frac{5{,}000{,}000 \times 20\% + 15{,}000{,}000 \times 15\%}{20{,}000{,}000} = 16.25\%$$

- 2025년 8월 16일의 가중평균차입이자율

$$\text{가중평균 차입이자율} = \frac{5{,}000{,}000 \times 20\% + 15{,}000{,}000 \times 15\% + 30{,}000{,}000 \times 8\%}{50{,}000{,}000} - 11.3\%$$

- 2025년 10월 1일의 가중평균차입이자율

$$\text{가중평균 차입이자율} = \frac{5{,}000{,}000 \times 20\% + 15{,}000{,}000 \times 15\% + 30{,}000{,}000 \times 8\%}{50{,}000{,}000} = 11.3\%$$

② 인정이자의 계산

㉠ 대표이사 김갑동의 가지급금 인정이자

- 대여시점이 2024년 5월 1일인 가불금: 대여시점(2024. 5. 1.)의 가중평균차입이자율을 적용하여 인정이자를 계산한다.

$$\text{인정이자} = ₩1{,}970{,}000{,}000 \times 20\% \times \frac{1}{365} = ₩1{,}079{,}452$$

- 대여시점이 2025년 8월 16일인 가불금: 대여시점(2025. 8. 16.)의 가중평균차입이자율을 적용하여 인정이자를 계산한다.

$$\text{인정이자} = ₩414{,}000{,}000 \times 11.3\% \times \frac{1}{365} = ₩128{,}169$$

㉡ 홍길동(대주주)의 가지급금 인정이자: 대여시점(2025. 2. 1.)의 가중평균차입이자율을 적용하여 인정이자를 계산한다.

$$\text{인정이자} = ₩1{,}320{,}000{,}000 \times 16.25\% \times \frac{1}{365} = ₩587{,}671$$

㉢ ㈜신용산의 가지급금 인정이자: 대여시점(2025. 10. 1.)의 가중평균차입이자율을 적용하여 인정이자를 계산한다.

$$인정이자 = ₩912,500,000 \times 11.3\% \times \frac{1}{365} = ₩282,500$$

3. 가지급금 인정이자 계산에 따른 세무조정 수행

(1) 대표이사에 대하여 다음과 같이 세무조정한다.

법인이 특수관계인 간의 금전거래에 있어서 상환기간 및 이자율 등에 대한 약정이 없는 대여금 및 가지급금 등에 대하여 결산상 미수이자를 계상한 경우라도 미수이자는 익금불산입하고 그 상당액을 가지급금 인정이자로 익금에 산입한다(법기통 67-106…10). 이때 계산된 인정이자 상당액과 회사가 장부에 계상한 이자상당액의 차액이 시가(인정이자상당액)의 5% 이상이므로 부당행위계산 부인을 적용한다.

〈익금불산입〉	미수이자	500,000(△유보)
〈익금산입〉	인정이자	1,207,621(상여)

(2) 대표이사 외의 특수관계인에 대한 인정이자를 다음과 같이 세무조정한다.

① 대주주 홍길동에 대한 세무조정

계산된 인정이자 상당액과 회사가 장부에 계상한 이자상당액의 차액이 시가(인정이자상당액)의 5% 이상이므로 인정이자상당액을 익금에 산입한다.

〈익금산입〉	인정이자	587,671(배당)

② 특수관계법인 ㈜신용산에 대한 세무조정

상환기간 및 이자율 등에 대한 약정이 있고 약정에 따라 미수이자를 계상하였으므로 미수이자에 대한 세무조정은 없으며, 계산된 인정이자상당액과 회사가 장부에 계상한 이자상당액의 차액이 시가(인정이자상당액)의 5% 이상이므로 부당행위 계산부인을 적용한다.

〈익금산입〉	인정이자	57,500(기타사외유출)

[별지 제19호 서식(갑)] (2019. 3. 20. 개정)

사 업 연 도	2025. 1. 1. ~ 2025. 12. 31.	**가지급금 등의 인정이자 조정명세서(갑)**	법 인 명	㈜ 삼일
			사업자등록번호	xxx - xx - xxxxx

1. 적용 이자율 선택

[√] 원칙 : 가중평균차입이자율

[ ]「법인세법 시행령」 제89조 제3항 제1호에 따라 해당 대여금 또는 차입금만 당좌대출이자율을 적용

[ ]「법인세법 시행령」 제89조 제3항 제1호의 2에 따라 해당 대여금 또는 차입금만 당좌대출이자율을 적용

[ ]「법인세법 시행령」 제89조 제3항 제2호에 따른 당좌대출이자율 (선택사업연도 . . . ~ . . .)

2. 가중평균차입이자율에 따른 가지급금 등의 인정이자 조정

① 성명	②가지급금 적수(積數)	③가수금 적수	④차감적수 (②-③)	⑤ 인정이자	⑥회사 계상액	시가인정범위		⑨조정액(=⑦) ⑦≧3억이거나 ⑧≧5%인경우
						⑦차액 (⑤-⑥)	⑧비율(%) (⑦/⑤)×100	
김갑동	2,574,000,000	190,000,000	2,384,000,000	1,207,621	0	1,207,621	100%	1,207,621
홍길동	1,320,000,000	0	1,320,000,000	587,671	0	587,671	100%	587,671
㈜신용산	1,035,000,000	122,500,000	912,500,000	282,500	225,000	57,500	20.35%	57,500
계	4,929,000,000	312,500,000	4,616,500,000	2,077,792	225,000			1,852,792

3. 당좌대출이자율에 따른 가지급금 등의 인정이자 조정

⑩ 성명	⑪적용 이자율 선택방법	⑫가지급금 적수	⑬가수금 적수	⑭차감적수 (⑫-⑬)	⑮ 이자율	⑯인정이자 (⑭×⑮)	⑰회사 계상액	시가인정범위		⑳조정액(=⑱) ⑱≧3억이거나 ⑲≧5%인 경우
								⑱차액 (⑯-⑰)	⑲비율(%) (⑱/⑯)×100	
계										

[별지 제19호 서식(을)] (2009. 3. 30. 개정)

사 업 연 도	2025. 1. 1. ~ 2025. 12. 31.	**가지급금 등의 인정이자 조정명세서(을)**	법 인 명	(주)삼일
			사업자등록 번호	XXX－XX－XXXXX

직책(대표이사) 성명 (김갑동)

1. 가중평균차입이자율에 따른 가지급금 등의 적수, 인정이자 계산

대여기간		③ 연월일	④적 요	⑤차 변	⑥대 변	⑦잔 액 (⑤-⑥)	⑧ 일수	⑨가지급 금 적수 (⑦×⑧)	⑩가수금 적수	⑪ 차감적수 (⑨-⑩)	⑫ 이자율	⑬인정 이자 (⑪×⑫)
①발생 연월일	②회수 연월일											
2024 .5.1.		2025.1.1.	전기이월	10,000,000		10,000,000	67	670,000,000				
2024.5.1.		2025.3.9.	가불 일부회수		5,000,000	5,000,000	298	1,490,000,000				
2024.5.1.		2025.12.31.	차기이월			5,000,000	소계	2,160,000,000	190,000,000	1,970,000,000	20%	1,079,452
2025.8.16.		2025.8.16.	일시가불	3,000,000		3,000,000	138	414,000,000				
2025.8.16.		2025.12.31.	차기이월			3,000,000	소계	414,000,000		414,000,000	11.3%	128,169
계				13,000,000	5,000,000	8,000,000		2,574,000,000	190,000,000	2,384,000,000		1,207,621

2. 당좌대출이자율에 따른 가지급금 등의 적수 계산

⑭연월일	⑮적 요	⑯차 변	⑰대 변	⑱잔 액	⑲일 수	⑳가지급금 적수(⑱×⑲)	㉑가수금 적수	㉒차감적수 (⑳-㉑)
계								

3. 가수금 등의 적수 계산

㉓연월일	㉔적 요	㉕차 변	㉖대 변	㉗잔 액	㉘일 수	㉙가수금적수 (㉗×㉘)
2025. 4. 1.	일시가수		3,000,000	3,000,000	60	180,000,000
2025. 5. 31.	일부반제	2,000,000		1,000,000	10	10,000,000
2025. 6. 10.	반제	1,000,000		0		
계		3,000,000	3,000,000	0		190,000,000

11 수입배당금의 익금불산입

Ⅰ. 개 요

배당소득은 '지급하는 법인 단계'에서 이미 과세된 소득을 주주에게 지급하게 되며, '주주단계'에서는 해당 배당금상당액이 수익(또는 소득)으로 인식되어 재차 과세됨으로써 이중과세의 문제가 대두된다. 이에 소득세법(개인주주인 경우)에서는 배당세액공제제도를 통하여, 법인세법(법인주주인 경우)에서는 수입배당금 중 일정금액을 익금불산입함으로써 그 이중과세문제를 완화하고 있다.

현행 법인세법상 수입배당금의 익금불산입 규정은 다음과 같이 배당금의 지급 주체별로 분류할 수 있다.

배당금 지급 주체	해당 법 조문
내국법인	법법 제18조의 2
지주회사	법법 제18조의 3
해외 자회사	법법 제18조의 4

Ⅱ. 내국법인의 수입배당금 익금불산입

1. 개 요

내국법인이 해당 법인이 출자한 다른 내국법인으로부터 받은 수입배당금액 중 다음의 산식에 의한 금액을 익금불산입한다. 이 경우 그 금액이 0보다 작은 경우에는 없는 것으로 본다(법법 제18조의 2 제1항).

익금불산입액 = 익금불산입 대상금액 - 익금불산입 차감금액

한편, 법인세법 제2조 제2호의 비영리내국법인(동법 제29조에 따른 고유목적사업준비금을 손금에 산입하는 비영리내국법인에 한정함)은 수입배당금의 익금불산입 적용대상 법인에서 제외한다(법법 제18조의 2 제1항).

2. 익금불산입 대상금액의 계산

익금불산입 대상금액이란, 피출자법인별로 수입배당금액에 다음 구분에 따른 익금불산입률을 곱한 금액의 합계액을 말한다(법법 제18조의 2 제1항 제1호).

〈출자비율별 익금불산입률 (2023년 1월 1일 이후 배당분)〉

피출자법인에 대한 출자비율	익금불산입률
50% 이상	100%
20% 이상 50% 미만	80%
20% 미만	30%

참고로, 2022년 12월 31일 법인세법 개정시 피출자법인의 주권상장법인 여부와 관계없이 피출자법인에 대한 출자비율에 따라 익금불산입률을 차등 적용하도록 단순화하고, '지주회사의 수입배당금 익금불산입 규정(구법법 제18조의 3)'을 폐지하였으나, 일반법인보다 높은 익금불산입률을 적용받던 지주회사에 대하여 제도 변화에 대응할 시간적 여유를 주기 위해 2023년 12월 31일까지 지주회사[*]가 받는 수입배당금액에 대해서는 종전 '지주회사 수입배당금액 익금불산입 규정(구법법 제18조의 3)'에 따른 다음의 익금불산입률을 적용할 수 있도록 하였고, 이후 2025년 3월 14일 법인세법 개정시 2026년 12월 31일까지 유예기간을 연장하였다.

자회사의 유형	출자비율	익금불산입률
주권상장법인	40% 이상	100%
	30% 이상 40% 미만	90%
	30% 미만	80%
주권상장법인이 아닌 경우 ( ) : 벤처기업	80% 이상	100%
	50% 이상 80% 미만	90%
	40%(20%) 이상 50% 미만	80%

(*) 독점규제 및 공정거래에 관한 법률에 따른 지주회사, 금융지주회사법에 따른 금융지주회사, 기술의 이전 및 사업화 촉진에 관한 법률에 따른 공공연구기관첨단기술지주회사 및 산업교육진흥 및 산학연협력촉진에 관한 법률에 따른 산학연협력기술지주회사를 말함(법법 제18조의 3 제1항)

① 수입배당금액

익금불산입 대상금액 산정을 위한 '수입배당금액'에는 피출자법인으로부터 받은 이익의 배당금 또는 잉여금의 분배금(실제배당)은 물론 법인세법 제16조에 따른 배당금 또는 분배금의 의제액이 포함된다. 다만, 다음의 수입배당금액은 익금불산입 대상금액 산정을 위한 수입배당금액에서 제외된다(법법 제18조의 2 제2항).

i) 배당기준일 전 3개월 이내에 취득한 주식 등을 보유함으로써 발생하는 수입배당금액[주)]

주) 이 경우 같은 종목의 주식 등의 일부를 양도한 경우에는 먼저 취득한 주식 등을 먼저 양도한 것으로 본다(법령 제17조의 2 제1항).

ii) 유동화전문회사 등에 대한 소득공제(법법 제51조의 2) 또는 프로젝트금융투자회사에 대한 소득공제(조특법 제104조의 31)에 따라 지급한 배당에 대하여 소득공제를 적용받는 법인으로부터 받은 수입배당금액

iii) 법인세법과 조세특례제한법에 따라 법인세를 비과세 · 면제 · 감면받는 법인(다음의 어느 하나에 해당하는 법인으로 한정함)으로부터 받은 수입배당금액(법령 제17조의 2 제4항)

- 조세특례제한법 제63조의 2(수도권 밖으로 본사를 이전하는 법인에 대한 세액감면 등) · 제121조의 8(제주첨단과학기술단지 입주기업에 대한 법인세 등의 감면) 및 제121조의 9(제주투자진흥지구 또는 제주자유무역지역 입주기업에 대한 법인세 등의 감면)의 규정을 적용받는 법인(감면율이 100%인 사업연도에 한정함)
- 조세특례제한법 제100조의 15의 동업기업 과세특례를 적용받는 법인

iv) 법인세법 제75조의 14(법인과세 신탁재산에 대한 소득공제)에 따라 지급한 배당에 대하여 소득공제를 적용받는 법인과세 신탁재산으로부터 받은 수입배당금액

v) 자산재평가법 제28조 제2항을 위반하여 3% 재평가세율을 적용한 재평가적립금(법법 제16조 제1항 제2호 나목)을 감액하여 지급받은 수입배당금액

vi) 적격합병 · 적격분할의 합병차익 · 분할차익 중 3% 재평가세율을 적용한 재평가적립금 상당액(법법 제18조 제8호 나목, 다목)을 감액하여 지급받은 수입배당금액

vii) 자본의 감소로 주주등인 내국법인이 취득한 재산가액이 당초 주식등의 취득가액을 초과하는 금액등 피출자법인의 소득에 법인세가 과세되지 아니한 수입배당금액으로서 다음의 금액

- 법인세법 제16조 제1항 제1호에 따른 감자등에 따른 의제배당(자본의 감소로 인한 경우로 한정함)금액
- 법인세법 제16조 제1항 제3호에 따른 의제배당(자기주식 보유 상태에서 잉여금의 자본전입에 따른 의제배당)금액

② 피출자법인에 대한 출자비율

피출자법인에 대한 출자비율은 피출자법인의 배당기준일 현재 3개월 이상 계속해서 보유하고 있는 주식(또는 출자지분)을 기준으로 계산하며, 이 경우 보유 주식 등의 수를 계산할 때 같은 종목의 주식 등의 일부를 양도한 경우에는 먼저 취득한 주식 등을 먼저 양도한 것으로 본다(법령 제17조의 2 제1항).

한편, 적격합병의 경우 합병법인이 승계하여 취득하는 주식이 배당기준일 전 3개월 이내에 취득한 주식인지 여부는 피합병법인의 당해 주식 취득일을 기준으로 판정하는 것이며(사전 - 2021 - 법령해석법인 - 1167, 2021. 10. 12.), 인적분할의 경우 해당 주식의 3개월 보유 여부는 분할법인의 주식취득일을 기준으로 판정한다(서이 46012 - 10957, 2002. 5. 4.).

3. 차입금이자에 대한 익금불산입 차감금액

배당을 지급받은 내국법인이 각 사업연도에 지급한 차입금의 이자가 있는 경우에는 다음의 금액을 익금불산입 대상금액에서 차감한다(법법 제18조의 2 제1항 제2호 및 법령 제17조의 2 제3항).

$$\text{익금불산입 차감금액} = \text{차입금의 이 자} \times \frac{\text{해당 피출자법인의 주식 등의 장부가액 적수}^{(*)} \times \text{해당 주식의 익금불산입률(30\%, 80\%, 100\%)}}{\text{내국법인의 사업연도 종료일 현재 재무상태표상 자산총액 적수}^{(*)}}$$

(*) 적수란 일별 잔액의 합계액을 말함.

① 차입금의 이자

차입금의 이자에는 장기할부조건으로 취득시 계상한 현재가치할인차금의 상각액, 연지급수입시 지급이자(법령 제72조 제6항) 및 법인세법 시행령 제55조(지급이자 손금불산입)

에 따라 이미 손금불산입된 다음의 차입금의 이자를 제외한다(법령 제17조의 2 제2항).

i) 채권자불분명사채의 지급이자 손금불산입액

ii) 지급받은 자가 불분명한 채권·증권의 지급이자 등의 손금불산입액

iii) 건설자금이자 손금불산입액

iv) 업무무관자산 등에 대한 지급이자 손금불산입액

② 해당 피출자법인의 주식 등의 장부가액

상기의 계산식에서 "해당 피출자법인의 주식등의 장부가액"은 세무계산상 장부가액을 말하며, 법인세법 제18조의 2 제2항 각 호의 수입배당금액이 발생하는 주식 등의 장부가액은 포함하지 아니한다(법기통 18의 2-17의 2…1 제1항). 또한, 국가 및 지방자치단체로부터 현물출자받은 주식 등은 피출자법인의 주식 등에서 제외한다(법령 제17조의 2 제3항).

한편, "차입금의 이자"와 "재무상태표상 자산총액 적수" 및 "해당 피출자법인의 주식등의 장부가액 적수"는 수입배당금이 해당 법인의 익금으로 확정된 날이 속하는 사업연도의 것으로 한다(법기통 18의 2-17의 2…1 제2항).

4. 기 타

수입배당금액 익금불산입 규정을 적용하려는 출자법인은 각 사업연도 소득금액에 대한 과세표준 및 세액 신고시 '수입배당금액명세서(법칙 별지 제16호의 2 서식)'를 첨부하여 납세지 관할 세무서장에게 제출하여야 한다(법령 제17조의 2 제5항).

Ⅲ. 외국자회사 수입배당금의 익금불산입

1. 개 요

국제적 이중과세조정 확대, 해외 유보재원의 국내 송금을 통한 국내투자활성화 및 기업 경쟁력 제고를 위하여 내국법인(법인세법 제57조의 2 제1항에 따른 간접투자회사등은 제외함)이 법인세법상 요건을 갖춘 외국자회사로부터 받은 수입배당금액 중 다음의 산식에 의한 금액을 익금불산입한다(법법 제18조의 4 제1항)

익금불산입액 = 수입배당금액 × 익금불산입률(95%)

2. 외국자회사의 요건

외국자회사란 내국법인이 직접 외국법인의 의결권 있는 발행주식총수 또는 출자총액의 10%(조세특례제한법 제22조에 따른 해외자원개발사업을 하는 외국법인의 경우에는 5%) 이상을 그 외국법인의 배당기준일 현재 6개월 이상 계속하여 보유(내국법인이 적격합병, 적격분할, 적격물적분할, 적격현물출자에 따라 다른 내국법인이 보유하고 있던 외국자회사의 주식등을 승계받은 때에는 그 승계 전 다른 내국법인이 외국자회사의 주식등을 취득한 때부터 해당 주식등을 보유한 것으로 봄)하고 있는 법인을 말한다(법령 제18조 제1항).

3. 익금불산입 대상 수입배당금액

익금불산입액 계산을 위한 수입배당금액에는 외국자회사로부터 수령하는 이익의 배당금 또는 잉여금의 분배금과 법인세법 제16조에 따라 배당금 또는 분배금으로 보는 금액이 포함된다. 또한 내국법인이 해당 법인이 출자한 외국법인(상기 '2'의 외국자회사는 제외함)으로부터 자본준비금을 감액하여 받는 배당으로서 법인세법 제18조 제8호에 따라 익금에 산입되지 아니하는 배당에 준하는 성격의 수입배당금액을 받는 경우 그 금액의 95%에 해당하는 금액의 경우에도 각 사업연도의 소득금액을 계산할 때 익금에 산입하지 않는다(법법 제18조의 4 제2항).

다만, 국제조세조정에 관한 법률 제27조 제1항 및 제29조 제1항 · 제2항에 따라 특정외국법인의 유보소득에 대하여 내국법인이 배당받은 것으로 보는 금액 및 해당 유보소득이 실제 배당된 경우의 수입배당금액에 대해서는 적용하지 아니한다(법법 제18조의 4 제3항).

또한, 다음의 어느 하나에 해당하는 금액은 각 사업연도의 소득금액을 계산할 때 외국자회사 수입배당금액의 익금불산입을 적용하지 아니하고 익금에 산입한다(법법 제18조의 4 제4항).

① 국제조세조정에 관한 법률 제27조 제1항 각 호의 요건을 모두 충족하는 특정외국법인으로부터 받은 수입배당금액으로서 국제조세조정에 관한 법률 제27조 제1항이 적용되는 특정외국법인 중 같은 항 제1호에 따른 실제 부담세액이 실제 발생소득의 15% 이하인 특정외국법인의 해당 사업연도에 대한 다음의 금액(해외자원개발 사업법에 따른 해외자원개발사업자가 같은 법에 따른 해외자원개발을 위해 조세특례제한법 제104조의 15 제1항 제2호에 따라 외국법인에 출자하거나 같은 항 제3호에 따라 외국자회사에 투자를 하는 경우에는 그 외국법인 또는 외국자회사의 해당 사업연도에 대한 다음의 금액은 제외함)(법법 제18조의 4 제4항 제1호 및 법령 제18조 제2항)

㉠ 이익잉여금 처분액 중 이익의 배당금(해당 사업연도 중에 있었던 이익잉여금 처분에 의한 중간배당을 포함함) 또는 잉여금의 분배금

㉡ 법인세법 제16조에 따라 배당금 또는 분배금으로 보는 금액

② 혼성금융상품(자본 및 부채의 성격을 동시에 가지고 있는 금융상품으로서 다음의 구분에 따른 요건을 모두 갖춘 금융상품을 말함)의 거래에 따라 내국법인이 지급받는 수입배당금액(법법 제18조의 4 제4항 제2호 및 법령 제18조 제3항)

㉠ 우리나라의 경우 : 우리나라의 세법에 따라 해당 금융상품을 자본으로 보아 내국법인이 해당 금융상품의 거래에 따라 거래상대방인 외국자회사로부터 지급받는 이자 및 할인료를 배당소득으로 취급할 것

㉡ 외국자회사가 소재한 국가의 경우 : 그 국가의 세법에 따라 해당 금융상품을 부채로 보아 외국자회사가 해당 금융상품의 거래에 따라 거래상대방인 내국법인에 지급하는 이자 및 할인료를 이자비용으로 취급할 것

③ ① 및 ②와 유사한 것으로서 대통령령으로 정하는 수입배당금액(법법 제18조의 4 제4항 제3호)

4. 외국납부세액공제의 배제

외국자회사 수입배당금에 대한 익금불산입의 적용대상이 되는 수입배당금액에 대해서는 법인세법상 외국납부세액공제(법법 제57조)를 적용하지 않는다(법법 제57조 제7항).

5. 기 타

외국자회사 수입배당금액의 익금불산입을 적용받으려는 내국법인은 각 사업연도 소득금액에 대한 과세표준 및 세액 신고시 '외국자회사 수입배당금액 명세서(법칙 별지 제16호의 3 서식)'를 첨부하여 납세지 관할 세무서장에게 제출해야 한다(법령 제18조 제4항 및 법칙 제82조 제1항 16호의 3).

【사 례】

다음은 (주)삼일의 제11기 사업연도(2025. 1. 1.~12. 31.) 수입배당금 익금불산입액을 계산하기 위한 자료이다. 수입배당금 익금불산입액을 계산하시오. (주)삼일은 제조업을 영위하는 내국법인으로서, 지주회사가 아니다.

1. (주)삼일의 제11기에 수령한 배당금 및 투자내역은 다음과 같다.

(단위: 원)

피출자법인	배당금액	(주)삼일의 지분율	취득일(*)	회계처리
갑법인	10,000,000	7%	2025. 5. 10.	배당수익
을법인	16,000,000	51%	2020. 10. 8.	투자주식차감
병법인	8,000,000	20%	2024. 12. 20.	배당수익

(*) 모두 배당 기준일 전 3개월 이상 보유분임.

2. 피출자법인의 취득원가 및 2025년말 재무상태표상 장부가액은 다음과 같다.

(단위: 원)

피출자법인	취득원가	재무상태표상 장부가액
갑법인	120,000,000	100,000,000
을법인	200,000,000	240,000,000
병법인	50,000,000	40,000,000

3. 그 외 (주)삼일의 관련자료 내역은 다음과 같다.

구 분	금액(단위: 원)	비 고
2025년말 재무상태표 자산총액	1,000,000,000	
2025년도 차입금이자주)	20,000,000주)	장기할부조건 취득시 계상한 현할차의 상각액 5,000,000 포함

주) 동 금액 중 3,000,000원은 선순위(건설자금이자)로 지급이자가 부인되었음.

【해 설】

1. 익금불산입 대상금액

피출자법인	배당금액	익금불산입률	익금불산입 대상금액
갑법인	10,000,000	30%	3,000,000
을법인	16,000,000	100%	16,000,000
병법인	8,000,000	80%	6,400,000
합 계	34,000,000		25,400,000

2. 익금불산입 차감금액

① 차입금이자 = 20,000,000 - 5,000,000 - 3,000,000 = 12,000,000원

② 사업연도 종료일 현재 재무상태표상 자산총액 적수 = 1,000,000,000 × 365 = 365,000,000,000원

③ 피출자법인의 주식 등의 장부가액 적수

피출자법인	주식 장부가액	일 수	주식 적수	익금불산입률
갑법인	120,000,000	236일	28,320,000,000	30%
을법인	200,000,000	365일	73,000,000,000	100%
병법인	50,000,000	365일	18,250,000,000	80%
합 계	370,000,000		119,570,000,000	

④ 익금불산입 차감금액

피출자법인	익금불산입 차감금액
갑법인	12,000,000×(28,320,000,000×30%) / 365,000,000,000 = 279,320
을법인	12,000,000×(73,000,000,000×100%) / 365,000,000,000 = 2,400,000
병법인	12,000,000×(18,250,000,000×80%) / 365,000,000,000 = 480,000
합 계	3,159,320

3. 익금불산입액 = 익금불산입 대상금액 - 익금불산입 차감금액

피출자법인	익금불산입액
갑법인	3,000,000 - 279,320 = 2,720,680
을법인	16,000,000 - 2,400,000 = 13,600,000
병법인	6,400,000 - 480,000 = 5,920,000
합 계	22,240,680

4. (주)삼일의 2025년도 수입배당금 익금불산입 세무조정

〈익금불산입〉 수입배당금액 22,240,680(기타)

〔별지 제16호의 2 서식〕 (2024. 3. 22. 개정) (앞쪽)

수입배당금액명세서

사업연도	2025. 1. 1. ~ 2025. 12. 31.	법인명	㈜삼일	사업자등록번호	

1. 출자법인 현황

① 법인명	② 사업자등록번호	③ 소재지	④ 대표자 성명	⑤ 업태종목
㈜삼일				

2. 자회사 또는 배당금 지급법인 현황

⑥ 법인명	⑦ 사업자등록번호	⑧ 소재지	⑨ 대표자	⑩ 발행 주식총수	⑪ 지분율(%)
갑					7%
을					51%
병					20%

3. 수입배당금액 및 익금불산입 금액 명세

⑫ 배당금 지급법인명	⑬ 수입배당금액	⑭ 익금불산입 비율(%)	⑮ 익금불산입 대상금액 (⑬×⑭)	⑯ 지급이자 관련 익금불산입 배제금액	⑰ 익금불산입액 (⑮-⑯)
갑	10,000,000	30%	3,000,000	279,320	2,720,680
을	16,000,000	100%	16,000,000	2,400,000	13,600,000
병	8,000,000	80%	6,400,000	480,000	5,920,000
계	34,000,000		25,400,000	3,159,320	22,240,680

12 건설자금이자

1. 개　요

법인세법에서는 그 명목 여하에 불구하고 사업용 유형자산 및 무형자산의 매입·제작 또는 건설에 사용한 것이 분명한 차입금(이하 "특정차입금"이라 함)에 대한 지급이자 또는 이와 유사한 성질의 지출금(이하 "지급이자 등"이라 함)은 손금에 산입하지 않고 해당 자산의 취득원가에 산입하도록 하고 있다(법법 제28조 제1항 제3호 및 법령 제52조 제1항). 또한, 해당 사업연도 중 건설 등에 소요된 기간에 실제로 발생한 일반차입금(해당 사업연도에 상환하거나 상환하지 아니한 차입금 중 특정차입금을 제외한 금액을 말하며, 이하 같음)의 지급이자 등에 대하여도 일정한 한도 내에서 사본화 여부를 선택할 수 있도록 하고 있다(법법 제28조 제2항 및 법령 제52조 제7항).

2. 건설자금이자의 계상대상 자산

법인세법상 건설자금이자의 계상대상 자산은 사업용 유형자산 및 무형자산이나, 그 범위에 대해 명시적으로 규정하고 있지 아니하다. 법인의 정상적인 영업순환과정에 사용할 목적으로 취득한 것으로서 장기지속적 성질을 가진 자산이라는 유형자산 및 무형자산의 개념을 고려하면 감가상각대상 유형자산 및 무형자산을 정의하고 있는 법인세법 시행령 제24조의 규정을 준용할 수 있을 것이다. 따라서 토지 및 법인세법 시행령 제24조의 감가상각자산(건축물 등의 유형자산과 영업권 등의 무형자산으로 구성)이 건설자금이자 계상대상인 유형자산 및 무형자산이 될 것이다. 이는 기업회계기준상 유형자산과 무형자산에 해당하는 것이며, 투자자산은 제외되어야 할 것이다. 또한, 전매 또는 재판매를 위하여 취득한 자산은 유형자산에 해당하지 않으므로 당연히 건설자금이자의 계산대상에서 제외된다.

◈ 감가상각대상 유형자산 및 무형자산의 범위(법령 제24조 제1항)

1. 유형자산
   건물(부속설비 포함) 및 구축물, 차량 및 운반구, 공구, 기구 및 비품, 선박 및 항공기, 기계 및 장치, 동물 및 식물, 그 밖에 열거된 자산과 유사한 유형자산
2. 무형자산
   영업권(합병·분할로 인하여 합병법인 등이 계상한 영업권은 제외함), 디자인권, 실용신안권, 상표권, 특허권, 어업권, 양식업권, 해저광물자원개발법에 의한 채취권, 유료도로관리권, 철도시설관리권, 수리권, 전기가스공급시설이용권, 공업용수도시설이용권, 수도시설이용권, 열공급시설이용권, 광업권, 전신전화전용시설이용권, 전용측선이용권, 하수종말처리장시설관리권, 수도시설관리권, 댐사용권, 개발비, 사용수익기부자산가액, 전파법 제14조의 규정에 의한 주파수이용권, 공항시설법 제26조의 규정에 의한 공항시설관리권, 항만법 제24조에 따른 항만시설관리권, 그 밖에 열거된 자산과 유사한 무형자산

3. 매입·제작 또는 건설의 범위

신규 외부매입 및 자가건설을 말하며, 기존 사업용 유형자산 및 무형자산의 증설 또는 개량도 포함된다(법인 46012-1553, 1996. 5. 31.). 따라서 증설 등에 소요된 것이 분명한 차입금이자도 건설자금이자로서 자본화 대상이 된다.

4. 건설자금이자 계산대상 차입금

건설자금이자 계산대상 차입금은 차입금의 명목 여하에 불구하고 사업용 유형자산 및 무형자산의 건설 등에 소요되는 특정차입금(자산의 건설 등에 소요된지의 여부가 분명하지 아니한 차입금은 제외)으로서 이에 대한 지급이자 등(지급이자 또는 이와 유사한 성질의 지출금)은 의무적으로 자본화하도록 하고 있다(법령 제52조 제1항).

또한, 건설자금에 충당한 차입금의 이자에서 상기 특정차입금 관련 이자를 뺀 금액으로서 다음의 ①과 ② 중 적은 금액은 내국법인의 각 사업연도의 소득금액을 계산할 때 자본화 여부를 선택할 수 있다(법령 제52조 제7항). 한편, 일반차입금에서 발생하는 건설자금이자를 자본적 지출로 하여 사업용 유형자산 및 무형자산의 취득원가에 가산하기로 선택한 경우에는 일반차입금에서 발생한 건설자금이자 전액을 취득원가에 가산하여야 한다(기준-2017-법령해석법인-0070, 2017. 4. 25.)

① 해당 사업연도 중 건설 등에 소요된 기간에 실제로 발생한 일반차입금(해당 사업연도에 상환하거나 상환하지 아니한 차입금 중 특정차입금을 제외한 금액을 말하며, 이하 같음)의 지급이자 등의 합계

② = ㉠ × ㉡

㉠	(해당 건설 등에 대하여 해당 사업연도에 지출한 금액의 적수) / (해당 사업연도 일수)	−	(해당 사업연도의 특정차입금의 적수) / (해당 사업연도 일수)
㉡	일반차입금에서 발생한 지급이자 등의 합계액	÷	(해당 사업연도의 일반차입금의 적수) / (해당 사업연도 일수)

5. 건설자금이자 계산대상기간

건설자금이자의 계산대상기간은 건설을 개시한 날로부터 해당 건설 등의 목적물이 전부 준공된 날까지의 기간으로, '준공된 날'이라 함은 다음 중 하나에 해당하는 날을 말한다(법령 제52조 제2항, 제5항 및 제6항).

① 토지: 대금청산일 또는 사업에 사용되기 시작한 날**주1)** 중 빠른 날
② 건축물: 소득세법 시행령 제162조의 규정에 의한 취득일**주2)** 또는 사용개시일**주3)** 중 빠른 날
③ 토지와 건축물 이외의 자산: 사용개시일**주3)**

6. 건설자금이자 계상대상 금융비용

법인세법상 건설자금이자에 포함되는 금융비용을 예시하면 다음과 같다.

① 금융기관으로부터 차입하는 때에 지급하는 지급보증료(법기통 28－52…1 제1호)
② 특정차입금에 대한 연체이자를 원본에 가산한 경우 그 가산액(법령 제52조 제4항)(단, 그 원본에 가산한 연체이자에 대한 이자상당액 제외)
③ 자산 매입대금의 지급지연에 따른 지급이자가 소비대차로 변경된 경우, 건설 등이 준공된 날까지의 기간 중에 지급하는 이자(법기통 28－52…2)(단, 건설 등이 준공된 날 이후의 이자 제외)

주1) "사업에 사용되기 시작한 날"이란, 공장 등의 건설에 착공한 날 또는 해당 사업용 토지로 업무에 직접 사용한 날을 말함(법기통 28－52…1 제5호).

주2) 잔금청산일, 소유권이전등기 접수일, 사실상 사용(승인)일 중 빠른 날(소령 제162조 제1항 제4호)
자기가 건설한 건축물에 있어서는 사용승인서 교부일. 다만, 사용승인서 교부일 전에 사실상 사용하거나 임시사용승인을 받은 경우에는 그 사실상의 사용일 또는 임시사용승인일로 하고, 건축 허가를 받지 아니하고 건축하는 건축물에 있어서는 그 사실상의 사용일로 함.

주3) "사용개시일"이라 함은 정상제품을 생산하기 위하여 실제로 가동되는 날을 말함(단, 선박의 경우에는 최초의 출항일, 전기사업법의 규정에 의한 전기사업자가 발전소를 건설하는 경우에는 전기사업법 제63조 및 같은 법 시행규칙 제31조에 따른 사용전검사의 합격통지를 받은 날)(법기통 28－52…1 제4호).

④ 금융리스 이자비용(법인 22601-2186, 1986. 7. 9.)
⑤ 사채할인발행차금 상각액(법인 22601-3304, 1988. 11. 15.)
⑥ 진성어음할인자금과 당좌차월 발행한 당좌수표가 건설자금에 사용된 것이 분명한 경우 그 할인료와 지급이자(법인 46012-3238, 1997. 12. 11.)
⑦ 공장설비투자자금에 대한 융자약정수수료(법인 22601-1357, 1989. 4. 12.)
⑧ 전환사채이자(법인 46012-114, 1995. 1. 13.)

한편, 건설자금이자의 계산대상에 포함되지 아니하는 금융비용을 예시하면 다음과 같다.
① 운영자금에 전용한 특정차입금 이자(법령 제52조 제3항)
② 현재가치할인차금(장기할부조건 등으로 취득하는 경우 발생한 채무를 기업회계기준이 정하는 바에 따라 현재가치로 평가하여 현재가치할인차금으로 계상한 경우의 해당 현재가치할인차금)의 상각액(법령 제72조 제6항)
③ 법인세법 시행규칙 제37조 제3항의 규정에 의한 연지급수입의 지급이자(법령 제72조 제6항)
④ 외화차입금에 대한 외화평가손실 및 외환차손(재법인 46012-180, 1999. 11. 11.)
⑤ 운용리스료(법인 22601-2020, 1986. 6. 24.)

7. 건설자금이자의 계산

건설자금이자 = 특정차입금이자(강제) (+) 일반차입금이자(선택)
(-) 특정차입금의 일시예금에서 생기는 수입이자
(-) 운영자금에 전용한 특정차입금의 이자
(+) 특정차입금의 연체로 인하여 생긴 이자를 원본에 가산한 경우 그 가산한 금액(그 원본에 가산한 금액에 대한 지급이자는 손금)

8. 건설자금이자와 관련하여 세법과 기업회계와의 차이점

<table>
<tr><th rowspan="2">구 분</th><th rowspan="2" colspan="2">법 인 세 법</th><th colspan="2">기 업 회 계 기 준</th></tr>
<tr><th>K-IFRS</th><th>일반기업회계기준</th></tr>
<tr><td>근거규정</td><td colspan="2">법인세법 제28조</td><td>K-IFRS 제1023호</td><td>일반기업회계기준 제18장</td></tr>
<tr><td rowspan="2">자본화 강제 여부</td><td>특정차입금</td><td>강 제</td><td rowspan="2">자본화 강제</td><td rowspan="2">원칙: 기간비용화(단, 자본화 방법을 선택적으로 허용)</td></tr>
<tr><td>일반차입금</td><td>선 택</td></tr>
</table>

구 분		법 인 세 법	기 업 회 계 기 준	
			K-IFRS	일반기업회계기준
자본화 대상자산		• 사업용 유형 · 무형자산 • 투자자산 · 재고자산 제외	• 제조설비자산 • 전력생산설비 • 무형자산 • 투자부동산 • 재고자산(단기간 내에 제조되는 재고자산 제외) • 생산용식물 단, 취득시점에 사용 · 판매가능한 자산 제외	• 유형자산 • 무형자산 • 투자부동산 • 재고자산(취득에 1년 이상 소요되는 것에 한함)
자본화 대상 차입금	특정 차입금	사업용 유형 · 무형자산의 매입 · 제작 또는 건설에 소요된 것이 분명한 차입금	적격자산을 취득할 목적으로 직접 차입한 자금	
	일반 차입금	건설 등에 소요된 기간에 실제로 발생한 차입금 중 특정차입금을 제외한 금액	일반적인 목적으로 차입한 자금 중 적격자산의 취득에 소요되었다고 볼 수 있는 자금	
자본화대상금융비용		• 장 · 단기차입금과 사채에 대한 이자비용 • 사채발행차금상각(환입)액 • 금융리스이자비용 등	• 유효이자율법을 사용하여 계산된 이자비용 • 리스부채 관련 이자 • 외화차입금과 관련되는 외환차이 중 이자원가의 조정으로 볼 수 있는 부분	• 장 · 단기차입금과 사채에 대한 이자 • 사채발행차금상각(환입)액 • 리스이용자의 금융리스 관련 원가 • 외화차입금과 관련되는 외환차이 중 차입원가의 조정으로 볼 수 있는 부분 • 채권 · 채무의 현재가치평가 및 채권 · 채무조정에 따른 현재가치할인차금상각액 • 이자율변동 현금흐름위험회피회계가 적용되는 경우 위험회피수단의 평가손익과 거래손익 • 차입과 직접 관련하여 발생한 수수료

<table>
<tr><th colspan="2" rowspan="2">구 분</th><th rowspan="2">법 인 세 법</th><th colspan="2">기 업 회 계 기 준</th></tr>
<tr><th>K-IFRS</th><th>일반기업회계기준</th></tr>
<tr><td rowspan="3">자본화 기간</td><td>개시 시점</td><td>매입 · 제작 또는 건설을 개시한 날</td><td colspan="2">적격자산에 대한 지출이 있었고, 차입원가가 발생하였으며, 적격자산을 의도된 용도로 사용하거나 판매가능한 상태에 이르게 하는데 필요한 활동이 진행 중이라는 조건이 모두 충족되는 시점</td></tr>
<tr><td>종료 시점</td><td>목적물이 전부 준공된 날</td><td colspan="2">해당 자산을 의도한 용도로 사용하거나 판매가 가능한 시점</td></tr>
<tr><td>중단 기간</td><td>원칙: 자본화(단, 정당한 사유 없는 건설중단의 경우에는 업무무관부동산으로 보아 해당기간 동안 자본화 중단)</td><td colspan="2">원칙: 자본화 중단(단, 일시적 중단 또는 취득상의 불가피한 건설중단은 자본화)</td></tr>
<tr><td rowspan="2">자본화 대상 금액의 계산</td><td>특정 차입금</td><td>특정차입금 지급이자 – 특정차입금의 일시예금에서 발생한 수입이자 – 운영자금에 전용한 특정차입금 이자 + 특정차입금의 연체로 생긴 이자를 원본에 가산한 금액(가산된 연체이자의 지급이자 제외)</td><td colspan="2">특정차입금 차입원가 – 특정차입금의 일시적 운용수익</td></tr>
<tr><td>일반 차입금</td><td>MIN(①, ②)
① 일반차입금 지급이자
② (지출액 적수/사업연도 일수 – 특정차입금 적수/사업연도 일수) × 자본화이자율^{주)}
주) 자본화이자율: 일반차입금 지급이자 ÷ 일반차입금 적수/사업연도 일수</td><td colspan="2">MIN(①, ②)
① 일반차입금 차입원가
② (적격자산에 대한 평균지출액 - 특정차입금의 평균지출액) × 자본화이자율^{주)}
주) 자본화이자율: 일반차입금에 대하여 발생한 차입원가를 가중평균하여 산정</td></tr>
</table>

9. 세무조정

(1) 건설자금이자 과소계상시

- 비상각자산 ── 손금불산입(유보)한 후 처분사업연도에 손금추인(△유보)
- 상각자산
  - 가. 해당 사업연도 종료일 현재 준공된 자산분 ── 즉시상각의제로 하여 시부인 계산 (법법 제23조 제4항)
  - 나. 해당 사업연도 종료일 현재 준공이 안된 자산분
    - ① 해당 사업연도에는 손금불산입(유보)
    - ② 차기 이후의 준공된 사업연도에 감가상각부인액으로 보아 해당 사업연도 시인부족액의 범위 내에서 손금추인(△유보)(법기통 23-32…1)

(2) 건설자금이자 과다계상시

구 분	세 무 조 정	
	당 기	차 기 이 후
비 상 각 자 산	손금산입(△유보)	처분시점에 익금산입(유보)
상 각 자 산	손금산입(△유보)	상각·처분시 익금산입(유보)

10. 재고자산 등에 대한 건설이자

일반기업회계기준상 투자부동산, 제조 또는 건설에 1년 이상 또는 장기간 소요되는 재고자산의 건설자금이자는 자산의 취득원가에 산입한다. 반면, 법인세법상 투자부동산 및 재고자산의 건설자금이자는 손비이므로 법인이 이를 자산으로 계상한 경우에는 손금산입(△유보)하여야 하고, 이후 매각시 매각분 상당액을 손금불산입(유보) 추인하면 된다.

【사 례】

다음은 (주)삼일의 제11기 사업연도(2025. 1. 1.~12. 31.) 법인세 신고를 위한 자료 중 일부이다. 회사가 건설자금이자를 계상하지 아니한 경우의 건설자금이자와 감가상각비에 대한 세무조정을 하시오.

1. (주)삼일의 차입금은 모두 제2·3공장 신축을 위한 시설자금차입금이며, 그 지급이자 내역은 다음과 같다. (주)삼일은 다음의 지급이자를 기간비용으로 인식하였다.

(1) 제2공장 건설용 차입금에 대한 지급이자는 ₩11,000,000인데, 이 중에는 준공 후 기간의 지급이자 ₩4,900,000이 포함되어 있다. 한편, 제2공장의 건설기간 중 차입금의 일시예금에서 수입이자 ₩1,000,000이 발생하였다.

(2) 제3공장 건설용 차입금 1억 원에 대한 지급이자는 ₩10,000,000인데, 회사는 차입금 중 ₩20,000,000은 운영자금으로 전용하였다.

2. 제2공장은 7. 16. 완공되어 동일자로 사용하기 시작하였으나 제2공장 건물에 대해서 감가상각비는 계상하지 아니하였다. 제2공장을 제외한 다른 감가상각 대상자산의 감가상각비는 세법상 상각범위액만큼 계상하였으며, 제2공장의 재무상태표상 취득가액은 5억 원이고 정액법 상각률은 0.09이다.
한편, 제3공장은 기말 현재 공사진행 중이다.

3. 전기 유보잔액은 다음과 같다.
건설자금이자(제2공장 토지): ₩2,000,000
건설자금이자(제2공장 건물): ₩1,800,000

【해 설】

1. 먼저 제2공장을 검토시
① 당기의 건설자금이자 해당액은 ₩5,100,000(11,000,000 - 4,900,000 - 1,000,000)이다. 그러나 동 건설자금이자를 해당 자산의 취득원가에 가산하지 않은 상태에서 준공이 되었으므로, 이는 즉시상각의제에 해당된다.
② 제2공장의 전기 유보잔액 중 토지에 대한 건설자금이자 ₩2,000,000은 해당 토지를 처분하는 시점에서 조정을 해야 하나, 건물에 대한 건설자금이자 ₩1,800,000은 해당 자산이 준공시 상각부인액으로 본다.
③ 당기의 제2공장의 감가상각비를 계산하여 보면,
상각범위액: ₩22,810,500[(500,000,000 + 5,100,000 + 1,800,000) × 0.09 × 6/12]
상각해당액: ₩5,100,000(즉시상각의제분)
시인부족액: ₩17,710,500
전기부인액 손금추인: ₩1,800,000 ⇒ 손금산입 ₩1,800,000(△유보)

2. 다음 제3공장을 검토시
제3공장은 해당 사업연도말 현재 공사진행 중이므로, 건설자금이자 해당액을 해당 자산에 가산한다.
건설자금이자 해당액: ₩8,000,000(10,000,000 × 80,000,000/100,000,000)
손금불산입: ₩8,000,000(유보)

13 업무무관자산 등 지급이자 손금불산입

1. 지급이자의 손금불산입

차입금의 이자는 순자산 감소액이므로 원칙적으로 손금이다(법령 제19조 제7호). 그러나 법인세법은 법인의 재무구조개선 등 조세정책목적에 따라 4종의 지급이자 손금불산입 규정을 두고 있으며, 그 종류와 부인 순서는 다음과 같다(법법 제28조, 법령 제55조).

부인 순서	내 용	소득처분
① 채권자불분명사채의 이자 (법법 제28조 제1항 제1호)	채권자가 확인되지 아니하거나 거래내용이 불분명한 차입금이자	대표자 상여(단, 원천징수세액은 기타사외유출)
② 지급받은 자가 불분명한 채권·증권의 이자 (법법 제28조 제1항 제2호)	지급받은 자가 불분명한 채권·증권의 이자 또는 할인액	대표자 상여(단, 원천징수세액은 기타사외유출)
③ 건설자금이자 (법법 제28조 제1항 제3호)	사업용 유형자산 및 무형자산의 매입·건설·제작에 소요된 차입금이자	유 보
④ 업무무관자산 등에 대한 지급이자 (법법 제28조 제1항 제4호)	업무무관자산 등을 취득·보유함에 있어 그에 상당하는 차입금이자 중 일정한 산식에 의해 계산한 금액	기타사외유출

2. 채권자불분명 사채이자

(1) 개 념

채권자가 확인되지 않는 가공채무를 계상하여 소득금액을 부당하게 감소시키는 행위를 방지함과 동시에 사채(私債)시장을 양성화하기 위한 세무상 조치로, 채권자가 불분명한 사채에 대한 지급이자는 손금으로 인정되지 않는다. 채권자불분명사채이자에는 알선수수료·사례금 등 명목여하에 불구하고 사채를 차입하고 지불하는 모든 금품을 포함하며, 채권자

불분명사채의 범위는 다음과 같다(법령 제51조 제1항).

① 채권자의 주소 및 성명을 확인할 수 없는 차입금

② 채권자의 능력 및 재산상태로 보아 금전을 대여한 것으로 인정할 수 없는 차입금

③ 채권자와의 금전거래사실 및 거래내용이 불분명한 차입금

다만, 거래일 현재 주민등록표에 의하여 그 거주사실 등이 확인된 채권자가 차입금을 변제받은 후 소재불명이 된 경우의 차입금에 대한 이자는 제외한다.

(2) 세무조정

손금불산입하여 대표자에 대한 상여로 소득처분하되, 원천징수세액은 기타사외유출로 처분한다(법령 제106조 제1항 제3호 라목, 법기통 67-106…3).

3. 지급받은 자 불분명 채권 · 증권의 이자와 할인액

(1) 개 념

세무상 금융실명제 협조방안으로 마련된 것으로, 소득세법상 이자소득에 해당하는 채권 · 증권의 이자 · 할인액 또는 차익 중 지급받은 자가 불분명한 것(이자 등을 해당 채권의 발행법인이 직접 지급하는 경우 그 지급사실이 객관적으로 인정되지 않는 것을 말함)은 손금으로 인정되지 않는다(법령 제51조 제2항).

(2) 세무조정

손금불산입하여 대표자에 대한 상여로 소득처분하되 원천징수세액은 기타사외유출로 처분한다.

4. 업무무관자산 및 업무무관가지급금 관련이자

(1) 개 념

법인이 다음과 같은 업무무관자산 또는 업무무관가지급금을 취득하거나 보유하고 있는 경우, 그에 상당하는 차입금에 대한 지급이자를 해당 사업연도의 소득금액계산에 있어서 손금에 산입하지 아니한다.

① 업무무관부동산(법령 제49조 제1항 제1호)

- 법인의 업무에 직접 사용하지 아니하는 부동산(다만, 유예기간이 경과하기 전까지의 기간 중에 있는 부동산은 제외)
- 유예기간 중에 해당 법인의 업무에 직접 사용하지 아니하고 양도하는 부동산(부동산 매매업을 주업으로 영위하는 법인은 제외)

② 업무무관동산(법령 제49조 제1항 제2호)

- 서화 및 골동품(다만, 장식 · 환경미화 등의 목적으로 사무실 · 복도 등 여러 사람이 볼 수 있는 공간에 상시 비치하는 것은 제외)
- 업무에 직접 사용하지 아니하는 자동차 · 선박 및 항공기(다만, 저당권의 실행 기타 채권을 변제받기 위하여 취득한 선박 등으로서 취득일부터 3년이 경과되지 아니한 것은 제외)
- 기타 이와 유사한 자산으로 업무에 직접 사용하지 않는 자산

③ 업무무관가지급금(법령 제53조 제1항)

업무무관가지급금이란 명칭 여하에 불구하고 그 실질이 특수관계인에게 업무와 직접 관련없이 대여한 자금(금융회사의 주된 수익사업으로 볼 수 없는 대여금 포함)을 말하며, 업무무관가지급금의 구체적인 범위 등은 본서 제10장을 참조한다.

더불어, 지급이자 손금불산입 규정의 예외가 인정되는 가지급금의 범위는 인정이자를 계산하지 않는 가지급금의 범위(법칙 제44조)와 일치한다(법칙 제28조 제1항).

(2) 손금불산입 지급이자의 계산

$$\text{지급이자}^{\text{주1)}} \times \frac{(\text{업무무관자산 적수}^{\text{주3)}} + \text{업무무관가지급금 적수}^{\text{주4)}})}{\text{총차입금 적수}^{\text{주2)}}}$$

주1) 전단계에서 손금불산입된 지급이자를 제외하며, 지급이자의 구체적 범위는 다음과 같다.

지급이자에 포함되는 것	지급이자에 포함되지 않는 것
• 금융리스 이자비용 • 사채할인발행차금 상각액 • 융통어음의 할인료 • 상환일이 속하는 과세연도에 전환사채 만기보유자에게 지급하는 상환할증금	• 현재가치할인차금 상각액 • 연지급수입에 있어 취득가액과 구분하여 지급이자로 계상한 금액 • 운용리스료 • 상업어음의 할인료 • 보증사채 발행시 금융기관에 지급하는 지급보증수수료 • 조기상환수수료

주2) 전단계에서 부인된 차입금과 다음의 차입금은 제외한다(법령 제53조 제4항, 제55조). 따라서 주1)의 지급이자에는 이들 차입금에 대한 지급이자도 제외된다.

(1) 금융회사 등(법령 제61조 제2항 각 호)이 차입한 다음의 금액

① 공공자금관리기금법에 따른 공공자금관리기금 또는 한국은행법에 의한 한국은행으로부터 차입한 금액
② 국가 및 지방자치단체(지방자치단체조합을 포함)로부터 차입한 금액
③ 법령에 의하여 설치된 기금으로부터 차입한 금액
④ 외국인투자촉진법 또는 외국환거래법에 의한 외화차입금
⑤ 예금증서를 발행하거나 예금계좌를 통하여 일정한 이자지급 등의 대가를 조건으로 불특정 다수의 고객으로부터 받아 관리하고 운용하는 자금

(2) 내국법인이 기업구매자금대출에 의하여 차입한 금액

주3) 업무무관자산의 가액은 세무상 취득가액(법령 제72조)으로 하되, 특수관계인으로부터 자산을 시가보다 높은 가액으로 매입 또는 현물출자 받은 경우 등의 시가초과액(법령 제72조 제4항 제3호)을 포함한 금액으로 한다(법령 제53조 제3항).

주4) 업무무관자산과 업무무관가지급금 적수의 합계는 총차입금 적수를 한도로 한다.

(3) 세무조정

손금불산입하여 기타사외유출로 소득처분한다(법령 제106조 제1항 제3호 마목).

【사 례】

다음 자료에 의하여 (주)삼일의 제11기 사업연도(2025. 1. 1.~12. 31.) 지급이자관련 세무조정을 하시오.

1. 전기로부터 계속 보유하고 있는 업무무관자산가액은 다음과 같다.

구 분	장부가액	취득가액	기준시가
2025. 1. 1.	₩5,000,000	₩4,000,000	₩5,500,000
2025. 12. 31.	5,000,000	4,000,000	6,000,000

2. 특수관계에 있는 (주)신용산에 대한 가지급금 및 가수금 적수는 각각 ₩4,000,000,000 및 ₩3,500,000이며, 약정(대여시점의 가중평균차입이자율)에 따라 이자를 수수하였고 인정이자율로 가중평균차입이자율을 선택하였다.

3. 이자비용 내역

구 분	이자비용	이자율	적 수
은행차입금	₩13,000,000	13%	₩36,500,000,000
회사채	8,000,000	16%	18,250,000,000
시설차입금	3,000,000	10%	10,950,000,000
현재가치할인차금상각액	1,000,000	10%	3,650,000,000
합 계	25,000,000		69,350,000,000

4. 채권자불분명사채는 없으며, 기말 현재 건설 중인 지점건물의 건설을 위한 시설차입금의 이자 ₩3,000,000이 있다. 일반차입금의 이자는 손금에 산입하기로 한다.

【해 설】

1. 특수관계인에 대한 가지급금은 가중평균차입이자율로 이자를 수수하기로 하였고 인정이자율로 가중평균차입이자율을 선택하였으므로, 익금에 산입할 인정이자는 없으나 지급이자 손금불산입의 규정은 적용된다.
2. 부인대상 지급이자 및 총차입금 적수
   (1) 건설자금이자, 현재가치할인차금 상각액은 제외하므로 부인대상이자는 21,000,000이다.
   (2) 동 지급이자에 대한 차입금 적수는 54,750,000,000이다.
3. 부인대상 적수 = (1) + (2) = 5,456,500,000
   (1) 업무무관자산 적수 = 4,000,000 × 365 = 1,460,000,000
   (2) 가지급금 적수 = 4,000,000,000 − 3,500,000 = 3,996,500,000
4. 지급이자 손금 부인액 = 21,000,000 × 5,456,500,000/54,750,000,000 = 2,092,904
5. 손금불산입 건설자금이자 3,000,000 유보
   업무무관자산 등 관련 지급이자 2,092,904 기타사외유출

5. 과소자본세제 등에 따른 지급이자 손금불산입

(1) 개 념

대부분의 국가에서 법인의 과세소득 계산시 자기자본비용(배당)은 손비로 인정되지 않고, 타인자본비용(지급이자)은 손비로 인정된다. 따라서 다국적기업은 국내에 자회사나 지점을 설립할 때 자본금은 줄이고 차입금을 늘려 조세를 회피하고자 하는 유인을 가질 수 있다.

이를 방지하기 위해 국제조세조정에 관한 법률 제22조에서는 특수관계자로부터의 과다한 차입금에 대한 이자를 손금에 산입하지 않는 제도(과소자본세제)를 두고 있으며, 그 외에도 같은 법 제24조에서는 소득 대비 국외특수관계인으로부터 차입한 금액에 대한 순이자비용이 과다한 경우 해당 이자비용을 손금불산입하는 제도(과다지급이자 제한규정)를, 같은 법 제25조에서는 국외특수관계인과의 혼성금융상품 거래에 따라 발생하는 이자비용이 거래상대방 국가에서 과세되지 아니하는 경우 해당 이자비용을 손금불산입하는 제도(혼성불일치 규정)를 두고 있다. 한편, 국제조세조정에 관한 법률에서는 지급이자에 대한 손금불산입 제도 등이 동시 적용되는 경우 그 적용순서를 다음과 같이 규정하고 있다(국조법 제26조 및 국조령 제60조의 2).

① 과소자본세제(국조법 제22조) 또는 과다 지급이자 제한규정(국조법 제24조)
   동시에 적용되는 경우 그 중 손금불산입되는 금액이 큰 규정을 적용하고, 손금불산입되는 금액이 같은 경우에는 과소자본세제를 적용
② 혼성불일치 규정(국조법 제25조)
③ 이전가격세제(국조법 제6조, 제7조), 건설자금이자를 제외한 법인세법상 지급이자 손

금불산입 제도(법법 제28조) 및 법인세법상 이자차입일로부터 이자지급일이 1년을 초과하는 특수관계인 간 지급이자 손금불산입 규정(법령 제70조 제1항 제2호 단서)

(2) 과소자본세제에 따른 손금불산입 지급이자의 계산(국조법 제22조)

내국법인(외국법인의 국내사업장 포함)의 차입금 중 다음 금액을 합한 금액이 해당 국외지배주주가 출자한 출자금액의 2배(금융업은 6배)를 초과하는 경우에는 그 초과분에 대한 지급이자 및 할인료(이하 "이자등"이라 함)는 그 내국법인의 손금에 산입하지 아니한다.

① 국외지배주주로부터 차입한 금액

② 국외지배주주의 국세기본법 제2조 제20호 가목 또는 나목에 따른 특수관계인으로부터 차입한 금액

③ 국외지배주주의 지급보증(담보의 제공 등 실질적으로 지급을 보증하는 경우 포함)에 의하여 제3자로부터 차입한 금액

이 때, 손금에 산입하지 않는 금액은 다음 계산식에 따른 초과차입금적수에 각 차입금에 대한 이자율을 곱하여 더한 이자등의 금액으로 하며, 높은 이자율이 적용되는 차입금의 적수가 초과차입금적수에 먼저 포함되는 것으로 하고, 같은 이자율이 적용되는 차입금이 둘 이상인 경우에는 차입시기가 늦은 차입금의 적수부터 초과차입금적수에 포함한다. 이자율과 차입시기가 모두 같은 경우에는 차입금의 비율에 따라 안분하여 초과차입금적수에 포함한다(국조령 제48조 제1항 및 제2항).

초과 적수 = 내국법인의 국외지배주주등 차입금 적수 − (국외지배주주의 내국법인 출자금액 적수 × 기준배수(2배 또는 업종별 배수[주1]))

주1) 금융업의 경우 6배(국조령 제50조 제1항)

한편, 내국법인이 국외지배주주가 아닌 자로부터 차입한 금액이 해당 내국법인과 국외지배주주 간에 그 차입의 조건이 실질적으로 결정되는 등의 일정한 요건을 갖춘 경우에는 국외지배주주로부터 직접 차입한 금액으로 보아 본 과소자본세제(국조법 제22조)를 적용한다(국조법 제23조).

(3) 과다지급이자 제한규정에 따른 손금불산입 지급이자의 계산 (국조법 제24조)

내국법인이 국외특수관계인으로부터 차입한 금액에 대한 순이자비용이 세무상 조정소득금액의 30%를 초과하는 경우 그 초과하는 금액은 손금에 산입하지 아니한다. 이때, 서로

다른 이자율이 적용되는 이자등이 함께 있는 경우에는 높은 이자율이 적용되는 것부터 먼저 손금에 산입하지 아니한다.

손금불산입액 = 내국법인의 국외특수관계인에 대한 순이자비용주1) - (조정소득금액주2) × 30%)

주1) 내국법인이 모든 국외특수관계인에게 지급하는 이자등의 총액에서 내국법인이 모든 국외특수관계인으로부터 수취하는 이자수익의 총액을 차감한 금액으로 하되, 그 수가 음수인 경우에는 영으로 봄(국조령 제54조 제1항).
주2) 감가상각비와 상기 순이자비용을 빼기 전 소득금액

(4) 혼성불일치 규정에 따른 손금불산입 지급이자의 계산 (국조법 제25조)

내국법인이 국외특수관계인과의 혼성금융상품(자본 및 부채의 성격을 동시에 갖고 있는 금융상품) 거래에 따라 지급한 이자등 중 적정기간(내국법인이 해당 혼성금융상품의 거래에 따라 이자등을 지급하는 사업연도의 종료일부터 12개월 이내에 개시하는 거래상대방의 사업연도의 종료일까지의 기간) 이내에 그 거래상대방이 소재한 국가에서 거래상대방의 소득에 포함되지 아니하는 등 과세되지 아니한 금액은 익금에 산입한다. 이때, 익금에 산입하는 금액은 다음의 산식에 따른다(국조령 제58조 및 제59조 제2항).

$$\text{익금산입액} = \text{내국법인이 지급하는 이자등의 금액} \times \frac{\text{거래상대방의 과세소득에 포함되지 않은 금액}}{\text{거래상대방이 내국법인으로부터 지급받는 배당소득금액}}$$

♠ 조정명세서 작성 사례

다음 자료에 의하여 (주)삼일제조의 제11기 사업연도(2025. 1. 1.~12. 31.) 업무무관자산 등과 관련한 차입금이자 조정명세서(별지 제26호 서식 갑, 을)를 작성하시오.

1. 지급이자 총액

이자율	지급이자	차입금 적수
9%	₩4,500,000	₩18,250,000,000
7%	10,500,000	54,750,000,000
합 계	15,000,000	73,000,000,000

2. 기말 재무상태표상 대표이사 대여금 10,000,000원은 2017. 1. 1.에 발생한 금액으로 당기에 변동이 없었다.
3. 2022. 7. 5.에 취득한 나대지의 취득가액은 20,000,000원(공시지가는 1억 원)이다.
4. 2025. 12. 2.에 골동품을 500,000원에 취득하였다.
5. 기말 현재 자산총액은 150,000,000원, 부채총액은 130,000,000원이다. 납입자본금은 20,000,000원 이하라고 가정한다.

[작성 해설]

1. 먼저 업무무관부동산 등에 관련한 차입금이자 조정명세서(을)을 작성한다.
   (을)서식상 "1. 업무무관부동산 적수~4. 그 밖의 적수"란에 각 해당 항목별로 기입하되, 실무상 다수의 건인 경우에는 별첨 서식으로 보완하면 된다.
   (1) ① 연월일란에는 해당 금액의 변동일(업무무관부동산·동산은 취득일 또는 처분일을, 가지급금의 경우 지급일 또는 회수일)을 기입한다.
   (2) ② 적요란에는 전기이월, 취득, 처분, 지급, 회수 등의 내용을 기입한다.
   (3) ③ 차변에는 증가금액(취득금액, 지급금액), ④ 대변에는 감소금액(처분금액, 업무에 공한 금액, 회수금액)을 기입하되, 업무무관부동산·동산의 경우에는 세무상 취득가액으로 한다(법령 제53조 제3항).
   (4) ⑤ 잔액란에는 ③ 차변 금액에서 ④ 대변 금액을 차감한 잔액을 기입한다.
   (5) ⑥ 일수란에는 ③ 차변의 발생일에서 ④ 대변의 발생일까지의 일수를 기입한다. 초일산입, 말일불산입한다(법인 46012-530, 2001. 3. 12.).
   (6) ⑦ 적수란에는 ⑤ 잔액에 ⑥ 일수를 곱한 금액을 기입하고 업무무관부동산 등에 관련한 차입금지급이자 조정명세서(갑)의 ② 업무무관부동산, ③ 업무무관동산, ④ 가지급금 등란에 해당 금액의 적수를 이기한다. 동일인에 대하여 ⑧ 가지급금 등의 적수와 ⑨ 가수금 등의 적수가 함께 있는 경우, 이를 상계한 잔액을 가지급금 등란에 이기한다.
   (7) ⑩·⑪란에는 해당 사업연도 종료일 현재 재무상태표상 자산총계와 부채(충당금을 포함하고 미지급법인세를 제외함) 총계를 기입하되, ⑫ 자기자본란의 금액이 사업연도 종료일 현재의 납입자본금(자본금에 주식발행액면초과액을 가산하고, 주식할인발행차금을 차감한 금액)보다 작은 경우에는 납입자본금을 기입한다.

2. 다음으로 업무무관부동산 등에 관련한 차입금지급이자 조정명세서(갑)을 작성한다.
   (1) ① 지급이자란에는 ⑱란의 합계금액을 기입한다.
   (2) ② 업무무관부동산란에는 별지 제26호(을)상 '1. 업무무관부동산의 적수'란의 ⑦란 중 계란의 금액을 기입한다.
   (3) ③ 업무무관동산란에는 별지 제26호(을)상 '2. 업무무관동산의 적수'란의 ⑦란 중 계란의 금액을 기입한다.
   (4) ④ 가지급금 등란에는 별지 제26호(을)상 ⑧란의 적수 금액을 기입하되, 동일인에 대한 가지급금과 가수금이 있는 경우에는 이를 상계한다.
   (5) ⑥ 차입금란에는 ⑲ 차입금 적수란 합계 금액을 기입한다.
   (6) ⑬·⑭란의 상단에는 채권자불분명사채이자로서 손금불산입한 지급이자 및 차입금 적수를 각각 기입하고, 하단에는 지급받은 자 불분명 채권·증권의 이자 또는 할인액으로서 손금불산입한 지급이자 및 차입금 적수를 기입한다.
   (7) ⑯·⑰란의 상단에는 건설자금이자로서 손금불산입한 지급이자 및 차입금 적수를 각각 기입하고, 하단에는 국제조세조정에 관한 법률 제22조, 제24조 및 제25조의 규정에 의하여 손금불산입한 지급이자 및 차입금 적수를 각각 기입한다.

[별지 제26호 서식(갑)] (2006. 3. 14. 개정)

사업연도	2025. 1. 1. ~ 2025. 12. 31.	**업무무관부동산 등에 관련한 차입금이자 조정명세서(갑)**	법인명	(주)삼일제조
			사업자등록번호	

1. 업무무관부동산 등에 관련한 차입금지급이자

① 지급이자	적수				⑥ 차입금 (=⑲)	⑦ ⑤와 ⑥ 중 적은 금액	⑧ 손금불산입 지급이자 (①×⑦÷⑥)
	② 업무무관 부동산	③ 업무무관 동산	④ 가지급금 등	⑤ 계 (②+③+④)			
15,000,000	7,300,000,000	15,000,000	3,650,000,000	10,965,000,000	73,000,000,000	10,965,000,000	2,253,082

2. 지급이자 및 차입금 적수계산

⑨ 이자율	⑩ 지급이자	⑪ 차입금 적수	⑫ 채권자불분명 사채이자 등		⑮ 건설자금이자 등		차감	
			⑬ 지급이자	⑭ 차입금 적수	⑯ 지급이자	⑰ 차입금 적수	⑱ 지급이자 (⑩-⑬-⑯)	⑲ 차입금적수 (⑪-⑭-⑰)
9%	4,500,000	18,250,000,000					4,500,000	18,250,000,000
7%	10,500,000	54,750,000,000					10,500,000	54,750,000,000
합계	15,000,000	73,000,000,000					15,000,000	73,000,000,000

[별지 제26호 서식(을)] (2021. 10. 28. 개정)

사 업 연 도	2025. 1. 1. ~ 2025. 12. 31.	업무무관부동산등에관련한 차입금이자조정명세서(을)	법 인 명	(주)삼일제조
			사업자등록번호	

구분		① 연월일	② 적 요	③ 차 변	④ 대 변	⑤ 잔 액	⑥ 일 수	⑦ 적 수
1. 업무무관 부동산의 적수		2022. 7. 5.	전기이월	20,000,000		20,000,000	365일	7,300,000,000
		계		20,000,000		20,000,000	365일	7,300,000,000
2. 업무무관 동산의 적수		2025. 12. 2.	취 득	500,000		500,000	30일	15,000,000
		계		500,000		500,000	30일	15,000,000
3. 가지급금 등의 적수	⑧ 가지급금 등의 적수	2017. 1. 1.	전기이월	10,000,000		10,000,000	365일	3,650,000,000
		계		10,000,000		10,000,000	365일	3,650,000,000
	⑨ 가수금 등의 적수							
		계						
4. 그 밖의 적수								
		계						

5. 자기자본 적수계산

⑩ 재무상태표 자산 총계	⑪ 재무상태표 부채 총계	⑫ 자기자본 (⑩ - ⑪)	⑬ 사업연도 일 수	⑭ 적 수
150,000,000	130,000,000	20,000,000	365일	7,300,000,000

14 손익의 귀속시기

1. 법인세법상 손익의 귀속시기

익금과 손금의 귀속시기는 권리·의무 확정주의를 원칙으로 하며(법법 제40조), 법인세법(법령 제68조 내지 제71조, 법칙 제33조 등) 및 조세특례제한법에서 달리 규정하고 있는 경우를 제외하고는 기업회계기준 또는 관행에 따른다(법법 제43조[주]).

주) 법인세법상 손익의 귀속시기는 법법 및 조특법에서 규정한 거래유형별 기준을 우선 적용하고 그 구체적 기준이 없는 거래유형에 대해서는 권리·의무 확정주의를 따르는 것이므로, 사실상 기업회계기준 등이 적용될 여지가 거의 없다.

2. 거래유형별 손익의 귀속시기

(1) 자산의 판매·양도손익 등(법령 제68조)

거래유형	귀속시기 결정기준
상품 등[주1)]의 판매	인도일[주2)]
상품 등[주1)]의 시용판매	상대방의 구입의사 표시일로 하되, 일정기간 내에 반송·거절의사 표시 없는 경우 특약 등에 따라 판매가 확정되는 경우에는 그 기간의 만료일로 함.
상품 등[주1)] 외 자산(재고자산인 부동산 포함)의 양도	① 대금청산일,[주3)] ② 소유권이전등기(등록)일, ③ 인도일 또는 사용수익일 중 빠른 날
자산의 위탁매매	수탁자가 위탁자산을 매매한 날
유가증권의 매매[주4)]	매매계약을 체결한 날
매출할인	약정에 의한 지급일로 하되, 약정일이 없는 경우 실제 지급일
장기할부조건[주5)]으로 자산을 판매·양도	인도일이 원칙임. 단, 회수하였거나 회수할 금액[주6)]과 이에 대응하는 비용을 각각 수익과 비용으로 계상한 경우(중소기업의 경우 신고조정에 의해서도 가능) 및 기업회계기준에 따라 현재가치할인차금 회계처리를 한 경우에는 이를 인정함.

거래유형	귀속시기 결정기준
프로젝트금융투자회사(조특법 제104조의 31)가 토지개발사업[주7] 완료 전에 그 사업의 대상이 되는 토지의 일부 양도	상기의 "상품 등 외 자산(재고자산인 부동산 포함)의 양도"에도 불구하고, 그 양도 대금을 해당 사업의 작업진행률[주8]에 따라 각 사업연도의 익금에 산입할 수 있음.

주1) 상품(부동산 제외)·제품 또는 기타의 생산품을 말한다.

주2) 법인세법상 상품 등의 인도일과 부가가치세법상 재화의 공급시기는 별개의 개념으로 부가가치세법상 공급시기에 관계없이 상품판매 등의 손익귀속시기는 법법 제40조 등에 따르는 것이며(법기통 40-68…1), 다음 거래에서 인도일의 의미는 다음과 같다(법칙 제33조).

① 납품계약·수탁가공계약에 의하여 물품을 납품·가공하는 경우 해당 물품을 계약상 인도하여야 할 장소에 보관한 날. 단, 계약상 검사를 거쳐 인수·인도가 확정되는 물품은 검사완료일

② 물품수출의 경우 수출물품을 계약상 인도하여야 할 장소에 보관한 날(통상 선적완료일)로 하되, 선적완료일 불분명시 수출할 물품을 관세법 제155조 제1항 단서에 따라 보세구역이 아닌 다른 장소에 장치하고 통관절차 완료 후 수출면장을 발급받은 경우에는 수출물품을 계약상 인도하여야 할 장소에 보관한 날에 해당하는 것으로 본다(법기통 40-68…2).

주3) 한국은행법에 따른 한국은행이 취득하여 보유 중인 외화증권 등 외화표시자산을 양도하고 외화로 받은 대금("외화대금")으로서 원화로 전환하지 아니한 그 취득원금에 상당하는 금액의 환율변동분은 한국은행이 정하는 방식에 따라 해당 외화대금을 매각하여 원화로 전환한 날로 한다(법령 제68조 제1항 제3호).

주4) 자본시장과 금융투자업에 관한 법률 제8조의 2 제4항 제1호에 따른 증권시장에서 같은 법 제393조 제1항에 따른 증권시장업무규정에 따라 보통거래방식으로 한 유가증권의 매매를 말한다.

주5) 장기할부조건이란 자산의 판매 또는 양도(국외거래에 있어서는 소유권이전 조건부 약정에 의한 자산의 임대를 포함)로서, 다음 두 가지 요건을 모두 갖춘 것을 말한다(법령 제68조 제4항).

① 판매금액·수입금액을 월부·연부 기타의 지불방법에 따라 2회 이상으로 분할하여 수입하는 것

② 해당 목적물의 인도일 다음 날부터 최종할부금의 지급기일까지의 기간이 1년 이상인 것

주6) 회수기일이 도래한 금액을 의미한다. 즉, 미회수분은 포함하되 선회수분은 포함하지 않는다(재법인 46012-65, 1999. 5. 4.).

주7) 다음의 어느 하나에 해당하는 사업을 말한다(법칙 제33조 제2항).

① 도시개발법에 따른 도시개발사업

② 산업입지 및 개발에 관한 법률에 따른 산업단지개발사업

③ 택지개발촉진법에 따른 택지개발사업

④ 혁신도시 조성 및 발전에 관한 특별법에 따른 혁신도시개발사업

주8) 법인세법 시행령 제69조 제1항 각 호 외의 부분 본문에 따른 작업진행률을 말한다.

(2) 건설 · 제조 · 기타 용역(도급공사 및 예약매출 포함)제공 등(법령 제69조)

거래유형	귀속시기 결정기준
장 · 단기 건설등	1. 원칙: 작업진행률[주)] 기준 2. 특례: 다음의 어느 하나에 해당하는 경우 인도기준(완성기준) 허용 ① 중소기업이 수행하는 계약기간이 1년 미만인 건설등의 경우 ② 기업회계기준에 따라 그 목적물의 인도일이 속하는 사업연도의 수익과 비용으로 계상한 경우
작업진행률 측정불능 (법칙 제34조 제4항)	인도기준(완성기준)

주) 작업진행률 = 해당 사업연도말까지 발생한 총공사비누적액/총공사예정비. 다만, 건설의 수익실현이 건설의 작업시간 · 작업일수 또는 기성공사의 면적이나 물량 등("작업시간 등")과 비례관계가 있고, 전체 작업시간 등에서 이미 투입되었거나 완성된 부분이 차지하는 비율을 객관적으로 산정할 수 있는 건설의 경우에는 그 비율로 할 수 있으며, 공사원가를 기준으로 작업진행률을 계산시 다음을 고려한다.

① 총공사예정비: 기업회계기준을 적용하여 계약 당시에 추정한 공사원가에 해당 사업연도말까지의 변동상황을 반영하여 합리적으로 추정한 공사원가로 한다(법칙 제34조 제2항).

② 자재비를 부담하지 않는 조건인 경우 작업진행률 산정시 해당 사업연도말까지 발생한 총공사비누적액에는 자기가 부담하지 아니한 자재비는 포함하지 아니한다(법기통 40-69…6).

③ 작업진행률에 따라 주택 · 상가 · 아파트 등의 예약매출손익의 귀속시기를 정하는 경우 해당 아파트 등의 부지로 사용될 토지의 취득원가는 작업진행률 계산시 총공사예정비 등에 산입하지 아니하며, 해당 토지 취득원가는 작업진행률에 의하여 안분하여 손금에 산입한다(법기통 40-69…7).

한편, 건설 이외의 경우에는 건설의 작업진행률 계산방법을 준용하여 계산한 비율로 한다(법칙 제34조 제1항).

【사 례】

다음 자료에 의하여 비상장중소기업인 (주)삼일의 제11기(2025. 1. 1.~12. 31.) 세무상 공사수익을 계산하시오.

1. 당기 세무상 공사원가 발생내역

구분	공사기간	도급액	총공사예정비	전기까지 공사원가누적액	당기 발생원가
A	2021. 12. 1.~2025. 5. 31.	60억 원	40억 원	30억 원	10억 원
B	2025. 4. 15.~2026. 10. 15.	40억 원	30억 원	-	15억 원
C	2025. 10. 1.~2026. 8. 30.	10억 원	9억 원	-	4억 5천만 원

2. A공사에 대해 전기까지 인식한 공사수익은 45억 원이다.
3. B공사의 경우 총원가 및 당기 발생원가에는 토지의 취득원가 5억 원이 포함되어 있다.

4. I/S상 기업회계기준에 따라 C공사에 대한 수익은 계상되지 않았다.

【해 설】

1. A공사수익
   (1) 작업진행률 = (30억 원 + 10억 원)/40억 원 = 100%
   (2) 당기 공사수익 = 60억 원 × 100% - 45억 원 = 15억 원
2. B공사수익
   (1) 작업진행률 = (15억 원 - 5억 원)/(30억 원 - 5억 원) = 40%
   (2) 당기 공사수익 = 40억 원 × 40% = 16억 원
   (3) 토지취득원가 5억 중 2억 원(= 5억 원 × 40%)은 당기의 손금에 산입하고, 나머지 3억 원은 차기 이후 진행률에 따라 손금에 산입한다.
3. C공사는 단기공사이며 결산상 진행기준에 따른 수익을 인식하지 아니하였으므로, 해당 C공사수익은 인도일이 속하는 제12기 사업연도에 인식한다.

(3) 이자소득 등(법령 제70조)

구 분		귀속시기 결정기준
이자 및 할인액	일 반 법 인	1. 원칙: 소령 제45조에 따른 수입시기(실제로 받은 날 또는 받기로 한 날 등) 2. 특례: 원천징수대상이 아닌 이자 및 할인액에 한하여 기간 경과분 이자 및 할인액을 수익으로 계상한 경우 이를 인정함.주1)
	금융 및 보험업 영 위 법 인	1. 원칙: 실제로 받은 날로 하되, 선수입이자 및 할인액은 제외함. 2. 특례: 원천징수대상이 아닌 이자 및 할인액에 한하여 기간 경과분 이자 및 할인액을 수익으로 계상한 경우 이를 인정함.주2)
이 자 비 용		소령 제45조에 따른 수입시기에 해당하는 날이 속하는 사업연도로 하되, 기간 경과분(차입일부터 이자지급일이 1년을 초과하는 특수관계인과의 거래에 따른 이자 및 할인액 제외)을 이자비용으로 계상한 경우 이를 인정함.주3)
법인이 수입하는 배당소득		소령 제46조에 따른 수입시기(잉여금처분결의일 또는 실제로 받은 날 등). 단, 금융회사 등이 금융채무 등 불이행자의 신용회복 지원과 채권의 공동추심을 위하여 공동으로 출자하여 설립한 자산유동화에 관한 법률에 따른 유동화전문회사로부터의 수입배당금은 실제로 받은 날
금융 및 보험업 법인의 수입보험료 등		금융 및 보험업 영위법인의 수입보험료 등(보험료·부금·보증료 또는 수수료)은 실제로 수입된 날로 하되, 선수보험료 등은 제외. 단, 기간 경과분을 수익으로 계상한 경우에는 익금으로 인정하고, 자본시장과 금융투자업에 관한 법률에 따른 투자매매업자 또는 투자중개업자가 정형화된 거래방식으로 같은 법 제4조에 따른 증권을 매매하는 경우 그 수수료는 매매계약체결일
투자회사 등의 증권 등 투자 관련 수익		투자회사 등이 결산을 확정할 때 증권 등의 투자와 관련된 수익 중 이미 경과한 기간에 대응하는 이자 및 할인액과 배당소득을 해당 사업연도의

구 분	귀속시기 결정기준
	수익으로 계상한 경우에는 그 계상한 사업연도
신탁업자가 운용하는 신탁재산 귀속 금융소득	자본시장과 금융투자업에 관한 법률에 따른 신탁업자가 운용하는 신탁재산(같은 법에 따른 투자신탁재산은 제외)에 귀속되는 원천징수대상 이자·배당소득금액은 그 원천징수일이 속하는 사업연도
보험회사가 보험계약과 관련하여 수입하거나 지급하는 이자·할인액 및 보험료 등으로서 보험업법 제120조에 따른 책임준비금 산출에 반영되는 항목 등	보험감독회계기준에 따라 수익 또는 손비로 계상한 사업연도

주1) 일반법인의 이자수익은 대부분 원천징수대상 이자소득이므로, 실무상 원천징수 대상이 아닌 이자소득의 기간 경과분을 수익으로 계상할 만한 이자수익은 거의 없다. 한편, 원천징수대상 이자소득에 대한 기간 경과분을 익금으로 인정할 경우, 다음 사례와 같은 문제점이 발생한다. 예컨대, 갑법인이 2026년 6월말에 만기 도래하는 은행정기예금에 대해 2025년 12월말 결산시 미수이자로 100을 계상하였다고 가정하자. 동 미수이자계상액이 세무상 익금으로 인정된다면 갑법인은 동 이자수익에 대해 2025년에 20의 법인세(세율 20% 가정)를 부담하여야 할 것이고, 2026년 만기가 되어 은행이 이자소득을 지급하는 때 갑법인이 기간경과분 미수이자에 대하여 익금에 산입하여 법인세를 기지급하였는지 여부를 일일이 확인하는 것이 현실적으로 불가능하다. 이러한 문제점을 해소하기 위하여 일반법인의 원천징수대상 이자소득에 대해서는 실제 받은 날을 귀속시기로 하는 것이다.

주2) 반면, 금융 및 보험업 영위 법인이 수령하는 이자수익은 법인세법 제73조 및 제73조의 2 규정에 따라 대부분 원천징수대상 이자소득이 아니다.

주3) 이자비용은 이자수익과 달리 원천징수와 관련된 문제가 없으므로, 기간 경과분에 대한 미지급이자를 손금으로 인정하고 있다.

(4) 임대료 등 기타 손익의 귀속시기(법령 제71조)

구 분	귀속시기 결정기준
임 대 손 익	1. 원칙: 계약상 지급일로 하되, 지급일 약정이 없는 경우 그 지급을 받은 날 2. 특례: 기간 경과분을 임대수익으로 계상시 인정되며, 임대료 지급기간이 1년을 초과하는 경우에는 반드시 기간 경과분을 임대수익(원가)으로 인식해야 함.
금전등록기 설치법인	영수증 작성·교부업종 법인으로 금전등록기를 설치·사용하는 법인의 수익 및 원가는 그 금액이 실제 수입(지출)되는 날을 귀속시기로 할 수 있음.
사채할인 발행차금	기업회계기준에 의한 상각방법에 따름.

구 분	귀속시기 결정기준
기 부 금	지출한 날(법령 제36조 제2항 및 제3항)
유동화자산의 양도 및 매출채권·받을어음 배서양도	자산유동화에 관한 법률 제13조에 따른 방법에 의하여 보유자산을 양도하는 경우 및 매출채권 또는 받을어음을 배서양도하는 경우에는 기업회계기준에 의한 손익인식방법에 따라 관련 손익의 귀속사업연도를 정함.
개발완료 전 취소된 개발비	법인이 법인세법 시행령 제24조 제1항 제2호 바목에 따른 개발비로 계상하였으나 해당 제품의 판매 또는 사용이 가능한 시점이 도래하기 전에 개발을 취소한 경우에는 다음의 요건을 모두 충족하는 날이 속하는 사업연도의 손금에 산입함. 1. 해당 개발로부터 상업적인 생산 또는 사용을 위한 해당 재료·장치·제품·공정·시스템 또는 용역을 개선한 결과를 식별할 수 없을 것 2. 해당 개발비를 전액 손비로 계상하였을 것
금전으로 정산하는 파생상품	계약의 목적물을 인도하지 아니하고 목적물의 가액변동에 따른 차액을 금전으로 정산하는 파생상품의 거래로 인한 손익은 그 거래에서 정하는 대금결제일이 속하는 사업연도의 익금과 손금으로 함.

(5) 전기오류수정손익

한국채택국제회계기준에서는 중요한 오류를 후속기간에 발견하는 경우 해당 후속기간의 재무제표에 비교표시된 재무정보를 소급재작성하여 수정하도록 하고 있다. 다만, 비교표시되는 하나 이상의 과거기간의 비교정보에 대해 특정기간에 미치는 오류의 영향을 실무적으로 결정할 수 없는 경우 실무적으로 소급재작성할 수 있는 가장 이른 회계기간의 자산, 부채 및 자본의 기초금액을 재작성하도록 하고 있고, 당기 기초시점에 과거기간 전체에 대한 오류의 누적효과를 실무적으로 결정할 수 없는 경우, 실무적으로 적용할 수 있는 가장 이른 날부터 전진적으로 오류를 수정하여 비교정보를 재작성하도록 하고 있다(K-IFRS 제1008호 문단 41, 44, 45).

한편, 일반기업회계기준에서는 당기에 발견한 전기 또는 그 이전기간의 오류를 당기의 영업외손익 중 전기오류수정손익으로 보고하되, 중대한 오류수정은 자산, 부채 및 자본의 기초금액에 반영하도록 하고 있다(일반기준 5장 문단 5.19).

이에 따라 전기오류수정손익에 대한 세무상 처리를 살펴보면 다음과 같다.

① 영업외손익으로 계상한 경우

전기오류수정손익을 세무상 당기의 손금·익금으로 인정한다면 각 사업연도 소득금액의 조작을 허용하는 결과를 초래할 수 있으므로, 해당 오류항목에 대한 손익의 귀속시기는 세법의 규정에 따라야 한다. 각 상황별 세무조정은 다음과 같다.

구 분	세무상 귀속시기	당기의 세무조정
전기오류수정이익 (영업외수익)	당기의 익금인 경우	세무조정 없음.
	전기 이전의 익금인 경우	익금불산입(△유보 또는 기타)
전기오류수정손실 (영업외손실)	당기의 손금인 경우	세무조정 없음.
	전기 이전의 손금인 경우	손금불산입(유보 또는 기타)

② 전기이월미처분이익잉여금에 반영한 경우

전기오류수정손익을 전기이월미처분이익잉여금에 반영한 경우에도 그 금액은 순자산의 증감을 초래하는 것이기 때문에 세무상 익금·손금에 해당한다. 따라서 세법의 규정에 따라 그 귀속시기를 판단하여 다음과 같이 세무조정을 한다.

구 분	1차 세무조정	귀속시기	2차 세무조정
전기오류수정이익 (잉여금가산)	익금산입 (기 타)	당기의 익금	세무조정 없음.
		전기 이전의 익금	익금불산입(△유보 또는 기타)
전기오류수정손실 (잉여금차감)	손금산입 (기 타)	당기의 손금	세무조정 없음.
		전기 이전의 손금	손금불산입(유보 또는 기타)

【사 례】

다음 자료에 의하여 (주)삼일의 제11기(2025. 1. 1.~12. 31.) 세무조정을 하시오.

1. 전기오류수정이익(이익잉여금) 계정상 전기에 과다납부한 재산세의 환급액 10,000,000원이 있다.
2. 전기오류수정손실(영업외비용) 계정상 전기에 소멸시효가 완성된 매출채권 4,000,000원이 있다.

【해 설】

1. 순자산증가액이 이익잉여금에 반영된 것이므로, 먼저 전기오류수정이익 10,000,000원을 익금산입(기타)한다. 재산세의 환급액은 당기의 익금이므로 2차 세무조정은 불필요하다.
2. 소멸시효가 완성된 매출채권의 손금귀속시기는 소멸시효가 완성한 사업연도이므로 당기의 비용으로 계상한 4,000,000원을 손금불산입(유보)하고, 동 대손금과 관련하여 전기의 소득금액이 과대계상되었으므로 경정청구하여야 한다(참조 : 국기법 제45조의 2).

3. 기업회계상 수익인식 기준

한국채택국제회계기준(K-IFRS)에서는 다음의 5단계 수익인식 과정을 수익인식의 단일 원칙으로 제시하고 있는 바(K-IFRS 1115호), 상품 등의 판매로 인한 수익의 경우에도 5단계의 수익인식 과정을 거쳐 수익으로 인식하고, 일반기업회계기준에서는 다음의 5가지 조건이 모두 충족될 때 상품 등의 판매로 인한 수익을 인식한다(일반기준 16장 문단 16.10).

K-IFRS 제1115호 고객과의 계약에서 생기는 수익	일반기업회계기준 제16장 수익
모든 고객과의 계약은 다음의 5단계를 적용하여 수익을 인식함. ① 계약의 식별 ② 수행의무의 식별 ③ 거래가격의 산정 ④ 거래가격을 계약 내 수행의무에 배분 ⑤ 수행의무를 이행할 때 수익인식	재화의 판매로 인한 수익은 다음 조건이 모두 충족될 때 인식함. ① 재화의 소유에 따른 유의적인 위험과 보상이 구매자에게 이전 ② 판매자는 판매한 재화에 대하여 소유권이 있을 때 통상적으로 행사하는 정도의 관리나 효과적인 통제 불가능 ③ 수익금액을 신뢰성 있게 측정 가능 ④ 경제적 효익의 유입 가능성이 매우 높음. ⑤ 거래와 관련하여 발생했거나 발생할 원가를 신뢰성 있게 측정 가능

♠ 조정명세서 작성 사례

다음 자료에 의하여 (주)삼일의 제11기 사업연도(2025. 1. 1.~12. 31.)에 대한 세무조정 및 별지 제16호 수입금액 조정명세서를 작성하시오.

1. 결산서상 수입금액 내역은 다음과 같다.
   제품매출: 602,500,000원
   공사매출: 5,450,000,000원

2. 검수조건부로 판매한 제품매출액 중 2024. 12. 28.에 발송한 3,500,000원의 일부만 검사가 완료되었으며, 검사현황은 다음과 같다(회계상 3,500,000원을 매출인식함).

품 명	수 량	단위당 원가	판매단가	판매금액	비 고
A	150개	₩7,000	₩8,000	₩1,200,000	검사 중
B	200개	6,000	6,500	1,300,000	검사 중
C	200개	4,000	5,000	1,000,000	검사필(합격)
합 계	550개			3,500,000	

3. 제품재고액 중 8,000,000원은 타인에게 위탁판매하기 위한 위탁품(적송품)으로 2024. 12. 31.에 수탁자가 이를 10,000,000원에 판매한 것이다(장부상 결산에 반영하지 못함).

4. 회사는 제조한 기계를 다음과 같이 판매하였다.
   (1) 계약일: 2025. 3. 31.
   (2) 계약금액: 18,000,000원
   (3) 대금결제조건: 계약금 3,000,000원, 6개월 경과시마다 3,000,000원씩 5회에 분할결제
   (4) 회사는 기계대금총액을 매출계상하고 제조원가 전액을 매출원가로 계상하여 결산함(기계제조원가 15,000,000원).

(5) 2025. 9. 30.에 회수되어야 할 부불금이 결제되지 아니함.

5. 도급공사의 내역은 다음과 같다.
 (1) 이월공사
  ① 전기이월된 공사내역

공사명	공사기간	도급금액	I/S상 해당 사업연도 공사원가	I/S상 공사수익
갑	2024. 8. 1.~2025. 9. 30.	₩3,200,000,000	₩1,200,000,000	₩1,800,000,000

  ② 갑공사에 대한 전기말(2024. 12. 31.) 세무조정내역

공사명	세무상 수입금액	I/S상 수입금액	I/S상 공사원가	2021년말 유보잔액
갑	₩1,600,000,000	₩1,400,000,000	₩1,200,000,000	₩200,000,000

 * 전기말 익금산입된 공사수익에 대응하는 공사원가에 대한 자료는 생략함.

 (2) 당기 계약공사

공사명	공사기간	도급금액	당기 공사원가	총공사예정원가	I/S상 당기 공사수익
A	2025. 7. 10.~2026. 9. 10.	5,000,000,000	1,140,000,000	3,800,000,000	1,450,000,000
B	2025. 8. 20.~2026. 8. 20.	8,000,000,000	1,200,000,000	6,000,000,000	1,600,000,000
C	2025. 10. 15.~2026. 3. 15.	800,000,000	300,000,000	400,000,000	600,000,000
합 계		13,800,000,000	2,640,000,000	10,200,000,000	3,650,000,000

6. (주)삼일은 세법상 중소기업에 해당하지 아니한다.

[작성 해설]

1. 계약상 검사를 거쳐 인수·인도가 확정되는 물품의 수익인식시기는 해당 검사가 완료된 날이다. 따라서, 사업연도말 현재 검사 중인 제품매출액 2,500,000원(A와 B)은 익금불산입(△유보)하고, 이에 대응하는 원가 2,250,000원을 손금불산입(유보)한다.
2. 위탁판매액 10,000,000원은 익금산입(유보)하고, 원가 8,000,000원은 손금산입(△유보)한다.
3. 자산을 장기할부조건으로 판매하거나 양도하는 경우, 원칙적으로는 인도기준에 의하여 수익을 인식하여야 하는 것으로 이에 대한 조정사항은 없다.
4. 공사수익
 ① 전기 이월된 갑공사
 갑공사는 당기에 완성되었으므로 세무상 공사수익은 1,600,000,000원이다. 따라서, 전기에 익금산입된 200,000,000원을 익금불산입(△유보)한다.
 ② 당기공사
 건설 등 용역제공시 세법상 중소기업이 아닌 경우에는 장·단기 여부에 불문하고 작업진행률 기준으로 수익을 인식하므로 A, B, C 공사에 대해서는 세무조정을 위하여 다음과 같이 세무상 수입금액과 비교한다.

공사명	도급금액	당기 누적 공사원가	총예정원가	진행률	세무상 당기 공사수익	I/S상 공사수익	조 정
A	5,000,000,000	1,140,000,000	3,800,000,000	30%	1,500,000,000	1,450,000,000	50,000,000
B	8,000,000,000	1,200,000,000	6,000,000,000	20%	1,600,000,000	1,600,000,000	–
C	800,000,000	300,000,000	400,000,000	75%	600,000,000	600,000,000	–

[별지 제16호 서식] (2011. 2. 28. 개정)

사 업 연 도	2025. 1. 1. ~ 2025. 12. 31.	수입금액조정명세서	법 인 명	(주)삼일
			사 업 자 등록번호	–

1. 수입금액 조정계산

계정과목		③ 결산서상 수입금액	조정		⑥ 조정 후 수입금액 (③+④－⑤)	비 고
① 항 목	② 과 목		④ 가 산	⑤ 차 감		
매 출	제품매출	602,500,000	10,000,000	2,500,000	610,000,000	
	공사매출	5,450,000,000	50,000,000	200,000,000	5,300,000,000	
계		6,052,500,000	60,000,000	202,500,000	5,910,000,000	

2. 수입금액 조정명세

가. 작업진행률에 의한 수입금액

⑦ 공사명	⑧ 도급자	⑨ 도급금액	작업진행률 계산			⑬ 누적익금 산입액 (⑨×⑫)	⑭ 전기말 누적수입 계상액	⑮ 당기 회사수입 계상액	⑯ 조정액 (⑬－⑭－⑮)
			⑩ 해당사업 연도말 총공사비 누적액 (작업시간 등)	⑪ 총공사 예정비 (작업시간 등)	⑫ 진행률 (⑩/⑪)				
A	×××	5,000,000,000	1,140,000,000	3,800,000,000	30%	1,500,000,000	0	1,450,000,000	50,000,000
B	×××	8,000,000,000	1,200,000,000	6,000,000,000	20%	1,600,000,000	0	1,600,000,000	0
C	×××	800,000,000	300,000,000	400,000,000	75%	600,000,000	0	600,000,000	0
갑	×××	3,200,000,000	2,400,000,000	2,400,000,000	100%	3,200,000,000	1,600,000,000	1,800,000,000	△200,000,000
계		17,000,000,000	5,040,000,000	12,600,000,000		6,900,000,000	1,600,000,000	5,450,000,000	△150,000,000

나. 중소기업 등 수입금액 인식기준 적용특례에 의한 수입금액

계정과목		⑲ 세법상 당기 수입금액	⑳ 당기 회사수입금액 계상액	㉑ 조정액 (⑲－⑳)	㉒ 근거법령
⑰ 항 목	⑱ 과 목				
계					

다. 기타 수입금액

㉓ 구 분	㉔ 근거 법령	㉕ 수입금액	㉖ 대응원가	비 고
위탁매매	법령 제68조 제1항 제4호	10,000,000	8,000,000	제품매출
검수조건부판매	법법 제40조 제1항 법칙 제33조 제1호	△2,500,000	△2,250,000	제품매출
계		7,500,000	5,750,000	

15 재고자산 및 유가증권

Ⅰ. 재고자산

1. 개 요

재고자산이란 기업의 영업활동과정에서 판매를 목적으로 보유하고 있는 자산(상품, 제품 등), 판매를 위해 현재 생산 중에 있는 자산(재공품, 반제품), 판매할 자산을 생산하는 데 사용되거나 소모될 자산(원재료, 저장품 등)을 말한다.

2. 취득가액

(1) 취득형태에 따른 취득가액

자산의 취득가액은 해당 자산의 매입가액이나 제작원가에 부대비용을 가산한 가액으로 하며, 취득유형별 취득가액의 범위는 다음과 같다(법령 제72조 제2항).

구 분	취득가액의 범위
(1) 매입한 재고자산주1)	매입가액주2)(장기할부조건 취득시 계상한 현재가치할인차금 등 제외) + 취득세(농어촌특별세와 지방교육세 포함) · 등록면허세 · 그 밖의 부대비용
(2) 제조 · 생산 · 건설한 자산	원재료비 · 노무비 · 운임 · 하역비 · 보험료 · 수수료 · 공과금(취득세 등을 포함) · 설치비 · 기타 부대비용의 합계액
(3) 합병 · 분할 또는 현물출자에 따라 취득하는 자산	① 적격합병 또는 적격분할의 경우: 법령 제80조의 4 제1항 또는 법령 제82조의 4 제1항에 따른 장부가액 ② 그 밖의 경우: 시가
(4) 기타의 경우	취득 당시의 시가

주1) 법인이 토지와 그 토지에 정착된 건물 및 그 밖의 구축물 등을 함께 취득하여 토지의 가액과

건물 및 그 밖의 구축물 등의 가액의 구분이 불분명한 경우 법법 제52조 제2항에 따른 시가에 비례하여 안분계산함.

주2) 기업회계기준에 의한 매입에누리금액 및 매입할인금액을 제외(서이 46012-10025, 2002. 1. 4.)

(2) 자산의 취득과 관련된 이자비용

구 분		기업회계		법인세법
		K-IFRS	일반기준	
건설자금이자	재고·투자자산	자본화	- 원칙: 기간비용 - 예외: 자본화 허용	손 금
	유형·무형자산			취득부대비용
Usance 이자[주)]	Banker's Usance	금융비용		- 원칙: 취득부대비용 - 예외: 금융비용으로 처리한 경우 손금인정
	Shipper's Usance			
D/A 이자[주)]				

주) 수입자가 수입물품을 인수한 후 수입대금지급을 일정기간 유예받은 경우, 그 유예기간의 이자를 지급함. 이러한 이자를 신용장(L/C)이 개설된 경우에는 'Usance이자'라 하고, 신용장이 개설되지 않은 경우에는 'D/A이자'라 함. Usance이자는 신용공여자의 구분에 따라 Banker's Usance 이자와 Shipper's Usance이자로 구분함.

3. 법인세법상 재고자산의 평가

(1) 평가방법(법령 제74조)

평가대상 자산(유가증권 제외) \ 평가방법	신고가능 평가방법	무신고시	임의변경시[주)]
① 제품 및 상품(매매를 목적으로 하는 부동산 포함) ② 반제품 및 재공품 ③ 원재료 ④ 저장품	① 원가법: 개별법, 선입선출법, 후입선출법, 총평균법, 이동평균법, 매출가격환원법 ② 저가법	① 매매목적부동산: 개별법 ② 기타 재고자산: 선입선출법	① 매매목적부동산 : Max(개별법, 당초 신고한 평가방법) ② 기타 재고자산 : Max(선입선출법, 당초 신고한 평가방법)

주) 신고한 평가방법 외의 방법으로 평가하거나, 신고기한 경과 후 평가방법 변경신고를 하고 그 방법으로 평가한 경우

표준원가계산제도를 택하고 있는 경우에도 그 계산방법이 기업회계기준에 의한 것이고, 법인이 신고한 재고자산평가방법에 의하여 계산한 실제 원가와의 차액을 해당 법인의 원가

계산기간의 종료일에 재고자산 또는 매출원가에 적절하게 배부조정하는 경우에는 이를 적법한 처리로 본다(서이 46012-10032, 2004. 1. 7.).

(2) 평가방법의 적용단위

재고자산 평가방법은 다음의 자산별로 구분하여 종류별·영업장별로 각각 달리 적용할 수 있다. 이 경우 수익과 비용을 영업의 종목(한국표준산업분류에 의한 중분류 또는 소분류)별 또는 영업장별로 각각 구분하여 기장하고, 종목별·영업장별로 제조원가보고서와 포괄손익계산서(포괄손익계산서가 없는 경우에는 손익계산서)를 작성하여야 한다(법령 제74조 제2항).

① 제품 및 상품(부동산매매업자의 매매목적용 부동산 포함)
② 반제품 및 재공품
③ 원재료
④ 저장품

(3) 평가방법의 신고

① 신고기한

해당 법인의 설립일 또는 수익사업 개시일이 속하는 사업연도의 과세표준 신고기한 내에 납세지 관할 세무서장에게 재고자산 등 평가방법신고(변경신고)서를 제출하여야 한다. 신고기한을 경과하여 신고한 경우에는 무신고로 보아 신고일이 속하는 사업연도까지는 선입선출법(매매를 목적으로 소유하는 부동산의 경우 개별법)에 의하여 평가하게 되고 그 후의 사업연도부터 법인이 신고한 평가방법에 의하여 평가한다(법령 제74조 제3항부터 제5항까지).

한편, 법인 설립시 재고자산의 평가방법을 신고하지 아니하여 선입선출법(매매를 목적으로 하는 부동산의 경우에는 개별법)을 적용하던 법인이 그 후 처음으로 재고자산의 평가방법을 신고하는 것은 변경신고로 보며, 변경할 평가방법을 적용하려는 사업연도의 종료일 전 3개월이 되는 날까지 변경신고를 하여야 한다(법령 제74조 제6항).

② 변경 신고기한

평가방법을 변경하고자 할 때에는 변경하고자 하는 사업연도의 종료일 이전 3월이 되는 날까지 납세지 관할 세무서장에게 신고하여야 한다. 만일 신고기한이 경과된 후에 신고하는 경우에는 그 신고일이 속하는 사업연도까지는 임의변경시의 평가방법에 의하고, 그 이후의 사업연도에 있어서는 법인이 신고한 평가방법에 의한다(법령 제74조 제3항 내지 제5항).

【사 례】

다음 자료에 의하여 (주)삼일의 재고자산에 대한 세무조정을 하시오.

1. 사업연도: 2025. 1. 1.~12. 31.
2. 기말재고자산의 평가내역

구 분	결산상 금액	총평균법	후입선출법	선입선출법	신고한 평가방법
상 품	₩1,000	₩1,000	₩1,200	₩1,300	무 신 고
반제품	5,200	5,350	5,200	5,200	총 평 균 법
원재료	1,200	1,300	1,200	1,200	후입선출법
저장품	2,000	1,900	1,950	1,950	총 평 균 법

3. 원재료는 직전 사업연도까지는 총평균법으로 평가하였으나, 2025. 10. 1.에 후입선출법으로 변경하기로 하고 관할 세무서에 변경신고하였다.

4. 저장품은 신고방법대로 신고하였으나, 계산의 착오로 다음과 같이 평가차액이 발생하였다.

구 분	회사평가액(A)	세무상 정확한 평가액(B)	차 액(B-A)
저장품	₩2,000	₩1,900	△100

【해 설】

① 상품은 무신고이므로 선입선출법으로 평가해야 한다(재고자산평가감 ₩300).

② 반제품은 신고방법 이외의 방법으로 평가하였으므로, 선입선출법과 당초 신고한 평가방법 중 큰 금액으로 한다(재고자산평가감 ₩150).

③ 원재료는 법정신고기한 경과 후 신고하였으므로, 총평균법과 선입선출법의 금액 중 큰 금액으로 한다(재고자산평가감 ₩100).

④ 계산착오로 금액이 틀린 경우에는 적정히 계산해서 차액을 손금산입한다(재고자산평가증 ₩100).

※ 신고한 재고자산 평가방법으로 평가하였으나 기장 또는 계산상 착오가 있는 경우에는 임의변경으로 보지 않음(법기통 42-74…10).

③ 재고자산 평가손실

다음의 2가지 경우에는 반드시 결산조정에 의해서만 손금산입이 가능하다.

ⅰ) 평가방법으로 저가법 적용시

ⅱ) 파손·부패 등의 사유로 정상가격 판매 불능시(법법 제42조 제3항 제1호)

(4) 기중 재고자산 평가방법과 기말 재고자산 평가방법이 다른 경우

세법상으로는 단순히 기말재고자산의 평가방법에 대하여 규정하였지만, 재고자산을 평가할 때에는 사업연도 개시일로부터 종료일까지 계속하여 동일한 방법으로 적용해야 하므로 신고한 평가방법으로 수정해야 한다.

(5) 한국채택국제회계기준(K-IFRS) 적용 내국법인에 대한 재고자산평가차익 익금불산입

한국채택국제회계기준에서는 후입선출법을 사용하면 재고자산의 최근 원가 수준과 거의 관련이 없는 금액으로 재무상태표에 표시되고 일반적으로 실제 원가흐름을 신뢰성 있게 반영하지 못하므로 후입선출법을 허용하지 않고 있다. 반면, 일반기업회계기준에서는 후입선출법을 이용하여 재고자산의 원가를 결정하는 것을 허용하고 있으므로, 후입선출법을 재고자산 평가방법으로 사용하던 내국법인이 국제회계기준을 최초로 적용하는 경우 후입선출법 이외 한국채택국제회계기준에서 인정하는 평가방법으로 변경이 필요하다(일반기준 7장 문단 7.13).

이와 같이 내국법인이 한국채택국제회계기준을 최초로 적용하는 사업연도에 재고자산 평가방법을 후입선출법에서 법인세법 시행령 제74조 제1항 각 호에 따른 재고자산평가방법 중 후입선출법을 제외한 다른 재고자산 평가방법으로 변경 신고한 경우에는 해당 사업연도의 소득금액을 계산할 때 재고자산평가차익을 익금에 산입하지 아니하고, 한국채택국제회계기준을 최초로 적용하는 사업연도의 다음 사업연도 개시일부터 5년간 균등하게 나누어 익금에 산입할 수 있다(법법 제42조의 2 제1항).

Ⅱ. 유가증권

1. 개 요

통상적으로 유가증권이란, '사권(재산권)을 표창하는 증권으로서, 권리의 발생·이전·행사에 증권의 소지와 교부를 요하는 것'을 의미하는 데 반해 기업회계나 법인세법에서는 그 취득에 따라 배당이나 이자의 수취, 매매차익의 획득 또는 피투자법인의 경영권 확보 등을 위한 투자의 대상이 되는 것을 의미한다. 그러므로 어음이나 수표와 같이 그 재산적 가치가 원본금액에 고정되어 있어 변동되지 않는 것이나 화물상환증, 선화증권과 같이 거래의 완결을 위하여 일시적으로 이용되는 것 등은 포함하지 않는다.

법인세법상 유가증권 평가방법 신고대상이 되는 유가증권의 범위는 주식·출자지분, 채권, 자본시장과 금융투자업에 관한 법률 제9조 제20항에 따른 집합투자재산 및 보험업법 제108조 제1항 제3호의 변액보험 특별계정에 속하는 자산이 포함된다(법령 제73조 제2호).

2. 취득가액

구 분	취득가액의 범위
(1) 매입하는 경우주1)	매입가액(장기할부조건 취득시 계상한 현재가치할인차금 등 제외)+부대비용(매입수수료, 과점주주 취득세 등). 다만, 기업회계기준에 따라 단기매매항목으로 분류된 금융자산 및 파생상품은 부대비용을 가산하지 아니한 매입가액
(2) 발행법인의 자본전입에 따라 취득하는 경우	법인세법상 의제배당에 해당하는 경우: 액면가액 법인세법상 의제배당에 해당하지 않는 경우: 취득가액은 '0'
(3) 합병·분할 또는 현물출자에 따라 취득하는 경우	① 적격합병 또는 적격분할의 경우: 법령 제80조의 4 제1항 또는 법령 제82조의 4 제1항에 따른 장부가액 ② 그 밖의 경우: 시가
(4) 물적분할에 따라 분할법인이 취득하는 주식등의 경우	물적분할한 순자산의 시가
(5) 현물출자에 따라 출자법인이 취득한 주식등의 경우	① 출자법인(법법 제47조의 2 제1항 제3호에 따라 출자법인과 공동으로 출자한 자를 포함)이 현물출자로 인하여 피출자법인을 새로 설립하면서 그 대가로 주식 등만 취득하는 현물출자의 경우: 현물출자한 순자산의 시가 ② 그 밖의 경우: 해당 주식 등의 시가
(6) 합병·인적분할에 따라 주주가 취득한 주식 등의 경우	종전의 장부가액+의제배당액(법법 제16조 제1항 제5호 또는 제6호)+자본거래로 인하여 특수관계인으로부터 분여받은 이익(법령 제11조 제8호)−합병대가(법법 제16조 제2항 제1호)·분할대가(법법 제16조 제2항 제2호) 중 금전이나 그 밖의 재산가액의 합계액
(7) 채무의 출자전환으로 취득하는 경우주2)	취득 당시 주식 등의 시가. 단, 법령 제15조 제1항 각 호의 요건을 갖춘 채무의 출자전환으로 취득한 주식 등은 출자전환된 채권(구상채권과 특수관계자에 대한 업무무관가지급금 제외)의 장부가액으로 함.
(8) 내국법인이 외국자회사를 인수하여 취득한 주식등으로서 그 주식등의 취득에 따라 내국법인이 외국자회사로부터 받은 수입배당금액(법법 제18조의 4 제1항)이 일정한 요건주3)을 모두 갖춘 경우	해당 주식 등의 매입가액에서 일정한 요건주3)을 모두 갖춘 수입배당금액을 뺀 금액
(9) 기타의 경우	취득 당시의 시가

주1) 특수관계인인 개인으로부터 유가증권을 시가에 미달하게 매입하는 경우, 시가와 매입가액과의 차액은 익금산입(유보)하고(법법 제15조 제2항) 취득가액에 가산하여야 함(법령 제72조 제3항).

주2) 내국법인이 현물출자로 취득한 주식의 취득가액을 상증세법상 보충적평가방법을 적용하여 평가하는 경우 해당 주식은 최대주주 등의 할증평가를 적용하지 아니함(재법인-994, 2012. 9. 20.).
주3) 다음의 요건을 말함(법령 제72조 제2항 제1호의 2).

- 내국법인이 외국자회사의 의결권 있는 발행주식총수 또는 출자총액의 10%(조세특례제한법 제22조에 따른 해외자원개발사업을 하는 외국법인의 경우에는 5%) 이상을 최초로 보유하게 된 날의 직전일 기준 이익잉여금을 재원으로 한 수입배당금액일 것
- 법인세법 제18조의 4 제1항에 따라 익금에 산입되지 않았을 것

3. 기업회계상 유가증권의 평가

(1) K-IFRS상 금융자산 분류

분 류	평가방법	평가손익의 처리
상각후원가 측정 금융자산	유효이자율법(상각후원가)	당기손익[주)]
기타포괄손익－공정가치 측정 금융자산	공정가치	기타포괄손익[주)]
당기손익－공정가치 측정 금융자산		당기손익

주) 상각후원가 측정 금융자산과 기타포괄손익-공정가치 측정 금융자산의 기대신용손실을 손실충당금으로 인식하며, 기타포괄손익-공정가치 측정 금융자산의 손실충당금은 기타포괄손익에서 인식하고 재무상태표에서 금융자산의 장부금액을 줄이지 아니함. 보고기간 말에 손실충당금을 조정하기 위한 기대신용손실액(또는 환입액)은 손상차손(환입)으로 당기손익에 인식함(K-IFRS 1109호 문단 5.5.1~5.5.8).

(2) 일반기업회계기준상 금융자산 분류

종 류	계 정 과 목	평 가 방 법	평가손익의 처리
지분증권	단기매매증권	공정가치법	당기손익
	매도가능증권	공정가치법 혹은 원가법[주1)]	기타포괄손익누계액[주2)]
	지분법적용투자주식	지분법	당기손익(지분법손익), 이익잉여금(지분법이익잉여금변동), 기타포괄손익누계액(지분법자본변동)으로 처리, 배당금 분배액은 장부금액에서 직접 차감
채무증권	단기매매증권	공정가치법	당기손익
	만기보유증권	유효이자율법 (상각후원가)	당기손익[주2)]
	매도가능증권	공정가치법	기타포괄손익누계액[주2)]

주1) 공정가치를 신뢰성 있게 측정할 수 없는 시장성 없는 지분증권은 원가법

주2) 회수가능액이 채무증권의 상각후원가 또는 지분증권의 취득원가보다 작은 경우 손상차손(당기손익)을 인식함. 이후 손상차손의 회복이 손상차손 인식 후에 발생한 사건과 객관적으로 관련된 경우, 일정 한도 내에서 회복된 금액을 당기이익으로 인식함.

4. 법인세법상 유가증권의 평가방법 등

(1) 평가방법(법령 제75조)

구 분	평가방법
① 채권	① 개별법, ② 총평균법, ③ 이동평균법
② 주식 등	① 총평균법, ② 이동평균법
③ 투자회사등(법법 §51의 2 ① 2호) 이 보유한 자본시장과 금융투자업에 관한 법률에 따른 집합투자재산	시가법
④ 환매금지형집합투자기구가 보유한 시장성 없는 자산 및 보험업법에 따른 보험회사가 보유한 변액보험계약에 속하는 자산	개별법(채권에 한함), 총평균법, 이동평균법 또는 시가법 중 신고한 방법(신고한 방법은 계속 적용)

(2) 평가방법의 신고

① 신고기한

해당 법인의 설립일 또는 수익사업 개시일이 속하는 사업연도의 과세표준 신고기한 내에 납세지 관할 세무서장에게 유가증권 평가방법신고(변경신고)서를 제출하여야 한다. 신고기한을 경과하여 신고한 경우에는 무신고로 보아 신고일이 속하는 사업연도까지는 총평균법에 의하여 평가하게 되고, 그 후의 사업연도부터 법인이 신고한 평가방법에 의하여 평가한다(법령 제74조 제3항부터 제5항까지, 제75조 제2항).

한편, 법인설립시 유가증권의 평가방법을 신고하지 아니하여 총평균법을 적용하던 법인이 그 후 처음으로 유가증권의 평가방법을 신고하는 것은 변경신고로 보며, 변경할 평가방법을 적용하려는 사업연도의 종료일 전 3개월이 되는 날까지 변경신고를 하여야 한다(법령 제74조 제6항, 제75조 제2항).

② 변경 신고기한

평가방법을 변경하고자 할 때에는 변경하고자 하는 사업연도의 종료일 이전 3월이 되는 날까지 납세지 관할 세무서장에게 신고하여야 한다. 만일 신고기한이 경과된 후에 신고하는 경우에는 그 신고일이 속하는 사업연도까지는 임의변경시의 평가방법에 의하고, 그 이후의 사업연도에 있어서는 법인이 신고한 평가방법에 의한다(법령 제74조 제3항 내지 제5항, 법령 제75조 제2항).

5. 유가증권의 세무조정

구 분	회계처리	세무조정
평가손실	당기손실 처리	손금불산입(유보)
	기타포괄손익누계액 감소 처리	손금산입(기타) / 손금불산입(유보)
평가이익	당기이익 처리	익금불산입(△유보)
	기타포괄손익누계액 증가 처리	익금산입(기타) / 익금불산입(△유보)
지분법 관련	투자자산 차감 표시한 배당수익	익금산입(유보)
	이익잉여금 · 기타포괄손익누계액 증가 처리	익금산입(기타) / 익금불산입(△유보)
	이익잉여금 · 기타포괄손익누계액 감소 처리	손금산입(기타) / 손금불산입(유보)

6. 유가증권의 감액손실

다음의 주식 · 출자지분으로서 그 발행법인이 '부도가 발생한 경우', '채무자 회생 및 파산에 관한 법률에 따른 회생계획인가의 결정을 받은 경우', '기업구조조정 촉진법에 따른 부실징후기업이 된 경우' 또는 '파산한 경우'에는 사업연도 종료일 현재 시가(주식 등의 발행법인별로 보유주식총액을 시가로 평가한 가액이 1천원 이하인 경우에는 1천원)로 평가할 수 있다(법법 제42조 제3항 제3호, 법령 제78조 제2항, 제3항 및 제4항).

- 자본시장과 금융투자업에 관한 법률에 따른 주권상장법인이 발행한 주식 등
- 벤처투자 촉진에 관한 법률에 따른 벤처투자회사 또는 여신전문금융업법에 따른 신기술사업금융업자가 보유하는 주식 등 중 각각 창업자 또는 신기술사업자가 발행한 것
- 주권상장법인 외의 법인 중 법인세법상 특수관계가 없는 법인이 발행한 주식 등. 이 경우 법인과 특수관계의 유무를 판단할 때 주식등의 발행법인의 발행주식총수 또는 출자총액의 5% 이하를 소유하고 그 취득가액이 10억 원 이하인 주주등에 해당하는 법인은 소액주주등으로 보아 특수관계인에 해당하는지를 판단함.

【사 례】

다음은 (주)삼일의 유가증권과 관련된 자료이다.
A사 주식이 일반기업회계기준에 따른 ① 단기매매증권인 경우와 ② 매도가능증권인 경우에 대하여 세무조정을 하시오(A사 주식은 시장성이 있으며, 손상차손으로 처리할 금액은 없다고 가정).

1. 제10기에 A사 주식을 ₩50,000,000에 취득하였는데, 기말 시가는 ₩40,000,000이 되어 평가손실 ₩10,000,000이 발생하였다.

2. 제11기에 시가가 ₩55,000,000이 되었다.
3. 제12기에 위 A사 주식을 ₩60,000,000에 전량 매각하였다.

【해 설】

구 분	단기매매증권	매도가능증권
제10기	손금불산입 10,000,000 (유보)	손금불산입 10,000,000 (유보) 손 금 산 입 10,000,000 (기타)
제11기	익금불산입 15,000,000 (△유보)	익 금 산 입 15,000,000 (기타) 익금불산입 15,000,000 (△유보)
제12기	익 금 산 입 5,000,000 (유보)	손금불산입 5,000,000 (유보) 손 금 산 입 5,000,000 (기타)

조정명세서 작성 사례

다음 자료에 의하여 삼일제조주식회사의 재고자산평가 조정명세서를 작성하시오.
1. 사업연도: 2025. 1. 1.~12. 31.
2. 평가방법, 신고상황 및 실제 평가방법은 다음과 같다.

자산별	신고연월일	당초신고방법	평가방법	비 고
제품 및 상품	2025. 10. 25.	선입선출법	총 평 균 법	제품의 경우 2004. 1. 25. 신고한 선입선출법을 2025. 10. 25. 총평균법으로 변경신고
반제품 및 재공품	2004. 1. 25.	총 평 균 법	총 평 균 법	
원재료	2004. 1. 25.	총 평 균 법	선입선출법	
저장품	2004. 1. 25.	총 평 균 법	총 평 균 법	

3. 평가방법별 재고자산평가액은 다음과 같다.

과 목	품 명	규 격	단 위	수 량	결산서 금액	총평균법	선입선출법
제 품	A1	14	Set	100	6,000,000	6,000,000	6,200,000
	A2	17	Set	120	8,400,000	8,400,000	8,388,000
	A3	19	Set	50	4,000,000	4,000,000	4,100,000
	소 계				18,400,000	18,400,000	18,688,000
반제품	A3	19	Set	80	5,500,000	5,500,000	5,700,000
원재료	B1	2×1	kg	1,000	10,000,000	9,900,000	10,000,000
	B2	2×2	kg	500	10,000,000	9,750,000	10,000,000
	소 계				20,000,000	19,650,000	20,000,000
저장품	C1	H3	계	5,000	4,000,000	4,000,000	4,050,000

[별지 제39호 서식] (1999. 5. 24. 개정)

사업연도	2025. 1. 1. ~ 2025. 12. 31.	□ 재고자산 □ 유가증권 평가조정명세서	법인명	삼일제조(주)

※관리번호 [ ][ ] - [ ][ ]　　　사업자등록번호 [ ][ ][ ] - [ ][ ] - [ ][ ][ ][ ][ ]

※ 표시란은 기입하지 마십시오.

1. 재고자산평가방법검토

①자 산 별		②평가방법 신고연월일	③신고방법	④평가방법	⑤적 부	⑥비 고
제품 및 상품		2025년 10월 25일	선입선출법	총평균법	×	
반제품 및 재공품		2004년 1월 25일	총평균법	총평균법	O	
원 재 료		2004년 1월 25일	총평균법	선입선출법	×	
저 장 품		2004년 1월 25일	총평균법	총평균법	O	
유가증권	채 권					
	기 타					

2. 평가조정계산

⑦ 과목	⑧ 품명	⑨ 규격	⑩ 단위	⑪ 수량	회사계산		조정계산금액				⑱ 조정액(⑮ 또는 ⑮와 ⑰ 중 큰 금액 - ⑬)
							신고방법		선입선출법		
					⑫ 단 가	⑬ 금 액	⑭ 단 가	⑮ 금 액	⑯ 단 가	⑰ 금 액	
제품	A1	14"	Set	100	60,000	6,000,000	62,000	6,200,000	62,000	6,200,000	200,000
	A2	17"	Set	120	70,000	8,400,000	69,900	8,388,000	69,900	8,388,000	△12,000
	A3	19"	Set	50	80,000	4,000,000	82,000	4,100,000	82,000	4,100,000	100,000
	소계					18,400,000		18,688,000		18,688,000	288,000
원재료	B1	2×1	kg	1,000	10,000	10,000,000	9,900	9,900,000	10,000	10,000,000	-
	B2	2×2	kg	500	20,000	10,000,000	19,500	9,750,000	20,000	10,000,000	-
	소계					20,000,000		19,650,000		20,000,000	-
반제품	A3	19"	Set	80	68,750	5,500,000	68,750	5,500,000	71,250	5,700,000	-
저장품	C1	H3	계	5,000	800	4,000,000	800	4,000,000	810	4,050,000	-
계											288,000

16 세금과 공과 및 기부금

Ⅰ. 세금과 공과

1. 개　요

법인세법상 순자산 감소액은 원칙적으로 손금이다. 세금과 공과를 납부하는 경우에도 순자산이 감소하기 때문에 손금으로 인정되어야 하나, 세금과 공과 중 조세정책적 목적 등에 따라 손금으로 인정하지 아니하는 항목들이 있다.

2. 일반사항

세금과 공과금은 그 내용 및 성격에 따라 ① 손금산입되는 세금과 공과, ② 손금불산입되는 세금과 공과, ③ 자본적 지출로 구분된다.

구　분	대　상
(1) 손금산입	① 조세: 주민세, 재산세, 인지세, 자동차세, 등록면허세, 지역자원시설세, 교육세, 외국법인세액(법법 제18조의 4에 따른 익금불산입과 법법 제57조 제1항에 따른 세액공제를 적용하지 않는 경우) 등 ② 공과금: 다음의 요건을 모두 충족시 손비 인정 • 법령에 의하여 의무적으로 납부하는 것 • 법령상 의무불이행 또는 금지·제한 등의 위반을 이유로 부과되는 것이 아닐 것
(2) 손금불산입	① 조세: 법인세, 법인지방소득세, 법인세에 대한 농어촌특별세, 외국법인세액(법법 제18조의 4에 따른 익금불산입과 법법 제57조에 따른 세액공제를 적용하는 경우), 부가가치세 매입세액(매출세액에서 공제받지 못하는 면세사업·비영업용 소형자동차·기업업무추진비·영수증·간주임대료 관련 매입세액은 제외), 반출하였으나 판매하지 아니한 제품에 대한 개별소비세, 주

구 분	대 상
(2) 손금불산입	세 또는 교통 · 에너지 · 환경세의 미납액(다만, 제품가격에 그 세액에 상당하는 금액을 가산한 경우에는 예외로 함), 가산세, 연결모법인 또는 연결자법인에 지급하는 법인세액 등 (부가가치세 매입세액의 처리에 대해서는 "3. 부가가치세의 세무상처리" 참고) ② 공과금: 상기 '(1)의 ②'의 손비요건을 충족시키지 못한 공과금 ③ 벌금 · 과료(통고처분에 의한 벌금 또는 과료에 상당하는 금액 포함) · 과태료(과료와 과태금 포함) · 가산금 및 강제징수비
(3) 자본적 지출	자산취득 등에 따른 취득세, 과점주주취득세 등

◈ 손금산입되는 조세의 손금 귀속시기(법기통 40-71…24)

① 법인세법에 따라 손금으로 산입할 수 있는 조세는 국세기본법 제22조 또는 지방세기본법 제35조 제1항 각 호의 날이 속하는 사업연도의 손금으로 한다. 다만, 결산을 확정함에 있어 관련 수익이 실현되는 사업연도에 손비로 계상한 경우에는 이를 해당 사업연도의 손금으로 한다.

② ①을 적용함에 있어 신고에 따라 납세의무가 확정되는 조세의 경우 그 신고내용에 오류 또는 탈루가 있어 과세관청이 그 과세표준과 세액을 경정함에 따라 고지되는 조세는 경정되어 고지한 날이 속하는 사업연도의 손금에 산입한다.

③ ①을 적용함에 있어 신고에 따라 납세의무가 확정되는 조세를 수정신고하는 경우에는 그 수정신고에 따라 납부할 세액을 납부하는 날이 속하는 사업연도의 손금에 산입한다.

◈ 손금불산입되는 제세공과금 관련 사례

① 원천징수의무자가 원천징수세액을 징수하지 아니하고 대신 납부한 원천징수세액(법기통 21-0…1)

② 제2차 납세의무자로서 납부한 법인세 등(다만, 출자법인이 해산한 법인으로부터 잔여재산을 분배받은 후 국징법 제7조 또는 국기법 제38조에 따라 해산한 법인의 법인세를 제2차 납세의무자로서 납부한 경우에는 다른 제2차 납세의무자 등에게 구상권을 행사할 수 없는 부분에 한하여 손금에 산입할 수 있음)(법기통 21-0…1)

③ 독점규제 및 공정거래에 관한 법률 등에 의한 과징금 및 가산금(기획재정부 법인세제과-507, 2010. 6. 16., 서이 46012-10145, 2001. 9. 11.)

④ 업무무관자산에 부과되는 재산세 등(대법 94누 2619, 1994. 11. 25.)

3. 부가가치세의 세무상 처리

(1) 매입세액불공제분

사업자의 부가가치세 매입세액은 환급받을 수 있는 것이므로 법인세법상 손금이 아니라 자산(채권)에 해당한다. 다만, 매입세액 불공제액은 그 공제되지 않는 사유에 따라 다음과 같이 처리한다.

불공제 사유	세무상 처리
① 비영업용 소형자동차의 구입, 임차·유지 관련 매입세액	• 구입 관련: 자본적 지출 • 임차·유지 관련: 손금
② 기업업무추진비 관련 매입세액	기업업무추진비로 한도 시부인
③ 면세사업 관련 매입세액	손금 또는 자본적 지출
④ 영수증분 매입세액	손금 또는 자본적 지출
⑤ 간주임대료 매입세액	임차인 또는 임대인 중 부담한 자의 손금

※ 위에 열거되지 않은 사유(예: 등록 전 매입세액, 사업과 관련없는 매입세액, 세금계산서 미수취, 부실기재 매입세액)로 불공제된 부가가치세 매입세액은 손금불산입된다(법법 제21조 제1호).

(2) 의제매입세액 공제분

의제매입세액 및 재활용폐자원 등에 대한 매입세액 공제액은 해당 원재료의 매입가액에서 공제한다(법령 제22조 제2항).

(3) 간주공급에 대한 매출세액

부가가치세법상 간주공급에 대해서는 매출세액을 계산·납부하나 거래의 성질상 공급받는 자에게 부가가치세를 징수할 수 없으므로 공급자가 동 세액을 부담하게 된다. 이러한 매출세액은 간주공급 사유별로 다음과 같이 처리한다.

간주공급 유형	세무상 처리
① 자가공급 ─ 면세전용	• 손금 또는 자본적 지출
① 자가공급 ─ 비영업용 소형자동차와 그 유지 관련 재화	• 손금(유지 관련) 또는 자본적 지출(구입 관련)
① 자가공급 ─ 직매장 반출	• 반출하는 사업장의 매출세액으로 납부, 반입하는 사업장의 매입세액으로 공제

간주공급 유형	세무상 처리
② 개인적 공급	내용에 따라 손금산입 또는 손금불산입 (예) 현물지급상여 ┌ 사용인: 손금산입 └ 임 원: 급여지급기준에 의한 지급액을 초과시 손금불산입
③ 사업상 증여	기업업무추진비, 광고선전비 등 사업상 증여의 성질에 따라 처리
④ 폐업시 잔존재화	폐업일이 속하는 사업연도의 손금

(4) 부가가치세의 추징

과세와 면세사업 겸업시 매출세액의 안분계산 착오로 인한 부가가치세 추징세액은 추징당한 사업연도의 손금(가산세 및 구상권 행사가능분 제외)산입이 가능하며(법인 22601-1738, 1985. 6. 10.), 부가가치세 면세법인이 부가가치세를 대리납부하지 않아 추징받은 경우, 대리납부해야 할 세액은 추징받은 사업연도의 손금(가산세 제외)에 산입한다(서이 46012-10565, 2001. 11. 19.). 반면, 법인이 공제받은 의제매입세액을 재계산하여 추가납부하는 경우 해당 추가납부세액(가산세 제외)은 추가납부 사유가 발생한 날이 속하는 사업연도에 손금산입하여야 하며(서면2팀-460, 2004. 3. 16.), 부가가치세 과세사업과 면세사업을 겸영하는 법인이 공통매입세액을 재계산하여 발생한 부가가치세 납부세액 또는 환급세액은 해당 부가가치세 과세기간 종료일이 속하는 귀속연도의 소득금액을 계산함에 있어 감가상각자산의 취득가액에 가산(납부세액) 또는 차감(환급세액)하여야 한다(서면1팀-1261, 2005. 10. 20.).

한편, 법인이 세금계산서를 교부받지 아니함으로써 공제받지 못한 부가가치세 매입세액 등은 손금에 산입하지 아니한다(법인 46012-3153, 1999. 8. 11.).

4. 벌금 · 과료 · 과태료 · 가산금 및 강제징수비

벌금 · 과료(통고처분에 의한 벌금 또는 과료 상당액 포함) · 과태료(과료와 과태금 포함) · 가산금 및 강제징수비는 모두 위법 또는 불법행위에 대한 제재에 따라 부과되는 것이므로 법인의 손금에 산입하지 아니한다(법법 제21조 제3호). 그러나 사인(私人)간 계약위반에 따라 계약상대방에게 지급하는 지체상금 등은 손금불산입되는 벌금과는 그 성격이 다른 것으로 손금으로 인정된다.

손금으로 인정되는 지체상금 등과 손금불산입되는 벌금 등을 요약하면 다음과 같다.

손금산입(법기통 21－0…2)	손금불산입(법기통 21－0…3)
① 사계약상의 의무불이행으로 인하여 과하는 지체상금(정부와 납품계약으로 인한 지체상금을 포함하며, 구상권행사가 가능한 지체상금을 제외) ② 보세구역에 보관되어 있는 수출용 원자재가 관세법상의 장치기간 경과로 국고귀속이 확정된 자산의 가액 ③ 철도화차 사용료의 미납액에 대하여 가산되는 연체이자 ④ 고용보험 및 산업재해보상보험의 보험료 징수 등에 관한 법률 제25조에 따른 산업재해보상보험료의 연체금 ⑤ 국유지 사용료의 납부지연으로 인한 연체료 ⑥ 전기요금의 납부지연으로 인한 연체가산금	① 법인의 임원 또는 사용인이 관세법을 위반하고 지급한 벌과금 ② 업무와 관련하여 발생한 교통사고벌과금 ③ 고용보험 및 산업재해보상보험의 보험료 징수 등에 관한 법률 제24조에 따라 징수하는 산업재해보상보험료의 가산금 ④ 금융기관의 최저예금지급준비금 부족에 대하여 한국은행법 제60조에 따라 금융기관이 한국은행에 납부하는 과태금 ⑤ 국민건강보험법 제80조에 따라 징수하는 연체금 ⑥ 외국의 법률에 의하여 국외에서 납부한 벌과금

5. 공과금

공과금은 원칙적으로 손금산입하나, ① 법령에 의하여 의무적으로 납부하는 것이 아니거나, ② 법령에 따른 의무불이행 또는 금지·제한 등의 위반을 이유로 부과되는 공과금은 손금불산입된다(법법 제21조 제4호, 제5호). 손금용인 공과금 등을 예시하면 다음과 같다.

손금용인 대상 공과금	손금불산입 대상 공과금	취득원가에 가산
① 국민연금 사용자 부담금(서이 46012－11116, 2002. 5. 29.) ② 전국건설폐기물처리공제조합의 조합원이 납부하는 방치폐기물 처리를 위한 공제사업 분담금(서이 46012－10969, 2003. 5. 14.) ③ 산업재해보상보험법에 의해 신고 및 납부태만으로 보험가입자에게 징수하는 보험료(가산금 제외)(심사 법인 2000－118, 2000. 12. 8.) ④ 대기환경보전법상 오염물질 배출량에 대해 배출허용기준까지 부과되는 기본배출 부과금(법인 46012－2369, 1999. 6. 23.) ⑤ 영업자가 조직한 단체로서 법인이거나 주무관청에 등록된 조합 또는 협회에 월정액 이외에 사업실적에 따라 정기적으로 납부하는 조합비 또는 협회비(법기통 21－0…4 ① 1호)	대기환경보전법상 오염물질 배출량에 대해 배출허용기준을 초과시 부과하는 초과 배출 부과금(법인 46012－2369, 1999. 6. 23.)	개발이익환수에 관한 법률에 의한 개발부담금(법인－30, 2010. 1. 12.)

Ⅱ. 기부금

1. 개 요

기부금이란, 법인의 사업과 직접적인 관계없이 무상으로 지출하는 금액(법령 제35조에 따른 거래를 통하여 실질적으로 증여한 것으로 인정되는 금액을 포함)을 말한다. 이러한 기부금은 순자산의 감소를 초래하므로 손금에 산입함이 원칙이나 지출의 임의성, 비공익적 목적에의 지출을 통한 부의 이전 등의 부작용이 초래될 수 있으므로, 이에 대한 규제가 필요하다. 현행 법인세법에서는 기부금의 종류[특례기부금 · 일반기부금 · 비지정기부금]에 따라 그 규제의 정도를 달리하고 있다.

2. 특례기부금

(1) 범 위

법인세법상 특례기부금의 내용은 다음과 같다(법법 제24조 제2항 제1호).

① 국가나 지방자치단체에 무상으로 기증하는 금품의 가액. 다만, 기부금품의 모집 및 사용에 관한 법률의 적용을 받는 기부금품은 같은 법 제5조 제2항에 따라 접수하는 것만 해당함.

② 국방헌금과 국군장병 위문금품의 가액

③ 천재지변으로 생긴 이재민(해외이재민 포함)을 위한 구호금품의 가액

④ 다음의 기관(병원은 제외) 등에 시설비 · 교육비 · 장학금 또는 연구비로 지출하는 기부금

- 사립학교법에 따른 사립학교
- 비영리 교육재단(국립 · 공립 · 사립학교의 시설비, 교육비, 장학금 또는 연구비 지급을 목적으로 설립된 비영리 재단법인으로 한정)
- 국민 평생 직업능력 개발법에 따른 기능대학
- 평생교육법에 따른 전공대학의 명칭을 사용할 수 있는 평생교육시설 및 원격대학 형태의 평생교육시설
- 경제자유구역 및 제주국제자유도시의 외국교육기관 설립 · 운영에 관한 특별법에 따라 설립된 외국교육기관 및 제주특별자치도 설치 및 국제자유도시 조성을 위한 특별법에 따라 설립된 비영리법인이 운영하는 국제학교
- 산업교육진흥 및 산학연협력촉진에 관한 법률에 따른 산학협력단

- 한국과학기술원법에 따른 한국과학기술원, 광주과학기술원법에 따른 광주과학기술원, 대구경북과학기술원법에 따른 대구경북과학기술원, 울산과학기술원법에 따른 울산과학기술원 및 한국에너지공과대학교법에 따른 한국에너지공과대학교
- 국립대학법인 서울대학교 설립 · 운영에 관한 법률에 따른 국립대학법인 서울대학교, 국립대학법인 인천대학교 설립 · 운영에 관한 법률에 따른 국립대학법인 인천대학교 및 정부출연연구기관 등의 설립 · 운영 및 육성에 관한 법률에 따라 설립된 한국개발연구원에 설치된 국제대학원, 한국학중앙연구원 육성법에 따라 설립된 한국학중앙연구원에 설치된 대학원, 과학기술분야 정부출연연구기관 등의 설립 · 운영 및 육성에 관한 법률 제33조에 따라 설립된 대학원대학(법령 제38조 제2항)
- 재외국민의 교육지원 등에 관한 법률 제2조 제3호에 따른 한국학교(법령 제38조 제3항의 요건을 충족하는 학교에 한함)로서 법령 제38조 제6항에 따라 재정경제부장관이 지정 · 고시하는 학교
- 한국장학재단 설립 등에 관한 법률에 따른 한국장학재단

⑤ 다음의 병원 등에 시설비 · 교육비 또는 연구비로 지출하는 기부금

- 국립대학병원 설치법에 따른 국립대학병원
- 국립대학치과병원 설치법에 따른 국립대학치과병원
- 서울대학교병원 설치법에 따른 서울대학교병원
- 서울대학교치과병원 설치법에 따른 서울대학교치과병원
- 사립학교법에 따른 사립학교가 운영하는 병원
- 암관리법에 따른 국립암센터
- 지방의료원의 설립 및 운영에 관한 법률에 따른 지방의료원
- 국립중앙의료원의 설립 및 운영에 관한 법률에 따른 국립중앙의료원
- 대한적십자사 조직법에 따른 대한적십자사가 운영하는 병원
- 한국보훈복지의료공단법에 따른 한국보훈복지의료공단이 운영하는 병원
- 방사선 및 방사성동위원소 이용진흥법에 따른 한국원자력의학원
- 국민건강보험법에 따른 국민건강보험공단이 운영하는 병원
- 산업재해보상보험법 제43조 제1항 제1호에 따른 의료기관
- 위에 열거된 병원이 설립한 보건의료기술 진흥법 제28조의 2 제1항에 따른 의료기술협력단

⑥ 사회복지사업, 그 밖의 사회복지활동의 지원에 필요한 재원을 모집 · 배분하는 것을 주된 목적으로 하는 비영리법인(법령 제38조 제4항의 요건을 충족하는 법인만 해당)으로서 법령 제38조 제6항에 따라 재정경제부장관이 지정 · 고시하는 법인에 지출하는 기부금

(2) 한도액

특례기부금의 손금산입 한도액 = (기준소득금액(*1) - 이월결손금(*2)) × 50%

(*1) 법인세법 제44조, 제46조 및 제46조의 5에 따른 양도손익은 제외하고 특례기부금, 일반기부금, 우리사주조합 기부금을 손금에 산입하기 전의 해당 사업연도의 소득금액을 의미하며, 이하 같음.
(*2) 법인세법 제13조에 따라 각 사업연도 소득의 80%를 한도로 이월결손금 공제를 적용받는 법인은 기준소득금액의 80%를 한도로 하며, 이하 같음.

(3) 한도초과액의 이월공제 및 세무조정

특례기부금의 손금산입 한도초과액은 해당 사업연도의 다음 사업연도의 개시일부터 10년(2019. 1. 1. 이후 과세표준을 신고하는 분부터 적용하되, 2013. 1. 1. 이후 개시한 사업연도에 지출한 기부금에 대하여도 적용) 이내에 끝나는 각 사업연도로 이월하여 그 이월된 사업연도의 소득금액을 계산할 때 특례기부금의 손금산입한도액의 범위에서 손금에 산입한다. 이 경우 이월된 금액을 해당 사업연도에 지출한 기부금보다 먼저 손금에 산입하며, 이월된 금액은 먼저 발생한 이월금액부터 손금에 산입한다(법법 제24조 제5항, 제6항).

한편 특례기부금 한도초과액은 손금불산입하여 기타사외유출로 처분하고, 한도초과액 이월공제액은 손금산입하여 기타로 소득처분한다.

3. 일반기부금

(1) 범 위

일반기부금이란 사회복지・문화・예술・교육・종교・자선・학술 등의 공익사업을 영위하는 단체에 대한 기부금으로, 법인세법 시행령 제39조에 열거된 기부금을 말한다(법법 제24조 제3항 제1호).

일반기부금은 다음과 같이 구분한다(법법 제24조 제3항).

구 분	주 요 내 용
고유목적 사업비로 지출하는 기부금 (법령 제39조 제1항 제1호)	다음의 공익법인 등에 고유목적사업비주1)로 지출하는 기부금 (다만, 아래 ⑥에 따라 지정・고시된 법인에 지출하는 기부금은 지정일이 속하는 연도의 1월 1일부터 3년간주2)(이하 '지정기간') 지출하는 기부금에 한함) ① 사회복지사업법에 따른 사회복지법인 ② 영유아보육법에 따른 어린이집 ③ 유아교육법에 따른 유치원, 초・중등교육법 및 고등교육법에 따른 학교, 국민

구 분	주 요 내 용
고유목적 사업비로 지출하는 기부금 (법령 제39조 제1항 제1호)	평생 직업능력 개발법에 따른 기능대학, 평생교육법 제31조 제4항에 따른 전공대학 형태의 평생교육시설 및 같은 법 제33조 제3항에 따른 원격대학 형태의 평생교육시설 ④ 의료법에 따른 의료법인 및 보건의료기술진흥법 제28조의 2 제1항에 따른 의료기술협력단(특례기부금에 해당하는 의료기술협력단은 제외) ⑤ 종교의 보급, 그 밖에 교화를 목적으로 민법 제32조에 따라 문화체육관광부장관 또는 시방사치난체의 장의 허가를 받아 설립한 비영리법인(그 소속 난체를 포함) ⑥ 민법 제32조에 따라 주무관청의 허가를 받아 설립된 비영리법인, 비영리외국법인, 협동조합 기본법 제85조에 따라 설립된 사회적협동조합, 공공기관의 운영에 관한 법률 제4조에 따른 공공기관(같은 법 제5조 제4항 제1호에 따른 공기업은 제외) 또는 법률에 따라 설립 또는 등록된 기관 중 법인세법 시행령 제39조 제1항 제1호 바목의 1)~5)의 요건을 모두 충족한 것으로서 국세청장의 추천[주3)]을 받아 기획재정부장관이 지정하여 고시한 법인
특정용도로 지출하는 기부금 (법령 제39조 제1항 제2호)	① 유아교육법에 따른 유치원의 장, 초·중등교육법 및 고등교육법에 의한 학교의 장, 국민 평생 직업능력 개발법에 의한 기능대학의 장, 평생교육법 제31조 제4항에 따른 전공대학 형태의 평생교육시설 및 같은 법 제33조 제3항에 따른 원격대학 형태의 평생교육시설의 장이 추천하는 개인에게 교육비·연구비 또는 장학금으로 지출하는 기부금 ② 상속세 및 증여세법 시행령 제14조 제1항 각 호의 요건을 갖춘 공익신탁으로 신탁하는 기부금 ③ 사회복지·문화·예술·교육·종교·자선·학술 등 공익목적으로 지출하는 기부금으로서 기획재정부장관이 지정하여 고시하는 기부금
사회복지시설에 지출하는 기부금 (법령 제39조 제1항 제4호)	다음 중 어느 하나에 해당하는 사회복지시설 또는 기관 중 무료 또는 실비로 이용할 수 있는 시설 또는 기관에 기부하는 금품의 가액. 다만, 법인세법 시행령 제39조 제1항 제4호 나목 1)에 따른 노인주거복지시설 중 양로시설을 설치한 자가 해당 시설의 설치·운영에 필요한 비용을 부담하는 경우 그 부담금 중 해당 시설의 운영으로 발생한 손실금(기업회계기준에 따라 계산한 해당 과세기간의 결손금을 말함)이 있는 경우에는 그 금액을 포함함. ① 아동복지법 제52조 제1항에 따른 아동복지시설 ② 노인복지법 제31조에 따른 노인복지시설(단, 법령 제39조 제1항 제4호 나목 1)~3)에 열거한 시설은 제외) ③ 장애인복지법 제58조 제1항에 따른 장애인복지시설(단, 법령 제39조 제1항 제4호 다목 1)~3)에 열거한 시설은 제외) ④ 한부모가족지원법 제19조 제1항에 따른 한부모가족복지시설 ⑤ 정신건강증진 및 정신질환자 복지서비스 지원에 관한 법률 제3조 제6호 및 제7호에 따른 정신요양시설 및 정신재활시설 ⑥ 성매매방지 및 피해자보호 등에 관한 법률 제6조 제2항 및 제10조 제2항에 따른 지원시설 및 성매매피해상담소

구 분	주요내용
사회복지시설에 지출하는 기부금 (법령 제39조 제1항 제4호)	⑦ 가정폭력방지 및 피해자보호 등에 관한 법률 제5조 제2항 및 제7조 제2항에 따른 가정폭력 관련 상담소 및 보호시설 ⑧ 성폭력방지 및 피해자보호 등에 관한 법률 제10조 제2항 및 제12조 제2항에 따른 성폭력피해상담소 및 성폭력피해자보호시설 ⑨ 사회복지사업법 제34조에 따른 사회복지시설 중 사회복지관과 부랑인·노숙인 시설 ⑩ 노인장기요양보험법 제32조에 따른 재가장기요양기관 ⑪ 다문화가족지원법 제12조에 따른 다문화가족지원센터 ⑫ 건강가정기본법 제35조 제1항에 따른 건강가정지원센터 ⑬ 청소년복지 지원법 제31조에 따른 청소년복지시설
국제기구에 지출하는 기부금 (법령 제39조 제1항 제6호)	법령 제39조 제1항 제6호 각 목의 요건을 모두 갖춘 국제기구로서 기획재정부 장관이 지정하여 고시하는 국제기구에 지출하는 기부금
고유목적사업비 지출액 (법령 제39조 제2항)	법인으로 보는 단체[고유목적사업준비금 설정대상단체(법령 제39조 제1항 제1호에 해당하는 단체, 법령에 의하여 설치된 기금 및 공동주택의 입주자대표회의·임차인대표회의 또는 이와 유사한 관리기구) 외의 단체에 한함]가 해당 단체의 수익사업에서 발생한 소득을 고유목적사업비[주1)]로 지출하는 금액

주1) "고유목적사업비"란 해당 비영리법인 또는 단체에 관한 법령 또는 정관에 규정된 설립목적을 수행하는 사업으로서 법인세법 시행령 제3조 제1항에 해당하는 수익사업(보건업 및 사회복지서비스업 중 보건업은 제외) 외의 사업에 사용하기 위한 금액을 말함(법령 제39조 제3항).

주2) 지정받은 기간이 끝난 후 2년 이내에 재지정되는 경우에는 재지정일이 속하는 사업연도의 1월 1일부터 6년간

주3) 국세청장으로부터 추전을 받으려는 법인은 공익법인등 추천신청서 및 첨부서류를 해당 분기 마지막 달의 전전달 10일까지 국세청장에게 제출해야 함(법칙 제18조의 3 제2항).

(2) 한도액

$$\text{일반기부금 손금산입 한도액} = \left(\text{기준 소득금액} - \text{이월결손금} - \text{특례기부금 손금산입액}^{주1)}\right) \times 10\%^{주2)}$$

주1) 이월액 잔액 중 손금산입액 포함하며, 이와 같음.

주2) 사업연도 종료일 현재 사회적기업 육성법 제2조 제1호에 따른 사회적기업의 경우 20% 적용

(3) 한도초과액의 이월공제

해당 사업연도에 손금불산입한 일반기부금 손금 한도초과금액은 해당 사업연도의 다음 사업연도 개시일부터 10년(2019. 1. 1. 이후 과세표준을 신고하는 분부터 적용하되, 2013. 1. 1. 이후 개시한 사업연도에 지출한 기부금에 대하여도 적용) 이내에 끝나는 각 사업연도로 이

월하여 그 이월된 사업연도의 소득금액을 계산할 때 일반기부금의 손금산입한도액의 범위에서 손금에 산입한다. 이 경우 이월된 금액을 해당 사업연도에 지출한 기부금보다 먼저 손금에 산입하며, 이월된 금액은 먼저 발생한 이월금액부터 손금에 산입한다(법법 제24조 제5항, 제6항).

한편 일반기부금 한도초과액은 손금불산입하여 기타사외유출로 처분하고, 한도초과액 이월공제액은 손금산입하여 기타로 소득처분한다.

4. 우리사주조합 기부금

법인이 우리사주조합에 지출하는 기부금은 해당 과세연도의 소득금액을 계산할 때 해당 과세연도의 소득금액에서 이월결손금과 특례기부금 손금산입액을 공제한 금액에 30%를 곱하여 산출한 금액을 한도로 하여 손금에 산입한다(조특법 제88조의 4 제13항).

우리사주조합 기부금한도액 = (기준소득금액 - 이월결손금 - 특례기부금 손금산입액) × 30%

5. 비지정기부금

비지정기부금이란 특례기부금 · 일반기부금 · 우리사주조합 기부금을 제외한 나머지 기부금을 말하며, 그 예로서 동창회 · 향우회 기부금, 신용협동조합 · 새마을금고에 지출한 기부금 등을 들 수 있다(구법기통 24-36…12). 한편, 비지정기부금은 그 전액을 손금불산입하고 그 기부받은 자의 구분에 따라 다음과 같이 처분한다(법기통 67-106…6).

① 주주(임원 또는 직원인 주주 제외) : 배당

② 직원(임원 포함) : 상여

③ 법인 또는 사업을 영위하는 개인 : 기타사외유출

④ 상기 외의 자 : 기타소득

【사 례】

(주)삼일의 다음 자료에 의하여 기부금에 대한 세무조정을 하시오.

1. 사업연도는 2025. 1. 1.~12. 31.이며, 중소기업임.
2. 기부금 조정 전 소득금액

Ⅰ. 결산상 당기순이익	₩35,000,000
Ⅱ. 익금산입 및 손금불산입주)	17,000,000
Ⅲ. 손금산입 및 익금불산입	5,000,000
Ⅳ. 차가감 소득금액(Ⅰ + Ⅱ - Ⅲ)	₩47,000,000

주) 비지정기부금이 포함되지 아니하였음.

3. 기부금 내역

① 국방헌금	₩5,000,000
② 천재지변으로 생기는 이재민을 위한 구호금품의 가액	3,000,000
③ 사회복지법인 고유목적사업 기부금	9,000,000
④ 초등학교장이 추천하는 학생에게 장학금으로 지출하는 기부금	7,000,000
⑤ 동창회기부금	3,000,000

4. 이월결손금

2017년 발생분 ₩20,000,000

【해 설】

(1) 국방헌금 및 천재지변으로 생기는 이재민을 위한 구호금품의 가액은 특례기부금이며, 동창회기부금은 비지정기부금이고, 그 이외는 일반기부금에 해당한다.

(2) 특례기부금 세무조정

① 기준소득금액

차가감 소득금액 + 비지정기부금 + 특례기부금 + 일반기부금

= 47,000,000 + 3,000,000 + 8,000,000 + 16,000,000 = 74,000,000

② 손금 한도액

(74,000,000 - 20,000,000) × 50% = 27,000,000

③ 손금 미달액

27,000,000 - 8,000,000 = 19,000,000

(3) 일반기부금 세무조정

① 손금 한도액

(74,000,000 - 20,000,000 - 8,000,000) × 10% = 4,600,000

② 손금 한도초과액

16,000,000 - 4,600,000 = 11,400,000(손금불산입, 기타사외유출)

6. 기부금의 귀속시기

기부금의 귀속시기는 현금주의에 따른다. 그러므로 실제 지출하고도 이연처리하거나 또는 미지급한 상태에서 기부금으로 손비처리한 경우, 모두 실제 지출일이 속하는 사업연도가 기부금의 귀속시기(시부인 대상 사업연도)이다. 또한 어음을 발행(배서 포함)하여 기부금으로 지출한 경우에는 어음의 실제 결제일을, 수표를 발행한 경우에는 해당 수표를 교부한 날에 지출한 것으로 본다(법칙 제18조).

7. 기부금가액

법인이 기부금을 금전으로 지출한 경우 기부금의 가액은 해당 금액이 되지만, 금전 외의 자산으로 제공한 경우에는 해당 자산의 가액을 다음의 구분에 따라 산정한다(법령 제36조 제1항).

① 특례기부금의 경우: 기부했을 때의 장부가액
② 특수관계인이 아닌 자에게 기부한 일반기부금의 경우: 기부했을 때의 장부가액
③ ① 및 ② 외의 경우: 기부했을 때의 장부가액과 시가 중 큰 금액

8. 사용수익기부자산

금전 외의 자산을 국가 또는 지방자치단체, 특례기부금 대상 일정법인(법법 제24조 제2항 제1호 라목부터 바목까지) 및 일반기부금 대상 공익법인 등(법령 제39조 제1항 제1호)에게 기부한 후 그 자산을 사용하거나 그 자산으로부터 수익을 얻는 경우 해당 자산의 장부가액을 사용수익기부자산이라 하며(법령 제24조 제1항 제2호 사목), 법인세법에서는 이를 무형자산으로 규정하고 있다.

사용수익기부자산에 대한 감가상각은 해당 자산의 사용수익기간(그 기간에 관한 특약이 없는 경우 신고내용연수)에 따라 균등하게 안분한 금액(그 기간 중에 해당 기부자산이 멸실되거나 계약이 해지된 때에는 그 잔액)을 손금에 산입하도록 하고 있다(법령 제26조 제1항 제7호).

9. 기부금영수증 및 기부금명세서등

(1) 기부금영수증 수취 및 보관

기부금을 지출한 법인이 손금산입하고자 하는 경우에는 해당 기부금을 지급받는 자로부터 기부금영수증을 받아서 보관하여야 한다(법령 제39조 제4항).

(2) 기부금명세서 등의 제출의무

법인이 해당 사업연도 중에 지출한 기부금이 있을 경우에는 기부금명세서 및 기부금조정명세서를 작성하여 법인세 과세표준 신고시 납세지 관할 세무서장에게 제출하여야 한다(법령 제37조 제4항 및 법칙 제82조 제1항 제21호, 제22호).

♠ 기부금명세서 작성 사례

다음 자료에 의하여 (주)삼일의 기부금명세서를 작성하시오.

1. 사업연도: 2025. 1. 1.~12. 31.
2. 기부금 지급내역

일 자	내 용	금 액	지 급 처
2025. 2. 2.	국방헌금	10,000,000	
2025. 4. 2.	사립대학교 장학금	30,000,000	○○대학교
2025. 7. 2.	협회 기부금	8,000,000	○○협회주)
2025. 8. 12.	불우이웃돕기성금	5,000,000	○○재단주)
2025. 9. 4.	문화예술단체 기부금	2,000,000	○○단체주)
2025. 10. 3.	대표이사 동창회기부금	2,000,000	김동창
	합 계	57,000,000	

주) 법령 제39조 제1항에 따른 일반기부금 단체에 해당함.

[작성 해설]

1. 「①유형」란
   법인세법 제24조 제2항에 따른 기부금은 "특례"로, 법인세법 제24조 제3항에 따른 기부금은 "일반"으로, 그 밖의 기부금은 "기타"로 하고, 동일한 기부처에 대하여는 월별로 합계하여 적는다. 다만, 기부처가 국가기관인 경우(고유번호중의 등록번호 중 가운데 번호가 "83"인 것을 말함)에는 최초 지급월을 적고 해당 사업연도의 합계액으로 적을 수 있으며, 이 경우 비고란에 "합계"라고 적는다.
2. 「②코드」란
   법인세법 제24조 제2항에 따른 기부금은 "10", 법인세법 제24조 제3항에 따른 기부금은 "40", 조세특례제한법 제88조의 4 제13항에 따른 우리사주조합 기부금은 "42", 그 밖의 기부금은 "50"으로 적는다.
3. 「③ 과목」란
   회사장부상 계정과목을 적는다.
4. 「⑥ 법인명 등」란
   법인명, 단체명, 상호 또는 성명을 적는다.
5. 「⑦ 사업자등록번호 등」란
   사업자등록번호, 고유번호 또는 주민등록번호를 적는다.
6. 「⑧ 금액」란
   가지급금으로 처리한 기부금 등을 포함하고 미지급분은 그 밖의 기부금에 포함시키며, 기부금을 금전 외의 자산으로 제공한 경우 해당 자산의 가액은 이를 제공한 때의 시가(시가가 장부가액보다 낮은 경우에는 장부가액)를 적는다. 다만, 법인세법 제24조 제2항 · 제3항에 따른 기부금은 이를 제공한 때의 장부가액으로 적는다.

7. 금전 외의 현물기부의 경우에는 비고란에 자산내역을 간략히 적는다.
8. 「⑨ 소계」란

'가.～다.'에 해당하는 기부금 종류별 소계 금액은 기부금조정명세서(별지 제21호 서식)의 각 해당란에 적는다. '라. 그 밖의 기부금 소계'는 손금불산입한다.

[별지 제22호 서식] (2023. 3. 20. 개정)

사 업 연 도	2025. 1. 1. ~ 2025. 12. 31.	기부금명세서	법 인 명	㈜삼일
			사업자등록번호	

구 분		③ 과 목	④ 연 월	⑤ 적 요	기 부 처		⑧ 금 액	비 고
① 유형	② 코드				⑥ 법인명 등	⑦ 사 업 자 등록번호 등		
특례	10	기부금	2025. 2. 2.	국방헌금	XXX	XXX	10,000,000	
			2025. 4. 2.	사립대학교 장학금	OO대학교	XXX	30,000,000	
				소 계			40,000,000	
일반	40	기부금	2025. 7. 2.	협회기부금	OO협회	XXX	8,000,000	
			2025. 8. 12.	불우이웃돕기성금	OO재단	XXX	5,000,000	
			2025. 9. 4.	문화예술단체 기부금	OO단체	XXX	2,000,000	
				소 계			15,000,000	
기타	50	기부금	2025. 10. 3.	대표이사동창회 기부금	김동창	XXX	2,000,000	
				소 계			2,000,000	
⑨ 소계	가.「법인세법」 제24조 제2항 제1호의 특례기부금(코드 10)						40,000,000	
	나.「법인세법」 제24조 제3항 제1호의 일반기부금(코드 40)						15,000,000	
	다.「조세특례제한법」 제88조의 4 제13항의 우리사주조합 기부금(코드 42)							
	라. 그 밖의 기부금(코드 50)						2,000,000	
계							57,000,000	

♠ 조정명세서 작성 사례

다음 자료에 의하여 (주)삼일의 기부금 조정명세서 [별지 제21호 서식]을 작성하시오.

1. 기부금계정의 금액은 57,000,000원이며, 기부금의 내역은 다음과 같다(기부금명세서 참조).
   (1) 특례기부금: 40,000,000원
   (2) 일반기부금: 15,000,000원
   (3) 비지정기부금: 2,000,000원
2. 결산서상 당기순이익: 1,621,000,000원
3. 세무조정 사항(기부금 세부조정 전)
   (1) 익금산입·손금불산입: 743,000,000원(비지정기부금을 포함하여 기부금에 대한 세무조정은 소득금액계산에 반영되어 있지 않음)
   (2) 손금산입·익금불산입: 310,000,000원
4. 사업연도는 2025. 1. 1.~12. 31.이며 중소기업임.
5. 전기 과세표준 및 세액 신고시 일반기부금 한도초과액이 6,000,000원이 있었음.
6. 2021년에 발생한 이월결손금이 200,000,000원 있음.

[작성 해설]

1. 「① 소득금액계」란
   법인세 과세표준 및 세액조정계산서[별지 제3호 서식]의 ⑭ 차가감소득금액에서 본 조정명세서상의 ⑱ 기부금 합계액(③+⑨+⑬)을 합하여 적는다. ⑲ 손금산입 합계(⑥+⑪+⑯)에는 그 금액을 합하여 적는다.
   - 비지정기부금 등에 대한 세무조정 후의 차가감소득금액
     = 1,621,000,000 + 743,000,000 + 2,000,000 - 310,000,000 = 2,056,000,000
   - 소득금액 계
     = 차가감소득금액 + 특례기부금 + 일반기부금
     = 2,056,000,000 + 40,000,000 + 15,000,000 = 2,111,000,000
2. 「③, ⑨, ⑬」란
   기부금명세서[별지 제22호 서식]의 ⑨란의 가.~다.에 해당하는 기부금 종류별 소계 금액과 일치해야 한다.
3. 「④ 한도액」란
   "(① - ②))0"은 ①에서 ②(법인세법 제13조 제1항 각 호 외의 부분 단서에 따라 각 사업연도 소득의 80%를 한도로 이월결손금 공제를 적용받는 법인은 기준소득금액의 80%를 한도로 함)를 차감한 금액을 적되, 그 금액이 음수(-)인 경우에는 "0"으로 적는다. 이하에서 (Ⓐ - Ⓑ))0 표시된 경우는 모두 같은 방법으로 적는다.
4. 「⑤ 이월잔액 중 손금산입액」란
   전기 이월된 한도초과액 잔액 중 법인세법 제24조 제5항 및 제6항에 따라 손금산입되는 금액을 적되, 법인세법 제24조 제5항의 기부금 전기이월액 중 ㉔ 해당사업연도 손금추인액의 합계금액과 일치해야 한다.
5. 「⑥ 해당연도지출액 손금산입액」란
   ④ 금액에서 ⑤ 금액을 뺀 금액과 ③ 금액 중 작은 금액을 적되, 그 금액이 음수(-)인 경우에는

"0"으로 적는다.

6. 「⑦ 한도초과액」란

③ 금액에서 ⑥ 금액을 빼서 적되, 그 금액이 음수(-)인 경우에는 "0"으로 적는다.

※ 상기 내용을 "3. 일반기부금 손금산입 한도액 계산"에 동일하게 적용한다.

① 특례기부금의 한도액 및 한도초과액(법법 제24조 제2항 제2호)

• 특례기부금의 한도액

= (해당 사업연도의 소득금액 - 이월결손금) × 50%

= (2,111,000,000 - 200,000,000)×50% = 955,500,000

• 특례기부금의 손금산입 한도초과액

= 40,000,000 - 955,500,000 = △ 915,500,000

② 일반기부금의 한도액 및 한도초과액(법법 제24조 제3항 제2호)

• 일반기부금 손금산입한도액

= (해당 사업연도의 소득금액 - 이월결손금 - 특례기부금 손금산입액) × 10%

= (2,111,000,000 - 200,000,000 - 40,000,000) × 10%

= 187,100,000

• 전기 일반기부금 한도초과 이월액의 손금추인액

= Min(전기 일반기부금 한도초과 이월액, 당기 일반기부금 한도액)

= Min(6,000,000, 187,100,000)

= 6,000,000(손금산입, 기타)

• 당기 일반기부금 손금산입 한도초과액

= 15,000,000 - 181,100,000 = △166,100,000

7. 「⑧ 소득금액 차감잔액」란

① 금액에서 ② 금액을 뺀 금액에서 ⑤란과 ⑥란의 손금산입액을 뺀 금액을 적되, 그 금액이 음수(-)인 경우에는 "0"으로 적는다.

8. 「⑭ 한도액」란

사업연도 종료일 현재 사회적기업 육성법 제2조 제1호에 따른 사회적기업에 해당하는 경우 (⑧ 소득금액 차감금액 - ⑪)의 20%로 한다.

9. 「⑳ 한도초과액 합계」란

해당 사업연도 기부금 한도초과액 총합계금액으로서 별지 제3호 서식의 ⑩⑤ 기부금한도초과액란에 적는다.

10. "5. 기부금 이월액 명세"는 사업연도별로 작성하며, ㉔ 해당 사업연도 손금추인액 합계금액은 "법인세 과세표준 및 세액조정계산서(별지 제3호 서식)"의 ⑩⑥ 기부금한도초과이월액 손금산입란에 적는다.

11. "6. 해당 사업연도 기부금 지출액 명세"는 기부금 종류별로 작성하며, ㉖ 지출액 합계금액은 기부금 종류별 합계금액으로 "기부금명세서(별지 제22호 서식)"의 ⑨란의 가.·나.에 해당하는 기부금 종류별 소계 금액과 일치해야 한다.

※ 법인세법 제24조 제5항에 따라 손금산입한도액을 초과하여 손금에 산입하지 아니한 기부금은 10년 이내에 끝나는 각 사업연도로 이월하여 공제가능하며, 법인세법 일부개정법률(법률 제16008호로 2018. 12. 24. 공포, 2019. 1. 1. 시행된 것을 말함) 부칙 제4조 제2항에 따라 2013. 1. 1. 이후 개시한 사업연도에 지출한 기부금에 대해서도 적용한다.

[별지 제21호 서식] (2023. 3. 20. 개정) (앞쪽)

<table>
<tr><td rowspan="2">사업
연도</td><td rowspan="2">2025. 1. 1.
~
2025. 12. 31.</td><td rowspan="2">**기부금조정명세서**</td><td>법 인 명</td><td>㈜삼일</td></tr>
<tr><td>사업자등록번호</td><td></td></tr>
</table>

1. 「법인세법」 제24조 제2항 제1호에 따른 특례기부금 손금산입액 한도액 계산

① 소득금액 계	2,111,000,000	⑤ 이월잔액 중 손금산입액 MIN[④, ㉓]	
② 「법인세법」 제13조 제1항 제1호에 따른 이월결손금 합계액 (기준소득금액의 80% 한도)	200,000,000	⑥ 해당연도지출액 손금산입액 MIN[(④-⑤)>0, ③]	40,000,000
③ 「법인세법」 제24조 제2항 제1호에 따른 특례기부금 해당 금액	40,000,000	⑦ 한도초과액[(③-⑥)>0]	0
④ 한도액 {[(①-②)>0]×50%}	955,500,000	⑧ 소득금액 차감잔액 [(①-②-⑤-⑥)>0]	1,871,000,000

2. 「조세특례제한법」 제88조의 4에 따라 우리사주조합에 지출하는 기부금 손금산입액 한도액 계산

⑨ 「조세특례제한법」 제88조의 4 제13항에 따른 우리사주조합 기부금 해당 금액		⑪ 손금산입액 MIN(⑨, ⑩)	
⑩ 한도액 (①-②)×30%		⑫ 한도초과액[(⑨-⑩)>0]	

3. 「법인세법」 제24조 제3항 제1호에 따른 일반기부금 손금산입 한도액 계산

⑬ 「법인세법」 제24조 제3항 제1호에 따른 일반기부금 해당 금액	15,000,000	⑯ 해당연도지출액 손금산입액 MIN[(⑭-⑮)>0, ⑬]	15,000,000
⑭ 한도액(⑧×10%, 20%)	187,100,000	⑰ 한도초과액[(⑬-⑯)>0]	0
⑮ 이월잔액 중 손금산입액 MIN(⑭, ㉓)	6,000,000		

4. 기부금 한도초과액 총액

⑱ 기부금 합계액(③+⑨+⑬)	⑲ 손금산입 합계(⑥+⑪+⑯)	⑳ 한도초과액 합계(⑱-⑲)=(⑦+⑫+⑰)
55,000,000	55,000,000	0

(뒤쪽)

5. 기부금 이월액 명세

사업연도	기부금 종류	㉑한도초과 손금 불산입액	㉒기공제액	㉓공제가능 잔액(㉑-㉒)	㉔해당 사업연도 손금추인액	㉕차기 이월액 (㉓-㉔)
합계	「법인세법」 제24조 제2항 제1호에 따른 특례기부금					
	「법인세법」 제24조 제3항 제1호에 따른 일반기부금	6,000,000	0	6,000,000	6,000,000	0
2024	「법인세법」 제24조 제2항 제1호에 따른 특례기부금					
	「법인세법」 제24조 제3항 제1호에 따른 일반기부금	6,000,000	0	6,000,000	6,000,000	0
	「법인세법」 제24조 제2항 제1호에 따른 특례기부금					
	「법인세법」 제24조 제3항 제1호에 따른 일반기부금					

6. 해당 사업연도 기부금 지출액 명세

사업연도	기부금 종류	㉖ 지출액 합계금액	㉗ 해당 사업연도 손금산입액	㉘차기 이월액 (㉖-㉗)
2025	「법인세법」 제24조 제2항 제1호에 따른 특례기부금	40,000,000	40,000,000	0
	「법인세법」 제24조 제3항 제1호에 따른 일반기부금	15,000,000	15,000,000	0

17 각종 준비금

1. 법인세법상 준비금

고유목적사업준비금을 제외한 법인세법상 준비금은 보험업법 등 관련 법률에서 그 적립이 강제화된 준비금으로, 그 종류는 다음과 같다.

① 비영리내국법인의 고유목적사업준비금(법법 제29조)

② 보험업법인(보험업법에 따른 보험회사 제외)의 책임준비금(법법 제30조)

③ 보험업법인의 비상위험준비금(법법 제31조)

④ 보험업법에 따른 보험회사의 해약환급금준비금(법법 제32조)

- 법법 제42조의 3 보험계약국제회계기준 전환이익 과세특례를 적용받는 보험회사는 제외

2. 조세특례제한법상 준비금

조세특례제한법상 준비금을 요약하면 다음과 같다.

구 분	설정대상	설정한도	사용기간	환입방법
자본확충목적회사의 손실보전준비금 (조특법 제104조의 3)	자본확충목적회사	다음 중 적은 금액 ① 준비금 손금산입 전 소득금액 × 100% ② 신종자본증권 잔액과 후순위채권 잔액 합계액의 10% - 준비금 잔액 (2021. 12. 31. 이전에 끝나는 사업연도까지)	5년 이내	① 손실 발생시 상계 ② 상계 후 잔액은 5년이 되는 사업연도에 일시환입 ※ 자본확충목적회사의 해산 등의 사유 발생시 준비금 잔액 일시환입

구 분	설정대상	설정한도	사용 기간	환입방법
신용회복목적 회사의 손실보 전준비금 (조특법 제104 조의 12)	신용회복 목적회사	– (2026. 12. 31. 이전에 끝나는 사업연도까지)	15년 이내	① 손실 발생시 상계 ② 상계 후 잔액은 15년이 되는 사업연도에 일시 환입 ※ 신용회복목적회사의 해산 등의 사유발생시 준비금 잔액 일시환입

3. 준비금의 손금계상 특례

(1) 원칙(결산조정)

준비금은 회사가 임의로 계상 여부를 결정할 수 있는 항목이므로 결산조정이 원칙이다.

(2) 특례(잉여금처분에 의한 신고조정의 허용)

내국법인이 조세특례제한법에 따른 준비금을 세무조정계산서에 계상하거나 주식회사등의 외부감사에 관한 법률 제2조 제7호 및 제9조에 따른 감사인의 회계감사를 받는 비영리내국법인이 고유목적사업준비금을 세무조정계산서에 계상한 경우 및 보험업법에 따른 보험회사가 해약환급금준비금을 세무조정계산서에 계상한 경우로, 그 금액 상당액이 해당 사업연도의 이익처분에 있어서 그 준비금의 적립금으로 적립되어 있는 경우 그 금액은 손금으로 계상한 것으로 본다(법법 제29조 제2항, 제32조 제1항, 제61조 제1항). 이 경우에는 세무조정에 의해 손금산입이 가능하며, 신고조정을 허용하는 이유는 기업회계기준이 조세특례제한법상 준비금과 고유목적사업준비금 및 해약환급금준비금에 대해 비용처리를 허용하지 않기 때문이다.

또한, 한국채택국제회계기준에서는 비상위험준비금이 부채로 계상되지 아니함에 따라, 한국채택국제회계기준을 적용하는 법인이 보험업법, 그 밖의 법률에 따라 비상위험준비금을 세무조정계산서에 계상하고 그 금액 상당액을 해당 사업연도의 이익처분을 할 때 비상위험준비금의 적립금으로 적립한 경우에도 그 금액은 손금에 계상한 것으로 본다(법법 제31조 제2항).

구 분	결산조정	신고조정
① 준비금의 설정	• 결산시: 다음 분개를 장부에 반영 (차)○○준비금전입 ××× (대)○○준비금 ××× • 세무조정시: 한도초과 금액에 대해서는 손금불산입(유보)	• 결산시: 회계처리 없음(단, 이익잉여금처분예정금액은 이익잉여금처분계산서에 표시). • 주주총회시: 위 이익잉여금 처분내용의 승인을 득함(⇒ 익년도 재무제표에 반영됨) • 세무조정시: 소득금액조정합계표에 손금산입(△유보) 반영
② 준비금의 환입	• 결산시: 다음 분개를 장부에 반영 (차)○○준비금 ××× (대)○○준비금환입 ××× • 세무조정시: 전기 한도초과액이 환입되는 경우에는 손금산입(유보)	• 결산시: 회계처리 없음(단, 이익잉여금 이입예정금액은 이익잉여금처분계산서에 표시). • 주주총회시: 위 이익잉여금 이입내용의 승인을 득함(⇒ 익년도 재무제표에 반영됨) • 세무조정시: 소득금액조정합계표에 익금산입(유보) 반영

18 소득금액조정합계표

1. 개　념

소득금액조정합계표는 익금산입(손금불산입)과 손금산입(익금불산입) 사항을 요약·집계한 것으로, 각 항목별 내용, 금액, 소득처분 및 코드를 명시한 표이다. 다만, 기부금한도초과액 및 기부금손금추인액은 소득금액을 기준으로 계산되므로 소득금액조정합계표에 기재하지 않고 법인세과세표준 및 세액조정계산서[별지 제3호 서식]에 기재한다.

2. 소득금액조정 및 항목별 소득처분

항 목	세무조정내용	관련조항	조정구분		처 분
			익금산입·손금불산입	손금산입·익금불산입	
수입금액	① 인도한 제품 등 매출액 가산	법법 제40조, 법령 제68조, 법령 제69조, 법령 제70조, 법령 제71조	익금산입		유 보
	② ①에 대응하는 매출원가			손금산입	유 보
	③ 전기매출액 중 당기결산상 매출계상분			익금불산입	유 보
	④ ③에 대응하는 매출원가		손금불산입		유 보
	⑤ 작업진행률에 의한 수입금액 가산		익금산입		유 보
기업업무추진비	한도초과액 및 건당 3만 원(경조금은 20만 원) 초과 기업업무추진비 중 신용카드 등 미사용액	법법 제25조 법령 제41조	손금불산입		기타사외유출
기 부 금	① 기부금 한도초과액	법법 제24조	손금불산입		기타사외유출
	② 비지정기부금	법기통 67-106…6	손금불산입		상여, 배당, 기타사외유출, 기타소득
	③ 당기말 미지급계상 기부금	법령 제36조	손금불산입		유 보

항 목	세무조정내용		관련조항	조정구분		처 분
				익금산입 · 손금불산입	손금산입 · 익금불산입	
기 부 금	④ 전기 미지급기부금 당기지급		법령 제36조		손금산입	유 보
	⑤ 당기가지급계상분				손금산입	유 보
	⑥ 전기가지급계상분 당기비용 처리			손금불산입		유 보
외화평가 차손익	금융 기관	① 평가차익 과소계상	법령 제76조	익금산입		유 보
		② 평가차익 과대계상			익금불산입	유 보
		③ 평가차손 과소계상			손금산입	유 보
		④ 평가차손 과대계상		손금불산입		유 보
	금융 기관외	① 신고방법과 달리 평가차익 과대계상			익금불산입	유 보
		② 신고방법과 달리 평가차익 과소계상		익금산입		유 보
		③ 신고방법과 달리 평가차손 과대계상		손금불산입		유 보
		④ 신고방법과 달리 평가차손 과소계상			손금산입	유 보
채권자 불분명 사채이자 등	① 채권자불분명 사채이자 및 지급받은 자 불분명 채권 · 증권이자		법법 제28조 제1항 제1호, 제2호, 제4호	손금불산입		대표자 상여 (단, 원천징수 세액은 기타 사외유출)
	② 업무무관자산 등 지급이자			손금불산입		기타사외유출
건설자금 이자	① 건설 중인 자산에 대한 미계상분		법법 제28조 제1항 제3호, 제2항, 법령 제52조	손금불산입		유 보
	② 건설완료자산 중 비상각자산분			손금불산입		유 보
	③ 건설자금이자 과대계상				손금산입	유 보
가지급금 등 인정 이자	① 출자자(출자임원 제외)		법령 제88조 제1항 제6호, 법령 제89조 제3항	익금산입		배 당
	② 임원 · 직원			익금산입		상 여
	③ 법인 또는 개인사업자			익금산입		기타사외유출
	④ 상기 외 개인			익금산입		기타소득
각종 준비금	① 한도초과액		'17. 각종 준비금' 참조	손금불산입		유 보
	② 과소환입			익금산입		유 보
	③ 과다환입				익금불산입	유 보
	④ 전기한도초과액 중 환입				익금불산입	유 보
	⑤ 잉여금처분에 의한 신고조정으로 설정				손금산입	유 보

항 목	세무조정내용	관련조항	조정구분		처 분
			익금산입 · 손금불산입	손금산입 · 익금불산입	
각종 준비금	⑥ ⑤의 준비금을 일정기간 후 잉여금 처분 환입시	'17. 각종 준비금' 참조	익금산입		유 보
퇴직급여 충당금 등	① 한도초과액	법법 제33조, 법령 제60조	손금불산입		유 보
	② 전기부인액 중 당기지급			손금산입	유 보
	③ 전기부인액 중 당기환입			익금불산입	유 보
	임원 퇴직금 한도초과액	법령 제44조 제4항	손금불산입		상 여
퇴직 보험료 등	① 한도초과액	법령 제44조의 2 제3항	손금불산입		유 보
	② 신고조정으로 설정			손금산입	유 보
	③ '②'의 금액을 퇴직금으로 지급시		익금산입		유 보
	④ 전기부인액 중 당기환입			익금불산입	유 보
대손 충당금	① 한도초과액	법법 제34조 제1항, 제3항	손금불산입		유 보
	② 전기 한도초과액 중 당기환입			익금불산입	유 보
재고자산 (원가법)	① 당기평가감	법령 제74조	손금불산입		유 보
	② 당기평가증			익금불산입	유 보
	③ 전기평가감 재고자산 당기매각			익금불산입	유 보
	④ 전기평가증 재고자산 당기매각		손금불산입		유 보
유가증권 저가 양수액	특수관계에 있는 개인으로부터 저가로 매입한 유가증권(시가 - 매입가액)	법법 제15조 제2항 제1호	익금산입		유 보
감가 상각비	① 당기부인액	법법 제23조	손금불산입		유 보
	② 기왕부인액 중 당기추인액			손금산입	유 보
	③ K-IFRS 적용 법인의 한도 내 당기상각비			손금산입	유 보
	④ 감가상각의제액			손금산입	유 보
	⑤ 손금산입특례분	조특법 제28조의 3 등		손금산입	유 보
업무용 승용차 관련비용	① 업무용승용차에 대한 5년 정액법 감가상각한도 미달액	법법 제27조의 2, 법령 제50조의 2		손금산입	유보
	② 업무용승용차 관련비용 중 업무미사용금액		손금불산입		상여, 배당
	③ 업무용승용차 관련비용의 업무사용금액 중 감가상각비 한도초과액		손금불산입		유 보
	④ 업무용승용차 임차료의 업무사용금액 중 감가상각비 상당액 한도초과액		손금불산입		기타사외유출

항 목	세무조정내용	관련조항	조정구분		처 분
			익금산입 · 손금불산입	손금산입 · 익금불산입	
업무용 승용차 관련비용	⑤ 상기 '③, ④'의 한도초과액 이월 손금산입	법법 제27조의 2, 법령 제50조의 2		손금산입	③의 경우 유보, ④의 경우 기타
	⑥ 업무용승용차 처분손실 한도초과액		손금불산입		기타사외유출
	⑦ 상기 '⑥'의 한도초과액 이월 손금산입			손금산입	기 타
의제배당	이익잉여금의 자본전입분 감자 · 해산 · 합병 등으로 인한 의제배당 등	법법 제16조	익금산입		유 보
자본거래	① 잉여금처분의 비용계상액 ② 주식할인발행차금	법법 제20조	손금불산입		기 타
전기이월 이익 잉여금	전기이월미처분이익잉여금의 수정사항 중 익금 해당액	법칙 제36조	익금산입		기 타
	전기이월미처분이익잉여금의 수정사항 중 손금 해당액			손금산입	기 타
자기주식 소각손익	소각이익을 이익처리시	법기통 15-11…7		익금불산입	기 타
	소각손실을 비용처리시		손금불산입		기 타
자기주식 처분손익	처분이익을 자본잉여금으로 처리시		익금산입		기 타
	처분손실을 자본조정으로 처리시			손금산입	기 타
자산 수증익 등	잉여금계상된 자산수증익 등 (이월결손금 보전시 익금불산입)	법법 제18조 제6호 및 법령 제11조 제5호	익금산입		기 타
기타사항	① 법인세 등	법법 제21조 제1호	손금불산입		기타사외유출
	② 국세 및 지방세 환급이자	법법 제18조 제4호		익금불산입	기 타
	③ 벌과금 · 과료 · 가산금 등	법법 제21조 제3호	손금불산입		기타사외유출
	④ 임원 상여금 규정 초과 지급액	법령 제43조 제2항 및 제3항	손금불산입		상 여

항 목	세무조정내용	관련조항	조정구분		처 분
			익금산입 · 손금불산입	손금산입 · 익금불산입	
기타사항	⑤ 부가가치세 매입세액 비용계상 (단, 매입세액불공제분 제외)	법법 제21조 제1호	손금불산입		유 보
	⑥ 법령에 의하여 의무적으로 납부하는 것이 아닌 공과금과 의무불이행이나 위반에 대한 제재로 부과되는 공과금	법법 제21조 제4호 및 제5호	손금불산입		기타사외유출
	⑦ 부당행위계산 부인 (귀속자에 따라 소득처분)	법법 제52조	손금불산입		상여, 배당, 기타사외유출, 기타소득
	⑧ 정상가격 등에 의한 증액 과세조정	국조법 제13조	익금산입		임시유보, 이전소득 배당, 출자의 증가
	⑨ 정상가격 등에 의한 감액 과세조정			손금산입	유보, 기타

3. 과목별 소득금액 조정명세서

과목별 소득금액 조정명세서라 함은 소득금액 조정명세서상의 세무조정 사항을 설명하는 세부명세서로, 익금산입(손금불산입)명세서와 손금산입(익금불산입)명세서로 구성된다. 이에 대해서는 작성 사례를 참고하기 바란다.

♠ 조정명세서 작성 사례

다음 자료에 의하여 (주)삼일의 제10기 사업연도(2025. 1. 1.~12. 31.)의 법인세 신고를 위한 별지 제15호 서식(소득금액조정합계표)과 별지 제15호 부표 1 및 부표 2 서식(과목별 소득금액 조정명세서)을 작성하시오. 단, (주)삼일은 상속세 및 증여세법 제45조의 3 제1항에 따른 수혜법인이 아니다.

1. 익금산입 및 손금불산입 항목의 내역

과 목	금 액	내 용
법인세 비용	1,430,000	당기의 법인세 및 지방소득세 소득분
무상주	3,240,000	이익잉여금 자본전입에 따른 무상주 수령액을 수익에 계상하지 않음.
재고자산평가손실	419,000	재고자산 평가감액(회사의 신고방법은 원가법임)
퇴직급여충당금	1,019,000	한도초과액
가지급금인정이자	76,000	대표이사에 대한 인정이자
세금과 공과금	317,000	원천징수의무 불이행에 따른 가산세
벌금과 과태료	12,000	교통위반벌과금
대손충당금	960,000	한도초과액
기업업무추진비	1,400,000	한도초과액

2. 손금산입 및 익금불산입 항목의 내역

과 목	금 액	내 용
재고자산평가손실	525,000	전기 손금불산입 유보분 중 당기에 매출된 것
미수이자	762,000	기간 경과분 은행 정기예금이자
감가상각비	1,014,000	전기 부인누계액 중 당기 추인액
대손충당금	600,000	전기 대손충당금 한도초과액

[별지 제15호 서식] (2022. 3. 18. 개정)

사업연도	2025. 1. 1. ~ 2025. 12. 31.	소득금액조정합계표	법 인 명	(주)삼일
			사업자등록번호	

익금산입 및 손금불산입				손금산입 및 익금불산입			
① 과 목	② 금 액	③ 소득처분		④ 과 목	⑤ 금 액	⑥ 소득처분	
		처 분	코 드			처 분	코 드
법인세비용	1,430,000	기타사외유출	500	재고자산평가손실	525,000	유 보	100
무상주	3,240,000	유 보	400	미수이자	762,000	유 보	100
재고자산평가손실	419,000	유 보	400	감가상각비	1,014,000	유 보	100
퇴직급여충당금	1,019,000	유 보	400	대손충당금	600,000	유 보	100
가지급금인정이자	76,000	상 여	100				
세금과 공과금	317,000	기타사외유출	500				
벌금과 과태료	12,000	기타사외유출	500				
대손충당금	960,000	유 보	400				
기업업무추진비	1,400,000	기타사외유출	500				
합 계	8,873,000			합 계	2,901,000		

〈참 고〉 소득처분 코드

익금산입	손금산입
상여 – 100	유보 – 100
배당 – 200	기타 – 200
기타소득 – 300	출자의 증가 – 300
유보 – 400	
기타사외유출 – 500	
기타 – 600	
임시유보 – 700	
이전소득 배당 – 810	
출자의 증가 – 820	

[별지 제15호 서식 부표 1] (2014. 3. 14. 개정)

사 업 연 도	2025. 1. 1. ~ 2025. 12. 31.	과목별 소득금액조정명세서(1)	법 인 명	(주)삼일
			사업자등록번호	

1. 익금산입 및 손금불산입

① 과 목	② 금 액	③ 영업손익 조정금액	④ 처 분	⑤ 조 정 내 용
법인세비용	1,430,000		기타사외유출	결산서상 법인세비용을 손금불산입하고 기타사외유출 처분함.
무상주	3,240,000		유 보	수입금액에 미계상한 무상주 수령액을 익금산입하고 유보 처분함.
재고자산평가손실	419,000		유 보	당기말 재고자산 임의평가감액을 손금불산입하고 유보 처분함.
퇴직급여충당금	1,019,000		유 보	퇴직급여충당금 한도초과액을 손금불산입하고 유보 처분함.
가지급금인정이자	76,000		상 여	대표이사 가지급금인정이자를 익금산입하고 상여처분함.
세금과 공과금	317,000		기타사외유출	가산세 등을 손금불산입하고 기타사외유출 처분함.
벌금과 과태료	12,000		기타사외유출	교통위반벌과금을 손금불산입하고 기타사외유출 처분함.
대손충당금	960,000		유 보	대손충당금 한도초과액을 손금불산입하고 유보 처분함.
기업업무추진비	1,400,000		기타사외유출	기업업무추진비 한도초과액을 손금불산입하고 기타사외유출 처분함.
합 계	8,873,000			

[별지 제15호 서식 부표 2] (2014. 3. 14. 개정)

사 업 연 도	2025. 1. 1. ~ 2025. 12. 31.	과목별 소득금액조정명세서(2)	법 인 명	(주)삼일
			사업자등록번호	

2. 손금산입 및 익금불산입

① 과 목	② 금 액	③ 영업손익 조정금액	④ 처 분	⑤ 조 정 내 용
재고자산평가손실	525,000		유 보	전기 재고자산 평가감액이 당기에 전액 매출되었으므로 손금산입하고 유보 처분함.
미수이자	762,000		유 보	기간 경과분 은행이자의 귀속시기는 차기 이후이므로 익금불산입하고 유보 처분함.
감가상각비	1,014,000		유 보	감가상각비 부인누계액 중 당기 시인부족액의 범위 내에서 추인하고 유보 처분함.
대손충당금	600,000		유 보	전기 대손충당금 한도초과액을 손금추인하고 유보 처분함.
합 계	2,901,000			

19 소득자료명세서

납세의무가 있는 내국법인은 각 사업연도 종료일이 속하는 달의 말일부터 3개월(성실신고확인서를 제출하는 경우에는 4개월) 이내에 법인세 과세표준 및 세액(이하 "과표 등")을 납세지 관할 세무서장에게 신고하여야 한다(법법 제60조). 동 법인세 과표 등 신고시 법령 제106조에 따라 처분되는 배당, 상여 및 기타소득을 해당 법인의 법인세 과표 등의 신고기일에 지급한 것으로 간주하여 동 소득에 대한 원천징수세액을 그 다음 달 10일까지 납부하여야 한다(소법 제128조).

다음은 법인의 각 사업연도 소득금액 계산에 있어 처분되는 소득별 귀속시기 및 지급의 제일을 요약한 것이다(소법 제131조 제2항, 제135조 제4항, 제145조의 2).

구 분	소득자의 소득 귀속시기	지급의제일
인정상여	해당 사업연도 중 근로를 제공한 날 (소령 제49조 제1항 제3호)	• 해당 법인이 과표 등을 신고하는 경우: 과표 등 신고기일 • 과표 등의 수정신고시: 수정신고일 • 과세관청의 경정시: 소득금액 변동통지서 수령일
인정배당	해당 법인의 결산확정일 (소령 제46조 제6호)	
기타소득으로 처분된 금액	해당 법인의 결산확정일 (소령 제50조 제1항 제2호)	

♠ 조정명세서 작성 사례

다음 자료에 의하여 (주)삼일의 제12기 사업연도(2025. 1. 1.~12. 31.)의 법인세 신고를 위한 별지 제55호 서식(소득자료명세서)을 작성하시오.

1. 익금산입 및 손금불산입 항목의 내역

과 목	금 액	내 용
재고자산누락액	₩30,000,000	대표이사 홍길동에 대한 상여 처분(*)
가지급금인정이자	500,000	주주 김용산에 대한 배당 처분
기타사외유출	725,000,000	법인세 비용 등

(*) 연말정산을 통하여 원천징수함.

2. 손금산입 및 익금불산입 항목의 내역

과 목	금 액	내 용
대 손 충 당 금	600,000	전기 한도초과액의 당기 추인분

3. 정기주주총회일자는 2026. 3. 2.이다.

[별지 제55호 서식] (2011. 2. 28. 개정)

사 업 연 도	2025. 1. 1. ~ 2025. 12. 31.	소득자료 { 인정상여 / 인정배당 / 기타소득 } 명세서	법인명	(주)삼일
			사 업 자 등록번호	

① 소득구분	② 사업귀속연도	③ 배당·상여 및 기타 소득금액	④ 원천징수할 소득금액	⑤ 원천징수일	⑥ 신고여부	소 득 자		⑨비 고
						⑦ 성 명	⑧ 주민등록번호	
1	2025년	30,000,000	0	2025. 2. 10.	여	홍길동		원천징수필
2	2026년	500,000	70,000		부	김용산		
계		30,500,000	70,000					

작 성 방 법

1. "소득금액조정합계표(별지 제15호 서식)"의 ③소득처분란 중 배당·상여 및 기타소득을 소득자별로 구분하여 원천징수할 세액을 산출하여 적습니다.
2. ① 소득구분란의 경우 인정상여는 1, 인정배당은 2, 기타소득은 3으로 적습니다.
3. ② 소득귀속연도란은 인정상여·인정배당·기타소득의 귀속사업연도를 적습니다.
4. ⑤ 원천징수일란은 해당 소득에 대한 원천징수일을 적습니다.
5. ⑥ 신고여부란은 해당 소득에 대해 원천징수이행상황신고서를 통해 신고한 경우에는 "여", 신고하지 않은 경우에는 "부"를 적습니다. 다만, 연말정산을 통하여 원천징수한 경우에는 ④원천징수할 소득세액란에 세액을 "0", ⑥신고여부란은 "여", ⑨비고란에는 "연말정산 원천징수필"로 적습니다.

20 현재가치

1. 기업회계기준상 현재가치에 관한 규정

(1) 채권 · 채무의 현재가치 평가

채권 · 채무의 현재가치란 특정 채권채무로 인하여 미래에 수취하거나 지급할 총금액을 적정한 이자율로 할인한 가액을 말하는 것이다. 일반기업회계기준에 따르면 장기연불조건의 매매거래, 장기금전대차거래 또는 이와 유사한 거래에서 발생하는 채권 · 채무로서 명목금액과 공정가치의 차이가 유의적인 경우에는 이를 공정가치로 평가하도록 규정하고 있다. 이 경우 채권 · 채무의 공정가치는 시장가격으로 평가하되 시장가격이 없는 경우에는 평가기법(현재가치평가기법 포함)을 사용하여 공정가치를 추정한다(일반기준 6장 문단 6.13).

한국채택국제회계기준(K - IFRS)에서는 재무제표를 작성하기 위한 측정기준의 하나로서 자산의 사용가치 및 부채의 이행가치를 예시하고 있으며, 사용가치는 기업이 자산의 사용과 궁극적인 처분으로 얻을 것으로 기대하는 현금흐름 또는 그 밖의 경제적 효익의 현재가치로, 이행가치는 기업이 부채를 이행할 때 이전해야 하는 현금이나 그 밖의 경제적 자원의 현재가치로 각각 정의하고 있다(재무보고를 위한 개념체계 문단 6.17).

(2) 할부판매의 수익인식

대가가 분할되어 수취되는 할부판매에 대해서는 이자부분을 제외한 판매가격에 해당하는 수익을 판매시점에 인식한다. 판매가격은 대가의 현재가치로서 수취할 할부금액을 내재이자율로 할인한 금액이다. 이자부분은 유효이자율법주1)을 사용하여 가득하는 시점에 수익으로 인식한다(K-IFRS 1115호 적용 사례 28 및 일반기준 16장 부록 사례 8).

다만, 한국채택국제회계기준(K - IFRS)에서는 계약을 개시할 때 기업이 고객에게 약속

주1) 유효이자율법이란 유효이자율을 이용하여 금융자산이나 금융부채의 상각후원가를 계산하고 관련 기간에 걸쳐 이자수익이나 이자비용을 배분하는 방법. 유효이자율은 금융상품으로부터 만기일까지 기대되는 현금유입액과 현금유출액의 현재가치를 순장부금액과 일치시키는 이자율임(K-IFRS 1109호 부록 A 및 일반기준 6장 용어의 정의).

한 재화나 용역을 이전하는 시점과 고객이 그에 대한 대가를 지급하는 시점 간의 기간이 1년 이내일 것이라고 예상한다면 유의적인 금융요소의 영향을 반영하여 약속한 대가(금액)를 조정하지 않는 실무적 간편법을 쓸 수 있도록 하고 있으며(K-IFRS 1115호 문단 63), 일반기업회계기준에서는 대금회수기간이 1년 미만인 할부매출의 경우에는 현금판매가와 할부판매가의 차이가 중요한 경우 등과 같이 계약의 내용에 비추어 볼 때 재무거래의 요소(이자수익)를 명백히 분리할 수 있는 경우를 제외하고는 명목금액으로 측정할 수 있도록 규정하고 있다(GKQA 02-173, 2002. 10. 30.).

(3) 채무증권의 평가

기업회계기준상 채무증권은 최초 인식 이후 그 분류에 따라 당기손익-공정가치 측정 금융자산이나 기타포괄손익-공정가치 측정 금융자산(일반기업회계기준상 '단기매매증권이나 매도가능증권')의 경우 공정가치로 재측정하며, 상각후원가 측정 금융자산(일반기업회계기준상 '만기보유금융자산')의 경우 유효이자율법을 사용하여 상각후원가로 측정한다(K-IFRS 1109호 문단 5.4.1 및 일반기준 6장 문단 6.29, 6.30).

한편, 일반기업회계기준상 단기매매증권과 매도가능증권을 공정가치로 평가하는 경우 시장성 있는 유가증권은 그 시장가격을 공정가치로 보는 것이나, 채무증권으로서 시장가격은 없으나 미래 현금흐름을 합리적으로 추정할 수 있고 공신력 있는 독립된 신용평가기관이 평가한 신용등급이 있는 경우에는 신용평가등급을 적절히 감안한 할인율을 사용하여 평가한 금액을 공정가치로 본다(일반기준 6장 부록 실6.26).

(4) 채권·채무조정

일반기업회계기준에 따르면 채권·채무조정은 채무자의 현재 또는 장래의 채무변제능력이 크게 저하된 경우에 채권자와 채무자 간의 합의 또는 법원의 결정 등의 방법으로 채무자의 부담완화를 공식화하는 것을 말한다(일반기준 6장 문단 6.84).

채권·채무조정의 유형은 자산이전 또는 지분증권의 발행을 통한 채무의 변제와 이자율이나 만기 등의 조건변경을 통한 채무의 존속으로 구분할 수 있다. 이 중 채권·채무의 조건변경의 경우 채권·채무조정에 따른 약정상 정해진 미래 현금흐름을 채권 발생시점의 유효이자율로 할인한 현재가치를 계산하여, 채무자는 동 현재가치 금액과 채무의 장부금액과의 차이를 채무에 대한 현재가치할인차금과 채무조정이익으로 인식하고(일반기준 6장 문단 6.90), 채권자는 해당 현재가치 금액과 채권의 대손충당금 차감 전 장부금액과의 차이를 대손상각비로 인식한다(일반기준 6장 문단 6.98).

(5) 일반기업회계기준상 중소기업 회계처리 특례

주식회사의 외부감사에 관한 법률의 적용대상 기업 중 중소기업기본법에 의한 중소기업[자본시장과 금융투자업에 관한 법률에 따른 상장법인 · 증권신고서 제출법인 · 사업보고서 제출대상 법인, 일반기업회계기준 제3장(재무제표의 작성과 표시 Ⅱ(금융업))에서 정의하는 금융회사, 일반기업회계기준 제4장(연결재무제표)에서 정의하는 연결실체에 중소기업이 아닌 기업이 포함된 경우의 지배기업 제외]의 경우 장기연불조건의 매매거래 및 장기금전대차거래 등에서 발생하는 채권 · 채무는 현재가치평가를 하지 않을 수 있다(일반기준 31장 문단 31.2, 31.7).

(6) 기타 규정

① 유형자산취득과 관련된 유가증권의 평가(일반기준 10장 문단 10.8)
② 채무증권의 회수가능액의 측정(K-IFRS 1109호 문단 5.5.17 및 일반기준 6장 부록 6.A10, 6.A15)
③ 전환사채 및 신주인수권사채의 전환권대가 또는 신주인수권대가의 계산(일반기준 15장 부록 실15.4, 실15.5)
④ 지분법적용투자주식의 회수가능액의 측정(K-IFRS 1028호 문단 42 및 일반기준 8장 문단 8.28)
⑤ 충당부채의 평가(K-IFRS 1037호 문단 45 및 일반기준 14장 문단 14.9)
⑥ 리스자산 · 부채의 평가(K-IFRS 1116호 문단 23, 26, 67 및 일반기준 13장 문단 13.13, 13.21)

2. 법인세법상 현재가치에 관한 규정

법인세법에서는 다음 '(1)~(5)'에 대해서만 현재가치평가를 수용하고, 그 이외의 경우에는 수용하지 않고 있다.

(1) 채권의 재조정

채권자인 법인이 기업회계기준에 의한 채권의 재조정에 따라 채권의 장부가액과 현재가치의 차액을 대손금으로 계상한 경우에는 이를 손금에 산입하며, 손금에 산입한 금액은 기업회계기준의 환입방법에 따라 이를 익금에 산입한다(법령 제19조의 2 제5항). 다만, 채권자인 법인이 기업회계기준에 의한 채권 · 채무의 조정과 관련하여 원금의 일부를 감면한 경우 동 원금감면분에 대하여는 '약정에 의한 채권포기액의 대손금 처리(법기통 19의 2-19

의 2…5)'의 규정에 따라 처리한다(법기통 19의 2-19의 2…8).

한편, 채무자인 법인이 기업회계기준에 의한 채무의 재조정에 따라 채무의 장부가액과 현재가치의 차액을 채무면제익으로 계상한 경우에는 이를 익금에 산입하지 아니하며(법기통 19의 2-19의 2…9), 추후 현재가치할인차금(이하 "현할차")을 상각하면서 이자비용으로 계상한 경우에도 각 사업연도 소득금액 계산상 손금에 산입하지 아니한다. 이하 채권·채무 재조정분에 대한 세무처리를 요약하면 다음과 같다.

구 분	세 무 처 리
채권의 재조정액	채권재조정에 따른 대손금 계상액을 손금산입하고, 동 손금산입액은 유효이자율법에 따라 그 환입액을 익금산입함.
채무의 재조정액	채무재조정에 따른 채무조정이익은 익금불산입하고, 추후 현할차를 상각하면서 이자비용으로 계상한 금액은 손금불산입함.

(2) 장기할부조건 판매

법인이 장기할부조건주2) 등에 의하여 자산을 판매하거나 양도함으로써 발생한 채권에 대하여 기업회계기준이 정하는 바에 따라 현재가치로 평가하여 현할차를 계상한 경우, 해당 현할차 상당액은 해당 채권의 회수기간 동안 기업회계기준이 정하는 바에 따라 환입하였거나 환입할 금액을 각 사업연도의 익금에 산입한다(법령 제68조 제6항).

(3) 장기할부조건에 의한 자산취득

법인이 장기할부조건 등에 의하여 자산을 취득하면서 발생한 채무를 현재가치로 평가하면서 계상한 현할차는 해당 자산의 취득가액에 포함시키지 아니하며(현재가치평가 수용), 동 현할차 상각분에 해당하는 이자상당액은 지급이자 손금불산입(법법 제28조), 원천징수(법법 제73조, 제73조의 2 및 제98조), 지급명세서의 제출의무(법법 제120조 및 제120조의 2), 수입배당금액의 익금불산입(법법 제18조의 2) 규정을 적용하지 아니한다(법령 제72조 제4항 제1호 및 제6항).

한편, 이와는 달리 장기금전대차거래에서 발생하는 채권·채무에 대해서는 현재가치 평가를 인정하지 아니한다(법기통 42-0…1).

주2) '장기할부조건'이라 함은 자산의 판매 또는 양도(국외거래에 있어서는 소유권이전 조건부 약정에 의한 자산의 임대를 포함)로, 다음의 두 가지 요건을 모두 갖춘 것을 말한다(법령 제68조 제4항).
① 판매금액·수입금액을 월부·연부 기타의 지불방법에 따라 2회 이상으로 분할하여 수입하는 것
② 해당 목적물의 인도일 다음날부터 최종의 할부금 지급기일까지의 기간이 1년 이상인 것

(4) 사채할인(증)발행차금

법인이 사채를 발행하는 경우에 상환할 사채금액의 합계액에서 사채발행가액(사채발행수수료와 사채발행을 위하여 직접 필수적으로 지출된 비용을 차감한 후의 가액을 말함)의 합계액을 공제한 금액(사채할인발행차금)은 기업회계기준에 의한 사채할인발행차금의 상각방법에 따라 이를 손금에 산입한다(법령 제71조 제3항).

다만, 전술한 현할차의 상각액과 달리 사채할인발행차금 상각액은 지급이자 손금불산입규정, 원천징수 및 지급명세서제출규정 등이 적용되며, 그 원천징수의 시기는 원금상환일(기명사채는 약정에 의한 원금상환일)로 한다.

(5) 금융리스 자산 및 부채의 평가

리스회사는 리스물건의 리스실행일 현재의 취득가액 상당액을 리스이용자에게 금전으로 대여한 것으로 보아 대금결제조건에 따라 영수하기로 한 리스료 수입 중 이자상당액을 각 사업연도 소득금액 계산상 익금에 산입하고, 리스이용자는 해당 리스물건의 리스실행일 현재의 취득가액 상당액을 리스회사로부터 차입하여 동 리스물건을 구입(설치비 등 취득부대비용 포함)한 것으로 보아 소유자산과 동일한 방법으로 감가상각한 해당 리스자산의 감가상각비와 대금결제조건에 따라 지급하기로 한 리스료 중 차입금에 대한 이자상당액을 손금에 산입한다. 이 경우 동 이자상당액은 금융보험업자에게 지급하는 이자로 보아 이자소득에 대한 법인세를 원천징수하지 아니한다(법기통 23-24…1 제1항 제1호 및 제2호).

3. 전환사채 및 신주인수권부사채

(1) 기업회계기준

전환사채와 신주인수권부사채는 일반사채와 전환권 또는 신주인수권의 두 가지 요소로 구성되는 복합적 성격을 지닌 증권이다. 따라서, 일반기업회계기준에서는 전환사채 또는 신주인수권부사채를 발행한 경우에는 발행가액을 일반사채에 해당하는 부채요소와 전환권 또는 신주인수권에 해당하는 자본요소로 분리하여 표시한다(일반기준 15장 부록 실15.4).

전환사채 · 신주인수권 부사채의 공정가치	=	일반사채에 해당하는 부분(부채부분)	+	전환권대가 · 신주인수권 대가(자본부분)

여기에서 전환권대가 또는 신주인수권대가는 해당 전환사채 또는 신주인수권부사채의 공정가치에서 전환권 또는 신주인수권과 같은 자본요소가 결합되지 않은 일반사채의 공정

가치를 차감하여 결정한다. 이 경우 일반사채의 공정가치는 동일한 조건하에서 유사한 신용상태와 실질적으로 동일한 현금흐름을 제공하지만 전환권은 없는 채무상품의 정해진 미래 현금흐름을 시장이자율을 적용하여 할인한 현재가치이다(일반기준 15장 부록 실15.4, 실15.5).

(2) 법인세법

전환사채 또는 신주인수권부사채(이하 "전환사채 등")를 발행한 법인이 기업회계기준에 따라 전환권 또는 신주인수권(이하 "전환권 등") 가치를 별도로 인식하고, 상환할증금을 전환사채 등에 부가하는 형식으로 계상한 경우 상환할증금 등에 대한 처리는 다음과 같이 한다(법기통 40-71…2).

i) 발행시 전환사채 등의 차감계정으로 계상한 전환권 등 조정금액은 손금산입 유보처분하고 기타자본잉여금으로 계상한 전환권 등 대가는 익금산입 기타처분하며, 상환할증금은 손금불산입 유보처분한다.

ii) 만기일 전에 전환권 등 조정금액을 이자비용으로 계상한 경우, 동 이자비용은 이를 손금불산입하고 유보처분한다.

iii) 전환권 등을 행사한 경우 i)의 규정에 의하여 손금불산입한 상환할증금 중 전환권 등을 행사한 전환사채 등에 해당하는 금액은 손금으로 추인하고, 주식발행초과금으로 대체된 금액에 대해서는 익금산입 기타처분하며, 전환권 등 조정과 대체되는 금액은 익금산입 유보처분한다.

iv) 만기일까지 전환권 등을 행사하지 아니함으로써 지급하는 상환할증금은 그 만기일이 속하는 사업연도에 손금으로 추인한다.

【사 례】

12월 결산법인인 (주)삼일은 2025. 1. 1. 다음과 같은 조건으로 전환사채를 발행하였다. 2026. 1. 1. 액면 5,000만 원의 전환청구가 있었으며, 나머지 5,000만 원은 만기 상환되었다.

- 액면가액: 10,000만 원
- 표시이자율: 연 7%
- 일반사채 시장수익률: 연 15%
- 발행가액: 10,000만 원(할인(증)차금 없음)
- 이자지급방법: 매 연도말 후급
- 전환조건: 전환으로 인하여 발행되는 주식 1주(액면금액: 5,000원)에 대하여 요구되는 사채발행가액은 20,000원으로 한다.
- 전환청구기간: 사채발행일 이후 1개월 경과일부터 상환기일 30일 전까지
- 상환기일(만기): 2026. 12. 31.
- 원금상환방법: 상환기일에 액면가액의 116.86%를 일시상환

【해 설】

1. 상환할증금: 10,000×(1.1686 − 1) = 1,686만 원
2. 일반사채의 가치: $700/1.15 + 700/1.15^2 + (10,000+700+1,686)/1.15^3 = 9,282$만 원
3. 전환권대가: 10,000 − 9,282 = 718만 원
4. 유효이자율법에 의한 사채할인발행차금 상각표

(단위: 만 원)

일 자	유효이자	액면이자	사채할인발행차금상각액	장부가액
2025. 1. 1.				9,282
2025. 12. 31.	1,392	700	692	9,974
2026. 12. 31.	1,496	700	796	10,770
2027. 12. 31.	1,616	700	916	11,686
합 계	4,504	2,100	2,404	

5. 회계처리 및 세무조정

(단위: 만 원)

일 자	구 분	회계처리(①) 및 세무조정(②)
발행일 (2025. 1. 1.)	①	(차) 현 금 10,000 (대) 전 환 사 채 10,000 사채할인발행차금 2,404 사채상환할증금 1,686 전 환 권 대 가 718
	②	(익금산입) 전환권대가 718 (기타) (손금불산입) 사채상환할증금 1,686 (유보) (손금산입) 사채할인발행차금 2,404 (△유보)
이자지급일 (2025. 12. 31.)	①	(차) 이 자 비 용 1,392 (대) 현 금 700 사채할인발행차금 692
	②	(손금불산입) 사채할인발행차금 692 (유보)
이자지급일 (2026. 12. 31.)	①	(차) 이 자 비 용 1,496 (대) 현 금 700 사채할인발행차금 796
	②	(손금불산입) 사채할인발행차금 796 (유보)

일 자	구 분	회계처리(①) 및 세무조정(②)
전환청구일 (2027. 1. 1.)	①	(차) 전 환 사 채 5,000 (대) 자 본 금 1,250 사채상환할증금 843 주식발행초과금 4,135 사채할인발행차금 458 (차) 전환권대가 359 (대) 주식발행초과금 359
	②	(손금산입) 사채상환할증금 843 (△유보) (익금산입) 사채할인발행차금 458 (유보) (익금산입) 주식발행초과금 385 (기타)
이자지급일 (2027. 12. 31.)	①	(차) 이 자 비 용 808 (대) 현 금 350 사채할인발행차금 458
	②	(손금불산입) 사채할인발행차금 458 (유보)
만기상환일 (2027. 12. 31.)	①	(차) 전 환 사 채 5,000 (대) 현 금 5,843 사채상환할증금 843
	②	(손금산입) 사채상환할증금 843 (△유보)

4. 리 스

(1) 기업회계기준

리스(Lease)란 리스제공자가 특정 자산의 사용권을 일정 기간 동안 리스이용자에게 이전하고, 리스이용자는 그 대가로 사용료를 리스이용자에게 지급하는 계약을 말한다.

한국채택국제회계기준에서는 리스제공자는 리스를 운용리스와 금융리스로 분류하고, 두 유형의 리스를 다르게 회계처리하도록 하는 반면, 리스이용자는 모든 리스(일부 예외 제외)에 대하여 자산과 부채를 인식하는 회계처리를 하도록 하고 있다. 일반기업회계기준에서는 리스제공자와 리스이용자 모두 리스를 운용리스와 금융리스로 분류하고 두 유형의 리스를 다르게 회계처리하도록 하고 있다.

금융리스는 리스자산의 소유에 따른 대부분의 위험과 보상이 리스이용자에게 이전되는 리스를 말하고, 운용리스는 금융리스 외의 리스를 말하는 것으로(K-IFRS 1116호 문단 62 및 일반기준 13장 문단 13.5), 기업회계기준에서는 이러한 리스의 분류시 계약의 형식보다는 거래의 실질에 따르도록 하며, 다음의 예시 중 하나 또는 그 이상에 해당하면 일반적으로 금융리스로 분류한다(K-IFRS 1116호 문단 63, 일반기준 13장 문단 13.6).

구 분	K-IFRS	일반기업회계기준
① 소유권이전 약정기준	리스기간 종료시점 이전에 기초자산의 소유권이 리스이용자에게 이전되는 경우	리스기간 종료시 또는 그 이전에 리스자산의 소유권이 리스이용자에게 이전되는 경우
② 염가매수 선택권 약정기준	리스이용자가 선택권을 행사할 수 있는 날의 공정가치보다 충분하게 낮을 것으로 예상되는 가격으로 기초자산을 매수할 수 있는 선택권을 가지고 있고, 그 선택권을 행사할 것이 리스약정일 현재 상당히 확실한 경우	리스실행일 현재 리스이용자가 염가매수선택권을 가지고 있고, 이를 행사할 것이 확실시 되는 경우
③ 리스기간 기준	기초자산의 소유권이 이전되지는 않더라도 리스기간이 기초자산의 경제적 내용연수의 상당부분을 차지하는 경우	리스자산의 소유권이 이전되지 않을지라도 리스기간이 리스자산 내용연수의 상당부분(75% 이상)을 차지하는 경우(일반기준 13장 부록 실13.6)
④ 공정가치 회수기준	리스약정일 현재 리스료의 현재가치가 적어도 기초자산 공정가치의 대부분에 해당하는 경우	리스실행일 현재 최소리스료를 내재이자율로 할인한 현재가치가 리스자산 공정가치의 대부분(90% 이상)을 차지하는 경우(일반기준 13장 부록 실13.7)
⑤ 범용성 기준	기초자산이 특수하여 해당 리스이용자만이 주요한 변경없이 사용할 수 있는 경우	리스이용자만이 중요한 변경 없이 사용할 수 있는 특수한 용도의 리스자산인 경우

(2) 법인세법

1) 리스의 분류

법인세법에서도 리스를 금융리스와 운용리스로 구분하며, 리스회사가 대여하는 리스자산 중 기업회계기준에 따른 금융리스자산은 리스이용자의 감가상각자산으로 하고 운용리스자산은 리스회사의 감가상각자산으로 한다(법령 제24조 제5항).

2) 리스료의 귀속사업연도

리스이용자가 리스로 인하여 수입하거나 지급하는 리스료(리스개설직접원가를 제외함)의 익금과 손금의 귀속사업연도는 기업회계기준으로 정하는 바에 따른다. 다만, 한국채택국제회계기준을 적용하는 법인의 운용리스자산에 대한 리스료의 경우에는 리스기간에 걸쳐 정액기준으로 손금에 산입한다(법칙 제35조 제1항).

3) 리스의 회계처리(법기통 23-24…1)

① 금융리스의 회계처리

i) 임대인(리스회사)의 경우에 있어서는 해당 리스물건의 리스실행일 현재의 취득가액 상당액을 임차인에게 금전으로 대여한 것으로 보아, 대금결제조건에 따라 영수하기로 한 리스료 수입 중 이자상당액을 각 사업연도 소득금액 계산상 익금에 산입한다.

ii) 임차인의 경우에 있어서는 해당 리스물건의 리스실행일 현재의 취득가액 상당액을 임대인으로부터 차입하여 동 리스물건을 구입(설치비 등 취득부대비용 포함)한 것으로 보아, 소유자산과 동일한 방법으로 감가상각한 해당 리스자산의 감가상각비와 대금결제조건에 따라 지급하기로 한 리스료 중 차입금에 대한 이자상당액을 각 사업연도 소득금액 계산상 손금에 산입한다. 이 경우 동 이자상당액은 금융보험업자에게 지급하는 이자로 보아 이자소득에 대한 법인세를 원천징수하지 아니한다.

iii) 위 'i) 및 ii)'의 적용에 있어 각 사업연도 소득금액 계산상 익금 또는 손금으로 산입할 이자상당액은 리스실행일 현재의 계약과 관련하여 최소리스료 중 이자율법에 의하여 계산한 이자상당액과 금액이 확정되지는 않았지만 기간경과 외의 요소의 미래발생분을 기초로 결정되는 리스료 부분(이해 "조정리스료"라 한다)으로 한다.

② 운용리스의 회계처리

i) 임대인의 경우에 있어서는 대금결제조건에 따라 영수할 최소리스료와 조정리스료를 각 사업연도의 소득금액 계산상 익금에 산입한다.

ii) 임차인의 경우에 있어서는 대금결제조건에 따라 지급할 최소리스료와 조정리스료를 각 사업연도의 소득금액 계산상 손금에 산입한다.

iii) 임대인의 리스자산에 대한 감가상각비는 법령 제26조에 따라 계산한 금액을 한도로 손금산입한다. 이 경우 리스자산에 대한 내용연수는 법칙 별표 5의 건축물 등 및 별표 6의 업종별 자산의 기준내용연수 및 내용연수범위를 적용한다.

iv) 위 'i) 및 ii)'의 규정을 적용함에 있어 외화로 표시된 리스계약의 경우, 최소리스료는 외화금액을 기준으로 한다.

v) 임대인이 리스자산을 취득함에 따라 소요된 건설자금의 이자에 대해서는 법령 제52조의 규정에 따라 자본적 지출로 계상한다.

vi) 임차인이 리스물건 취득가액의 일부를 부담할 경우 임차인은 동 금액을 선급비용으로 계상하고, 리스기간에 안분하여 손금에 산입한다.

③ 리스계약이 중도해지된 경우 임대인(리스회사)의 회계처리

i) 금융리스의 경우

리스계약의 해지로 회수한 해당 리스자산의 가액은 해지일 이후에 회수기일이 도래하는 금융리스채권액으로 하며, 해당 리스계약의 해지와 관련하여 임차인 및 보증인

등으로부터 회수가능한 금액은 익금에 산입한다. 다만, 회수된 리스자산의 시가가 그 금융리스채권액에 미달하는 경우에는 그 차액을 손금에 산입한다.

ii) 운용리스의 경우

해당 리스계약과 관련하여 임차인 또는 보증인으로부터 회수가능한 금액을 익금에 산입한다.

④ 위 '①~③'의 규정을 적용함에 있어서 리스료 등의 익금과 손금의 귀속사업연도는 주식회사 등의 외부감사에 관한 법률 제5조에 따라 제정된 기업회계기준이 정하는 바에 의한다. 다만, 한국채택국제회계기준을 적용하는 법인의 법령 제24조 제5항에 따른 금융리스 외의 리스자산에 대한 리스료의 경우에는 리스기간에 걸쳐 정액기준으로 손금에 산입한다.

⑤ 리스에 관련한 임대인과 임차인의 외화자산·부채의 평가차손익은 법령 제76조의 규정에 의하여 처리한다.

⑥ 법법 제34조 및 법령 제61조의 대손충당금 설정대상금액은 다음과 같다.

i) 금융리스의 경우

금융리스채권의 미회수잔액과 약정에 의한 지급일이 경과한 이자상당액의 미수금 합계액

ii) 운용리스의 경우

약정에 의한 지급일이 경과한 리스료 미회수액

⑦ 취득 또는 사용하던 자산을 리스회사에 매각하고, 리스거래를 통하여 재사용하는 "판매 후 리스거래"의 경우 회계처리

i) 금융리스에 해당하는 판매후 리스거래의 경우 매매에 따른 손익을 리스실행일에 인식하지 아니하고 해당 리스자산의 감가상각기간 동안 이연하여 균등하게 상각 또는 환입한다.

ii) 판매 후 리스거래가 운용리스에 해당하고 리스료 및 판매가격이 시가에 근거하여 결정된 경우, 위 'i)'의 규정에 불구하고 해당 매매와 관련된 손익을 인식할 수 있다.

⑧ 임대인 또는 임차인이 리스의 구분을 위 '① 및 ②'의 규정에 의하지 아니한 경우 회계처리

i) 금융리스를 운용리스로 처리한 경우

- 임대인에 있어서는 리스물건의 취득가액 상당액을 금전으로 대여한 것으로 보아 수익으로 계상한 리스료 중 위의 '① iii)'에 상당하는 금액만 익금에 산입하고, 원금회수액은 이를 익금불산입하며, 손비로 계상한 감가상각비는 이를 손금불산입한다.
- 임차인에 있어서는 리스물건의 취득가액 상당액을 자산으로 계상하고 손금에 산입한 리스료 중 위의 '① iii)'에 상당하는 금액을 손금에 산입하되, 동 금액을 초과하

여 손금에 산입한 금액은 이를 감가상각한 것으로 보아 시부인한다.

ii) 운용리스를 금융리스로 처리한 경우

- 임대인에 있어서는 리스물건의 취득가액을 자산으로 계상하고, 리스료 중 대여금의 회수로 처리한 금액은 이를 위 '② i)'의 리스료 수입으로 보아 익금에 산입한다. 이 경우 손금으로 계상하지 아니한 해당 자산에 대한 감가상각비는 세무조정으로 이를 손금에 산입할 수 없다.
- 임차인에 있어서는 리스료지급액 전액을 손금에 산입하고, 해당 자산에 대하여 손금에 산입한 감가상각비는 이를 손금에 산입하지 아니한다.

21 자본금과 적립금, 이월결손금

Ⅰ. 자본금과 적립금

1. 의 의

자본금과 적립금 조정명세서(갑) [별지 제50호 서식(갑)]은 세무상 자기자본 및 이월결손금을 계산 · 관리하는 서식이며, 자본금과 적립금 조정명세서(을) [별지 제50호 서식(을)]은 세무상 유보금액을 기록 · 관리하는 서식이다. 자본금과 적립금 조정명세서(병) [별지 제50호 서식(병)]은 내국법인이 출자한 국외 특수관계법인과 거래에 대해 정상가격 등에 의한 과세조정에 따라 익금에 산입한 금액을 국외 특수관계법인에 대한 출자의 증가로 처분한 경우(국조령 제23조 제1항 제1호) 국외 피출자법인별로 출자의 증가 소득의 증감내용을 기입 · 관리하기 위한 서식이다.

자본금과 적립금 조정명세서(갑)의 내용은 비상장주식 평가시 그 기초자료로 활용되거나, 법인의 청산소득금액 계산에 이용된다.

한편, 자본금과 적립금 조정명세서(을)상 유보사항은 유보처분된 자산이 향후 처분될 때 또는 (감가)상각시 이를 추인하며, 세무상 각종 한도액(대손충당금, 퇴직급여충당금, 감가상각비 등) 계산시 활용된다.

자본금과 적립금 조정명세서(병)상 출자의 증가로 처분한 금액은 내국법인이 해외 자회사 주식을 처분하거나 해외 자회사가 청산되는 경우에 △출자의 증가로 처리한다.

2. 자본금과 적립금 조정명세서(갑)의 작성요령

(1) 자본금과 적립금 계산서

자본금과 적립금 계산서는 세무상 ① 자본금 및 잉여금 등의 계산, ② 자본금과 적립금

명세서(을)+(병)계, ③ 손익미계상 법인세 등으로 구성되며 작성은 기초잔액, 당기 중 증감 및 기말잔액으로 구분·기재한다.

① 자본금 및 잉여금 등의 계산

자본금 및 잉여금 등의 계산의 합계액은 해당 재무상태표상의 기말 자본총계금액과 일치하도록 자본의 항목별로 증감액을 기입한다.

② 자본금과 적립금명세서(을)+(병)계

자본금과 적립금조정명세서(을) [별지 제50호 서식(을)]과 자본금과 적립금조정명세서(병) [별지 제50호 서식(병)]의 합계 금액을 기입하며, 세무조정상 유보 및 출자의 증가로 소득처분된 사항의 누계액으로 기말잔액은 미정리액이다.

③ 손익미계상 법인세 등

당기 총부담법인세와 동 지방소득세 및 농어촌특별세 총부담세액의 합계에서 해당 손익계산서에 계상되어 있는 법인세비용 등과의 차액을 법인세(농어촌특별세 포함), 지방소득세로 나누어 기입한다. 당기 총부담세액이 손익계산서상 법인세비용보다 큰 경우에는 양수로, 적은 경우에는 음수로 기입한다.

(2) 이월결손금 계산서

이월결손금 계산서에는 세무상 이월결손금의 발생액, 감소액 및 기말잔액을 발생연도별로 기록 및 관리한다. 한편, 법인세 신고 사업연도의 결손금에 동업기업으로부터 배분한도를 초과하여 배분받은 결손금(배분한도 초과결손금)이 포함되어 있는 경우에는 사업연도별 이월결손금 구분내역을 별도로 관리하여야 한다.

① 이월결손금 발생액

사업연도별 세무계산서상 이월결손금 발생총액을 일반결손금과 배분한도초과결손금으로 구분하여 기입하며, 결손금 소급공제액이 있는 경우 소급공제액 역시 연도별로 관리한다.

② 감소액

감소액은 세무계산상 기공제액, 당기공제액 및 보전액으로 구분하여 관리한다.

③ 기말잔액

잔액은 이월결손금 발생액에서 감소액을 차감한 잔액으로서 법인세법 제13조 제1항 제1호의 공제기한에 따라 기한 내 잔액과 기한 경과 잔액으로 구분하여 기입한다.

(3) 회계기준 변경에 따른 자본금과 적립금 기초잔액 수정

회계기준 변경에 따른 자본금과 적립금 기초잔액 수정은 회계기준 변경에 따라 자본금과 적립금의 기초잔액이 수정되는 경우에 기재하며, 그 작성은 과목 또는 사항별로 전기말

잔액, 기초잔액 수정에 따른 당기 중 증감 및 수정후 기초잔액으로 구분 · 기재한다.

3. 자본금과 적립금 조정명세서(을)의 작성요령

본 서식은 세무조정유보소득의 증감내용을 계산하는 표로서, 기초잔액에서 당기중 증감을 가감하여 기말잔액을 표시한다.

① 기초잔액
전기말 자본금과 적립금 조정명세서(을)상 유보소득을 기입한다.

② 당기중 증감
당기중 감소란에는 전기말 현재의 유보금액 중 해당 사업연도 중에 손금가산 등으로 감소된 금액을 기입하며, 당기중 증가란에는 해당 사업연도 세무계산상 익금가산 유보로 처분된 금액을 기입하고 손금가산 유보분은 △표시 기입한다.

③ 기말잔액
기초잔액에서 당기중 증감란을 차가감한 금액으로서 차기로 이월될 세무계산상 유보소득을 기입한다.

한편, 상기의 "기초잔액, 당기중 증감, 기말잔액"의 합계금액은 자본금과 적립금 조정명세서(갑) [별지 제50호 서식(갑)]에 옮겨 적는다.

4. 자본금과 적립금 조정명세서(병)의 작성요령

본 서식은 국제조세조정에 관한 법률 시행령 제23조에 따른 국외 피출자법인별로 출자의 증가 소득의 증감내용을 기입 · 관리하기 위한 표로서, 기초잔액에서 당기중 증감을 가감하여 기말잔액을 표시한다.

① 기초잔액
전기말 현재의 세무계산상 출자의 증가 소득을 기입한다.

② 당기중 증감
당기중 감소란에는 전기말 현재의 출자의 증가 금액 중 당해 사업연도 중에 손금가산 등으로 감소된 금액을 기입하고, 당기중 증가란에는 해당 사업연도 세무계산상 익금가산 출자의 증가로 처분된 금액을 기입하고 손금가산 출자의 증가분은 △표시 기입한다.

③ 기말잔액
기초잔액에서 당기 중 증감란을 차가감한 금액으로서 차기로 이월될 세무계산상 출자의 증가 소득을 기입한다.

한편, 상기의 "기초잔액, 당기중 증감, 기말잔액"의 합계금액은 자본금과 적립금조정명세서(갑) [별지 제50호 서식(갑)]에 옮겨 적는다.

Ⅱ. 이월결손금

1. 결손금의 개념

각 사업연도 소득금액 계산시 손금총액이 익금총액을 초과하는 경우 그 차액을 각 사업연도의 결손금이라 하며(법법 제14조 제2항), 동 결손금은 다음과 같이 처리한다.

구 분	결손금의 처리	대상 법인
이월공제	다음 사업연도로 이월되어 각 사업연도 소득금액 계산시 자산수증익 등 보전에 충당하거나, 과세표준 계산시 공제함.	모든 법인
소급공제	직전 사업연도 과세표준에서 소급하여 공제함.	중소기업

2. 이월결손금의 공제

(1) 공제요건

① 이월결손금은 각 사업연도 개시일 전 15년 이내(2019. 12. 31. 이전에 개시한 사업연도에서 발생한 결손금은 10년)에 개시한 사업연도에서 발생한 세무상 결손금으로, 그 후 각 사업연도의 과세표준계산에 있어서 공제되지 아니한 금액을 말하는데, 이 경우 결손금은 법인세법 제14조 제3항의 결손금 중 법인세법 제60조에 따라 신고하거나 법인세법 제66조에 따라 결정·경정되거나, 국세기본법 제45조에 따라 수정신고한 과세표준에 포함된 결손금에 한정한다(법법 제13조 제1항 제1호). 이러한 이월결손금에는 합병(분할과 분할합병 포함)시의 '승계결손금의 범위액(법령 제81조 제2항 및 법령 제83조 제2항)'을 포함한다(법령 제10조 제4항).

② 중소기업의 결손금 소급공제에 의한 환급 규정(법법 제72조 제1항)을 적용받은 결손금과 자산수증익 및 채무면제익으로 충당된 이월결손금(법법 제18조 제6호) 또는 채무의 출자전환에 따른 채무면제익 등으로 충당된 결손금(법법 제17조 제2항)은 각 사업연도의 과세표준 계산에 있어서 공제된 것으로 본다(법령 제10조 제3항). 이에 반하여 주식발행액면초과액, 감자차익, 합병·분할차익으로 충당된 이월결손금은 소멸하지 않고 여전히 과세표준에서 공제할 수 있다(법기통 13-10…1).

③ 비영리법인의 경우 이월결손금 공제대상은 수익사업에서 생긴 결손금만을 의미한다(법칙 제4조 제1항).

④ 면제사업과 과세사업을 겸영하는 법인에 있어서 면제사업에서 생긴 결손금이 과세소득을 초과하는 경우에는 그 초과하는 금액을 해당 법인의 각 사업연도의 결손금으로 한다. 이와 반대의 경우에도 또한 같다(법기통 14-0…3).

(2) 이월결손금 공제 범위

내국법인의 이월결손금에 대한 공제의 범위는 각 사업연도 소득의 80%를 한도로 한다. 다만, 중소기업(조특법 제6조 제1항)과 다음 중 어느 하나에 해당하는 법인의 이월결손금에 대하여는 각 사업연도 소득의 100%를 한도로 한다(법령 §10 ①).

① 채무자 회생 및 파산에 관한 법률 제245조에 따라 법원이 인가결정한 회생계획을 이행 중인 법인

② 기업구조조정 촉진법 제14조 제1항에 따라 기업개선계획의 이행을 위한 약정을 체결하고 기업개선계획을 이행 중인 법인

③ 해당 법인의 채권을 보유하고 있는 금융실명거래 및 비밀보장에 관한 법률 제2조 제1호에 따른 금융회사등이나 한국해양진흥공사법에 따른 한국해양진흥공사와 경영정상화계획의 이행을 위한 협약을 체결하고 경영정상화계획을 이행 중인 법인(법칙 제4조 제3항)

④ 유동화자산(채권, 부동산 또는 그 밖의 재산권을 말함)을 기초로 하는 유동화거래(자본시장과 금융투자업에 관한 법률에 따른 증권을 발행하거나 자금을 차입하는 거래를 말함)를 목적으로 설립된 법인으로서 다음의 요건을 모두 갖춘 법인

㉠ 상법 또는 그 밖의 법률에 따른 주식회사 또는 유한회사일 것

㉡ 한시적으로 설립된 법인으로서 상근하는 임원 또는 직원을 두지 아니할 것

㉢ 정관 등에서 법인의 업무를 유동화거래에 필요한 업무로 한정하고 유동화거래에서 예정하지 아니한 합병, 청산 또는 해산이 금지될 것

㉣ 유동화거래를 위한 회사의 자산 관리 및 운영을 위하여 업무위탁계약 및 자산관리위탁계약이 체결될 것

㉤ 2015년 12월 31일까지 유동화자산의 취득을 완료하였을 것

⑤ 법인세법 제51조의 2(유동화 전문회사 등에 대한 소득공제) 제1항 각 호의 어느 하나에 해당하는 내국법인이나 조세특례제한법 제104조의 31(프로젝트금융투자회사에 대한 소득공제) 제1항에 따른 내국법인

⑥ 기업 활력 제고를 위한 특별법 제10조에 따른 사업재편계획 승인을 받은 법인

⑦ 조세특례제한법 제74조 제1항(제4호부터 제6호까지는 제외함) 또는 제4항에 따라 법인의 수익사업에서 발생한 소득을 고유목적사업준비금으로 손금에 산입할 수 있는 비

영리내국법인

※ 연결법인 및 외국법인의 이월결손금 공제 범위는 각각 법인세법 제76조의 13 및 같은 법 제91조 참조

(3) 공제순서

먼저 발생한 사업연도의 결손금부터 차례대로 공제한다(법령 제10조 제2항).

(4) 공제 배제

1) 법인세 과세표준을 추계 결정 · 경정하는 경우

법인세의 과세표준과 세액을 추계하는 경우(단, 천재 · 지변 등으로 장부나 그 밖의 증명서류가 멸실된 경우는 제외)에는 이월결손금을 공제할 수 없으나(법법 제68조), 추계로 인하여 공제받지 못한 이월결손금도 그 후의 사업연도에 요건을 충족하는 경우에는 공제 가능하다(법칙 제4조 제2항).

2) 합병법인의 이월결손금 공제

합병법인의 합병등기일 현재 이월결손금 중 법인세법 제44조의 3 제2항에 따라 합병법인이 승계한 결손금을 제외한 금액은 합병법인의 각 사업연도의 과세표준 계산시, 피합병법인으로부터 승계받은 사업에서 발생한 소득금액(중소기업 간 또는 동일사업 영위법인 간 합병의 경우에는 해당 소득금액을 구분하여 기록하는 대신 사업용 자산가액 비율로 안분계산하여 산정할 수 있음)의 범위에서는 공제하지 아니한다. 즉, 피합병법인의 승계사업 소득금액을 제외한 합병법인의 소득금액의 범위 내에서 공제한다(법법 제45조 제1항 및 법령 제81조 제1항).

3) 분할합병의 상대방법인의 이월결손금 공제

분할합병의 상대방법인의 분할합병등기일 현재 이월결손금 중 법인세법 제46조의 3 제2항에 따라 분할신설법인등이 승계한 결손금을 제외한 금액은 분할합병의 상대방법인의 각 사업연도의 과세표준 계산시, 분할법인으로부터 승계받은 사업에서 발생한 소득금액(중소기업 간 또는 동일사업을 영위하는 법인 간 분할합병의 경우에는 해당 소득금액을 구분하여 기록하는 대신 사업용 자산가액 비율로 안분계산하여 산정할 수 있음)의 범위에서는 공제하지 아니한다. 즉, 분할법인으로부터의 승계사업 소득금액을 제외한 분할합병의 상대방법인의 소득금액의 범위 내에서 공제한다(법법 제46조의 4 제1항 및 법령 제83조 제1항).

4) 피합병법인의 이월결손금 승계

합병법인은 원칙적으로 피합병합병법인의 이월결손금을 승계받을 수 없다. 그러나 합병법인이 적격합병의 요건(법법 제44조 제2항, 제3항)을 갖추어 과세특례를 적용받음에 따라 피합병법인의 자산을 장부가액으로 양도받은 경우 합병법인은 피합병법인의 합병등기일 현재 세무상 결손금을 승계할 수 있으며, 이 경우 합병법인이 승계받은 세무상 결손금은 피합병법인으로부터 승계받은 사업에서 발생한 소득금액(중소기업 간 또는 동일사업 영위법인 간 합병의 경우에는 해당 소득금액을 구분하여 기록하는 대신 사업용 자산가액 비율로 안분계산하여 산정할 수 있음)의 범위 내에서 공제할 수 있다. 다만, 이를 위해서는 다음의 요건을 모두 충족(법인세법 제44조 제3항에 따른 완전모자법인 간 또는 동일한 내국법인의 완전자법인 간 합병의 경우 '⑤'의 요건만 충족)하여야 한다(법법 제44조의 3 제2항, 제45조 제2항, 제113조 제3항).

① 합병등기일 현재 1년 이상 사업을 계속하던 내국법인 간의 합병일 것(단, 다른 법인과 합병하는 것을 유일한 목적으로 하는 기업인수목적회사[주)]의 경우 본 요건을 갖춘 것으로 봄).

② 피합병법인의 주주 등이 받은 합병대가의 총합계액 중 합병법인의 주식 등의 가액이 80% 이상이거나 합병법인의 모회사(합병등기일 현재 합병법인의 발행주식총수 또는 출사총액을 소유하고 있는 내국법인을 말함)의 주식 등의 가액이 80% 이상으로서 피합병법인의 주주 등에 일정한 가액(합병교부주식등의 가액의 총합계액 × 각 해당 주주 등의 피합병법인에 대한 지분비율) 이상의 주식 등을 배정하여야 하고, 피합병법인의 일정 지배주주등이 합병등기일이 속하는 사업연도의 종료일까지 그 주식등을 보유할 것

③ 합병법인이 합병등기일이 속하는 사업연도의 종료일까지 피합병법인으로부터 승계받은 사업을 계속할 것(단, 피합병법인이 다른 법인과 합병하는 것을 유일한 목적으로 하는 기업인수목적회사[주)]의 경우 본 요건을 갖춘 것으로 봄)

④ 합병등기일 1개월 전 당시 피합병법인에 종사하는 일정 근로자 중 합병법인이 승계한 근로자의 비율이 80% 이상이고, 합병등기일이 속하는 사업연도의 종료일까지 그 비율을 유지할 것

⑤ 피합병법인으로부터 승계받은 사업을 구분하여 기록할 것. 다만, 중소기업 간 또는 동일사업 영위법인 간 합병하는 경우에는 구분하여 기록하지 않고 사업용 자산가액 비율로 안분계산하여 산정할 수 있음(법법 제113조 제3항).

주) 자본시장과 금융투자업에 관한 법률 시행령 제6조 제4항 제14호에 따른 법인으로서 같은 호 각 목의 요건을 모두 갖춘 법인을 말함(법령 제80조의 2 제2항).

한편, 합병법인이 승계한 이월결손금은 자산수증이익·채무면제이익에 의해 보전되더라도 익금불산입규정을 적용받지 못한다(법령 제16조 제1항 제1호).

5) 분할법인등의 이월결손금 승계

분할신설법인등은 원칙적으로 분할법인등의 이월결손금을 승계받을 수 없다. 그러나, 분할신설법인등이 적격분할의 요건(법법 제46조 제2항)을 갖추어 과세특례를 적용받음에 따라 분할법인등의 자산을 장부가액으로 양도받은 경우 분할신설법인등은 분할법인등의 분할등기일 현재 세무상 결손금 중 분할신설법인등이 승계받은 사업에 속하는 결손금을 승계할 수 있으며, 이 경우 분할신설법인등이 승계받은 세무상 결손금은 분할법인등으로부터 승계받은 사업에서 발생한 소득금액(중소기업 간 또는 동일사업을 영위하는 법인 간 분할의 경우에는 해당 소득금액을 구분하여 기록하는 대신 사업용 자산가액 비율로 안분계산하여 산정할 수 있음)의 범위 내에서 공제할 수 있다. 다만, 이를 위해서는 다음의 요건을 모두 충족하여야 한다(법법 제46조의 3 제2항, 제46조의 4 제2항, 제46조의 5 제3항, 제113조 제4항).

① 분할법인이 분할 또는 분할합병 후 소멸할 것

② 분할등기일 현재 5년 이상 사업을 계속하던 내국법인이 다음의 요건을 갖추어 분할하는 것일 것(분할합병의 경우에는 소멸한 분할합병의 상대방법인 및 분할합병의 상대방법인이 분할등기일 현재 1년 이상 사업을 계속하던 내국법인일 것)

㉠ 분리하여 사업이 가능한 독립된 사업부문을 분할하는 것일 것

㉡ 분할하는 사업부문의 자산 및 부채가 포괄적으로 승계될 것. 다만, 공동으로 사용하던 자산, 채무자의 변경이 불가능한 부채 등 분할하기 어려운 자산과 부채 등으로서 법인세법 시행령 제82조의 2 제4항에서 정하는 것은 제외함.

㉢ 분할법인등만의 출자에 의하여 분할하는 것일 것

③ 분할법인등의 주주가 분할신설법인등으로부터 받은 분할대가의 전액이 주식인 경우(분할합병의 경우에는 분할대가의 80% 이상이 분할신설법인 등의 주식인 경우 또는 분할대가의 80% 이상이 분할합병의 상대방법인의 발행주식총수 또는 출자총액을 소유하고 있는 내국법인의 주식인 경우를 말함)로서 그 주식이 분할법인등의 주주가 소유하던 주식의 비율 등을 고려하여 배정[분할법인등의 일정 지배주주등에 대하여 일정한 가액{분할신설법인등의 주식의 가액의 총합계액 × 분할법인등의 일정 지배주주등의 분할법인등에 대한 지분비율(분할법인등의 자기주식에 대한 분할신설법인등의 주식을 배정하지 않는 경우에는 분할법인등의 자기주식을 제외하고 산정한 지분비율)} 이상의 주식 등을 배정]되고 분할법인등의 일정 지배주주등이 분할등기일이 속하는 사업연도의 종료일까지 그 주식을 보유할 것

④ 분할신설법인등이 분할등기일이 속하는 사업연도의 종료일까지 분할법인등으로부터 승계받은 사업을 계속할 것

⑤ 분할등기일 1개월 전 당시 분할하는 사업부문에 종사하는 일정 근로자 중 분할신설법인등이 승계한 근로자의 비율이 80% 이상이고, 분할등기일이 속하는 사업연도의 종료일까지 그 비율을 유지할 것

⑥ 분할법인으로부터 승계받은 사업을 구분하여 기록할 것. 다만, 중소기업 간 또는 동일 사업 영위법인 간 분할합병하는 경우에는 사업용 자산가액 비율로 안분할 수 있음(법법 제113조 제4항).

한편, 분할법인 등이 승계한 이월결손금은 자산수증이익·채무면제이익에 의해 보전되더라도 익금불산입규정을 적용받지 못한다(법령 제16조 제1항 제1호).

3. 중소기업의 결손금 소급공제에 따른 환급

(1) 개 요

중소기업은 각 사업연도에 발생한 세무상 결손금을 이월공제하는 방법 외에도, 그 결손금을 직전 사업연도의 과세표준에서 소급공제함으로써 직전 사업연도의 법인세액을 환급받을 수 있다(법법 제72조 제1항).

(2) 환급요건

① 조세특례제한법 제6조 제1항에 따른 중소기업이어야 한다(법법 제13조 제1항).
② 과세표준 신고기한 내에 납세지 관할 세무서장에게 환급을 신청하여야 한다(법법 제72조 제2항).
③ 과세표준 신고기한 내에 결손금이 발생한 사업연도와 그 직전 사업연도의 소득에 대한 법인세의 과세표준 및 세액을 각각 신고한 경우에 한한다(법법 제72조 제4항).

(3) 소급공제기간

결손금 소급공제는 직전 사업연도의 과세표준에서만 공제한다.

(4) 환급세액 계산

다음 ①과 ② 중 적은 금액을 환급한다(법법 제72조 제1항 및 법령 제110조 제1항).

① 소급공제로 인한 산출세액 감소액 직전 사업연도 법인세 산출세액 - (직전 사업연도 과세표준 - 소급공제 결손금액) × 직전 사업연도 법인세율 ② 환급한도액 직전 사업연도 법인세 산출세액 - 직전 사업연도 공제·감면세액

'직전 사업연도 법인세 산출세액'에는 토지 등 양도소득에 대한 법인세는 제외되며, '소급공제 결손금액'은 해당 사업연도의 결손금 중 소급공제를 받고자 하는 금액으로 직전 사업연도의 과세표준을 한도로 한다.

(5) 환급세액의 추징

납세지 관할 세무서장은 ① 법인세를 환급한 후 결손금이 발생한 사업연도에 대한 법인세 과세표준과 세액을 법인세법 제66조에 따라 경정함으로써 결손금이 감소된 경우, ② 결손금이 발생한 사업연도의 직전 사업연도에 대한 법인세 과세표준과 세액을 법인세법 제66조에 따라 경정함으로써 환급세액이 감소된 경우, ③ 중소기업에 해당하지 아니하는 내국법인이 법인세를 환급받은 경우 중 어느 하나에 해당되는 경우에는 환급세액에 이자상당액을 더한 금액을 해당 결손금이 발생한 사업연도의 법인세로서 징수한다. 이 경우 이자상당액은 다음의 산식에 따라 계산한다(법법 제72조 제5항, 법령 제110조 제3항 및 제4항).

환급세액주1) × 기간(당초 환급세액 통지일의 다음 날~추징세액의 고지일) × 22/100,000주2)

주1) 상기 ①과 ②의 경우에는 과다하게 환급한 세액 상당액

주2) ① 2022년 2월 14일 이전에 환급받은 법인세액에 대하여 2022년 2월 15일 이후 이자상당액을 더한 금액을 징수하는 경우 2022년 2월 14일까지의 기간분에 대한 이자상당액의 계산에 적용되는 율은 25/100,000을 적용하고, 2022년 2월 15일 이후의 기간분에 대한 이자상당액의 계산에 적용되는 율은 22/100,000를 적용한다.

② 납세자가 법인세액을 과다하게 환급받은 데 정당한 사유가 있는 때에는 국세기본법 시행령 제43조의 3 제2항 본문에 따른 이자율을 적용한다(법령 제110조 제4항 제2호 단서).

【사 례】

다음 자료에 의하여 세무상 중소기업인 (주)삼일의 결손금 소급공제로 인한 환급세액을 계산하시오.

1) 해당 사업연도: 2025. 1. 1.~12. 31.

2) 당기결손금(소급공제결손금) 100,000,000원

3) 전년도 법인세 신고현황

과세표준	300,000,000원
산출세액	37,000,000원
감면세액	20,000,000원

4) 직전 사업연도 법인세율은 2억 원까지는 9%, 2억 원 초과 200억 원 이하는 19%, 200억 원 초과 3천억 원 이하는 21%, 3천억 원 초과는 24%임.

【해 설】

결손금 소급공제에 의한 환급세액 = Min(①, ②) = 17,000,000원

① 37,000,000 - 20,000,000 = 17,000,000원

② 37,000,000 - [(300,000,000 - 100,000,000) × 9%] = 19,000,000원

♠ 조정명세서 작성 사례

다음 자료에 의하여 중소기업인 (주)삼일의 제15기 사업연도(2025. 1. 1.~12. 31.) 법인세 신고를 위한 "자본금과 적립금조정명세서(갑), (을) [별지 제50호 서식 (갑),(을)]"을 작성하시오(단, ㈜삼일과 국외 특수관계인과의 거래는 없다고 가정한다).

1. (주)삼일의 제15기 사업연도의 자본변동표는 다음과 같다.

자본변동표

제15기: 2025년 1월 1일부터 2025년 12월 31일까지

(주)삼일 (단위: 원)

구 분	자본금	자본잉여금	자본조정	기타포괄손익누계액	이익잉여금	총 계
2025. 1. 1 (보고금액)	100,000,000	12,000,000	-	-	36,000,000	148,000,000
유상증자	50,000,000	10,000,000				60,000,000
당기순이익					9,370,000	9,370,000
2025. 12. 31.	150,000,000	22,000,000	-	-	45,370,000	217,370,000

2. (주)삼일은 2025. 10. 3. 6,000원의 발행가액(액면가액 5,000원)으로 10,000주를 유상증자하였다.
3. 세무조정결과 소득금액 증가로 손익에 계상하지 않은 법인세 등 550,000원(법인지방소득세 포함)이 있다.
4. 세무상 이월결손금
   (1) 제3기(2013. 1. 1.~12. 31.) 발생분: 4,000,000원(7기에 2,500,000원, 9기에 1,000,000원을 공제함)
   (2) 제8기(2018. 1. 1.~12. 31.) 발생분: 300,000원
5. 당기의 각 사업연도 소득금액은 12,000,000원이다.
6. 전기 자본금과 적립금조정명세서(을)의 기말잔액과 당기의 약식 소득금액조정합계표의 내역

과목 또는 사항	전기말자본금과 적립금조정 명세서(을)	당기소득금액조정합계표			
		익금산입 및 손금불산입		손금산입 및 익금불산입	
		금 액	처 분	금 액	처 분
단기매매증권평가손실	4,000,000			500,000	유 보
건설자금이자	800,000				
미수이자	△500,000	500,000	유 보	600,000	유 보
퇴직급여충당금	300,000	900,000	유 보		
대손충당금	700,000			700,000	유 보
재고자산평가감	400,000	600,000	유 보	400,000	유 보
감가상각비	3,000,000			2,000,000	유 보

과목 또는 사항	전기말자본금과 적립금조정 명세서(을)	당기소득금액조정합계표			
		익금산입 및 손금불산입		손금산입 및 익금불산입	
		금 액	처 분	금 액	처 분
토 지 취 득 세	260,000			140,000	유 보
가지급금인정이자		900,000	상 여		
벌 과 금		270,000	기타사외유출		
기업업무추진비한도초과액		500,000	기타사외유출		
법 인 세 비 용		3,300,000	기타사외유출		
합 계	8,960,000	6,970,000		4,340,000	

[별지 제50호 서식(갑)] (2025. 3. 21. 개정)

사 업 연 도	2025. 1. 1. ~ 2025. 12. 31.	**자본금과 적립금 조정명세서(갑)**	법 인 명	(주) 삼일
			사업자등록번호	

Ⅰ. 자본금과 적립금 계산서

①과목 또는 사항		코드	②기초잔액	당 기 중 증 감		⑤기 말 잔 액	비 고
				③감 소	④증 가		
자본금 및 잉여금 등의 계산	1. 자 본 금	01	100,000,000		50,000,000	150,000,000	
	2. 자 본 잉 여 금	02	12,000,000		10,000,000	22,000,000	
	3. 자 본 조 정	15					
	4. 기타포괄손익누계액	18					
	5. 이 익 잉 여 금	14	36,000,000		9,370,000	45,370,000	
		17					
	6. 계	20	148,000,000		69,370,000	217,370,000	
7. 자본금과 적립금명세서(을)+(병) 계		21	8,960,000	3,240,000	900,000	6,620,000	
손익 미계상 법인세 등	8. 법 인 세	22			500,000	500,000	
	9. 지 방 소 득 세	23			50,000	50,000	
	10. 계 (8+9)	30			550,000	550,000	
11. 차 가 감 계(6+7-10)		31	156,960,000	3,240,000	69,720,000	223,440,000	

Ⅱ. 결손금(이월결손금 및 당기결손금) 계산서

1. 결손금 발생 및 증감내역

⑥사업연도	결손금					감 소 내 역				잔 액		
	발 생 액			⑩소급공제	⑪차감계	⑫기 공제액	⑬당기 공제액	⑭보전	⑮계	⑯기한 내	⑰기한 경과	⑱계
	⑦계	⑧일반 결손금	⑨배 분 한도초과 결손금 (⑨=㉕)									
2023.12	4,000,000	4,000,000	0	0	4,000,000	3,500,000	0	0	3,500,000	0	500,000	500,000
2018.12	300,000	300,000	0	0	300,000	0	300,000	0	300,000	0	0	0
계	4,300,000	4,300,000	0	0	4,300,000	3,500,000	300,000	0	3,800,000	0	500,000	500,000

2. 법인세 신고 사업연도의 결손금에 동업기업으로부터 배분한도를 초과하여 배분받은 결손금(배분한도 초과결손금)이 포함되어 있는 경우 사업연도별 이월결손금 구분내역

⑲법인세 신 고 사업연도	⑳동업기업 과세연도 종 료 일	㉑손금산입한 배분한도 초 과 결 손 금	㉒법인세 신 고 사업연도 결 손 금	배분한도 초과결손금이 포함된 이월결손금 사업연도별 구분			
				㉓합 계 (㉓=㉕+㉖)	배분한도 초과결손금 해당액		㉖법인세 신고 사업연도 발생 이월결손금 해당액 (⑧일반결손금으로 계상) (㉑≥㉒의 경우는 "0", ㉑<㉒의 경우는 ㉒-㉑)
					㉔이월 결손금 발생 사업연도	㉕이월결손금 (㉕=⑨) ㉑과㉒ 중 작은 것에 상당하는 금액	

Ⅲ. 회계기준 변경에 따른 자본금과 적립금 기초잔액 수정

㉗과목 또는 사항	㉘코드	㉙전기말 잔액	기초잔액 수정		㉜수정후 기초잔액 (㉙+㉚-㉛)	㉝비 고
			㉚증가	㉛감소		

[별지 제50호 서식(을)] (1999. 5. 24. 개정)

사 업 연 도	2025. 1. 1. ~ 2025. 12. 31.	자본금과 적립금 조정명세서(을)	법인명	(주)삼일

※ 관리번호 -　　　사업자등록번호 - -

※ 표시란은 기입하지 마십시오.

세무조정유보소득 계산

① 과목 또는 사항	② 기초잔액	당기 중 증감		⑤ 기말잔액 (익기초현재)	비 고
		③ 감 소	④ 증 가		
단기매매증권평가손실	4,000,000	500,000		3,500,000	
건 설 자 금 이 자	800,000			800,000	
미 수 이 자	△500,000	△500,000	△600,000	△600,000	
퇴 직 급 여 충 당 금	300,000		900,000	1,200,000	
대 손 충 당 금	700,000	700,000		0	
재 고 자 산 평 가 감	400,000	400,000	600,000	600,000	
감 가 상 각 비	3,000,000	2,000,000		1,000,000	
토 지 취 득 세	260,000	140,000		120,000	
합 계	8,960,000	3,240,000	900,000	6,620,000	

♠ 조정명세서 작성 사례

다음 자료에 의하여 중소기업인 (주)삼일의 제13기(2025. 1. 1.~12. 31.) 법인세 신고시 결손금 소급공제액을 계산하고 소급공제법인세액 환급신청서 [별지 제68호 서식]을 작성하시오(단, 직전 사업연도 세율은 2억 원 이하는 9%, 2억 원 초과 200억 원 이하는 19%, 200억 원 초과 3천억 원 이하는 21%, 3천억 원 초과는 24%임).

1. 제12기의 법인세 신고내용

(1) 과세표준	₩380,000,000
(2) 산출세액	52,200,000
(3) 공제 · 감면세액	10,000,000

2. 제13기의 소득금액 자료

(1) 결산서상 당기순이익	△49,000,000
(2) 익금산입 · 손금불산입(+)	22,000,000
(3) 손금산입 · 익금불산입(-)	2,000,000
(4) 각 사업연도 소득금액(△결손금)	△29,000,000

[작성 해설]

1. 결손금 소급공제 후 전기 산출세액
   (1) 과세표준
   380,000,000 - 29,000,000 = 351,000,000
   (2) 산출세액
   18,000,000 + (351,000,000 - 200,000,000) × 19% = 46,690,000
2. 결손금 소급공제에 의한 환급신청세액
   Min = [(1), (2)] = 5,510,000
   (1) 소급공제로 인한 산출세액 감소액
   52,200,000 - 46,690,000 = 5,510,000
   (2) 한도액
   52,200,000 - 10,000,000 = 42,200,000
3. 서식작성

[별지 제68호 서식] (2023. 3. 20. 개정)

소급공제법인세액환급신청서

※ 뒤쪽의 신고안내 및 작성방법을 읽고 작성하여 주시기 바랍니다. (앞쪽)

1. 신청인

법 인 명	㈜ 삼일	사업자등록번호	
대표자 성명		업 태 · 종 목	
소 재 지			

2. 환급신청 명세

<table>
<tr><td>① 결 손 사 업 연 도</td><td>2025년 1월 1일 ~
2025년 12월 31일</td><td>②직전사업연도</td><td>2024년 1월 1일 ~
2024년 12월 31일</td></tr>
<tr><td rowspan="2">③ 결 손 사 업 연 도
결 손 금 액</td><td colspan="2">⑥결손금액</td><td>29,000,000</td></tr>
<tr><td colspan="2">⑦소급공제받을 결손금액</td><td>29,000,000</td></tr>
<tr><td rowspan="5">④ 직 전 사 업 연 도
법 인 세 액 계 산</td><td colspan="2">⑧과세표준</td><td>380,000,000</td></tr>
<tr><td colspan="2">⑨세 율</td><td>19%</td></tr>
<tr><td colspan="2">⑩산출세액</td><td>52,200,000</td></tr>
<tr><td colspan="2">⑪공제감면세액</td><td>10,000,000</td></tr>
<tr><td colspan="2">⑫차감세액(⑩ − ⑪)</td><td>42,200,000</td></tr>
<tr><td rowspan="3">⑤ 환 급 신 청 세 액
계 산</td><td colspan="2">⑬직전사업연도법인세액(⑬ = ⑩)</td><td>52,200,000</td></tr>
<tr><td colspan="2">⑭차감할 세액[(⑧ − ⑦)×세율][⑭≥(⑩ − ⑫)]</td><td>46,690,000</td></tr>
<tr><td colspan="2">⑮환급신청세액(⑬ − ⑭)(⑮≤⑫)</td><td>5,510,000</td></tr>
</table>

<table>
<tr><td rowspan="3">국세환급금 계좌 신고</td><td>⑯예 입 처</td><td>은행 (본)지점</td></tr>
<tr><td>⑰예금종류</td><td></td></tr>
<tr><td>⑱계 좌 번 호</td><td>예금</td></tr>
</table>

「법인세법」 제72조 제2항 및 같은 법 시행령 제110조 제2항에 따라 소급공제법인세액환급신청서를 제출합니다.

년 월 일

신청인(법 인) (인)

신청인(대표자) (서명)

세무서장 귀하

22 비과세소득 및 소득공제

Ⅰ. 비과세소득

1. 의 의

비과세소득이라 함은 조세정책상 국가가 과세권을 포기한 법인의 소득으로 별도의 신청절차 없이 공제되며, 각 사업연도 소득금액에서 이월결손금을 공제한 금액의 한도 내에서 공제하되 이를 초과하는 금액은 다음 사업연도로 이월되지 않고 소멸한다(법법 제13조 제1항, 제2항).

2. 종 류

(1) 법인세법상 비과세소득

공익신탁재산에서 생기는 소득(법법 제51조)

(2) 조세특례제한법상 비과세소득

1) 벤처투자회사 등의 주식양도차익 등에 대한 비과세(조특법 제13조)

1-1) 주식 등 양도차익에 대한 비과세

일정한 방법으로 출자하여 취득한 다음의 주식 등을 양도함으로써 발생하는 양도차익에 대해서는 법인세를 부과하지 아니한다(조특법 제13조 제1항 내지 제3항).

① 벤처투자회사 및 창업기획자가 창업기업, 벤처기업 또는 신기술창업전문회사에 2025. 12. 31.까지 출자함으로써 취득한 주식 등

② 신기술사업금융업자가 신기술사업자, 벤처기업 또는 신기술창업전문회사에 2025. 12. 31.까지 출자함으로써 취득한 주식 등

③ 벤처투자회사, 창업기획자, 벤처기업출자유한회사 또는 신기술사업금융업자가 벤처투자조합 등을 통하여 창업기업, 신기술사업자, 벤처기업 또는 신기술창업전문회사에 2025. 12. 31.까지 출자함으로써 취득한 주식 등

④ 기금운용법인 등(법률에 따라 설립된 기금을 관리·운용하거나 법률에 따라 공제사업을 영위하는 법인으로서 법칙 제56조의 2 제1항 및 제2항 각 호의 법인)이 벤처투자조합 등을 통하여 창업기업, 신기술사업자, 벤처기업 또는 신기술창업전문회사에 2025. 12. 31.까지 출자함으로써 취득한 주식 등

⑤ 벤처투자회사 또는 신기술사업금융업자가 코넥스상장기업(자본시장과 금융투자업에 관한 법률 및 같은 법 시행령에 따른 코넥스시장에 상장한 중소기업)에 2025. 12. 31.까지 출자함으로써 취득한 주식 등

⑥ 벤처투자회사, 벤처기업출자유한회사 또는 신기술사업금융업자가 벤처투자조합 등을 통하여 코넥스상장기업에 2025. 12. 31.까지 출자함으로써 취득한 주식 등

⑦ 민간재간접벤처투자조합의 업무집행조합원인 집합투자업자·공동 업무집행조합원인 법인이 민간재간접벤처투자조합을 통하여 창업기업, 신기술사업자, 벤처기업 또는 신기술창업전문회사에 2025. 12. 31.까지 출자함으로써 취득한 주식 등

1-2) 배당소득에 대한 비과세

벤처투자회사, 창업기획자, 벤처기업출자유한회사 또는 신기술사업금융업자가 상기 1)에 따른 출자로 인하여 창업기업, 신기술사업자, 벤처기업, 신기술창업전문회사 또는 코넥스상장기업으로부터 2025. 12. 31.까지 받는 배당소득에 대해서는 법인세를 부과하지 아니한다(조특법 제13조 제4항).

2) 벤처투자회사 등의 소재·부품·장비전문기업 주식양도차익 등에 대한 비과세(조특법 제13조의 4)

2-1) 주식 등 양도차익에 대한 비과세

일정한 방법으로 출자하여 취득한 다음의 주식 등을 양도함으로써 발생하는 양도차익에 대해서는 법인세를 부과하지 아니한다. 다만, 상기 '1-1)'의 '①~⑥'의 어느 하나에 해당하는 경우는 제외한다(조특법 제13조의 4 제1항 및 제2항)

① 벤처투자회사, 창업기획자 또는 신기술사업금융업자가 투자대상기업[주)]에 2025년 12월 31일까지 출자함으로써 취득한 주식 등

② 벤처투자회사, 창업기획자, 벤처기업출자유한회사 또는 신기술사업금융업자가 벤처투자조합등을 통하여 투자대상기업[주)]에 2025년 12월 31일까지 출자함으로써 취득한 주식 등

③ 기금운용법인 등(법칙 제56조의 2 제1항 및 제2항)이 벤처투자조합등을 통하여 투자대상기업[주)]에 2025년 12월 31일까지 출자함으로써 취득한 주식 등

2-2) 배당소득에 대한 비과세

벤처투자회사, 창업기획자, 벤처기업출자유한회사 또는 신기술사업금융업자가 상기 2-1)에 따른 출자로 투자대상기업[주)]으로부터 2025년 12월 31일까지 받는 배당소득에 대해서는 법인세를 부과하지 아니한다(조특법 제13조의 4 제3항).

주) 중소기업 중 소재·부품·장비산업 경쟁력 강화 및 공급망 안정화를 위한 특별조치법 제13조에 따라 선정된 특화선도기업(조특령 제12조의 4 제1항)

Ⅱ. 소득공제

1. 의 의

소득공제라 함은 특정산업의 육성 등 조세정책적인 목적으로 특정소득에 대하여 법정금액을 과세표준에서 공제하는 제도를 말한다. 소득공제액은 각 사업연도 소득금액에서 이월결손금 및 비과세소득을 차감한 금액의 범위 안에서 공제되는 것이며, 이를 초과한 금액은 이월되지 않는다(법법 제13조 제1항, 제2항). 한편, 소득공제를 적용받고자 하는 법인은 법인세 과세표준 신고와 함께 소득공제를 신청하여야 한다.

2. 종 류

(1) 법인세법상 소득공제 - 유동화전문회사 등에 대한 배당소득공제 (법법 제51조의 2)

1) 소득공제

다음에 해당하는 내국법인이 배당가능이익의 90% 이상을 배당(현금배당 및 주식배당)한 경우 그 금액(이하 "배당금액"이라 함)은 배당을 결의한 잉여금 처분의 대상이 되는 사업연도의 소득금액에서 공제한다(법법 제51조의 2 제1항 및 법기통 51의 2-86의 3…1 제2항). 다만, 아래 '2)'에 해당하는 경우에는 그러하지 아니한다.

① 자산유동화에 관한 법률에 따른 유동화전문회사

② 자본시장과 금융투자업에 관한 법률에 따른 투자회사, 투자목적회사, 투자유한회사, 투자합자회사(같은 법 제9조 제19항 제1호의 기관전용 사모집합투자기구는 제외함) 및 투자유한책임회사

③ 기업구조조정투자회사법에 따른 기업구조조정투자회사(Corporate Restructuring Vehicle; CRV)
④ 부동산투자회사법에 따른 기업구조조정 부동산투자회사 및 위탁관리 부동산투자회사
⑤ 선박투자회사법에 따른 선박투자회사
⑥ 민간임대주택에 관한 특별법 또는 공공주택 특별법에 따른 특수 목적 법인 등으로서 임대사업을 목적으로 민간임대주택에 관한 특별법 시행령 제4조 제2항 제3호 다목의 투자회사의 규정에 따른 요건을 갖추어 설립된 법인
⑦ 문화산업진흥 기본법에 따른 문화산업전문회사
⑧ 해외자원개발 사업법에 따른 해외자원개발투자회사

한편, 배당가능이익이란 기업회계기준에 따라 작성한 재무제표상의 법인세비용 차감 후 당기순이익에 이월이익잉여금을 가산하거나 이월결손금을 공제하고, 상법 제458조에 따라 적립한 이익준비금을 차감한 금액(이하 "배당가능이익"이라 함)을 말한다. 이 경우 다음의 어느 하나에 해당하는 금액은 제외한다(법령 제86조의 3 제1항).

① 상법 제461조의 2에 따라 자본준비금을 감액하여 받는 배당금액(내국법인이 보유한 주식의 장부가액을 한도로 함)(법법 제18조 제8호)
② 당기순이익, 이월이익잉여금 및 이월결손금 중 다음 중 어느 하나에 해당하는 자산의 평가손익
  가. 다음의 어느 하나에 해당하는 자산의 평가손익(법령 제73조 제2호 가목부터 다목까지). 다만, 시가법으로 평가(법령 제75조 제3항)한 투자회사 등의 집합투자재산의 평가손익은 배당가능이익에 포함함.
    ㉠ 주식 등
    ㉡ 채권
    ㉢ 자본시장과 금융투자업에 관한 법률 제9조 제20항에 따른 집합투자재산
  나. 부동산투자회사법에 따른 위탁관리 부동산투자회사 및 기업구조조정 부동산투자회사가 보유한 자산의 평가손익

2) 소득공제의 배제

상기 '1)'에서 기술한 소득공제 적용대상 회사라 하더라도 다음의 어느 하나에 해당하는 경우에는 소득공제를 적용받을 수 없다(법법 제51조의 2 제2항 및 법령 제86조의 3 제10항).

① 배당을 받은 주주등에 대하여 법인세법 또는 조세특례제한법에 따라 그 배당에 대한 소득세 또는 법인세가 비과세되는 경우. 다만, 배당을 받은 주주등이 조세특례제한법 제100조의 15에 따라 동업기업과세특례를 적용받는 동업기업인 경우로서 그 동업자들(그 동업자들의 전부 또는 일부가 같은 조 제3항에 따른 상위 동업기업에 해당하는 경

우에는 그 상위 동업기업에 출자한 동업자들을 말함)에 대하여 같은 법 제100조의 18에 따라 배분받은 배당에 해당하는 소득에 대한 소득세 또는 법인세가 전부 과세되는 경우는 제외함.

② 배당을 지급하는 내국법인이 주주 등의 수 등을 고려하여 다음의 기준에 모두 해당하는 법인인 경우
- 사모방식으로 설립되었을 것
- 개인 2인 이하 또는 개인 1인 및 그 친족(이하 "개인 등"이라 함)이 발행주식총수 또는 출자총액의 95% 이상의 주식 등을 소유할 것. 다만, 개인 등에게 배당 및 잔여재산의 분배에 관한 청구권이 없는 경우는 제외함.

(2) 조세특례제한법상 소득공제 - 프로젝트금융투자회사에 대한 소득공제 (조특법 제104조의 31)

법인세법 제51조의 2 제1항 제1호부터 제8호까지의 규정에 따른 투자회사와 유사한 투자회사로서 다음에 해당하는 법인이 2025년 12월 31일 이전에 끝나는 사업연도에 대해 배당가능이익(법령 제86조의 3 제1항)의 90% 이상을 배당한 경우 그 금액(이하 "배당금액"이라 함)은 해당 배당을 결의한 잉여금 처분의 대상이 되는 사업연도의 소득금액에서 공제한다. 다만 위 '(1) 법인세법상 소득공제 - 유동화전문회사 등에 대한 배당소득공제'의 '2) 소득공제의 배제'에 해당하는 회사에 대해서는 이를 적용하지 않는다(조특법 제104조의 31 제1항, 제2항 및 조특령 제104조의 28 제1항).

① 회사의 자산을 설비투자, 사회간접자본 시설투자, 자원개발, 그 밖에 상당한 기간과 자금이 소요되는 특정사업에 운용하고 그 수익을 주주에게 배분하는 회사일 것(조특령 제104조의 28 제2항) (법인세법 제51조의 2 제1항 각 호와 유사한 투자회사가 주택법에 따라 주택건설사업자와 공동으로 주택건설사업을 수행하는 경우로서 그 자산을 주택건설사업에 운용하고 해당 수익을 주주에게 배분하는 때에는 위 ①의 요건을 갖춘 것으로 봄)

② 본점 외의 영업소를 설치하지 아니하고 직원과 상근하는 임원을 두지 아니할 것

③ 한시적으로 설립된 회사로서 존립기간이 2년 이상일 것

④ 상법이나 그 밖의 법률의 규정에 따른 주식회사로서 발기설립의 방법으로 설립할 것

⑤ 발기인이 기업구조조정투자회사법 제4조 제2항 각 호의 어느 하나에 해당하지 아니하고 다음의 요건을 충족할 것(조특령 제104조의 28 제3항)

가. 발기인 중 1인 이상이 다음 중 어느 하나에 해당할 것

㉠ 법인세법 시행령 제61조 제2항 제1호부터 제4호까지, 제6호부터 제13호까지 및 제24호의 어느 하나에 해당하는 금융회사 등

㉡ 국민연금법에 따른 국민연금공단(사회기반시설에 대한 민간투자법 제4조 제2호에 따른 방식으로 민간투자사업을 시행하는 투자회사의 경우에 한정함)

나. '가'의 '㉠' 또는 '㉡'에 해당하는 발기인이 5%('가'의 '㉠' 또는 '㉡'에 해당하는 발기인이 다수인 경우에는 이를 합산함) 이상의 자본금을 출자할 것

⑥ 이사가 기업구조조정투자회사법 제12조 각 호의 어느 하나에 해당하지 아니할 것

⑦ 감사는 기업구조조정투자회사법 제17조에 적합할 것(이 경우 "기업구조조정투자회사"는 "회사"로 봄)

⑧ 자본금 규모, 자산관리업무와 자금관리업무의 위탁 및 설립신고 등에 관하여 다음의 요건을 갖출 것(조특령 제104조의 28 제4항)

가. 자본금이 50억원 이상일 것. 다만, 사회기반시설에 대한 민간투자법 제4조 제2호에 따른 방식으로 민간투자사업을 시행하는 투자회사의 경우에는 10억원 이상일 것으로 한다.

나. 자산관리 · 운용 및 처분에 관한 업무를 다음 중 어느 하나에 해당하는 자(이하 "자산관리회사"라 함)에게 위탁할 것. 다만, 아래 '바'의 단서의 경우 건축물의 분양에 관한 법률 제4조 제1항 제1호에 따른 신탁계약에 관한 업무는 '다'에 따른 자금관리사무수탁회사에 위탁할 수 있다.

㉠ 해당 회사에 출자한 법인

㉡ 해당 회사에 출자한 자가 단독 또는 공동으로 설립한 법인

다. 자본시장과 금융투자업에 관한 법률에 따른 신탁업을 경영하는 금융회사 등(이하 "자금관리사무수탁회사"라 함)에 자금관리업무를 위탁할 것

라. 주주가 상기 '⑤'의 '가','나'의 요건을 갖출 것(이 경우 "발기인"을 "주주"로 봄).

마. 법인설립등기일부터 2개월 이내에 다음의 사항을 적은 명목회사설립신고서에 조세특례제한법 시행규칙 제47조의 4 제1항에서 정하는 서류를 첨부하여 납세지 관할 세무서장에게 신고할 것

㉠ 정관의 목적사업

㉡ 이사 및 감사의 성명 · 주민등록번호

㉢ 자산관리회사의 명칭

㉣ 자금관리사무수탁회사의 명칭

바. 자산관리회사와 자금관리사무수탁회사가 동일인이 아닐 것. 다만, 해당 회사가 자금관리사무수탁회사(해당 회사에 대하여 법인세법 시행령 제43조 제7항에 따른 지배주주등이 아닌 경우로서 출자비율이 10% 미만일 것)와 건축물의 분양에 관한 법률 제4조 제1항 제1호에 따라 신탁계약과 대리사무계약을 체결한 경우는 제외한다.

3. 초과배당금액의 이월공제

유동전문회사 등의 배당금액 또는 프로젝트금융투자회사 등의 배당금액이 해당 사업연도의 소득금액에서 이월결손금(법법 제13조 제1항 제1호, 이하 "이월결손금"이라 함)을 뺀 금액을 최초로 초과하는 경우에는 그 초과하는 금액을 해당 사업연도의 다음 사업연도 개시일부터 5년 이내에 끝나는 각 사업연도로 이월하여 그 이월된 사업연도의 소득금액에서 공제할 수 있으며, 최초로 이월된 사업연도 이후 사업연도의 배당금액이 해당 사업연도의 소득금액에서 이월결손금과 해당 사업연도로 이월된 금액을 순서대로 뺀 금액(해당 금액이 0보다 작은 경우에는 0으로 함)을 초과하는 경우에는 그 초과하는 금액을 해당 사업연도의 다음 사업연도 개시일부터 5년 이내에 끝나는 각 사업연도로 이월하여 그 이월된 사업연도의 소득금액에서 공제할 수 있다. 다만, 내국법인이 이월된 사업연도에 배당가능이익의 90% 이상을 배당하지 아니하는 경우에는 그 이월된 금액을 공제하지 아니한다(법법 제51조의 2 제4항, 제5항 및 조특법 제104조의 31 제3항, 제4항).

한편, 이월된 금액(이하 "이월공제배당금액"이라 함)을 해당 사업연도의 소득금액에서 공제하는 경우에는 다음의 방법에 따라 공제한다(법법 제51조의 2 제6항 및 조특법 제104조의 31 제5항).

① 이월공제배당금액을 해당 사업연도의 배당금액보다 먼저 공제할 것

② 이월공제배당금액이 둘 이상인 경우에는 먼저 발생한 이월공제배당금액부터 공제할 것

23 세액공제 · 감면

Ⅰ. 세액공제

1. 법인세법상 세액공제

(1) 외국납부세액공제

1) 의 의

내국법인이 국외에서 얻는 소득에 대해서는 우리나라의 법인세와 함께 그 원천지국의 법인세를 동시에 부담하게 되는 '국제적 이중과세' 문제가 생기는데, 이러한 이중과세를 조정하기 위하여 외국납부세액공제를 두고 있다.

2) 외국납부세액의 공제방법

① 외국납부세액 공제방법(법법 제57조 제1항)

㉠ 조세특례제한법이나 그 밖의 법률에 따라 세액감면 또는 면제를 적용받지 않는 경우

$$\text{공제한도금액} = \text{해당 사업연도의 산출세액}^{\text{주1)}} \times \frac{\text{국외원천소득}}{\text{해당 사업연도의 소득에 대한 과세표준}}$$

㉡ 조세특례제한법이나 그 밖의 법률에 따라 세액감면 또는 면제를 적용받는 경우

$$\text{공제한도금액} = \begin{matrix}\text{해당 사업연도의}\\ \text{산출세액}^{\text{주1)}}\end{matrix} \times \frac{\text{국외원천소득} - \begin{matrix}\text{세액감면 · 면제대}\\ \text{상 국외원천소득}\end{matrix} \times \text{감면 · 면제비율}}{\text{해당 사업연도의 소득에 대한 과세표준}}$$

주1) 토지 등 양도소득에 대한 법인세액 및 투자 · 상생협력 촉진을 위한 과세특례를 적용하여 계산한 법인세액 제외

국외원천소득은 국외에서 발생한 소득으로서 내국법인의 각 사업연도 소득의 과세표준 계산에 관한 규정을 준용해 산출한 금액으로 하고, 공제한도금액을 계산할 때의 국외원천소득은 그 국외원천소득에서 해당 사업연도의 과세표준을 계산할 때 손금에 산입된 금액(국외원천소득이 발생한 국가에서 과세할 때 손금에 산입된 금액은 제외함)으로서 국외원천소득에 대응하는 다음의 직접비용 · 배분비용(이하 "국외원천소득 대응 비용"이라 함)을 뺀 금액으로 한다(법령 제94조 제2항 및 법칙 제47조 제3항).

㉠ 직접비용 : 해당 국외원천소득에 직접적으로 관련되어 대응되는 비용. 이 경우 해당 국외원천소득과 그 밖의 소득에 공통적으로 관련된 비용은 제외함.

㉡ 배분비용 : 해당 국외원천소득과 그 밖의 소득에 공통적으로 관련된 비용 중 다음의 배분 방법에 따라 계산한 국외원천소득 관련 비용

- 국외원천소득과 그 밖의 소득의 업종이 동일한 경우의 공통손금은 국외원천소득과 그 밖의 소득별로 수입금액 또는 매출액에 비례하여 안분계산
- 국외원천소득과 그 밖의 소득의 업종이 다른 경우의 공통손금은 국외원천소득과 그 밖의 소득별로 개별 손금액에 비례하여 안분계산

다만, 내국법인이 손비(법령 제19조)로서 연구개발활동(조특법 제2조 제1항 제11호)에 따라 발생한 비용(연구개발 업무를 위탁하거나 공동연구개발을 수행하는데 드는 비용을 포함하며, 이하 "연구개발비"라 함)에 대하여 다음의 계산방법을 선택하여 계산하는 경우에는 그에 따라 계산한 금액을 국외원천소득 대응 비용으로 하며, 그 선택한 계산방법을 적용받으려는 사업연도부터 5개 사업연도 동안 연속하여 적용해야 한다. 이 경우 다음의 ㉡에 따라 계산한 금액이 ㉠에 따라 계산한 금액의 50% 미만인 경우에는 ㉠에 따라 계산한 금액의 50%를 국외원천소득 대응 비용으로 한다(법령 제94조 제2항 및 법칙 제47조 제1항, 제2항).

㉠ 매출액 방법 : 해당 사업연도에 내국법인의 연구개발비용비율(전체 연구개발비 중 국내에서 수행되는 연구개발활동에 소요되는 비용이 차지하는 비율)의 구분에 따른 다음의 계산식에 따라 국외원천소득 대응 비용을 계산하는 방법

- 연구개발비용비율이 50% 이상인 경우 : $A \times 50/100 \times C/(B+C+D)$
- 연구개발비용비율이 50% 미만인 경우 : $(A \times 50/100 \times C/(C+D)) + (A \times 50/100 \times C/(B+C+D))$

A : 연구개발비

B : 기업회계기준에 따른 내국법인의 전체 매출액[*1]

C : 해당 국가에서 내국법인에게 사용료소득을 지급하는 모든 비거주자 또는 외국법인의 해당 사용료소득에 대응하는 매출액의 합계액[*2]. 다만, 외국자회사의 경우 그 소재지국에서 재무제표 작성 시에 일반적으로 인정되는 회계원칙에

따라 산출한 외국자회사의 전체 매출액(*3)에 내국법인의 해당 사업연도 종료일 현재 외국자회사에 대한 지분비율을 곱한 금액으로 함.

D : 해당 국가 외의 국가에서 C에 따라 산출한 금액을 모두 합한 금액

(*1) 내국법인의 법인세법 제93조 제8호 가목 및 나목에 해당하는 권리 · 자산 또는 정보(이하 "권리등"이라 함)를 사용하거나 양수하여 내국법인에게 그 권리등의 사용대가 또는 양수대가(이하 "사용료소득"이라 함)를 지급하는 외국법인으로서 내국법인이 의결권이 있는 발행 주식총수 또는 출자총액의 50% 이상을 직접 또는 간접으로 보유하고 있는 외국법인(이하 "외국자회사"라 함)의 해당 내국법인에 대한 매출액과 내국법인의 국외소재 사업장(이하 "국외사업장"이라 함)에서 발생한 매출액은 해당 내국법인의 전체 매출액에서 차감함.

(*2) 내국법인이 해당 매출액을 확인하기 어려운 경우에는 사용료소득을 기준으로 내국법인이 합리적으로 계산한 금액으로 갈음할 수 있으며, 내국법인의 국외사업장의 매출액을 포함함.

(*3) 해당 외국자회사에 대한 내국법인의 매출액이 있는 경우 이를 외국자회사의 전체 매출액에서 차감함.

㉡ 매출총이익 방법 : 해당 사업연도에 내국법인의 연구개발비용비율의 구분에 따른 다음의 계산식에 따라 국외원천소득 대응 비용을 계산하는 방법

- 연구개발비용비율이 50% 이상인 경우 : A×75/100×F/(E+F+G)
- 연구개발비용비율이 50% 미만인 경우 : (A×25/100×F/(F+G))+ (A×75/100×F/(E+F+G))

A : 연구개발비

E : 기업회계기준에 따른 내국법인의 매출총이익(단, 국외사업장의 매출총이익과 비거주자 또는 외국법인으로부터 지급받은 사용료소득은 제외함)

F : 해당 국가에 소재하는 비거주자 또는 외국법인으로부터 내국법인이 지급받은 사용료소득과 내국법인의 해당 국가에 소재하는 국외사업장의 매출총이익 합계액

G : 해당 국가 외의 국가에 소재하는 비거주자 또는 외국법인으로부터 내국법인이 지급받은 사용료소득과 내국법인의 해당 국가 외의 국가에 소재하는 국외사업장의 매출총이익 합계액

또한, 각 사업연도의 과세표준은 각 사업연도 소득의 범위 내에서 이월결손금 · 비과세소득 · 소득공제액(이하 "공제액 등"이라 함)을 공제하여 계산한 금액이므로, 공제액 등이 있는 경우의 국외원천소득은 다음의 금액을 공제한 금액으로 한다(법령 제94조 제6항 및 제96조).

- 공제액 등이 국외원천소득에서 발생한 경우: 공제액 등 전액
- 공제액 등이 국외원천소득에서 발생한 것인지의 여부가 불분명한 경우: 소득금액에 비례하여 안분계산한 금액

공제한도금액을 계산함에 있어서 국외사업장이 2 이상의 국가에 있는 경우에는 국가별로 구분하여 계산한다(법령 제94조 제7항). 이 경우 어느 국가의 소득금액이 결손인 경우의 기준국외원천소득금액 계산은 각국별 소득금액에서 그 결손금액을 총소득금액에 대한 국가별 소득금액 비율로 안분계산하여 차감한 금액으로 한다(법기통 57－94…1).

【사례 1】 외국납부공제세액의 계산

갑법인이 A국에서 1,000의 소득을 얻어 500의 법인세를 납부하였고, B국에서는 1,000의 소득을 얻어 300의 법인세를 납부하였으며, 국내소득이 2,000으로서 세율이 40%인 것으로 가정한다.

국가별	외국납부 세액	국별소득	산출세액 (세율: 40%)	세액공제한도액	세액 공제액
A국	500	1,000		$1,600 \times \frac{1,000}{4,000} = 400$	400
B국	300	1,000		$1,600 \times \frac{1,000}{4,000} = 400$	300
국내		2,000			
계	800	4,000	1,600	800	700

【사례 2】 해외자회사의 결손발생시 공제한도액

국가별	국별소득	산출세액	기준 국외원천소득	세액공제한도액
A	1,000		$1,000-1,000 \times \frac{1,000}{3,000} = 667$	$800 \times \frac{667}{2,000} = 267$
B	△1,000		0	0
국내	2,000			
계	△1,000 3,000	800	667	267

② 외국납부세액의 손금산입방법

외국납부세액공제(법법 제57조 제1항)를 적용하지 않는 경우의 외국법인세액은 손금산입이 가능하다(법령 제19조 제10호).

3) 외국법인세액의 범위

① 직접 납부한 외국법인세액(법령 제94조 제1항)

내국법인의 각 사업연도의 과세표준금액에 포함된 국외원천소득에 대하여 외국정부(지방자치단체 포함)에 납부하였거나 납부할 것으로 확정된 금액으로, 다음의 금액(가산세는 제외)을 말한다(법기통 57－94…2). 다만, 국제조세조정에 관한 법률 제12조 제1항에 따라 내국법인의 소득이 감액조정된 금액 중 국외특수관계인에게 반환되지 않고 내국법인에게 유보되는 금액에 대하여 외국정부가 과세한 금액과 해당 세액이 조세조약에 따른 비과세 · 면제 · 제한세율에 관한 규정에 따라 계산한 세액을 초과하는 경우에는 그 초과하는 세액은 '외국법인세액'에서 제외하되, 러시아연방 정부가 비우호국과의 조세조약 이행중단을 내용으로 하는 자국 법령에 근거하여 조세조약에 따른 비과세 · 면제 · 제한세율에 관한 규정에 따라 계산한 세액을 초과하여 과세한 세액은 '외국법인세액'에 포함한다.

- 초과이윤세 및 기타 법인의 소득 등을 과세표준으로 하여 과세된 세액
- 법인의 소득 등을 과세표준으로 하여 과세된 세의 부가세액
- 법인의 소득 등을 과세표준으로 하여 과세된 세와 동일한 세목에 해당하는 것으로, 소득 이외의 수입금액 또는 기타 이에 준하는 것을 과세표준으로 하여 과세된 세액

② 간주외국납부세액(법법 제57조 제3항)

국외원천소득이 있는 내국법인이 조세조약의 상대국에서 해당 국외원천소득에 대하여 법인세를 감면받은 세액 상당액 중 그 조세조약으로 정하는 범위 안의 금액

③ 간접외국납부세액(법법 제57조 제4항, 제5항, 법령 제94조 제8항, 제9항)

내국법인의 각 사업연도의 소득금액에 외국자회사[내국법인이 의결권 있는 발행주식총수 등의 10%(해외자원개발사업을 하는 외국법인의 경우 5%) 이상을 출자하고 있는 외국법인으로서, 배당기준일 현재 6개월 이상 계속하여 보유(내국법인이 적격합병, 적격분할, 적격물적분할, 적격현물출자에 따라 다른 내국법인이 보유하고 있던 외국자회사의 주식 등을 승계받은 때에는 그 승계 전 다른 내국법인이 외국자회사의 주식 등을 취득한 때부터 해당 주식 등을 보유한 것으로 봄)하고 있는 법인]로부터 받은 수입배당금액이 포함되어 있는 경우, 그 외국자회사의 소득에 대하여 부과된 외국법인세액 중 그 수입배당금액에 대응하는 것으로 다음 산식에 의한 금액

$$\text{외국자회사의 해당 사업연도 법인세액}^{\text{주2)}} \times \frac{\text{수입배당금액}^{\text{주3)}}}{\text{외국자회사의 해당 사업연도 소득금액} - \text{외국자회사의 해당 사업연도 법인세액}}$$

상기의 산식에서 외국손회사란 다음의 요건을 모두 갖춘 법인을 말한다(법령 제94조 제10항).

- 해당 외국자회사가 직접 외국손회사의 의결권 있는 발행주식총수 또는 출자총액의 10%

주2) "외국자회사의 해당 사업연도 법인세액"은 다음의 세액으로서 외국자회사가 외국납부세액으로 공제받았거나 공제받을 금액 또는 해당 수입배당금액이나 제3국(본점이나 주사무소 또는 사업의 실질적 관리장소 등을 둔 국가 외의 국가를 말함) 지점 등 귀속소득에 대하여 외국자회사의 소재지국에서 국외소득 비과세 · 면제를 적용받았거나 적용받을 경우 해당 세액 중 50%에 상당하는 금액을 포함하여 계산함(법령 제94조 제8항)

1) 외국자회사가 외국손회사로부터 지급받는 수입배당금액에 대하여 외국손회사의 소재지국 법률에 따라 외국손회사의 소재지국에 납부한 세액

2) 외국자회사가 제3국의 지점 등에 귀속되는 소득에 대하여 그 제3국에 납부한 세액

주3) 수입배당금액(외국자회사가 외국손회사로부터 지급받는 수입배당금액을 포함)은 이익이나 잉여금의 발생순서에 따라 먼저 발생된 금액부터 배당되거나 분배된 것으로 봄(법령 제94조 제8항).

(해외자원개발사업을 경영하는 외국법인은 5%) 이상을 해당 외국손회사의 배당기준일 현재 6개월 이상 계속하여 보유하고 있을 것

- 내국법인이 외국손회사의 의결권 있는 발행주식총수 또는 출자총액의 10%(해외자원개발사업을 경영하는 외국법인은 5%) 이상을 외국자회사를 통하여 간접 소유할 것. 이 경우 주식의 간접소유비율은 내국법인의 외국자회사에 대한 주식소유비율에 그 외국자회사의 외국손회사에 대한 주식소유비율을 곱하여 계산한다.

④ 하이브리드 수입배당금 관련 외국납부세액(법법 제57조 제6항 및 법령 제94조 제13항, 제14항)

내국법인의 각 사업연도의 소득금액에 외국법인으로부터 받는 수입배당금액이 포함되어 있는 경우로서 다음의 요건을 갖춘 경우에는 그 외국법인의 소득에 대하여 출자자인 내국법인에게 부과된 외국법인세액 중 해당 수입배당금액에 대응하는 금액을 세액공제의 대상이 되는 외국법인세액으로 본다.

- 외국법인의 소득이 그 본점 또는 주사무소가 있는 국가(이하 "거주지국"이라 함)에서 발생한 경우
  거주지국의 세법에 따라 그 외국법인의 소득에 대하여 해당 외국법인이 아닌 그 주주 또는 출자자인 내국법인이 직접 납세의무를 부담하는 경우
- 외국법인의 소득이 거주지국 이외의 국가(이하 "원천지국"이라 함)에서 발생한 경우
  거주지국과 원천지국의 세법에 따라 그 외국법인의 소득에 대하여 해당 외국법인이 아닌 그 주주 또는 출자자인 내국법인이 직접 납세의무를 부담할 것

외국법인의 소득에 대하여 출자자인 내국법인에게 부과된 외국법인세액 중 세액공제의 대상이 되는 외국법인세액은 다음의 산식에 따라 계산한다.

$$\text{내국법인이 부담한 외국법인의 해당 사업연도 소득에 대한 법인세액} \times \frac{\text{수입배당금액}}{\left(\text{외국법인의 해당 사업연도 소득금액} \times \text{내국법인의 해당 사업연도 손익배분 비율}\right) - \left(\text{내국법인이 부담한 외국법인의 해당 사업연도 소득에 대한 법인세액}\right)}$$

4) 기타 사항

① 외국납부세액공제 중 미공제세액은 10년간 이월공제가 가능. 단, 이월된 사업연도의 공제한도 범위 내에서만 공제 가능하고, 외국정부에 납부하였거나 납부할 외국법인세액을 이월공제기간 내에 공제받지 못한 경우 그 공제받지 못한 외국법인세액은 이월공제기간의 종료일 다음 날이 속하는 사업연도의 소득금액을 계산할 때 손금에 산입할 수 있다(법법 제57조 제2항). 한편, 공제한도금액을 초과하는 외국법인세액 중 국외원

천소득 대응 비용과 관련된 외국법인세액(다음 ㉠의 금액에서 ㉡의 금액을 뺀 금액을 말함)에 대해서는 이월공제를 적용하지 않는다. 이 경우 해당 외국법인세액은 세액공제를 적용받지 못한 사업연도의 다음 사업연도 소득금액을 계산할 때 손금에 산입할 수 있다(법령 제94조 제15항).

㉠ 국외원천소득에 대응하는 국외원천소득 대응 비용을 국외원천소득에서 빼기 전의 국외원천소득을 기준으로 계산한 공제한도금액

㉡ 공제한도금액

② 법인세법 제18조의 4에 따른 익금불산입의 적용대상이 되는 수입배당금액에 대해서는 외국납부세액공제를 적용하지 않는다(법법 제57조 제7항).

③ 최저한세 적용 배제

④ 공제시기: 국외원천소득이 과표에 산입된 사업연도(법령 제94조 제3항)

⑤ 외국납부세액공제세액계산서의 제출: 세액공제를 받고자 하는 법인은 법인세 과세표준 신고와 함께 외국납부세액공제세액계산서[법칙 별지 제8호 서식 부표 5]를 제출하여야 한다. 다만, 외국정부의 국외원천소득에 대한 법인세의 결정 · 통지의 지연 등의 경우에는 외국정부의 국외원천소득에 대한 법인세 결정통지를 받은 날부터 3개월 이내에 증빙서류를 첨부하여 외국납부세액공제세액계산서[법칙 별지 제8호 서식 부표 5]를 제출할 수 있다(법령 제94조 제3항, 제4항).

⑥ 외국법률에 의하여 원천징수 납부하는 세액을 외국법인이 부담하는 조건으로 계약을 체결하고 자금을 대여하는 경우, 동 대여금에 대한 이자를 영수함에 있어 외국법인이 납부한 외국납부세액이 법인세법 시행령 제94조 제1항에 해당하는 조세인 경우에는 법인세법 제57조의 규정에 의하여 외국납부세액으로 공제할 수 있으며, 동 외국법인이 부담한 외국납부세액은 이자수입으로 익금에 산입하여야 한다(법기통 57-94…3).

⑦ 외국납부세액의 외화환산

㉠ 외국세액을 납부한 때의 기준환율(또는 재정환율)에 의한다(법칙 제48조 제1항). 다만, 해당 사업연도 중에 확정된 외국납부세액이 분납 등에 의해 미납된 경우 동 미납세액은 그 사업연도 종료일 현재의 기준환율(또는 재정환율)로, 사업연도 종료일 이후에 확정된 외국납부세액을 납부하는 경우 미납된 분납세액에 대해서는 확정일 이후 최초로 납부하는 날의 기준환율(또는 재정환율)에 의하여 환산할 수 있다(법칙 제48조 제2항).

㉡ 국내에서 외국납부세액공제를 받은 이후 외국정부의 경정 등에 따라 외국납부세액을 외국에서 환급받아 국내에서 추가로 세액을 납부하는 경우, 해당 환급세액에 대한 원화환산은 상기 ㉠에 따른 '외국세액을 납부한 때(법칙 제48조 제1항)' 또는 '그 사업연도 종료일 현재나 확정일 이후 최초로 납부하는 날(법칙 제48조 제2항)'의 외국환거래법에 따른 기준환율 또는 재정환율에 따른다. 다만, 환급받은 세액의 납부

일이 분명하지 아니한 경우에는 해당 사업연도 동안 해당 국가에 납부한 외국납부세액의 상기 ㉠에 따라 환산한 원화 합계액을 해당 과세기간 동안 해당 국가에 납부한 외국납부세액의 합계액으로 나누어 계산한 환율에 따른다(법칙 제48조 제3항).

(2) 간접투자회사 등으로부터 지급받은 소득에 대한 외국 납부세액공제 특례

1) 외국 납부세액공제 특례 내용

내국법인의 각 사업연도의 과세표준에 다음의 요건을 갖춘 소득이 합산되어 있는 경우 일정한 금액을 해당 사업연도의 산출세액에서 공제할 수 있다(법법 제57조의 2 제1항). 이때, 내국법인이 '간접투자회사 등으로부터 지급받은 소득'이란 세후기준가격을 기준으로 계산된 금액을 말하며(단, 증권시장에 상장된 간접투자회사 등의 증권의 매도에 따라 간접투자회사 등으로부터 지급받은 소득은 소득세법 시행령 제117조의 2 제2항에 따라 계산한 금액으로 함), 내국법인의 해당 사업연도의 산출세액에서 공제하는 금액은 간접투자외국법인세액을 세후기준가격을 고려하여 법인세법 시행령 제94조의 2 제3항에 따라 계산한 금액으로 한다(법법 제57조의 2 제2항, 법령 제94조의 2 제2항).

① 간접투자회사 등으로부터 지급받은 소득일 것
② 간접투자회사 등이 내국법인에 지급한 소득에 대하여 간접투자외국법인세액을 납부하였을 것

2) 세액공제액의 한도 및 이월공제

본 세액공제 특례에 따라 산출세액에서 공제할 수 있는 금액은 다음 계산식에 따른 공제한도금액을 한도로 한다. 이 경우 산출세액에서 공제하는 금액이 해당 사업연도의 공제한도금액을 초과하는 경우 그 초과하는 금액은 해당 사업연도의 다음 사업연도 개시일부터 10년 이내에 끝나는 각 사업연도로 이월하여 그 이월된 사업연도의 공제한도금액 내에서 공제할 수 있다(법법 제57조의 2 제3항).

$$\text{공제한도 금액} = \text{해당 사업연도의 산출세액}^{(*1)} \times \frac{\text{간접투자회사등으로부터 지급받은 소득}^{(*2)}\text{의 합계액}}{\text{해당 사업연도의 소득에 대한 과세표준}}$$

(*1) 토지등 양도소득에 대한 법인세액(법인세법 제55조의 2) 및 투자·상생협력 촉진을 위한 과세특례를 적용하여 계산한 법인세액(조특법 제100조의 32)은 제외함.
(*2) 해당 소득에 대하여 간접투자외국법인세액이 납부된 경우로 한정함.

(3) 재해손실에 대한 세액공제

1) 의 의

내국법인이 각 사업연도 중 천재지변이나 그 밖의 재해로 인하여 재해상실비율주)이 20% 이상이어서 납세가 곤란하다고 인정되는 경우에, 일정산식에 의해 계산된 금액을 산출세액에서 공제한다(법법 제58조 제1항).

$$\text{주) 재해상실비율}^{\text{주5)}} = \frac{\text{상실된 자산의 장부가액}^{\text{주4)}}}{\text{상실 전 자산의 장부가액}^{\text{주4)}}}$$

2) 재해손실세액공제액

재해손실세액공제액 = Min(①, ②) ① 공제세액 = 공제대상법인세액 × 재해상실비율 = [산출세액(법법 제55조) + 법인세법 제75조의 3과 국세기본법 제47조의 2부터 제47조의 5까지의 규정에 따른 가산세 − 다른 법률에 의한 공제 및 감면세액] × 재해상실비율 ② 한도액 = 상실된 자산의 가액

이 경우 공제대상법인세액은 재해 발생일 현재 부과되지 아니한 법인세와 부과된 법인세로서 미납된 법인세 및 재해 발생일이 속하는 사업연도의 소득에 대한 법인세를 말하며, 법인세법 제75조의 3과 국세기본법 제47조의 2부터 제47조의 5까지의 규정에 따른 가산세를 포함한다(법법 제58조 제1항 및 법령 제95조 제3항).

3) 공제신청서의 제출

재해손실세액공제신청서[법칙 별지 제65호 서식]를 다음에 따른 기한까지 관할 세무서장에게 제출해야 하며 이월공제는 허용하지 않는다(법령 제95조 제5항).

i) 재해발생일 현재 과세표준신고기한이 지나지 않은 법인세의 경우에는 그 신고기한. 다만, 재해발생일부터 신고기한까지의 기간이 3개월 미만인 경우에는 재해발생일부터 3개월로 함.

ii) 재해발생일 현재 미납된 법인세와 납부해야 할 법인세의 경우에는 재해발생일부터 3개월

주4) ① 대상자산: 사업용자산(토지 제외)으로 하되, 수탁자산으로서 그 상실로 인한 변상책임이 해당 법인에게 있는 자산은 포함. 재해자산에 대하여 보험금을 수령하는 경우 상실된 자산가액에서 수령한 보험금을 차감하지 않음(법령 제95조 제1항 및 법칙 제49조 제2항).

② 가액산정방법: 재해발생일 현재 해당 법인의 장부가액에 의하되, 장부가 소실되어 장부가액을 알 수 없는 경우에는 관할 세무서장이 조사 · 확인한 가액(법령 제95조 제2항)

주5) 동일 사업연도에 2회 이상 재해가 발생한 경우의 재해상실비율(법칙 제49조 제3항)

$$\text{재해상실비율} = \frac{\text{재해로 인하여 상실된 자산가액의 합계액}}{\text{최초 재해발생 전 자산총액} + \text{최종 재해발생 전까지의 증가된 자산총액}}$$

4) 기타 사항

① 최저한세 적용 배제

② 세액공제의 이월공제 불가

2. 조세특례제한법상 세액공제

(1) 통합투자세액공제(조특법 제24조)

① 내국법인(단, 소비성서비스업, 부동산임대 및 공급업을 경영하는 내국법인은 제외함)이 공제대상 자산(단, 중고품 및 임대용 자산은 제외함)에 투자(단, 법 소정의 리스주6)에 의한 투자는 제외함)하는 경우 해당 투자가 이루어지는 사업연도의 법인세에서 공제(조특령 제21조 제1항)

② 공제 대상 자산의 범위

i) 기계장치 등 사업용 유형자산(단, 토지와 조세특례제한법 시행규칙 별표 1의 건축물 등은 제외함)(조특법 제24조 제1항 제1호 가목, 조특령 제21조 제2항, 조특칙 제12조 제1항)

ii) 연구·시험 및 직업훈련시설

㉮ 전담부서등, 국가과학기술 경쟁력강화를 위한 이공계지원특별법 제18조 및 같은 법 시행령 제17조에 따라 과학기술정보통신부장관에게 신고한 연구개발서비스업자 및 산업기술연구조합 육성법에 따른 산업기술연구조합에서 직접 사용하기 위한 연구·시험용시설로서 다음의 어느 하나에 해당하는 시설(단, 운휴 중인 것은 제외함)(조특칙 제12조 제2항 제1호 및 조특칙 제13조의 10 제1항)

㉠ 공구 또는 사무기기 및 통신기기, 시계·시험기기 및 계측기기, 광학기기 및 사진제작기기

㉡ 법인세법 시행규칙 별표 6의 업종별 자산의 기준내용연수 및 내용연수범위표의 적용을 받는 자산

㉯ 근로자직업능력 개발법 제2조 제3호에 따른 직업능력개발훈련시설(내국법인이 중소기업을 위해 설치하는 직업훈련용 시설을 포함함)로서 다음의 어느 하나에 해당하는 시설(단, 운휴 중인 것은 제외함)(조특칙 제12조 제2항 제1호 및 조특칙 제13조의 10 제2항)

㉠ 공구 또는 사무기기 및 통신기기, 시계·시험기기 및 계측기기, 광학기기 및

주6) 법 소정의 리스란 내국인에게 자산을 대여하는 것으로서 조세특례제한법 시행규칙 제3조의 2에서 정하는 금융리스를 제외한 것을 말함(조특령 제3조).

사진제작기기

ⓛ 법인세법 시행규칙 별표 6의 업종별 자산의 기준내용연수 및 내용연수범위표의 적용을 받는 자산

iii) 에너지절약 시설

㉮ 에너지이용 합리화법 제14조 제1항에 따른 에너지절약형 시설투자(에너지절약 전문기업이 대가를 분할상환 받은 후 소유권을 이전하는 조건으로 같은 법 제25조에 따라 설치한 경우를 포함함) 및 에너지절약형 기자재(조특칙 제12조 제2항 제2호 가목)

㉯ 물의 재이용 촉진 및 지원에 관한 법률 제2조 제4호에 따른 중수도(조특칙 제12조 제2항 제2호 나목)

iv) 환경보전 시설**주7)** (조특칙 제12조 제2항 제3호 및 별표 2)

㉮ 대기오염방지시설 및 무공해 · 저공해자동차 연료공급시설

ⓖ 대기환경보전법에 따른 대기오염방지시설, 휘발성 유기화합물질 및 비산먼지로 인한 대기오염을 방지하기 위한 시설

ⓛ 악취방지법에 따른 악취방지시설

ⓓ 대기환경보전법에 따른 무공해자동차나 저공해자동차의 연료공급시설

㉯ 소음 · 진동관리법에 따른 소음 · 진동방지시설, 방음시설, 방진시설

㉰ 가축분뇨의 관리 및 이용에 관한 법률에 따른 처리시설

㉱ 하수도법 시행령에 따른 오수처리시설

㉲ 물환경보전법에 따른 폐수배출시설로부터 배출되는 폐수를 처리하기 위한 시설

㉳ 폐기물관리법에 따른 폐기물처리시설 및 폐기물 감량화시설

㉴ 건설폐기물의 재활용촉진에 관한 법률에 따른 건설폐기물 처리시설

㉵ 자원의 절약과 재활용촉진에 관한 법률에 따른 재활용시설

㉶ 해양환경관리법에 따른 오염방지 · 오염물질 처리시설 및 방제시설

㉷ 석유 및 석유대체연료 사업법에 따른 석유 속에 함유된 황을 제거 또는 감소시키는 시설(단, 중유를 재가공하여 유황성분의 제거 · 분해 · 정제 과정을 통해 휘발유 · 등유 또는 경유를 생산하는 시설은 제외함)

㉸ 토양환경보전법 제12조 제3항에 따른 토양오염방지시설(같은 법 시행령 제7조의 2 제2항에 따른 권장 설치 · 유지 · 관리기준에 적합한 시설로 한정함)

㉹ 환경친화적 산업구조로의 전환촉진에 관한 법률 제4조에 따른 산업환경실천과제에 포함된 청정생산시설(투자일 현재를 기준으로 함)

㉺ 온실가스 감축을 위한 시설로서 다음의 어느 하나에 해당하는 기술이 적용된

주7) 환경보전시설 및 공해물질의 배출시설에 부착된 측정시설을 포함

시설

㉠ 이산화탄소(CO_2) 저장, 수송, 전환 및 포집기술

㉡ 메탄(CH_4) 포집, 정제 및 활용기술

㉢ 아산화질소(N_2O) 재사용 및 분해기술

㉣ 불소화합물(HFCs, PFCs, SF_6) 처리, 회수 및 대체물질 제조기술

v) 근로자복지 증진 시설

㉮ 무주택 종업원(단, 출자자인 임원은 제외함)에게 임대하기 위한 주택법에 따른 국민주택 규모의 주택(조특칙 제12조 제2항 제4호 가목)

㉯ 종업원용 기숙사(조특칙 제12조 제2항 제4호 나목)

㉰ 장애인 · 노인 · 임산부 등의 편의 증진을 위한 시설 또는 장애인을 고용하기 위한 시설로서 조세특례제한법 시행규칙 별표 3에 따른 시설(조특칙 제12조 제2항 제4호 다목)

㉱ 종업원용 휴게실, 체력단련실, 샤워시설 또는 목욕시설(건물 등의 구조를 변경하여 해당 시설을 취득하는 경우를 포함함)(조특칙 제12조 제2항 제4호 라목)

㉲ 종업원의 건강관리를 위해 의료법 제35조에 따라 개설한 부속 의료기관(조특칙 제12조 제2항 제4호 마목)

㉳ 영유아보육법 제10조 제4호에 따른 직장어린이집(조특칙 제12조 제2항 제4호 바목)

vi) 안전시설(조특칙 제12조 제2항 제5호 및 별표 4)

㉮ 산업재해예방시설

㉠ 산업안전보건법 제38조에 따른 안전조치 및 같은 법 제39조에 따른 보건조치를 위해 필요한 시설

㉡ 도시가스사업법 시행규칙 제17조에 따른 가스공급시설의 안전유지를 위한 시설

㉢ 액화석유가스의 안전관리 및 사업법 시행규칙 제12조에 따른 액화석유가스 공급시설 및 저장시설의 안전유지를 위한 시설

㉣ 화학물질관리법 시행규칙 제21조 제2항에 따른 유해화학물질 취급시설의 안전유지를 위한 시설

㉤ 위험물안전관리법 제5조 제4항에 따른 제조소 · 저장소 및 취급소의 안전유지를 위한 시설

㉥ 집단에너지사업법 제21조에 따른 집단에너지 공급시설의 안전유지를 위한 시설

㉦ 송유관안전관리법 시행규칙 제5조 제1호에 따른 송유관의 안전설비

㉯ 화재예방 · 소방시설

㉠ 화재예방, 소방시설 설치 · 유지 및 안전관리에 관한 법률 제2조 제1항 제1호에 따른 소방시설

㉡ 소방장비관리법 시행령 별표에 따른 소방자동차(단, 위험물안전관리법 제19조에 따라 자체소방대를 설치해야 하는 사업소의 관계인이 설치하는 화학소방자동차는 제외함)

㉰ 광산안전시설

광산안전법 시행령 제4조 제1항에 따른 안전조치를 위해 필요한 시설 및 같은 법 시행규칙 제2조 각 호의 어느 하나에 해당하는 장비

㉱ 내진보강시설

지진 · 화산재해대책법 시행규칙 제3조의 4에 따라 내진성능 확인을 받은 건축물에 보강된 시설(기존 건물의 골조에 앵커 등 연결재로 접합 · 일체화하여 기존부와 보강부를 영구히 접합시키는 경우로 한정함)

㉲ 비상대비시설

비상대비자원 관리법 제11조에 따라 중점관리대상으로 지정된 자가 정부의 시설 보강 및 확장 명령에 따라 비상대비업무를 수행하기 위해 보강하거나 확장한 시설

vii) 기타 업종별 사업용자산

㉮ 운수업을 주된 사업으로 하는 중소기업(조특령 제2조 제1항)이 해당 사업에 직접 사용하는 차량 및 운반구(단, 개별소비세법 제1조 제2항 제3호에 따른 자동차로서 자가용인 것을 제외함)와 선박(조특칙 제12조 제3항 제1호)

㉯ 어업을 주된 사업으로 하는 중소기업이 해당 사업에 직접 사용하는 선박(조특칙 제12조 제3항 제2호)

㉰ 건설업에 직접 사용하는 지방세법 시행규칙 제3조에 따른 기계장비(조특칙 제12조 제3항 제3호)

㉱ 도매업 · 소매업 · 물류산업에 직접 사용하는 조세특례제한법 시행규칙 별표 5에 따른 유통산업합리화시설(조특칙 제12조 제3항 제4호)

㉲ 관광진흥법에 따라 등록한 관광숙박업 및 국제회의기획업에 직접 사용하는 건축물과 해당 건축물에 딸린 시설물 중 지방세법 시행령 제6조에 따른 시설물(조특칙 제12조 제3항 제5호)

㉳ 관광진흥법에 따라 등록한 전문휴양업 또는 종합휴양업에 직접 사용하는 관광진흥법 시행령 제2조 제1항 제3호 가목 및 제5호 가목에 따른 숙박시설, 전문휴양시설(단, 골프장 시설은 제외함) 및 종합유원시설업의 시설(조특칙 제12조

제3항 제6호)

㈓ 중소기업이 해당 업종의 사업에 직접 사용하는 소프트웨어. 다만, 다음의 어느 하나에 해당하는 것은 제외함(조특칙 제12조 제3항 제7호).

㉠ 인사, 급여, 회계 및 재무 등 지원업무에 사용하는 소프트웨어

㉡ 문서, 도표 및 발표용 자료 작성 등 일반 사무에 사용하는 소프트웨어

㉢ 컴퓨터 등의 구동을 위한 기본운영체제(Operating System) 소프트웨어

viii) 중소기업 및 중견기업이 취득한 다음의 지식재산(단, 조세특례제한법 시행령 제11조 제1항에 따른 특수관계인으로부터 취득한 자산은 제외함) (조특령 제21조 제3항 제3호)

㉮ 내국인이 국내에서 연구 · 개발하여 특허법에 따라 최초로 설정등록받은 특허권

㉯ 내국인이 국내에서 연구 · 개발하여 실용신안법에 따라 최초로 설정등록받은 실용신안권

㉰ 내국인이 국내에서 연구 · 개발하여 디자인보호법에 따라 최초로 설정등록받은 디자인권

③ 투자금액의 계산

투자금액은 아래 ㉮의 금액에서 ㉯의 금액을 뺀 금액으로 함(조특령 제21조 제7항).

㉮ 총투자금액에 작업진행률에 의하여 계산한 금액과 해당 사업연도까지 실제로 지출한 금액 중 큰 금액

㉯ 다음의 금액을 더한 금액

㉠ 해당 사업연도 전에 통합투자세액공제를 적용받은 투자금액

㉡ 해당 사업연도 전의 투자분으로서 위 ㉠의 금액을 제외한 투자분에 대하여 상기 ㉮를 준용하여 계산한 금액

④ 세액공제 금액의 계산 : 다음 i) 기본공제 금액과 ii) 추가공제 금액을 합한 금액 또는 후술하는 ⑤ 임시투자 세액공제금액 중 납세의무자의 선택에 따라 하나만 적용(조특법 제24조 제1항 제2호 및 제3호)

i) 기본공제 금액 : 해당 사업연도에 투자한 금액에 다음의 구분에 따른 비율을 곱한 금액

1) 신성장사업화시설 및 신성장연구개발시설에 투자하는 경우

㉮ 중소기업 : 12%

㉯ 중소기업이 최초로 중소기업에 해당하지 아니하게 된 경우(*)로서 최초로 중소기업에 해당하지 아니하게 된 사업연도의 개시일부터 3년 이내에 끝나는 사업연도까지 : 9%

㉰ 위 ㉯에 해당하지 아니하는 중견기업 : 6%

㉱ 위 ㉮ ~ ㉰ 외의 경우 : 3%

2) 국가전략기술사업화시설 및 국가전략기술연구개발시설에 2029년 12월 31일까지 투자하는 경우[아래 3)에 해당하는 경우는 제외함]

㉮ 중소기업 : 25%

㉯ 중소기업이 최초로 중소기업에 해당하지 아니하게 된 경우(*)로서 최초로 중소기업에 해당하지 아니하게 된 사업연도의 개시일부터 3년 이내에 끝나는 사업연도까지 : 20%

㉰ 위 ㉮ 및 ㉯ 외의 경우: 15%

3) 반도체 분야 국가전략기술사업화시설 및 반도체 분야 국가전략기술연구개발시설에 2029년 12월 31일까지 투자하는 경우

㉮ 중소기업 : 30%

㉯ 중소기업이 최초로 중소기업에 해당하지 아니하게 된 경우(*)로서 최초로 중소기업에 해당하지 아니하게 된 사업연도의 개시일부터 3년 이내에 끝나는 사업연도까지 : 25%

㉰ 위 ㉮ 및 ㉯ 외의 경우: 20%

4) 위 1)부터 3)까지 외의 자산에 투자하는 경우

㉮ 중소기업 : 10%

㉯ 중소기업이 최초로 중소기업에 해당하지 아니하게 된 경우(*)로서 최초로 중소기업에 해당하지 아니하게 된 사업연도의 개시일부터 3년 이내에 끝나는 사업연도까지 : 7.5%

㉰ 위 ㉯에 해당하지 아니하는 중견기업 : 5%

㉱ 위 ㉮ ~ ㉰ 외의 경우 : 1%

(*) '중소기업이 최초로 중소기업에 해당하지 아니하게 된 경우'란 각각 다음의 구분에 따른 기간이 지난 경우를 말함(조특령 제21조 제15항).

① 2024년 12월 31일이 속하는 사업연도 직전 사업연도의 종료일 이전에 조세특례제한법 시행령 제2조 제2항 각 호 외의 부분 본문에 따라 중소기업에 해당하지 않게 된 사유가 발생한 경우: 최초로 그 사유가 발생한 날이 속하는 사업연도와 그 다음 3개 사업연도

② 2024년 12월 31일이 속하는 사업연도의 개시일 이후에 조세특례제한법 시행령 제2조 제2항 각 호 외의 부분 본문에 따라 중소기업에 해당하지 않게 된 사유가 발생한 경우: 최초로 그 사유가 발생한 날이 속하는 사업연도와 그 다음 5개 사업연도(최초로 그 사유가 발생한 날이 속하는 사업연도의 종료일부터 5년이 되는 날이 속하는 사업연도의 종료일 현재 해당 기업이 자본시장과 금융투자업에 관한 법률에 따른 유가증권시장 또는 코스닥시장에 상장되어 있는 경우에는 7개 사업연도)

③ 조세특례제한법 시행령 제2조 제5항에 따라 중소기업에 해당하지 않게 된 사유가 발생한 경우: 그 사유가 발생한 날이 속하는 사업연도와 그 다음 3개 사업연도

ii) 추가공제 금액 : 아래 계산식에 따라 계산한 금액. 다만, 추가공제 금액이 전술한 'i) 기본공제 금액'을 초과하는 경우에는 기본공제 금액의 2배를 그 한도로 하고, 3년간 연평균 투자금액이 없는 경우에는 추가공제 금액이 없는 것으로 하며, 내국법인의 투자금액이 최초로 발생한 사업연도의 개시일부터 세액공제를 받으려는 해당 사업연도 개시일까지의 기간이 36개월 미만인 경우에는 그 기간에 투자한 금액의 합계액을 36개월로 환산한 금액을 "해당 사업연도의 개시일부터 소급하여 3년간 투자한 금액의 합계액"으로 보며, 합병법인, 분할신설법인, 분할합병의 상대방법인, 사업양수법인 또는 현물출자를 받은 법인(이하 "합병법인등"이라 함)의 경우에는 합병, 분할, 분할합병, 사업양도 또는 현물출자를 하기 전에 피합병법인, 분할법인, 사업양도인 또는 현물출자자가 투자한 금액은 합병법인등이 투자한 것으로 봄(조특령 제21조 제8항, 제9항).

$$\left(\text{해당 사업연도에 투자한 금액} - \frac{\text{해당 사업연도의 개시일부터 소급하여 3년간 투자한 금액의 합계액}}{3} \times \frac{\text{해당 사업연도의 개월 수}}{12}\right) \times 10\%$$

⑤ 임시 투자 세액공제금액의 계산 : i) 기본공제 금액 + ii) 추가공제 금액

i) 기본공제 금액: 2025년 12월 31일이 속하는 사업연도에 투자한 금액의 1%(중견기업은 7%, 중소기업은 12%)에 상당하는 금액. 다만, 다음의 어느 하나에 해당하는 경우에는 다음의 구분에 따른 금액으로 함.

㉮ 신성장사업화시설 및 신성장연구개발시설에 투자하는 경우: 3%(중견기업은 8%, 중소기업은 14%)에 상당하는 금액

㉯ 국가전략기술사업화시설 및 국가전략기술연구개발시설에 투자하는 경우[아래 ㉰에 해당하는 경우는 제외함]: 위 ④ i) 2)에 따른 금액

㉰ 반도체 분야 국가전략기술사업화시설 및 반도체 분야 국가전략기술연구개발시설에 투자하는 경우: 위 ④ i) 3)에 따른 금액

ii) 추가공제 금액 : 2025년 12월 31일이 속하는 사업연도에 투자한 금액이 해당 사업연도의 직전 3년간 연평균 투자 또는 취득금액을 초과하는 경우에는 그 초과하는 금액의 10%에 상당하는 금액. 다만, 추가공제 금액이 기본공제 금액을 초과하는 경우에는 기본공제 금액의 2배를 한도로 함.

⑥ 세액공제의 시기

투자가 2개 이상의 사업연도에 걸쳐서 이루어지는 경우에는 그 투자가 이루어지는 사업

연도마다 해당 사업연도에 투자한 금액에 대하여 세액공제 적용(조특법 제24조 제2항)

⑦ 사후관리

투자완료일부터 2년(법 소정의 건물 · 구축물은 5년, 신성장사업화 · 연구개발시설 또는 국가전략기술사업화 · 연구개발시설 중 법 소정의 시설은 투자완료일이 속하는 사업연도의 다음 3개 사업연도의 종료일까지의 기간) 내에 다른 목적으로 전용하는 경우에는 공제받은 세액공제액 상당액에 이자 상당 가산액을 가산하여 법인세로 납부(조특법 제24조 제3항, 조특령 제21조 제5항 및 조특칙 제12조의 3)

⑧ 세액공제 신청서[조특칙 별지 제1호 서식, 별지 제1호 서식 부표(1), 별지 제8호의 9 서식] 제출

⑨ 국가 등의 보조금 등으로 투자한 금액에 대한 세제지원 배제(조특법 제127조 제1항)

⑩ 투자세액공제 간 중복적용 배제(조특법 제127조 제2항)

⑪ 외국인투자법인에 대한 법인세 감면시 내국인 투자자의 지분율을 곱한 범위 내 공제(조특법 제127조 제3항)

⑫ 세액감면과의 중복적용 배제(조특법 제127조 제4항)

⑬ 상기 ⑪, ⑫을 적용할 때 법인세 감면사업 구분경리시 비감면사업에 대한 세액공제는 중복 적용 가능(조특법 제127조 제10항)

⑭ 최저한세 적용(조특법 제132조)

⑮ 세액공제액의 이월공제(조특법 제144조) : 10년

⑯ 감면세액의 추징

투자완료일부터 2년(법 소정의 건물 · 구축물은 5년) 내 처분(임대 포함)시 세액공제액 상당액에 이자 상당 가산액을 가산하여 법인세로 납부(조특법 제146조)

⑰ 수도권과밀억제권역 투자에 대한 세액공제 배제(단, 법 소정의 사업용 고정자산 등 제외)(조특법 제130조)

(2) 상생협력을 위한 기금 출연 시 세액공제(조특법 제8조의 3 제1항)

① 내국법인이 2025. 12. 31.까지 상생협력을 위한 기금 출연을 하는 경우에는 해당 출연금(다만, 특수관계인을 지원하기 위하여 사용된 출연금은 제외)의 10%에 상당하는 출연한 날이 속하는 사업연도의 금액을 법인세에서 공제(조특법 제8조의 3 제1항)

② 세액공제대상 출연(조특법 제8조의 3 제1항 및 조특령 제7조의 2)

• 협력중소기업**주8)**에 대한 보증 또는 대출지원을 목적으로 신용보증기금 또는 기술보

주8) 협력중소기업이란 대 · 중소기업 상생협력 촉진에 관한 법률 제2조 제6호에 따른 수탁기업, 동 수탁기업과 직접 · 간접으로 물품을 납품하는 계약관계가 있는 중소기업, 과학기술기본법 제16조의 4 제3항에 따라 지정된 전담기관과 연계하여 지원하는 창업기업, 조세특례제한법 제8조의 3 제1항에 따른 내국법인이 협력이 필요하다고 인정한 중소기업을 말함(조특령 제7조의 2 제2항).

증기금에 출연하는 경우
- 대·중소기업 상생협력 촉진에 관한 법률에 따른 대·중소기업·농어업협력재단(자유무역협정 체결에 따른 농어업인 등의 지원에 관한 특별법에 따른 농어촌상생협력기금을 포함하며, 이하 "협력재단")에 출연하는 경우
- 대·중소기업 상생협력 촉진에 관한 법률 제2조 제1호에 따른 중소기업(이하 "상생중소기업"이라 함)이 설립한 근로복지기본법 제50조에 따른 사내근로복지기금에 출연하거나 상생중소기업 간에 공동으로 설립한 근로복지기본법 제86조의 2에 따른 공동근로복지기금에 출연하는 경우. 다만, 해당 내국법인이 설립한 사내근로복지기금 또는 해당 내국법인이 공동으로 설립한 공동근로복지기금에 출연하는 경우는 제외함.
- 중소기업협동조합법 제106조 제8항에 따른 공동사업지원자금에 출연하는 경우

③ 구분경리

신용보증기금, 기술보증기금, 협력재단, 사내근로복지기금 및 공동근로복지기금은 상생협력을 위한 기금 출연 시 세액공제를 적용받은 해당 출연금을 회계처리할 때에는 다른 자금과 구분경리하여야 함(조특법 제8조의 3 제3항).

④ 과세표준신고시 세액공제신청서 등의 제출
- 기금출연법인(세액공제신청법인): 세액공제신청서[조특칙 별지 제1호 서식] 제출(조특령 제7조의 2 제4항)
- 신용보증기금, 기술보증기금 및 협력재단: 출연금 사용명세서[별지 제1호의 3 서식] 제출(조특령 제7조의 2 제5항)

⑤ 신용보증기금 또는 기술보증기금은 세액공제를 받은 출연금을 해당 지원목적 외의 용도로 사용한 경우에는 해당 사업연도의 과세표준신고를 할 때 내국법인이 공제받은 세액상당액을 법인세로 납부(조특법 제8조의 3 제5항)

⑥ 조세특례제한법상 세액감면과 중복적용 배제(조특법 제127조 제4항)

⑦ 상기 ⑥을 적용할 때 법인세감면 대상사업을 구분경리하는 경우 비감면사업에 대한 세액공제는 중복적용 가능(조특법 제127조 제10항)

⑧ 최저한세의 적용(조특법 제132조)

⑨ 세액공제액의 이월공제(조특법 제144조): 10년

(3) 연구·인력개발비에 대한 세액공제(조특법 제10조)

① 내국법인의 연구개발 및 인력개발을 위한 비용 중 연구·인력개발비가 있는 경우 다음의 금액을 합한 금액을 해당 사업연도의 법인세에서 공제함. 이 경우 다음 i)과 ii)는 2029. 12. 31.(아래 ii)의 국가전략기술 중 반도체 분야 기술의 경우 2031. 12. 31.)까지 발생한 해당 연구·인력개발비에 대해서만 적용하고, 다음 i)과 ii)를 동시에 적용

받을 수 있는 경우에는 납세의무자의 선택에 따라 그 중 하나만을 적용(조특법 제10조 제1항)

i) 신성장 · 원천기술연구개발비

해당 사업연도에 발생한 신성장 · 원천기술연구개발비 × (㉠의 비율 + ㉡의 비율) ㉠ 기업유형에 따른 비율 ㉮ 중소기업 : 30% ㉯ 중소기업이 최초로 중소기업에 해당하지 아니하게 된 경우에는 최초로 중소기업에 해당하지 아니하게 된 사업연도의 개시일부터 3년 이내에 끝나는 사업연도까지 : 25% ㉰ 위 ㉮, ㉯ 이외의 기업 : 20% ㉡ MIN[해당 사업연도의 수입금액에서 신성장 · 원천기술연구개발비가 차지하는 비율 × 3, 10%]

ii) 국가전략기술연구개발비

해당 사업연도에 발생한 국가전략기술연구개발비 × (㉠의 비율 + ㉡의 비율) ㉠ 기업유형에 따른 비율 ㉮ 중소기업 : 40% ㉯ 중소기업이 최초로 중소기업에 해당하지 아니하게 된 경우에는 최초로 중소기업에 해당하지 아니하게 된 사업연도의 개시일부터 3년 이내에 끝나는 사업연도까지 : 35% ㉰ 위 ㉮, ㉯ 이외의 기업 : 30% ㉡ MIN(해당 사업연도의 수입금액에서 국가전략기술연구개발비가 차지하는 비율 × 3, 10%)

iii) 일반연구 · 인력개발비: 다음 중에서 선택하는 어느 하나에 해당하는 금액. 단, 해당 사업연도의 개시일부터 소급하여 4년간 일반연구 · 인력개발비가 발생하지 아니하거나 직전 사업연도에 발생한 일반연구 · 인력개발비가 해당 사업연도의 개시일부터 소급하여 4년간 발생한 일반연구 · 인력개발비의 연평균 발생액주)보다 적은 경우 ㉮에 해당하는 금액

주) 4년간 발생한 일반연구 · 인력개발비의 연평균 발생액(조특령 제9조 제9항)

$$\frac{\text{해당 과세연도 개시일부터 소급하여 4년간 발생한 일반연구·인력개발비의 합계액}}{\text{해당 과세연도 개시일부터 소급하여 4년간 일반연구·인력개발비가 발생한 과세연도의 수 (그 수가 4 이상인 경우 4로 함)}} \times \frac{\text{해당 과세연도의 개월 수}}{12}$$

㉮ 총발생액에 의한 세액공제액

해당 사업연도에 발생한 일반연구 · 인력개발비	×	Min(2%, 해당 사업연도 수입금액 대비 일반연구 · 인력개발비 비율 × 50%)주)

주) 중소기업은 25%, 중소기업 졸업유예기간 경과 후 3년간 20%, 2년간 15%, 법 소정의 중견기업은 8%

㉯ 증가발생액에 의한 세액공제액

(해당 사업연도에 발생한 일반연구 · 인력개발비	−	직전 사업연도에 발생한 일반연구 · 인력개발비)	×	25% (중견기업은 40%, 중소기업은 50%)

② 대상비용

i) 신성장 · 원천기술연구개발비: 연구 · 인력개발비(조특령 별표 6) 중 다음의 어느 하나에 해당하는 비용을 말함(조특령 제9조 제3항).

㉮ 자체 연구개발의 경우: 다음의 비용

㉠ 전담부서등 및 연구개발서비스업을 영위하는 기업에서 신성장 · 원천기술(조특령 별표 7)의 연구개발업무에 종사하는 연구원 및 이들의 연구개발업무를 직접적으로 지원하는 사람(단, 신성장 · 원천기술연구개발업무와 국가전략기술연구개발업무 또는 일반연구개발업무를 동시에 수행한 사람으로서 신성장 · 원천기술연구개발업무 근무시간 및 국가전략기술연구개발업무 근무시간이 전체 연구개발업무 근무시간의 50% 이하인 사람은 제외함)에 대한 조세특례제한법 시행령 별표 6 제1호 가목 1)의 인건비 및 같은 목 2)의 사회보험료 상당액(조특칙 제7조 제4항)

㉡ 신성장 · 원천기술연구개발업무를 위하여 지출하는 조세특례제한법 시행령 별표 6 제1호 가목 3)부터 5)까지 및 같은 호 다목부터 사목까지의 비용

㉯ 위탁 및 공동연구개발의 경우: 신성장 · 원천기술 위탁 · 공동 연구기관주9)에 신

주9) 신성장 · 원천기술 위탁 · 공동 연구기관이란 다음의 어느 하나에 해당하는 기관을 말함. 다만, 아래 ④부터 ⑦까지의 기관에 신성장 · 원천기술 연구개발업무를 위탁(재위탁 포함)하는 경우(조특령 별표 7의 제7호 가목 6)부터 8)까지의 규정에 따른 임상1상 · 2상 · 3상 시험의 경우는 제외함)에는 국내에 소재한 기관으로 한정함(조특칙 제7조 제6항 · 제7항).

① 고등교육법 제2조에 따른 대학 또는 전문대학

② 국공립연구기관

③ 정부출연연구기관

④ 비영리법인(비영리법인에 부설된 연구기관을 포함함)

⑤ 산업기술혁신 촉진법 제42조에 따른 전문생산기술연구소 등 기업이 설립한 국내외 연구기관

⑥ 전담부서등 또는 국외기업에 부설된 연구기관

⑦ 연구산업진흥법 제2조 제1호 가목 및 나목의 연구산업을 영위하는 기업 또는 영리목적으로 연구 · 개발을

성장 · 원천기술연구개발업무를 위탁(재위탁을 포함)함에 따른 비용(전사적 기업자원 관리설비, 판매시점 정보관리 시스템 설비 등 기업의 사업운영 · 관리 · 지원 활동과 관련된 시스템 개발을 위한 위탁비용은 제외) 및 이들 기관과의 공동연구개발을 수행함에 따른 비용

ii) 국가전략기술연구개발비 : 연구 · 인력개발비(조특령 별표 6) 중 다음의 어느 하나에 해당하는 비용을 말함(조특령 제9조 제7항).

㉮ 자체 연구개발의 경우 : 다음의 비용

㉠ 전담부서등 및 연구개발서비스업을 영위하는 기업에서 국가전략기술(조특령 별표 7의 2)의 연구개발업무에 종사하는 연구원 및 이들의 연구개발업무를 직접적으로 지원하는 사람(단, 국가전략기술연구개발업무와 신성장 · 원천기술연구개발업무 또는 일반연구개발업무를 동시에 수행한 사람으로서 국가전략기술연구개발업무 근무시간이 전체 연구개발업무 근무시간의 50% 이하인 사람은 제외함)에 대한 조세특례제한법 시행령 별표 6 제1호 가목 1)의 인건비 및 같은 목 2)의 사회보험료 상당액(조특칙 제7조 제15항)

㉡ 국가전략기술연구개발업무를 위하여 지출하는 조세특례제한법 시행령 별표 6 제1호 가목 3)부터 5)까지 및 같은 호 다목부터 사목까지의 비용

㉯ 위탁 및 공동연구개발의 경우 : 국가전략기술 위탁 · 공동 연구기관**주10)**에 국가전략기술연구개발업무를 위탁(재위탁 포함)함에 따라 발생하는 비용(단, 전사적 기업자원 관리설비, 판매시점 정보관리 시스템 설비 등 기업의 사업운영 · 관리 · 지원 활동과 관련된 시스템 개발을 위한 위탁비용은 제외함) 및 이들

독립적으로 수행하거나 위탁받아 수행하고 있는 국외소재 기업

⑧ 내국인이 의결권 있는 발행주식총수의 50% 이상을 직접 소유하거나 80% 이상을 직접 또는 간접으로 소유하고 있는 외국법인(외국법인에 부설된 연구기관을 포함함). 여기서 주식의 간접소유비율의 계산에 관하여는 국제조세조정에 관한 법률 시행령 제2조 제3항을 준용함.

주10) 국가전략기술 위탁 · 공동 연구기관이란 다음의 어느 하나에 해당하는 기관을 말함. 다만, 아래 ④부터 ⑦까지의 기관에 국가전략기술연구개발업무를 위탁(재위탁 포함)하는 경우(조특령 별표 7의 2 제3호 나목부터 마목까지의 규정에 따른 비임상 · 임상1상 · 2상 · 3상 시험 및 같은 표 제7호 다목부터 바목까지의 규정에 따른 비임상 · 임상1상 · 임상2상 · 임상3상 시험의 경우는 제외함)에는 국내에 소재한 기관으로 한정함(조특칙 제7조 제6항 · 제7항).

① 고등교육법 제2조에 따른 대학 또는 전문대학

② 국공립연구기관

③ 정부출연연구기관

④ 비영리법인(비영리법인에 부설된 연구기관을 포함함)

⑤ 산업기술혁신 촉진법 제42조에 따른 전문생산기술연구소 등 기업이 설립한 국내외 연구기관

⑥ 전담부서등 또는 국외기업에 부설된 연구기관

⑦ 연구산업진흥법 제2조 제1호 가목 및 나목의 연구산업을 영위하는 기업 또는 영리목적으로 연구 · 개발을 독립적으로 수행하거나 위탁받아 수행하고 있는 국외소재 기업

⑧ 내국인이 의결권 있는 발행주식총수의 50% 이상을 직접 소유하거나 80% 이상을 직접 또는 간접으로 소유하고 있는 외국법인(외국법인에 부설된 연구기관을 포함함). 여기서 주식의 간접소유비율의 계산에 관하여는 국제조세조정에 관한 법률 시행령 제2조 제3항을 준용함.

기관과의 공동연구개발을 수행함에 따라 발생하는 비용

iii) 일반연구 · 인력개발비: 연구 · 인력개발비(조특령 별표 6) 중 신성장 · 원천기술연구개발비 및 국가전략기술연구개발비에 해당하지 아니하는 연구 · 인력개발비 또는 신성장 · 원천기술연구개발비 및 국가전략기술연구개발비에 해당하지만 신성장 · 원천기술연구개발비 및 국가전략기술연구개발비 세액공제방법을 선택하지 아니한 연구 · 인력개발비를 말함(조특법 제10조 제1항 제3호).

iv) 연구 · 인력개발비 중 법 소정의 출연금 등을 지급받아 연구개발비 또는 인력개발비로 지출하는 금액**주11)**은 세액공제 대상에서 제외(조특령 제9조 제1항)

iv) 발생주의(조특통 10-0…1)

③ 구분경리

신성장 · 원천기술연구개발비 또는 국가전략기술연구개발비 세액공제를 적용받으려는 내국법인은 신성장 · 원천기술연구개발비, 국가전략기술연구개발비 및 일반연구 · 인력개발비를 각각 별개의 회계로 구분경리해야 함. 이 경우 신성장 · 원천기술연구개발비, 국가전략기술연구개발비 및 일반연구 · 인력개발비에 공통되는 공통비용이 있는 경우에는 다음의 구분에 따라 계산하여 구분경리해야 함(조특령 제9조 제12항, 조특칙 제7조 제16항).

i) 인건비에 해당하는 공통비용의 경우

㉮ 조세특례제한법 시행령 별표 6 제1호 가목 1)에 따른 직원 및 전담요원의 근무시간을 신성장 · 원천기술개발업무, 국가전략기술개발업무 및 일반연구개발업무로 각각 구분하여 기록 · 관리한 경우

㉠ 일반연구개발업무 근무시간이 전체 연구개발업무 근무시간의 50% 미만인 경우: 전체 인건비를 신성장 · 원천기술개발업무 근무시간, 국가전략기술개발업무 근무시간 및 일반연구개발업무 근무시간으로 각각 안분한 비용. 이 경우 국가전략기술연구개발업무 근무시간이 전체 연구개발업무 근무시간의 50% 이하인 사람의 국가전략기술연구개발업무 근무시간은 신성장 · 원천기술개발업무 근무시간으로 봄.

㉡ 일반연구개발업무 근무시간이 전체 연구개발업무 근무시간의 50% 이상인 경우: 전액 일반연구개발비

㉯ 조세특례제한법 시행령 별표 6 제1호 가목 1)에 따른 직원 및 전담요원의 근무시간을 국가전략기술개발업무, 신성장 · 원천기술개발업무 및 일반연구개발업무로 구분할 수 없는 경우: 전액 일반연구개발비

주11) 다음에 해당하는 금액을 말함(조특령 제9조 제1항).

① 법 제10조의 2 제1항에 따른 연구개발출연금등을 지급받아 연구개발비로 지출하는 금액

② 국가, 지방자치단체, 공공기관의 운영에 관한 법률에 따른 공공기관 및 지방공기업법에 따른 지방공기업으로부터 출연금 등의 자산을 지급받아 연구개발비 또는 인력개발비로 지출하는 금액

ii) 위탁 · 공동연구개발비에 해당하는 공통비용의 경우: 다음의 구분에 따름.

㉮ 일반연구 · 인력개발비와 신성장 · 원천기술연구개발비 또는 국가전략기술연구개발비 공통비용: 전액 일반연구 · 인력개발비

㉯ 신성장 · 원천기술연구개발비와 국가전략기술연구개발비의 공통비용: 전액 신성장 · 원천기술연구개발비

iii) 위 i) 및 ii) 외의 공통비용의 경우: 다음의 구분에 따름.

㉮ 신성장 · 원천기술연구개발비: 다음의 계산식에 따른 비용

$$\text{위 i) 및 ii) 외의 공통비용} \times \frac{\text{신성장·원천기술 관련 인건비·사회보험료 상당액 (조특령 제9조 제3항 제1호 가목)}}{\text{신성장·원천기술 관련 인건비·사회보험료 상당액(조특령 제9조 제3항 제1호 가목)} + \text{국가전략기술 관련 인건비·사회보험료 상당액(조특령 제9조 제7항 제1호 가목)} + \text{일반연구개발 관련 인건비·사회보험료 상당액(조특령 별표 6 제1호 가목 1) 및 2))}}$$

㉯ 국가전략기술연구개발비: 다음의 계산식에 따른 비용

$$\text{위 i) 및 ii) 외의 공통비용} \times \frac{\text{국가전략기술 관련 인건비·사회보험료 상당액 (조특령 제9조 제7항 제1호 가목)}}{\text{신성장·원천기술 관련 인건비·사회보험료 상당액(조특령 제9조 제3항 제1호 가목)} + \text{국가전략기술 관련 인건비·사회보험료 상당액(조특령 제9조 제7항 제1호 가목)} + \text{일반연구개발 관련 인건비·사회보험료 상당액(조특령 별표 6 제1호 가목 1) 및 2))}}$$

㉰ 일반연구 · 인력개발비: 위 i) 및 ii) 외의 공통비용에서 ㉮ 및 ㉯의 비용을 제외한 비용

④ 세액공제 배제 사유

자체 연구개발에 지출하는 연구개발비가 다음의 구분에 따른 사유로 인하여 연구개발비에 해당하지 아니하게 되는 경우에는 인정 취소의 사유별로 다음의 구분에 따른 날 이후 지출하는 금액에 대해서는 세액공제 적용 배제(조특법 제10조 제6항, 조특령 제9조 제18항 및 제19항)

인정 취소 사유	배제 시점
거짓·부정한 방법으로 인정을 받은 경우	인정일이 속하는 사업연도의 개시일
기업이 인정 취소를 요청하거나 해당 기업이 폐업하는 경우 등	인정취소일
인정기준 및 준수사항을 위반한 경우	인정취소일이 속하는 사업연도의 개시일

⑤ 세액공제액의 이월공제(조특법 제144조): 10년

⑥ 과세표준신고시 세액공제신청서[조특칙 별지 제1호 서식], 연구 및 인력개발비 명세서[조특칙 별지 제3호 서식], 연구개발계획서 등 증거서류 제출 및 작성 보관

⑦ 세액공제・감면의 중복적용 가능

⑧ 최저한세 적용 대상. 단, 중소기업의 경우 적용 배제(조특법 제132조 제1항 제3호)

(4) 고용증가 인원에 대한 세액공제(조특법 제29조의 8 제1항)

1) 개 요

① 내국법인(소비성서비스업을 경영하는 내국법인은 제외함)의 2025년 12월 31일이 속하는 사업연도까지의 기간 중 해당 사업연도의 상시근로자의 수가 직전 사업연도의 상시근로자의 수보다 증가한 경우에는 법 소정의 금액을 해당 사업연도와 해당 사업연도의 종료일부터 1년(중소기업 및 중견기업의 경우에는 2년)이 되는 날이 속하는 사업연도까지의 법인세에서 공제(조특법 제29조의 8 제1항)

i) 청년등상시근로자의 증가 인원 수(*) × 400만원(중견기업의 경우에는 800만원, 중소기업의 경우에는 다음에 따른 금액)

㉠ 수도권 내의 지역에서 증가한 경우 : 1,450만원

㉡ 수도권 밖의 지역에서 증가한 경우 : 1,550만원

ii) 청년등상시근로자를 제외한 상시근로자의 증가 인원 수(*) × 0원(중견기업의 경우에는 450만원, 중소기업의 경우에는 다음에 따른 금액)

㉠ 수도권 내의 지역에서 증가한 경우 : 850만원

㉡ 수도권 밖의 지역에서 증가한 경우 : 950만원

(*) 전체 상시근로자의 증가 인원 수를 한도로 함.

② 위 ①에 따라 법인세를 공제받은 내국법인이 최초로 공제를 받은 사업연도의 종료일부터 2년이 되는 날이 속하는 사업연도의 종료일까지의 기간 중 전체 상시근로자의 수가 최초로 공제를 받은 사업연도에 비하여 감소한 경우에는 감소한 사업연도부터 세액공제를 적용하지 아니하고, 청년등상시근로자의 수가 최초로 공제를 받은 사업연도에 비하여 감소한 경우에는 감소한 사업연도부터 위 '①의 i)'을 적용하지 아니하며, 이

경우 공제받은 세액에 상당하는 금액(공제금액 중 조세특례제한법 제144조에 따라 공제받지 못하고 이월된 금액이 있는 경우에는 그 금액을 차감한 후의 금액을 말함)을 법인세로 납부하여야 함(조특법 제29조의 8 제2항).

2) 기 타

① 외국인투자에 대한 법인세 감면의 경우 내국인투자비율에 상당하는 범위 내에서만 공제(조특법 제127조 제3항)

② 창업중소기업 감면 규정(조특법 제6조)과 중복적용 배제(조특법 제127조 제4항)

③ 고용을 증대시킨 기업에 대한 세액공제(조특법 제29의 7) 또는 중소기업 사회보험료 세액공제(조특법 제30조의 4)와 중복적용 배제(조특법 제127조 제11항)

④ 최저한세의 적용(조특법 제132조)

⑤ 세액공제의 이월공제(조특법 제144조) : 10년

(5) 고용을 증대시킨 기업에 대한 세액공제(조특법 제29조의 7)

1) 개 요

① 내국법인(소비성서비스업을 경영하는 내국법인 제외)의 2024년 12월 31일이 속하는 사업연도까지의 기간 중 해당 사업연도의 상시근로자의 수가 직전 과세연도의 상시근로자의 수보다 증가한 경우에는 다음에 따른 금액을 더한 금액을 해당 사업연도와 해당 사업연도의 종료일부터 1년(중소기업 및 중견기업은 2년)이 되는 날이 속하는 사업연도까지의 법인세에서 공제. 다만, 2021년 12월 31일이 속하는 사업연도부터 2022년 12월 31일이 속하는 사업연도까지의 기간 중 수도권 밖의 지역에서 증가한 청년등 상시근로자의 인원 수(*)에 대해서는 500만원(중견기업은 900만원, 중소기업은 1,300만원)을 곱한 금액으로 함(조특법 제29조의 7 제1항).

i) 청년등 상시근로자의 증가한 인원 수(*) × 400만 원(중견기업은 800만 원, 중소기업은 다음에 따른 금액)

㉠ 수도권 내의 지역에서 증가한 경우: 1,100만 원

㉡ 수도권 밖의 지역에서 증가한 경우: 1,200만 원

ii) 청년등 상시근로자 외 상시근로자의 증가한 인원 수(*) × 0원(중견기업은 450만 원, 중소기업은 다음에 따른 금액)

㉠ 수도권 내의 지역에서 증가한 경우: 700만 원

㉡ 수도권 밖의 지역에서 증가한 경우: 770만 원

(*) 증가한 상시근로자의 인원 수를 한도로 함.

② 위 ①에 따라 법인세를 공제받은 내국법인이 최초로 공제를 받은 사업연도의 종료일

부터 2년이 되는 날이 속하는 사업연도의 종료일까지의 기간 중 전체 상시근로자의 수가 최초로 공제를 받은 사업연도에 비하여 감소한 경우에는 감소한 사업연도부터 위 ①을 적용하지 아니하고, 청년등 상시근로자의 수가 최초로 공제를 받은 사업연도에 비하여 감소한 경우에는 감소한 사업연도부터 위 '①의 i)'을 적용하지 아니하며, 공제받은 세액에 상당하는 금액을 법인세로 납부하여야 함(조특법 제29조의 7 제2항).

③ 위 ①에 따라 법인세를 공제받은 내국법인이 2020년 12월 31일이 속하는 사업연도의 전체 상시근로자의 수 또는 청년등 상시근로자의 수가 최초로 공제받은 사업연도에 비하여 감소한 경우에는 최초로 공제받은 사업연도의 종료일부터 3년이 되는 날이 속하는 사업연도의 종료일까지의 기간에 대하여 위 ②를 적용함. 다만, 2020년 12월 31일이 속하는 사업연도에 대해서는 위 ②의 내용 중 공제받은 세액 상당액을 법인세로 납부하는 내용은 적용하지 않음(조특법 제29조의 7 제5항).

④ 위 ③을 적용받은 내국법인이 2021년 12월 31일이 속하는 사업연도의 전체 상시근로자의 수 또는 청년등 상시근로자의 수가 최초로 공제받은 사업연도에 비하여 감소하지 아니한 경우에는 위 '①의 i), ii)'를 더한 금액을 2021년 12월 31일이 속하는 사업연도부터 최초로 공제받은 사업연도의 종료일부터 2년(중소기업 및 중견기업은 3년)이 되는 날이 속하는 사업연도까지 법인세에서 공제함(조특법 제29조의 7 제6항).

⑤ 위 ④를 적용받은 내국법인이 2022년 12월 31일이 속하는 사업연도의 전체 상시근로자의 수 또는 청년등 상시근로자의 수가 최초로 공제받은 사업연도에 비하여 감소한 경우에는 최초로 공제받은 사업연도의 종료일부터 3년이 되는 날이 속하는 사업연도의 종료일까지 위 ②를 적용함(조특법 제29조의 7 제7항).

2) 기 타

① 외국인투자에 대한 법인세 감면의 경우 내국인 투자비율에 상당하는 범위 내에서 공제(조특법 제127조 제3항)

② 조세특례제한법 제6조에 따라 법인세를 감면받는 경우 중복적용 배제(조특법 제127조 제4항)

③ 고용증가 인원에 대한 세액공제(조특법 제29의 8 제1항)와 중복적용 배제(조특법 제127조 제11항)

④ 최저한세의 적용(조특법 제132조)

⑤ 세액공제의 이월공제(조특법 제144조) : 10년

(6) 기타 세액공제규정

상기 언급된 공제규정을 제외한 주요 조세특례제한법상 법인세 세액공제규정을 요약하면 다음과 같다.

종 류	적용대상	세액공제액	비 고
협력중소기업에 대한 유형고정자산 무상임대 시 세액공제 (조특법 제8조의 3 제2항)	내국법인이 2025. 12. 31.까지 협력중소기업(해당 내국법인의 특수관계인인 경우는 제외)에 연구시험용 자산을 5년 이상 무상 임대하는 경우	해당 자산 장부가액의 3%	• 중복지원의 배제 • 최저한세의 적용 • 세액공제액의 이월공제
수탁기업에 설치하는 검사대 · 연구시설 투자 시 세액공제 (조특법 제8조의 3 제3항)	내국법인이 수탁 · 위탁거래의 상대방인 수탁기업에 설치(위 '협력중소기업에 대한 유형고정자산 무상임대 시 세액공제'에 따라 무상임대하는 경우 제외)하는 검사대 또는 연구시설에 2025. 12. 31.까지 투자하는 경우	투자금액(중고품투자 및 법 소정의 리스주) 제외)의 1%(중견기업 3%, 중소기업 7%)	• 중복지원의 배제 • 최저한세의 적용 • 세액공제액의 이월공제
대학 등 교육기관에 중고자산 무상기증 시 세액공제 (조특법 제8조의 3 제4항)	내국법인이 사업에 사용하던 자산 중 반도체 관련 연구 · 교육에 직접 사용하기 위한 시설 · 장비를 대학 등 교육기관에 2025년 12월 31일까지 무상으로 기증하는 경우	기증한 자산 시가의 10%	• 중복지원의 배제 • 최저한세의 적용 • 세액공제액의 이월공제
성과공유 중소기업의 경영성과급에 대한 세액공제 (조특법 제19조 제1항)	성과공유 중소기업이 상시근로자에게 2027. 12. 31.까지 경영성과급을 지급하는 경우(상시근로자 수 감소시 적용 배제)	경영성과급의 10%	• 중복지원의 배제 • 최저한세의 적용 • 세액공제액의 이월공제
중소기업 사회보험료 세액공제 (조특법 제30조의 4)	중소기업이 2024. 12. 31.까지 해당 사업연도의 상시근로자 수가 직전 사업연도의 상시근로자 수보다 증가한 경우	아래 ①과 ②를 더한 금액을 해당 사업연도와 다음 사업연도까지 2개 사업연도의 법인세에서 공제(단, 공제를 받은 사업연도부터 1년 내 전체 상시근로자 수 감소 시 감소한 사업연도에 대해 적용 배제, 청년 및 경력단절여성 상시근로자 수 감	• 중복지원의 배제 • 최저한세의 적용 • 세액공제액의 이월공제

종 류	적용대상	세액공제액	비 고
중소기업 사회보험료 세액공제 (조특법 제30조의 4)		소시 감소한 사업연도에 대해 아래 ① 적용 배제) ① 청년 및 경력단절 여성 상시근로자 증가인원에 대한 사회보험료 사용자부담분 상당액(국가 등의 보조금 및 감면액 제외) × 100% ② 청년 및 경력단절 여성 외 상시근로자 증가인원에 대한 사회보험료 사용자부담분 상당액(국가 등의 보조금 및 감면액 제외) × 50%(신성장서비스업 영위 중소기업은 75%)	
전자신고에 대한 세액공제(조특법 제104조의 8 제1항, 제3항)	(1) 납세자가 직접 전자신고 방법에 의하여 법인세 과세표준 신고를 하는 경우 (2) 세무대리인이 납세자를 대리하여 전자신고의 방법으로 직전 과세연도 동안 소득세 또는 법인세 과세표준신고를 한 경우	(1) 2만 원 (2) Min(①, ②) ① 납세자 1인당 2만 원 ② 연 300만 원(회계법인·세무법인은 연 750만 원).	• 최저한세의 적용 • 세액공제액의 이월공제
기업의 운동경기부 등 설치 · 운영에 대한 세액공제(조특법 제104조의 22 제1항 · 제3항)	내국법인이 운동경기부 또는 이스포츠경기부를 설치한 경우	설치한 날이 속하는 사업연도와 그 다음 사업연도의 개시일부터 2년 이내에 끝나는 사업연도까지 해당 운동경기부 또는 이스포츠경기부의 인건비 및 운영비의 10%	• 중복지원의 배제 • 최저한세의 적용 • 세액공제액의 이월공제

종 류	적용대상	세액공제액	비 고
기업의 장애인운동경기부 설치 · 운영에 대한 세액공제(조특법 제104조의 22 제2항)	내국법인이 장애인운동경기부를 설치한 경우	설치한 날이 속하는 사업연도와 그 다음 사업연도의 개시일부터 4년 이내에 끝나는 사업연도까지 해당 장애인운동경기부의 인건비 및 운영비의 20%	• 중복지원의 배제 • 최저한세의 적용 • 세액공제액의 이월공제
석유제품 전자상거래에 대한 세액공제(조특법 제104조의 25)	주유소 등이 전자결제망을 이용하여 휘발유 등 석유제품을 2025. 12. 31.까지 공급받는 경우	Min(①, ②) ① 해당 공급가액의 0.3% ② 법인세의 10%	• 중복지원의 배제 • 최저한세의 적용 • 세액공제액의 이월공제
육아휴직 복귀자 복직기업에 대한 세액공제(조특법 제29조의 8 제5항)	중소 · 중견기업이 육아휴직 복귀자를 2025년 12월 31일까지 복직시키는 경우(단, 상시근로자 수 감소 시 적용 배제)	육아휴직 복귀자 인원 × 1,300만원(중견기업은 900만원)	• 중복지원의 배제 • 최저한세의 적용 • 세액공제액의 이월공제
상시근로자의 근로소득을 증대시킨 기업에 대한 세액공제(조특법 제29조의 4 제1항 및 제5항)	(1) 중소 · 중견기업이 2025. 12. 31.이 속하는 사업연도까지 다음의 요건을 모두 충족하는 경우. 단, 중소기업은 (2) 선택가능 ① 상시근로자의 해당 사업연도 평균임금 증가율 〉직전 3개 사업연도 평균 임금증가율 ② 해당 사업연도 상시근로자 수 ≥ 직전 사업연도 상시근로자 수	(1) 직전 3개 사업연도 평균 초과 임금증가분의 20%(중견기업 10%)	• 중복지원의 배제 • 최저한세의 적용 • 세액공제액의 이월공제
	(2) 중소기업이 2025. 12. 31.이 속하는 사업연도까지 다음의 요건을 모두 충족하는 경우	(2) 전체 중소기업의 평균임금증가분을 초과하	
상시근로자의 근로소득을 증대시킨 기업에 대한 세액공제(조특법 제29조의 4 제1항 및 제5항)	① 상시근로자의 해당 사업연도 평균임금 증가율 〉 전체 중소기업 임금증가율 ② 해당 사업연도 상시근로자 수 ≥ 직전 사업연도 상시근로자 수 ③ 직전 사업연도의 평균 임금 증가율 〉 0	는 임금증가분의 20%	

종 류	적용대상	세액공제액	비 고
정규직 전환 근로자의 근로소득을 증대시킨 기업에 대한 세액공제 (조특법 제29조의 4 제3항)	중소·중견기업이 2025. 12. 31.이 속하는 사업연도까지 다음의 요건을 모두 충족하는 경우 ① 해당 사업연도에 정규직 전환 근로자가 있을 것 ② 해당 사업연도 상시근로자 수 ≥ 직전 사업연도 상시근로자 수	정규직 전환 근로자에 대한 임금증가분 합계액의 20%(중견기업의 경우 10%)	• 중복지원의 배제 • 최저한세의 적용 • 세액공제액의 이월공제
상생결제 지급금액에 대한 세액공제 (조특법 제7조의 4)	중소·중견기업이 2025. 12. 31.까지 중소·중견기업에 지급한 구매대금 중 상생결제제도를 통하여 지급한 금액이 있는 경우로서 해당 사업연도에 지급한 구매대금 중 약속어음으로 결제한 금액이 차지하는 비율이 직전 사업연도보다 증가하지 아니하는 경우	① + ② + ③ (각각의 금액이 0보다 작은 경우에는 0으로 하고, 공제액은 해당 사업연도 법인세의 10%를 한도로 함) ① (A－B) × 0.5% A : 지급기한이 세금계산서 등의 작성일부터 15일 이내인 금액 B : 직전 사업연도의 현금성결제금액이 해당 과세연도의 현금성결제금액 초과 시 그 초과금액 ② (C－D) × 0.3% C : 지급기한이 세금계산서 등의 작성일부터 15일 초과 30일 이내인 금액 D : 위 ①에서 B가 A를 초과하는 경우 그 초과금액 ③ (E－F) × 0.15% E : 지급기한이 세금계산서 등의 작성일부터 30일 초과 60일 이내인 금액	• 최저한세의 적용 • 세액공제액의 이월공제

종 류	적용대상	세액공제액	비 고
상생결제 지급금액에 대한 세액공제 (조특법 제7조의 4)		F : 위 ②에서 D가 C를 초과하는 경우 그 초과금액	
영상콘텐츠 제작비용에 대한 세액공제 (조특법 제25조의 6)	내국법인이 2025. 12. 31.까지 영상콘텐츠 제작을 위하여 국내외에서 발생한 영상콘텐츠 제작비용이 있는 경우	① + ② ① 기본공제 : 영상콘텐츠 제작비용의 5%(중견기업 10%, 중소기업 15%) ② 추가공제 : 법 소정의 영상콘텐츠 제작비용의 10%(중소기업 15%)	• 중복지원의 배제 • 최저한세의 적용 • 세액공제액의 이월공제
내국법인의 문화산업전문회사에의 출자에 대한 세액공제(조특법 제25조의 7)	중소 · 중견기업이 영상콘텐츠를 제작하는 문화산업전문회사에 2025년 12월 31일까지 출자하는 경우	출자금액 × $\frac{\text{영상콘텐츠 제작비용}}{\text{문화산업전문회사 총 출자금액}}$ ×3%	• 최저한세의 적용 • 세액공제액의 이월공제
내국법인의 벤처기업 등에의 출자에 대한 과세특례(조특법 제13조의 2)	(1) 내국법인이 2025년 12월 31일까지 창업기업, 신기술사업자, 벤처기업 또는 신기술창업 전문회사에 출자(벤처투자조합 등을 통한 출자 포함)함으로써 주식 또는 출자지분을 취득하는 경우	(1) 주식 또는 출자지분 취득가액의 5%	• 중복지원의 배제 • 최저한세의 적용 • 세액공제액의 이월공제
	(2) 내국법인이 2025년 12월 31일까지 민간재간접벤처투자조합을 통하여 창업기업, 신기술사업자, 벤처기업 또는 신기술창업 전문회사에 출자함으로써 주식 또는 출자지분을 취득하는 경우	(2) ① + ② ① Max (㉮, ㉯) × 5% ㉮ 주식 또는 출자지분 취득가액 ㉯ 민간재간접벤처투자조합 투자금액 × 60% ② (해당연도 주식 또는 출자지분 취득가액 − 직전 3개 연도 주식 또는 출자지분 취득가액의 평균액) × 3%	

종 류	적용대상	세액공제액	비 고
내국법인의 소재·부품·장비기업 공동출자시 세액공제(조특법 제13조의 3 제1항)	2 이상의 내국법인이 2025년 12월 31일까지 소재·부품·장비 관련 중소·중견기업의 주식 또는 출자지분을 공동으로 취득하는 경우	취득가액의 5%	• 최저한세의 적용 • 세액공제액의 이월공제
내국법인의 소재·부품·장비, 국가전략기술 관련 외국법인 인수시 세액공제(조특법 제13조의 3 제3항)	내국법인이 2025년 12월 31일까지 소재·부품·장비, 국가전략기술 관련 외국법인의 주식 또는 출자지분을 취득하거나 인수대상외국법인의 소재·부품·장비, 국가전략기술 사업의 양수 또는 사업의 양수에 준하는 자산의 양수를 하는 경우(인수목적법인을 통해 간접적으로 인수하는 경우 포함)	Min (①, ②) ① 인수가액의 5%(중견기업 7%, 중소기업 10%) ② 인수건별 인수가액의 5천억 원	• 최저한세의 적용 • 세액공제액의 이월공제
해외자원개발 투자에 대한 과세특례(조특법 제104조의 15)	해외자원개발사업자가 해외자원개발을 위하여 2024년 1월 1일부터 2026년 12월 31일까지 법 소정의 투자나 출자를 하는 경우	투자금액 또는 출자금액의 3%	• 중복지원의 배제 • 최저한세의 적용 • 세액공제액의 이월공제
우수 선화주기업 인증을 받은 화주 기업에 대한 세액공제(조특법 제104조의 30)	우수 선화주기업 인증을 받은 화주 기업 중 직전 사업연도에 매출액이 있는 기업이 일정요건을 갖추어 2025년 12월 31일까지 외항정기화물운송사업자에게 수출입을 위하여 운송비용을 지출하는 경우	Min(①, ②) ① 운송비용의 1% + 직전 사업연도 대비 증가한 운송비용의 3% ② 법인세의 10%	• 최저한세의 적용 • 세액공제액의 이월공제

주) 법 소정의 리스란 내국인에게 자산을 대여하는 것으로서 조세특례제한법 시행규칙 제3조의 2에서 정하는 금융리스를 제외한 것을 말함(조특령 제3조).

Ⅱ. 세액감면

조세특례제한법상 감면대상사업에서 생긴 소득 또는 특정사업에서 생긴 소득에 대하여 일정률에 상당하는 법인세를 감면하는 것을 말한다.

(1) 외국인투자기업에 대한 법인세 감면(조특법 제121조의 2)[주)]

주) 2018년 12월 31일까지 조세감면신청을 한 외국인투자기업에 한하여 감면 적용(조특법 제121조의 2 제2항)

1) 신주인수 방식의 외국인 투자

① 감면대상사업

ⅰ) 국내산업구조의 고도화와 국제경쟁력 강화에 긴요한 신성장동력산업에 속하는 사업으로서 조세특례제한법 시행령 별표 7에 따른 신성장·원천기술 및 이와 직접 관련된 소재, 생산공정 등에 관한 기술로서 조세특례제한법 시행규칙 별표 14에 따른 기술(이하 "신성장동력산업기술")을 수반하는 사업[신성장동력산업기술을 수반하는 사업을 영위하기 위하여 공장시설(한국표준산업분류에 따른 제조업 외의 사업의 경우에는 사업장을 말하며, 이하 같음)을 설치 또는 운영하고, 외국인투자금액이 미합중국 화폐 2백만달러 이상인 경우](조특령 제116조의 2 제1항·제2항)

ⅱ) 외국인투자촉진법 제18조 제1항 제2호의 규정에 의한 외국인투자지역 안에서 새로이 시설을 설치하는 것으로, 조세특례제한법 시행령 제116조의 2 제3항 각 호의 어느 하나에 해당하는 것

ⅲ) 경제자유구역·새만금사업지역·제주첨단과학기술단지·제주투자진흥지구에 입주하는 외국인투자기업이 영위하는 각 지역 감면사업 중 경제자유구역위원회·새만금위원회·제주특별자치도지원위원회·제주국제자유도시 종합계획 심의회의 심의·의결을 거치는 사업으로서 각 지역에 새로이 시설을 설치하는 조세특례제한법 시행령 제116조의 2 제19항부터 제21항까지에 해당하는 것

ⅳ) 경제자유구역의 지정 및 운영에 관한 특별법 제2조 제1호에 따른 경제자유구역 안에서 새로 시설을 설치하는 것으로, 조세특례제한법 시행령 제116조의 2 제5항 각 호의 어느 하나에 해당하는 것

ⅴ) 경제자유구역의 지정 및 운영에 관한 특별법 제8조의 3 제1항 및 제2항에 따른 개발사업시행자에 해당하는 외국인투자기업이 경영하는 사업으로서, 같은 법 제6조에 따른 경제자유구역개발계획에 따라 경제자유구역을 개발하기 위하여 기획·금융·설계·건축·마케팅·임대·분양 등을 일괄적으로 수행하는 개발사업(외국인투자금액이

미화 3천만불 이상인 경우 또는 외국인투자비율이 50% 이상으로서 해당 경제자유구역의 총개발사업비가 미화 5억불 이상인 경우)(조특령 제116조의 2 제6항)

vi) 제주특별자치도 설치 및 국제자유도시 조성을 위한 특별법 제162조에 따라 지정되는 제주투자진흥지구의 개발사업시행자에 해당하는 외국인투자기업이 경영하는 사업으로서, 제주투자진흥지구를 개발하기 위하여 기획 · 금융 · 설계 · 건축 · 마케팅 · 임대 · 분양 등을 일괄적으로 수행하는 개발사업(외국인투자금액이 미화 1천만불 이상인 경우 또는 외국인투자비율이 50% 이상으로서 해당 제주투자진흥지구의 총개발사업비가 미화 1억불 이상인 경우)(조특령 제116조의 2 제7항)

vii) 외국인투자촉진법 제18조 제1항 제1호에 따른 외국인투자지역 안에서 새로이 시설을 설치하는 것으로, 조세특례제한법 시행령 제116조의 2 제16항 각 호의 어느 하나에 해당하는 것

viii) 투자금액이 미화 1천만불 이상(연구개발업의 경우에는 미화 2백만불 이상이며, 조세특례제한법 시행령 제116조의 2 제3항 제3호 가목부터 다목까지에 해당하는 사업의 경우에는 미화 5백만불 이상)으로, 기업도시개발특별법 제2조 제2호에 따른 기업도시개발구역 안에서 조세특례제한법 시행령 제116조의 2 제17항 각 호의 어느 하나에 해당하는 사업을 영위하기 위하여 시설을 새로이 설치하는 경우

ix) 기업도시개발특별법 제10조 제1항에 따라 기업도시개발사업시행자로 지정된 외국인투자기업이 경영하는 기업도시개발사업으로, 같은 법 제11조에 따른 기업도시개발계획에 따라 기업도시개발구역을 개발하기 위한 개발사업(외국인투자금액이 미화 3천만불 이상인 경우 또는 외국인투자비율이 50% 이상으로서 해당 기업도시개발구역의 총개발사업비가 미화 5억불 이상인 경우)(조특령 제116조의 2 제18항)

x) 새만금사업 추진 및 지원에 관한 특별법 제2조에 따라 지정되는 새만금사업지역 안에서 새로 시설을 설치하는 것으로서, 조세특례제한법 시행령 제116조의 2 제5항 각 호의 어느 하나에 해당하는 것

xi) 새만금사업 추진 및 지원에 관한 특별법 제8조 제1항에 따른 사업시행자에 해당하는 외국인투자기업이 경영하는 사업으로서, 새만금사업 추진 및 지원에 관한 특별법 제6조에 다른 기본계획에 따라 새만금사업지역을 개발하기 위하여 기획 · 금융 · 설계 · 건축 · 마켓팅 · 임대 · 분양 등을 일괄적으로 수행하는 개발사업(외국인투자금액이 미화 3천만불 이상인 경우 또는 외국인투자비율이 50% 이상으로서 해당 새만금사업지역의 총개발사업비가 미화 5억불 이상인 경우)(조특령 제116조의 2 제6항)

xii) 기타 외국인투자유치를 위하여 조세감면이 불가피한 사업(조특령 제116조의 2 제9항)

- 자유무역지역의 지정 및 운영에 관한 법률 제10조 제1항 제2호에 따른 입주기업체의 사업(제조업으로 한정함)으로서 외국인투자금액이 미화 1천만불 이상인 공장시설을

새로이 설치하는 경우

- 자유무역지역의 지정 및 운영에 관한 법률 제10조 제1항 제5호에 따른 입주기업체의 사업으로서 외국인투자금액이 미화 5백만불 이상인 공장시설을 새로이 설치하는 경우

② 감면기간 및 감면율

세 목		감면기간 및 감면율
법인세	조특법 제121조의 2 제1항 제1호 및 제2호	최초 소득발생연도주)부터 5년간 100%, 그 후 2년간 50%
	조특법 제121조의 2 제1항 제2호의 2부터 제2호의 9까지 및 제3호	최초 소득발생연도주)부터 3년간 100%, 그 후 2년간 50% 감면

주) 사업개시일부터 5년이 되는 날이 속하는 사업연도까지 해당 사업에서 소득이 발생하지 아니한 때에는 5년이 되는 날이 속하는 사업연도임. 이 경우 외국인투자신고 후 최초의 조세감면결정 통지일부터 3년 이내에 최초의 출자를 한 경우로서 최초의 조세감면결정 통지일부터 5년이 되는 날까지 사업을 개시하지 아니한 경우에는 최초의 조세감면결정 통지일부터 5년이 되는 날을 사업개시일로 봄(조특법 제121조의 2 제13항).

③ 감면대상 외국인투자

i) 조세감면혜택을 받으려면 외국인투자방식이 신주인수방식에 의한 투자이어야 하며, 주식양도방식에 의한 투자는 감면대상이 아니다.

ii) 다음의 어느 하나에 해당하는 주식 등의 소유비율 상당액, 대여금 상당액 또는 외국인투자금액에 대해서는 감면대상으로 보지 아니한다(조특법 제121조의 2 제11항 및 조특령 제116조의 2 제11항 · 제13항).

- 외국법인등이 외국인투자를 하는 경우로서 대한민국국민등이 해당 외국법인등의 의결권 있는 주식등의 5% 이상을 소유하고 있거나 대한민국국민등이 단독으로 또는 다른 주주와의 합의 · 계약 등에 따라 해당 외국법인등의 대표이사 또는 이사의 과반수를 선임한 주주에 해당하는 경우 그 주식등의 소유비율 상당액[외국인투자금액에 해당 외국법인등의 주식등을 대한민국국민등이 소유하는 비율(5% 미만인 경우에는 5%로 함)을 곱하여 계산한 금액]
- 외국인투자기업, 외국인투자기업의 의결권 있는 주식등을 5% 이상 소유하고 있거나 단독으로 또는 다른 주주와의 합의 · 계약 등에 따라 외국인투자기업의 대표이사 또는 이사의 과반수를 선임한 주주인 대한민국국민등이 외국투자가에게 대여한 금액이 있는 경우 그 대여금 상당액
- 외국인이 조세조약 또는 투자보장협정을 체결하지 아니한 국가 또는 지역 중 조세특례제한법 시행령 별표 13에 따른 국가 또는 지역을 통하여 외국인투자를 하는

경우 그 외국인투자금액

④ 감면신청과 감면대상 여부 사전확인 신청

외국인투자기업의 사업개시일이 속하는 사업연도 종료일까지 재정경제부장관에게 감면신청을 해야 하고, 외국인투자의 신고 이전에 감면대상 여부 확인을 사전에 신청할 수 있다. 감면신청기한이 경과한 후 감면신청하고 감면결정을 받은 경우에는 그 감면신청일이 속하는 사업연도와 그후의 남은 감면기간에 한하여 감면을 받게 되고, 이 경우 감면결정 이전에 기 납부한 세액은 환급하지 아니한다(조특법 제121조의 2 제6항, 제7항, 제10항).

⑤ 감면세액의 산출방법 등

- 산식: $\text{산출세액} \times \dfrac{\text{감면대상소득}^{\text{주)}}}{\text{과세표준}} \times \text{외국인투자비율} \times \text{해당 연도 감면율}$

주) '① 감면대상사업' 중에서 i)의 경우 감면대상소득과 감면사업과 직접 관련된 사업에서 발생한 소득의 합계액이 80% 이상인 경우에는 그 합계액을 감면대상소득으로 봄(조특령 제116조의 2 제25항).

- 산출세액: 외국인투자기업 전체의 법인세 산출세액
- 감면대상소득: 감면대상사업에서 발생한 과세표준
(다만, 경제자유구역개발사업시행자, 새만금사업지역개발사업시행자, 제주투자진흥지구개발사업시행자 및 기업도시개발사업시행자는 조세특례제한법 시행령 제116조의 2 제8항 적용)
- 외국인투자비율: 신주인수방식의 외국인투자가 자본금비율(외국인투자 촉진법 제5조 제3항에 따른 외국인투자비율)(조특령 제116조의 2 제14항)
- 감면한도: 감면기간 동안 감면받는 법인세의 총합계액이 다음 금액을 합한 금액을 초과하는 경우에는 그 합한 금액을 한도로 하며, ㉠의 금액을 먼저 적용한 후 ㉡의 금액을 적용함(조특법 제121조의 2 제14항, 제15항).

㉠ 투자금액을 기준으로 한 한도로서 다음 구분에 따른 금액
- '① 감면대상사업' 중에서 i), ii), iii)의 경우: 외국인투자누계액의 50%
- '① 감면대상사업' 중에서 나머지 경우: 외국인투자누계액의 40%

㉡ 고용을 기준으로 한 한도로서 다음의 금액을 합한 금액. 다만, 외국인투자누계액의 40%('① 감면대상사업' 중 i), ii), iii)의 경우에는 외국인투자누계액의 50%)를 한도로 한다.

ⓐ 해당 사업연도의 해당 외국인투자기업의 상시근로자 중 산업수요맞춤형고등학교등의 졸업생 수 × 2천만 원

ⓑ 해당 사업연도의 해당 외국인투자기업의 ⓐ 외의 상시근로자 중 청년근로자, 장애인근로자, 60세 이상인 근로자 수 × 1천 500만 원

ⓒ (해당 사업연도의 상시근로자 수 – ⓐ에 따른 졸업생 수 – ⓑ에 따른 청년

근로자, 장애인근로자, 60세 이상인 근로자 수) × 1천만 원

- 감면세액 추징: 고용을 기준으로 한 한도를 적용받아 법인세를 감면받은 외국인투자기업이 감면받은 사업연도 종료일부터 2년이 되는 날이 속하는 사업연도 종료일까지의 기간 중 각 사업연도의 상시근로자 수가 감면받은 사업연도의 상시근로자 수보다 감소한 경우(조특법 제121조의 2 제16항)

⑥ 기타 사항

- 수도권지역에 대해서도 조세감면 허용
- 외국인투자기업에 대한 투자세액공제 적용시 외국인지분율을 차감한 부분에 대하여 공제적용. 다만, 감면대상사업을 구분경리하는 경우 비감면사업에 대한 세액공제는 중복적용 가능(조특법 제127조 제3항 및 제10항)
- 동일 사업장 · 동일 과세연도에 창업중소기업에 대한 세액감면, 중소기업에 대한 특별세액감면 등의 세액감면과 중복적용배제(조특법 제127조 제5항)
- 동일한 사업장 내에서 감면율이 다른 감면대상사업을 구분경리하는 경우 각각 감면 허용. 다만, 감면기간 기산점은 동일사업장내 감면대상 소득이 최초 발생한 사업연도(사업개시일부터 5년이 되는 날이 속하는 사업연도까지 소득이 발생하지 아니한 경우에는 5년이 되는 날이 속하는 사업연도)의 개시일부터 계산(조특법 제121조의 2 제18항)
- 등록말소, 조세감면기준에서 벗어난 때, 신고내용 불이행에 대한 시정명령 불이행, 내국인에게 주식양도시, 폐업, 외국인투자신고 후 5년(고용관련 조세감면기준은 3년) 이내에 조세감면기준 미달 등의 경우 조세감면세액 추징(조특법 제121조의 5)
- 감면소득과 기타소득의 구분경리(조특법 제143조)

2) 사업양수 방식의 외국인 투자

① 개 요

위의 "1) ① ⅰ) 국내산업의 국제경쟁력 강화에 긴요한 산업지원서비스업 및 고도의 기술을 수반하는 사업"에 대한 외국인투자 중 조세특례제한법 시행령 제116조의 2 제15항에서 정하는 외국인투자(이하 "사업양수방식"이라 함)에 대해서는, 위의 감면기간 · 공제기간 및 감면비율 · 공제비율에 불구하고 다음에서 설명하는 감면기간 및 감면율 등을 적용한다(조특법 제121조의 2 제12항).

② 감면기간 및 감면율

세 목	감면기간 및 감면율
법인세	• 최초 소득발생연도[주)]부터 3년간 50% • 그 후 2년간 30%

주) 사업연도 개시일부터 5년이 되는 날이 속하는 사업연도까지 소득이 발생하지 아니하는 경우에는 5년이 되는 날이 속하는 사업연도임. 이 경우 외국인투자신고 후 최초의 조세감면결정 통지

일부터 3년 이내에 최초의 출자를 한 경우로서 최초의 조세감면결정 통지일부터 5년이 되는 날까지 사업을 개시하지 아니한 경우에는 최초의 조세감면결정 통지일부터 5년이 되는 날을 사업개시일로 봄(조특법 제121조의 2 제13항).

③ 감면세액의 산출방법

위의 "1) 신주인수방법"과 동일하다.

(2) 창업중소기업 등에 대한 법인세 감면(조특법 제6조)

1) 감면내용

① 창업중소기업 · 창업보육센터 사업자

2027년 12월 31일 이전에 아래 ③에 따른 업종으로 창업한 창업중소기업과 중소기업창업지원법 제53조 제1항에 따라 창업보육센터사업자로 지정받은 창업보육센터사업자에 대해서는 해당 사업에서 최초로 소득이 발생한 사업연도(사업 개시일부터 5년이 되는 날이 속하는 사업연도까지 해당 사업에서 소득이 발생하지 아니하는 경우에는 5년이 되는 날이 속하는 사업연도)와 그 다음 사업연도의 개시일부터 4년 이내에 끝나는 사업연도까지 해당 사업에서 발생한 소득에 대한 법인세에 다음의 구분에 따른 비율을 곱한 금액에 상당하는 세액을 감면한다(조특법 제6조 제1항).

i) 창업중소기업의 경우: 다음의 구분에 따른 비율

㉮ 2025년 12월 31일 이전에 창업한 경우

㉠ 수도권과밀억제권역 외의 지역에서 창업한 청년창업중소기업의 경우: 100%

㉡ 수도권과밀억제권역에서 창업한 청년창업중소기업과 수도권과밀억제권역 외의 지역에서 창업한 창업중소기업의 경우: 50%

㉯ 2026년 1월 1일 이후에 창업한 경우

㉠ 수도권 외의 지역 또는 수도권의 인구감소지역(*)에서 창업한 청년창업중소기업의 경우: 100%

㉡ 수도권(수도권과밀억제권역과 인구감소지역은 제외함)에서 창업한 청년창업중소기업의 경우: 75%

㉢ 수도권과밀억제권역에서 창업한 청년창업중소기업과 수도권 외의 지역 또는 수도권의 인구감소지역에서 창업한 창업중소기업의 경우: 50%

㉣ 수도권(수도권과밀억제권역과 인구감소지역은 제외함)에서 창업한 창업중소기업의 경우: 25%

ii) 창업보육센터사업자의 경우: 50%

② 창업벤처중소기업

벤처기업육성에 관한 특별법 제2조 제1항에 따른 벤처기업(이하 "벤처기업") 중 일정

요건을 충족하는 기업으로서 창업 후 3년 이내에 같은 법 제25조에 따라 2027년 12월 31일까지 벤처기업으로 확인받은 창업벤처중소기업의 경우에는 그 확인받은 날 이후 최초로 소득이 발생한 사업연도(벤처기업으로 확인받은 날부터 5년이 되는 날이 속하는 사업연도까지 해당 사업에서 소득이 발생하지 아니하는 경우에는 5년이 되는 날이 속하는 사업연도)와 그 다음 사업연도의 개시일부터 4년 이내에 끝나는 사업연도까지 해당 사업에서 발생한 소득에 대한 법인세의 50%에 상당하는 세액을 감면한다. 다만, 위 ①을 적용받는 경우는 제외하며, 감면기간 중 다음의 사유가 있는 경우에는 다음의 구분에 따른 날이 속하는 사업연도부터 감면을 적용하지 아니한다(조특법 제6조 제2항).

i) 벤처기업의 확인이 취소된 경우: 취소일

ii) 벤처기업확인서의 유효기간이 만료된 경우(해당 사업연도 종료일 현재 벤처기업으로 재확인받은 경우 제외): 유효기간 만료일

③ 창업중소기업과 창업벤처중소기업의 업종

광업, 제조업, 수도, 하수 및 폐기물 처리, 원료 재생업, 건설업, 통신판매업, 물류산업, 음식점업, 정보통신업(단, 비디오물 감상실 운영업, 뉴스제공업, 가상자산 매매 및 중개업은 제외함), 금융 및 보험업 중 전자금융업무 등을 업으로 영위하는 업종, 전문, 과학 및 기술 서비스업(엔지니어링사업을 포함하되, 변호사업 등은 제외함), 사업시설 관리 및 조경 서비스업, 사업 지원 서비스업(고용 알선업 및 인력 공급업은 농업노동자 공급업을 포함함), 사회복지 서비스업, 예술, 스포츠 및 여가관련 서비스업(단, 자영예술가, 오락장 운영업, 수상오락 서비스업, 그 외 기타 오락관련 서비스업은 제외함), 개인 및 소비용품 수리업, 이용 및 미용업, 직업기술 분야를 교습하는 학원을 운영하는 사업, 직업능력개발훈련시설을 운영하는 사업(직업능력개발훈련을 주된 사업으로 하는 경우로 한정함), 관광숙박업, 국제회의업, 테마파크, 관광객 이용시설업, 노인복지시설을 운영하는 사업, 전시산업(조특법 제6조 제3항, 조특령 제5조 제6항, 제7항, 제8항, 제9항, 제10항 및 조특칙 제4조의 2)

④ 에너지신기술중소기업

창업일이 속하는 사업연도와 그 다음 3개 사업연도가 지나지 아니한 중소기업으로서 2027년 12월 31일까지 고효율 제품 등을 제조하는 에너지신기술중소기업에 해당하는 경우에는 그 해당하는 날 이후 최초로 해당 사업에서 소득이 발생한 사업연도(에너지신기술중소기업에 해당하는 날부터 5년이 되는 날이 속하는 사업연도까지 해당 사업에서 소득이 발생하지 아니하는 경우에는 5년이 되는 날이 속하는 사업연도)와 그 다음 사업연도의 개시일부터 4년 이내에 끝나는 사업연도까지 해당 사업에서 발생한 소득에 대한 법인세의 50%에 상당하는 세액을 감면한다. 다만, 위 ① 및 ②를 적용받는 경우는

제외하며, 감면기간 중 에너지신기술중소기업에 해당하지 않게 되는 경우에는 그 날이 속하는 사업연도부터 감면하지 아니한다(조특법 제6조 제4항).

⑤ 신성장 서비스업 영위 기업

위 ①, ② 및 ④에도 불구하고 2024년 12월 31일 이전에 수도권과밀억제권역 외의 지역에서 창업한 창업중소기업(청년창업중소기업 제외), 2024년 12월 31일까지 벤처기업으로 확인받은 창업벤처중소기업 및 2024년 12월 31일까지 에너지신기술중소기업에 해당하는 경우로서 신성장 서비스업[주)]을 주된 사업으로 영위하는 기업의 경우에는 최초로 세액을 감면받는 사업연도와 그 다음 사업연도의 개시일부터 2년 이내에 끝나는 사업연도에는 법인세의 75%에 상당하는 세액을 감면하고, 그 다음 2년 이내에 끝나는 사업연도에는 법인세의 50%에 상당하는 세액을 감면한다(조특법 제6조 제5항, 조특령 제5조 제12항 및 조특칙 제4조의 3).

주) 컴퓨터 프로그래밍, 시스템 통합 및 관리업, 소프트웨어 개발 및 공급업, 정보서비스업(뉴스제공업 제외), 전기통신업, 창작 및 예술관련 서비스업(자영예술가 제외), 영화 · 비디오물 및 방송 프로그램 제작업, 오디오물 출판 및 원판 녹음업, 방송업, 엔지니어링사업, 전문 디자인업, 보안 시스템 서비스업, 광고업 중 광고물 문안, 도안, 설계 등 작성업, 서적, 잡지 및 기타 인쇄물 출판업, 연구개발업, 학원의 설립 · 운영 및 과외교습에 관한 법률에 따른 직업기술 분야를 교습하는 학원을 운영하는 사업, 근로자직업능력 개발법에 따른 직업능력개발훈련시설을 운영하는 사업(직업능력개발훈련을 주된 사업으로 하는 경우 한정), 운수업 중 화물운송업, 화물취급업, 보관 및 창고업, 화물터미널운영업, 화물운송 중개 · 대리 및 관련 서비스업, 화물포장 · 검수 및 계량 서비스업, 선박의 입항 및 출항 등에 관한 법률에 따른 예선업 및 도선법에 따른 도선업과 기타 산업용 기계장비 임대업 중 파렛트임대업, 관광진흥법에 따른 관광숙박업, 국제회의업, 유원시설업, 관광진흥법 시행령 제2조에 따른 전문휴양업, 종합휴양업, 자동차야영장업, 관광유람선업과 관광공연장업, 전시산업발전법 제2조 제1호에 따른 전시산업, 기타 과학기술서비스업, 시장조사 및 여론조사업, 광고업 중 광고대행업, 옥외 및 전시 광고업

⑥ 생계형 창업에 대한 지원

위 ① 및 ⑤에도 불구하고 2027년 12월 31일 이전에 창업한 창업중소기업(청년창업중소기업 제외)에 대해서는 최초로 소득이 발생한 사업연도와 그 다음 사업연도의 개시일부터 4년 이내에 끝나는 사업연도까지의 기간에 속하는 사업연도의 수입금액(과세기간이 1년 미만인 사업연도의 수입금액은 1년으로 환산한 총수입금액을 말함)이 8천만 원 이하인 경우 그 사업연도에 대한 법인세에 다음의 구분에 따른 비율을 곱한 금액에 상당하는 세액을 감면한다. 다만, 위 ② 또는 ④를 적용받는 경우는 제외한다(조특법 제6조 제6항).

i) 2025년 12월 31일 이전에 창업한 경우: 다음의 구분에 따른 비율

㉮ 수도권과밀억제권역 외의 지역에서 창업한 경우: 100%

㈏ 수도권과밀억제권역에서 창업한 경우: 50%

ii) 2026년 1월 1일 이후에 창업한 경우: 다음의 구분에 따른 비율

㈎ 수도권 외의 지역 또는 수도권의 인구감소지역에서 창업한 경우: 100%

㈏ 수도권(수도권과밀억제권역과 인구감소지역은 제외함)에서 창업한 경우: 75%

㈐ 수도권과밀억제권역에서 창업한 경우: 50%

⑦ 상시근로자 증가율에 따른 추가 감면

위 ①, ②, ④, ⑤ 및 ⑥에 따라 감면을 적용받는 업종별최소고용인원 이상을 고용하는 창업중소기업, 창업보육센터사업자, 창업벤처중소기업 및 에너지신기술중소기업의 감면기간 중 해당 사업연도의 상시근로자 수가 직전 사업연도의 상시근로자 수(직전 사업연도의 상시근로자 수가 업종별최소고용인원에 미달하는 경우에는 업종별최소고용인원을 말함)보다 큰 경우에는 i)의 세액에 ii)의 율을 곱하여 산출한 금액을 감면세액에 더하여 감면한다. 다만, 위 ① 및 ⑥에 따라 100%에 상당하는 세액을 감면받는 사업연도에는 이에 따른 감면을 적용하지 아니한다(조특법 제6조 제7항).

i) 해당 사업에서 발생한 소득에 대한 법인세

ii) 다음의 계산식에 따라 계산한 율. 다만, 50%(위 ①, ⑤ 및 ⑥에 따라 75%에 상당하는 세액을 감면받는 사업연도의 경우에는 25%)를 한도로 하고, 1% 미만인 부분은 없는 것으로 봄.

$$\frac{\text{(해당 과세연도의 상시근로자 수 - 직전 과세연도의 상시근로자 수)}}{\text{직전 과세연도의 상시근로자 수}}$$

⑧ 수도권과밀억제권역 내 사업장 이전 설치시 세액감면의 적용

위 ①, ⑥ 및 ⑦을 적용할 때, 수도권과밀억제권역 외의 지역에서 창업한 창업중소기업이 창업 이후 창업한 지역보다 감면율이 더 낮은 지역으로 사업장을 이전하거나 해당 지역에 지점 또는 사업장을 설치(합병 · 분할 · 현물출자 또는 사업의 양수를 포함함)한 경우에는 해당 사유가 발생한 날이 속하는 사업연도부터 남은 감면기간 동안 해당 창업중소기업은 그 사업장을 이전하거나 지점 또는 사업장을 설치한 지역에서 창업한 창업중소기업으로 본다(조특령 제5조 제25항).

⑨ 감면세액의 한도

각 사업연도에 위 ①, ②, ④, ⑤, ⑥ 및 ⑦에 따라 감면받는 세액의 합계액이 5억원을 초과하는 경우에는 그 초과하는 금액은 감면하지 아니한다(조특법 제6조 제13항).

2) 기타 사항

① 창업의 범위

창업이라 함은 새로이 중소기업을 설립하는 것을 말하므로, 다음의 경우에는 창업에 해

당하지 아니한다.

i) 합병 · 분할 · 현물출자 또는 사업의 양수를 통하여 종전의 사업을 승계하거나 종전의 사업에 사용되던 자산을 인수 또는 매입하여 같은 종류의 사업을 하는 경우. 다만, 다음의 어느 하나에 해당하는 경우는 제외함.

- 종전의 사업에 사용되던 자산을 인수하거나 매입하여 같은 종류의 사업을 하는 경우 그 자산가액의 합계가 사업 개시 당시 토지 · 건물 및 기계장치 등 사업용자산의 총가액에서 차지하는 비율이 30% 이하인 경우
- 사업의 일부를 분리하여 해당 기업의 임직원이 사업을 개시하는 경우로서 기업과 사업을 개시하는 해당 기업의 임직원 간에 사업 분리에 관한 계약을 체결하고, 사업을 개시하는 임직원이 새로 설립되는 기업의 대표자로서 지배주주등에 해당하는 해당 법인의 최대주주 또는 최대출자자(개인사업자의 경우에는 대표자를 말함)에 해당하는 경우

ii) 거주자가 하던 사업을 법인으로 전환하여 새로운 법인을 설립하는 경우

iii) 폐업 후 사업을 다시 개시하여 폐업 전의 사업과 같은 종류의 사업을 하는 경우

iv) 사업을 확장하거나 다른 업종을 추가하는 경우 등 새로운 사업을 최초로 개시하는 것으로 보기 곤란한 경우

② 감면소득의 범위

감면대상사업의 영업활동과 어느 정도 부수적 연관을 갖고 정상적인 업무에서 발생한 소득은 포함하나, 이자수익 · 유가증권처분이익 · 유가증권처분손실 등은 포함하지 아니한다(조특통 6-0…2).

한편, 에너지신기술중소기업의 감면사업에서 발생한 소득의 계산은 다음의 계산식에 따르며, 이 경우 고효율제품등의 매출액은 제조업 분야의 다른 제품의 매출액과 구분경리하여야 한다(조특령 제5조 제15항, 제16항).

$$\text{해당 사업연도의 제조업에서 발생한 소득} \times \frac{\text{해당 사업연도의 고효율제품등의 매출액}}{\text{해당 사업연도의 제조업에서 발생한 총매출액}}$$

③ 세액감면의 중단

i) 창업중소기업 · 창업벤처중소기업 · 에너지신기술중소기업에 대한 세액감면을 적용받은 기업이 중소기업기본법에 따른 중소기업이 아닌 기업과 합병하는 등 조세특례제한법 시행령 제2조 제2항 각 호의 어느 하나에 해당하는 중소기업 유예기간 배제사유에 따라 중소기업에 해당하지 아니하게 된 경우에는 해당 사유 발생일이 속하는 사업연도부터 세액감면을 적용하지 아니함(조특법 제6조 제11항 및 조특령 제5조 제24항).

ii) 창업벤처중소기업의 경우 세액감면 기간 중 다음의 사유가 있는 경우에는 다음의 구

분에 따른 날이 속하는 사업연도부터 세액감면을 적용하지 아니함(조특법 제6조 제2항).

가. 벤처기업의 확인이 취소된 경우: 취소일

나. 벤처기업육성에 관한 특별법 제25조 제2항에 따른 벤처기업확인서의 유효기간이 만료된 경우(해당 사업연도 종료일 현재 벤처기업으로 재확인받은 경우는 제외): 유효기간 만료일

④ 세액감면의 승계

창업중소기업 및 창업벤처중소기업의 세액감면을 받아오던 자가 감면기간이 경과하기 전에 조세특례제한법 제31조 제1항에 따른 중소기업간 통합을 하거나 같은 법 제32조 제1항에 따른 법인전환을 하는 경우에는 통합 또는 법인전환 후에 존속하는 법인 또는 설립된 법인은 그 승계받은 사업에서 발생하는 소득에 대하여 통합 · 전환 당시의 잔존 감면기간 내에 종료하는 각 사업연도까지 법인세의 감면을 받을 수 있다(조특법 제31조 제4항, 제32조 제4항).

⑤ 과세표준신고와 함께 감면신청서[조특칙 별지 제2호 서식] 및 창업 중소기업 등에 대한 감면세액계산서[조특칙 별지 제2호의 2 서식] 제출

⑥ 중복지원의 배제

ⅰ) 통합 투자세액공제 등과 중복적용배제. 다만, 감면대상사업을 구분경리하는 경우 비감면사업에 대한 세액공제는 중복적용 가능(조특법 제127조 제4항 및 제10항)

ⅱ) 동일한 사업장에 대하여 동일한 사업연도에 법인세의 감면규정 중 2 이상의 규정이 적용될 수 있는 경우에는, 그 중 하나만을 선택하여 적용(조특법 제127조 제5항)

⑦ 최저한세의 적용. 다만, 100%의 세액을 감면받는 사업연도의 경우와 위 '1) ⑦ 상시근로자 증가율에 따른 추가 감면'에 따라 추가로 감면받는 부분은 최저한세 적용 배제(조특법 제132조 제1항 제4호 가목 및 나목)

⑧ 감면소득과 과세소득의 구분경리(조특법 제143조)

(3) 중소기업에 대한 특별세액감면(조특법 제7조)

1) 개 요

다음의 감면업종을 경영하는 중소기업(단, 수도권 내에서 지식기반산업 이외의 업종을 영위하는 경우에는 소기업만 해당됨)에 대해서는 2025. 12. 31. 이전에 끝나는 사업연도까지 해당 사업장에서 발생하는 소득에 대한 법인세에 다음의 감면비율을 곱하여 계산한 세액상당액을 감면한다. 다만, 1억 원을 감면한도로 하되, 해당 사업연도의 상시근로자 수가 직전 사업연도의 상시근로자 수보다 감소한 경우에는 1억 원에서 감소한 상시근로자 1명당 5백만 원씩을 뺀 금액을 감면한도로 한다.

① 감면 업종

작물재배업, 축산업, 어업, 광업, 제조업, 하수 · 폐기물 처리(재활용을 포함), 원료재생 및 환경복원업, 건설업, 도매 및 소매업, 운수업 중 여객운송업, 출판업, 영상 · 오디오 기록물 제작 및 배급업(비디오물 감상실 운영업은 제외함), 방송업, 전기통신업, 컴퓨터프로그래밍, 시스템 통합 및 관리업, 정보서비스업(가상자산 매매 및 중개업은 제외), 연구개발업, 광고업, 기타 과학기술 서비스업, 포장 및 충전업, 전문디자인업, 창작 및 예술관련 서비스업(자영예술가는 제외함), 주문자상표부착방식에 따른 수탁생산업(위탁자로부터 주문자상표부착방식에 따른 제품생산을 위탁받아 이를 재위탁하여 제품을 생산 · 공급하는 사업), 엔지니어링사업, 물류산업, 직업기술분야 교습 학원 또는 직업능력개발훈련시설을 운영하는 사업(직업능력개발훈련을 주된 사업으로 하는 경우에 한정함), 자동차정비업(조세특례제한법 시행령 제54조 제1항에 따른 자동차정비공장을 운영하는 사업), 선박관리업, 의료업(의료법에 따른 의료기관을 운영하는 사업으로 의원 · 치과의원 및 한의원은 제외함), 관광사업(카지노, 관광유흥음식점 및 외국인전용유흥음식점업은 제외함), 노인복지시설을 운영하는 사업, 전시산업발전법에 따른 전시산업, 인력공급 및 고용알선업(농업노동자 공급업 포함), 콜센터 및 텔레마케팅 서비스업, 에너지이용 합리화법 제25조에 따른 에너지절약전문기업이 하는 사업, 노인장기요양보험법 제31조에 따른 장기요양기관 중 재가급여를 제공하는 장기요양기관을 운영하는 사업, 건물 및 산업설비 청소업, 경비 및 경호 서비스업, 시장조사 및 여론 조사업, 사회복지 서비스업, 무형재산권 임대업(지식재산 기본법 제3조 제1호에 따른 지식재산을 임대하는 경우로 한정), 연구산업진흥법 제2조 제1호 나목의 산업, 개인 간병 및 유사 서비스업, 사회교육시설, 직원훈련기관, 기타 기술 및 직업훈련 학원, 도서관 · 사적지 및 유사 여가 관련 서비스업(독서실 운영업은 제외), 주택임대관리업, 신 · 재생에너지 발전사업, 보안시스템 서비스업, 임업, 통관 대리 및 관련 서비스업, 자동차 임대업(여객자동차 운수사업법 제31조 제1항에 따른 자동차대여사업자로서 같은 법 제28조에 따라 등록한 자동차 중 50% 이상을 환경친화적 자동차의 개발 및 보급 촉진에 관한 법률 제2조 제3호에 따른 전기자동차 또는 같은 조 제6호에 따른 수소전기자동차로 보유한 경우로 한정함)

② 감면비율

구 분		감 면 율
소기업	도매 및 소매업, 의료업(이하 "도매업 등"이라 함)을 경영하는 사업장	10%
	수도권에서 도매업 등을 제외한 감면업종을 경영하는 사업장	20%(*)
	수도권 외의 지역에서 도매업 등을 제외한 감면업종을 경영하는 사업장	30%(*)
중기업	수도권 외의 지역에서 도매업 등을 경영하는 사업장	5%
	수도권에서 일반 서적 출판업을 경영하는 사업장	10%
	수도권 외의 지역에서 도매업 등을 제외한 감면업종을 경영하는 사업장	15%(*)

(*) 단, 통관 대리 및 관련 서비스업을 경영하는 사업장의 경우 각각의 감면 비율에 50%를 곱한 비율로 함.

ⅰ) 이때, 내국법인의 본점 또는 주사무소가 수도권 안에 소재하는 경우에는, 모든 사업장이 수도권 안에 소재하는 것으로 보아 감면비율을 적용한다.

ⅱ) 감면비율을 적용함에 있어 소기업이란 중소기업 중 매출액이 업종별로 중소기업기본법 시행령 별표 3을 준용하여 산정한 규모 기준 이내인 기업을 말하며(이 경우 "평균매출액등"은 "매출액"으로 봄), 중기업이란 이러한 소기업을 제외한 중소기업을 말한다.

2) 감면세액 산식 등

① 감면세액 산식

$$감면세액 = 산출세액 \times \frac{감면대상소득}{과세표준} \times 감면비율$$

② 감면신청서의 제출

세액감면신청서[조특칙 별지 제2호 서식]의 제출

③ 통합 투자세액공제 등과 중복적용배제되나, 고용증대 세액공제, 통합고용 세액공제 및 중소기업 사회보험료 세액공제와의 중복적용 가능. 다만, 감면대상사업을 구분경리하는 경우 비감면사업에 대한 세액공제는 중복적용 가능(조특법 제127조 제4항 및 제10항)

④ 동일 사업장 · 동일 사업연도에 외국인투자에 대한 법인세 등의 감면, 창업중소기업 등에 대한 세액감면 등의 세액감면과 중복적용배제(조특법 제127조 제5항)

⑤ 최저한세의 적용(조특법 제132조)

⑥ 감면소득과 과세소득의 구분경리(조특법 제143조)

(4) 수도권 밖으로 공장을 이전하는 기업에 대한 세액감면(조특법 제63조)

1) 개 요

아래 ①의 감면요건을 모두 갖춘 공장이전기업이 공장을 이전하여 2025년 12월 31일(공장을 신축하는 경우로서 공장의 부지를 2025년 12월 31일까지 보유하고 2025년 12월 31일이 속하는 사업연도의 과세표준 신고를 할 때 이전계획서를 제출하는 경우에는 2028년 12월 31일)까지 사업을 개시하는 경우에는 이전 후의 공장에서 발생하는 소득(단, 공장이전기업이 이전 후 합병 · 분할 · 현물출자 또는 사업의 양수를 통해 사업을 승계하는 경우 승계한 사업장에서 발생한 소득은 제외함)에 대하여 아래 ②의 감면기간과 감면율에 따라 법인세를 감면한다(조특법 제63조 제1항).

구 분	주요내용
① 감면요건	가. 수도권과밀억제권역에 3년(중소기업은 2년) 이상 계속하여 공장시설을 갖추고 사업을 한 기업일 것(단, 공장시설을 이전하기 위하여 조업을 중단한 날이 속하는 사업연도 개시일부터 소급하여 10년 이내에 동일한 공장에 대하여 감면을 적용받은 기업은 제외함) 나. 공장시설의 전부를 수도권 밖(중소기업은 수도권 밖 또는 수도권의 인구감소지역)으로 이전할 것 다. 다음의 어느 하나에 해당하는 경우 다음의 구분에 따른 요건을 갖출 것 1) 중소기업이 공장시설을 수도권의 인구감소지역으로 이전하는 경우로서 본사가 수도권과밀억제권역에 있는 경우 : 해당 본사도 공장시설과 함께 이전할 것 2) 중소기업이 아닌 기업이 광역시로 이전하는 경우 : 산업단지로 이전할 것
② 감면기간 및 감면율	가. 공장 이전일 이후 해당 공장에서 최초로 소득이 발생한 사업연도(공장 이전일부터 5년이 되는 날이 속하는 사업연도까지 소득이 발생하지 아니한 경우에는 이전일부터 5년이 되는 날이 속하는 사업연도)의 개시일부터 다음의 구분에 따른 기간 이내에 끝나는 사업연도 : 100% 1) 수도권 등 법 소정의 지역(*1)으로 이전하는 경우: 5년 2) 수도권 밖에 소재하는 광역시 등 법 소정의 지역(*2)으로 이전하는 경우 ㄱ. 위기지역, 성장촉진지역 또는 인구감소지역(이하 "성장촉진지역등"이라 함)으로 이전하는 경우: 7년 ㄴ. 위 ㄱ.에 따른 지역 외의 지역으로 이전하는 경우: 5년 3) 위 1) 또는 2)에 따른 지역 외의 지역으로 이전하는 경우 ㄱ. 성장촉진지역등으로 이전하는 경우: 10년 ㄴ. 위 ㄱ.에 따른 지역 외의 지역으로 이전하는 경우: 7년 나. 위 가.에 따른 사업연도의 다음 2년[위 가. 2) ㄱ. 또는 가. 3) ㄴ.)에 해당하는 경우에는 3년] 이내에 끝나는 사업연도: 50%

(*1) 수도권 등 법 소정의 지역이란 다음의 지역을 말한다. 다만, 아래 ②의 지역은 해당 지역으로 이전하는 기업이 중소기업인 경우로 한정한다(조특령 제60조 제4항).

① 당진시, 아산시, 원주시, 음성군, 진천군, 천안시, 춘천시, 충주시, 홍천군(내면은 제외) 및 횡성군의 관할구역

② 수도권의 인구감소지역

(*2) 수도권 밖에 소재하는 광역시 등 법 소정의 지역이란 다음의 지역을 말한다(조특령 제60조 제5항).

① 수도권 밖에 소재하는 광역시의 관할구역

② 구미시, 김해시, 전주시, 제주시, 진주시, 창원시, 청주시 및 포항시의 관할구역

2) 감면요건

본 세액감면은 다음의 요건을 모두 갖춘 공장이전기업이 적용한다. 한편, 공장이전기업은 한국표준산업분류상의 세분류를 기준으로 이전 전의 공장에서 공장시설을 이전하기 위

하여 조업을 중단한 날부터 소급하여 2년(중소기업은 1년) 이상 계속 영위하던 업종과 이전 후의 공장에서 영위하는 업종이 같아야 한다(조특법 제63조 제7항, 조특령 제60조 제12항).

① 수도권과밀억제권역 안에 소재하는 공장시설을 수도권 밖(중소기업은 수도권 밖 또는 수도권의 인구감소지역)으로 이전하기 위해 조업을 중단한 날부터 소급하여 3년(중소기업의 경우 2년) 이상 계속 조업(대기환경보전법, 물환경보전법 또는 소음·진동관리법에 따라 배출시설이나 오염물질배출방지시설의 개선·이전 또는 조업정지명령을 받아 조업을 중단한 기간은 이를 조업한 것으로 봄)한 실적이 있을 것(조특령 제60조 제2항)

② 다음의 어느 하나의 요건을 갖추어 공장시설의 전부를 수도권 밖(중소기업은 수도권 밖 또는 수도권의 인구감소지역)으로 이전할 것(조특령 제60조 제3항)

가. 수도권 밖(중소기업은 수도권 밖 또는 수도권의 인구감소지역)으로 공장을 이전하여 사업을 개시한 날부터 2년 이내에 수도권과밀억제권역 안의 공장을 양도하거나 수도권과밀억제권역 안에 남아 있는 공장시설의 전부를 철거 또는 폐쇄하여 해당 공장시설에 의한 조업이 불가능한 상태일 것

나. 수도권과밀억제권역 안의 공장을 양도 또는 폐쇄한 날(공장의 대지 또는 건물을 임차하여 자기공장시설을 갖추고 있는 경우에는 공장이전을 위하여 조업을 중단한 날을 말함)부터 2년 이내에 수도권 밖(중소기업은 수도권 밖 또는 수도권의 인구감소지역)에서 사업을 개시할 것. 다만, 공장을 신축하여 이전하는 경우에는 수도권과밀억제권역 안의 공장을 양도 또는 폐쇄한 날부터 3년 이내에 사업을 개시해야 함.

③ 다음의 어느 하나에 해당하는 경우 다음의 구분에 따른 요건을 갖출 것

가. 중소기업이 공장시설을 수도권의 인구감소지역으로 이전하는 경우로서 본점이나 주사무소가 수도권과밀억제권역에 있는 경우 : 해당 본사도 공장시설과 함께 이전할 것

나. 중소기업이 아닌 기업이 광역시로 이전하는 경우 : 산업입지 및 개발에 관한 법률 제2조 제8호에 따른 산업단지로 이전할 것

3) 감면의 중단

본 세액감면을 적용받은 중소기업이 수도권 안으로 이전한 경우로서 다음의 사유로 인해 중소기업에 해당하지 아니하게 된 경우에는 해당 사유 발생일이 속하는 사업연도부터 감면하지 아니한다(조특법 제63조 제8항 및 조특령 제60조 제13항, 제2조 제2항).

① 중소기업기본법의 규정에 의한 중소기업외의 기업과 합병하는 경우

② 유예기간 중에 있는 기업과 합병하는 경우

③ 조세특례제한법 시행령 제2조 제1항 제3호(단, 중소기업기본법 시행령 제3조 제1항 제2호 다목의 규정은 제외함)의 요건을 갖추지 못하게 되는 경우

④ 창업일이 속하는 사업연도 종료일부터 2년 이내의 사업연도 종료일 현재 중소기업기

준을 초과하는 경우

4) 사후관리

본 세액감면을 적용받은 공장이전기업이 다음의 어느 하나에 해당하는 경우에는 그 사유가 발생한 사업연도의 과세표준신고를 할 때 다음의 구분에 따라 사후관리 위반사유별로 계산한 세액을 법인세로 납부하여야 한다(조특법 제63조 제2항 및 조특령 제60조 제5항, 제6항).

사후관리 위반사유	납부세액
공장을 이전하여 사업을 개시한 날부터 3년 이내에 그 사업을 폐업하거나 법인이 해산한 경우(단, 합병·분할 또는 분할합병으로 인한 경우는 제외함)	폐업일 또는 법인해산일부터 소급하여 3년 이내에 감면된 세액
공장을 수도권 밖(중소기업은 수도권 밖 또는 수도권의 인구감소지역)으로 이전하여 사업을 개시하지 아니한 경우(조세특례제한법 시행령 제60조 제3항 각 호의 요건을 갖추지 않은 경우를 말함)	조세특례제한법 시행령 제60조 제3항 각 호의 요건을 갖추지 못하게 된 날부터 소급하여 5년 이내에 감면된 세액
수도권 중 인구감소지역을 제외한 지역에 이전한 공장에서 생산하는 제품과 같은 제품을 생산하는 공장(중소기업이 수도권의 인구감소지역으로 이전한 경우에는 공장 또는 본사)을 설치한 경우	공장설치일(중소기업이 본점 또는 주사무소를 이전한 경우에는 본점 또는 주사무소 설치일을 포함함)부터 소급하여 5년 이내에 감면된 세액. 이 경우 이전한 공장이 둘 이상이고 해당 공장에서 서로 다른 제품을 생산하는 경우에는 수도권(중소기업은 수도권 중 인구감소지역을 제외한 지역) 안의 공장에서 생산하는 제품과 동일한 제품을 생산하는 공장의 이전으로 인해 감면받은 분에 한정함.

5) 기타 사항

① 세액감면신청서[조특칙 별지 제2호 서식] 및 감면세액계산서[조특칙 별지 제46호의 2 서식] 제출

② 통합투자세액공제 등 세액공제와 중복적용 배제. 다만, 감면대상사업을 구분경리하는 경우 비감면사업에 대한 세액공제는 중복적용 가능(조특법 제127조 제4항 및 제10항)

③ 동일한 사업장·동일한 사업연도에 창업중소기업에 대한 세액감면 등의 세액감면과 중복적용 배제(조특법 제127조 제5항)

④ 최저한세의 적용(단, 수도권 밖으로 이전하는 경우는 제외함) (조특법 제132조 제1항 제4호 다목)

⑤ 감면소득과 과세소득의 구분경리(조특법 제143조)

(5) 수도권 밖으로 본사를 이전하는 법인에 대한 세액감면 등 (조특법 제63조의 2)

1) 개 요

아래 ①의 감면요건을 모두 갖추어 본사를 이전하여 2025년 12월 31일(본사를 신축하는 경우로서 본사의 부지를 2025년 12월 31일까지 보유하고 2025년 12월 31일이 속하는 사업연도의 과세표준신고를 할 때 이전계획서를 제출하는 경우에는 2028년 12월 31일)까지 사업을 개시하는 본사이전법인은 아래 ②에 따른 감면대상소득(단, 이전 후 합병 · 분할 · 현물출자 또는 사업의 양수를 통하여 사업을 승계하는 경우 승계한 사업장에서 발생한 소득은 제외함)에 대하여 아래 ③의 구분에 따른 감면기간과 감면율에 따라 법인세를 감면한다. 다만, 건설업, 부동산 임대업, 주거용 건물 개발 및 공급업(구입한 주거용 건물을 재판매하는 경우는 제외함), 부동산 중개 및 대리업, 소비성서비스업, 부동산매매업, 무점포판매업, 해운중개업을 경영하는 법인인 경우에는 세액감면 적용을 배제하되, 이전공공기관이 경영하는 사업에 대해서는 세액감면을 적용한다(조특법 제63조의 2 제1항 및 조특령 제60조의 2 제1항).

구 분	주요내용
① 세액감면 요건	가. 수도권과밀억제권역에 3년 이상 계속하여 본사를 둔 법인일 것(단, 본사의 이전등기일이 속하는 사업연도 개시일부터 소급하여 10년 이내에 감면받은 법인은 제외함) 나. 본사를 수도권 밖으로 이전할 것 다. 이전본사에 대한 투자금액이 10억원 이상이고 이전본사의 근무인원이 20명 이상일 것
② 감면대상소득	(해당 사업연도의 과세표준－부동산 · 부동산 취득권리 등의 양도차익) × 이전인원 비율 × 위탁가공무역 외 매출액 비율
③ 감면기간 및 감면율	가. 본사 이전일 이후 본사이전법인에서 최초로 소득이 발생한 사업연도(본사 이전일부터 5년이 되는 날이 속하는 사업연도까지 소득이 발생하지 아니한 경우에는 이전일부터 5년이 되는 날이 속하는 사업연도)의 개시일부터 다음의 구분에 따른 기간 이내에 끝나는 사업연도 : 100% 1) 조세특례제한법 제63조 제1항 제2호 가목 1)에 따른 지역(조특령 제60조 제4항)으로서 수도권 밖의 지역으로 이전하는 경우: 5년 2) 조세특례제한법 제63조 제1항 제2호 가목 2)에 따른 지역(조특령 제60조 제5항)으로 이전하는 경우 ㄱ. 위기지역, 성장촉진지역 또는 인구감소지역(이하 "성장촉진지역등"이라 함)으로 이전하는 경우: 7년 ㄴ. 위 ㄱ.에 따른 지역 외의 지역으로 이전하는 경우: 5년 3) 위 1) 또는 2)에 따른 지역 외의 지역으로서 수도권 밖의 지역으

구 분	주요내용
	로 이전하는 경우 ㄱ. 성장촉진지역등으로 이전하는 경우: 10년 ㄴ. 위 ㄱ.에 따른 지역 외의 지역으로 이전하는 경우: 7년 나. 위 가.에 따른 사업연도의 다음 2년[위 가. 2) ㄱ. 또는 가. 3) ㄴ.에 해당하는 경우에는 3년] 이내에 끝나는 사업연도: 50%

2) 감면요건

본 세액감면은 다음의 요건을 모두 갖춘 본사이전법인이 적용하고, 아래 '③의 나.' 요건을 충족하지 못한 경우에는 해당 사업연도부터 본 세액감면을 받을 수 없다. 한편, 본사이전법인은 한국표준산업분류상의 세분류를 기준으로 이전 전의 본사에서 본사의 이전등기일부터 소급하여 2년 이상 영위하던 업종과 이전 후의 본사에서 영위하는 업종이 같아야 한다(조특법 제63조의 2 제5항 및 조특령 제60조의 2 제15항 제1호, 제17항).

① 본점 또는 주사무소(이하 "본사"라 함)의 이전등기일부터 소급하여 3년 이상 계속하여 수도권과밀억제권역 안에 본사를 두고 사업을 경영한 실적이 있을 것(조특령 제60조의 2 제2항)

② 다음의 어느 하나의 요건을 갖추어 본사를 수도권 밖으로 이전할 것(조특령 제60조의 2 제3항)

가. 수도권 밖으로 본사를 이전하여 사업을 개시한 날부터 2년 이내에 수도권과밀억제권역 안의 본사를 양도하거나 본사 외의 용도(조세특례제한법 시행령 제60조의 2 제12항에서 정하는 기준(*) 미만의 사무소로 사용하는 경우를 포함함)로 전환할 것

나. 수도권과밀억제권역 안의 본사를 양도하거나 본사 외의 용도로 전환한 날부터 2년 이내에 수도권 밖에서 사업을 개시할 것. 다만, 본사를 신축하여 이전하는 경우에는 수도권과밀억제권역 안의 본사를 양도하거나 본사 외의 용도로 전환한 날부터 3년 이내에 사업을 개시해야 함.

(*) 본사를 수도권 밖으로 이전한 날부터 3년이 되는 날이 속하는 사업연도가 지난 후 본사업무에 종사하는 총 상시 근무인원의 연평균 인원 중 수도권 안의 사무소에서 본사업무에 종사하는 상시 근무인원의 연평균 인원의 비율 50%를 말함.

③ 수도권 밖으로 이전한 본사(이하 "이전본사"라 함)에 대한 투자금액 및 이전본사의 근무인원이 지역경제에 미치는 영향 등을 고려하여 아래의 기준을 충족할 것(조특령 제60조의 2 제4항)

가. 투자금액: 이전본사에 소재하거나 이전본사에서 주로 사용하는 사업용 유형자산과 이전본사에 소재하거나 이전본사에서 주로 사용하기 위해 건설 중인 자산에 대한 누적 투자액으로서 아래 ㉠의 금액에서 ㉡의 금액을 뺀 금액이 10억원 이상일 것

(조특칙 제24조 제1항, 제2항)

㉠ 이전본사의 이전등기일부터 소급하여 2년이 되는 날이 속하는 과세연도부터 본 규정에 따라 법인세를 감면받는 사업연도까지 투자한 금액의 합계액

㉡ 위 ㉠에 따른 기간 중 투자한 자산을 처분한 경우(임대한 경우를 포함하며, 조세특례제한법 시행령 제137조 제1항 각 호의 어느 하나에 해당하는 경우는 제외함) 해당 자산의 취득 당시 가액

나. 근무인원: 해당 사업연도에 이전본사의 근무인원이 20명 이상일 것

3) 감면대상소득

본사이전법인의 감면대상소득은 다음과 같이 산출한 금액으로 한다. 한편, 공장과 본사를 함께 이전하는 경우에는 다음과 같이 계산한 감면대상소득과 상기 '(4) 수도권 밖으로 공장을 이전하는 기업에 대한 세액감면'의 이전한 공장에서 발생하는 소득(조특법 제63조 제1항)을 합하여 산출한 금액에 상당하는 소득을 감면대상소득으로 하되, 해당 감면대상소득은 해당 사업연도의 소득금액을 한도로 한다(조특법 제63조의 2 제1항 및 제6항).

(① 해당 사업연도의 과세표준 - ② 부동산 양도차익 등) × ③ 이전인원비율 × ④ 매출액비율)

① 해당 사업연도의 과세표준

본사이전법인의 해당 사업연도의 과세표준을 말한다. 다만, 이전 후 합병 · 분할 · 현물출자 또는 사업의 양수를 통하여 사업을 승계하는 경우 승계한 사업장에서 발생한 소득은 제외한다.

② 부동산 양도차익 등

토지 · 건물 및 부동산을 취득할 수 있는 권리의 양도차익 및 다음의 가.에서 나.를 뺀 금액(단, 그 차액이 음수일 경우에는 0원으로 봄)을 말한다(조특령 제60조의 2 제5항).

가. 고정자산처분익 · 유가증권처분익 · 수입이자 · 수입배당금 · 자산수증익을 합한 금액. 다만, 금융 및 보험업을 경영하는 법인(금융지주회사법에 따른 금융지주회사는 제외함)은 기업회계기준에 따라 영업수익에 해당하는 유가증권처분익 · 수입이자 · 수입배당금은 제외함.

나. 고정자산처분손 · 유가증권처분손 · 지급이자를 합한 금액. 다만, 금융 및 보험업을 경영하는 법인(금융지주회사법에 따른 금융지주회사는 제외함)은 기업회계기준에 따라 영업비용에 해당하는 유가증권처분손 · 지급이자는 제외함.

③ 이전인원비율

이전인원비율은 다음과 같이 해당 사업연도의 이전본사의 근무인원이 법인전체 근무인원에서 차지하는 비율을 말한다.

$$\text{이전 인원비율} = \frac{\text{이전본사 근무인원}}{\text{법인전체 근무인원}}$$

한편, 위 이전인원비율을 산정함에 있어서 이전본사 근무인원과 법인전체 근무인원은 다음과 같이 계산한 인원으로 한다(조특령 제60조의 2 제6항).

구 분	근무인원의 계산
이전본사 근무인원	이전본사 근무인원 = 가.－나. 가. 이전본사에서 본사업무에 종사하는 상시 근무인원(*)의 연평균 인원(매월 말 현재의 인원을 합하고 이를 해당 개월 수로 나누어 계산한 인원). 다만, 이전일부터 소급하여 2년이 되는 날이 속하는 사업연도 이후 수도권 외의 지역에서 본사업무에 종사하는 근무인원이 이전본사로 이전한 경우는 제외함. 나. 이전일부터 소급하여 3년이 되는 날이 속하는 사업연도에 이전본사에서 본사업무에 종사하던 상시 근무인원(*)의 연평균 인원
법인전체 근무인원	법인 전체의 상시 근무인원(*)의 연평균 인원

(*) 상시 근무인원이란 근로기준법 제2조 제1항 제2호에 따른 사용자 중 상시 근무하는 자 및 같은 법에 따라 근로계약을 체결한 내국인 근로자를 말함. 다만, 다음의 어느 하나에 해당하는 사람은 제외함(조특령 제60조의 2 제7항).

1) 근로계약기간이 1년 미만인 근로자(근로계약의 연속된 갱신으로 인해 그 근로계약의 총 기간이 1년 이상인 근로자는 제외함)
2) 근로기준법 제2조 제1항 제9호에 따른 단시간근로자. 다만, 1개월간의 소정근로시간이 60시간 이상인 근로자는 상시근로자로 봄.
3) 법인세법 시행령 제40조 제1항 각 호의 어느 하나에 해당하는 임원 중 상시 근무하지 않는 자
4) 소득세법 시행령 제196조에 따른 근로소득원천징수부에 따라 근로소득세를 원천징수한 사실이 확인되지 않고, 국민연금법 제3조 제1항 제11호 및 제12호에 따른 부담금 및 기여금 또는 국민건강보험법 제69조에 따른 직장가입자의 보험료의 납부사실도 확인되지 않는 자

④ 매출액비율

매출액비율은 다음과 같이 해당 사업연도의 전체 매출액에서 위탁가공무역에서 발생하는 매출액을 뺀 금액이 해당 사업연도의 전체 매출액에서 차지하는 비율을 말한다.

$$\text{매출액비율} = \frac{(\text{전체 매출액} - \text{위탁가공무역}^{(*)}\ \text{매출액})}{\text{전체 매출액}}$$

(*) 가공임(加工賃)을 지급하는 조건으로 외국에서 가공(제조·조립·재생·개조를 포함함)할

원료의 전부 또는 일부를 거래 상대방에게 수출하거나 외국에서 조달하여 가공한 후 가공물품 등을 수입하거나 외국으로 인도하는 것을 말하며, 위탁가공무역에서 발생한 매출액은 다른 매출액과 구분하여 경리해야 함(조특령 제60조의 2 제8항 및 제9항).

4) 사후관리

본 세액감면을 적용받은 본사이전법인이 다음의 어느 하나에 해당하는 경우에는 그 사유가 발생한 사업연도의 과세표준신고를 할 때 다음의 구분에 따라 사후관리 위반 사유별로 계산한 세액과 이자상당가산액(조특법 제63조 제3항)을 법인세로 납부하여야 한다. 한편, 다음의 ④에 해당하는 사후관리 위반사유에 해당하는 경우에는 해당 사업연도부터 본 세액감면을 적용받을 수 없다(조특법 제63조의 2 제2항, 제3항 및 조특령 제60조의 2 제11항부터 제15항).

사후관리 위반사유	납부세액
① 본사를 이전하여 사업을 개시한 날부터 3년 이내에 그 사업을 폐업하거나 법인이 해산한 경우(단, 합병 · 분할 또는 분할합병으로 인한 경우는 제외함)	폐업일 또는 법인해산일부터 소급하여 3년 이내에 감면된 세액
② 본사를 수도권 밖으로 이전하여 사업을 개시하지 아니한 경우(상기 '2) ②'의 요건을 갖추지 않은 경우를 말함) (조특령 제60조의 2 제3항)	상기 '2) ②'의 요건을 갖추지 못하게 된 날부터 소급하여 5년 이내에 감면된 세액
③ 수도권에 본사를 설치하거나 일정 기준 이상(*)의 사무소를 둔 경우	본사설치일 또는 일정 기준 이상(*)의 사무소를 둔 날부터 소급하여 5년 이내에 감면된 세액
④ 감면기간에 법인세법 시행령 제40조 제1항 각 호의 임원(단, 상시 근무하지 않는 임원은 제외함) 중 이전본사의 근무 임원 수가 수도권 안의 사무소에서 근무하는 임원과 이전본사 근무 임원의 합계 인원에서 차지하는 비율이 50%에 미달하게 된 경우 해당 비율이 50%에 미달하게 되는 날부터 소급하여 5년 이내에 감면된 세액	해당 비율이 50%에 미달하게 되는 날부터 소급하여 5년 이내에 감면된 세액

(*) 본사를 수도권 밖으로 이전한 날부터 3년이 되는 날이 속하는 사업연도가 지난 후 본사업무에 종사하는 총 상시 근무인원의 연평균 인원 중 수도권 안의 사무소에서 본사업무에 종사하는 상시 근무인원의 연평균 인원의 비율이 50% 이상인 경우를 말함.

5) 기타 사항

① 세액감면신청서[조특칙 별지 제2호 서식] 및 감면세액계산서[조특칙 별지 제46호의 2 서식 및 별지 제46호의 2 서식 부표] 제출

② 통합투자세액공제 등 세액공제와 중복적용 배제. 다만, 감면대상사업을 구분경리하는

경우 비감면사업에 대한 세액공제는 중복적용 가능(조특법 제127조 제4항 및 제10항)

③ 동일한 사업장 · 동일한 사업연도에 창업중소기업에 대한 세액감면 등의 세액감면과 중복적용 배제(조특법 제127조 제5항)

④ 감면소득과 과세소득의 구분경리(조특법 제143조)

(6) 기타 세액감면규정

상기 언급된 감면규정을 제외한 주요 조세특례제한법상 법인세 감면규정을 요약하면 다음과 같다.

종 류	감면대상	감면비율	비 고
기술이전 소득에 대한 세액감면 (조특법 제12조 제1항)	중소기업 및 중견기업이 자체 연구 · 개발한 특허권, 실용신안권, 기술비법, 기술을 2026. 12. 31.까지 내국인(특수관계인에게 이전한 경우는 제외)에게 이전한 경우	특허권 등의 이전으로써 발생하는 소득에 대한 법인세의 50% 감면	• 최저한세의 적용
기술대여 소득에 대한 세액감면 (조특법 제12조 제3항)	중소기업 및 중견기업이 자체 연구 · 개발한 특허권, 실용신안권, 기술비법, 기술을 2026. 12. 31.까지 대여(특수관계인에게 대여한 경우는 제외)하는 경우	특허권 등의 대여로써 발생하는 소득에 대한 법인세의 25% 감면	• 최저한세의 적용
연구개발특구에 입주하는 첨단기술기업 등에 대한 법인세 등의 감면 (조특법 제12조의 2)	연구개발특구에 입주한 기업으로서 2025. 12. 31.까지 지정된 첨단기술기업 또는 2025. 12. 31.까지 등록한 연구소기업이 하는 생물산업·정보통신산업·첨단기술 및 첨단제품과 관련한 산업 등의 사업에서 발생한 소득	해당 사업에서 최초로 소득이 발생한 사업연도의 개시일부터 3년 이내에 종료하는 사업연도까지 법인세 100% 감면, 그 다음 2년 이내에 종료하는 사업연도에 있어서는 50% 감면	• 중복지원의 배제 • 최저한세의 적용 (단, 100% 감면 사업연도 제외) • 구분경리
공공차관도입에 따른 세액감면 (조특법 제20조)	공공차관의 도입과 관련하여 ① 대주가 부담하여야 할 조세와 ② 외국인에게 지급되는 기술 또는 용역의 대가	공공차관협약에 따라 감면비율을 정함.	• 구분경리
농공단지 입주기업 등에 대한 세액감면 (조특법 제64조)	① 2025. 12. 31.까지 특정농공단지에 입주하여 농어촌소득원개발사업을 하는 내국법인과	해당 감면대상 사업에서 최초로 소득이 발생한 사업연도의 개시일부터 5년 이내에 끝나는 사업연도까지 해	• 중복지원의 배제 • 최저한세의 적용 • 구분경리

종 류	감면대상	감면비율	비 고
	② 2025. 12. 31.까지 수도권 과밀억제권역 외의 지역으로서 중소기업 특별지원 지역에 입주하여 사업을 하는 중소기업의 해당 사업에서 발생한 소득	당 감면대상 사업에서 발생한 소득에 대하여 법인세 50% 감면	
영농조합법인에 대한 법인세의 면제 (조특법 제66조)	영농조합법인의 2026. 12. 31. 이전에 끝나는 사업연도까지 식량작물재배업소득의 전액과 식량작물재배업소득 외의 소득 중 일정금액	해당 소득에 대한 법인세 면제	• 중복지원의 배제
영어조합법인에 대한 법인세의 면제 (조특법 제67조)	영어조합법인의 2026. 12. 31. 이전에 끝나는 사업연도까지 각 사업연도 소득 중 일정 금액	해당 소득에 대한 법인세 면제	• 중복지원의 배제
농업회사법인에 대한 법인세의 면제 등 (조특법 제68조)	농업회사법인에 대해 2026. 12. 31. 이전에 끝나는 사업연도까지의 식량작물재배업소득 및 식량작물재배업소득 외의 소득 중 일정 금액	식량작물재배업소득 전액과 식량작물재배업소득 외의 작물재배업에서 발생하는 소득 중 일정금액에 대한 법인세를 면제하고, 작물재배업에서 발생하는 소득 외의 소득 중 일정소득의 경우에는 최초로 해당 소득이 발생한 사업연도와 그 다음 사업연도의 개시일부터 4년 이내에 끝나는 사업연도까지 해당 소득에 대하여 법인세 50% 감면	• 중복지원의 배제 • 최저한세의 적용 (작물재배업소득 외의 소득) • 구분경리
사회적기업 및 장애인 표준사업장에 대한 법인세 감면 (조특법 제85조의 6)	① 사회적기업 육성법 제2조 제1호에 따라 2025. 12. 31.까지 사회적기업으로 인증받은 내국법인과 ② 장애인고용촉진 및 직업재활법 제22조의 4 제1항에 따라 2025. 12. 31.까지 장애인 표준사업장으로 인증받은 내국법인의 해당 사업에서 발생한 소득	해당 사업에서 최초로 소득이 발생한 사업연도와 그 다음 사업연도의 개시일부터 2년 이내에 끝나는 사업연도까지 해당 사업에서 발생한 소득에 대한 법인세 전액을 감면하고, 그 다음 2년 이내에 끝나는 사업연도에는 법인세 50%를 감면	• 중복지원의 배제

종 류	감면대상	감면비율	비 고
소형주택 임대사업자에 대한 세액감면 (조특법 제96조)	2025. 12. 31. 이전에 끝나는 사업연도까지 내국법인이 임대주택을 1호 이상 임대하는 경우	해당 임대사업에서 발생한 소득에 대한 법인세의 30%(장기일반민간임대주택 등은 75%) 감면[2호 이상 임대시 감면율 20%(장기일반민간임대주택 등은 50%) 적용]	
위기지역 창업기업에 대한 법인세 감면 (조특법 제99조의 9)	위기지역에 2025. 12. 31.까지 법 소정의 업종으로 창업하거나 사업장을 신설(기존 사업장을 이전하는 경우는 제외하며, 위기지역으로 지정 또는 선포된 기간에 창업하거나 사업장을 신설하는 경우로 한정)하는 기업의 감면대상사업에서 발생한 소득	최초로 소득이 발생한 사업연도의 개시일부터 5년 이내에 끝나는 사업연도에는 법인세 100% 감면, 그 다음 2년 이내에 끝나는 사업연도에는 법인세의 50% 감면	• 최저한세의 적용(단, 100% 감면 사업연도 제외) • 구분경리
해외진출기업의 국내복귀에 대한 세액감면 (조특법 제104조의 24)	대한민국 국민 등 법 소정의 자가 2027. 12. 31.까지 국내(수도권과밀억제권역은 제외함)에서 창업하거나 사업장을 신설 또는 증설(증설한 부분에서 발생하는 소득을 구분경리하는 경우로 한정)하는 경우로서 다음의 어느 하나에 해당하는 소득 ① 국외에서 2년 이상 계속하여 경영하던 사업장을 국내로 이전(국외사업장은 철수)하는 경우 이전 후의 사업장(기존 사업장을 증설하는 경우에는 증설한 부분)에서 발생하는 소득 ② 국외에서 2년 이상 계속하여 경영하던 사업장을 부분 축소 또는 유지하면서 국내로 복귀하는 경우 복귀 후의 사업장(기존 사업장을 증설하는 경우에는	이전일 또는 복귀일 이후 최초 소득 발생 사업연도(소득이 발생하지 아니한 경우에는 이전일 또는 복귀일로부터 5년이 되는 날이 속하는 사업연도)와 그 다음 사업연도 개시일부터 6년(②의 경우로서 수도권 내의 지역에서 창업하거나 사업장을 신설 또는 증설하는 경우 2년) 이내에 끝나는 사업연도에는 법인세의 100%, 그 다음 3년(②의 경우로서 수도권 내에서 창업하거나 사업장을 신설·증설하는 경우는 2년) 이내에 끝나는 사업연도에는 법인세의 50% 감면	• 중복지원의 배제

종 류	감면대상	감면비율	비 고
	증설한 부분)에서 발생하는 소득		
제주첨단과학기술단지 입주기업에 대한 법인세 감면 (조특법 제121조의 8)	제주첨단과학기술단지에 2025. 12. 31.까지 입주한 기업이 생명공학 관련 산업(종자 및 묘목생산업, 수산물부화 및 수산종자생산업 포함), 정보통신산업, 정보통신서비스 제공 산업, 첨단기술 및 첨단제품과 관련된 산업을 하는 사업을 하는 경우 해당 사업에서 발생하는 소득	해당 사업에서 최초로 소득이 발생한 사업연도의 개시일부터 3년 이내에 종료하는 사업연도까지는 법인세 100% 감면, 그 다음 2년 이내에 종료하는 사업연도에 있어서는 50% 감면	• 중복지원의 배제 • 최저한세의 적용(단, 100% 감면 사업연도 제외) • 구분경리
제주투자진흥지구 또는 제주자유무역지역 입주기업에 대한 법인세 감면 (조특법 제121조의 9)	다음의 사업을 하기 위한 투자로서 법 소정의 기준에 해당하는 투자 ① 제주투자진흥지구에 2025. 12. 31.까지 입주하는 기업이 해당 구역의 사업장에서 하는 사업 ② 제주자유무역지역에 2021. 12. 31.까지 입주하는 기업이 해당 구역의 사업장에서 하는 사업 ③ 제주투자진흥지구의 개발사업시행자가 제주투자진흥지구를 개발하기 위하여 기획 · 금융 · 설계 · 건축 · 마케팅 · 임대 · 분양 등을 일괄적으로 수행하는 개발사업	해당 감면대상사업에서 최초로 소득이 발생한 사업연도의 개시일부터 3년 이내에 끝나는 사업연도에 있어서는 법인세 100%(③의 경우에는 50%), 그 다음 2년 이내에 끝나는 사업연도에 있어서는 50%(③의 경우에는 25%) 감면	• 중복지원의 배제 • 최저한세의 적용(단, 100% 감면 사업연도 제외) • 구분경리
기업도시개발구역 창업기업 등에 대한 법인세 감면 (조특법 제121조의 17)	다음의 사업을 하기 위한 투자로서 법 소정의 기준에 해당하는 투자 ① 기업도시개발구역에 2025. 12. 31.까지 창업하거나 사업장을 신설(*)하는 기업이 해당 구역 안	해당 사업에서 최초로 소득이 발생한 사업연도의 개시일부터 3년 이내에 종료하는 사업연도에 있어서는 법인세 100%(다만, ②, ④, ⑥, ⑦의 경우는 50%), 그 다음 2년 이내에 종료하는	• 중복지원의 배제 • 최저한세의 적용(단, 100% 감면 사업연도 제외) • 구분경리

종 류	감면대상	감면비율	비 고
기업도시개발구역 창업기업 등에 대한 법인세 감면 (조특법 제121조의 17)	의 사업장에서 하는 사업 ② 기업도시개발사업시행자가 하는 사업으로서 기업도시개발특별법 제2조 제3호에 의한 기업도시개발사업 ③ 지역개발사업구역 또는 지역활성화 지역에 2025. 12. 31.까지 창업하거나 사업장을 신설(*)하는 기업이 그 구역 또는 지역 안의 사업장에서 하는 사업과 낙후지역 중 주한미군 공여구역주변지역 등 지원특별법 제8조에 따른 종합계획 및 제9조에 따른 사업계획에 따른 공여구역주변지역 등 사업범위 안에서 2025. 12. 31.까지 창업하거나 사업장을 신설(*)하는 기업이 그 구역 안의 사업장에서 하는 사업 ④ 지역개발사업구역과 지역활성화지역에서 지역개발 및 지원에 관한 법 제19조에 따라 지정된 사업시행자가 하는 지역개발사업과 낙후지역 내에서 주한미군 공여구역주변지역 등 지원특별법 제10조 제1항에 따른 사업시행자가 하는 같은 조 제2항에 따른 사업 ⑤ 여수세계박람회 해양박람회특구에 2025. 12. 31.까지 창업하거나 사업장을 신설(*)하는 기업이 그 구역 안의	사업연도에 있어서는 50% (다만, ②, ④, ⑥, ⑦의 경우는 25%) 감면	

종 류	감면대상	감면비율	비 고
기업도시개발구역 창업기업 등에 대한 법인세 감면 (조특법 제121조의 17)	사업장에서 하는 사업 ⑥ 여수세계박람회 사업시행자가 박람회 사후활용에 관하여 시행하는 사업 ⑦ 새만금사업 추진 및 지원에 관한 특별법 제8조 제1항에 따라 지정된 사업시행자가 하는 새만금사업 ⑧ 새만금투자진흥지구에 2025년 12월 31일까지 창업하거나 사업장을 신설(*)하는 기업이 해당 구역 안의 사업장에서 하는 사업 ⑨ 평화경제특별구역의 지정 및 운영에 관한 법률 제8조에 따라 지정되는 평화경제특구에 2025년 12월 31일까지 창업하거나 사업장을 신설(*)하는 기업이 해당구역 안의 사업장에서 하는 사업 ⑩ 평화경제특별구역의 지정 및 운영에 관한 법률 제15조에 따라 지정되는 개발사업시행자가 시행하는 평화경제특구개발사업 (*) 기존사업장을 이전하는 경우는 제외		
아시아문화중심도시 투자진흥지구 입주기업 등에 대한 법인세 등의 감면 (조특법 제121조의 20)	아시아문화중심도시 조성에 관한 특별법 제16조에 따른 투자진흥지구에 2025. 12. 31.까지 입주하는 기업이 그 지구에서 사업을 하기 위한 투자로서 법 소정의 기준에 해당하는 투자	해당 감면대상사업에서 최초로 소득이 발생한 사업연도의 개시일부터 3년 이내에 종료하는 사업연도에 있어서는 법인세 100%, 그 다음 2년 이내에 종료하는 사업연도에 있어서는 50% 감면	• 중복지원의 배제 • 최저한세의 적용 (단, 100% 감면 사업연도 제외) • 구분경리

종 류	감면대상	감면비율	비 고
금융중심지 창업기업 등에 대한 법인세 등의 감면 (조특법 제121조의 21)	금융중심지(수도권과밀억제권역 안의 금융중심지는 제외)에 2025. 12. 31.까지 창업하거나 사업장을 신설(기존 사업장을 이전하는 경우는 제외)하여 해당 구역 안의 사업장에서 일정 기준을 충족하는 금융 및 보험업을 영위하는 경우	해당 감면대상사업에서 최초로 소득이 발생한 사업연도의 개시일부터 3년 이내에 종료하는 사업연도에 있어서는 법인세 100%, 그 다음 2년 이내에 종료하는 사업연도에 있어서는 50% 감면	• 중복지원의 배제 • 최저한세의 적용 (단, 100% 감면 사업연도 제외) • 구분경리
첨단의료복합단지 및 국가식품클러스터 입주기업에 대한 법인세 등의 감면 (조특법 제121조의 22)	① 첨단의료복합단지에 2025. 12. 31.까지 입주한 기업이 첨단의료복합단지에 위치한 감면대상사업장에서 보건의료기술사업 등 법 소정의 감면대상사업을 하는 경우 ② 국가식품클러스터에 2025. 12. 31. 까지 입주한 기업이 국가식품클러스터에 위치한 감면대상사업장에서 식품산업 등 법 소정의 감면대상사업을 하는 경우	해당 감면대상사업에서 최초로 소득이 발생한 사업연도의 개시일부터 3년 이내에 끝나는 사업연도의 법인세의 100%, 그 다음 2년 이내에 끝나는 사업연도의 법인세의 50% 감면	• 중복지원의 배제 • 최저한세의 적용 (단, 100% 감면 사업연도 제외) • 구분경리
기회발전특구의 창업기업 등에 대한 법인세 등의 감면 (조특법 제121조의 33)	기회발전특구에 2026년 12월 31일까지 감면대상사업으로 창업하거나 사업장을 신설(기존 사업장을 이전하는 경우 제외, 기회발전특구로 지정된 기간에 창업하거나 사업장을 신설하는 경우로 한정)하는 경우	감면대상사업에서 최초로 소득이 발생한 사업연도의 개시일부터 5년 이내에 끝나는 사업연도의 법인세 100%, 그 다음 2년 이내에 끝나는 사업연도의 법인세 50% 감면	• 중복지원의 배제 • 최저한세의 적용 (단, 100% 감면 사업연도 제외)

♠ 조정명세서 작성 사례 1

㈜용산의 2025 사업연도(2025. 1. 1.~12. 31.)의 다음 자료에 의하여 재해손실세액공제액 및 공제감면세액계산서(1)을 작성하시오. 다만, 법인세율은 2억 원 이하는 9%, 2억 원 초과 200억 원 이하 분은 19%로 가정한다.

1. 과세표준 50,000,000

2. 건물(장부가액) 500,000,000
3. 화재로 인한 건물손실액 300,000,000
4. 재해발생일 현재 미납부 법인세는 없으며, 가산세 및 법인세법 외의 법률에 의한 공제 · 감면 세액은 없는 것으로 가정한다.

[작성 해설]

1. 산출세액 50,000,000 × 9% = 4,500,000
2. 재해손실세액공제 $4{,}500{,}000 \times \dfrac{300{,}000{,}000}{500{,}000{,}000} = 2{,}700{,}000$

[별지 제8호 서식 부표 1] (2013. 2. 23. 신설)

사 업 연 도	2025. 1. 1. ~ 2025. 12. 31.	공제감면세액계산서(1)	법인명	(주)용산
			사업자등록번호	

① 구 분	② 계산기준	③ 계산명세	④ 공제감면세액
1) 공공차관도입에 따른 법인세감면 (「조세특례제한법」 제20조 제2항)	산출세액 × 감면소득 / 과세표준금액		
2) 재해손실세액공제 (「법인세법」 제58조)	미납부 또는 납부할 세액 × 상실된 사업용 자산가액 / 사업용 자산총액	4,500,000 × 300,000,000 / 500,000,000	2,700,000
3)			
계			2,700,000

⑤

1) 재해내용		4) 미납부 또는 납부할 세액 명세	구분	법 인 세
2) 재해발생일	2025. 7. 12.			
3) 공제신청일	2026. 3. 31.		세액	4,500,000

♠ 조정명세서 작성 사례 2

다음 자료에 의하여 수도권에서 제조업을 하고 있는 삼일주식회사(소기업)의 중소기업에 대한 특별세액 감면액을 계산하시오. 다만, 법인세율은 2억 원 이하는 9%, 2억 원 초과 200억 원 이하 분은 19%로, 최저한세율은 중소기업은 7%, 일반법인은 17%(과세표준 100억 원 초과 1천억 원 이하 부분은 12%, 과세표준 100억 원 이하 부분은 10%)로 가정한다.

1. 사업연도: 2025. 1. 1.~12. 31.
2. 감면대상소득(제조업): 110,000,000원
3. 법인세 과세표준: 200,000,000원
4. 중간예납세액 및 원천납부세액은 없다.

직전 사업연도 대비 해당 사업연도의 상시근로자 수는 감소하지 않았다.

[작성 해설]

1. 법인세 산출세액

   200,000,000원 × 9% = 18,000,000원

2. 법인세 감면세액

$$산출세액 \times \frac{감면대상소득(제조업)}{과세표준} \times 20\%$$

$$18{,}000{,}000 \times \frac{110{,}000{,}000}{200{,}000{,}000} \times 20\% = 1{,}980{,}000원(감면한도:\ 100{,}000{,}000원)$$

3. 최저한세

   ① 감면 후의 세액

   16,020,000원(= 18,000,000원 - 1,980,000원)

   ② 최저한세

   200,000,000원 × 7% = 14,000,000원

   ③ 감면 후의 세액(①)이 위 최저한세(②)의 금액보다 크므로, 법인세 감면을 전액 받을 수 있다.

[작성 내용]

1. 개　요

   ① 본 서식은 조세특례제한법상의 감면세액을 계산하기 위한 서식임.

   ② 통상적으로 법인세에 대한 면제 · 감면세액을 계산하는 경우에는 다음의 산식에 의해 계산함.

$$법인세\ 산출세액 \times \frac{면제 \cdot 감면소득}{과세표준금액} \times 감면율(면제율)$$

2. 기재요령

④란의 최저한세 적용감면 배제금액 합계(※표시란)는 최저한세 조정계산서[별지 제4호 서식] 상의 ④란 중 ⑫감면세액 란의 금액을 옮겨 적고, 이에 따라 각 구분별 ④최저한세적용감면배제금액을 조정하여 옮겨 적는다.

[별지 제8호 서식 부표 2] (2021. 3. 16. 개정)

사 업 연 도	2025. 1. 1. ~ 2025. 12. 31.	공제감면세액계산서(2)	법 인 명	(주)삼일
			사업자등록번호	

① 구 분		근거법 조 항	② 계산명세	③ 감면대상 세액	④ 최저한세 적용감면 배제금액	⑤ 감면세액 (③-④)	⑥ 적용사유 발생일
조세특례제한법	중소기업에 대한 특별세액감면	조특법 제7조	18,000,000 × 110,000,000 / 200,000,000 × 20%	1,980,000	–	1,980,000	2025 사업연도
합 계				1,980,000	※	1,980,000	

♠ 조정명세서 작성 사례 3

다음 자료에 의하여 2025. 1. 1.~12. 31. 사업연도의 세액공제 조정명세서(3)을 작성하시오.

1. 중소기업으로서 2025. 5. 중 외국에서 부품을 수입 후 조립하여 제조한 기계장치가액 120,000,000원, 기계장치에 대한 직전 3년 평균투자금액은 20,000,000원, 중소기업의 통합투자세액공제 임시투자 기본공제율 12%, 추가공제율 10%로 가정
2. 연구 및 인력개발비 세액공제
   당기발생액 160,000,000원, 직전 사업연도 발생액 110,000,000원
   당기분 방식 공제율 25%, 증가분 방식 공제율 50%
   다만, 직전 사업연도 일반연구·인력개발비 발생액이 직전 4년간 연평균 발생액보다 크다고 가정
3. 최저한세 적용으로 인한 감면배제분 10,000,000원

[작성 해설]

1. 당기 공제대상 세액란은 각 사업연도별로 발생한 세액공제액을 발생연차별로 기입하여 세액공제의 순서적용에 이용한다.
2. 세액공제액 계산
   (1) 통합투자세액공제 : ① + ② = 24,400,000
      ① 기본공제 금액 : 120,000,000 × 12% = 14,400,000
      ② 추가공제 금액 : (120,000,000 - 20,000,000) × 10% = 10,000,000
         (추가공제 금액이 기본공제의 2배를 초과하지 않으므로 한도 미적용)

(2) 일반연구 및 인력개발비 세액공제액 = Max[①, ②] = 40,000,000

① 160,000,000 × 25% = 40,000,000　　② (160,000,000 - 110,000,000) × 50% = 25,000,000

3. 최저한세 적용에 따른 미공제액 10,000,000원은 통합투자세액공제에서 배제한다.
4. 최저한세 적용에 따른 미공제세액은 최저한세 조정계산서상의 세액공제액을 옮겨 적는다.

[별지 제8호 서식 부표 3] (2025. 7. 4. 개정)

사업연도	2025. 1. 1. ~ 2025. 12. 31.	세액공제조정명세서(3)	법인명	㈜ 삼일
			사업자등록번호	

1. 공제세액계산(「조세특례제한법」)

	⑩ 구분	근거 법조항	⑫ 계산기준	코드	⑬ 계산 명세	⑭ 공제 대상 세액
조세특례제한법	중소기업 등 투자세액공제	구 제5조	투자금액 × 1(2,3,5,10)/100	131		
	상생결제 지급금액에 대한 세액공제	제7조의 4	지급기한 15일 이내: 지급 금액의 0.5% 지급기한 15일 ~ 30일: 지급 금액의 0.3% 지급기한 30일 ~ 60일: 지급 금액의 0.015%	14Z		
	대·중소기업 상생협력을 위한 기금출연 세액공제	제8조의 3 제1항	출연금 × 10/100	14M		
	협력중소기업에 대한 유형고정자산 무상임대 세액공제	제8조의 3 제2항	장부가액 × 3/100	18D		
	수탁기업에 설치하는 시설에 대한 세액공제	제8조의 3 제3항	투자금액 × 1(3,7)/100	18L		
	교육기관에 무상 기증하는 중고자산에 대한 세액공제	제8조의 3 제4항	기증자산 시가 × 10/100	18R		
	신성장·원천기술 연구개발비세액공제(최저한세 적용제외)	제10조 제1항 제1호	(일반 연구·인력개발비) '14.1.1.~'14.12.31.: 발생액 × 3~4(8,10,15,20,25,30)/100 또는 2년간 연평균 발생액의 초과액 × 40(50)/100 '15.1.1. 이후: 발생액 × 2~3(8,10,15,20;25,30)/100 또는 직전 발생액의 초과액 × 40(50)/100 '17.1.1. 이후: 발생액 × 1~3(8,10,15,20,25,30)/100 또는 직전 발생액의 초과액 × 30(40,50)/100 '18. 1. 1. 이후: 발생액 × 0~2(8,10,15,20,25,30)/100 또는 직전 발생액의 초과액 × 25(40,50)/100 (신성장·원천기술 연구개발비) '17. 1. 1. 이후: 발생액 × 20(30)/100 (국가전략기술 연구개발비) '21. 7. 1. 이후: 발생액 ×30(40)/100	16A		
	국가전략기술 연구개발비세액공제(최저한세 적용제외)	제10조 제1항 제2호		10D		
	일반 연구·인력개발비세액공제(최저한세 적용제외)	제10조 제1항 제3호		16B	160,000,000 × 25% 또는 50,000,000 × 50%	40,000,000
	신성장·원천기술 연구개발비세액공제(최저한세 적용대상)	제10조 제1항 제1호		13L		
	국가전략기술 연구개발비세액공제(최저한세 적용대상)	제10조 제1항 제2호		10E		
	일반 연구·인력개발비세액공제(최저한세 적용대상)	제10조 제1항 제3호		13M		
	기술취득에 대한 세액공제	제12조 제2항	특허권 등 취득금액 × 5(10)/100 *법인세의 10% 한도	176		
	기술혁신형 합병에 대한 세액공제	제12조의 3	기술가치금액 × 10/100	14T		
	기술혁신형 주식취득에 대한 세액공제	제12조의 4	기술가치금액 × 10/100	14U		
	벤처기업등 출자에 대한 세액공제	제13조의 2	주식등 취득가액 × 5/100	18E		
	성과공유 중소기업 경영성과급 세액공제	제19조	'22.1.1. 이전 지급분: 근로자에 지급하는 경영성과급 × 10/100 '22.1.1. 이후 지급분: 근로자에 지급하는 경영성과급× 15/100	18H		
	연구·인력개발설비투자세액공제	구 제25조 제1항 제1호	'14.1.1.~'15.12.31. 투자분: 투자금액 × 3(5,10)/100 '16.1.1. 이후 투자분: 투자금액 × 1(3,6)/100 '19.1.1. 이후 투자분: 투자금액 × 1(3,7)/100	134		
	에너지절약시설투자세액공제	구 제25조 제1항 제2호	'14.1.1.~'15.12.31. 투자분: 투자금액 × 3(5,10)/100 ('16.1.1. 현재 투자진행 중인 경우 '16.12.31.까지 종전율 적용) '16.1.1. 이후 투자개시분: 투자금액 × 1(3,10)/100 '19.1.1. 이후 투자분: 투자금액 × 1(3,7)/100	177		
	환경보전시설 투자세액공제	구 제25조 제1항제3호	투자금액 × 3(5,10)/100 '19.1.1. 이후 투자분: 투자금액 × 3(5,10)/100	14A		
	근로자복지증진시설투자세액공제	구 제25조 제1항제4호	투자금액 × 7(10)/100 '19.1.1. 이후 취득분: 취득금액 × 3(5,10)/100	142		
	안전시설투자세액공제	구 제25조 제1항제5호	'13.1.1.~'14.12.31. 투자분: 투자금액 × 3(7)/100 '15.1.1. 이후 투자분: 투자금액 × 1(3,7)/100 '19.1.1. 이후 투자분: 투자금액 × 1(5,10)/100	136		
	생산성향상시설투자세액공제	구 제25조 제1항제6호	'13.1.1.~'14.12.31. 투자분: 투자금액 × 3(7)/100 '15.1.1. 이후 투자분: 투자금액 × 1(3,7)/100 '20.1.1.~'20.12.31. 투자분: 투자금액 × 2(5,10))/100 '21.1.1.~'21.12.31. 투자분: 투자금액 × 1(5,10))/100 '21.1.1.~이후. 투자분: 투자금액 × 1(3,7))/100	135		
	의약품 품질관리시설투자세액공제	구 제25조의 4	'14.1.1.~'16.12.31. 투자분: 투자금액 × 3(5,7)/100 '17.1.1. 이후 투자분: 투자금액 × 1(3,6)/100	14B		
	신성장기술 사업화를 위한 시설투자 세액공제	구 제25조의 5	투자금액 × 5(7,10)/100	18B		
	영상콘텐츠 제작비용에 대한 세액공제(기본공제)	제25조의 6	제작비용 × 5(10,15)/100	18C		
	영상콘텐츠 제작비용에 대한 세액공제(추가공제)	제25조의 6	제작비용 × 10(15)/100	1B8		
	초연결 네트워크 시설투자에 대한 세액공제	구 제25조의7	투자금액 × 2(3)/100	18I		
	고용창출투자세액공제	제26조	'12.1.1.~12.31.: 투자금액 × {기본공제(3~4%)+추가공제(2~3%)} '13.1.1.~12.31.: 투자금액 × {기본공제(2~4%)+추가공제(3%)} '14.1.1. 이후: 투자금액 × {기본공제(1~4%)+추가공제(3%)} (한도: 상시근로자 증가분 × 1,000만원, 1,500만원, 2,000만원) '15.1.1. 이후: 투자금액 × {기본공제(0~3%)+추가공제(3~7%)} '17.1.1. 이후: (한도 : 상시근로자 증가분 × 1,000(1,500)만원, 1,500(2,000)만원, 2,000(2,500)만원)	14N		
	산업수요맞춤형고등학교등 졸업자를 병역이행 후 복직시킨 중소기업에 대한 세액공제	제29조의 2	복직자에게 지급한 인건비 × 중소30(중견15)/100	14S		
	경력단절 여성 고용 기업 등에 대한 세액공제	제29조의 3 제1항	경력단절 여성 재고용 인건비 × 중소30(중견15)/100	14X		
	육아휴직 후 고용유지 기업에 대한 인건비 세액공제	제29조의 3 제2항	육아휴직 복귀자 인건비 × 중소30(중견15)/100	18J		
	근로소득을 증대시킨 기업에 대한 세액공제	제29조의 4	평균 초과 임금증가분 × 5(중견10, 중소20)/100 정규직 전환 근로자의 임금 증가분 × 5(10,20)/100	14Y		
	청년고용을 증대시킨 기업에 대한 세액공제	제29조의 5	청년정규직근로자 증가인원수 × 3백만원(7백만원, 1천만원)	18A		
	고용을 증대시킨 기업에 대한 세액공제	제29조의 7	직전연도 대비 상시근로자 증가수 × 4백만원(1천2백만원) '21.12.31~'22.12.31.: 직전연도 대비 상시근로자 증가수 × 5백만원(1천3백만원)	18F		
	통합고용세액공제	제29조의 8	직전연도 대비 상시근로자 증가수 × 4백만원(1천4백5십만원)	18S		
	통합고용세액공제(정규직전환)	제29조의 8		1B4		
	통합고용세액공제(육아휴직복귀)	제29조의 8		1B5		
	정규직 근로자 전환 세액공제	제30조의 2	전환인원수 × 중소1천만원(중견7백만원)	14H		
	고용유지중소기업에 대한 세액공제	제30조의 3	연간 임금감소 총액× 10/100 + 시간당 임금상승에 따른 보전액 × 15/100	18K		
	중소기업 고용증가 인원에 대한 사회보험료 세액공제	제30조의 4 제1항	청년(만15~29세)근로자 등 순증인원의 사회보험료(증가분의 100%) 청년 및 경력단절 여성 외 근로자 순증인원의 사회보험료 (증가분의 50%,75%)	14Q		

210㎜×297㎜[백상지 80g/㎡ 또는 중질지 80g/㎡]

(101) 구분	근거 법조항	(102) 계산기준	코드	(103) 계산 명세	(104) 공제 대상 세액
중소기업 사회보험 신규가입에 대한 사회보험료 세액공제	제30조의 4 제3항	'20. 12. 31.까지 사회보험 신규가입에 따 른 사용자 부담액× 50%	18G		
전자신고에 대한 세액공제(법인)	제104조의 8 제1항	법인세 전자신고시 2만원	184		
전자신고에 대한 세액공제(세무법인 등)	제104조의 8 제3항	법인세 · 소득세 전자신고 대리건수 × 2만원 *한도: 연300만원(세무 · 회계법인 연750만원) 한도액계산시 부가가치세 대리신고에 따른 세액공제액 포함	14J		
제3자 물류비용 세액공제	제104조의 14	(전년대비 위탁물류비용 증가액)×3/100(중소기업은 5/100) * 직전 위탁물류비 30% 미만: (당기 위탁물류비 – 당기 전체물류비 × 30%) ×3/100(중소기업은 5/100) * 법인세 10% 한도	14E		
대학 맞춤형 교육비용 세액공제	구 제104조의 18 제1항	법 제10조 연구 · 인력개발비세액공제 준용 *수도권 소재대학의 발생액은 50%만 인정	14I		
대학등 기부설비에 대한 세액공제	구 제104조의 18 제2항	법 제11조 연구 · 인력개발설비투자세액공제 준용 *수도권 소재대학의 기부금액은 50%만 인정	14K		
기업의 운동경비부 설치운영 세액공제	제104조의22	설치운영비용 × 10(20)/100	140		
산업수요맞춤형 고등학교 등 재학생에 대한 현장 훈련수당 등 세액공제	구 제104조의 18 제4항	일반 연구 · 인력개발비 세액공제 준용	14R		
석유제품 전자상거래에 대한 세액공제	제104조의 25	'13. 1. 1. ~ 12. 31.: 공급가액의 0.5%(산출세액의 10% 한도) '14. 1. 1. ~ '16. 12. 31.: 공급가액의 0.3%(산출세액의 10% 한도) '17. 1. 1. ~ '19. 12. 31.: 공급자는 공급가액의0.1%,수요자0.2%, (산출세액의 10% 한도) '20.1.1.~'22.12.31.: 수요자만 공급가액의 0.2%(산출세액의 10% 한도)	14P		
금 현물시장에서 거래되는 금지금에 대한 과세 특례	제126조의 7 제8항	산출세액×[(금 현물시장 이용금액 – 직전 과세연도의 금 현물시장 이용금액)/매출액] 또는 산출세액×[(금 현물시장 이용금액×5/100)/매출액]	14V		
금사업자와 스크랩등사업자의 수입금액증가등 세액공제	제122조의 4	산출세액×[(매입자납부익금및손금합계금액 – 직전 과세연도의 매입자납부익금및손금합계금액)×50/100]/익금및손금합계금액 또는 산출세액×[(매입자납부익금및손금합계금액×5/100]/익금및손금합계금액 *한도: 해당 과세연도 산출세액–직전 과세연도 산출세액	14W		
성실신고 확인비용에 대한 세액공제	제126조의 6	확인비용 × 60/100 (150만원 한도)	10A		
우수 선화주 인증받은 국제물류주선업자에 대한 세액공제	제104조의 30	운송비용의 1% + 직전과세연도 대비 증가분의 3%(산출세액의 10%한도)	18M		
용역제공자에 관한 과세자료의 제출에 대한 세액공제	제104조의 32	과세자료에 기재된 용역제공자 인원수×300원(200만원 한도)	10C		
이스포츠대회 운영에 대한 과세특례	제104조의 35	이스포츠대회 운영비용 × 10/100	1F1		
소재 · 부품 · 장비 수요기업 공동출자세액공제	제13조의 3 제1항	주식 또는 출자지분 취득가액 5%	18N		
소재 · 부품 · 장비 외국법인 인수세액 공제	제13조의 3 제3항	주식 또는 출자지분 취득가액 5% (중견7%, 중소10%)	18P		
상가임대료를 인하한 임대사업자에 대한 세액공제	제96조의 3	임대료 인하액의 70%	10B		
문화산업전문회사 출자에 대한 세액공제	제25조의 7	출자금액 중 영상콘텐츠제작비용의 3%	1R7		
선결제 금액에 대한 세액공제	제99조의12	선결제금액 × 1%	18Q		
통합투자세액공제(일반)	제24조	기본공제: 투자금액 × 1(중견5/7.5, 중소10)/100, 신성장 · 원천기술 투자금액 × 3(중견6/9,중소12)/100 국가전략기술 투자금액 × 15(중견15/20,중소25)/100 국가전략기술반도체 투자금액 × 20(중견20/25,중소30)/100 * 국가전략기술반도체 투자금액: ' 25. 1. 1. 이후 투자분부터 적용 추가공제: 직전 3년 연평균 투자금액 초과액 × 10/100(기본공제 200% 한도) 임시 투자 세액공제 기본공제: 투자금액 × 1(중견7, 중소12)/100, 신성장사업화시설 투자금액 × 3(중견8,중소14)/100 국가전략기술 투자금액 × 15(중견15/20,중소25)/100 국가전략기술반도체 투자금액 × 20(중견20/25,중소30)/100 * 국가전략기술반도체 투자금액: ' 25. 1. 1. 이후 투자분부터 적용 추가공제: 직전 3년 연평균 투자금액 초과액 × 10/100(기본공제 200% 한도)	13W		
임시통합투자세액공제(일반)			1B1	120,000,000 × 12% + 100,000,000 × 10%	24,400,000
통합투자세액공제(신성장 · 원천기술)			13X		
임시통합투자세액공제(신성장 · 원천기술)			1B2		
통합투자세액공제(국가전략기술)			13Y		
임시통합투자세액공제(국가전략기술)			1B3		
통합투자세액공제(반도체분야 국가전략기술)			13Z		
임시통합투자세액공제(반도체분야 국가전략기술)			1B9		
해외자원개발투자에 대한 과세특례	제104조의15	투자금액×3%	1B6		
합계			1A1		64,400,000

2. 당기공제세액 및 이월액계산

(105) 구분	(106) 사업연도	공제 대상 세액 (107) 당기분	공제 대상 세액 (108) 이월분	당기 공제 대상 세액 (109) 당기분	(110) 1차 연도 / (115) 6차 연도	(111) 2차 연도 / (116) 7차 연도	(112) 3차 연도 / (117) 8차 연도	(113) 4차 연도 / (118) 9차 연도	(114) 5차 연도 / (119) 10차 연도	(120) 계	(121) 최저한세 적용에 따른 미공제액	(122) 그 밖의 사유로 인한 미공제액	(123) 공제세액 ((120)-(121)-(122))	(124) 소멸	(125) 이월액 ((107)+(108)-(123)-(124))
16B	2025	40,000,000		40,000,000						40,000,000			40,000,000		
	소계	40,000,000		40,000,000						40,000,000			40,000,000		
1B1	2025	24,400,000		24,400,000						24,400,000	10,000,000		14,400,000		10,000,000
	소계	24,400,000		24,400,000						24,400,000	10,000,000		14,400,000		10,000,000
합계		64,400,000		64,400,000						64,400,000	※10,000,000		54,400,000		10,000,000

작성방법

1. (105) 구분란: 제1쪽의 1. 공제세액계산(「조세특례제한법」)의 코드란에 적혀 있는 코드를 적습니다.
2. (106) 사업연도란: 이월된 공제 대상 세액이 발생한 사업연도와 종료월을 적습니다.
3. (107) 당기분란: (104) 공제 대상 세액란에 적힌 금액을 적습니다.
4. (108) 이월분란: (101) 구분별, 사업연도별로 직전 사업연도의 (125) 이월액을 적습니다.
5. (109) 당기분란: 당기분 세액을 적습니다.
6. (110) 1차 연도란부터 (119) 10차 연도란까지: (106) 사업연도란에 적힌 사업연도부터의 경과 연차에 해당하는 란에 (108) 이월분란에 적힌 금액을 적습니다.
7. (121) 최저한세 적용에 따른 미공제액란: 「조세특례제한법」 제144조제2항에 규정된 순서에 따라 각 란에 조정하여 적고, 합계란(※표란)에는 "최저한세조정계산서(별지 제4호서식)"의 (124) 세액공제란의 ④ 조정감란에 적힌 금액을 옮겨 적습니다.
8. 근거 법조항란 중 "구"는 2020년 12월 29일 법률 제17759호로 개정되기 전의 「조세특례제한법」을 말합니다.

210mm×297mm[백상지 80g/㎡ 또는 중질지 80g/㎡]

♠ 조정명세서 작성 사례 4

다음 자료에 의하여 2025 사업연도(2025. 1. 1.~12. 31.)의 공제감면세액계산서(5)를 작성하시오. 다만, 법인세율은 2억 원 이하는 9%, 2억 원 초과 200억 원 이하 분은 19%로 가정한다.

- 과세표준: 475,000,000원
- 국외원천소득총액: 373,000,000원(동 금액은 전액 미국의 자회사로부터 받은 배당금수익이고, 차감되는 감면국외원천소득금액은 없으며, 외국자회사 수입배당금 익금불산입(법인세법 제18조의 4)의 적용대상이 아님)
- 외국법인세액: 111,900,000원

[작성해설]

1. 산출세액: 18,000,000 + 275,000,000 × 19% = 70,250,000
2. 외국납부세액공제액

$$70{,}250{,}000 \times \frac{373{,}000{,}000}{475{,}000{,}000} = 55{,}164{,}736$$

3. 이월공제금액: 111,900,000 - 55,164,736 = 56,735,264

[별지 제8호 서식 부표 5] (2021. 3. 16. 개정) (3쪽 중 제1쪽)

사 업 연 도	2025. 1. 1. ~ 2025. 12. 31.	공제감면세액계산서(5)	법 인 명	(주) 삼일
			사업자등록번호	

1. 외국납부세액공제 적용방법 (선택한 방법의 [ ] 에 √표 합니다.)

[√] 예

[ ] 아니오

2. 국가별 세액공제 총괄명세 ('1. 외국납부세액공제 적용'에서 '예'를 선택한 경우만 작성)

(단위 : 원)

① 연번	②국가명	③국가 코드	당기 공제대상 세액		⑥국가별 공제 한도	⑦당기 실제 세액공제액	⑧이월배제액	⑨차기이월액
			④전기 이월액	⑤당기 외국납부세액 발생액				
1	미국	U S	-	111,900,000	55,164,736	55,164,736		56,735,264
2								
3								
4								
5								
6								
7								
8								
9								
10								
합 계			-	111,900,000		55,164,736		56,735,264

3. 손금산입 명세 ('1. 외국납부세액공제 적용'에서 '아니오'를 선택한 경우만 작성)

(단위 : 원)

구 분	금 액
⑩ 매출원가 계상	
⑪ 판매비와 일반관리비에 계상	
⑫ 제조원가에 계상	
⑬ 그 밖의 계정과목에 계상	
⑭ 세무조정에 의한 손금산입	
합계(⑩+⑪+⑫+⑬+⑭)	

첨부서류	외국납부세액의 증빙서류, 감면근거(발생국가 관련법령, 조문) 등

210mm×297mm[백상지 80g/㎡ 또는 중질지 80g/㎡]

♠ 조정명세서 작성 사례 5

전술한 조정명세서 작성 사례(1~4)에 다른 금액을 기초로 '공제감면세액 및 추가납부세액합계표[별지 제8호 서식(갑)]'를 작성하시오.

[작성 내용]

본 서식은 각 사업연도 소득에 대한 법인세 공제감면세액을 집계하는 서식으로, 타서식과의 관계를 도시하면 다음과 같다.

① 공제감면세액계산서(1) - 재해손실세액공제 등
② 공제감면세액계산서(2) - 조세특례제한법상의 세액감면
③ 세액공제조정계산서(3) - 조세특례제한법상의 세액공제
④ 공제감면세액계산서(5) - 외국납부세액공제

⇩

[공제감면세액 및 추가납부세액합계표(갑)]

⇩

[법인세 과세표준 및 세액조정계산서]

[별지 제8호 서식(갑)] (2025. 7. 4. 개정) (5쪽 중 제1쪽)

사업연도	2025.1.1. ~ 2025.12.31.	공제감면세액 및 추가납부세액합계표(갑)	법인명	㈜ 삼일
			사업자등록번호	

1. 최저한세 적용제외 공제감면세액

	① 구분	② 근거 법조항	코드	③ 대상세액	④ 감면(공제)세액
세액감면	(101) 창업중소기업에 대한 세액감면(최저한세 적용제외)	「조세특례제한법」제6조 제7항 외	110		
	(102) 해외자원개발투자배당 감면	「조세특례제한법」 제22조	103		
	(103) 수도권과밀억제권역 밖으로 이전하는 중소기업 세액감면 (수도권 밖으로 이전)	구 「조세특례제한법」 제63조	169		
	(104) 공장의 수도권 밖 이전에 대한 세액감면	「조세특례제한법」 제63조	108		
	(105) 본사의 수도권 밖 이전에 대한 세액감면	「조세특례제한법」 제63조의 2	109		
	(106) 영농조합법인 감면	「조세특례제한법」 제66조	104		
	(107) 영어조합법인 감면	「조세특례제한법」 제67조	107		
	(108) 농업회사법인 감면(농업소득)	「조세특례제한법」 제68조	11B		
	(109) 행정중심복합도시 등 공장이전에 대한 조세감면	「조세특례제한법」 제85조의 2 제3항 (2019. 12. 31. 법률 제16835호로 개정되기 전의 것)	11A		
	(110) 위기지역 내 창업기업 세액감면(최저한세 적용제외)	「조세특례제한법」 제99조의 9	11N		
	(111) 해외진출기업의 국내복귀에 대한 세액감면(철수방식)	「조세특례제한법」 제104조의 24 제1항 제1호	11F		
	(112) 해외진출기업의 국내복귀에 대한 세액감면(유지방식)	「조세특례제한법」 제104조의 24 제1항 제2호	11H		
	(113) 고도기술수반사업 외국인투자 세액감면	「조세특례제한법」 제121조의 2 제1항 제1호	186		
	(114) 외국인투자지역내 외국인투자 세액감면	「조세특례제한법」 제121조의 2 제1항 제2호 또는 제2호의 5	187		
	(115) 경제자유구역내 외국인투자 세액감면	「조세특례제한법」 제121조의 2 제1항 제2호의 2	188		
	(116) 경제자유구역 개발사업시행자 세액감면	「조세특례제한법」 제121조의 2 제1항 제2호의 3	157		
	(117) 제주투자진흥기구의 개발사업시행자 세액감면	「조세특례제한법」 제121조의 2 제1항 제2호의 4	158		
	(118) 기업도시 개발구역내 외국인투자 세액감면	「조세특례제한법」 제121조의 2 제1항 제2호의 6	159		
	(119) 기업도시 개발사업의 시행자 세액감면	「조세특례제한법」 제121조의 2 제1항 제2호의 7	160		
	(120) 새만금사업지역내 외국인투자 세액감면	「조세특례제한법」 제121조의 2 제1항 제2호의 8	11J		
	(121) 새만금사업 시행자 세액감면	「조세특례제한법」 제121조의 2 제1항 제2호의 9	11K		
	(122) 기타 외국인투자유치를 위한 조세감면	「조세특례제한법」 제121조의 2 제1항 제3호	167		
	(123) 외국인투자기업의 증자의 조세감면	「조세특례제한법」 제121조의 4	172		
	(124) 기술도입대가에 대한 조세면제(국내지점 등)	법률 제9921호 조세특례제한법 일부개정법률 부칙 제77조	173		
	(125) 제주첨단과학기술단지 입주기업 조세감면(최저한세 적용제외)	「조세특례제한법」 제121조의 8	181		
	(126) 제주투자진흥지구등 입주기업 조세감면(최저한세 적용제외)	「조세특례제한법」 제121조의 9	182		
	(127) 기업도시개발구역 창업·사업장신설기업에 대한 세액감면(최저한세 적용제외)	「조세특례제한법」 제121조의 17 제1항 제1호	197		
	(128) 기업도시개발사업 시행자에 대한 세액감면	「조세특례제한법」 제121조의 17 제1항 제2호	198		
	(129) 지역개발사업구역 또는 지역활성화지역 창업·사업장신설기업에 대한 세액감면(최저한세 적용제외)	「조세특례제한법」 제121조의 17 제1항 제3호	1D2		
	(130) 지역개발사업구역, 지역활성화지역 또는 낙후지역 사업시행자에 대한 감면	「조세특례제한법」 제121조의 17 제1항 제4호	1D3		
	(131) 해양박람회특구 창업·사업장신설기업에 대한 감면(최저한세 적용제외)	「조세특례제한법」 제121조의 17 제1항 제5호	1D4		
	(132) 해양박람회특구 박람회 사후활용 사업시행자에 대한 감면	「조세특례제한법」 제121조의 17 제1항 제6호	1D5		
	(133) 새만금투자진흥지구 사업시행자에 대한 감면	「조세특례제한법」 제121조의 17 제1항 제7호	1D7		
	(134) 새만금투자진흥지구 창업·사업장신설기업에 대한 감면(최저한세 적용제외)	「조세특례제한법」 제121조의 17 제1항 제8호	1D6		
	(135) 평화경제특구 창업·사업장신설기업에 대한 감면(최저한세 적용제외)	「조세특례제한법」 제121조의 17 제1항 제9호	1D8		
	(136) 평화경제특구 개발사업시행자에 대한 감면	「조세특례제한법」 제121조의 17 제1항 제10호	1D9		
	(137) 아시아문화중심도시 투자진흥지구 입주기업 감면(최저한세 적용제외)	「조세특례제한법」 제121조의 20 제1항	11C		
	(138) 금융중심지 창업기업에 대한 감면(최저한세 적용제외)	「조세특례제한법」 제121조의 21 제1항	11G		
	(139) 동업기업 세액감면 배분액(최저한세 적용제외)	「조세특례제한법」 제100조의 18 제4항	11D		
	(140) 사회적기업에 대한 감면	「조세특례제한법」 제85조의 6	11L		
	(141) 장애인 표준사업장에 대한 감면	「조세특례제한법」 제85조의 6	11M		
	(142) 첨단의료복합단지 입주기업에 대한 감면(최저한세 적용제외)	「조세특례제한법」 제121조의 22 제1항 1호	17A		
	(143) 국가식품클러스터 입주기업에 대한 감면(최저한세 적용제외)	「조세특례제한법」 제121조의 22 제1항 2호	17B		
	(144) 연구개발특구 입주기업에 대한 감면(최저한세 적용제외)	「조세특례제한법」 제12조의 2	17C		
	(145) 감염병 피해에 따른 특별재난지역의 중소기업에 대한 감면	「조세특례제한법」 제99조의 11	17D		
	(146) 기회발전특구 창업기업 등에 대한 법인세 등의 감면(최저한세 적용제외)	「조세특례제한법」 제121조의 33	1D1		
	(147) 소계		170		
세액공제	(148) 외국납부세액공제	「법인세법」 제57조 및 제57조의 2	101	55,164,736	55,164,736
	(149) 재해손실세액공제	「법인세법」 제58조	102	2,700,000	2,700,000
	(150) 신성장·원천기술 연구개발비세액공제(최저한세 적용제외)	「조세특례제한법」 제10조 제1항 제1호	16A		
	(151) 국가전략기술 연구개발비세액공제(최저한세 적용제외)	「조세특례제한법」 제10조 제1항 제2호	10D		
	(152) 일반 연구·인력개발비세액공제(최저한세 적용제외)	「조세특례제한법」 제10조 제1항 제3호	16B	40,000,000	40,000,000
	(153) 동업기업 세액공제 배분액(최저한세 적용제외)	「조세특례제한법」 제100조의 18 제4항	12D		
	(154) 성실신고 확인비용에 대한 세액공제	「조세특례제한법」 제126조의 6	10A		
	(155) 상가임대료를 인하한 임대사업자에 대한 세액공제	「조세특례제한법」 제96조의 3	10B		
	(156) 용역제공자에 관한 과세자료의 제출에 대한 세액공제	「조세특례제한법」 제104조의 32	10C		
	(157) 소계		180	97,864,736	97,864,736
(158) 합계((147) + (157))			110	97,864,736	97,864,736

(5쪽 중 제3쪽)

2. 최저한세 적용대상 공제감면세액

	① 구분	② 근거 법조항	코드	③ 대상세액	④ 감면(공제)세액
세액감면	⑲ 창업중소기업에 대한 세액감면(최저한세 적용대상)	「조세특례제한법」 제6조 제1항·제5항·제6항	111		
	⑳ 창업벤처중소기업 세액감면	「조세특례제한법」 제6조 제2항	174		
	⑯ 에너지신기술 중소기업 세액감면	「조세특례제한법」 제6조 제4항	13E		
	⑯ 중소기업에 대한 특별세액감면	「조세특례제한법」 제7조	112	1,980,000	1,980,000
	⑯ 연구개발특구 입주기업에 대한 세액감면(최저한세 적용대상)	「조세특례제한법」 제12조의 2	179		
	⑯ 국제금융거래이자소득 면제	「조세특례제한법」 제21조	123		
	⑯ 사업전환 중소기업에 대한 세액감면	구 「조세특례제한법」 제33조의 2	192		
	⑯ 무역조정지원기업의 사업전환 세액감면	구 「조세특례제한법」 제33조의 2	13A		
	⑯ 기업구조조정 전문회사 주식양도차익 세액감면	법률 제9272호 조세특례제한법 일부개정법률 부칙 제10조·제40조	13B		
	⑯ 혁신도시 이전 등 공공기관 세액감면	「조세특례제한법」 제62조 제4항	13F		
	⑯ 공장의 지방이전에 대한 세액감면(중소기업의 수도권 인구감소지역 안으로 이전)	「조세특례제한법」 제63조	116		
	⑰ 농공단지입주기업 등 감면	「조세특례제한법」 제64조	117		
	⑰ 농업회사법인 감면(농업소득 외의 소득)	「조세특례제한법」 제68조	119		
	⑰ 소형주택 임대사업자에 대한 세액감면	「조세특례제한법」 제96조	13I		
	⑰ 상가건물 장기임대사업자에 대한 세액감면	「조세특례제한법」 제96조의 2	13N		
	⑰ 산림개발소득 감면	「조세특례제한법」 제102조	124		
	⑰ 동업기업 세액감면 배분액(최저한세 적용대상)	「조세특례제한법」 제100조의 18 제4항	13D		
	⑰ 첨단의료복합단지 입주기업에 대한 감면(최저한세 적용대상)	「조세특례제한법」 제121조의 22 제1항 제1호	13H		
	⑰ 기술이전에 대한 세액감면	「조세특례제한법」 제12조 제1항	13J		
	⑰ 기술대여에 대한 세액감면	「조세특례제한법」 제12조 제3항	13K		
	⑰ 제주첨단과학기술단지 입주기업 감면(최저한세 적용대상)	「조세특례제한법」 제121조의 8	13P		
	⑱ 제주투자진흥지구등 입주기업 감면(최저한세 적용대상)	「조세특례제한법」 제121조의 9	13Q		
	⑱ 기업도시개발구역 창업·사업장신설기업에 대한 감면(최저한세 적용대상)	「조세특례제한법」 제121조의 17 제1항 제1호	13R		
	⑱ 지역개발사업구역 또는 지역활성화지역 창업·사업장신설기업에 대한 감면(최저한세 적용대상)	「조세특례제한법」 제121조의 17 제1항 제3호	1E1		
	⑱ 해양박람회특구 창업·사업장신설기업에 대한 감면(최저한세 적용대상)	「조세특례제한법」 제121조의 17 제1항 제5호	1E2		
	⑱ 새만금투자진흥지구 창업·사업장신설기업에 대한 감면(최저한세 적용대상)	「조세특례제한법」 제121조의 17 제1항 제8호	1E3		
	⑱ 평화경제특구 창업·사업장신설기업에 대한 감면(최저한세 적용대상)	「조세특례제한법」 제121조의 17 제1항 제9호	1E4		
	⑱ 위기지역 내 창업기업 세액감면(최저한세 적용대상)	「조세특례제한법」 제99조의 9	13S		
	⑱ 아시아문화중심도시 투자진흥지구 입주기업 감면(최저한세 적용대상)	「조세특례제한법」 제121조의 20 제1항	13T		
	⑱ 금융중심지 창업기업에 대한 감면(최저한세 적용대상)	「조세특례제한법」 제121조의 21 제1항	13U		
	⑱ 국가식품클러스터 입주기업에 대한 감면(최저한세 적용대상)	「조세특례제한법」 제121조의 22 제1항 제2호	13V		
	⑲ 기회발전특구 창업기업 등에 대한 법인세 등의 감면(최저한세 적용대상)	「조세특례제한법」 제121조의 33	1C1		
	⑲ 소계		130	1,980,000	1,980,000

(5쪽 중 제4쪽)

① 구분		② 근거 법조항	코드	⑤ 전기 이월액	⑥ 당기발생액	⑦ 공제세액
세액공제	⑲② 중소기업 등 투자세액공제	구 「조세특례제한법」 제5조	131			
	⑲③ 상생결제 지급금액에 대한 세액공제	「조세특례제한법」 제7조의 4	14Z			
	⑲④ 대·중소기업 상생협력을 위한 기금출연 세액공제	「조세특례제한법」 제8조의 3 제1항	14M			
	⑲⑤ 협력중소기업에 대한 유형고정자산 무상임대 세액공제	「조세특례제한법」 제8조의 3 제2항	18D			
	⑲⑥ 수탁기업에 설치하는 시설에 대한 세액공제	「조세특례제한법」 제8조의 3 제3항	18L			
	⑲⑦ 교육기관에 무상 기증하는 중고자산에 대한 세액공제	「조세특례제한법」 제8조의 3 제4항	18R			
	⑲⑧ 신성장·원천기술 연구개발비세액공제(최저한세 적용대상)	「조세특례제한법」 제10조 제1항 제1호	13L			
	⑲⑨ 국가전략기술 연구개발비세액공제(최저한세 적용대상)	「조세특례제한법」 제10조 제1항 제2호	10E			
	⑳⓪ 일반 연구·인력개발비세액공제(최저한세 적용대상)	「조세특례제한법」 제10조 제1항 제3호	13M			
	⑳① 기술취득에 대한 세액공제	「조세특례제한법」 제12조 제2항	176			
	⑳② 기술혁신형 합병에 대한 세액공제	「조세특례제한법」 제12조의 3	14T			
	⑳③ 기술혁신형 주식취득에 대한 세액공제	「조세특례제한법」 제12조의 4	14U			
	⑳④ 벤처기업등 출자에 대한 세액공제	「조세특례제한법」 제13조의 2	18E			
	⑳⑤ 성과공유 중소기업 경영성과급 세액공제	「조세특례제한법」 제19조	18H			
	⑳⑥ 연구·인력개발설비투자 세액공제	구 「조세특례제한법」 제25조 제1항 제1호	134			
	⑳⑦ 에너지절약시설투자 세액공제	구 「조세특례제한법」 제25조 제1항 제2호	177			
	⑳⑧ 환경보전시설 투자 세액공제	구 「조세특례제한법」 제25조 제1항 제3호	14A			
	⑳⑨ 근로자복지증진시설투자 세액공제	구 「조세특례제한법」 제25조 제1항 제4호	142			
	㉑⓪ 안전시설투자 세액공제	구 「조세특례제한법」 제25조 제1항 제5호	136			
	㉑① 생산성향상시설투자세액공제	구 「조세특례제한법」 제25조 제1항 제6호	135			
	㉑② 의약품 품질관리시설투자 세액공제	구 「조세특례제한법」 제25조의 4	14B			
	㉑③ 신성장기술 사업화를 위한 시설투자 세액공제	구 「조세특례제한법」 제25조의 5	18B			
	㉑④ 영상콘텐츠 제작비용에 대한 세액공제(기본공제)	「조세특례제한법」 제25조의 6	18C			
	㉑⑤ 영상콘텐츠 제작비용에 대한 세액공제(추가공제)	「조세특례제한법」 제25조의 6	1B8			
	㉑⑥ 초연결 네트워크 시설투자에 대한 세액공제	구 「조세특례제한법」 제25조의 7	18I			
	㉑⑦ 고용창출투자세액공제	「조세특례제한법」 제26조	14N			
	㉑⑧ 산업수요맞춤형고등학교등 졸업자를 병역이행 후 복직시킨 중소기업에 대한 세액공제	「조세특례제한법」 제29조의 2	14S			
	㉑⑨ 경력단절 여성 고용 기업 등에 대한 세액공제	「조세특례제한법」 제29조의 3 제1항	14X			
	㉒⓪ 육아휴직 후 고용유지 기업에 대한 인건비 세액공제	「조세특례제한법」 제29조의 3 제2항	18J			
	㉒① 근로소득을 증대시킨 기업에 대한 세액공제	「조세특례제한법」 제29조의 4	14Y			
	㉒② 청년고용을 증대시킨 기업에 대한 세액공제	「조세특례제한법」 제29조의 5	18A			
	㉒③ 고용을 증대시킨 기업에 대한 세액공제	「조세특례제한법」 제29조의 7	18F			
	㉒④ 통합고용세액공제	「조세특례제한법」 제29조의 8	18S			
	㉒⑤ 통합고용세액공제(정규직 전환)	「조세특례제한법」 제29조의 8	1B4			
	㉒⑥ 통합고용세액공제(육아휴직 복귀)	「조세특례제한법」 제29조의 8	1B5			
	㉒⑦ 정규직근로자 전환 세액공제	「조세특례제한법」 제30조의 2	14H			
	㉒⑧ 고용유지중소기업에 대한 세액공제	「조세특례제한법」 제30조의 3	18K			
	㉒⑨ 중소기업 고용증가 인원에 대한 사회보험료 세액공제	「조세특례제한법」 제30조의 4 제1항	14Q			
	㉓⓪ 중소기업 사회보험 신규가입에 대한 사회보험료 세액공제	「조세특례제한법」 제30조의 4 제3항	18G			
	㉓① 전자신고에 대한 세액공제(납세의무자)	「조세특례제한법」 제104조의 8 제1항	184			
	㉓② 전자신고에 대한 세액공제(세무법인 등)	「조세특례제한법」 제104조의 8 제3항	14J			
	㉓③ 제3자 물류비용 세액공제	「조세특례제한법」 제104조의 14	14E			
	㉓④ 대학 맞춤형 교육비용 등 세액공제	구 「조세특례제한법」 제104조의 18 제1항	14I			
	㉓⑤ 대학등 기부설비에 대한 세액공제	구 「조세특례제한법」 제104조의 18 제2항	14K			
	㉓⑥ 기업의 경기부 설치운영비용 세액공제	「조세특례제한법」 제104조의 22	14O			
	㉓⑦ 동업기업 세액공제 배분액(최저한세 적용대상)	「조세특례제한법」 제100조의 18 제4항	14L			
	㉓⑧ 산업수요맞춤형 고등학교 등 재학생에 대한 현장훈련수당 등 세액공제	구 「조세특례제한법」 제104조의 18 제4항	14R			
	㉓⑨ 석유제품 전자상거래에 대한 세액공제	「조세특례제한법」 제104조의 25	14P			
	㉔⓪ 금 현물시장에서 거래되는 금지금에 대한 과세특례	「조세특례제한법」 제126조의 7 제8항	14V			
	㉔① 금사업자와 스크랩등사업자의 수입금액의 증가 등에 대한 세액공제	「조세특례제한법」 제122조의 4	14W			
	㉔② 우수 선화주 인증 국제물류주선업자 세액공제	「조세특례제한법」 제104조의 30	18M			

구분	항목	근거법조항	코드			
세액공제	(243) 이스포츠대회 운영에 대한 과세특례	「조세특례제한법」 제104조의 35	1F1			
	(244) 소재·부품·장비 수요기업 공동출자 세액공제	「조세특례제한법」 제13조의 3 제1항	18N			
	(245) 소재·부품·장비 외국법인 인수세액 공제	「조세특례제한법」 제13조의 3 제3항	18P			
	(246) 선결제 금액에 대한 세액공제	「조세특례제한법」 제99조의 12	18Q			
	(247) 해외자원개발투자에 대한 과세특례	「조세특례제한법」 제104조의 15	1B6			
	(248) 통합투자세액공제(일반)	「조세특례제한법」 제24조	13W			
	(249) 통합투자세액공제(신성장·원천기술)	「조세특례제한법」 제24조	13X			
	(250) 통합투자세액공제(국가전략기술)	「조세특례제한법」 제24조	13Y			
	(251) 통합투자세액공제(반도체분야 국가전략기술)	「조세특례제한법」제24조	13Z			
	(252) 임시통합투자세액공제(일반)	「조세특례제한법」 제24조	1B1		24,400,000	14,400,000
	(253) 임시통합투자세액공제(신성장 · 원천기술)	「조세특례제한법」 제24조	1B2			
	(254) 임시통합투자세액공제(국가전략기술)	「조세특례제한법」 제24조	1B3			
	(255) 임시통합투자세액공제(반도체분야 국가전략기술)	「조세특례제한법」제24조	1B9			
	(256) 문화산업전문회사 출자에 대한 세액공제	「조세특례제한법」 제25조의 7	1B7			
	(257) 소계		149		24,400,000	14,400,000
(258) 합계((191) + (257))			150		26,380,000	16,380,000
(259) 공제감면세액 총계((158) + (258))			151		124,244,736	114,244,736
(260) 기술도입대가에 대한 조세면제		법률 제9921호 조세특례제한법 일부개정법률 부칙 제77조	183			
(261) 간주·간접 외국 납부세액공제		「법인세법」 제57조 제3항·제4항·제6항	189			
(262) 간접투자회사등 외국 납부세액공제		「법인세법」 제57조의 2	1E5			

작성방법

1. ② 근거 법조항란 중 "구「조세특례제한법」"은 2020년 12월 29일 법률 제17759호로 개정되기 전의「조세특례제한법」을 말합니다.
2. ③ 대상세액란:「법인세법」,「조세특례제한법」 등에 따른 공제감면대상금액이 있는 경우 공제감면세액계산서(별지 제8호서식 부표 1부터 부표 5까지 및 부표 5의 2부터 부표 5의 5까지)에 따라 감면구분별로 적습니다.
3. ④ 감면(공제)세액란 및 ⑦ 공제세액란:「법인세법」,「조세특례제한법」 등에 따른 공제 또는 감면 세액은 공제감면세액계산서(별지 제8호서식 부표 1부터 부표 5까지 및 부표 5의 2부터 부표 5의 7까지)에 따라 계산된 공제세액 중 당기에 공제될 세액의 범위에서「법인세법」 제59조 제1항에 따른 공제순서에 따라 감면 구분별로 적습니다.
4. (148) 외국납부세액공제란: 외국납부세액과 (261) 간주·간접 외국 납부세액공제액 및 (262) 간접투자회사등 외국 납부세액공제액을 합하여 적습니다.
5. 「조세특례제한법」 제10조에 따른 연구·인력개발비세액공제 중 최저한세가 적용되는 공제세액은 (198)란, (199)란 또는 (200)란에 각각 구분하여 적고, 최저한세 적용이 제외되는 공제세액은 (150)란, (151)란 또는 (152)란에 각각 구분하여 적습니다.
6. (198)란, (199)란 또는 (200)란의 ⑤ 전기이월액란:「조세특례제한법」 제144조 제1항에 따라 이월된 미공제 금액 중 해당 과세연도에 공제할 신성장·원천기술 연구개발비, 국가전략기술 연구개발비 또는 일반연구비·인력개발비를 각각 구분하여 적습니다(구 공제감면코드: 132).
7. (260) 기술도입대가에 대한 조세면제란의 ⑦ 공제세액란: 기술도입대가를 지급하는 내국법인이 별지 제8호서식 부표 9 기술도입대가에 대한 조세면제명세서의 ⑧ 면제세액란에 적힌 금액의 합계액을 적습니다. 다만, 기술을 제공하는 자가 국내에 사업장이 있고 해당 기술이 국내사업장에 실질적으로 관련되거나 귀속되는 경우에는 해당 기술을 제공하는 외국법인이 적습니다.
8. 법령의 개정에 따라 종전의 규정 또는 개정규정에 따라 공제 또는 감면받는 경우에는 비어 있는 란 등에 해당 법령의 조문 순서에 따라 별도로 적습니다.

210mm×297mm[백상지 80g/㎡ 또는 중질지 80g/㎡]

24 토지 등 양도소득에 대한 과세특례

1. 의 의

'토지 등 양도소득에 대한 법인세' 과세제도는 부동산 투기의 재발을 방지하고 부동산의 가격 안정을 위하여 법인이 일정한 토지, 건물(건물에 부속된 시설물 및 구축물을 포함), 주택 조합원입주권과 주택 분양권(이하 "토지등"이라 함)을 양도하는 경우 각 사업연도 소득에 대한 법인세 외에 추가로 법인세를 과세하는 제도를 말한다.

구 분	토지 등 양도소득에 대한 법인세
과세대상	주택(부수토지 포함) 및 별장, 비사업용 토지, 주택 조합원입주권 및 주택 분양권
소득금액의 계산	양도가액 - 장부가액(*) 의제취득시기 규정 없음.
적용 세율	• 비사업용 토지 : 10%(미등기 40%) • 주택(부수토지 포함) 및 별장 : 20%(미등기 40%) • 주택 조합원입주권 및 주택 분양권 : 20%

(*) 비영리 내국법인의 1990. 12. 31. 이전 취득자산: Max(장부가액, 1991. 1. 1. 현재 상속세 및 증여세법상 평가액)

2. 납세의무자

모든 법인(내국법인 · 외국법인 및 영리 · 비영리법인)은 토지 등 양도소득에 대한 법인세의 납세의무를 부담한다. 다만, 국가 · 지방자치단체(지방자치단체조합 포함)는 제외한다(법법 제3조 제2항 및 제4조 제1항, 제4항).

3. 과세대상

토지 등 양도소득에 대한 법인세의 과세대상이 되는 자산은 주택(부수토지 포함) 및 별장, 비사업용 토지, 주택 조합원입주권(소법 제88조 제9호) 및 주택 분양권(소법 제88조 제10호)의 3가지 유형으로 구분할 수 있으며, 양도시기별로 과세대상을 살펴보면 다음과 같다(법법 제55조의 2 제1항, 제8항). 한편, 2009년 3월 16일부터 2012년 12월 31일까지의 기간 중에 취득한 주택(부수토지 포함), 별장, 비사업용 토지를 양도하는 경우(법법 부칙(2009. 5. 21.) 제4조)에는 토지 등 양도소득에 대한 법인세의 과세대상에서 제외한다.

구 분	과세대상
2021. 1. 1. 이후	① 일정 주택과 그 부수토지, 일정 별장 ② 일정 비사업용 토지 ③ 주택 조합입주권, 주택 분양권
2013. 1. 1.~ 2020. 12. 31.	① 일정 주택과 그 부수토지, 일정 별장 ② 일정 비사업용 토지(*)

(*) 별장을 비사업용 토지의 범위에 포함하여 규정하고 있었으나, 2014. 12. 23. 법법 제55조의 2 제2항 개정시 별장은 토지가 아닌 건축물에 해당하는 점을 감안하여 비사업용 토지의 범위에서 제외하는 대신 주택과 동일한 호(법법 제55조의 2 제1항 제2호)에서 규정하도록 함.

4. 양도 및 취득시기

토지 등 양도소득의 귀속사업연도와 해당 토지 등의 양도 및 취득시기는 법인세법 시행령 제68조의 '자산의 판매손익 등의 귀속사업연도' 규정을 준용하되, 장기할부조건에 의해 양도하는 토지 등에 대하여는 별도의 규정을 두고 있으며, 이를 요약하면 다음과 같다(법령 제92조의 2 제6항).

① 원칙: 대금청산일

② 대금청산 전에 등기(등록)·인도·사용수익한 경우: 등기(등록)일·인도일·사용수익일 중 빠른 날

③ 장기할부조건 양도의 경우: 상기 ① 및 ②와 동일

5. 과세표준 · 산출세액의 계산

• 과세표준의 계산[주1] = 자산별 양도차익(①) – 자산별 양도차손(②)
① 양도가액 – 양도 당시의 장부가액[주2] = 자산별 양도차익
② 양도가액 – 양도 당시의 장부가액[주2] = △자산별 양도차손

• 산출세액의 계산 = 과세표준 × 세율

주1) 2 이상의 토지 등을 양도하는 경우에 양도한 자산별로 양도소득을 합산한 금액으로 하며, 양도한 자산 중 양도차손이 있는 토지 등의 경우 다음 각 호의 자산의 양도소득에서 순차로 차감하여 토지 등 양도소득을 계산함(법령 제92조의 2 제9항).
가. 양도차손이 발생한 자산과 같은 세율을 적용받는 자산의 양도소득
나. 양도차손이 발생한 자산과 다른 세율을 적용받는 자산의 양도소득

주2) 세무상 장부가액(건물이나 주택의 경우 세무상 취득가액에서 세무상 감가상각누계액 및 평가차액 등을 가감한 금액)을 의미하며(서면2팀-1693, 2005. 10. 21.), 비영리 내국법인이 1990년 12월 31일 이전에 취득한 토지 등은 Max(양도 당시의 장부가액, 1991. 1. 1. 현재 상속세 및 증여세법 제60조와 같은 법 제61조 제1항에 따라 평가한 가액)로 할 수 있음(법법 제55조의 2 제6항).

6. 세 율

하나의 자산이 둘 이상에 해당하는 때에는 그 중 가장 높은 세율을 적용함.

구 분	2014. 1. 1. ~ 2015. 12. 31.		2016. 1. 1. ~ 2020. 12. 31.	2021. 1. 1. ~
	중소기업	중소기업 외		
주택(부수토지 포함) 및 별장	과세제외 (미등기 40%)	10% (미등기 40%)	10% (미등기 40%)	20% (미등기 40%)
비사업용 토지	과세제외 (미등기 40%)	10% (미등기 40%)	10% (미등기 40%)	10% (미등기 40%)
주택 조합원입주권 및 주택 분양권	N/A	N/A	N/A	20%

※ 2009. 3. 16. ~ 2012. 12. 31. 취득한 주택(부수토지 포함) 및 별장, 비사업용 토지를 양도하는 경우 토지 등 양도소득에 대한 법인세를 과세하지 않음(법법 부칙(2009. 5. 21.) 제4조).

7. 비과세

(1) 토지 등 양도소득에 대한 비과세

다음의 어느 하나에 해당하는 토지 등과 법인세법 시행령 제92조의 2 제2항 각 호에 해당하는 주택의 양도소득에 대하여는 토지 등 양도소득에 대한 법인세의 과세규정을 적용하지 아니한다. 다만, 미등기 토지 등의 양도소득에 대하여는 비과세 규정의 적용을 배제한다(법법 제55조의 2 제4항 및 법령 제92조의 2 제4항).

① 파산선고에 의한 토지 등의 처분으로 인하여 발생하는 소득

② 법인이 직접 경작하던 농지로서 소득세법 시행령 제153조 제1항의 규정(단, 동항 제3호 단서의 규정 중 "농지소재지에 거주하면서 경작"은 "경작"으로 봄)에 의한 양도소득세의 비과세 요건을 충족하는 농지의 교환 또는 분합으로 인하여 발생하는 소득(법령 제92조의 2 제3항)

③ 도시개발법 그 밖의 법률에 의한 환지처분으로 지목 또는 지번이 변경되거나 체비지로 충당됨으로써 발생하는 소득(이 경우 환지처분 및 체비지는 소득세법 시행령 제152조의 규정에 의한 것으로 함)

④ 토지 이용상 불합리한 지상 경계를 합리적으로 바꾸기 위해 다음의 요건을 모두 충족하는 토지의 교환으로 발생하는 소득

㉮ 공간정보의 구축 및 관리 등에 관한 법률 등 관계법률에 따라 토지를 분할하여 교환할 것

㉯ 분할된 토지의 전체 면적이 분할 전 토지의 전체 면적의 20%를 초과하지 아니할 것

㉰ 관할 세무서장에게 신청할 것

⑤ 적격분할 · 적격합병 · 적격물적분할 · 적격현물출자 · 조직변경 및 교환(법법 제50조의 요건을 갖춘 것에 한함)으로 인하여 발생하는 소득

⑥ 한국토지주택공사법에 따른 한국토지주택공사가 같은 법에 따른 개발사업으로 조성한 토지 중 주택건설용지로 양도함으로써 발생하는 소득

⑦ 주택을 신축하여 판매(민간임대주택에 관한 특별법 제2조 제2호에 따른 민간건설임대주택 또는 공공주택 특별법 제2조 제1호의 2에 따른 공공건설임대주택을 동법에 따라 분양하거나 다른 임대사업자에게 매각하는 경우를 포함함)하는 법인이 그 주택 및 주택에 부수되는 토지로서 다음의 면적 중 넓은 면적 이내의 토지를 양도함으로써 발생하는 소득

㉮ 주택의 연면적(지하층의 면적, 지상층의 주차용으로 사용되는 면적 및 주택건설기준 등에 관한 규정 제2조 제3호의 규정에 따른 주민공동시설의 면적을 제외함)

㉯ 건물이 정착된 면적에 5배(국토의 계획 및 이용에 관한 법률 제6조의 규정에 따른

도시지역 밖의 토지의 경우에는 10배)를 곱하여 산정한 면적

⑧ 민간임대주택에 관한 특별법 제2조 제7호에 따른 임대사업자로서 장기일반민간임대주택등을 300호 또는 300세대 이상 취득하였거나 취득하려는 자에게 토지를 양도하여 발생하는 소득

⑨ 공공주택 특별법 제2조 제1호의 3에 따른 공공매입임대주택을 건설할 자(같은 법 제4조에 따른 공공주택사업자와 공공매입임대주택을 건설하여 양도하기로 약정을 체결한 자로 한정함)에게 2027년 12월 31일까지 주택 건설을 위한 토지를 양도하여 발생하는 소득

⑩ 그 밖에 공공목적을 위한 양도 등 기획재정부령이 정하는 사유로 인하여 발생하는 소득(단, 현재까지 기획재정부령으로 규정한 소득은 없음)

(2) 미등기 부동산의 비과세 제외

법인이 미등기 토지 등을 양도하는 경우에는 토지 등 양도소득에 대한 법인세의 비과세 규정이 적용되지 아니한다. 여기서 미등기 토지 등이라 함은 토지 등을 취득한 법인이 그 취득에 관한 등기를 하지 아니하고 양도하는 토지 등을 말하되(법법 제55조의 2 제5항), 다음에 해당하는 토지 등은 이를 미등기 토지 등으로 보지 아니한다(법령 제92조의 2 제5항).

① 장기할부 조건으로 취득한 토지 등으로서 그 계약조건에 의하여 양도 당시 그 토지 등의 취득등기가 불가능한 토지 등

② 법률의 규정 또는 법원의 결정에 의해 양도 당시 취득에 관한 등기가 불가능한 토지 등

③ 법인세법 제55조의 2 제4항 제2호의 규정에 의한 농지(토지 등 양도소득에 대한 법인세 비과세대상 농지)

8. 신고·납부

(1) 토지 등 양도소득에 대한 법인세 신고·납부

토지 등 양도소득에 대한 법인세는 각 사업연도 소득에 대한 법인세의 신고·납부시 함께 신고·납부하는 것이므로(법법 제55조의 2 제1항), 각 사업연도의 종료일이 속하는 달의 말일부터 3개월(법인세법 제60조의 2 제1항 본문에 따라 내국법인이 성실신고확인서를 제출하는 경우에는 4개월) 이내에 신고·납부하여야 한다(법법 제60조 제1항, 제64조 제1항).

(2) 비영리내국법인의 자산양도소득에 대한 과세특례

① 사업소득과 자산양도소득이 있는 경우

법인세법 제4조 제3항 제1호의 사업소득(제조업, 건설업, 도매 및 소매업 등 통계법 제22조에 따라 통계청장이 작성 · 고시하는 한국표준산업분류에 따른 사업으로서 법인세법 시행령 제3조 제1항 각 호를 제외한 사업에서 생기는 소득)이 있는 비영리법인은 영리법인의 경우와 같이 자산양도소득에 대해 법인세법의 규정에 의한 법인세(토지 등 양도소득에 대한 법인세 포함)를 신고 · 납부해야 한다.

② 사업소득 없이 자산양도소득만 있는 경우

법인세법 제4조 제3항 제1호에서 규정하는 수익사업을 영위하지 아니하는 비영리내국법인, 즉 사업소득이 없는 비영리법인이 양도소득세 과세대상 주식 또는 출자지분, 토지, 건물, 부동산에 관한 권리 및 기타자산의 양도로 인하여 발생하는 소득(이하 "자산양도소득"이라 한다)이 있는 경우에는 법인세법 제60조 제1항의 규정에 불구하고 과세표준의 신고를 하지 아니할 수 있다(법법 제62조의 2 제1항).

즉, 법인세법 제4조 제3항 제1호의 사업소득이 없는 비영리법인은 자산양도소득에 대하여 1) 법인세법의 규정에 의한 법인세(토지 등 양도소득에 대한 법인세 포함)를 신고 · 납부하는 방법과 2) 소득세법의 규정에 의한 양도소득세 상당액을 법인세(토지등 양도소득에 대한 법인세 포함)로 납부하는 방법 중 하나를 법인이 선택하여 적용받을 수 있다.

후자를 택한 경우, 소득세법 제105조부터 제107조까지의 규정을 준용하여 예정신고 및 자진납부를 하여야 하며, 이 경우 법인세 과세표준을 신고한 것으로 본다. 다만, 소득세법 제104조 제4항에 규정된 가중된 세율이 적용되는 경우에는 토지등 양도소득에 대한 법인세 추가 납부규정이 적용되지 아니한다(법법 제62조의 2 제2항, 제7항 및 제8항).

♠ 조정명세서 작성 사례

㈜삼일은 제15기 사업연도(2025. 1. 1.~2025. 12. 31.) 중 다음과 같은 부동산을 2025년 2월에 모두 양도하였다. 다음의 자료를 토대로 ㈜삼일의 제15기 사업연도의 법인세 신고를 위한 법인세 과세표준 및 세액조정계산서 [별지 제3호 서식] 중 "⑤ 토지 등 양도소득에 대한 법인세 계산"란을 작성하시오.

구 분	주택 A	비사업용 토지	주택 B
양도가액	600,000,000원	2,000,000,000원	1,000,000,000원
취득가액	250,000,000원	1,000,000,000원	600,000,000원
비 고	감가상각누계액: 80,000,000원 시인부족액: 30,000,000원	-	감가상각누계액: 100,000,000원 상각부인액: 40,000,000원

1. 위 부동산은 모두 양도 당시 등기된 부동산이다.
2. 주택 B의 판매수수료는 35,000,000원이 발생하였다.
3. 주택 A의 취득시기는 2011년 1월 1일이며, 비사업용 토지 및 주택 B의 취득시기는 2009년 1월 1일이다.
4. ㈜삼일은 중소기업(법법 제13조 제1항)에 해당하지 아니한다.

[작성 해설]

1. 토지 등 양도소득에 대한 법인세 추가과세 대상 여부 판단

(1) 주택 A

2011년 1월 1일에 취득한 주택 A를 양도한 것이므로 법인세 추가과세 제외대상(*)이다.

(*) 2009년 3월 16일부터 2012년 12월 31일까지 취득한 자산을 양도함으로써 발생하는 소득에 대하여는 토지 등 양도소득에 대한 법인세의 과세대상에서 제외함[법법 부칙(2009. 5. 21.) 제4조].

(2) 비사업용 토지 및 주택 B

2009년 1월 1일에 취득한 비사업용 토지 및 주택 B를 2025년 2월에 양도하였으므로 법인세 추가과세 대상이다.

2. 토지 등 양도소득의 계산

비사업용 토지 및 주택 B의 양도소득은 다음과 같이 비사업용 토지 및 주택 B의 양도소득에서 양도 당시 세무상 장부가액을 차감하여 계산한다.

구 분	비사업용 토지	주택 B
① 양도가액	2,000,000,000원	1,000,000,000원
② 장부가액	1,000,000,000원	540,000,000원(*1)
③ 양도소득(①-②)	1,000,000,000원	460,000,000원(*2)

(*1) 주택 B의 장부가액 = 600,000,000 - (100,000,000 - 40,000,000) = 540,000,000

(*2) 토지 등 양도소득 계산시 판매수수료는 양도차익에서 공제되지 아니함(대법2010두28601, 2013. 5. 23.).

3. 토지등 양도소득에 대한 법인세

비사업용 토지 및 주택 B의 양도소득에 대한 산출세액은 비사업용 토지 및 주택 B의 양도소득에 각각 10% 및 20%의 세율을 곱하여 계산한다.

구 분	비사업용 토지	주택 B	합 계
양도소득	1,000,000,000원	460,000,000원	1,460,000,000원
세 율	10%	20%	
토지등 양도소득에 대한 법인세	100,000,000원	92,000,000원	192,000,000원

[별지 제3호 서식] (2024. 3. 22. 개정)

사업연도	2025. 1. 1. ~ 2025. 12. 31.	법인세 과세표준 및 세액조정계산서	법인명	㈜삼일
			사업자등록번호	

구분		항목	코드	금액
① 각 사업연도 소득계산		(101) 결산서상 당기순손익	01	
	소득조정 금액	(102) 익금산입	02	
		(103) 손금산입	03	
		(104) 차가감소득금액 ((101)+(102)−(103))	04	
		(105) 기부금한도초과액	05	
		(106) 기부금한도초과이월액 손금산입	54	
		(107) 각 사업연도소득금액 ((104)+(105)−(106))	06	
② 과세표준 계산		(108) 각 사업연도소득금액 ((108)=(107))		
		(109) 이월결손금	07	
		(110) 비과세소득	08	
		(111) 소득공제	09	
		(112) 과세표준 ((108)−(109)−(110)−(111))	10	
		(159) 선박표준이익	55	
③ 산출세액 계산		(113) 과세표준((112)+(159))	56	
		(114) 세율	11	
		(115) 산출세액	12	
		(116) 지점유보소득 (「법인세법」 제96조)	13	
		(117) 세율	14	
		(118) 산출세액	15	
		(119) 합계((115)+(118))	16	
④ 납부할 세액 계산		(120) 산출세액((120)=(119))		
		(121) 최저한세 적용대상 공제감면세액	17	
		(122) 차감세액	18	
		(123) 최저한세 적용제외 공제감면세액	19	
		(124) 가산세액	20	
		(125) 가감계((122)−(123)+(124))	21	
	기납부세액 / 기한내납부세액	(126) 중간예납세액	22	
		(127) 수시부과세액	23	
		(128) 원천납부세액	24	
		(129) 간접투자회사등의 외국납부세액	25	
		(130) 소계((126)+(127)+(128)+(129))	26	
	기납부세액	(131) 신고납부전가산세액	27	
		(132) 합계((130)+(131))	28	
		(133) 감면분추가납부세액	29	
		(134) 차감납부할세액 ((125)−(132)+(133))	30	
⑤ 토지등 양도소득에 대한 법인세 계산	양도차익	(135) 등기자산	31	1,460,000,000
		(136) 미등기자산	32	
		(137) 비과세소득	33	
		(138) 과세표준 ((135)+(136)−(137))	34	1,460,000,000
		(139) 세율	35	20%
		(140) 산출세액	36	192,000,000
		(141) 감면세액	37	
		(142) 차감세액((140)−(141))	38	
		(143) 공제세액	39	
		(144) 동업기업 법인세 배분액 (가산세 제외)	58	
		(145) 가산세액 (동업기업 배분액 포함)	40	
		(146) 가감계((142)−(143)+(144)+(145))	41	192,000,000
	기납부세액	(147) 수시부과세액	42	
		(148) ( ) 세액	43	
		(149) 계((147)+(148))	44	
		(150) 차감납부할세액((146)−(149))	45	192,000,000
⑥ 미환류소득법인세		(161) 과세대상 미환류소득	59	
		(162) 세율	60	
		(163) 산출세액	61	
		(164) 가산세액	62	
		(165) 이자상당액	63	
		(166) 납부할세액((163)+(164)+(165))	64	
⑦ 세액계		(151) 차감납부할 세액계 ((134)+(150)+(166))	46	
		(152) 사실과 다른 회계처리 경정 세액공제	57	
		(153) 분납세액계산범위액 ((151)−(124)−(133)−(145)−(152)+(131))	47	
		(154) 분납할세액	48	
		(155) 차감납부세액 ((151)−(152)−(154))	49	

25 투자 · 상생협력 촉진을 위한 과세특례

1. 개 요

투자 · 상생협력 촉진을 위한 과세특례제도는 내국법인이 그 법인의 소득 중 투자, 임금 등으로 환류하지 아니한 소득이 있는 경우 미환류소득에 대한 법인세로 해당 사업연도의 법인세액에 추가하여 납부하는 것을 말한다. 이는 최근 우리경제가 저성장 고착화가 우려되고 기업의 소득과 가계의 소득 간 격차가 확대되고 있어 기업의 소득이 투자, 임금 등을 통해 가계의 소득으로 흘러들어가는 선순환 구조를 유도할 필요성이 대두됨에 따라 미환류소득에 대해 20%의 법인세를 추가로 과세하는 과세제도로서 당초 법인세법에서 기업환류세제란 이름으로 2015년 1월 1일부터 2017년 12월 31일까지 한시적으로 도입되었으나, 2017년 12월 19일 세법개정시 법인세법상 기업환류세제를 일몰종료하고 조세특례제한법으로 이관하면서 투자 · 상생협력 촉진세제라는 이름으로 2022년 12월 31일까지 적용하도록 하다가 2022년 12월 31일 법인세법 개정시 적용대상을 상호출자제한기업집단 소속 내국법인으로 축소하면서 적용기한을 2025년 12월 31일까지(미환류소득에 대해 차기환류적립금을 적립하여 그 다음다음 사업연도로 이월하여 납부할 때에는 2027년 12월 31일)로 연장하였다.

2. 과세대상법인

투자 · 상생협력 촉진을 위한 과세특례는 각 사업연도 종료일 현재 독점규제 및 공정거래에 관한 법률 제31조 제1항에 따른 상호출자제한기업집단에 속하는 내국법인을 적용대상으로 한다(조특법 제100조의 32 제1항).

한편, 연결법인은 각 연결사업연도의 투자 · 상생협력 촉진을 위한 과세특례 규정에 따른 법인세를 연대하여 납부할 의무가 있다(법법 제3조 제3항).

3. 환류대상 기업소득

환류대상 기업소득은 2025년 12월 31일이 속하는 사업연도까지의 각 사업연도소득에 다음의 '(1) 가산항목'의 합계액을 더하고 '(2) 차감항목'의 합계액을 차감하여 산정한 금액(그 수가 음수인 경우에는 영으로 본다)을 말한다(조특법 제100조의 32 제2항 제1호 및 조특령 제100조의 32 제4항).

기업소득	=	각 사업연도소득 (2025년 12월 31일이 속하는 사업연도까지)	+	(1) 가산항목의 합계액	-	(2) 차감항목의 합계액

다만, 법인세법에 따른 연결납세방식을 적용받는 연결법인으로서 각 연결법인의 기업소득 합계액이 3천억 원을 초과하는 경우에는 다음 계산식에 따라 계산한 금액으로 하고, 그 밖의 법인의 경우로서 기업소득이 3천억 원을 초과하는 경우에는 3천억 원으로 한다.

$$3천억\ 원 \times \frac{해당\ 연결법인의\ 기업소득}{각\ 연결법인의\ 기업소득\ 합계액}$$

구 분	내 용
(1) 가산항목	① 국세 또는 지방세의 과오납금의 환급금에 대한 이자 ② 기부금 손금산입 한도 초과로 이월되어 해당 사업연도의 손금에 산입한 금액 ③ 해당 사업연도에 아래 '4'의 '① 투자포함 방법'에 따라 미환류소득 또는 초과환류액을 계산할 때 '투자의 합계액'에 포함된 자산에 대한 감가상각비로서 해당 사업연도에 손금에 산입한 금액
(2) 차감항목	① 해당 사업연도의 법인세액 등으로서 다음의 금액 ㉠ 해당 사업연도의 법인세액 : 법인세 과세표준(법법 제13조)에 법인세율(법법 제55조 제1항)을 적용하여 계산한 금액에서 해당 사업연도의 감면세액과 세액공제액을 차감하고 가산세를 더한 금액(조특칙 제45조의 9 제3항). 이 경우 법인이 직접 납부한 외국법인세액으로서 손금에 산입하지 아니한 세액(법법 제57조)과 간접외국납부세액공제에 따라 익금에 산입한 외국납부세액(법법 제15조 제2항 제2호)을 포함함. ㉡ 법인세 감면액에 대한 농어촌특별세액 ㉢ 법인지방소득세액 : 내국법인의 법인세 과세표준(법법 제13조)에 법인세율(법법 제55조 제1항)을 적용하여 계산한 금액의 10%에 해당하는 금액(조특칙 제45조의 9 제4항) ② 상법 제458조에 따라 해당 사업연도에 의무적으로 적립하는 이익준비금

구 분	내 용
(2) 차감항목	③ 법령에 따라 의무적으로 적립하는 적립금으로서 조세특례제한법 시행규칙 제45조의 9 제4항에서 정하는 금액 ④ 법인세법 제13조 제1항 제1호에 따라 해당 사업연도에 공제할 수 있는 결손금(법인세법 제13조 제1항 각 호 외의 부분 단서의 한도는 적용하지 않으며, 합병법인 등의 경우에는 법인세법 제45조 제1항·제2항과 제46조의 4 제1항에 따른 공제제한 규정은 적용하지 않음) ⑤ 법인세법 제16조 제1항 제5호에 따른 합병시 피합병법인의 주주에 대한 의제배당금액(합병대가 중 주식 등으로 받은 부분만 해당함)으로서 해당 사업연도에 익금에 산입한 금액(법인세법 제18조의 2에 따른 수입배당금의 익금불산입을 적용하기 전의 금액을 말함) ⑥ 법인세법 제16조 제1항 제6호에 따른 분할시 분할법인 등의 주주에 대한 의제배당금액(분할대가 중 주식 등으로 받은 부분만 해당함)으로서 해당 사업연도에 익금에 산입한 금액(법인세법 제18조의 2에 따른 수입배당금의 익금불산입을 적용하기 전의 금액을 말함) ⑦ 법인세법 제24조 제2항에 따라 기부금 손금산입 한도초과로 손금에 산입하지 아니한 금액 ⑧ 법인세법 제44조 제1항에 따른 합병양도손익으로서 해당 사업연도에 익금에 산입한 금액 ⑨ 법인세법 제46조 제1항에 따른 분할양도손익으로서 해당 사업연도에 익금에 산입한 금액 ⑩ 조세특례제한법 제104조의 31 제1항 또는 법인세법 제51조의 2 제1항에 따라 유동화전문회사 등이 배당한 금액 ⑪ 공적자금관리 특별법 제2조 제1호에 따른 공적자금의 상환과 관련하여 지출하는 금액으로서 수협은행 또는 보증보험업 허가를 받은 보험회사가 경영정상화계획 등에 관한 약정에 따라 해당 사업연도의 잉여금처분으로 배당하는 금액(조특칙 제45조의 9 제6항)

4. 미환류소득 및 초과환류액

(1) 개 요

미환류소득 또는 초과환류액은 다음의 어느 하나의 방법에 따라 산정한 금액으로서, 해당금액이 양수인 경우에는 “미환류소득”이라 하고, 음수인 경우에는 음의 부호를 뗀 금액을 “초과환류액”이라 한다(조특법 제100조의 32 제2항 및 조특령 제100조의 32 제5항).

① 투자포함 방법

기업 소득	×	70%(*)	-(	기계장치 등에 대한 투자의 합계액	+	임금 증가금액	+	상생협력을 위하여 지출하는 금액 등	×	300%	)

② 투자제외 방법

기업 소득	×	15%	-(	임금 증가금액	+	상생협력을 위하여 지출하는 금액 등	×	300%))

(*) 2021년 2월 17일 조특령 개정시 투자포함 방법으로 미환류소득 산정 시 기업소득의 비율을 기존 65%에서 70%로 상향 조정하였으며, 2021년 1월 1일 이후 개시하는 사업연도 분부터 적용함.

(2) 기계장치 등에 대한 투자의 합계액

국내사업장에서 사용하기 위하여 새로이 취득하는 사업용 자산[중고품 및 금융리스(조특령 제3조 및 조특칙 제3조의 2) 외의 리스자산은 제외하며, 해운기업에 대한 법인세 과세표준 계산 특례(조특법 제104조의 10)를 적용받는 내국법인의 경우에는 비해운소득(조특법 제104조의 10 제1항 제2호)을 재원으로 취득한 자산으로 한정]으로서 사업용 유형고정자산과 무형자산 및 벤처기업에 대한 신규출자(자본시장과 금융투자업에 관한 법률 제249조의 23에 따른 창업·벤처전문 사모집합투자기구 또는 창투조합등을 통한 출자 포함) 주식에 대한 투자의 합계액을 말하며, 투자가 2개 이상의 사업연도에 걸쳐서 이루어지는 경우에는 그 투자가 이루어지는 사업연도마다 해당 사업연도에 실제 지출한 금액을 기준으로 투자합계액을 계산한다(조특법 제100조의 32 제2항 제1호 가목, 조특령 제100조의 32 제6항, 제7항 및 조특칙 제45조의 9 제7항).

(3) 임금 증가금액

미환류소득을 계산할 때 기업소득에서 공제하는 임금증가액이란 상시근로자**주1)**의 근로소득합계액**주2)**이 직전 사업연도 대비 증가한 금액으로서 다음의 구분에 따른 금액이 있는 경우 그 금액을 합한 금액을 말한다(조특법 제100조의 32 제2항 제1호 나목, 조특령 제100

주1) 상시근로자란 근로기준법에 따라 근로계약을 체결한 근로자를 말하되, 다음의 자는 제외함.
① 조특령 제26조의 4 제2항 제1호 및 제3호부터 제6호까지의 규정 중 어느 하나에 해당하는 자
② 소득세법 제20조 제1항 제1호 및 제2호에 따른 근로소득의 금액이 8천만원 이상인 근로자(다만, 해당 과세연도의 근로제공기간이 1년 미만인 근로자의 경우에는 해당 근로자의 근로소득의 금액을 해당 과세연도 근무제공월수로 나눈 금액에 12를 곱하여 산출한 금액을 기준으로 판단함)

주2) 근로소득의 합계액은 해당 사업연도의 매월 말 기준 상시근로자에게 지급한 소득세법 제20조 제1항 제1호 및 제2호에 따른 근로소득[우리사주조합에 출연하는 자사주의 장부가액 또는 금품(법령 제19조 제16호)은 포함하며, 해당 법인이 손금으로 산입한 금액에 한정함]의 합계액을 말함.

조의 32 제8항~제13항).

① 상시근로자의 해당 사업연도 임금이 증가한 경우

㉠ 해당 사업연도의 상시근로자 수주3)가 직전 사업연도의 상시근로자 수보다 증가하지 아니한 경우: 상시근로자 임금증가금액

㉡ 해당 사업연도의 상시근로자 수주3)가 직전 사업연도의 상시근로자 수보다 증가한 경우: 기존 상시근로자 임금증가금액에 150%를 곱한 금액과 신규 상시근로자 임금증가금액에 200%를 곱한 금액을 합한 금액

② 해당 사업연도에 청년정규직근로자주4) 수가 직전 사업연도의 청년정규직근로자 수보다 증가한 경우: 해당 사업연도의 청년정규직근로자에 대한 임금증가금액

③ 해당 사업연도에 근로기간 및 근로형태 등 조세특례제한법 시행령 제26조의 4 제13항에 따른 정규직 전환 근로자가 있는 경우: 정규직 전환 근로자(청년정규직근로자는 제외)에 대한 임금증가금액

(4) 상생협력을 위하여 지출하는 금액

대 · 중소기업 상생협력 촉진에 관한 법률 제2조 제3호에 따른 상생협력을 위하여 지출하는 다음의 어느 하나에 해당하는 출연금을 출연하는 경우 그 출연금을 말한다. 다만, 해당 금액이 법인세법 시행령 제2조 제8항에 따른 특수관계인을 지원하기 위하여 사용된 경우는 제외한다(조특법 제100조의 32 제2항 제1호 다목 및 조특령 제100조의 32 제14항).

① 조세특례제한법 제8조의 3 제1항 각 호의 어느 하나에 해당하는 출연을 하는 경우 그 출연금

② 협력중소기업(조특법 제8조의 3 제1항 제1호)의 사내근로복지기금에 출연하는 경우 그 출연금

③ 근로복지기본법 제86조의 2에 따른 공동근로복지기금에 출연하는 경우 그 출연금

④ 다음의 구분에 따른 법인이 조세특례제한법 시행규칙 제45조의 9 제12항에 따라 중소기업에 대한 보증 또는 대출지원을 목적으로 출연하는 경우 그 출연금

㉠ 신용보증기금법에 따른 신용보증기금에 출연하는 경우: 금융회사등(같은 법 제2조 제3호)

㉡ 기술보증기금법에 따른 기술보증기금에 출연하는 경우: 금융회사(같은 법 제2조 제3호)

㉢ 지역신용보증재단법에 따른 신용보증재단 및 신용보증재단중앙회에 출연하는 경우:

주3) 상시근로자 수의 계산은 조특령 제26조의 4 제3항을 준용함.

주4) 조특령 제26조의 5 제2항에 따른 정규직 근로자로서 15세 이상 34세(조특령 제27조 제1항 제1호 각 목의 어느 하나에 해당하는 병역을 이행한 사람의 경우에는 6년을 한도로 병역을 이행한 기간을 현재 연령에서 빼고 계산한 연령을 말함) 이하인 사람을 말하며, 청년정규직근로자 수의 계산은 조특령 제26조의 5 제8항 제1호를 준용함.

금융회사등(같은 법 제2조 제4호)

⑤ 그 밖에 상생협력을 위하여 지출하는 금액으로서 기획재정부령으로 정하는 금액

5. 계산방법 신고 및 변경

투자·상생협력촉진 과세특례대상법인은 '투자포함 방법'과 '투자제외 방법' 중 어느 하나의 방법을 선택하여 미환류소득 또는 초과환류액을 각 사업연도의 종료일이 속하는 달의 말일부터 3개월(법인세법 제76조의 17에 따라 연결과세표준과 세액을 신고하는 경우에는 각 연결사업연도의 종료일이 속하는 달의 말일부터 4개월) 이내에 납세지 관할 세무서장에게 신고하여야 하며, 해당 사업연도의 개시일부터 3년(투자제외 방법을 선택하여 신고한 경우 1년)이 되는 날이 속하는 사업연도까지는 그 선택한 방법을 계속 적용하여야 한다. 다만, 그 선택한 방법을 계속 적용하여야 하는 합병법인 또는 사업양수 법인이 해당 사업연도에 합병 또는 사업양수의 대가로 기업소득의 50%를 초과하는 금액을 금전으로 지급하는 경우에는 그 선택한 방법을 변경할 수 있다(조특법 제100조의 32 제2항, 제3항, 조특령 제100조의 32 제15항, 제16항 및 조특칙 제45조의 9 제13항).

한편, 미환류소득의 계산 방법 중 어느 하나의 방법을 선택하지 아니한 내국법인의 경우에는 해당 법인이 최초로 같은 미환류소득에 대한 과세대상 법인에 해당하게 되는 사업연도에 미환류소득이 적게 산정되거나 초과환류액이 많게 산정되는 방법을 선택하여 신고한 것으로 본다(조특법 제100조의 32 제4항, 조특령 제100조의 32 제17항).

6. 차기환류적립금의 적립 및 초과환류액의 이월

(1) 차기환류적립금의 적립 및 사후관리

투자·상생협력촉진 과세특례대상법인(미환류소득을 신고하지 아니한 법인은 제외)은 해당 사업연도 미환류소득의 전부 또는 일부를 다음 2개 사업연도**주5)**의 투자, 임금 등으로 환류하기 위한 금액(이하 "차기환류적립금"이라 함)으로 적립하여 해당 사업연도의 미환류소득에서 차기환류적립금을 공제할 수 있다(조특법 제100조의 32 제5항).

투자·상생협력촉진 과세특례대상 내국법인이 차기환류적립금을 적립한 경우, 다음의 계산식과 같이 해당 사업연도에 초과환류액으로 환류하지 않은 금액(음수인 경우 영으로 봄)

주5) 2021년 12월 28일 조특법 개정시 차기환류적립금의 설정기간이 1년에서 2년으로 확대되었으며, 동 개정규정은 2021년 12월 31일이 속하는 사업연도에 적립한 차기환류적립금부터 적용함.

을 그 다음다음 사업연도의 법인세액에 추가하여 납부하여야 하며, 다음 2개 사업연도에 독점규제 및 공정거래에 관한 법률 제31조 제1항에 따른 상호출자제한기업집단에 속하는 내국법인에 해당하지 아니하는 경우에도 다음의 계산식에 따라 미환류소득에 대한 법인세를 납부하여야 한다(조특법 제100조의 32 제6항, 조특령 제100조의 32 제18항).

(차기환류적립금 - 해당 사업연도의 초과환류액) × 20%

(2) 초과환류액의 이월

해당 사업연도에 초과환류액[상기 (1)의 계산식에 따라 초과환류액으로 차기환류적립금을 공제한 경우에는 그 공제 후 남은 초과환류액을 말함]이 있는 경우에는 그 초과환류액을 그 다음 2개 사업연도까지 이월하여 그 다음 2개 사업연도 동안(2020. 12. 31. 이전에 신고하는 초과환류액은 1개 사업연도까지만 이월 가능) 미환류소득에서 공제할 수 있다(조특법 제100조의 32 제7항).

이 경우 법인세법(2018. 12. 24. 법률 제16008호로 개정되기 전의 것) 제56조 제5항에 따라 직전 사업연도에 적립한 차기환류적립금에서 같은 조 제6항에 따라 초과환류액을 공제한 경우에는 제1호의 금액에서 제2호의 금액을 공제하고 남은 금액을 다음 사업연도로 이월하여 다음 사업연도의 미환류소득에서 공제할 수 있다(조특령 제100조의 32 제19항).

① '4. 미환류소득 및 초과환류액'에 따라 계산한 해당 사업연도의 초과환류액

② 법인세법(2018. 12. 24. 법률 제16008호로 개정되기 전의 것) 제56조 제6항에 따라 차기환류적립금에서 공제한 초과환류액

한편, 직전 사업연도에 법인세법(2017. 12. 19. 법률 제15222호로 개정된 것) 제56조 제7항에 따라 발생한 초과환류액이 있는 경우에는 투자 · 상생협력촉진세제 규정에 따른 미환류소득에서 공제할 수 있다(조특법 제100조의 32 제9항).

7. 미환류소득에 대한 법인세의 신고 · 납부

투자 · 상생협력촉진 과세특례대상 법인은 각 사업연도의 종료일이 속하는 달의 말일부터 3개월(법인세법 제76조의 17에 따라 연결과세표준과 세액을 신고하는 경우에는 각 연결사업연도의 종료일이 속하는 달의 말일부터 4개월) 이내에 법인세 과세표준 신고(법법 제60조 또는 제76조의 17)를 할 때 미환류소득에 대한 법인세 신고서(조특칙 별지 제114호 서식)를 납세지 관할 세무서장에게 제출하여야 하며, 다음의 계산식에 따라 산출한 세액을 미환류소

등에 대한 법인세로 하여 각 사업연도에 대한 법인세액에 추가하여 납부하여야 한다(조특법 제100조의 32 제1항, 제2항, 조특령 제100조의 32 제3항 및 조특칙 제45조의 9 제1항).

(미환류소득 − 차기환류적립금 − 이월된 초과환류액) × 20%

8. 사업용 자산의 처분에 따른 사후관리

(1) 사후관리 사유

투자·상생협력촉진 과세특례대상법인이 '기계장치 등에 대한 투자의 합계액'의 대상이 되는 사업용 자산을 처분하는 등 다음의 사유에 해당하는 경우에는 그 자산에 대한 투자금액의 공제로 인하여 납부하지 아니한 세액에 이자상당액을 가산하여 납부하여야 한다(조특법 제100조의 32 제8항, 조특령 제100조의 32 제20항 및 조특칙 제45조의 9 제14항).

① 사업용 유형고정자산의 투자완료일 또는 무형자산(매입한 자산에 한정함)의 매입일 또는 벤처기업에 대한 신규출자 주식의 취득일부터 2년이 지나기 전에 해당 자산을 양도하거나 대여하는 경우. 다만, 다음의 어느 하나에 해당하는 경우는 제외함.

㉠ 조세특례제한법 시행령 제137조 제1항 각 호의 어느 하나에 해당하는 경우

㉡ 사업용 유형고정자산을 대·중소기업 상생협력 촉진에 관한 법률 제2조 제6호에 따른 수탁기업[특수관계인(법령 제2조 제5항)은 제외함]에 무상양도 또는 무상대여하는 경우

㉢ 천재지변, 화재 등으로 멸실되거나 파손되어 사용이 불가능한 자산을 처분하는 경우

㉣ 한국표준산업분류표상 해당 자산의 임대업이 주된 사업(2 이상의 서로 다른 사업을 영위하는 경우 해당 사업연도의 사업용 유형고정자산의 임대업의 수입금액이 총 수입금액의 50% 이상인 경우를 말함)인 법인이 해당 자산을 대여하는 경우

② 업무용건축물에 해당하지 아니하게 되는 등 조세특례제한법 시행규칙 제45조의 9 제15항 각 호의 어느 하나에 해당하는 경우

(2) 이자 상당액의 납부

투자·상생협력촉진 과세특례대상법인이 상기 '(1) 사후관리 사유'에 해당하는 경우 투자금액의 공제로 인하여 납부하지 아니한 세액에 다음의 계산식에 따른 이자상당액을 가산하여 사유가 발생하는 날이 속하는 사업연도의 과세표준 신고를 할 때(이하 "이자상당액 납부일"이라 함) 납부하여야 한다(조특령 제100조의 32 제21항).

이자상당액	=	투자금액의 공제로 납부하지 아니한 세액	×	이자상당액 가산기간(*1)	×	0.022%(*2)

(*1) 투자금액을 공제받은 사업연도의 법인세 과세표준 신고일의 다음 날부터 이자상당액납부일까지의 기간

(*2) 2022년 2월 14일 이전에 발생한 사유로 2022년 2월 15일 이후 세액을 납부 또는 부과하는 경우 2022년 2월 14일까지의 기간분에 대한 이자율은 종전의 규정(0.025%)에 따름.

9. 관련규정

(1) 사업용 유형고정자산

사업용 유형고정자산이란 기계 및 장치, 공구, 기구 및 비품, 차량 및 운반구, 선박 및 항공기 등과 신축·증축하는 업무용 건축물을 말하는 것으로, 이에 대한 자본적 지출(해당 사업연도 이전에 취득한 자산에 대한 분을 포함)을 포함하되, 소액자산의 손금특례(법령 제31조 제4항) 및 어구 등 단기·소모성 자산의 손금특례(법령 제31조 제6항)에 따라 해당 사업연도에 즉시상각된 분은 제외한다(조특령 제100조의 32 제6항 제1호).

(2) 업무용 건축물

업무용 건축물이란 공장, 영업장, 사무실 등 해당 법인이 업무(법칙 제26조 제2항)에 직접 사용하기 위하여 신축 또는 증축하는 건축물을 말한다. 이 경우 법인이 해당 건축물을 임대하거나 업무의 위탁 등을 통하여 해당 건축물을 실질적으로 사용하지 아니하는 경우에는 업무에 직접 사용하지 아니하는 것으로 보되, 한국표준산업분류표상 부동산업, 건설업 또는 종합소매업을 주된 사업(2 이상의 서로 다른 사업을 영위하는 경우 해당 사업연도의 부동산업, 건설업 또는 종합소매업의 수입금액의 합계액이 총 수입금액의 50% 이상인 경우를 말함)으로 하는 법인이 해당 건축물을 임대하는 경우(종합소매업의 경우에는 영업장을 임대하는 것으로서 임대료를 매출액과 연계하여 수수하는 경우로 한정함)에는 업무에 직접 사용하는 것으로 본다(조특칙 제45조의 9 제8항).

(3) 무형자산

무형자산이란 법인세법 시행령 제24조 제1항 제2호 가목부터 라목까지 및 바목의 무형자산을 말하며, 영업권(합병 또는 분할로 인하여 합병법인 등이 계상한 영업권을 포함함)은 제외한다(조특령 제100조의 32 제6항 제1호 나목).

(4) 벤처기업에 대한 신규출자 주식

벤처기업에 대한 신규출자 주식이란 벤처기업육성에 관한 특별법 제2조 제1항에 따른 벤처기업에 다음의 어느 하나에 해당하는 방법으로 출자(자본시장과 금융투자업에 관한 법률 제249조의 23에 따른 창업 · 벤처전문 사모집합투자기구 또는 벤처투자조합등을 통한 출자 포함)하여 취득한 주식 등을 말한다(조특령 제100조의 32 제6항 제2호).

① 해당 기업의 설립 시에 자본금으로 납입하는 방법

② 해당 기업이 설립된 후 유상증자하는 경우로서 증자대금을 납입하는 방법

(5) 미환류소득 및 초과환류액의 승계

합병 또는 분할에 따라 피합병법인 또는 분할법인이 소멸하는 경우 합병법인 또는 분할신설법인은 다음의 구분에 따라 미환류소득 및 초과환류액(이하 "미환류소득 등"이라 함)을 승계할 수 있다(조특령 제100조의 32 제23항 및 조특칙 제45조의 9 제17항).

① 피합병법인의 미환류소득 등(합병등기일을 사업연도 종료일로 보고 계산한 금액으로서 '임금 증가금액'은 포함하지 아니하고 계산한 금액을 말함)을 합병법인의 해당 사업연도말 미환류소득 등에 합산함.

② 분할법인의 미환류소득 등(분할등기일을 사업연도 종료일로 보고 계산한 금액으로서 '임금 증가금액'은 포함하지 아니하고 계산한 금액을 말함)을 분할되는 각 사업부문의 자기자본(재무상태표상의 자산의 합계액에서부채의 합계액을 공제한 금액)의 비율에 따라 분할신설법인 또는 분할합병의 상대방 법인의 해당 사업연도말 미환류소득 등에 합산함(구 조특령 제100조의 32 제1항).

♠ 조정명세서 작성 사례

㈜삼일의 제13기(2023. 1. 1.~2023. 12. 31.), 제14기(2024. 1. 1.~2024. 12. 31.) 및 제15기(2025. 1. 1.~2025. 12. 31.) 미환류소득에 대한 법인세 계산을 위한 자료이다. 다음의 자료를 이용하여 제13기, 제14기 및 제15기의 미환류소득에 대한 법인세를 계산하고, 미환류소득에 대한 법인세 신고서(조특칙 별지 제114호 서식)를 작성하시오.

1. ㈜삼일은 사업연도 종료일 현재 상호출자제한기업집단에 속하는 내국법인임.
2. ㈜삼일의 제13기, 제14기 및 제15기의 각 사업연도 소득금액 등 기업소득을 계산하기 위한 자료는 다음과 같으며, 이월결손금은 없다.

(단위: 원)

구 분	제13기	제14기	제15기
각 사업연도의 소득금액	710,000,000	830,000,000	830,000,000
국세환급금 이자	10,000,000	40,000,000	30,000,000
기부금 한도초과액	20,000,000	30,000,000	40,000,000

3. ㈜삼일의 제13기, 제14기 및 제15기 환류액의 명세는 다음과 같다.

(단위: 원)

구 분	제13기	제14기	제15기
투자합계액(*1)	395,000,000	400,000,000	380,000,000
임금증가액(*2)	22,000,000	35,000,000	30,000,000
상생협력을 위하여 지출한 금액(*3)	20,000,000	25,000,000	30,000,000

(*1) 모두 기계장치 투자액임.

(*2) 임금증가액의 내역은 다음과 같으며, 상시근로자 수는 증가하지 아니하였고 청년정규직근로자 수는 직전 사업연도보다 증가함.

(단위: 원)

구 분	제13기		제14기		제15기	
	전체	청년정규직 근로자	전체	청년정규직 근로자	전체	청년정규직 근로자
직전 사업연도 근로소득	727,000,000	126,000,000	745,000,000	130,000,000	770,000,000	140,000,000
해당 사업연도 근로소득	745,000,000	130,000,000	770,000,000	140,000,000	790,000,000	150,000,000
임금증가액	18,000,000	4,000,000	25,000,000	10,000,000	20,000,000	10,000,000

(*3) 협력중소기업의 사내근로복지금에 대한 출연금임.

4. 제12기에서 이월된 차기환류적립금 및 초과환류액은 없고, 제13기 및 제14기의 경우 미환류소득에 대한 법인세를 최소화하기 위해 미환류소득을 이월시키는 것으로 가정하되, 제15기는 해당 사업연도의 미환류소득을 이월하지 않고 이월된 차기환류적립금에 대해서도 미환류소득에 대한 법인세를 납부하는 것으로 가정한다.

[작성 해설]

1. 제13기 미환류소득에 대한 법인세의 계산

(1) 기업소득의 계산

각 사업연도의 소득금액+가산항목(국세환급금 이자)-차감항목(기부금 한도초과액)

= 710,000,000원+10,000,000원 - 20,000,000원 = 700,000,000원

(2) 미환류소득 또는 초과환류액의 계산

(단위: 원)

구 분		제13기 미환류소득 또는 초과환류액	
		투자포함 방법(70%)	투자제외 방법(15%)
기업소득		700,000,000	700,000,000
기업소득 × (70% 또는 15%)		490,000,000	105,000,000
환류액	투자합계액	395,000,000	-
	임금증가액(*1)	22,000,000	22,000,000
	상생협력을 위한 지출액(*2)	60,000,000	60,000,000
미환류소득(초과환류액)		13,000,000	23,000,000

(*1) 임금증가액 = 해당 사업연도 임금증가액 + 청년정규직근로자의 임금증가액

= 18,000,000 + 4,000,000 = 22,000,000

(*2) 상생협력을 위한 지출액 = 20,000,000 × 300% = 60,000,000

(3) 미환류소득의 신고

상기의 '투자포함 방법(13,000,000원)'과 '투자제외 방법(23,000,000원)' 중 유리한 방법인 '투자포함 방법'을 선택하여 미환류소득(13,000,000원)을 신고하고, 해당 금액을 모두 차기환류적립금으로 적립하여 이월함.

(4) 미환류소득에 대한 법인세액의 계산

(미환류소득 - 차기환류적립금) × 20% = (13,000,000원 - 13,000,000원) × 20% = 0

2. 제14기 미환류소득에 대한 법인세의 계산

(1) 기업소득의 계산

각 사업연도의 소득금액 + 가산항목(국세환급금 이자) - 차감항목(기부금 한도초과액)

= 790,000,000원 + 40,000,000원 - 30,000,000원 = 800,000,000원

(2) 미환류소득 또는 초과환류액의 계산

(단위: 원)

구 분		제14기 미환류소득 또는 초과환류액
기업소득 × (70%)		560,000,000(=800,000,000×70%)
환류액	투자합계액	400,000,000
	임금증가액(*1)	35,000,000
	상생협력을 위한 지출액(*2)	75,000,000
미환류소득		50,000,000

(*1) 임금증가액 = 해당 사업연도 임금증가액 + 청년 정규직근로자의 임금증가액
= 25,000,000 + 10,000,000 = 35,000,000
(*2) 상생협력을 위한 지출액 = 25,000,000 × 300% = 75,000,000

(3) 미환류소득에 대한 법인세액의 계산
(미환류소득 - 차기환류적립금) × 20% = (50,000,000 - 50,000,000) × 20% = 0원

3. 제15기 미환류소득에 대한 법인세의 계산
(1) 기업소득의 계산
각 사업연도의 소득금액 + 가산항목(국세환급금 이자) - 차감항목(기부금 한도초과액)
= 800,000,000원 + 30,000,000원 - 40,000,000원 = 790,000,000원

(2) 미환류소득 또는 초과환류액의 계산

구 분		제15기 미환류소득 또는 초과환류액
기업소득 × (70%)		553,000,000(= 790,000,000×70%)
환류액	투자합계액	380,000,000
	임금증가액(*1)	30,000,000
	상생협력을 위한 지출액(*2)	90,000,000
미환류소득		53,000,000

(*1) 임금증가액 = 해당사업연도 임금증가액 + 청년정규직근로자의 임금증가액
= 20,000,000 + 10,000,000 = 30,000,000
(*2) 상생협력을 위한 지출액 = 30,000,000 × 300% = 90,000,000

(3) 미환류소득에 대한 법인세액의 계산(① + ② + ③) : 23,200,000원
① 제15기 미환류소득에 대한 법인세액의 계산 : 10,600,000원
(미환류소득 - 차기환류적립금) × 20% = (53,000,000 - 0) × 20% = 10,600,000원
② 제14기 차기환류적립금에 대한 법인세액의 계산 : 10,000,000원
제14기 차기환류적립금 × 20% = 50,000,000 × 20% = 10,000,000원
③ 제13기 차기환류적립금에 대한 법인세액의 계산 : 2,600,000원
제13기 차기환류적립금 × 20% = 13,000,000 × 20% = 2,600,000원

[별지 제114호 서식] (2025. 3. 21. 개정)

(앞쪽)

사 업 연 도	2025. 1. 1. ~ 2025. 12. 31.	미환류소득에 대한 법인세 신고서	법 인 명	(주)삼일
			사업자등록번호	

구분	항목	선택
1. 적용대상	① 자기자본 500억원 초과 법인(중소기업, 비영리법인 등 제외)	일반[ ], 연결[ ]
	② 상호출자제한기업집단 소속기업	일반[○], 연결[ ]
2. 과세방식 선택	③ 투자포함 방식(A방식)	[○]
	④ 투자제외 방식(B방식)	[ ]

3. 미환류소득에 대한 법인세 계산

구분		항목	금액
과세대상 소 득	⑤ 사업연도 소득		800,000,000
	가산항목	⑥ 국세등 환급금 이자	30,000,000
		⑦ 수입배당금 익금불산입액	
		⑧ 기부금 이월 손금산입액	
		⑨ 투자자산 감가상각분(A방식만 적용)	
		⑩ 소계(⑥+⑦+⑧+⑨)	30,000,000
	차감항목	⑪ 법인세액등	
		⑫ 상법상 이익준비금 적립액	
		⑬ 법령상 의무적립금	
		⑭ 이월결손금 공제액	
		⑮ 피합병법인(분할법인)의 주주인 법인의 의제배당소득	
		⑯ 기부금 손금한도 초과액	40,000,000
		⑰ 피합병법인(분할법인)의 양도차익	
		⑱ 유동화전문회사 등이 배당한 금액	
		⑲ 공적자금 상환액	
		⑳ 소계(⑪+⑫+⑬+⑭+⑮+⑯+⑰+⑱+⑲)	40,000,000
	㉑ 기업소득(⑤+⑩-⑳)		790,000,000
	㉒ 연결법인 기업소득 합계액		
	㉓ 과세대상 소득(㉑×70% 또는 15%, ㉒×㉑/㉒×70% 또는 15%)		553,000,000
투자금액	유형자산	㉔ 기계 및 장치 등	380,000,000
		㉕ 업무용 건물 건축비	
		㉖ 벤처기업에 대한 신규출자	
	㉗ 무형자산		
	㉘ 소계(㉔+㉕+㉖+㉗)		
임금증가 금 액	상시근로자 임금 증가 금액 계산	㉙ 해당 사업연도 상시근로자 수	00명
		㉚ 직전 사업연도 상시근로자 수	00명
		㉛ 해당 사업연도 상시근로자 임금지급액	790,000,000
		㉜ 직전 사업연도 상시근로자 임금지급액	770,000,000
		㉝ 해당 사업연도 신규 상시근로자 임금지급평균액	xxx
		㉞ 임금증가 계산금액 [(㉙-㉚) ≤ 0 인 경우 : (㉛-㉜), (㉙-㉚) > 0 인 경우 : {(㉛-㉜)-(㉙-㉚)×㉝}×1.5+(㉙-㉚)×㉝×2]	20,000,000
	청년정규직 임금 증가 금액 계산	㉟ 해당 사업연도 청년정규직근로자 수	00명
		㊱ 직전 사업연도 청년정규직근로자 수	00명
		㊲ 해당 사업연도 청년정규직근로자 임금지급액	150,000,000
		㊳ 직전 사업연도 청년정규직근로자 임금지급액	140,000,000
		㊴ 임금증가 계산금액[(㉟-㊱) > 0 인 경우만 (㊲-㊳)]	10,000,000
	㊵ 정규직 전환 근로자(청년정규직 근로자 제외) 임금증가금액		
	㊶ 소계(㉞+㊴+㊵)		30,000,000
상생협력 지출금액	㊷ 상생협력출연금		
	㊸ 사내근로복지기금 및 공동근로복지기금 출연금		30,000,000
	㊹ 신용보증기금에 대한 출연금 등		
	㊺ 상생협력 지출금액 계산[(㊷+㊸+㊹)×3]		90,000,000

210㎜×297㎜[백상지 80g/㎡ 또는 중질지 80g/㎡]

(뒤쪽)

미환류소득	㊻ A방식(70% 적용)[㉓-(㉘+㊶+㊺)]	53,000,000	㊽ 차기환류적립금	적립	[ ]
	㊼ B방식(15% 적용)[㉓-(㊶+㊺)]			금액	
㊾초과환류액	A방식				
	B방식				

	직전전 사업연도	직전 사업연도	해당 사업연도
㊿ 미환류소득	13,000,000	50,000,000	53,000,000
51 이월된 초과환류액			
52 차기환류적립금	13,000,000	50,000,000	
53 이월된 차기환류적립금			13,000,000 + 50,000,000
54 초과환류액(=㊾)			
55 과세대상 미환류소득 (㊿-51-52+53-54)	0	0	116,000,000

4. 미환류소득에 대한 법인세 납부액 (55×20%)	56 23,200,000

5. 이월결손금 계산서

57 사업연도	58 발생액	감 소 내 역			잔 액		
		59 기차감액	60 당기 차감액	61 보전	62 계 (58-59-60-61)	63 기한 내	64 기한 경과
계							

년 월 일

신고인(법 인) (인)

신고인(대표자) (서명)

세무대리인은 조세전문자격자로서 위 신고서를 성실하고 공정하게 작성하였음을 확인합니다.

세무대리인 (서명 또는 인)

세무서장 귀하

26 최저한세 / 과세표준신고서

Ⅰ. 최저한세

1. 해 설

(1) 개 요

조세특례제한법에서 규정하는 각종 조세감면제도는 과세정책의 목적상 특정요건을 갖춘 납세자에게 직·간접적인 혜택을 주는 제도인 바, 이러한 혜택을 받는 납세자와 그렇지 못한 납세자 간에는 과세형평의 문제가 빌생힐 수 있다. 따라서, 최저한세규정은 감면 전 과세표준의 일정 수준 이상의 조세를 부담하도록 하기 위한 것으로, 아무리 조세정책적 목적하에 각종 감면혜택을 부여한다 하더라도 조세부담의 공평성과 세원확보의 차원에서 어느 정도의 조세는 부담해야 한다는 취지로 도입된 것이다.

(2) 적용대상 및 적용범위

1) 적용대상

① 내국법인(당기순이익과세(조특법 제72조 제1항)를 적용받는 조합법인 등 제외)의 각 사업연도의 소득에 대한 법인세

② 외국법인의 종합과세되는 각 사업연도의 국내원천소득에 대한 법인세

2) 적용범위

최저한세는 전술한 "적용대상 ①, ②"에 대해서만 적용하고 법인세법 제55조의 2에 따른 토지 등 양도소득에 대한 법인세·같은 법 제96조에 따른 외국법인의 국내사업장이 법인세에 추가하여 납부하는 세액(지점세)·조세특례제한법 제100조의 32에 따른 투자·상생협력 촉진을 위한 과세특례를 적용하여 계산한 법인세·가산세·각종 준비금 익금산입 또는 감면세액 추징시의 이자상당가산액 및 감면세액 추징시의 가산액에 대해서는 적용하지 아니한다(조특법 제132조 제1항).

(3) 최저한세 계산구조

최저한세는 다음의 '1)'과 '2)' 중 큰 금액이 된다.

1) 각종 감면 후의 세액: ①~③ 적용 후의 세액

① 소득공제금액·손금산입금액·익금불산입금액 및 비과세금액(조특법 제132조 제1항 제2호)

② 세액공제금액(조특법 제132조 제1항 제3호)

③ 법인세의 면제 및 감면(조특법 제132조 제1항 제4호)

2) 각종 감면 전 과세표준에 대한 법인세액(= 각종 감면 전 과세표준 × 최저한세율)

i) 각종 감면 전 과세표준

각종 감면 전 과세표준이라 함은 소득공제금액·손금산입금액·익금불산입금액 및 비과세금액(조특법 제132조 제1항 제2호)을 적용하지 아니한 경우의 과세표준을 말한다.

ii) 최저한세율

<table>
<tr><th colspan="3">구 분</th><th>최저한세율</th></tr>
<tr><td colspan="3">중소기업</td><td>7%</td></tr>
<tr><td rowspan="5">비중소기업</td><td rowspan="2">최초로 중소기업에 해당하지 아니하게 된 경우주)</td><td>최초로 중소기업에 해당하지 아니하게 된 사업연도 개시일부터 3년 이내에 끝나는 사업연도</td><td>8%</td></tr>
<tr><td>그 다음 2년 이내에 끝나는 사업연도</td><td>9%</td></tr>
<tr><td rowspan="3">그 밖의 기업</td><td>과세표준 100억 원 이하</td><td>10%</td></tr>
<tr><td>과세표준 100억 원 초과 1천억 원 이하</td><td>12%</td></tr>
<tr><td>과세표준 1천억 원 초과</td><td>17%</td></tr>
</table>

주) 다음의 구분에 따른 기간(졸업유예기간)이 지난 경우를 말한다(조특령 제126조 제2항)

① 규모의 확대 등으로 중소기업에 해당하지 아니하게 된 경우(조특령 제2조 제2항 본문)
: 최초 사유발생일이 속하는 사업연도와 그 다음 5개 사업연도(최초 사유발생일이 속하는 사업연도의 종료일부터 5년이 되는 날이 속하는 사업연도의 종료일 현재 해당 기업이 자본시장과 금융투자업에 관한 법률에 따른 유가증권시장 혹은 코스닥시장에 상장되어 있는 경우에는 7개 사업연도)

② 중소기업기본법의 개정으로 중소기업에 해당하지 아니하게 된 경우(조특령 제2조 제5항)
: 해당 사유발생일이 속하는 사업연도와 그 다음 3개 사업연도

3) 최저한세 적용대상 감면 등

① 소득공제금액 · 손금산입금액 · 익금불산입금액 및 비과세금액(조특법 제132조 제1항 제2호)

가. 중소기업 지원설비에 대한 손금산입의 특례(조특법 제8조)

나. 상생협력 중소기업으로부터 받은 수입배당금의 익금불산입(조특법 제8조의 2)

다. 연구개발관련 출연금 등의 과세특례(조특법 제10조의 2)

라. 벤처투자회사 등의 주식양도차익 등의 비과세(조특법 제13조)

마. 창업기업 등에의 출자에 대한 과세특례(조특법 제14조)

바. 서비스업 감가상각비의 손금산입특례(조특법 제28조)

사. 중소 · 중견기업 설비투자자산의 감가상각비 손금산입 특례(조특법 제28조의 2)

아. 설비투자자산의 감가상각비 손금산입 특례(조특법 제28조의 3)

자. 자기관리부동산투자회사의 국민주택 임대소득에 대한 소득공제(조특법 제55조의 2 제4항)

차. 대도시공장의 지방 이전에 따른 공장양도차익의 익금불산입(조특법 제60조 제2항)

카. 법인 본사의 수도권과밀억제권역 밖으로 이전하는 데 따른 본사양도차익의 익금불산입(조특법 제61조 제3항)

타. 공공기관의 혁신도시 및 세종시로 이전에 따른 부동산양도차익의 익금불산입(조특법 제62조 제1항)

파. 공장이전법인의 수도권과밀억제권역 내 공장 양도차익의 익금불산입(조특법 제63조 제4항)

하. 본사이전법인의 수도권과밀억제권역 내 본사 양도차익의 익금불산입(조특법 제63조의 2 제4항)

② 세액공제금액(조특법 제132조 제1항 제3호)

가. 상생결제 지급금액에 대한 세액공제(조특법 제7조의 4)

나. 상생협력을 위한 기금 출연 시 세액공제(조특법 제8조의 3)

다. 연구 · 인력개발비에 대한 세액공제(조특법 제10조)주)

주) 중소기업의 경우는 연구 및 인력개발비에 대한 세액공제 전액에 대하여 최저한세를 적용받지 아니함.

라. 특허권 등 취득에 대한 세액공제(조특법 제12조 제2항)

마. 기술혁신형 합병에 대한 세액공제(조특법 제12조의 3)

바. 기술혁신형 주식취득에 대한 세액공제(조특법 제12조의 4)

사. 내국법인의 벤처기업 등에의 출자에 대한 과세특례(조특법 제13조의 2)

아. 내국법인의 소재 · 부품 · 장비전문기업등에의 출자 · 인수에 대한 과세특례(조특법 제13조의 3)

자. 성과공유 중소기업의 경영성과급에 대한 세액공제(조특법 제19조 제1항)

차. 통합투자세액공제(조특법 제24조)

카. 영상콘텐츠 제작비용에 대한 세액공제(조특법 제25조의 6)

타. 내국법인의 문화산업전문회사에의 출자에 대한 세액공제(조특법 제25조의 7)

파. 고용창출투자세액공제(조특법 제26조)

하. 산업수요맞춤형고등학교등 졸업자를 병역 이행 후 복직시킨 기업에 대한 세액공제(조특법 제29조의 2)

거. 경력단절 여성 고용 기업 등에 대한 세액공제(조특법 제29조의 3)
너. 근로소득을 증대시킨 기업에 대한 세액공제(조특법 제29조의 4)
더. 청년고용을 증대시킨 기업에 대한 세액공제(조특법 제29조의 5)
러. 고용을 증대시킨 기업에 대한 세액공제(조특법 제29조의 7)
머. 통합고용세액공제(조특법 제29조의 8)
버. 고용유지중소기업 등에 대한 과세특례(조특법 제30조의 3)
서. 중소기업 사회보험료 세액공제(조특법 제30조의 4)
어. 중소기업 간의 통합시 세액공제 승계(조특법 제31조 제6항)
저. 법인전환시 세액공제 승계(조특법 제32조 제4항)
처. 선결제 금액에 대한 세액공제(조특법 제99조의 12)
커. 전자신고등에 대한 세액공제(조특법 제104조의 8)
터. 제3자물류비용에 대한 세액공제(조특법 제104조의 14)
퍼. 기업의 운동경기부 등 설치・운영에 대한 과세특례(조특법 제104조의 22)
허. 석유제품 전자상거래에 대한 세액공제(조특법 제104조의 25)
고. 우수 선화주기업 인증을 받은 화주 기업에 대한 세액공제(조특법 제104조의 30)
노. 이스포츠대회 운영에 대한 세액공제(조특법 제104조의 35)
도. 금사업자와 구리 스크랩등사업자의 수입금액의 증가 등에 대한 세액공제(조특법 제122조의 4 제1항)
로. 금 현물시장에서 거래되는 금지금에 대한 세액공제(조특법 제126조의 7 제8항)

③ 법인세의 면제 및 감면(조특법 제132조 제1항 제4호)

가. 창업중소기업 등에 대한 세액감면(조특법 제6조)[주)]

주) 100% 세액을 감면받는 사업연도(조특법 제6조 제1항 또는 제6항)와 고용인원 증가에 따라 추가로 감면받는 부분(조특법 제6조 제7항)은 최저한세를 적용받지 아니함.

나. 중소기업에 대한 특별세액감면(조특법 제7조)
다. 기술이전 및 기술취득 등에 대한 세액감면(조특법 제12조 제1항・제3항)
라. 연구개발특구에 입주하는 첨단기술기업 등에 대한 세액감면(100% 세액을 감면받는 사업연도 제외)(조특법 제12조의 2)
마. 국제금융거래 이자소득 등에 대한 세액면제(조특법 제21조)
바. 중소기업 간의 통합시 세액감면 승계(조특법 제31조 제4항 및 제5항)
사. 법인전환시 세액감면 승계(조특법 제32조 제4항)
아. 공공기관이 혁신도시로 이전하는 경우 세액감면(조특법 제62조 제4항)
자. 수도권 밖으로 공장을 이전하는 기업에 대한 세액감면(수도권 밖으로 이전하는 경우 제외)(조특법 제63조)
차. 농공단지 입주기업 등에 대한 세액감면(조특법 제64조)
카. 농업회사법인에 대한 세액감면(작물재배업에서 발생하는 소득의 경우 제외)(조특법 제68조)
타. 소형주택 임대사업자에 대한 세액감면(조특법 제96조)
파. 상가건물 장기 임대사업자에 대한 세액감면(조특법 제96조의 2)
하. 위기지역 창업기업에 대한 세액감면(100% 세액을 감면받는 사업연도 제외)(조특법 제99조의 9)
거. 제주첨단과학기술단지 입주기업에 대한 세액감면(100% 세액을 감면받는 사업연도 제

외)(조특법 제121조의 8)
너. 제주투자진흥지구 또는 제주자유무역지역 입주기업에 대한 세액감면(100% 세액을 감면받는 사업연도 제외)(조특법 제121조의 9)
더. 기업도시개발구역 등의 창업기업 등에 대한 세액감면(100% 세액을 감면받는 사업연도 제외)(조특법 제121조의 17)
러. 아시아문화중심도시 투자진흥지구 입주기업 등에 대한 세액감면(100% 세액을 감면받는 사업연도 제외)(조특법 제121조의 20)
머. 금융중심지 창업기업 등에 대한 세액감면(100% 세액을 감면받는 사업연도 제외)(조특법 제121조의 21)
버. 첨단의료복합단지 및 국가식품클러스터 입주기업에 대한 세액감면(100% 세액을 감면받는 사업연도 제외)(조특법 제121조의 22)
서. 기회발전특구의 창업기업 등에 대한 세액감면(조특법 제121조의 33)

(4) 다세액공제 및 가산세 등의 가감

최저한세	-	※ 최저한세 적용대상이 아닌 세액공제 등을 예시하면 다음과 같다. • 외국납부세액공제(법법 제57조) • 재해손실세액공제(법법 제58조) • 사실과 다른 회계처리로 인한 경정에 따른 세액공제(법법 제58조의 3) • 중소기업의 연구 및 인력개발비에 대한 세액공제(조특법 제10조) • 공공차관도입에 대한 과세특례(조특법 제20조) • 법인의 공장·본사를 수도권 밖으로 이전시 법인세 등 감면(조특법 제63조 제1항 및 제63조의 2 제1항) • 영농조합법인 및 영어조합법인에 대한 법인세 면제(조특법 제66조 제1항 및 제67조 제1항)	+	• 토지 등 양도소득에 대한 법인세 • 투자 · 상생협력 촉진을 위한 과세특례를 적용하여 계산한 법인세 • 지점세 • 가산세 • 공제감면분 추가납부세액

(5) 조세감면배제 순서

각종 감면 후 세액이 "각종 감면 전 과세표준×최저한세율"의 세액보다 작을 경우에는 조세감면을 배제하여야 하는데, 이 경우 어떤 조세감면을 배제할 것인지의 여부는 다음과 같다. 한편, 내국법인의 각 사업연도의 소득에 대한 법인세로 납부할 세액을 계산함에 있어서 최저한세 적용대상 감면 등과 그 밖의 감면 등이 동시에 적용되는 경우에는 최저한세 적용대상 감면 등을 최저한세의 범위 내에서 먼저 공제하고 그 밖의 감면 등을 나중에 공제한다(조특법 제132조 제3항).

1) 법인세 자진 신고·납부시

납세의무자의 임의 선택에 의한다.

2) 경정시

다음의 순서에 따라 순차로 적용배제하여 추징세액을 계산한다. 다만, 조세특례제한법 제132조 제1항의 동일한 호 안에서는 열거된 조문순서에 따른다(조특령 제126조 제5항).

① 손금산입 및 익금불산입(조특법 제132조 제1항 제2호)

② 세액공제(동일 조문에 의한 감면세액 중 이월된 공제세액이 있는 경우에는 나중에 발생한 것부터 적용배제)(조특법 제132조 제1항 제3호)

③ 세액감면·면제(조특법 제132조 제1항 제4호)

④ 비과세·소득공제(조특법 제132조 제1항 제2호)

(6) 최저한세로 부인된 금액의 사후관리

1) 소득공제·비과세소득·손금산입 및 익금불산입·감면세액 ⇒ 소멸

2) 세액공제

최저한세의 적용으로 공제받지 못한 부분에 상당하는 세액은 해당 사업연도의 다음 사업연도의 개시일부터 10년(*) 이내에 끝나는 각 사업연도에 이월하여 그 이월된 각 사업연도의 법인세에서 이를 공제한다(조특법 제144조 제1항).

(*) 이월공제기간 10년은 2021년 1월 1일 이후 과세표준을 신고하는 경우부터 적용. 단, 2020년 12월 31일 이전에 종전규정(구 조특법 §144 ①, 2020. 12. 29. 개정 전)에 따른 다음의 기간(법률 제16009호 조특법 일부 개정법률 부칙 제52조에 따라 적용받는 이월공제기간 포함)이 지나 이월하여 공제받지 못한 세액은 종전규정 적용

① 중소기업이 설립일부터 5년이 되는 날이 속하는 사업연도까지 공제받지 못하는 경우
  가. 중소기업 등 투자세액공제(구 조특법 §5) : 7년
  나. 연구·인력개발비 세액공제(조특법 §10) : 10년

② 신성장·원천기술 연구개발비 세액공제(조특법 §10 ① 1호). 단, 위 ①의 '나'는 제외 : 10년

③ 그 밖의 경우 : 5년

한편, 전 사업연도에서 공제받지 아니한 이월공제액과 해당 사업연도에 계산된 세액공제액이 중복되는 경우에는 이월공제액을 먼저 공제하고, 이월된 미공제액 간에 중복되는 경우에는 먼저 발생한 것부터 순차로 공제한다(조특법 제144조 제2항).

2. 작성실무

【사 례】

(주)삼일(비상장 외부회계감사대상법인, 중소기업임)의 2025사업연도(2025. 1. 1.~2025. 12. 31.)에 대한 다음 자료에 의하여 해당 사업연도의 법인세를 계산하시오. 단, 법인세율은 2억 원 이하는 9%, 2억 원 초과분은 19%로, 200억 원 초과분은 21%로, 3천억 원 초과분은 24%로, 최저한세율은 7%로 가정한다.

〈차감납부세액의 계산과정〉

구분		금액
① 당기순이익		₩235,000,000
② 익금산입 및 손금불산입		
법인세 등	30,000,000	
퇴직급여충당금 한도초과액	9,000,000	39,000,000
③ 손금산입 및 익금불산입		
연구개빌 관련 출연금 등의 익금불산입	27,000,000	(27,000,000)
④ 각 사업연도 소득금액		247,000,000
⑤ 이월결손금		(10,000,000)
⑥ 과세표준		237,000,000
⑦ 산출세액(200,000,000 × 9% + 37,000,000 × 19%)		25,030,000
⑧ 세액공제		
외국납부세액공제	2,020,000	
연구 및 인력개발비에 대한 세액공제	1,000,000	
통합투자세액공제	11,792,000	(14,812,000)
⑨ 총부담세액		10,218,000
⑩ 가산세		100,000
⑪ 기납부세액		
중간예납세액	2,000,000	
원천납부세액	3,000,000	(5,000,000)
⑫ 차감납부세액		₩5,318,000

【해 설】

(1) 최저한세 = MAX[1), 2)] = 18,480,000

1) 감면후 세액: 25,030,000(⑦) − 11,792,000(*) = 13,238,000

(*) 통합투자세액공제

2) 감면전 과표 × 7%

[237,000,000(⑥) + 27,000,000(*)] × 7% = 18,480,000

(*) 연구개발 관련 출연금 등의 익금불산입

(2) 적용배제하는 조세감면

1) 적용배제금액: 18,480,000 - 13,238,000 = 5,242,000

2) 자진신고·납부시 감면배제순서는 임의선택이 가능한 바, 통합투자세액공제 중 ₩5,242,000을 적용배제함.

(3) 해당 사업연도의 법인세액

최저한세	₩18,480,000
외국납부세액공제	(2,020,000)
연구 및 인력개발비에 대한 세액공제	(1,000,000)
가산세	100,000
기납부세액	(5,000,000)
차가감 계	₩10,560,000

[별지 제4호 서식] (2019. 3. 20. 개정)

사업연도	2025. 1. 1. ~ 2025. 12. 31.	최저한세조정계산서	법인명	(주) 삼일
			사업자등록번호	

1. 최저한세 조정 계산 명세

①구분		코드	②감면 후 세액	③최저한세	④조정감	⑤조정 후 세액
(101) 결산서상 당기순이익		01	235,000,000			
소득조정금액	(102) 익금산입	02	39,000,000			
	(103) 손금산입	03	27,000,000			
(104) 조정 후 소득금액((101)+(102)-(103))		04	247,000,000	247,000,000		247,000,000
최저한세 적용대상 특별비용	(105) 준비금	05				
	(106) 특별상각 및 특례자산 감가상각비	06				
(107) 특별비용 손금산입 전 소득금액 ((104)+(105)+(106))		07	247,000,000	247,000,000		247,000,000
(108) 기부금한도초과액		08				
(109) 기부금 한도초과 이월액 손금산입		09				
(110) 각사업연도소득금액 ((107)+(108)-(109))		10	247,000,000	247,000,000		247,000,000
(111) 이월결손금		11	10,000,000	10,000,000		10,000,000
(112) 비과세소득		12				
(113) 최서한세적용대상 비과세소득		13				
(114) 최저한세적용대상 익금불산입·손금산입		14		27,000,000		
(115) 차가감소득금액 ((110)-(111)-(112)+(113)+(114))		15	237,000,000	264,000,000		237,000,000
(116) 소득공제		16				
(117) 최저한세적용대상 소득공제		17				
(118) 과세표준금액 ((115)-(116)+(117))		18	237,000,000	264,000,000		237,000,000
(119) 선박표준이익		24				
(120) 과세표준금액((118)+(119))		25	237,000,000	264,000,000		237,000,000
(121) 세율		19	9%, 19%	7%		
(122) 산출세액		20	25,030,000	18,480,000		25,030,000
(123) 감면세액		21				
(124) 세액공제		22	11,792,000		5,242,000	6,550,000
(125) 차감세액((122)-(123)-(124))		23	13,238,000			18,480,000

2. 최저한세 세율 적용을 위한 구분 항목

(126) 중소기업 유예기간 종료연월		(127) 유예기간 종료후 연차			

[별지 제3호 서식] (2024. 3. 22. 개정) (앞쪽)

사업연도	2025. 1. 1. ~ 2025. 12. 31.	법인세 과세표준 및 세액조정계산서	법인명	㈜삼일
			사업자등록번호	

구분	항목	코드	금액
① 각 사업연도 소득계산	⑩ 결산서상 당기순손익	01	235 000 000
	소득조정 금액 ⑩ 익금산입	02	39 000 000
	소득조정 금액 ⑩ 손금산입	03	27 000 000
	⑩ 차가감소득금액 (⑩+⑩-⑩)	04	247 000 000
	⑩ 기부금한도초과액	05	
	⑩ 기부금한도초과이월액 손금산입	54	
	⑩ 각 사업연도소득금액 (⑩+⑩-⑩)	06	247 000 000
② 과세표준 계산	⑩ 각 사업연도소득금액 (⑩=⑩)		247 000 000
	⑩ 이월결손금	07	10 000 000
	⑪ 비과세소득	08	
	⑪ 소득공제	09	
	⑪ 과세표준 (⑩-⑩-⑩-⑪)	10	237 000 000
	⑲ 선박표준이익	55	
③ 산출세액 계산	⑬ 과세표준(⑫+⑲)	56	237 000 000
	⑭ 세율	11	
	⑮ 산출세액	12	25 030 000
	⑯ 지점유보소득 (「법인세법」 제96조)	13	
	⑰ 세율	14	
	⑱ 산출세액	15	
	⑲ 합계(⑮+⑱)	16	25 030 000
④ 납부할 세액 계산	⑳ 산출세액(⑳=⑲)		25 030 000
	㉑ 최저한세 적용대상 공제감면세액	17	6 550 000
	㉒ 차감세액	18	18 480 000
	㉓ 최저한세 적용제외 공제감면세액	19	3 020 000
	㉔ 가산세액	20	100 000
	㉕ 가감계(㉒-㉓+㉔)	21	15 560 000
	기납부세액 / 기한내납부세액 ㉖ 중간예납세액	22	2 000 000
	기납부세액 / 기한내납부세액 ㉗ 수시부과세액	23	
	기납부세액 / 기한내납부세액 ㉘ 원천납부세액	24	3 000 000
	기납부세액 / 기한내납부세액 ㉙ 간접투자회사등의 외국납부세액	25	
	기납부세액 / 기한내납부세액 ㉚ 소계 (㉖+㉗+㉘+㉙)	26	5 000 000
	기납부세액 ㉛ 신고납부전가산세액	27	
	기납부세액 ㉜ 합계(㉚+㉛)	28	5 000 000
	㉝ 감면분추가납부세액	29	
	㉞ 차감납부할세액 (㉕-㉜+㉝)	30	10 560 000
⑤ 토지등 양도소득에 대한 법인세 계산	양도차익 ㉟ 등기자산	31	
	양도차익 ㊱ 미등기자산	32	
	㊲ 비과세소득	33	
	㊳ 과세표준 (㉟+㊱-㊲)	34	
	㊴ 세율	35	
	㊵ 산출세액	36	
	㊶ 감면세액	37	
	㊷ 차감세액 (㊵-㊶)	38	
	㊸ 공제세액	39	
	㊹ 동업기업 법인세 배분액 (가산세 제외)	58	
	㊺ 가산세액 (동업기업 배분액 포함)	40	
	㊻ 가감계(㊷-㊸+㊹+㊺)	41	
	기납부세액 ㊼ 수시부과세액	42	
	기납부세액 ㊽ ( )세액	43	
	기납부세액 ㊾ 계 (㊼+㊽)	44	
	㊿ 차감납부할세액(㊻-㊾)	45	
⑥ 미환류소득법인세	(161) 과세대상 미환류소득	59	
	(162) 세율	60	
	(163) 산출세액	61	
	(164) 가산세액	62	
	(165) 이자상당액	63	
	(166) 납부할세액((163)+(164)+(165))	64	
⑦ 세액계	(151) 차감납부할 세액계 (㉞+(150)+(166))	46	10 560 000
	(152) 사실과 다른 회계처리 경정 세액공제	57	
	(153) 분납세액계산범위액 ((151)-㉔-㉝-㊺-(152)+㉛)	47	10 460 000
	(154) 분납할세액	48	460 000
	(155) 차감납부세액 ((151)-(152)-(154))	49	10 100 000

[별지 제1호 서식] (2025. 3. 21.개정)

법인세 과세표준 및 세액신고서

※ 뒤쪽의 신고안내 및 작성방법을 읽고 작성하여 주시기 바랍니다. (앞쪽)

① 사업자등록번호		② 법인등록번호	
③ 법인명	㈜삼일	④ 전화번호	
⑤ 대표자성명		⑥ 전자우편주소	
⑦ 소재지			
⑧ 업태	⑨ 종목		⑩ 주업종코드
⑪ 사업연도	2025. 1. 1. ~ 2025. 12. 31.	⑫수시부과기간	. . . ~ . . .

⑬ 법인 구분		1.(내국) 2.외국 3.외투(비율 %)				⑭조정구분	1.(외부) 2. 자기
⑮ 종류별 구분		중소기업	일반 중견기업	일반 상호출자제한기업	일반 그외기업	당기순이익과세	⑯외부감사대상	1.(해당) 2. 미해당
영리법인	상장법인	11	71	81	91		⑰신고구분	1.(정기신고)
	코스닥상장법인	21	72	82	92			2. 수정신고(가. 서면분석, 나. 기타)
	기타법인	(30)	73	83	93			3. 기한후 신고 / 4. 중도폐업신고
비영리법인		60	74	84	94	50		5. 경정청구
⑱ 법인유형별 구분			코드				⑲ 결산확정일	
⑳ 신고일							㉑ 납부일	
㉒ 신고기한 연장승인		1. 신청일					2. 연장기한	

구분	해당	미해당	구분	해당	미해당
㉓ 주식변동	1	(2)	㉔ 장부전산화	(1)	2
㉕ 사업연도의제	1	(2)	㉖ 결손금소급공제 법인세환급신청	1	(2)
㉗ 감가상각방법(내용연수)신고서 제출	1	(2)	㉘ 재고자산등평가방법신고서 제출	1	(2)
㉙ 기능통화 채택 재무제표 작성	1	(2)	㉚ 과세표준 환산시 적용환율		
㉛ 동업기업의 출자자(동업자)	1	(2)	㉜ 한국채택국제회계기준(K-IFRS)적용	1	(2)
㉝ 기능통화 도입기업의 과세표준 계산방법			㉞ 미환류소득에 대한 법인세 신고	1	(2)
㉟ 성실신고확인서 제출	1	(2)	㊱ 부동산임대업 주업법인	1	(2)

구분	법인세	토지 등 양도소득에 대한 법인세	미환류소득에 대한 법인세	계
㊲ 수입금액	(	)		
㊳ 과세표준	237,000,000			
㊴ 산출세액	25,030,000			25,030,000
㊵ 총부담세액	15,560,000			15,560,000
㊶ 기납부세액	5,000,000			5,000,000
㊷ 차감납부할세액	10,560,000			10,560,000
㊸ 분납할세액				460,000
㊹ 차감납부세액				10,100,000

㊺ 조정반번호		㊼ 조정자	성명	
㊻ 조정자관리번호			사업자등록번호	
			전화번호	

국세환급금 계좌신고	㊽ 예입처	은행 (본)지점
	㊾ 예금종류	예금
	㊿ 계좌번호	

신고인은 「법인세법」 제60조 및 「국세기본법」 제45조·제45조의 2·제45조의 3에 따라 위의 내용을 신고하며, 위 내용을 충분히 검토하였고 **신고인이 알고 있는 사실 그대로를 정확하게 적었음을 확인합니다.**

년 월 일

신고인(법 인) ㈜삼일 (인)

신고인(대표자) (서명 또는 인)

세무대리인은 조세전문자격자로서 위 신고서를 성실하고 공정하게 작성하였음을 확인합니다.

세무대리인 (서명 또는 인)

세무서장 귀하

첨부서류	1. 재무상태표 2. 포괄손익계산서 3. 이익잉여금처분계산서 또는 결손금처리계산서 4. 현금흐름표(「주식회사 등의 외부감사에 관한 법률」 제2조에 따른 외부감사의 대상이 되는 법인인 경우에만 첨부합니다), 5. 세무조정계산서	수수료 없 음

Ⅱ. 과세표준신고서

법인세 과세표준 및 세액조정계산서를 도표로 표시하면 다음과 같다.

법인결산상 당기순이익 + 익금산입 및 손금불산입 − 손금산입 및 익금불산입 = 각 사업연도 소득금액

각 사업연도 소득금액 − 이월결손금 − 비과세소득 − 소득공제 = 법인세 과세표준

법인세 과세표준 × 세율 = 산출세액

산출세액 − 면제 또는 감면세액 − 세액공제 + 가산세 = 납부할 법인세

납부할 법인세 − 중간예납세액 − 수시부과세액 − 원천징수세액 + 감면분추가납부세액 = 신고납부세액

그러나 납세자가 신고한 법인세 과세표준 및 세액에 대하여 정부에서 경정하게 되는 때에는 다음과 같다.

경정 · 결정 산출세액 − 면제 또는 감면세액 − 세액공제 + 가산세액 = 경정 · 결정세액

경정 · 결정 세액 − 중간예납세액 − 수시부과세액 − 원천징수세액 + 감면분추가 납부세액 − 신고납부세액 = 추가 고지세액

27 소득구분계산서

1. 개 요

세무상 특정 업종과 기타의 사업을 겸영하는 경우에는 특정 업종의 소득금액이나 수입금액 등을 산정하기 위하여 법인의 장부상 업종별 또는 사업별 계정금액 등을 각각 별개의 회계로 구분하여야 하는 바, 이를 소득구분 또는 구분경리라 한다.

2. 구분경리의 대상

(1) 법인세법상 구분경리의 대상

법인세법상 구분경리의 대상이 되는 법인 및 소득은 다음과 같다(법법 제113조).

대상법인	구분경리대상사업	구분경리대상기간
수익사업을 하는 비영리법인	수익사업과 기타사업	수익사업 영위 기간
자본시장과 금융투자업에 관한 법률의 적용을 받는 법인	신탁재산 귀속소득과 기타소득	신탁재산 귀속 소득의 발생기간
합병법인 자신의 이월결손금 또는 피합병법인의 이월결손금을 공제받고자 하는 합병법인	승계사업과 그 밖의 사업[주)]	이월결손금을 공제받는 기간
그 밖의 합병법인	승계사업과 그 밖의 사업[주)]	합병 후 5년
분할합병에 따라 분할법인 등의 이월결손금을 공제받으려는 분할신설법인 등	승계사업과 그 밖의 사업[주)]	이월결손금을 공제받는 기간
그 밖의 분할합병에 따른 분할신설법인 등	승계사업과 그 밖의 사업[주)]	분할 후 5년간
합병등기일 현재 연결법인이 아닌 내국법인을 합병(또는 분할합병)하는 연결모법인 자신의 이월결손금 또는 피합병법인의 이월결손금을 공제받으려는 연결모법인	승계사업과 그 밖의 사업[주)]	이월결손금을 공제받는 기간
그 밖의 합병(또는 분할합병)하는 연결모법인	상동	합병 후 5년간

대상법인	구분경리대상사업	구분경리대상기간
법인과세 수탁자	법인과세 신탁재산 귀속소득과 기타소득	법인과세 신탁재산의 존속기간
사업양수법인 자신의 이월결손금을 공제받으려는 사업양수법인	양수한 사업과 그 밖의 사업	이월결손금을 공제 받는 기간

주) 중소기업(조특령 제2조) 간 또는 동일사업을 영위하는 법인 간에 합병(또는 분할합병)하는 경우에는 구분경리하지 아니할 수 있으며, 중소기업의 판정은 합병(또는 분할합병) 전의 현황에 따르고, 동일사업을 영위하는 법인(분할법인의 경우 승계된 사업분에 한정함)의 판정은 법인세법 시행규칙 제75조의 2에서 정하는 경우를 제외하고 한국표준산업분류에 따른 세분류에 따름. 이 경우 합병법인 또는 피합병법인이나 분할법인(승계된 사업분에 한정함) 또는 분할합병의 상대방법인이 2 이상의 세분류에 해당하는 사업을 영위하는 경우에는 사업용 자산가액 중 동일사업에 사용하는 사업용 자산가액의 비율이 각각 70%를 초과하는 경우에만 동일사업을 영위하는 것으로 간주함(법령 제156조 제2항).

(2) 조세특례제한법상 구분경리의 대상

내국법인이 조세특례제한법에 따라 세액감면을 적용받는 사업(감면비율이 2개 이상인 경우 각각의 사업을 말하며, 이하 '감면대상사업'이라 함)과 그 밖의 사업을 겸영하는 경우에는 감면대상사업의 소득과 그 밖의 사업소득을 구분경리하여야 한다. 또한 소비성서비스업과 그 밖의 사업을 겸영하는 내국법인도 자산·부채 및 손익을 각각의 사업별로 구분하여 경리하여야 한다. 한편, 감면대상사업의 소득금액을 계산할 때, 구분하여 경리한 사업 중 결손금이 발생한 경우에는 해당 결손금의 합계액에서 소득금액이 발생한 사업의 소득금액에 비례하여 안분계산한 금액을 공제한 금액으로 한다(조특법 제143조).

3. 구분경리의 요령

(1) 비영리법인의 수익사업과 비수익사업의 구분경리 요령

1) 자산·부채 및 자본의 구분경리(법칙 제76조 제1항 내지 제4항)

① 비영리법인이 수익사업과 기타의 사업에 공통되는 자산과 부채를 보유할 때, 이를 수익사업에 속하는 것으로 한다.

② 수익사업의 자산의 합계액에서 충당금을 포함한 부채의 합계액을 공제한 금액을 수익사업의 자본금으로 한다.

③ 기타의 사업에 속하는 자산을 수익사업에 지출 또는 전입한 경우, 그 자산의 시가를 자본의 원입으로 한다.

④ 수익사업에 속하는 자산을 기타의 사업에 지출한 경우, 그 자산가액 중 수익사업의 소득금액(잉여금 포함)을 초과하는 금액은 자본원입액의 반환으로 한다. 사립학교 법인 등(조특법 제74조 제1항 제1호)의 경우는 수익사업회계에 속하는 자산을 비영리사업회계에 전입한 경우에는 이를 비영리사업에 지출한 것으로 한다.

2) 손익의 구분경리(법칙 제76조 제6항, 제7항)

비영리법인이 수익사업과 기타의 사업의 손익을 구분경리하는 경우 공통되는 익금과 손금은 다음과 같이 구분계산하여야 한다. 다만, 공통익금 또는 손금의 구분계산에 있어서 개별손금(공통손금 외의 손금의 합계액을 말함)이 없는 경우나 기타의 사유로 다음의 규정을 적용할 수 없거나 적용하는 것이 불합리한 경우에는 공통익금의 수입항목 또는 공통손금의 비용항목에 따라 국세청장이 정하는 작업시간 · 사용시간 · 사용면적 등의 기준에 의하여 안분계산한다(법칙 제76조 제6항). 이때 수개의 업종을 겸영하고 있는 법인의 공통손익은 먼저 업종별로 안분계산하고 다음에 동일 업종내의 공통손익을 안분계산한다(법기통 113-156…5). 업종의 구분은 한국표준산업분류에 의한 소분류에 의하되, 소분류에 해당 업종이 없는 경우에는 중분류에 의한다(법칙 제75조 제2항).

공통손익		구분계산방법
공통익금		수익사업과 기타의 사업의 수입금액 또는 매출액에 비례하여 안분계산
공통손금	수익사업과 기타의 사업의 업종이 동일한 경우	수익사업과 기타의 사업의 수입금액 또는 매출액에 비례하여 안분계산
	수익사업과 기타의 사업의 업종이 다른 경우	수익사업과 기타의 사업의 개별손금액에 비례하여 안분계산

한편, 수익사업과 비영리사업을 겸영하는 경우 종업원에 대한 급여상당액(복리후생비, 퇴직금 및 퇴직급여충당금전입액 포함)은 근로의 제공내용을 기준으로 구분한다. 이 경우 근로의 제공이 주로 수익사업에 관련된 것인 때에는 이를 수익사업의 비용으로 하고 근로의 제공이 주로 비영리사업에 관련된 것인 때에는 이를 비영리사업에 속한 비용으로 한다(법기통 113-156…1).

3) 비과세소득 등의 구분경리(법칙 제4조 제1항)

과세표준 계산상 공제대상인 이월결손금, 비과세소득, 소득공제액 등은 발생원천에 따라 수익사업과 비영리사업으로 구분계산하여야 하고 수익사업에서 발생한 이월결손금, 비과세소득 및 소득공제액에 대해서만 법인세 과세표준금액 계산상 각 사업연도의 소득금액에서 공제하여야 한다.

4) 구분경리의 대상금액

구분경리 또는 구분계산의 대상이 되는 익금과 손금은 개별 또는 공통을 불문하고 모두 세무조정을 마친 후의 금액을 대상으로 한다.

(2) 합병 · 분할에 따른 이월결손금 승계시 구분경리 요령

1) 사업별 구분경리(법칙 제77조 제1항, 제3항)

합병법인(분할신설법인 등)이 피합병법인(분할법인 등)으로부터 승계받은 사업과 기타의 사업을 구분경리함에 있어서 자산 · 부채 및 손익의 구분계산은 다음에 의한다.

구 분		구분경리방법
① 유형자산 및 무형자산과 부채		용도에 따라 각 사업별로 구분하되, 용도가 분명하지 아니한 차입금은 총수입금액에서 각 사업의 해당 사업연도의 수입금액이 차지하는 비율에 따라 안분계산
② 현금 · 예금 등 당좌자산 및 투자자산		자금의 원천에 따라 각 사업별로 구분하되, 그 구분이 분명하지 아니한 경우에는 총수입금액에서 각 사업의 해당 사업연도의 수입금액이 차지하는 비율에 따라 안분계산
③ 상기 ① 및 ② 외의 자산 및 잉여금 등		용도 · 발생원천 또는 기업회계기준에 따라 계산
④ 익금과 손금	개별손익	각 사업에 속하는 익금과 손금은 각각 독립된 계정과목에 의하여 구분하여 기록
	공통손익	각 사업에 공통되는 익금과 손금은 법인세법 시행규칙 제76조 제6항 및 제7항의 규정을 준용하여 구분계산(상기 '(1) 비영리법인의 수익사업과 비수익사업의 구분경리 요령' 중 '2) 손익의 구분경리' 참조). 단, 합병등기일 전부터 소유하고 있던 유형자산 및 무형자산의 양도손익은 합병등기일 전에 유형자산 및 무형자산을 소유하던 사업부문에 속하는 것으로 봄.

2) 사업장별 구분경리(법칙 제77조 제2항, 제3항)

합병법인(분할신설법인 등)은 상기 '1) 사업별 구분경리'에 불구하고 다음의 방법에 의하여 구분경리할 수 있다. 이 경우 합병법인(분할신설법인 등)은 피합병법인(분할법인 등)의 이월결손금을 공제받고자 하는 사업연도가 종료할 때(연결모법인의 경우에는 합병 후 5년간을 말함)까지 이를 계속 적용하여야 한다.

구 분	구분경리방법
① 사업장별 자산 · 부채 및 손익	피합병법인(분할법인 등)으로부터 승계받은 사업장과 기타의 사업장별로 자산 · 부채 및 손익을 각각 독립된 회계처리에 의하여 구분계산. 이 경우 피합병법인(분할법인 등)으로부터 승계받은 사업장의 자산 · 부채 및 손익은 이를 피합병법인(분할법인 등)으로부터 승계받은 사업에 속하는 것으로 함.
② 공통손익	본점 등에서 발생한 익금과 손금 등 각 사업장에 공통되는 익금과 손금은 법인세법 시행규칙 제76조 제6항 및 제7항의 규정을 준용하여 안분계산(상기 '(1) 비영리법인의 수익사업과 비수익사업의 구분경리 요령' 중 '2)손익의 구분경리' 참조). 단, 합병등기일 전부터 소유하고 있던 유형자산 및 무형자산의 양도손익은 합병등기일 전에 유형자산 및 무형자산을 소유하던 사업부문에 속하는 것으로 봄.
③ 합병등기일(분할합병등기일) 이후 새로이 사업장을 설치하거나 기존 사업장을 통합한 경우	합병등기일(분할합병등기일) 이후 새로이 사업장을 설치하거나 기존 사업장을 통합한 경우에는 그 주된 사업내용에 따라 피합병법인(분할법인 등)으로부터 승계받은 사업장, 기타의 사업장 또는 공통사업장으로 구분. 이 경우 주된 사업내용을 판정하기 곤란한 경우에는 다음에 의함. 가. 새로이 사업장을 설치한 경우에는 합병법인(분할신설법인 등)의 사업장으로 보아 구분경리 나. 기존 사업장을 통합한 경우에는 통합한 날이 속하는 사업연도의 직전 사업연도의 각 사업장별 수입금액(수입금액이 없는 사업장이 있는 경우에는 각 사업장별 자산총액을 말함)이 많은 법인의 사업장으로 보아 구분경리

3) 연결모법인의 다른 내국법인 합병시 구분경리(법칙 제77조 제4항)

연결모법인이 피합병법인(분할법인을 포함)으로부터 승계받은 사업과 그 밖의 사업에 속하는 것을 구분경리하는 경우에는 상기 '1) 사업별 구분경리' 및 '2) 사업장별 구분경리' 규정을 준용한다.

(3) 감면사업과 기타사업의 구분경리 요령

1) 자산 · 부채 및 손익의 구분경리

법인세가 감면되는 사업(감면비율이 2개 이상인 경우 각각의 사업을 말하며, 이하 "감면사업"이라 함)과 기타의 사업을 겸영하는 내국법인은 법인세법 제113조의 규정을 준용하여 자산 · 부채 및 손익을 각각의 사업별로 구분하여 경리하여야 한다(조특령 제136조 제1항). 이에 대한 자세한 내용은 '(1) 비영리법인의 수익사업과 비수익사업의 구분경리 요령'을 참조하기로 한다.

2) 익금과 손금의 구분

법인세 감면사업과 기타사업을 겸영하는 법인의 익금과 손금의 구분계산은 세법에서 특별히 규정한 것을 제외하고는 다음에 의한다(법기통 113-156…6 및 조특통 143-0…1).

① 개별익금

가. 매출액 또는 수입금액은 소득구분계산의 기준으로서 이는 개별익금으로 구분한다.

나. 감면사업 또는 과세사업에 직접 관련하여 발생하는 부수수익은 개별익금으로 구분하며, 예시하면 다음과 같다.

- 부산물 · 작업폐물의 매출액
- 채무면제익
- 원가차익
- 채권추심익
- 지출된 손금 중 환입된 금액
- 준비금 및 충당금의 환입액

다. 영업외수익과 특별이익 중 과세사업의 개별익금으로 구분하는 것을 예시하면 다음과 같다.

- 수입배당금
- 수입이자
- 유가증권처분익
- 수입임대료
- 가지급금인정이자
- 유형자산 및 무형자산 처분익
- 수증익

② 공통익금

감면사업과 과세사업에 공통으로 발생되는 수익이나 귀속이 불분명한 부수수익은 공통익금으로 구분하며, 예시하면 다음과 같다.

- 귀속이 불분명한 부산물 · 작업폐물의 매출액
- 귀속이 불분명한 원가차익, 채무면제익
- 공통손금의 환입액
- 기타 개별익금으로 구분하는 것이 불합리한 수익

③ 개별손금

가. 감면사업 또는 과세사업에 직접 관련하여 발생한 비용은 해당 사업의 개별손금으로 구분하며, 예시하면 다음과 같다.

- 매출원가

- 특정사업에 전용되는 유형자산 및 무형자산에 대한 제비용
- 특정사업에 관련하여 손금산입하는 준비금 · 충당금전입액
- 기타 귀속이 분명한 제비용

나. 영업외 비용과 특별손실 중 과세사업의 개별손금으로 구분하는 것을 예시하면 다음과 같다.

- 유가증권 처분손
- 유형자산 및 무형자산 처분손

④ 공통손금

감면사업과 과세사업에 공통으로 발생되는 비용이나 귀속이 불분명한 비용은 공통손금으로 구분하며, 예시하면 다음과 같다.

- 사채발행비 상각
- 사채할인발행차금 상각
- 기타 개별손금으로 구분하는 것이 불합리한 비용

⑤ 지급이자

차입금에 대한 지급이자는 그 이자의 발생장소에 따라 구분하거나 그 이자 전액을 공통손금으로 구분할 수 없으며, 차입한 자금의 실제 사용용도를 기준으로 사실판단하여 과세 및 감면사업의 개별 또는 공통손금으로 구분한다.

⑥ 외환차손익

가. 감면사업 또는 과세사업에 직접 관련되는 외환차손익은 해당 사업의 개별손익으로 구분한다.

나. 외상매출채권의 회수와 관련된 외환차손익(공사수입의 본사 송금거래로 인한 외환차손익 포함)은 외국환은행에 해당 외화를 매각할 수 있는 시점까지는 해당 외상매출채권이 발생된 사업의 개별손익으로 하고, 그 이후에 발생되는 외환차손익은 과세사업의 개별손익으로 구분한다.

다. 외상매출채권을 제외한 기타 외화채권과 관련하여 발생하는 외환차손익은 과세사업의 개별손익으로 구분한다.

라. 외상매입채무의 변제와 관련된 외환차손익은 해당 외상매입채무와 관련된 사업의 개별손익으로 구분한다.

마. 외상매입채무를 제외한 기타 외화채무와 관련하여 발생하는 외환차손익은 외화채무의 용도에 따라 감면사업 또는 과세사업의 개별손익으로 구분하고, 용도가 불분명한 경우에는 공통손익으로 구분한다.

바. 외환증서, 외화표시예금, 외화표시유가증권 등과 관련하여 발생하는 외환차손익은 과세사업의 개별손익으로 구분한다.

사. 감면사업의 손익수정에 따른 외환차손익은 감면사업의 개별손익으로 구분한다.

3) 결손금의 안분계산

감면사업의 소득금액을 계산할 때, 구분하여 경리한 사업 중 결손금이 발생한 경우에는 해당 결손금의 합계액에서 소득금액이 발생한 사업의 소득금액에 비례하여 안분계산한 금액을 공제한 금액으로 한다(조특법 제143조 제3항).

(4) 소비성서비스업과 기타사업의 구분경리 요령

소비성서비스업과 그 밖의 사업을 함께 영위하는 내국법인은 법인세법 제113조의 규정을 준용하여 자산·부채 및 손익을 각각의 사업별로 구분하여 경리하여야 한다(조특법 제143조 제2항 및 조특령 제136조 제1항). 이에 대한 자세한 내용은 '(1) 비영리법인의 수익사업과 비수익사업의 구분경리 요령' 및 (3) 감면사업과 기타사업의 구분경리 요령'을 참조하기로 한다.

4. 감면소득에 대한 세액계산

법인세 감면세액은 다른 법률에 특별한 규정이 있는 경우를 제외하고는, 다음과 같이 계산한다(법법 제59조 제2항).

$$\text{감면세액} = \text{법인세 산출세액}^{\text{주1)}} \times \frac{\text{감면대상소득}^{\text{주2)}}}{\text{과세표준}} \times \text{감면비율}$$

주1) 토지 등 양도소득에 대한 법인세 및 투자·상생협력 촉진을 위한 과세특례에 따른 법인세는 제외한다.

주2) 감면대상소득은 감면대상소득에 대한 과세표준을 의미한다. 즉, 각 사업연도 소득금액에서 순차적으로 공제하는 "이월결손금·비과세소득·소득공제액(이하 공제액 등)"이 있는 경우에는 해당 공제액 등을 차감한 금액을 감면소득이라 한다. 만약, 공제액 등이 감면·면제사업에서 발생하였는지 불분명한 경우에는 공제액 등을 감면사업과 기타사업의 소득금액비율로 안분계산한 금액을 차감한다(법령 제96조).

♠ 조정명세서 작성 사례

1. 다음 자료에 의하여 중소기업 특별세액감면 대상법인인 (주)삼일의 제11기(2025. 1. 1.~12. 31.) 사업연도의 감면사업과 기타사업에 대한 소득구분계산서 [별지 제48호 서식]을 작성하시오(감면사업과 기타사업의 업종은 서로 상이함).

손 익 계 산 서

(단위: 원)

과 목	구 분	합 계	감면사업	기타사업
(1) 매출액	개 별	1,000,000	600,000	400,000
(2) 매출원가	개 별	700,000	390,000	310,000
(3) 매출총이익		300,000	210,000	90,000
(4) 판매비·관리비	개 별	150,000	93,000	57,000
	공 통	30,000		
	계	180,000		
(5) 영업이익		120,000		
(6) 영업외수익	개 별	50,000	44,000	6,000
	공 통	10,000		
	계	60,000		
(7) 영업외비용	개 별	20,000	12,000	8,000
	공 통	20,000		
	계	40,000		
(8) 법인세차감전순이익	공 통	140,000		
(9) 법인세비용		35,000		
(10) 당기순이익		105,000		

2. (주)삼일의 해당 사업연도의 세무조정사항은 다음과 같다.

(1) 익금산입 사항

과 목	금 액	결산상 해당과목	감면분	기타분	공통분
감가상각비	1,000	매출원가·	600	200	
		판매비와 관리비			200
재고자산평가감	800	매출원가	500	300	
퇴직급여충당금	500	매출원가·	300	100	
		판매비와 관리비			100
세금공과	20	판매비와 관리비			20
대손상각	50	판매비와 관리비		50	
가지급금인정이자	15	영업외수익		15	
외환차손	45	영업외비용	30		15
건설자금이자	80	영업외비용			80
지정기부금	5	영업외비용			5
법인세등	35,000	법인세등			35,000
계	37,515		1,430	665	35,420

(2) 손금산입 사항

과 목	금 액	결산상 해당과목	감면분	기타분	공통분
재고자산평가감추인	400	매 출 원 가	250	150	
퇴 직 충 당 금 추 인	310	매 출 원 가·	150	100	
		판 매 비 와 관 리 비			60
외 환 차 익	60	영 업 외 수 익	20		40
계	770		420	250	100

[사례 해설]

(1) 세무조정 후 과목별 구분내역표

구 분			매출액	매출원가	판매비와 관리비	영업외수익	영업외비용	법인세 등	당기순이익
결산상	감 면		600,000	390,000	93,000	44,000	12,000		149,000
	기 타		400,000	310,000	57,000	6,000	8,000		31,000
	공 통				30,000	10,000	20,000	35,000	△75,000
	계		1,000,000	700,000	180,000	60,000	40,000	35,000	105,000
세무조정	익금산입	감면		1,400			30		1,430
		기타		600	50	15			665
		공통			320		100	35,000	35,420
		계		2,000	370	15	130	35,000	37,515
	손금산입	감면		400		20			420
		기타		250					250
		공통			60	40			100
		계		650	60	60			770
세무조정후	감 면		600,000	389,000	93,000	43,980	11,970		150,010
	기 타		400,000	309,650	56,950	6,015	8,000		31,415
	공 통				29,740	9,960	19,900		△39,680
	계		1,000,000	698,650	179,690	59,955	39,870		141,745

(2) 세무조정 후 공통익금, 손금의 배부기준계산서(업종 상이)

〈공통익금 배부기준계산서〉

구 분		금 액	비 율(%)	비 고
매출액	감 면	600,000	60	세무조정 후의 매출액 비율임.
	기 타	400,000	40	
	계	1,000,000	100	

〈공통손금 배부기준계산서〉

구 분		금 액	비 율(%)	비 고
개별손금	감 면	493,970	56.9	세무조정 후의 매출원가, 판매비와 일반관리비, 영업외 비용의 개별손금 합계액임.
	기 타	374,600	43.1	
	계	868,570	100	

공통익금 및 공통손금은 각각 위의 비율에 따라 안분하여 감면분과 기타분으로 구분한다.

[별지 제48호 서식] (2021. 10. 28. 개정)

사 업 연 도	2025. 1. 1. ~ 2025. 12. 31.	소득구분계산서	법 인 명	(주)삼일
			사업자등록번호	

① 과 목	② 구 분	코드	③합 계	감면분 또는 합병 승계사업해당분등						기 타 분		비 고
				④ 금액	⑤ 비율	④ 금액	⑤ 비율	④ 금액	⑤ 비율	⑥ 금액	⑦ 비율	
(1) 매 출 액		01	1,000,000	600,000	60.0%					400,000	40.0%	
(2) 매 출 원 가		02	698,650	389,000						309,650		
(3) 매 출 총 손 익 {(1)－(2)}		03	301,350	211,000						90,350		
(4) 판매비와 관 리 비	개별분	04	149,950	93,000						56,950		
	공통분	05	29,740	16,922	56.9%					12,818	43.1%	개별손금비례
	계	06	179,690	109,922						69,768		
(5) 영 업 손 익 {(3)－(4)}		07	121,660	101,078						20,582		
(6) 영 업 외 수 익	개별분	08	49,995	43,980						6,015		
	공통분	09	9,960	5,976	60.0%					3,984	40.0%	매출액 비 례
	계	10	59,955	49,956						9,999		
(7) 영 업 외 비 용	개별분	11	19,970	11,970						8,000		
	공통분	12	19,900	11,323	56.9%					8,577	43.1%	개별손금비례
	계	13	39,870	23,293						16,577		
(8) 각 사업연도 소득 또는 설정전 소득 {(5)+(6)-(7)}		21	141,745	127,741						14,004		
(9) 이월 결손금		22										
(10) 비과세 소득		23										
(11) 소득 공제액		24										
(12) 과 세 표 준 {(8)－(9)－(10)－(11)}		25	141,745	127,741						14,004		

28 추가납부세액 / 가산세

Ⅰ. 추가납부세액

1. 준비금의 환입에 따른 추가납부세액

(1) 추가납부사유

법인세법상 준비금 및 조세특례제한법상 준비금을 손금에 산입한 법인이 다음의 사유에 해당하여 동 준비금을 익금에 산입한 경우에는, 익금산입한 금액에 대한 법인세액**주)**에 해당 준비금을 손금에 산입한 사업연도의 다음 사업연도 개시일부터 익금산입한 사업연도 종료일까지의 기간에 대하여 1일 22/100,000에 상당하는 세액(이자상당액)을 법인세로 납부하여야 한다(법령 제56조 제7항, 제57조 제5항).

① 고유목적사업준비금을 손금에 산입한 사업연도의 종료일 이후 5년이 되는 날까지 고유목적사업 등에 사용하지 아니한 경우(5년 이내 사용하지 아니한 잔액으로 한정함)(법법 제29조 제5항 제4호 및 제7항)

② 고유목적사업준비금을 고유목적사업등이 아닌 용도에 사용한 경우(법법 제29조 제5항 제5호 및 제7항)

③ 고유목적사업준비금을 손금에 산입한 사업연도의 종료일 이후 5년 이내에 고유목적사업준비금의 잔액 중 일부를 감소시켜 익금에 산입한 경우(여러 사업연도에 손금으로 계상한 고유목적사업준비금의 잔액이 있는 경우에는 먼저 손금에 산입한 사업연도의 잔액부터 차례로 감소시킨 것으로 봄)(법법 제29조 제6항 및 제7항)

④ 책임준비금을 손금산입한 사업연도 종료일 이후 3년이 되는 날이 속하는 사업연도 종료일까지 미사용하거나, 법인의 해산(합병 · 분할에 따라 해산한 경우로서 보험사업을

주) 해당 준비금잔액을 손금에 산입한 사업연도에 그 잔액을 손금에 산입함에 따라 "감소한 법인세 상당액"을 말하며, 적용할 법인세율은 동 준비금을 손금산입한 사업연도의 법인세율을 적용한다.

영위하는 합병법인 등이 그 잔액을 승계한 경우는 제외) 또는 보험사업의 허가가 취소된 경우(법법 제30조 제2항 및 제3항)

(2) 이자상당액

다음 산식에 의하여 계산한 이자상당액을 익금산입한 사업연도의 법인세상당액에 가산하여 납부한다.

$$\text{감소한 법인세 상당액} \times \text{손금산입 사업연도의 다음 사업연도의 개시일부터 익금산입 사업연도 종료일까지의 일수} \times \frac{22^{*)}}{100{,}000}$$

*) 2022년 2월 14일 이전에 손금산입한 고유목적사업준비금의 익금산입에 따라 2022년 2월 15일 이후 이자상당액을 납부하는 경우, 2022년 2월 14일까지의 기간분에 대해서는 25/100,000을 적용하고 2022년 2월 15일 이후의 기간분에 대해서는 22/100,000 적용

2. 공제감면세액에 대한 추가납부세액

(1) 추가납부사유

상생협력을 위한 수탁기업에 설치하는 검사대 또는 연구시설에 대한 세액공제(조특법 제8조의 3 제3항), 통합투자세액공제(조특법 제24조), 고용창출투자세액공제(조특법 제26조), 산업합리화시설투자세액공제(구 조감법 제37조 및 부칙(1998. 12. 28. 법률 제5584호) 제12조 제2항)를 받은 법인이 투자완료일부터 2년(다음에 해당하는 건물과 구축물의 경우에는 5년)이 지나기 전에 해당 자산을 처분(임대 포함)한 때에는 처분일이 속하는 과세연도의 과세표준신고를 할 때 공제받은 세액을 납부해야 한다(조특법 제146조, 조특령 제137조 제3항, 조특칙 제59조의 3).

① 근로자복지 증진 시설(조특칙 제12조 제2항 제4호)
② 유통산업합리화시설 중 창고시설 등(조특칙 제12조 제3항 제4호)
③ 숙박시설·전문휴양시설(골프장 시설 제외) 및 종합유원시설업 시설(조특칙 제12조 제3항 제6호)

(2) 이자상당가산액

다음 산식에 의하여 계산한 이자상당가산액을 세액공제상당액에 가산하여 납부한다(조특령 제137조 제2항 및 제11조의 2 제9항 제2호).

공제감면세액	×	공제받은 사업연도의 과세표준 신고일의 다음 날로부터 추징 사유발생일이 속하는 사업연도 과세표준 신고일까지의 일수	×	$\frac{22^{*)}}{100,000}$

*) 2022년 2월 14일 이전에 발생한 사유로 2022년 2월 15일 이후 세액을 납부 · 부과하는 경우, 2022년 2월 14일까지의 기간분에 대한 이자율은 25/100,000을 적용하고 2022년 2월 15일 이후의 기간분에 대한 이자율은 22/100,000 적용

3. 업무무관부동산 관련비용의 손금부인에 따른 추가납부세액

법인이 부동산을 취득한 후 해당 법인의 업무에 직접 사용하지 아니하고 부동산을 양도하는 경우에는 취득일로 소급하여 업무무관부동산으로 본다. 따라서, 그 부동산의 양도일이 속하는 사업연도 이전에 종료한 각 사업연도에 손금산입했던 부동산의 취득 · 관리비용 등과 지급이자는 손금불산입하여 다음의 방법 중 하나를 선택하여 계산한 차액을 그 양도한 날이 속하는 사업연도의 법인세에 가산하여 납부하여야 한다(법칙 제27조).

① 종전 사업연도의 각 사업연도의 소득금액 및 과세표준 등을 다시 계산함에 따라 산출되는 결정세액에서 종전 사업연도의 결정세액을 차감한 세액(가산세 제외)

② 종전 사업연도의 과세표준과 손금에 산입하지 아니하는 지급이자 등을 합한 금액에 법인세법 제55조의 규정에 의한 세율을 적용하여 산출한 세액에서 종전 사업연도의 산출세액을 차감한 세액(가산세 제외)

4. 선이자지급방식의 채권 등 매각에 따른 추가납부세액

법인이 소득세법 시행령 제190조 제1호에 규정하는 날에 원천징수하는 선이자지급방식의 채권 등을 취득한 후 사업연도가 종료되어 당초 원천징수된 세액을 전액 공제하여 법인세를 신고하였으나 그 후의 사업연도 중 해당 채권 등의 만기상환일이 도래하기 전에 이를 매도함으로써 해당 사업연도 전에 공제한 원천징수세액이 보유기간이자상당액에 대한 세액을 초과하는 경우에는 그 초과하는 금액을 해당 채권 등을 매도한 날이 속하는 사업연도의 법인세에 가산하여 납부하여야 한다(법령 제113조 제6항).

♠ 조정명세서 작성 사례

다음 자료에 의하여 (주)삼일의 제12기(2025. 1. 1.~12. 31.) 사업연도의 추가납부세액을 계산하시오.

2021. 12. 12.에 종업원기숙사를 취득하고 조세특례제한법 제24조(통합투자세액공제)의 규정에 따라 2,000,000원을 세액공제받았으나, 자금사정으로 2025. 10. 30.에 동 기숙사를 처분하였다(과세표준 신고일은 3월 31일로 가정).

[작성 해설]

근로자복지증진을 위한 시설투자세액공제

(1) 공제받은 세액 2,000,000원이 감소한 법인세 상당액이다.

(2) 추징세액 = 감면세액 + 이자상당액

= 2,000,000 + (2,000,000 × 1461일(2022. 4. 1.~2026. 3. 31.) × 22/100,000) = 2,642,840

(3) 추징세액 2,642,840원을 별지 제8호 부표 6 서식 및 별지 제8호(을) 서식에 각각 기입한다.

[별지 제8호 서식 부표 6] (2024. 3. 22. 개정)

사 업 연 도	2025. 1. 1. ~ 2025. 12. 31.	추가납부세액계산서(6)	법 인 명	(주)삼일
			사업자등록번호	

1. 준비금환입에 대한 법인세 추가납부액

① 구 분		② 손금산입 연도	③ 추가납부 대상준비 금환입액	④ 공제액	⑤ 차감계 (③-④)	⑥ 법인세상 당액	⑦ 이 율 (일변)	⑧ 기 간	⑨법인세추가납부액 (⑥×⑦×⑧)
코드	내용								
계									

2. 소득공제액에 대한 법인세 추가납부액

⑩ 구 분		⑪ 소득공제 연 도	⑫ 추가납부 사 유	⑬ 공제받은 소득금액	⑭ 법인세 산단액	가 산 액			⑱법 인 세 추가납부액 (⑭+⑰)
코드	내용					⑮이율 (일변)	⑯기간	⑰금액 (⑭×⑮×⑯)	
계									

3. 공제감면세액에 대한 법인세 추가납부액

⑲ 구 분		⑳ 공제감면 받은연도	㉑ 추가납부 사 유	㉒ 공제감면 세 액	가 산 액			㉖법 인 세 추가납부액 (㉒+㉕)
코드	내용				㉓이율 (일변)	㉔기간	㉕금 액 (㉒×㉓×㉔)	
13W	통합 투자세액 공제	2020년	임의처분	2,000,000	22/100,000	1,461	642,840	2,642,840
계				2,000,000			642,840	2,642,840

4. 법인세 추가납부세액 합계 ㉗(⑨+⑱+㉖)	2,642,840

[별지 제8호 서식(을)] (2021. 3. 16. 개정) (2 쪽)

사 업 연 도	2025. 1. 1. ~ 2025. 12. 31.	공제감면세액 및 추가납부세액합계표(을)	법 인 명	(주)삼일
			사업자등록번호	

5. 추가납부세액

⑫구 분		⑬근거법 조항	코드	⑭대상금액	⑮세 액
조세특례제한법	⑱1 준비금환입에 대한 법인세 추가납부		771		
	⑱2 소득공제액에 대한 법인세 추가납부		772		
	⑱3 공제감면세액에 대한 법인세 추가납부 *제5조ㆍ제11조ㆍ제24조ㆍ제25조ㆍ제25조의 2ㆍ제26조ㆍ제94조ㆍ제96조		773	2,000,000	2,642,840
	⑱4 기 타		775		
	⑱5 소 계		780	2,000,000	2,642,840
법인세법	⑱6 기공제 원천납부세액 추가납부	「법인세법 시행령」 제113조 제6항	781		
	⑱7 업무무관부동산 지급이자 손금부인에 따른 증가세액	「법인세법 시행규칙」 제27조	782		
	⑱8 외국법인의 신고기한 연장에 따른 이자상당액	「법인세법」 제97조 제3항	783		
	⑱9 내국법인의 신고기한 연장에 따른 이자상당액	「법인세법」 제60조 제8항	786		
	⑲0 혼성금융상품 관련 추가 손금불산입 이자상당액	「국제조세조정에 관한 법률」 제25조 제2항	787		
	⑲1 기 타		785		
	⑲2 소 계		784		
⑲5 추가납부세액 합계(⑱5 + ⑲2)			790	2,000,000	2,642,840

Ⅱ. 가산세

1. 의 의

국세기본법 및 법인세법은 납세의무가 있는 내국법인(이하 "법인"이라 함)이 자진신고·자진납부·기타 협력의무 등을 이행하지 아니하는 경우 이에 대한 행정상 제재의 하나로 법인세 산출세액 또는 수입금액의 일정률에 상당하는 금액을 법인세로 징수하는 가산세를 규정하고 있다.

2. 가산세의 감면 등

(1) 천재 등에 따른 가산세의 면제

정부는 국세기본법 또는 법인세법에 따라 가산세를 부과하는 경우 그 부과의 원인이 되는 사유가 다음에 해당하는 때에는 가산세를 부과하지 아니한다(국기법 제48조 제1항).

1) 그 부과원인이 되는 사유가 천재지변 등 다음의 기한연장사유에 해당하는 경우 (국기령 제2조)

① 납세자가 화재·전화 그 밖의 재해를 입거나 도난을 당한 경우

② 납세자 또는 그 동거가족이 질병이나 중상해로 6개월 이상의 치료가 필요하거나 사망하여 상중인 경우

③ 정전, 프로그램의 오류 그 밖의 부득이한 사유로 한국은행(그 대리점 포함함) 및 체신관서의 정보통신망의 정상적인 가동이 불가능한 경우

④ 금융회사 등(한국은행 국고대리점 및 국고수납대리점인 금융기관 등만 해당함) 또는 체신관서의 휴무 그 밖의 부득이한 사유로 정상적인 세금납부가 곤란하다고 국세청장이 인정하는 경우

⑤ 권한 있는 기관에 장부·서류가 압수 또는 영치된 경우

⑥ 세무사법 제2조 제3호에 따라 납세자의 장부 작성을 대행하는 세무사(같은 법 제16조의 4에 따라 등록한 세무법인을 포함함) 또는 같은 법 제20조의 2에 따른 공인회계사(공인회계사법 제24조에 따라 등록한 회계법인을 포함함)가 화재, 전화, 그 밖의 재해를 입거나 도난을 당한 경우

⑦ 위 ①·② 또는 ⑤에 준하는 사유가 있는 경우

2) 납세자가 의무를 이행하지 아니한 데 대한 정당한 사유가 있는 경우

3) 그 밖의 1) 및 2)와 유사한 경우로서 다음 어느 하나에 해당하여 2019년 2월 12일 이후 가산세 감면을 신청하는 경우(국기령 제28조 제1항)

① 세법해석에 관한 질의 · 회신 등(국기령 제10조)에 따라 신고 · 납부하였으나 이후 다른 과세처분을 하는 경우

② 공익사업을 위한 토지 등의 취득 및 보상에 관한 법률에 따른 토지등의 수용 또는 사용, 국토의 계획 및 이용에 관한 법률에 따른 도시 · 군계획 또는 그 밖의 법령 등으로 인해 세법상 의무를 이행할 수 없게 된 경우

(2) 수정신고 등으로 인한 가산세의 감면

정부는 다음과 같은 감면사유에 해당하는 경우에는 국세기본법 또는 법인세법에 따른 해당 가산세액의 50%(①, ②의 경우에는 각 기간별 감면율을 적용함)에 상당하는 금액을 감면한다(국기법 제48조 제2항).

감 면 사 유	감면대상 가산세
① 과세표준신고서를 법정신고기한까지 제출한 자가 법정신고기한 경과 후 2년[주1)] 이내에 수정신고를 한 경우(단, 과세표준과 세액을 경정할 것을 미리 알고 과세표준수정신고서를 제출한 경우는 제외함)	과소신고가산세 초과환급신고가산세
② 과세표준신고서를 법정신고기한까지 제출하지 아니한 자가 법정신고기한 경과 후 6개월[주2)] 이내에 기한 후 신고를 한 경우(단, 과세표준과 세액을 결정할 것을 미리 알고 기한후 과세표준신고서를 제출한 경우는 제외함)	무신고가산세
③ 과세전적부심사 결정 · 통지기간에 그 결과를 통지하지 아니한 경우	결정 · 통지가 지연됨으로써 해당 기간에 부과되는 납부지연가산세
④ 세법에 따른 제출 · 신고 · 가입 · 등록 · 개설(이하 "제출 등")의 기한이 지난 후 1개월 이내에 해당 세법에 따른 제출 등의 의무를 이행하는 경우	제출 등 의무위반에 대하여 세법에 따라 부과되는 가산세
⑤ ①(6개월 초과 2년 이내에 수정신고한 경우)에도 불구하고 세법에 따른 예정신고기한 및 중간신고기한까지 예정신고 및 중간신고를 하였으나 과소신고하거나 초과신고한 경우로서 확정신고기한까지 과세표준을 수정하여 신고한 경우(단, 과세표준과 세액을 경정할 것을 미리 알고 과세표준신고를 하는 경우는 제외함)	과소신고가산세 초과환급신고가산세

감 면 사 유	감면대상 가산세
⑥ ②에도 불구하고 세법에 따른 예정신고기한 및 중간신고기한까지 예정신고 및 중간신고를 하지 아니하였으나 확정신고기한까지 과세표준신고를 한 경우(단, 과세표준과 세액을 경정할 것을 미리 알고 과세표준신고를 하는 경우는 제외함)	무신고가산세

주1) 법정신고기한이 지난 후 각 기간별로 다음의 감면율을 적용함.

법정신고기한 지난 후	1개월 이내	1개월 초과 3개월 이내	3개월 초과 6개월 이내	6개월 초과 1년 이내	1년 초과 1년 6개월 이내	1년 6개월 초과 2년 이내
감면비율	90%	75%	50%	30%	20%	10%

주2) 법정신고기한이 지난 후 각 기간별로 다음의 감면율을 적용함.

법정신고기한이 지난 후	1개월 이내	1개월 초과 3개월 이내	3개월 초과 6개월 이내
감면비율	50%	30%	20%

3. 가산세의 한도

다음의 어느 하나에 해당하는 가산세에 대하여는 그 의무위반의 종류별로 각각 5천만 원(중소기업기본법 제2조 제1항에 따른 중소기업이 아닌 기업은 1억 원)을 한도로 하되, 해당 의무를 고의적으로 위반한 경우에는 그러하지 아니한다(국기법 제49조 제1항 제2호).

① 주주 등의 명세서 등 제출 불성실 가산세(법법 제75조의 2)

② 기부금영수증 발급 · 작성 · 보관 불성실 가산세(법법 제75조의 4)

③ 증명서류 수취 불성실 가산세(법법 제75조의 5)

④ 지급명세서 제출 불성실 가산세(법법 제75조의 7)

⑤ 계산서 등 제출 불성실 가산세(법법 제75조의 8). 다만, 재화 또는 용역을 공급한 자가 제계산서를 발급시기에 발급하지 아니한 경우 불성실 가산세의 경우는 재화 · 용역의 공급시기가 속하는 사업연도 말의 다음달 25일까지 계산서를 발급한 경우에 한함.

⑥ 특정외국법인의 유보소득 계산 명세서 제출 불성실 가산세(법법 제75조의 9)

4. 가산세의 종류와 계산

<table>
<tr><th colspan="4">구 분</th><th>주 요 내 용</th></tr>
<tr><td rowspan="8">신고불성실가산세</td><td rowspan="4">무신고 가산세 (국기법 제47조의 2)</td><td rowspan="2">일반 무신고</td><td>사 유</td><td>법인세법 제60조 등에 의한 과세표준 등의 무신고</td></tr>
<tr><td>가산세액</td><td>일반무신고과표 가산세 = Max(①, ②)
① 무신고납부세액(*) × 20%
② 수입금액 × 0.07%
(*) 가산세와 세법에 따라 가산하여 납부하여야 할 이자상당가산액이 있는 경우 그 금액은 제외함.</td></tr>
<tr><td rowspan="2">부당 무신고</td><td>사 유</td><td>이중장부의 작성 등 부정행위로 무신고한 경우</td></tr>
<tr><td>가산세액</td><td>부당무신고과표 가산세 = Max(①, ②)
① 무신고납부세액(*1)× 40%(역외거래는 60%)
② 수입금액(*2) × 0.14%
(*1) 가산세와 세법에 따라 가산하여 납부하여야 할 이자상당가산액이 있는 경우 그 금액은 제외함.
(*2) 법인세 과세표준 및 세액 신고서에 적어야 할 해당 법인의 수입금액</td></tr>
<tr><td rowspan="4">과소신고 가산세 (국기법 제47조의 3)</td><td rowspan="2">일반과소 신고</td><td>사 유</td><td>법인세법 제60조 등에 의한 법정신고기한까지 과세표준 신고를 제출하였으나 납부할 세액을 신고하여야 할 세액보다 적게 신고하거나 환급받을 세액을 신고하여야 할 금액보다 많이 신고한 경우</td></tr>
<tr><td>가산세액</td><td>과소신고납부세액(*) × 10%
(*) 가산세와 세법에 따라 가산하여 납부하여야 할 이자상당가산액이 있는 경우 그 금액은 제외함.</td></tr>
<tr><td rowspan="2">부당과소 신고</td><td>사 유</td><td>부당한 방법으로 과소신고한 과세표준이 있는 경우</td></tr>
<tr><td>가산세액 = 1) + 2)</td><td>1) 부당과소신고 가산세 = Max(①, ②)
① 부정 과소신고납부세액 × 40%(역외거래는 60%)
② 부정 과소신고수입금액 × 0.14%
2) 일반과소신고 가산세
=(과소신고납부세액(*) − 부정 과소신고납부세액)× 10%
3) 부정 과소신고납부세액의 구분이 어려운 경우
부정 과소신고납부세액 = 과소신고납부세액(*)
×(부정행위로 인한 과소신고 과표/과소신고 과표)
(*) 가산세와 세법에 따라 가산하여 납부하여야 할 이자상당가산액이 있는 경우 그 금액은 제외함.</td></tr>
<tr><td colspan="2" rowspan="2">납부지연가산세 (국기법 제47조의 4)</td><td rowspan="2">과소납부</td><td>사 유</td><td>법정납부기한까지 납부를 하지 아니하거나 납부하여야 할 세액보다 적게 납부한 경우</td></tr>
<tr><td>가산세액</td><td>미납부 세액 또는 과소납부 세액(이자상당가산액 포함) ×법정납부기한의 다음 날부터 납부일까지의 기간(납부고지일부터 납부고지서에 따른 납부기한까지의 기간은 제외) × 0.022%</td></tr>
</table>

구 분			주요내용
	초과환급	사 유	환급받아야 할 세액보다 많이 환급받은 경우
		가산세액	초과환급받은 세액(이자상당가산액 포함) × 환급받은 날의 다음 날부터 납부일까지의 기간(납부고지일부터 납부고지서에 따른 납부기한까지의 기간은 제외) × 0.022%
	체 납	사 유	납부고지서에 따른 납부기한까지 완납하지 아니한 경우
		가산세액	법정납부기한까지 납부하여야 할 세액(이자상당가산액 포함) 중 납부고지서에 따른 납부기한까지 미납부 또는 과소납부한 세액 × 3%
원천징수등 납부지연가산세 (국기법 제47조의 5)		사 유	원천징수의무자(국가 · 지방자치단체 제외)가 원천징수하였거나 원천징수하여야 할 세액을 납부기한까지 미납부 또는 과소납부하는 경우
		가산세액	①+②, 한도 : 미납부 · 과소납부세액 × 50%(①의 금액과 ② 중 법정납부기한의 다음 날부터 납부고지일까지의 기간에 해당하는 금액을 합한 금액은 10%) ① 미납부 · 과소납부세액 × 3% ② 미납부 · 과소납부세액 × 법정납부기한의 다음 날부터 납부일까지의 기간(*) (납부고지일부터 납부고지서에 따른 납부기한까지의 기간은 제외) × 0.022% (*) 5년을 초과하는 경우에는 그 기간은 5년으로 함(국세징수법 제13조에 따라 지정납부기한과 독촉장에서 정하는 기한을 연장한 경우에는 그 연장기간은 제외함).
업무용승용차 관련비용 명세서 제출 불성실 가산세 (법법 제74조의 2)		사유	법인세법 제27조의 2의 규정에 따라 업무용승용차 관련비용 등에 관한 명세서를 제출해야 하는 내국법인이 명세서를 제출하지 아니하거나 사실과 다르게 제출한 경우
		가산세액	1) 명세서를 제출하지 아니한 경우 : 업무용승용차 관련비용 등으로 손금에 산입한 금액 × 1% 2) 명세서를 사실과 다르게 제출한 경우 : 업무용승용차 관련비용 등으로 손금에 산입한 금액 중 해당 명세서에 사실과 다르게 적은 금액 × 1%
성실신고확인서 제출 불성실 가산세 (법법 제75조)		사 유	법인세법 제60조의 2 제1항에 따른 성실신고 확인대상인 내국법인이 각 사업연도의 종료일이 속하는 달의 말일부터 4개월 이내에 성실신고확인서를 납세지 관할 세무서장에게 제출하지 아니한 경우
		가산세액	Max(①, ②) ① 법인세 산출세액(토지 등 양도소득에 대한 법인세액 및 투자 · 상생협력 촉진을 위한 과세특례를 적용하여 계산한 법인세액 제외) × 5%(법인세 산출세액이 경정으로 0보다 크게 된 경우에는 경정된 산출세액을 기준으로 가산세를 계산함) ② 수입금액 × 0.02%

<table>
<tr><th colspan="3">구 분</th><th>주 요 내 용</th></tr>
<tr><td rowspan="4">주주 등의 명세서 등 제출 불성실 가산세 (법법 제75조의 2)</td><td rowspan="2">주주 등의 명세서 제출 불성실</td><td>사 유</td><td>주주 등의 명세서를 제출하여야 하는 내국법인이 미제출, 누락제출, 불분명하게 제출한 경우</td></tr>
<tr><td>가산세액</td><td>미제출, 누락제출, 불분명하게 제출한 주식 등의 액면금액 또는 출자가액 × 0.5%</td></tr>
<tr><td rowspan="2">주식 등 변동상황명세서 제출 불성실</td><td>사 유</td><td>주식 등 변동상황명세서를 제출하여야 하는 내국법인이 미제출, 누락제출, 불분명하게 제출한 경우</td></tr>
<tr><td>가산세액</td><td>미제출, 누락제출, 불분명하게 제출한 주식 등의 액면금액 또는 출자가액 × 1%</td></tr>
<tr><td colspan="2" rowspan="2">장부의 기록 · 보관 불성실 가산세 (법법 제75조의 3)</td><td>사 유</td><td>내국법인(비영리내국법인과 법인세가 비과세되거나 전액 면제되는 소득만 있는 법인은 제외함)이 법인세법 제112조에 따른 장부의 비치 · 기장 의무를 이행하지 아니한 경우</td></tr>
<tr><td>가산세액</td><td>Max(①, ②)
① 산출세액(토지 등 양도소득에 대한 법인세액 및 투자 · 상생협력 촉진을 위한 과세특례를 적용하여 계산한 법인세액 제외) × 20%
② 수입금액 × 0.07%</td></tr>
<tr><td colspan="2" rowspan="2">기부금영수증 발급 · 작성 · 보관 불성실 가산세 (법법 제75조의 4)</td><td>사 유</td><td>기부금영수증(전자기부금영수증 포함)을 사실과 다르게 적어 발급(기부금액 또는 기부자의 인적사항 등 주요사항을 적지 아니하고 발급하는 경우를 포함)하거나 기부자별 발급명세를 법인세법 제112조의 2 제1항에 따라 작성 · 보관하지 아니한 경우(단, 아래 2)의 규정은 상증법상 출연재산보고서 제출불성실가산세 또는 기장불성실가산세가 부과되는 경우는 제외)</td></tr>
<tr><td>가산세액</td><td>1) 기부금영수증의 경우
① 기부금액을 사실과 다르게 적어 발급한 경우: 사실과 다르게 발급된 금액[영수증에 실제 적힌 금액(영수증에 금액이 적혀 있지 않은 경우 기부금영수증을 발급받은 자가 기부금을 손금 또는 필요경비에 산입하거나 기부금세액공제를 신청한 금액)과 건별로 발급하여야 할 금액과의 차액을 말함] × 5%
② 기부자의 인적 사항 등을 사실과 다르게 적어 발급하는 등 상기 ① 외의 경우: 영수증에 적힌 금액 × 5%
2) 기부자별 발급명세의 경우: 작성 · 보관하지 아니한 금액 × 0.2%</td></tr>
</table>

<table>
<tr><th colspan="3">구 분</th><th>주요내용</th></tr>
<tr><td colspan="2" rowspan="2">증명서류 수취
불성실 가산세
(법법 제75조의 5)</td><td>사 유</td><td>내국법인(국가 및 지방자치단체, 비영리법인 제외)이 사업과 관련하여 법인 또는 개인사업자로부터 재화 또는 용역을 공급받고 신용카드 매출전표 · 현금영수증 · 세금계산서 또는 계산서 중 어느 하나를 미수취하거나 사실과 다르게 수취한 경우</td></tr>
<tr><td>가산세액</td><td>증명서류 미수취 · 사실과 다르게 수취한 금액으로 손금에 산입하는 것이 인정되는 금액(건별로 받아야 할 금액과의 차액) × 2%</td></tr>
<tr><td rowspan="4">신용카드 및
현금영수증
발급 불성실
가산세
(법법
제75조의 6)</td><td rowspan="2">신용카드
매출전표
발급 불성실</td><td>사 유</td><td>신용카드가맹점으로 가입한 내국법인이 신용카드에 의한 거래를 거부하거나 신용카드 매출전표를 사실과 다르게 발급한 경우</td></tr>
<tr><td>가산세액</td><td>건별 발급거부금액 또는 신용카드 매출전표를 사실과 다르게 발급한 금액(건별로 발급하여야 할 금액과의 차액) × 5%
(단, 건별로 계산한 금액이 5천 원 미만이면 5천 원으로 함)</td></tr>
<tr><td rowspan="2">현금영수증
가맹점가입·
현금영수증
발급 불성실</td><td>사 유</td><td>현금영수증가맹점으로 가입하여야 할 법인이 가입하지 아니하거나 가입기한이 지나서 가입한 경우, 현금영수증 발급을 거부하거나 사실과 다르게 발급한 경우 또는 10만 원 이상의 거래금액에 대하여 현금영수증을 발급하지 않은 경우(국민건강보험법에 따른 보험급여 대상인 경우 등 제외)</td></tr>
<tr><td>가산세액</td><td>1) 현금영수증가맹점으로 가입하지 아니하거나 그 가입기한이 지나서 가입한 경우: 가입하지 아니한 사업연도의 수입금액(*1) × 1% × 미가입기간(*2) ÷ 미가입 사업연도의 일수
(*1) 둘 이상의 업종을 하는 법인인 경우 소비자상대업종에서 발생한 수입금액만 해당하며, 계산서 발급분 또는 세금계산서 발급분은 제외함.
(*2) 현금영수증가맹점으로 가입하여야 하는 날부터 3개월이 지난 날의 다음 날부터 가입한 날의 전일까지의 일수로 그 기간이 2 이상의 사업연도에 걸쳐 있는 경우 각 사업연도별로 적용함.
2) 현금영수증 발급 거부 또는 사실과 다르게 발급한 경우: 건별 발급 거부금액 또는 건별로 사실과 다르게 발급한 금액(건별로 발급하여야 할 금액과의 차액) × 5%(단, 건별로 계산한 금액이 5천 원 미만이면 5천 원으로 함)
3) 10만 원 이상의 거래금액에 대하여 현금영수증을 발급하지 않은 경우(국민건강보험법에 따른 보험급여 대상인 경우 등 제외): 미발급금액 × 20%(착오나 누락으로 인하여 거래대금을 받은 날부터 10일 이내에 관할 세무서에 자진 신고하거나 현금영수증을 자진 발급한 경우에는 10%)</td></tr>
</table>

<table>
<tr><th colspan="2">구 분</th><th>주 요 내 용</th></tr>
<tr><td rowspan="2">지급명세서 등 제출 불성실 가산세
(법법 제75조의 7)</td><td>사 유</td><td>법인세법 제120조·제120조의 2 또는 소득세법 제164조·제164조의 2에 따른 지급명세서나 같은 법 제164조의 3에 따른 간이지급명세서를 기한까지 미제출(*1)하거나 제출된 지급명세서등이 불분명한 경우 또는 지급명세서등에 기재된 지급금액이 사실과 다른 경우(지급명세서등이 불분명한 경우에 해당하거나 기재된 지급금액이 사실과 다른 경우에 해당하는 분의 지급금액이 차지하는 비율이 5% 이하인 경우 제외)(*2)
(*1) 소득세법 제128조 제2항에 따라 원천징수세액을 반기별로 납부하는 원천징수의무자가 2021. 7. 1.부터 2022. 6. 30.까지 일용근로소득 또는 원천징수대상 사업소득을 지급하는 경우로서 법인세법 제75조의 7 제2항 각 호의 어느 하나에 해당하는 경우에는 미제출 가산세를 부과하지 아니함.
(*2) 원천징수대상 사업소득(소득세법 시행령 제137조 제1항으로 정하는 사업소득은 제외함)에 대한 지급명세서등의 제출의무가 있는 자에 대하여 법인세법 제75조의 7 제1항 제1호 가목의 가산세가 부과되는 부분에 대해서는 같은 호 나목의 가산세를 부과하지 아니하고, 같은 항 제2호 가목의 가산세가 부과되는 부분에 대해서는 같은 호 나목의 가산세를 부과하지 아니함.</td></tr>
<tr><td>가산세액</td><td>1) 미제출한 경우
① 지급명세서의 경우: 미제출 분의 지급금액 × 1%(제출기한이 지난 후 3개월 이내에 제출하는 경우에는 지급금액의 0.5%). 다만, 일용근로소득에 대한 지급명세서의 경우에는 제출하지 아니한 분의 지급금액 × 0.25%(제출기한이 지난 후 1개월 이내에 제출하는 경우에는 지급금액의 0.125%)
② 간이지급명세서의 경우 : 미제출 분의 지급금액 × 0.25%(제출기한이 지난 후 3개월(*) 이내에 제출하는 경우에는 지급금액의 0.125%)
(*) 원천징수대상 사업소득에 대한 간이지급명세서의 경우에는 1개월
2) 불분명하거나 사실과 다른 경우
① 지급명세서의 경우: 불분명하거나 사실과 다른 분의 지급금액 × 1%. 다만, 일용근로소득에 대한 지급명세서의 경우에는 불분명하거나 사실과 다른 분의 지급금액 × 0.25%
② 간이지급명세서의 경우 : 불분명하거나 사실과 다른 분의 지급금액 × 0.25%</td></tr>
</table>

구 분		주 요 내 용
계산서 등 제출 불성실 가산세 (법법 제75조의 8)	사 유 및 가산세액	내국법인(국가 및 지방자치단체, 비영리법인은 제외)이 다음 중 어느 하나에 해당하는 경우(단, 증빙서류 수취 불성실 가산세(법법 제75조의 5) 또는 부가가치세법 제60조 제2항 · 제3항 · 제5항부터 제7항까지의 규정에 따라 가산세가 부과되는 부분은 제외) ① 법인세법 제120조의 3 제1항에 따라 매입처별 세금계산서합계표를 기한까지 제출하지 아니하거나, 제출하였더라도 그 매입처별 세금계산서합계표에 거래처별 사업자등록번호 또는 공급가액을 적지 아니하거나 사실과 다르게 적은 경우(단, 제출된 매입처별세금계산서합계표에 적어야 할 사항을 착오로 사실과 다르게 적은 경우로서 발급받은 세금계산서에 의하여 거래사실이 확인되는 경우 및 ④가 적용되는 분은 제외): 공급가액 × 0.5% ② 법인세법 제121조 제1항 또는 제2항에 따라 발급한 계산서에 필요적 기재사항의 전부 또는 일부를 적지 아니하거나 사실과 다르게 적은 경우(③이 적용되는 분은 제외): 공급가액 × 1% ③ 법인세법 제121조 제5항에 따라 매출 · 매입처별계산서합계표를 기한까지 제출하지 아니하거나, 제출하였더라도 그 합계표에 거래처별 사업자등록번호 및 공급가액의 전부 또는 일부를 적지 아니하거나 사실과 다르게 적은 경우(단, 매출 · 매입처별계산서합계표의 기재사항이 착오로 사실과 다르게 기재된 경우로서 발급하거나 발급받은 계산서에 의하여 거래사실이 확인되는 경우 및 ④가 적용되는 분은 제외): 공급가액 × 0.5% ④ 다음의 어느 하나에 해당하는 경우: 공급가액 × 2%(단, ㉮에서 전자계산서 외의 계산서를 발급한 경우 및 발급시기가 지난 후 공급시기가 속하는 사업연도 말의 다음 달 25일까지 발급한 경우는 1%) ㉮ 재화 또는 용역을 공급한 자가 계산서 등을 발급시기에 발급하지 아니한 경우 ㉯ 재화 또는 용역을 공급하지 아니하고 계산서 등을 발급한 경우 ㉰ 재화 또는 용역을 공급받지 아니하고 계산서 등을 발급받은 경우 ㉱ 재화 또는 용역을 공급하고 실제로 재화 또는 용역을 공급하는 법인이 아닌 법인의 명의로 계산서 등을 발급한 경우 ㉲ 재화 또는 용역을 공급받고 실제로 재화 또는 용

구 분		주 요 내 용
계산서 등 제출 불성실 가산세 (법법 제75조의 8)		역을 공급하는 자가 아닌 자의 명의로 계산서 등을 발급받은 경우 ⑤ 전자계산서의 발급기한(전자계산서 발급일의 다음날)이 지난 후 재화 또는 용역의 공급시기가 속하는 사업연도 말의 다음 달 25일까지 국세청장에게 전자계산서 발급명세를 전송하는 경우(④가 적용되는 분은 제외): 공급가액 × 0.3%(2016. 12. 31. 이전 공급분은 0.1%) ⑥ 전자계산서의 발급기한(전자계산서 발급일의 다음날)이 지난 후 재화 또는 용역의 공급시기가 속하는 사업연도 말의 다음 달 25일까지 국세청장에게 전자계산서 발급명세를 전송하지 아니한 경우(④가 적용되는 분은 제외): 공급가액 × 0.5%(2016. 12. 31. 이전 공급분은 0.3%)
특정외국법인의 유보소득 계산 명세서 제출 불성실 가산세 (법법 제75조의 9)	사 유	국제조세조정에 관한 법률 제34조 제3호에 따른 특정외국법인의 유보소득 계산 명세서를 제출하여야 하는 내국법인이 다음 중 어느 하나에 해당하는 경우 ① 제출기한까지 특정외국법인의 유보소득 계산 명세서를 제출하지 아니한 경우 ② 제출한 특정외국법인의 유보소득 계산 명세서에서 배당 가능한 유보소득금액을 산출할 때 적어야 하는 금액의 전부 또는 일부를 적지 아니하거나 잘못 적어 배당 가능한 유보소득금액을 잘못 계산한 경우
	가산세액	해당 특정외국법인의 배당 가능한 유보소득금액 × 0.5%

29 원천징수

1. 개 요

정부가 국세를 징수하는 방법에는 납세의무자 본인이 신고·납부하는 방법, 과세관청이 납세고지서를 교부하여 징수하는 방법, 그리고 소득지급자가 원천징수하는 방법이 있다. 여기서 "원천징수(Withholding)"라 함은 본래의 납세의무자로 하여금 자신의 세금을 직접 납부하는 대신 소득의 원천이 되는 소득금액 또는 수입금액을 지급하는 자(원천징수의무자)가 이를 지급한 때에 세법의 규정에 의하여 납세의무자로부터 일정액의 국세를 미리 징수하여 국가에 납부하는 제도를 말한다. 참고로 지방세법상 특별징수는 국세에서의 원천징수와 실질적으로 동일한 개념이다.

원천징수는 성격상 원천징수한 세금만으로 해당 소득금액 또는 수입금액에 대한 납세의무가 종결되는지의 여부에 따라 완납적 원천징수와 예납적 원천징수로 구분되며, 현행 법인세법상 내국법인에 대한 원천징수는 비영리내국법인이 이자소득에 대하여 분리과세 원천징수방법을 채택한 경우(법법 제62조 제1항)를 제외하고는 원칙적으로 예납적 성질을 가지고 있다.

2. 원천징수대상 소득 및 원천징수세율

대 상 소 득	세 율
이자소득금액(소법 제16조 제1항)	14% (비영업대금의 이익은 25%, 금융위원회에 등록한 온라인투자연계금융업자를 통해 지급받는 이자소득은 14%)
투자신탁이익(소법 제17조 제1항 제5호)(*)	14%

(*) 투자신탁이익에 대하여 간접투자외국법인세액이 납부되어 있는 경우 아래 ①의 금액을 한도로 ①의 금액에서 ②의 금액을 뺀 금액을 원천징수함. 이 경우 ②의 금액이 ①의 금액을 초과하는

경우에는 해당 간접투자외국법인세액의 납부일부터 10년이 지난 날이 속하는 연도의 12월 31일까지의 기간 중에 투자신탁이익을 지급받는 때에 해당 투자신탁이익에 대한 원천징수세액을 한도로 공제할 수 있음(법법 제73조 제2항, 제3항).

① 투자신탁이익(세후기준가격을 기준으로 계산된 금액을 말함)에 대한 원천징수세액
② 간접투자외국법인세액을 세후기준가격을 고려하여 법인세법 시행령 제111조 제2항에 따라 계산한 금액

3. 원천징수 제외대상소득(법령 제111조 제1항 및 제4항)

① 법인세법 시행령 제111조 제1항 각 호의 금융회사 등에 지급하는 원천징수대상소득. 다만, 법인세법 제73조의 2 제1항 전단에 따른 원천징수대상채권등(주식·사채 등의 전자등록에 관한 법률 제59조 각 호 외의 부분 전단에 따른 단기사채 등 중 같은 법 제2조 제1호 나목에 해당하는 것으로서 만기 1개월 이내의 것은 제외)의 이자등(법인세법 제73조의 2 제1항 전단에 따른 이자등을 말함)을 자본시장과 금융투자업에 관한 법률에 따른 투자회사 및 제16호의 자본확충목적회사가 아닌 법인에 지급하는 경우는 제외
② 법인세가 부과되지 아니하거나 면제되는 소득
③ 신고한 과세표준에 이미 산입된 미지급소득
④ 법령 또는 정관에 의하여 비영리법인이 회원 또는 조합원에게 대부한 융자금과 해당 비영리법인의 연합회 또는 중앙회에 예탁한 예탁금에 대한 이자수입
⑤ 법률에 따라 설립된 기금을 관리·운용하는 법인으로서 법인세법 시행규칙 제56조의 2 제1항에서 정하는 기금운용법인과 법률에 따라 공제사업을 영위하는 법인으로서 같은 조 제2항에서 정하는 법인 중 건강보험·연금관리 및 공제사업을 영위하는 비영리내국법인(기금운용법인의 경우에는 해당 기금사업에 한정함)이 국채법에 따라 등록하거나 주식·사채 등의 전자등록에 관한 법률에 따라 전자등록한 다음 법인세법 시행령 제111조 제2항 제5호 각 목의 국공채 등을 발행일부터 이자지급일 또는 상환일까지 계속하여 등록·보유함으로써 발생한 이자 및 할인액
⑥ 상장유가증권에의 투자를 통한 증권시장의 안정을 목적으로 설립된 조합 또는 채권시장의 안정을 목적으로 설립된 조합의 조합원인 법인(금융 및 보험업 영위법인은 제외)이 해당 조합의 규약에 따라 조합원 공동으로 예탁한 자금에 대한 이자수입
⑦ 한국토지주택공사가 주택도시기금에 예탁한 자금에 대한 이자수입

4. 원천징수의무자

(1) 일반적인 경우(원천징수 대상 소득금액 또는 수입금액을 지급하는 경우)

법인세법상 원천징수의무자는 내국법인에게 소득세법상의 이자소득이나 투자신탁의 이익금을 지급하는 자를 말한다. 이때 원천징수의무자는 내국법인·외국법인은 물론 거주자·비거주자 등의 개인도 포함된다.

(2) 원천징수의무의 대리 및 위임

원천징수의무자를 대리하거나 그 위임을 받은 자의 행위는 수권 또는 위임의 범위에서 본인 또는 위임인의 행위로 본다(법법 제73조 제6항). 예를 들어, 금융기관이 내국법인의 사채 발행에 따른 원천징수업무를 대리하거나 그 위임을 받은 경우에는 수권 또는 위임의 범위 안에서 해당 금융기관을 원천징수의무자로 보아 그 원천징수세액을 금융기관의 관할 세무서에 신고·납부하여야 한다(법인 46013-714, 1999. 2. 25.).

한편, 외국법인이 발행한 채권 또는 증권에서 발생하는 이자소득 또는 투자신탁의 이익을 내국법인에게 지급하는 경우에는 국내에서 그 지급을 대리하거나 그 지급권한을 위임 또는 위탁받은 자가 원천징수의무자로서 그 소득에 대한 법인세를 원천징수하여야 한다(법법 제73조 제6항).

(3) 원천징수의무의 대리 및 위임 의제

1) 금융회사 등이 어음 또는 채무증서를 인수·매매·중개 또는 대리하는 경우

금융회사 등(법인세법 시행령 제111조 제1항의 각 호에 해당하는 금융회사 등을 말함)이 내국법인(거주자 포함)이 발행한 어음이나 채무증서를 인수·매매·중개 또는 대리하는 경우에는 금융회사 등과 그 내국법인 간에 대리 또는 위임의 관계가 있는 것으로 본다(법법 제73조 제7항). 즉, 금융회사 등이 어음 및 채무증서 등을 인수·매매·중개·대리 행위를 하는 경우에는 대리 및 위임이 당연관계 및 인위계약 등에 의해 이루어지지 않는 경우라 할지라도 금융회사 등과 내국법인 간에 대리 또는 위임의 관계가 존재하는 것으로 의제하여 금융회사 등을 원천징수의무자로 하는 것이다.

2) 신탁업자가 신탁재산을 직접 운용하거나 보관·관리하는 경우

자본시장과 금융투자업에 관한 법률에 따른 신탁업자가 신탁재산을 직접 운용하거나 보관·관리하는 경우 해당 신탁업자와 원천징수대상소득금액(법법 제73조 제1항 각 호)을 신탁재산에 지급하는 자 간에 대리 또는 위임관계가 있는 것으로 본다(법령 제111조 제7항).

3) 한국예탁결제원에 예탁된 증권 등의 경우

자본시장과 금융투자업에 관한 법률 제294조에 따른 한국예탁결제원에 예탁된 증권 등[같은 조 제1항에 따른 증권 등(상기 2)가 적용되는 신탁재산은 제외함)을 말하며, 이하 "증권 등"이라 함]에서 발생하는 이자소득 등에 대해서는 다음의 구분에 따른 자와 해당 증권 등을 발행한 자 간에 원천징수의무의 대리 또는 위임의 관계가 있는 것으로 본다(법령 제111조 제8항).

① 자본시장과 금융투자업에 관한 법률 제309조에 따라 한국예탁결제원에 계좌를 개설한 자(이하 "예탁자"라 함)가 소유하고 있는 증권 등의 경우: 한국예탁결제원
② 자본시장과 금융투자업에 관한 법률 제309조에 따라 예탁자가 투자자로부터 예탁받은 증권 등의 경우: 예탁자

5. 내국법인의 채권 등의 보유기간 이자상당액에 대한 원천징수

5-1. 개 요

(1) 중도매도에 따른 원천징수의무

내국법인이 소득세법 제46조 제1항에 따른 채권 등 또는 투자신탁의 수익증권(이하 "원천징수대상채권 등"이라 함)을 타인에게 매도하는 경우 그 내국법인은 원천징수의무자로서 원천징수대상채권 등을 취득하여 보유한 기간에 발생한 보유기간 이자상당액에 대하여 원천징수하여야 한다. 이 경우 해당 내국법인을 원천징수의무자로 보아 법인세법을 적용한다(법법 제73조의 2 제1항).

다만, 금융기관(법인세법 시행령 제61조 제2항 각 호에 규정된 법인 및 자본시장과 금융투자업에 관한 법률에 따른 집합투자업자)에게 원천징수대상채권 등을 매도하는 경우로서 당사자 간의 약정이 있을 때에는 그 약정에 따라 원천징수의무자를 대리하거나 그 위임을 받은 자의 행위는 수권 또는 위임의 범위에서 본인 또는 위임인의 행위로 본다(법법 제73의 2 제3항). 즉, 이 경우 원천징수대상채권 등을 매수한 다음의 법인이 원천징수의무자가 된다.

또한, 자본시장과 금융투자업에 관한 법률에 따른 신탁재산에 속한 원천징수대상채권 등을 매도하는 경우에는 같은 법에 따른 신탁업자와 다음의 구분에 따른 자 간에 대리 또는 위임의 관계가 있는 것으로 본다(법법 제73조의 2 제4항).

① 수익자 과세신탁의 신탁재산(법법 제5조 제1항) : 해당 신탁재산의 수익자
② 위탁자 과세신탁의 신탁재산(법법 제5조 제3항) : 해당 신탁재산의 위탁자

한편, 그 밖에 원천징수의무의 대리 및 위임에 관하여는 상기 '(2) 원천징수의무의 대리 및 위임, (3) 원천징수의무의 대리 및 위임 의제'의 내용을 준용한다(법법 제73의 2 제5항).

〈중도매도채권의 매도인에 따른 원천징수의무자〉

거래형태		원천징수의무자
매도인	매수인	
법인(A)	법인(B)	법인(A). 단, (B)가 금융회사 등인 경우로서 원천징수에 관한 약정이 있을 때에는 (B)
개인	법인	법인
법인	개인	법인
개인	개인	(개인간 매도시 원천징수대상 제외)

(2) 매도의 범위

채권 등의 매도에는 중개·알선, 법인의 고유재산에서 취득하여 보유하는 채권 등을 법인이 관리하는 재산으로 유상이체하는 경우, 관리하는 재산간에 유상이체하는 경우 및 관리하는 재산에서 고유재산으로 유상이체하는 경우를 포함한다. 다만, 자본시장과 금융투자업에 관한 법률 시행령 제103조 제1호에 따른 특정금전신탁이 중도해지되거나 그 신탁계약기간이 종료됨에 따라 해당 특정금전신탁에서 운용하던 채권 등을 위탁자에게 유상이체하는 경우에는 그러하지 아니한다(법령 제113조 제3항 및 법칙 제59조 제2항).

한편, 채권 등의 매도로 보는 경우 관리하는 재산의 보유기간이자상당액에 대한 원천징수에 관하여는 해당 재산을 관리하는 법인이 채권을 매도하는 것으로 보며, 후술하는 환매조건부채권매매 등은 매도로 보지 아니한다(법령 제113조 제13항).

5-2. 보유기간별 이자상당액의 계산

(1) 일반 채권 등의 보유기간별 이자상당액

1) 개 요

내국법인이 채권 등(다음 '(2) 특정 집합투자증권의 보유기간 이자상당액'에서 설명하는 증권은 제외)을 중도에 매도하는 경우에는, 해당 채권을 취득하여 보유한 기간에 발생한 보유기간이자상당액에 해당 내국법인에 대한 원천징수세율을 적용하여 원천징수세액을 계산한다. 이때 원천징수대상소득이 되는 보유기간 이자상당액은 채권 등의 액면가액 등에 채권 보유기간 및 이자율 등을 곱하여 계산하는 바, 이를 산식으로 표현하면 다음과 같다(법령 제113조 제1항, 제2항).

채권 등의 보유기간이자상당액 = 채권 등의 액면가액 × 보유기간 × 적용이자율

2) 보유기간

① 법인이 채권 등의 이자소득금액을 지급받기 전에 보유한 채권을 매도하는 경우에는 해당 채권 등을 취득한 날 또는 직전 이자소득금액의 계산기간 종료일의 다음 날부터 매도하는 날(매도하기 위하여 알선·중개 또는 위탁하는 경우에는 실제로 매도하는 날)까지의 기간을 보유기간으로 한다. 다만, 취득한 날 또는 직전 이자소득금액의 계산기간 종료일로부터 매도하는 날 전일까지로 기간을 계산하는 약정이 있는 경우에는 그 기간으로 한다(법령 제113조 제2항 제1호 가목).

② 법인이 채권 등의 이자소득금액을 지급받는 경우에는 해당 채권 등을 취득한 날 또는 직전 이자소득금액의 계산기간 종료일의 다음 날부터 이자소득금액의 계산기간 종료일까지의 기간을 보유기간으로 한다. 다만, 취득한 날 또는 직전 이자소득금액의 계산기간 종료일로부터 매도하는 날 전일까지로 기간을 계산하는 약정이 있는 경우에는 그 기간으로 한다(법령 제113조 제2항 제1호 나목).

③ 취득일이 서로 다른 동일종목의 채권 등을 매도하는 경우 기간계산방법은 개별법, 선입선출법, 후입선출법(법령 제74조 제1항 제1호 가목 내지 다목)을 준용하는 방법 또는 법인세법 시행규칙 제59조 제3항에서 정하는 방법 중 하나를 선택하여 적용할 수 있다. 이 경우 법인은 선택한 보유기간 계산방법을 해당 보유기간이자상당액에 대한 원천징수세액납부일 또는 보유기간이자상당액에 대한 법인세 과세표준신고일 내에 납세지 관할 세무서장에게 신고하고 계속적으로 적용하여야 한다. 법인이 보유기간의 계산방법을 신고하지 아니하거나 신고한 방법과 상이한 방법으로 계산한 경우에는, 선입선출법을 준용하여 보유기간을 계산한다(법령 제113조 제7항, 법칙 제59조 제3항).

④ 채권 등의 보유기간은 다음 각각의 방법에 의해 입증하여야 한다. 그러나 이와 같은 입증자료를 제출하지 못하는 경우 소득세법은 해당 채권 등의 매도자에게 원천징수기간의 이자상당액이 귀속되는 것으로 규정하고 있으나, 법인세법은 이에 대한 별도의 규정을 두고 있지 아니하다(법령 제113 제8항, 소법 제46조 제2항, 소령 제102조 제8항).

〈채권 등의 보유기간 입증방법〉

구 분	보유기간의 입증방법
① 채권 등을 금융회사 등에 개설된 계좌에 의하여 거래하는 경우	해당 금융회사 등의 전산처리체계 또는 통장원장에 의하여 확인하는 방법
② 법인으로부터 채권 등을 매수하는 경우	해당 법인이 발급하는 채권 등 매출확인서에 의하여 확인하는 방법
③ 개인으로부터 채권 등을 매수하는 경우	공증인법의 규정에 의한 공증인이 작성한 공정증서(거래당사자의 성명·주소·주민등록번호·매매일자·채권 등의 종류와 발행번호·액면금액을 기재한 것에 한함)에 의하여 확인하는 방법

3) 적용이자율

① 해당 채권 등의 이자계산기간에 대하여 약정된 이자계산방식에 의한 이자율에 발행시의 할인율을 가산하고 할증률을 차감한 이자율. 다만, 공개시장에서 발행하는 소득세법 시행령 제22조의 2 제1항 및 제2항의 채권의 경우에는 발행시의 할인율과 할증률을 가감하지 아니한다(법령 제113조 제2항 제2호 가목).

② 만기상환일에 각 이자계산기간에 대한 보장이율을 추가로 지급하는 조건이 있는 전환사채·교환사채 또는 신주인수권부사채의 경우에는 상기 ①의 이자율에 해당 추가지급이율을 가산한 이자율. 다만, 전환사채 또는 교환사채를 주식으로 전환청구 또는 교환청구한 이후에도 이자를 지급하는 약정이 있는 경우에는 해당 이자를 지급받는 자에게 청구일 이후의 약정이자가 지급되는 것으로 보아 청구일(청구일이 분명하지 아니한 경우에는 해당 전환사채 등 발행법인의 사업연도 중에 최초로 청구된 날과 최종으로 청구된 날의 가운데에 해당하는 날)부터 해당 전환사채 등 발행법인의 사업연도 말일까지의 기간에 대하여 약정이자율을 적용한다(법령 제113조 제2항 제2호 나목, 법칙 제59조 제1항, 소칙 제88조의 2).

(2) 특정 집합투자증권의 보유기간 이자상당액

자본시장과 금융투자업에 관한 법률에 따른 집합투자증권 중 소득세법 시행령 제26조의 2 제4항의 증권을 취득한 법인이 투자신탁의 이익 계산기간 중도에 매도(자본시장과 금융투자업에 관한 법률에 따른 집합투자업자가 취득하여 매도하는 증권의 경우를 포함)한 경우의 보유기간이자상당액은 상기 '(1) 일반 채권 등의 보유기간별 이자상당액'에 불구하고 소득세법 시행령 제26조의 2 제4항부터 제9항까지의 규정에 의하여 계산한다(법령 제113조 제5항).

(3) 선이자지급방식 채권 등의 중도매도시 원천징수세액의 처리

법인이 선이자지급방식의 채권 등(채권 등의 매출시 세금을 원천징수한 채권 등에 한정)을 이자계산기간 중에 매도하는 경우, 해당 법인(금융회사 등이 해당 채권 등의 매도를 중개하는 경우에는 해당 금융회사 등을 말함)은 중도매도일에 해당 채권 등을 새로이 매출한 것으로 보아 이자 등을 계산하여 세액을 원천징수하여야 한다(법령 제113조 제11항).

선이자지급방식의 채권 등은 그 취득시점에 발행일로부터 만기일까지의 전체 이자계산기간에 대한 원천징수가 이루어진다. 따라서, 선이자지급방식의 채권 등을 보유한 법인은 미리 원천징수된 세액 전부를 채권 등을 취득한 사업연도의 법인세 신고시 기납부세액으로 공제하게 된다. 그러나 이와 같은 선이자지급방식의 채권 등을 보유한 법인이 해당 채권 등을 만기일이 도래하기 전에 중도매도하는 경우에는 실제 보유기간 외에 미보유기간의 이자상당액에 대한 원천징수세액까지 공제하는 결과를 초래하게 된다.

따라서, 법인이 선이자지급방식의 채권 등을 취득한 후 사업연도가 종료되어 당초 원천징수된 세액을 전액 공제하여 법인세를 신고하였으나 그 후의 사업연도 중 해당 채권 등의 만기상환일이 도래하기 전에 이를 매도함으로써 해당 사업연도 전에 공제한 원천징수세액이 보유기간이자상당액에 대한 세액을 초과하는 경우에는 그 초과하는 금액을 해당 채권 등을 매도한 날이 속하는 사업연도의 법인세에 가산하여 납부하여야 한다(법령 제113조 제6항).

6. 원천징수시기 및 납부

(1) 일반적인 경우(소득세법 준용)

원칙적인 원천징수의 시기는 원천징수대상소득을 지급하는 때이며, 동 원천징수세액은 다음 달 10일까지 신고·납부한다. 여기서 "지급하는 때"라 함은 소득세법 시행령 제190조 각 호에 따른 날을 말하되, 법인세법 시행령 제61조 제2항 제1호부터 제7호까지 및 제10호의 법인이 소득세법 시행령 제190조 제1호에 따른 조건의 어음을 발행하여 매출하는 경우에는 해당 어음을 할인매출하는 날에 이자 등을 지급하는 것으로 보아 원천징수하고, 자본시장과 금융투자업에 관한 법률에 따른 신탁업자가 운용하는 신탁재산에 귀속되는 소득금액은 소득세법 제155조의 2에 따른 특정일에 지급하는 것으로 보아 원천징수한다(법령 제111조 제6항).

한편, 원천징수대상소득금액이 자본시장과 금융투자업에 관한 법률에 따른 투자신탁재산에 귀속되는 시점에는 해당 소득금액이 어느 누구에게도 지급된 것으로 보지 아니한다(법법 제73조 제5항).

(2) 예외(법기통 73-0…2)

다음에 규정하는 날은 위 '(1) 일반적인 경우'의 "지급하는 때"로 간주한다.

① 이자소득금액을 어음으로 지급한 때에는 해당 어음이 결제된 날
② 이자소득금액으로 지급할 금액을 채권과 상계하거나 면제받은 때에는 상계한 날 또는 면제받은 날
③ 이자소득금액을 대물변제한 날
④ 이자소득금액을 당사자 간의 합의에 의하여 소비대차로 전환한 때에는 그 전환한 날
⑤ 이자소득금액을 법원의 전부명령에 의하여 그 소득의 귀속자가 아닌 제3자에게 지급하는 경우에는 그 제3자에게 지급하는 날
⑥ 예금주가 일정한 계약기간 동안 매월 정한 날에 임의의 금액을 예입하고 금융기관은

매월 발생되는 이자를 실제로 지급하지 아니하고, 해당 예금의 예입금액으로 자동대체 하여 만기에 원금과 복리로 계산한 이자를 함께 지급하는 정기예금의 경우에, 그 예입금액에 대체한 이자소득금액에 대해서는 저축기간이 만료되는 날

7. 환매조건부채권매매 등의 원천징수 특례

(1) 환매조건부채권매매 등에 대한 원천징수

환매조건부채권매매거래 또는 채권대차거래(이하 "환매조건부채권매매 등")에 의하여 채권 등을 매도 또는 대여한 날부터 환매수 또는 반환받은 날까지의 기간 동안 그 채권 등으로부터 발생하는 이자소득에 상당하는 금액은 매도자 또는 대여자(해당 거래가 연속되는 경우 또는 아래 '(2)'의 ①과 ②의 거래가 혼합되는 경우에는 최초 매도자 또는 대여자를 말함)에게 귀속되는 것으로 보아 원천징수한다(법령 제114조의 2 제2항).

(2) 환매조건부채권매매 등의 범위

환매조건부채권매매 등이란 다음 ①과 ② 중 어느 하나에 해당하거나 ①, ②가 혼합되는 거래를 말한다(법령 제114조의 2 제1항).

① 금융회사 등이 일정기간 후에 일정가격으로 환매수 또는 환매도할 것을 조건으로 하여 채권 등을 매도 또는 매수하는 거래(해당 거래가 연속되는 경우를 포함함)로서 그 거래에 해당하는 사실이 자본시장과 금융투자업에 관한 법률 제294조에 따른 한국예탁결제원의 계좌 또는 같은 법 제373조에 따른 거래소의 거래원장(전자적 형태의 거래원장을 포함함)을 통하여 확인되는 거래

② 금융회사 등이 일정기간 후에 같은 종류로서 같은 양의 채권을 반환받는 조건으로 채권을 대여하는 거래(해당 거래가 연속되는 경우를 포함함)로서 그 거래에 해당하는 사실이 채권대차거래중개기관(자본시장과 금융투자업에 관한 법률에 따른 한국예탁결제원, 증권금융회사, 투자매매업자 또는 투자중개업자를 말함)이 작성한 거래 원장(전자적 형태의 원장을 포함함)을 통하여 확인되는 거래

(3) 환매조건부채권의 매수자에 대한 환급

환매조건부채권매매 등을 통하여 채권 등의 매수자 또는 차입자(이하 "환매조건부채권의 매수자 등"이라 함)가 매입 또는 차입한 채권 등이 환매일 이전에 제3자에게 매도 또는 대여되는 경우에는 환매조건부채권의 매수자 등(법인세법 시행령 제111조 제1항 각 호에

해당하는 금융회사 등은 제외)에게 보유기간이자상당액에 대한 세액을 원천징수하여야 하며, 환매조건부채권의 매수자 등은 원천징수받은 세액을 환급받을 수 있다(법령 제114조의 2 제3항).

이 경우 원천징수된 세액을 환급받으려는 환매조건부채권의 매수자 등은 제3자에게 매도 또는 대여한 채권 등이 환매조건부채권매매 등을 통하여 매입 또는 차입한 것임을 입증할 수 있는 환매조건부채권매매거래확인서 [별지 제68호의 4 서식]을 첨부하여 원천징수된 세액의 납부일이 속하는 달의 다음 달 10일까지 환매조건부채권의 매수자 등의 납세지 관할 세무서장에게 환매조건부채권매매거래 원천세액 환급신청서 [별지 제71호의 3 서식]을 제출하여야 하며, 환급신청을 받은 관할 세무서장은 거래사실 및 환급신청내용을 확인한 후 즉시 환급하여야 한다(법령 제114조의 2 제4항 및 법칙 제82조 제7항 제7호의 4, 제9호의 3).

♠ 조정명세서 작성 사례 1

(주)삼일의 제12기 사업연도(2025. 1. 1.~12. 31.) 법인세 신고를 위한 세무조정계산서를 작성하고자 한다. 다음 자료에 의하여 원천납부세액명세서(갑) [별지 제10호 서식(갑)]을 작성하시오.

1. 당기 사업연도 중 법인세 원천납부세액의 내용

일 자	적 요	원천납부세액	실수령액
2025. 10. 20.	K은행(내국법인) 예금이자 1,500,000원 수령(2024년 발생분)	210,000	1,290,000
2025. 11. 25.	T개인(거주자) 사채이자 3,000,000원 수령(2024년 발생분)	750,000	2,250,000
합 계		960,000	3,540,000

[별지 제10호 서식(갑)] (2018. 3. 21. 개정) (앞 쪽)

사 업 연 도	2025. 1. 1. ~ 2025. 12. 31.	원천납부세액명세서(갑)	법 인 명	㈜삼일
			사업자등록번호	

원천징수 명세내용

① 적요	② 원천징수의무자			③ 원천징수일	④ 이자·배당금액	⑤ 세율	⑥ 법인세
	구분 [내국인, 외국인]	사업자등록번호 (주민등록번호)	상 호(성명)				
은행이자	내국인		K은행	2025. 10. 20	1,500,000	14%	210,000
사채이자	내국인		T개인	2025. 11. 25	3,000,000	25%	750,000
합계					4,500,000		960,000

♠ 조정명세서 작성 사례 2

다음 자료에 의하여 (주)삼일의 제12기 사업연도(2025. 1. 1.~12. 31.) 중 공제받을 원천징수세액을 계산하고, 원천납부세액명세서(을) [별지 제10호 서식(을)]을 작성하시오.

1. (주)삼일은 A회사가 발행한 회사채를 2025. 1. 4.에 취득하여, 2025. 6. 4.에 금융기관이 아닌 B회사에게 매도하였다.
2. 회사채의 액면금액은 20,000,000원이며, 발행일은 2025. 1. 4.이고, 만기일은 2025. 1. 3.이다.
3. 표면이자율은 연 12%, 원천징수세율은 14%이다.

[작성 해설]

1. 보유기간이자상당액 = 20,000,000 × 12% × 151일/365일 = 992,877
2. 원천징수세액 = 922,877 × 14% = 139,003

[별지 제10호 서식(을)] (2018. 3. 21. 개정) (앞쪽)

사 업 연 도	2025. 1. 1. ~ 2025. 12. 31.	원천납부세액명세서(을)	법 인 명	㈜삼일
			사업자등록번호	

원천징수 세액명세

① 채권등의명칭 (액면금액)	② 유가증권 표준코드	③ 채권이자 구분	④ 취득일	⑤ 매도일	⑥ 보유기간 (이자계산일수)	⑦이자율	⑧=①×⑥×⑦ 보유기간이자상당액
회사채 (20,000,000)		00	2025. 1. 4.	2025. 6. 4.	151	12%	992,877
( )							
( )							
( )							
( )							
( )							
( )							
( )							
( )							
( )							

⑨원천징수의무자 (사업자등록번호)			⑩세율	⑪법인세	⑫납부일 (징수일)
구분 [내국인, 외국인]	사업자등록번호 (주민등록번호)	상 호(성명)			
내국인		㈜삼일	14%	139,003	
합 계				139,003	

30 농어촌특별세

1. 의 의

농어촌특별세는 농·어업의 경쟁력강화와 농어촌산업기반시설의 확충 및 농어촌지역 개발사업에 필요한 재원을 확보하기 위하여 1994년 3월 24일에 제정된 세목으로(농특법 제1조), 2034년 6월 30일까지만 한시적으로 적용된다(농특법 부칙(1994. 3. 24.) 제2조).

2. 조세감면에 대한 농어촌특별세

(1) 개 요

농어촌특별세는 다음과 같은 감면세액 등을 과세표준으로 하여 부과하고 있다(농특법 제5조 제1항).

- 조세특례제한법·관세법·지방세법 및 지방세특례제한법에 따라 감면을 받는 소득세·법인세·관세·취득세 또는 등록에 대한 등록면허세의 감면세액
- 개별소비세법에 따라 납부하여야 할 개별소비세액
- 자본시장과 금융투자업에 관한 법률 시행령 제176조의 9 제1항에 따른 유가증권시장에서 거래된 증권의 양도가액
- 지방세법 제11조 및 제12조의 표준세율을 100분의 2로 적용하여 지방세법, 지방세특례제한법 및 조세특례제한법에 따라 산출한 취득세액
- 지방세법에 따라 납부하여야 할 레저세액
- 종합부동산세법에 따라 납부하여야 할 종합부동산세액

이하에서는 농어촌특별세 중 법인세와 관련된 부분에 한정하여 설명하고자 한다.

(2) 과세표준 및 세율

조세특례제한법에 따라 감면을 받은 법인은 해당 감면세액(농어촌특별세의 과세표준)의 20%를 농어촌특별세로 납부하여야 한다(농특법 제5조 제1항 제1호).

법인세에 대한 농어촌특별세 = 조세특례제한법에 의한 법인세 감면세액 × 20%

농어촌특별세 부과대상인 '감면'은 조세특례제한법에 따라 법인세가 부과되지 아니하거나 경감되는 경우로, 다음에 해당하는 것을 말한다(농특법 제2조 제1항).

① 비과세 · 세액면제 · 세액감면 · 세액공제 또는 소득공제

② 조세특례제한법 제72조 제1항에 따른 조합법인 등에 대한 법인세 특례세율의 적용

따라서, 조세특례제한법에서 규정하고 있는 각종 익금불산입, 준비금 등은 과세대상인 '감면'의 범위에 포함되지 아니한다. 또한, 법인세법 · 외국인투자촉진법 · 조세조약 등 여타의 법률에서 규정한 조세감면도 농어촌특별세의 과세대상이 아니다.

3. 비과세

조세특례제한법상 다음의 법인세 감면에 대해서는 농어촌특별세를 부과하지 아니한다(농특법 제4조 및 농특령 제4조).

① 국가(외국정부 포함) · 지방자치단체 또는 지방자치단체조합에 대한 감면

② 농어업인(농업 · 농촌 및 식품산업 기본법 제3조 제2호의 농업인과 수산업 · 어촌 발전 기본법 제3조 제3호의 어업인을 말함) 또는 농어업인을 조합원으로 하는 단체(농어업경영체 육성 및 지원에 관한 법률에 따른 영농조합법인, 농업회사법인 및 영어조합법인 포함)에 대한 다음의 감면

• 영농 · 영어조합법인 등에 대한 법인세의 면제 등(제66조 · 제67조) • 농업회사법인에 대한 법인세의 면제 등(제68조) • 조합법인 등(신용협동조합법에 따라 설립된 신용협동조합 및 새마을금고법에 따라 설립된 새마을금고, 중소기업협동조합법에 따라 설립된 협동조합 · 사업협동조합 및 협동조합연합회, 소비자생활협동조합법에 따라 설립된 소비자생활협동조합은 제외)에 대한 법인세 특례세율의 적용(제72조 제1항) • 산림개발소득에 대한 세액감면(제102조) • 어업협정에 따른 어업인에 대한 지원(제104조의 2)

③ 중소기업에 대한 다음의 감면

- 창업중소기업 등에 대한 세액감면(제6조)
- 중소기업에 대한 특별세액감면(제7조)

④ 고용증대를 위한 다음의 감면

- 정규직 근로자로의 전환에 따른 세액공제(제30조의 2) (삭제 ; 2022. 12. 31.)
- 고용유지중소기업 등에 대한 과세특례(제30조의 3)
- 중소기업 사회보험료 세액공제(제30조의 4)

⑤ 연구 및 인력개발에 대한 다음의 감면

- 연구 · 인력개발비에 대한 세액공제(제10조)
- 연구개발 관련 출연금 등의 과세특례(제10조의 2)
- 기술이전 및 기술취득 등에 대한 과세특례(제12조)
- 연구개발특구에 입주하는 첨단기술기업 등에 대한 법인세 등의 감면(제12조의 2)
- 벤처투자회사 등의 주식양도차익 등에 대한 비과세(제13조)

⑥ 지역 간의 균형발전을 위한 다음의 감면

- 수도권 밖으로 공장을 이전하는 기업에 대한 세액감면 등(제63조)
- 수도권 밖으로 본사를 이전하는 법인에 대한 세액감면 등(제63조의 2)
- 농공단지 입주기업 등에 대한 세액감면(제64조)

⑦ 기타의 감면

- 공공차관도입에 따른 과세특례(제20조)
- 국제금융거래에 따른 이자소득 등에 대한 외국법인 법인세의 면제(제21조)
- 사업전환 통상변화대응지원기업에 대한 과세특례(제33조)
- 위기지역 창업기업에 대한 법인세 등의 감면(제99조의 9)
- 감염병 피해에 따른 특별재난지역의 중소기업에 대한 법인세 등의 감면(제99조의 11)
- 전자신고에 대한 세액공제(제104조의 8 제1항 · 제3항)
- 대한주택공사 및 한국토지공사의 합병에 대한 과세특례(제104조의 21)
- 해외진출기업의 국내복귀에 대한 세액감면(제104조의 24)
- 2018 평창 동계올림픽대회 및 동계패럴림픽대회에 대한 과세특례(제104조의 28)
- 프로젝트금융투자회사에 대한 소득공제(제104조의 31)
- 외국인투자에 대한 법인세 등의 감면(제121조의 2 및 제121조의 4)
- 공적자금 회수를 위한 합병 및 분할 등에 대한 과세특례(제121조의 24)
- 성실신고 확인비용에 대한 세액공제(제126조의 6)

4. 신고 · 납부 및 가산세

법인세 감면에 대한 농어촌특별세는 법인세를 신고 · 납부(중간예납 제외)하는 때에 그에 대한 농어촌특별세도 함께 신고 · 납부하여야 하며, 신고 · 납부할 법인세가 없는 경우에는 해당 법인세의 신고 · 납부의 예에 따라 신고 · 납부하여야 한다. 다만, 법인세법에 따른 연결납세방식을 적용받는 법인의 경우에는 법인세법 제2조 제9호에 따른 연결모법인이 신고 · 납부하여야 하며, 이 경우 연결법인은 농어촌특별세를 연대하여 납부할 의무가 있다(농특법 제7조 제1항 및 제2항).

납세의무자가 법인세를 분납하는 경우에는 농어촌특별세도 그 분납금액의 비율에 의하여 해당 법인세의 분납의 예에 따라 분납할 수 있다. 다만, 법인세가 법인세 분납기준금액(1,000만 원)에 미달하여 분납하지 아니하는 경우에도 농어촌특별세의 세액이 500만 원을 초과하는 경우에는 다음과 같이 분납할 수 있다(농특법 제9조 및 농특령 제8조).

- 농어촌특별세액 1,000만 원 이하: 500만 원을 초과하는 금액
- 농어촌특별세액 1,000만 원 초과: 세액의 50% 이하 금액

한편, 농어촌특별세 무신고 · 과소신고 등의 경우 그 미납부기간 동안 미납부 · 과소납부세액에 대해 1일 22/100,000의 율을 곱하여 계산한 금액과 납부고지 후 미납부 · 과소납부세액에 대해 3%의 율을 곱하여 계산한 금액을 납부지연가산세로 부담하게 되며(국기법 제47조의 4), 부가세목으로서의 특성을 고려하여 무신고가산세(국기법 제47조의 2) · 과소신고가산세(국기법 제47조의 3)는 적용되지 아니한다.

5. 농어촌특별세의 회계처리와 세무조정

농어촌특별세의 세무상 처리방법은 본세의 처리방법을 따른다. 즉, 법인세법에서 손금에 산입하도록 되어 있는 세목을 본세로 하는 농어촌특별세는 손금에 산입하고, 손금에 불산입하도록 되어 있는 본세에 대한 농어촌특별세는 손금에 산입하지 아니하는 것으로, 이를 요약하면 다음과 같다.

구 분	본 세	회계처리 또는 세무조정방법
1. 조세감면에 대한 농어촌특별세		
① 법인세 감면분	법 인 세	손금불산입
② 취득세 감면분	취 득 세	해당 자산의 취득원가에 산입
③ 관세 감면분	관 세	해당 자산의 취득원가에 산입
2. 개별소비세에 대한 농어촌특별세	개별소비세	예수금으로 처리

구 분	본 세	회계처리 또는 세무조정방법
3. 증권거래세에 대한 농어촌특별세	증권거래세	주권 등의 매매거래가 확정되는 때가 속하는 사업연도에 손금산입
4. 취득세에 대한 농어촌특별세	취 득 세	취득원가에 산입
5. 레저세에 대한 농어촌특별세	레 저 세	예수금으로 처리
6. 종합부동산세에 대한 농어촌특별세	종합부동산세	손금산입(단, 법인세법상 업무무관부동산에 대한 종합부동산세는 손금불산입)

♠ 조정명세서 작성 사례

다음 자료에 의하여 (주)삼일의 당기 사업연도(2025. 1. 1.~12. 31.) 농어촌특별세 과세와 관련된 세무조정서식 [별지 제2호, 제12호, 제13호 서식]을 작성하시오.

1. 각 사업연도 소득금액	₩850,000,000
2. 이월결손금	130,000,000
3. 과세표준	720,000,000
4. 산출세액	116,800,000
5. 연구·인력개발비 세액공제(조특법 제10조)	10,000,000
6. 통합투자세액공제(일반) (조특법 제24조)	40,000,000
7. 총부담세액	66,800,000
8. 기납부세액	50,000,000
자진납부할 세액	16,800,000
9. 분납할 세액	8,400,000
10. 차감납부할 세액	8,400,000

[작성 해설]

1. 농어촌특별세 산출세액
   40,000,000(통합투자세액공제액) × 20% = 8,000,000원(분납할 세액은 3,000,000원)
2. 연구·인력개발비 세액공제는 농어촌특별세 과세대상이 아니다.

[별지 제2호 서식] (2024. 3. 22. 개정)

농어촌특별세 과세표준 및 세액신고서

※ 뒤쪽의 신고안내 및 작성방법을 읽고 작성하여 주시기 바랍니다. (앞쪽)

1. 신고인 인적사항

①소 재 지	서울시 서초구 서초동 1571-17번지				
②법 인 명	㈜삼일		③대 표 자 성 명	홍 길 동	
④사업자등록번호	106-81-100000	⑤사 업 연 도	2025. 1. 1. ~ 2025. 12. 31.	⑥전 화 번 호	02-3400-1000

2. 농어촌특별세 과세표준 및 세액 조정내역

⑦과 세 표 준	40,000,000	
⑧산 출 세 액	8,000,000	
(미납세액, 미납일수, 세율) ⑨가 산 세 액	(, , 2.2/10,000)	
⑩총 부 담 세 액	8,000,000	
⑪기 납 부 세 액		
⑫환 급 예 정 세 액		
⑬차 감 납 부 할 세 액	8,000,000	
⑭분 납 할 세 액	3,000,000	
⑮차 감 납 부 세 액	5,000,000	
⑯충 당 후 납 부 세 액		
⑰국 세 환 급 금 충 당 신 청	환 급 법 인 세	
	충당할 농어촌특별세	

신고인은 「농어촌특별세법」 제7조에 따라 위의 내용을 신고하며, 위 내용을 충분히 검토하였고 신고인이 알고 있는 사실 그대로를 정확하게 적었음을 확인합니다.

년 월 일

신고인(대표자) 홍 길 동 (서명 또는 인)

세무대리인은 조세전문자격자로서 위 신고서를 성실하고 공정하게 작성하였음을 확인합니다.

세무대리인 (서명 또는 인)

세무서장 귀하

[별지 제12호 서식] (2017. 3. 10. 개정)

사 업 연 도	2025. 1. 1. ~ 2025. 12. 31.	농어촌특별세과세표준 및 세액조정계산서	법 인 명	(주)삼일
			사업자등록번호	106-81-100000

농어촌특별세 과세표준 및 세액 조정내역

①법 인 유 형	②과 세 표 준		세 율	③ 세 액
	구 분	금 액		
④일 반 법 인	⑤법 인 세 감 면 세 액	40,000,000	20%	8,000,000
	⑥			
	⑦			
	⑧소 계	40,000,000		8,000,000
⑨조 합 법 인 등	⑩법인세공제·감면세액		20%	
	⑪			
	⑫소 계			

[별지 제13호 서식] (2025. 7. 4. 개정)

(4쪽 중 제1쪽)

사업 연도	2025. 1. 1. ~ 2025. 12. 31.	**농어촌특별세 과세대상 감면세액 합계표**	법인명	㈜삼일
			사업자등록번호	106-81-100000

1. 일반법인의 감면세액

① 구분	② 감면내용	③ 「조세특례제한법」 근거 조항	코드	④ 감면세액 (소득금액)	비고
⑤ 비과세	(101) 기업구조조정전문회사의 양도차익 비과세	법률 제9272호 부칙 제10조·제40조	604	(　　)	「법인세법 시행규칙」 별지 제6호 서식의 ⑩란 해당 금액
	(102) 중소기업창업투자회사 등의 소재·부품·장비전문기업 주식양도차익 등에 대한 비과세	제13조의 4	62Q	(　　)	
	(103)		606		
⑥ 소득 공제	(104) 국민주택임대소득공제	제55조의 2 제4항	460	(　　)	「법인세법 시행규칙」 별지 제7호 서식의 ⑧란 해당 금액
	(105) 주택임대소득공제(연면적 149㎡ 이하)	제55조의 2 제5항	463	(　　)	
	(106)			(　　)	
	(107)		458		
⑦ 비과세·소득공제분 감면세액			6A1		(과세표준+소득금액)×세율－산출세액
⑧ 세액 감면	(108) 국제금융거래이자소득 면제	제21조	123		「법인세법 시행규칙」 별지 제8호 서식(갑)의 ④란 해당 금액
	(109) 해외자원개발배당 감면	제22조	103		
	(110) 사업전환 중소기업에 대한 세액감면	구 제33조의 2	192		
	(111) 무역조정지원기업의 사업전환 세액감면	구 제33조의 2	13A		
	(112) 기업구조조정전문회사의 주식양도차익 감면	법률 제9272호 부칙 제10조·제40조	13B		
	(113) 혁신도시 이전 공공기관 세액감면	제62조 제4항	13F		
	(114) 행정중심복합도시 등 공장이전 조세감면	제85조의 2('19. 12. 31. 법률 제16835호로 개정되기 전의 것)	11A		
	(115) 사회적 기업에 대한 감면	제85조의 6	11L		
	(116) 장애인 표준사업장에 대한 감면	제85조의 6	11M		
	(117) 소형주택 임대사업자에 대한 세액감면	제96조	13I		
	(118) 상가건물 장기 임대사업자에 대한 감면	제96조의 2	13N		
	(119) 제주첨단과학기술단지입주기업 조세감면(최저한세적용제외)	제121조의 8	181		
	(120) 제주투자진흥지구 등 입주기업 조세감면(최저한세적용제외)	제121조의 9	182		
	(121) 기업도시개발구역 창업·사업장신설기업에 대한 감면(최저한세 적용제외)	제121조의 17 제1항 제1호	197		
	(122) 기업도시개발사업 시행자에 대한 감면	제121조의 17 제1항 제2호	198		
	(123) 지역개발사업구역 또는 지역활성화지역 창업·사업장신설기업에 대한 세액감면(최저한세 적용제외)	제121조의 17 제1항 제3호	1D2		
	(124) 지역개발사업구역, 지역활성화지역 또는 낙후지역 사업시행자에 대한 감면	제121조의 17 제1항 제4호	1D3		
	(125) 해양박람회특구 창업·사업장신설기업에 대한 감면(최저한세 적용제외)	제121조의 17 제1항 제5호	1D4		
	(126) 해양박람회특구 사후활용 사업시행자에 대한 감면	제121조의 17 제1항 제6호	1D5		
	(127) 새만금투자진흥지구 사업시행자에 대한 감면	제121조의 17 제1항 제7호	1D7		
	(128) 새만금투자진흥지구 창업·사업장신설기업에 대한 감면(최저한세 적용제외)	제121조의 17 제1항 제8호	1D6		
	(129) 평화경제특구 창업·사업장신설기업에 대한 감면(최저한세 적용제외)	제121조의 17 제1항 제9호	1D8		
	(130) 평화경제특구 개발사업지행자에 대한 감면	제121조의 17 제1항 제10호	1D9		
	(131) 아시아문화중심도시 투자진흥지구 입주기업 감면(최저한세적용제외)	제121조의 20 제1항	11C		
	(132) 금융중심지 창업기업에 대한 감면(최저한세적용제외)	제121조의 21 제1항	11G		
	(133) 첨단의료복합단지 입주기업에 대한 감면(최저한세적용제외)	제121조의 22	17A		
	(134) 국가식품클러스터 입주기업에 대한 감면(최저한세적용제외)	제121조의 22	17B		
	(135) 첨단의료복합단지 입주기업에 대한 감면(최저한세적용대상)	제121조의 22	13H		
	(136) 국가식품클러스터 입주기업에 대한 감면(최저한세적용대상)	제121조의 22	13V		
	(137) 제주첨단과학기술단지입주기업 조세감면(최저한세적용대상)	제121조의 8	13P		
	(138) 제주투자진흥지구 등 입주기업 조세감면(최저한세적용대상)	제121조의 9	13Q		
	(139) 기업도시개발구역 창업·사업장신설기업에 대한 감면(최저한세 적용대상)	제121조의 17 제1항 제1호	13R		
	(140) 지역개발사업구역 또는 지역활성화지역 창업·사업장신설기업에 대한 감면(최저한세 적용대상)	제121조의 17 제1항 제3호	1E1		
	(141) 해양박람회특구 창업·사업장신설기업에 대한 감면(최저한세 적용대상)	제121조의 17 제1항 제5호	1E2		
	(142) 새만금투자진흥지구 창업·사업장신설기업에 대한 감면(최저한세 적용대상)	제121조의 17 제1항 제8호	1E3		
	(143) 평화경제특구 창업·사업장신설기업에 대한 감면(최저한세 적용대상)	제121조의 17 제1항 제9호	1E4		
	(144) 금융중심지 창업기업에 대한 감면(최저한세적용대상)	제121조의 21 제1항	13U		
	(145) 아시아문화중심도시 투자진흥지구 입주기업 감면(최저한세적용대상)	제121조의 20 제1항	13T		
	(146) 기회발전특구 창업기업 등에 대한 법인세 등의 감면(최저한세적용제외)	제121조의 33	1D1		
	(147) 기회발전특구 창업기업 등에 대한 법인세 등의 감면(최저한세적용대상)	제121조의 33	1C1		
	(148)		164		

(4쪽 중 제3쪽)

① 구분	② 감면내용	③ 「조세특례제한법」 근거 조항	코드	④ 감면세액 (소득금액)	비고
⑨ 세액공제	⑭⑨ 중소기업투자세액공제	구 제5조	131		「법인세법 시행규칙」 별지 제8호 서식(갑)의 ④ 감면(공제)세액란 및 ⑦ 공제세액란의 해당 금액
	⑮⓪ 상생결제 지급금액에 대한 세액공제	제7조의 4	14Z		
	⑮① 대중소기업 상생협력을 위한 기금출연 세액공제	제8조의 3 제1항	14M		
	⑮② 협력중소기업에 대한 유형고정자산 무상임대 세액공제	제8조의 3 제2항	18D		
	⑮③ 수탁기업에 설치하는 시설에 대한 세액공제	제8조의 3 제3항	18L		
	⑮④ 교육기관에 무상 기증하는 중고자산에 대한 세액공제	제8조의 3 제4항	18R		
	⑮⑤ 기술혁신형 합병에 대한 세액공제	제12조의 3	14T		
	⑮⑥ 기술혁신형 주식취득에 대한 세액공제	제12조의 4	14U		
	⑮⑦ 벤처기업 등 출자에 대한 세액공제	제13조의 2	18E		
	⑮⑧ 성과공유 중소기업 경영성과급 세액공제	제19조	18H		
	⑮⑨ 에너지절약시설투자 세액공제	구 제25조 제1항 제2호	177		
	⑯⓪ 환경보전시설투자 세액공제	구 제25조 제1항 제3호	14A		
	⑯① 근로자복지증진시설투자 세액공제	구 제25조 제1항 제4호	142		
	⑯② 안전시설투자 세액공제	구 제25조 제1항 제5호	136		
	⑯③ 생산성향상시설투자세액공제	구 제25조 제1항 제6호	135		
	⑯④ 의약품 품질관리시설투자 세액공제	구 제25조의 4	14B		
	⑯⑤ 신성장기술 사업화를 위한 시설투자 세액공제	구 제25조의 5	18B		
	⑯⑥ 영상콘텐츠 제작비용에 대한 세액공제(기본공제)	제25조의 6	18C		
	⑯⑦ 영상콘텐츠 제작비용에 대한 세액공제(추가공제)	제25조의 6	1B8		
	⑯⑧ 초연결 네크워크 시설투자에 대한 세액공제	구 제25조의 7	18I		
	⑯⑨ 고용창출투자세액공제	제26조	14N		
	⑰⓪ 산업수요맞춤형고등학교등 졸업자 복직 중소기업 세액공제	제29조의 2	14S		
	⑰① 경력단절 여성 고용 기업 등에 대한 세액공제	제29조의 3 제1항	14X		
	⑰② 육아휴직 후 고용유지 기업에 대한 인건비 세액공제	제29조의 3 제2항	18J		
	⑰③ 근로소득을 증대시킨 기업에 대한 세액공제	제29조의 4	14Y		
	⑰④ 청년고용을 증대시킨 기업에 대한 세액공제	제29조의 5	18A		
	⑰⑤ 고용을 증대시킨 기업에 대한 세액공제	제29조의 7	18F		
	⑰⑥ 통합고용세액공제	제29조의 8	18S		
	⑰⑦ 통합고용세액공제(정규직 전환)	제29조의 8	1B4		
	⑰⑧ 통합고용세액공제(육아휴직복귀)	제29조의 8	1B5		
	⑰⑨ 제3자 물류비용 세액공제	제104조의 14	14E		
	⑱⓪ 대학 맞춤형 교육비용 등 세액공제	구 제104조의 18 제1항	14I		
	⑱① 대학등 기부설비에 대한 세액공제	구 제104조의 18 제2항	14K		
	⑱② 산업수요맞춤형 고등학교 등 재학생에 대한 현장훈련수당 등 세액공제	구 제104조의 18 제4항	14R		
	⑱③ 기업의 경기부 설치운영비용 세액공제	제104조의 22	140		
	⑱④ 석유제품 전자상거래에 대한 세액공제	제104조의 25	14P		
	⑱⑤ 금 현물시장에서 거래되는 금지금에 대한 과세특례	제126조의 7 제8항	14V		
	⑱⑥ 금사업자와 스크랩등사업자의 수입금액의 증가 등에 대한 세액공제	제122조의 4	14W		
	⑱⑦ 우수 선화주 인증 국제물류주선업자 세액공제	제104조의 30	18M		
	⑱⑧ 용역제공자에 관한 과세자료의 제출에 대한 세액공제	제104조의 32	10C		
	⑱⑨ 이스포츠대회 운영에 대한 과세특례	제104조의 35	1F1		
	⑲⓪ 소재·부품·장비 수요기업 공동출자 세액공제	제13조의 3 제1항	18N		
	⑲① 소재·부품·장비 외국법인 인수세액 공제	제13조의 3 제3항	18P		
	⑲② 상가임대료를 인하한 임대사업자에 대한 세액공제	제96조의 3	10B		
	⑲③ 선결제 금액에 대한 세액공제	제99조의 12	18Q		
	⑲④ 통합투자세액공제(일반)	제24조	13W	40,000,000	
	⑲⑤ 임시통합투자세액공제(일반)	제24조	1B1		
	⑲⑥ 통합투자세액공제(신성장 · 원천기술)	제24조	13X		
	⑲⑦ 임시통합투자세액공제(신성장 · 원천기술)	제24조	1B2		
	⑲⑧ 통합투자세액공제(국가전략기술)	제24조	13Y		
	⑲⑨ 임시통합투자세액공제(국가전략기술)	제24조	1B3		
	⑳⓪ 통합투자세액공제(반도체분야 국가전략기술)	제24조	13Z		
	⑳① 임시통합투자세액공제(반도체분야 국가전략기술)	제24조	1B9		
	⑳② 해외자원개발투자에 대한 과세특례	제104조의 15	1B6		
	⑳③ 문화산업전문회사 출자에 대한 세액공제	제25조의 7	1B7		
	⑳④		165		
⑩ 감면세액 합계			1A2	40,000,000	

2. 조합법인 등의 감면세액

① 법인세 과세표준	② 「조세특례제한법」 제72조 세율	③ 산출세액 (①×②)	④ 과세표준		⑤ 「법인세법」 제55조의 세율	⑥ 산출세액	⑦ 감면세액 (⑥-③)
			구분	금액			
			2억원 이하 200억원 이하 3천억원 이하 3천억원 초과				
합 계			합 계				

3. 조합법인에 대한 공제세액

⑧ 공제내용	코드	⑨ 공제세액	비고
청년고용을 증대시킨 기업에 대한 세액공제	18A		「법인세법 시행규칙」 별지 제8호서식(갑)의 ⑦란 공제세액 해당 금액
고용을 증대시킨 기업에 대한 세액공제	18F		「법인세법 시행규칙」 별지 제8호서식(갑)의 ⑦란 공제세액 해당 금액
기업의 경기부 설치운영비용 세액공제	140		「법인세법 시행규칙」 별지 제8호서식(갑)의 ⑦란 공제세액 해당 금액
상가임대료를 인하한 임대사업자에 대한 세액공제	10B		「법인세법 시행규칙」 별지 제8호서식(갑)의 ④란 감면(공제)세액 해당 금액
선결제금액에 대한 세액공제	18Q		「법인세법 시행규칙」 별지 제8호서식(갑)의 ⑦란 공제세액 해당 금액
통합고용세액공제	18S		「법인세법 시행규칙」 별지 제8호서식(갑)의 ⑦란 공제세액 해당 금액
합 계			

31 법인지방소득세

1. 법인지방소득세의 과세표준 · 산출세액 및 신고납부

(1) 법인지방소득세 독립세 전환

2014년 1월 1일 지방세제 개편시, 그동안 부가세(surtax) 방식으로 운영되어 오던 지방소득세를 독립세 방식으로 전환하였으며, 2014년 1월 1일 이후 최초로 과세기간이 시작되어 납세의무가 성립하는 분부터 적용한다.

(2) 법인지방소득세 과세표준

내국법인의 각 사업연도의 소득 및 각 연결사업연도의 소득에 대한 법인지방소득세의 과세표준은 법인세법 제13조 및 제76조의 13에 따라 계산한 법인세의 과세표준(조세특례제한법 및 다른 법률에 따라 과세표준 산정과 관련된 조세감면 또는 중과세 등의 조세특례가 적용되는 경우에는 이에 따라 계산한 법인세의 과세표준)과 동일한 금액으로 한다(지법 제103조의 19 제1항 및 제103조의 34 제1항).

다만, 내국법인의 각 사업연도의 소득에 대한 법인세 과세표준에 국외원천소득이 포함되어 있는 경우로서 법인세법 제57조에 따라 외국 납부 세액공제를 하는 경우에는 같은 조 제1항에 따른 외국법인세액을 법인지방소득세 과세표준에서 차감하는 한편, 법인세법 제57조 제2항 단서에 따라 손금에 산입한 외국법인세액이 있는 경우에는 법인지방소득세 과세표준에 가산하여야 하며, 법인지방소득세 과세표준에서 차감하는 외국법인세액이 해당 사업연도의 법인지방소득세 과세표준을 초과하는 경우에는 그 초과하는 금액을 해당 사업연도의 다음 사업연도 개시일부터 15년간 이월하여 먼저 발생한 이월금액부터 순차로 법인지방소득세 과세표준에서 차감할 수 있다(지법 제103조의 19 제2항, 제3항).

또한, 내국법인의 각 연결사업연도의 소득에 대한 법인세 과세표준에 국외원천소득이 포함되어 있는 경우로서 법인세법 제57조에 따라 외국 납부 세액공제를 하는 경우에는 같은 조 제1항에 따른 외국법인세액을 전술한 일반 내국법인의 규정을 준용하여 법인지방소득세 과세표준에서 차감하여야 하는데, 이 경우 각 연결법인에서 발생한 외국법인세액을 각 연결법인의 과세표준개별귀속을 한도로 하여 차감하여야 하고, 각 연결법인의 과세표준개별귀속액을 초과하는 금액은 15년간 이월하여 먼저 발생한 이월금액부터 순차적으로 공제하여야 한다(지법 제103조의 34 제2항 및 지령 제100조의 23 제1항, 제2항, 제3항).

(3) 법인지방소득세 산출세액

법인지방소득세 산출세액 및 연결산출세액은 과세표준에서 다음의 표준세율을 적용하여 계산한 금액(토지등 양도소득에 대한 법인지방소득세 세액, 투자·상생협력 촉진을 위한 과세특례를 적용하여 계산한 법인지방소득세 세액이 있으면 이를 합한 금액으로 함)으로 한다(지법 제103조의 20, 제103조의 21 및 제103조의 35).

1) 내국법인(법인세법 제60조의 2 제1항 제1호에 해당하는 내국법인은 제외함)의 경우

과세표준	세 율
2억 원 이하	과세표준의 0.9%
2억 원 초과 200억 원 이하	180만 원 + (2억 원을 초과하는 금액의 1.9%)
200억 원 초과 3천억 원 이하	3억7천8백만 원 + (200억 원을 초과하는 금액의 2.1%)
3천억 원 초과	62억5천8백만 원 + (3천억 원을 초과하는 금액의 2.4%)

2) 법인세법 제60조의 2 제1항 제1호에 해당하는 내국법인의 경우

과세표준	세율
200억원 이하	과세표준의 1.9%
200억원 초과 3천억원 이하	3억8천만원 + (200억원을 초과하는 금액의 2.1%)
3천억원 초과	62억6천만원 + (3천억원을 초과하는 금액의 2.4%)

(4) 법인지방소득세 세액공제 및 세액감면

법인지방소득세의 세액공제 및 세액감면에 관한 사항은 지방세특례제한법에서 정한다. 이 경우 공제 및 감면되는 세액은 법인지방소득세 산출세액(토지등 양도소득 및 미환류소득에 대한 법인지방소득세 세액을 제외한 법인지방소득세 산출세액을 말함)에서 공제하되, 법인지방소득세 산출세액을 초과하는 경우에는 그 초과금액은 없는 것으로 한다(지법 제103조의 22).

한편, 연결법인의 연결사업연도의 소득에 대한 법인지방소득세의 세액공제 및 세액감면

에 관한 사항도 지방세특례제한법에서 정한다. 이 경우 공제 및 감면되는 세액은 법인지방소득세 연결산출세액에서 공제한다. 이를 적용할 때 각 연결법인의 공제 및 감면 세액은 연결법인별 법인지방소득세 산출세액을 법인지방소득세 산출세액으로 보아 지방세특례제한법에 따른 세액공제와 세액감면을 적용하여 계산한 금액으로 한다(지법 제103조의 36)

참고로, 현행 지방세특례제한법에는 법인지방소득세의 세액공제 및 세액감면에 대한 별도의 규정이 없다.

(5) 법인지방소득세 납세지 및 안분계산

1) 납세지

법인지방소득세의 납세지는 사업연도 종료일 현재의 법인세법 제9조에 따른 납세지로 하되, 법인 또는 연결법인이 둘 이상의 지방자치단체에 사업장이 있는 경우에는 그 사업장의 소재지를 납세지로 한다(지법 제89조 제1항 제2호).

2) 안분계산

둘 이상의 지방자치단체에 법인의 사업장이 있는 경우 또는 각 연결법인의 사업장이 있는 경우에는 다음의 기준에 따라 법인지방소득세를 안분하여 그 소재지를 관할하는 지방자치난제의 상에게 삭삭 신고납부하여야 한다. 이 경우 같은 특별시 · 광역시 안의 둘 이상의 구에 사업장이 있는 법인은 해당 특별시 · 광역시에 납부할 법인지방소득세를 본점 또는 주사무소의 소재지(연결법인의 경우에는 모법인의 본점 또는 주사무소)를 관할하는 구청장에게 일괄하여 신고 · 납부하여야 한다. 다만, 특별시 · 광역시 안에 법인의 본점 또는 주사무소가 없는 경우에는 주된 사업장의 소재지[해당 특별시 또는 광역시 안에 소재하는 사업장 중 종업원(지령 제78조의 3)의 수가 가장 많은 사업장을 말하며, 종업원 수가 가장 많은 사업장이 둘 이상인 경우에는 다음의 안분율(지령 제88조 제1항)이 가장 큰 사업장을 말함]를 관할하는 구청장에게 신고 · 납부한다(지법 제89조 제2항, 지령 제88조 및 지칙 제39조).

$$\text{법인지방소득세 표준산출세액} \times \left[\left(\frac{\text{관할 지방자치단체안 종업원 수}^{(*1)}}{\text{법인의 총 종업원 수}^{(*1)}} \right) + \left(\frac{\text{관할 지방자치단체 안 건축물 연면적}^{(*2)}}{\text{법인의 총 건축물 연면적}^{(*2)}} \right) \div 2 \right]$$

(*1) 종업원 수: 해당 법인의 사업연도 종료일 현재 지방세법 제74조 제8호에 따른 종업원 수

(*2) 건축물 연면적: 해당 법인의 사업연도 종료일 현재 사업장으로 직접 사용하는 건축법 제2조 제1항 제2호에 따른 건축물(이와 유사한 형태의 건축물을 포함)의 연면적으로 하되, 구조적 특성상 연면적을 정하기 곤란한 기계장치 또는 시설물(수조 · 저유조 · 저장창고 · 저장조 · 송

유관 · 송수관 및 송전철탑만 해당)의 경우에는 그 수평투영면적으로 함.

(6) 과세표준 및 세액의 확정신고와 납부

내국법인은 각 사업연도의 종료일이 속하는 달의 말일부터 4개월 이내 그 사업연도의 소득에 대한 법인지방소득세의 과세표준과 세액을 납세지 관할 지방자치단체의 장에게 신고하여야 하며, 법인지방소득세 산출세액에서 공제 · 감면세액, 수시부과세액, 특별징수세액, 예정신고 납부세액(가산세는 제외함)을 공제한 금액을 각 사업연도에 대한 법인지방소득세로서 납세지 관할 지방자치단체에 납부하여야 한다. 다만, 조세특례제한법 제104조의 10(해운기업에 대한 법인세 과세표준 계산 특례) 제1항 제1호에 따라 과세표준 계산의 특례를 적용받은 경우에는 특별징수세액을 공제하지 아니한다(지법 제103조의 23 제1항 및 제3항).

연결모법인은 각 연결사업연도의 종료일이 속하는 달의 말일부터 5개월 이내에 각 연결사업연도의 소득에 대한 법인지방소득세 과세표준과 연결법인별 법인지방소득세 산출세액을 연결법인별 납세지 관할 지방자치단체의 장에게 신고하여야 하며, 연결법인별 법인지방소득세 산출세액에서 공제 · 감면세액, 특별징수세액을 공제한 금액을 납세지 관할 지방자치단체에 납부하여야 한다(지법 제103조의 37 제1항 및 제4항).

상기 과세표준 및 세액의 확정신고는 내국법인 또는 연결모법인으로서 각 사업연도의 소득금액 또는 각 연결사업연도의 소득금액이 없거나 결손금이 있는 법인의 경우에도 적용한다(지법 제103조의 23 제5항 및 제103조의 37 제1항).

법인지방소득세 연결산출세액이 없는 경우로서 다음의 어느 하나에 해당하는 경우에는 각 연결법인의 결손금 이전에 따른 손익을 정산한 금액(이하 "정산금"이라 함)을 하기에 정하는 바에 따라 연결법인별로 배분하여야 한다(지법 제103조의 37 제7항, 지령 100조의 25 제5항, 제6항). 다만, 법인세법 시행령 제120조의 22 제5항 각 호의 어느 하나에 해당하는 경우에는 정산금을 "0"으로 할 수 있다(지령 100조의 25 제7항).

① 법인세법 제76조의 19 제5항 제1호 각 목의 어느 하나에 해당하는 연결자법인이 있는 경우: 해당 연결자법인이 정산금(지방세법 시행령 제100조의 23 제7항 제1호의 계산식에 따라 계산한 금액)을 신고기한까지 연결모법인에 지급

② 법인세법 제76조의 19 제5항 제2호 각 목의 어느 하나에 해당하는 연결자법인이 있는 경우: 연결모법인이 정산금(지방세법 시행령 제100조의 23 제7항 제2호의 계산식에 따라 계산한 금액)을 신고기한까지 해당 연결자법인에 지급

한편, 법인지방소득세를 납부할 때에는 법인지방소득세의 납부서(지칙 별지 제14호 서식 또는 별지 제43호의 8 서식)에 따라 해당 지방자치단체에 납부하여야 한다(지령 제100조의 13 제2항 및 지칙 제48조의 5 제2항).

또한, 납부할 세액이 100만원을 초과하는 내국법인 또는 연결모법인은 다음의 구분에 따

른 세액을 납부기한이 지난 후 1개월(조세특례제한법 제6조 제1항에 따른 중소기업의 경우에는 2개월) 이내에 분할납부할 수 있다(지법 제103조의 23 제4항, 제103조의 37 제5항 및 지령 제100조의 13 제3항, 제100조의 25 제4항).

① 납부할 세액이 100만원 초과 200만원 이하인 경우 : 100만원을 초과하는 금액

② 납부할 세액이 200만원을 초과하는 경우 : 해당 세액의 50% 이하의 금액

(7) 신고서 및 첨부서류

내국법인이 법인지방소득세의 과세표준과 세액을 신고를 할 때에는 법인지방소득세 과세표준 및 세액신고서(지칙 별지 제43호 서식)에 다음의 서류를 첨부하여야 한다. 이때, 신고서에 아래 ①부터 ③까지의 서류를 첨부하지 아니하면 신고로 보지 아니하되, 수익사업(법법 제4조 제3항 제1호 및 제7호)을 하지 아니하는 비영리내국법인은 그러하지 아니하다(지법 제103조의 23 제2항, 제7항, 지령 제100조의 12 및 지칙 제48조의 4).

① 기업회계기준을 준용하여 작성한 개별 내국법인의 재무상태표 · 포괄손익계산서 및 이익잉여금처분계산서(또는 결손금처리계산서)

② 법인지방소득세 과세표준 및 세액조정계산서(지칙 별지 제43호의 2 서식)

③ 법인지방소득세 안분명세서(지칙 별지 제44호의 6 서식). 다만, 하나의 특별자치시 · 특별자치도 · 시 · 군 또는 자치구에만 사업장이 있는 법인의 경우는 제외

④ 공제세액 및 추가납부세액합계표(지칙 별지 제43호의 3 서식)

⑤ 법인지방소득세 가산세액계산서(지칙 별지 제43호의 4 서식)

⑥ 법인지방소득세 특별징수세액명세서(지칙 별지 제43호의 5 서식)

⑦ 소급공제법인지방소득세액환급신청서(지칙 별지 제43호의 9 서식)

⑧ 소급공제 법인지방소득세액 환급특례신청서(지칙 별지 제43호의 10 서식)

⑨ 사실과 다른 회계처리로 인하여 과다 납부한 세액의 차감액 명세서(지칙 별지 제43호의 12 서식)

⑩ 재해손실세액 차감신청서(지칙 별지 제43호의 14 서식)

⑪ 기업회계기준에 따라 작성한 현금흐름표(주식회사등의 외부감사에 관한 법률 제4조에 따라 외부감사의 대상이 되는 법인만 해당)

⑫ 기업회계기준에 따라 원화 외의 통화를 기능통화로 채택한 경우 원화를 표시통화로 하여 기업회계기준에 따라 기능통화재무제표를 환산한 재무제표("표시통화재무제표")

⑬ 기업회계기준에 따라 원화 외의 통화를 기능통화로 채택한 법인이 법인세법 제53조의 2 제1항 제1호의 과세표준계산방법을 적용하는 경우 원화 외의 기능통화를 채택하지 아니하고 계속하여 기업회계기준을 준용하여 원화로 재무제표를 작성할 경우에 작성하여야 할 재무제표("원화재무제표")

⑭ 합병 또는 분할한 경우 다음의 서류(합병법인등만 해당)
- 합병등기일 또는 분할등기일 현재의 피합병법인등의 재무상태표와 합병법인등이 그 합병 또는 분할로 승계한 자산 및 부채의 명세서
- 합병법인등의 본점 등의 소재지, 대표자의 성명, 피합병법인등의 명칭, 합병등기일 또는 분할등기일, 그 밖에 필요한 사항이 기재된 서류

⑮ 법인세법 제57조 제1항에 따른 외국법인세액을 차감한 금액을 법인지방소득세의 과세표준으로 하려는 경우 외국법인세액 과세표준 차감명세서(지칙 별지 제43호의 13 서식)에 다음의 서류를 첨부하여 제출
- 외국법인세액 증명서류
- 법인세법 시행규칙 별지 제8호 서식 부표 5(공제감면세액계산서(5))
- 법인세법 시행규칙 별지 제8호 서식 부표 5의 3(소득종류별 외국납부세액 명세서)

둘 이상의 지방자치단체에 법인의 사업장이 있는 경우에는 본점 소재지를 관할하는 지방자치단체의 장에게 상기 첨부서류를 제출하면 법인의 각 사업장 소재지 관할 지방자치단체의 장에게도 이를 제출한 것으로 보며, 납세지 관할 지방자치단체장은 제출된 신고서 또는 그 밖의 서류에 미비한 점이 있거나 오류가 있는 경우에는 보정을 요구할 수 있다(지법 제103조의 23 제6항, 제8항).

한편, 법인은 지방세기본법 제2조 제1항 제29호에 따른 전자신고를 통하여 법인지방소득세 과세표준 및 세액을 신고할 수 있으며, 이 경우 재무제표의 제출은 표준재무상태표, 표준손익계산서, 표준손익계산부속명세서를 제출하는 것으로 갈음할 수 있다(지령 제100조의 12 제6항).

연결모법인이 각 연결사업연도의 소득에 대한 법인지방소득세 과세표준과 연결법인별 법인지방소득세 산출세액을 신고를 할 때에는 각 연결사업연도의 소득에 대한 법인지방소득세 과세표준 및 세액신고서(지칙 별지 제44호 서식)와 법인지방소득세 안분명세서(지칙 별지 제44호의 6 서식)에 다음의 부속서류 및 각 연결법인의 상기 ①~⑮의 서류를 첨부하여야 한다. 이때, 신고서에 각 연결법인의 상기 ①~③의 서류를 첨부하지 아니하면 신고로 보지 아니한다(지법 제103조의 37 제1항, 제9항 및 지령 제100조의 25 및 지칙 제48조의 10).

① 연결집단 법인지방소득세 과세표준 및 세액조정계산서(지칙 별지 제44호의 2 서식)
② 연결법인 법인지방소득세 가산세액 계산서(지칙 별지 제44호의 3 서식)
③ 연결법인별 기본사항 및 법인지방소득세 신고서(지칙 별지 제44호의 4 서식)
④ 연결법인별 법인지방소득세 과세표준 및 세액조정계산서(지칙 별지 제44호의 5 서식)

상기 첨부서류를 연결모법인 본점 소재지를 관할하는 지방자치단체의 장에게 제출한 경

우에는 연결법인별 납세지 관할 지방자치단체의 장에게도 이를 제출한 것으로 보며, 납세지 관할 지방자치단체장은 제출된 신고서 또는 그 밖의 서류에 미비한 점이 있거나 오류가 있을 때에는 보정할 것을 요구할 수 있다(지법 제103조의 37 제8항, 제10항).

2. 법인지방소득세의 수정신고 등

(1) 수정신고

지방세법 제103조의 23에 따라 신고를 한 내국법인이 국세기본법에 따라 법인세법에 따른 신고내용을 수정신고할 때에는 납세지를 관할하는 지방자치단체의 장에게도 해당 내용을 신고하여야 하며, 수정신고를 통하여 추가납부세액이 발생하는 경우에는 이를 납부하여야 한다. 또한, 수정신고를 하려는 내국법인은 수정신고와 함께 법인세의 수정신고 내용을 증명하는 서류를 관할 지방자치단체의 장에게 제출하여야 한다(지법 제103조의 24 제1항, 제3항 및 지령 제100조의 14 제1항).

※ 각 연결사업연도 소득에 대한 법인지방소득세의 수정신고, 결정, 경정, 징수 및 환급에 관하여는 '내국법인의 각 사업연도의 소득에 대한 지방소득세'의 규정을 준용한다(지법 제103조의 38).

(2) 경정청구

둘 이상의 지방자치단체에 사업장이 있는 법인은 지방세법 제103조의 23에 따라 신고한 과세표준에 대하여 해당 사업연도의 종료일 현재 본점 또는 주사무소의 소재지를 관할하는 지방자치단체의 장에게 일괄하여 지방세기본법 제50조에 따른 경정 등의 청구를 할 수 있으며, 이 경우 결정 또는 경정 청구서를 납세지별로 각각 작성하여 해당 사업연도의 종료일 현재 본점 또는 주사무소의 소재지를 관할하는 지방자치단체의 장에게 일괄하여 제출하여야 한다. 한편, 본점 또는 주사무소의 소재지를 관할하는 지방자치단체의 장은 해당 법인이 청구한 내용을 다른 사업장의 소재지를 관할하는 지방자치단체의 장에게 통보하여야 한다(지법 제103조의 24 제5항 및 지령 제100조의 14 제3항).

(3) 안분세액의 오류시

지방세법 제103조의 23에 따라 신고를 한 내국법인이 신고납부한 법인지방소득세의 납세지 또는 지방자치단체별 안분세액에 오류가 있음을 발견하였을 때에는 지방자치단체의 장이 보통징수의 방법으로 부과고지를 하기 전까지 관할 지방자치단체의 장에게 지방세기본법 제49조부터 제51조까지에 따른 수정신고, 경정 등의 청구 또는 기한 후 신고를 할 수 있다(지법 제103조의 24 제2항).

안분세액의 오류에 따른 수정신고 또는 기한 후 신고로 추가납부세액이 발생하는 경우에는 이를 납부하여야 하며, 이 경우 추가납부세액에 대하여는 지방세기본법 제53조부터 제55조에 따른 가산세를 부과하지 아니한다. 또한, 안분세액의 오류에 따른 경정 등의 청구를 통하여 환급세액이 발생하는 경우에는 지방세기본법 제62조에 따른 지방세환급가산금을 지급하지 아니한다. 다만, 둘 이상의 지방자치단체에 사업장이 있는 법인이 지방세법 제89조 제2항에 따라 사업장 소재지를 관할하는 지방자치단체의 장에게 각각 신고납부하지 아니하고 하나의 지방자치단체의 장에게 일괄하여 과세표준 및 세액을 확정신고(수정신고 포함)한 경우 추가납부세액에 대하여는 가산세를 부과하되, 환급세액에 대하여는 지방세환급가산금을 지급하지 아니하며, 이 경우 추가납부세액에 대하여 무신고가산세를 부과하는 경우에는 후술하는 '4. 가산세'의 '무신고가산세'에도 불구하고 무신고납부세액에 10%를 곱한 금액으로 부과한다(지법 제103조의 24 제3항, 제4항, 제6항).

3. 법인지방소득세의 특별징수

법인세법 제73조 및 제73조의 2에 따른 원천징수의무자가 내국법인으로부터 법인세를 원천징수하는 경우에는 원천징수하는 법인세(조세특례제한법 및 다른 법률에 따라 조세감면 또는 중과세 등의 조세특례가 적용되는 경우에는 이를 적용한 법인세)의 10%에 해당하는 금액을 법인지방소득세로 특별징수하여야 한다. 이와 같이 특별징수를 하여야 하는 자를 "특별징수의무자"라 하며, 특별징수의무자는 특별징수한 지방소득세를 그 징수일이 속하는 달의 다음 달 10일까지 관할 지방자치단체에 특별징수세액납부서(지칙 별지 제42호 서식)로 납부하여야 한다. 한편, 특별징수의무자가 징수하였거나 징수하여야 할 세액을 납부기한까지 납부하지 아니하거나 과소납부한 경우에는 지방세기본법 제56조에 따라 산출한 금액을 가산세로 부과하며, 특별징수의무자가 징수하지 아니한 경우로서 납세의무자가 그 법인지방소득세액을 이미 납부한 경우에는 특별징수의무자에게 그 가산세액만을 부과한다. 다만, 국가, 지방자치단체, 주한미국군이 특별징수의무자인 경우에는 특별징수 의무불이행을 이유로 하는 가산세는 부과하지 아니한다(지법 제103조의 29, 지령 제100조의 19 및 지칙 제48조의 8).

이 경우 특별징수하는 법인지방소득세의 납세지는 법인세법 제9조 제4항 및 법인세법 시행령 제7조에 따라 해당 원천징수의무자의 소재지로 하되, 이자소득·배당소득 등에 대한 법인세의 원천징수사무를 본점 또는 주사무소에서 일괄처리하는 경우 특별징수하는 지방소득세는 그 소득의 지급지를 납세지로 한다(지법 제89조 제3항 제4호).

한편, 특별징수의무자는 납세의무자로부터 법인지방소득세를 특별징수한 경우에는 그 납세의무자에게 법인지방소득세 특별징수영수증(지칙 별지 제42호의 4 서식)을 발급하여야 한다. 다만, 원천징수의무자(법법 제73조 및 제73조의 2)가 원천징수영수증(법법 제74조)을 발급할 때 법인지방소득세 특별징수액과 그 납세지 정보를 포함하여 발급하는 경우에는 해당 법인지방소득세 특별징수영수증을 발급한 것으로 본다(지령 제100조의 19 제4항).

또한, 특별징수의무자는 납세의무자별로 행정안전부령으로 정하는 법인지방소득세 특별징수명세서를 특별징수일이 속하는 해의 다음 해 2월 말일(특별징수의무자가 휴업, 폐업 및 해산한 경우에는 휴업, 폐업 및 해산일이 속하는 달 말일의 다음 날부터 2개월이 되는 날)까지 특별징수의무자 소재지 관할 지방자치단체의 장에게 다음의 어느 하나에 해당하는 방법으로 제출하여야 한다. 이 경우 특별징수의무자 소재지 관할 지방자치단체의 장은 특별징수의무자의 소재지와 납세의무자의 사업장 소재지가 다른 경우 납세의무자의 사업장 소재지 관할 지방자치단체의 장에게 해당 지방법인소득세 특별징수명세서를 통보하여야 한다(지령 제100조의 19 제2항 및 제3항).

① 출력하거나 디스켓 등 전자적 정보저장매체에 저장하여 인편 또는 우편으로 제출
② 지방세통합정보통신망(지기법 제2조 제1항 제28호)으로 제출

상기에도 불구하고 이자소득금액 또는 배당소득금액(법법 제73조 및 제73조의 2)이 계좌별로 1년간 1백만 원 이하로 발생한 경우에는 법인지방소득세 특별징수영수증을 발급하지 아니할 수 있다. 다만, 납세의무자가 법인지방소득세 특별징수영수증의 발급을 요구하는 경우에는 이를 발급하여야 한다(지령 제100조의 19 제5항).

4. 가산세

구 분	가산세액
무신고가산세 (지기법 제53조)	무신고납부세액(*1) × 20%(사기나 그 밖의 부정한 행위로 무신고한 경우 40%)
과소신고 · 초과환급신고가산세 (지기법 제54조)	과소신고 · 초과환급신고분 납부세액(*1) × 10%(부정과소신고분 납부세액은 40%)
납부지연가산세 (지기법 제55조)	납부지연가산세 = ① + ② + ③ ① 미납부세액 · 과소납부세액 · 초과환급세액(*2) × 납부지연일수(*3) × 0.022% ② 납세고지서에 따른 납부기한까지 미납부세액 · 과소납부세액(*4) × 3% ③ 미납부세액 · 과소납부세액(*4) × 납세고지서에 따른 납부기한이 지난 날부터 경과한 월수(*5) × 0.66%

구 분	가산세액
납부지연가산세 (지기법 제55조)	단, ①은 미납부세액 · 과소납부세액 · 초과환급세액의 75%를 한도로 함.
특별징수 납부지연가산세 (지기법 제56조)	특별징수 납부지연가산세 = ① + ② + ③ + ④ ① 미납부세액 · 과소납부세액 × 3% ② 미납부세액 · 과소납부세액 × 납부지연일수(*6) × 0.022% ③ 납세고지서에 따른 납부기한까지 미납부세액 · 과소납부세액(*7) × 0.66% ④ 미납부세액 · 과소납부세액(*7) × 납세고지서에 따른 납부기한이 지난 날부터 경과한 월수(*5) × 0.66% 단, ①+②+③+④는 미납부세액 · 과소납부세액의 50%(①+②는 10%)를 한도로 함.
기타의 법인지방소득세 가산세 (지법 제103조의 30)	법인세법 제74조의 2, 제75조, 제75조의 2부터 제75조의 9까지의 규정에 따른 법인세 가산세액×10% 단, 장부의 기록 · 보관 불성실 가산세(법법 제75조의 3)의 10%와 무신고가산세(지기법 제53조) 또는 과소신고 · 초과환급신고가산세(지기법 제54조)가 동시에 적용되는 경우 그중 큰 가산세액만 적용하고, 가산세액이 같은 경우에는 무신고가산세 또는 과소신고 · 초과환급신고가산세만 적용함.

(*1) 지방세기본법과 지방세관계법에 따른 가산세와 가산하여 납부하여야 할 이자상당액이 있는 경우 그 금액은 제외함.

(*2) 지방세관계법에 따라 가산하여 납부하여야 할 이자상당액이 있는 경우 그 금액을 더함.

(*3) 법정납부기한 · 환급받은 날의 다음 날부터 자진납부일 또는 납세고지일까지의 일수를 말함.

(*4) 지방세관계법에 따라 가산하여 납부하여야 할 이자상당액이 있는 경우 그 금액을 더하고, 가산세는 제외함.

(*5) 60개월(1개월 미만은 없는 것으로 봄)을 한도로 함.

(*6) 법정납부기한의 다음 날부터 자진납부일 또는 납세고지일까지의 일수를 말함.

(*7) 가산세는 제외함.

32 주요계정명세서

본 명세서는 각 사업연도 소득을 계산하는 과정에서 비교적 중요하다고 생각되거나 또는 기업의 불건전적인 지출로서 한도액 적용을 받는 비용계정에 대해서 회사결산서상의 계정금액과 세무조정 후의 세무상 금액을 비교·검토함으로써 법인세의 신고상황을 분석하고, 나아가서 보다 효율적인 관리를 위한 자료로 활용하기 위한 표라고 볼 수 있다.

♠ 조정명세서 작성 사례

다음 자료에 의하여 (주)삼일의 제9기 사업연도(2025. 1. 1.~12. 31.) 법인세 신고를 위한 「주요계정명세서」를 작성하시오.

자 료 명	검 토 내 용
1. 퇴직급여충당금 조정명세서 [별지 제32호 서식]	• 회사계상액: 118,993,000원 • 세무조정금액: 손금불산입 29,040,000원
2. 대손충당금 및 대손금 조정명세서 [별지 제34호 서식]	• 회사계상액: 5,671,000원(보충법으로 계산하였기 때문에 ④ 당기계상액 1,584,000원과 ⑤ 보충액 4,087,000원의 합계인 5,671,000원임) • 세무조정금액: 한도초과액(손금불산입) 1,000,000원
3. 감가상각비 조정명세서합계표 [별지 제20호 서식(4)]	• 일반상각회사계상액: 10,452,000원 • 세무조정금액: 없 음
4. 기부금 명세서[별지 제22호 서식]	• 세무조정금액: 없 음
5. 기부금 조정명세서 [별지 제21호 서식]	• 특례기부금 등: 27,000,000원 • 일반기부금회사계상액: 2,130,000원 • 일반기부금한도액: 5,000,000원 • 세무조정금액: 없 음
6. 기업업무추진비 조정명세서 [별지 제23호 서식]	• 기업업무추진비 한도액: 106,421,000원 • 기업업무추진비 회사계상액: 124,575,000원 • 기업업무추진비 중 3만 원 초과 사용액: 115,200,000원 • 3만 원 초과 기업업무추진비 중 신용카드 등 미사용액: 18,250,000원

[별지 제47호 서식(갑)] (2024. 3. 22. 개정)

사 업 연 도	2025. 1. 1. ~ 2025. 12. 31.	주요계정명세서(갑)	법 인 명	㈜삼일
			사업자등록번호	

① 구 분		② 근거법 조항	코드	③회사계상금액	④세무상부인(조정)금액	⑤차가감금액((③-④))
준비금 충당금 등	(101) 고유목적사업준비금	「법인세법」 제29조 「조세특례제한법」 제74조	53			
	(102) 퇴직급여충당금	「법인세법」 제33조	12	118,993,000	29,040,000	89,953,000
	(103) 퇴직연금부담금	「법인세법 시행령」 제44조의 2	71			
	(104) 대손충당금	「법인세법」 제34조	13	5,671,000	1,000,000	4,671,000
	(105) 대손금	「법인세법」 제19조의 2	72			
손금 산입	(106) 합병양도손익	「법인세법」 제44조	55			
	(107) 분할양도손익	「법인세법」 제46조	56			
	(108) 물적분할자산양도차익	「법인세법」 제47조	57			
	(125) 현물출자자산양도차익	「법인세법」 제47조의 2	50			
	(109) 교환자산양도차익	「법인세법」 제50조	58			
익 금 불산입	(110) 채무면제익 등 이월결손금 보전액	「법인세법」 제18조 제6호	59			
기부금	(112) 특례기부금	「법인세법」 제24조 제2항	41	27,000,000		27,000,000
	(113) 우리사주조합 기부금	「조세특례제한법」 제88조의 4	78			
	(114) 일반기부금 한도액	「법인세법」 제24조 제3항	66			5,000,000
	(115) 일반기부금	「법인세법」 제24조 제3항	42	2,130,000		2,130,000
	(116) 기타기부금	「법인세법」 제24조 제4항	73			
접대비	(117) 기업업무추진비 한도액	「법인세법」 제25조 제1항	49			106,421,000
	(118) 기업업무추진비 ((119),(120), (121)포함)	「법인세법」 제25조 제1항	65	124,575,000	18,250,000	106,325,000
	(119) 기준금액 초과 기업업무추진비	「법인세법」 제25조 제2항	61	115,200,000	18,250,000	96,950,000
	(120) 문화 기업업무추진비	「조세특례제한법」 제136조 제3항	67			
	(121) 전통시장 기업업무추진비	「조세특례제한법」 제136조 제6항	79			
(122) 외화자산·부채평가손익		「법인세법」 제42조	74			
업무무관 부동산 등과 관련한 차입금이자	(123) 업무무관 부동산 등	「법인세법」 제28조 제1항	76			

상 여 배당 등	(124) 소득처분금액 (「법인세법 시행령」 제106조)	97		(125) 이익처분금액 (「상법」 제462조 등)	98	

33 조정 후 수입금액명세서

본 명세서는 각 사업연도 소득 또는 과세표준의 계산이나 세액계산에 직접적으로 관여되는 조정서식은 아니나, 수입금액 조정명세서 [별지 제16호 서식]에 대한 부표의 성격을 갖는 명세서로서 업종별 수입금액명세를 파악하고, 부가가치세 과세표준과 수입금액을 상호 검도하기 위한 표이다. 본 명세서는 법인세법상 수입금액을 업태·종목별 및 수출·내수매출(국내생산품 매출, 수입상품 매출) 등으로 구분 파악하고, 부가가치세법상 재화나 용역의 공급가액을 과세와 면세, 일반과 영세율 등으로 구분 파악하여 법인세법상 수익금액과 부가가치세법상의 재화나 용역의 공급가액과의 차이를 산출하고 그 원인을 규명하는 표이다.

♠ 조정명세서 작성 사례

다음 자료에 의하여 삼일산업(주)의 조정 후 수입금액명세서를 작성하시오.

1. 사업연도: 2025. 1. 1.~12. 31.
2. 업태·종목: 건설업·제조업·도매및소매업, 일반토목공사·컴퓨터·수출업
3. 업종별 수입금액명세

(단위: 원)

업 태	종 목	국내생산품판매	수입상품판매	수 출
건 설 업	일반토목공사	2,216,000,000		
제 조 업	컴퓨터	3,000,000,000		
도매및소매업	수출업	3,024,000,000		1,896,000,000
	계	8,240,000,000		1,896,000,000

4. 부가가치세 과세표준
   - 일 반: 11,456,600,000원
   - 영세율: 1,896,000,000원
5. 수입금액과 부가가치세 과세표준의 금액 차이 3,216,600,000원은 공장건물 매각대금이다.

[별지 제17호 서식] (2021. 10. 28. 개정)

사 업 연 도	2025. 1. 1. ~ 2025. 12. 31.	조정후수입금액명세서	법 인 명	㈜삼일
			사업자등록번호	

1. 업종별 수입금액명세서

①업태	②종목	코드	③기준(단순)경비율번호	수입금액			
				④계(⑤+⑥+⑦)	내수		⑦수출
					⑤국내생산품	⑥수입상품	
<101>도매및소매업	수출업	01		4,920,000,000	3,024,000,000		1,896,000,000
<102>제조업	컴퓨터	02		3,000,000,000	3,000,000,000		
<103>건설업	일반토목공사	03		2,216,000,000	2,216,000,000		
<104>		04					
<105>		05					
<106>		06					
<107>		07					
<108>		08					
<109>		09					
<110>		10					
<111>기타		11					
<112>합계		99		10,136,000,000	8,240,000,000		1,896,000,000

2. 부가가치세 과세표준과 수입금액 차액 검토

(1) 부가가치세 과세표준과 수입금액 차액

⑧과세(일반)	⑨과세(영세율)	⑩면세수입금액	⑪합계(⑧+⑨+⑩)	⑫수입금액	⑬차액(⑪-⑫)
11,456,600,000	1,896,000,000		13,352,600,000	10,136,000,000	3,216,600,000

(2) 수입금액과의 차액내역

⑭구분		⑮코드	⑯금액	비고	⑭구분	⑮코드	⑯금액	비고
자가공급		21			거래시기차이감액	30		
사업상증여		22			주세·특별소비세	31		
개인적공급		23			매출누락	32		
간주임대료		24				33		
자산매각	유형자산 및 무형자산 매각액	25	3,216,600,000			34		
	그 밖의 자산매각액	26				35		
잔존재고재화		27				36		
작업진행률차이		28				37		
거래시기차이가산		29			⑰차액계	50	3,216,600,000	

34 주식등변동상황명세서

1. 개 요

사업연도 중에 주식등의 변동사항이 있는 법인(조합법인 등 제외)은 각 사업연도 종료일이 속하는 달의 말일부터 3개월(성실신고확인서를 제출하는 경우에는 4개월) 이내에 주식등변동상황명세서 [별지 제54호 서식]을 납세지 관할 세무서장에게 제출하여야 한다(법법 제119조 제1항).

2. 주식등변동상황명세서의 제출대상

(1) 제출의무가 없는 법인

다음의 어느 하나에 해당하는 법인은 사업연도 중에 주식등의 변동사항이 있는 경우에도 주식등변동상황명세서를 제출하지 않아도 된다(법령 제161조 제1항).

① 법인세법 시행령 제2조 제1항 각 호의 조합법인(그 중앙회 및 연합회 제외)

② 자본시장과 금융투자업에 관한 법률에 따른 투자회사, 투자유한회사, 투자합자회사(기관전용 사모집합투자기구는 제외)

③ 기업구조조정투자회사등 자본시장과 금융투자업에 관한 법률 제6조 제5항 각 호의 어느 하나에 해당하는 경우의 법인

④ 해당 법인의 주주등이 법인세법 시행규칙 제79조의 3 제1항에서 정하는 공공기관 또는 기관투자자와 주권상장법인의 소액주주로 구성된 법인

⑤ 도시 및 주거환경정비법 제38조에 따른 정비사업조합

⑥ 그 밖에 기획재정부령이 정하는 법인

(2) 제출대상에서 제외되는 주식 등

다음의 어느 하나에 해당하는 주식등의 변동사항에 대해서는 주식등변동상황명세서의 제출대상에서 제외하고, 주식등변동상황명세서상 '제출의무 면제주주 소계'란에 일괄 기재하면 된다(법법 제119조 제2항 및 법령 제161조 제2항, 제3항, 제4항).

① 주권상장법인으로서 해당 사업연도 중 주식의 명의개서 또는 변경을 취급하는 자를 통하여 1회 이상 주주명부를 작성하는 법인의 경우에는 지배주주등**주1)** 외의 주주등이 소유하는 주식등

② 상기 '①' 외의 법인의 경우에는 해당 법인의 소액주주등**주2)**이 소유하는 주식등

이때 주식등변동상황명세서 제출대상 주식인지 여부를 판단함에 있어 지배주주등 또는 소액주주등과 액면금액·시가 또는 출자총액은 해당 법인의 사업연도개시일과 사업연도 종료일 현재의 현황에 의한다. 이 경우 어느 한 날이라도 지배주주등에 해당하면 지배주주등으로 보고, 어느 한 날이라도 소액주주등에 해당하지 아니하면 소액주주등으로 보지 아니한다(법령 제161조 제5항).

3. 주식등변동상황명세서의 제출

(1) 변동상황명세서 제출의 특례

천재지변 등이 발생한 경우 주식등변동상황명세서의 제출은 다음과 같이 그 의무를 면제하거나 그 기한을 연장할 수 있다. 이를 적용받고자 하는 법인은 법인세법 제121조에 따른 보고서 제출기한 내에 납세지 관할 세무서장에게 그 승인을 신청하여야 한다(법령 제

주1) "지배주주등"이란 법인의 발행주식총수 또는 출자총액의 1% 이상의 주식 또는 출자지분을 소유한 주주등으로서 그와 특수관계에 있는 자와의 소유 주식 또는 출자지분의 합계가 해당 법인의 주주등 중 가장 많은 경우의 해당 주주등을 말함(법령 제43조 제7항).

주2) "소액주주등"이란 발행주식총수 또는 출자총액의 1%에 미달하는 주식 또는 출자지분을 소유한 주주등(해당 법인의 국가, 지방자치단체가 아닌 지배주주등의 특수관계인인 자는 제외함)으로서(법령 제50조 제2항), 다음 중 어느 하나에 해당하는 주주등을 말함(법령 제161조 제4항 및 법칙 제79조의 3 제2항).

구 분	내 용
① 유가증권시장 상장법인	보유하고 있는 주식의 액면금액의 합계액이 3억 원에 미달하고 그 주식의 시가(소득세법 시행령 제157조 제4항에 따른 최종시세가액 또는 평가액)의 합계액이 100억 원 미만인 주주
② 코스닥시장 상장법인	보유하고 있는 주식의 액면금액의 합계액이 3억 원에 미달하고 그 주식의 시가(소득세법 시행령 제157조 제4항에 따른 최종시세가액 또는 평가액)의 합계액이 100억 원 미만인 주주. 다만, 코스닥시장상장 전에 주식을 취득한 경우에는 해당 주식의 액면금액의 합계액이 500만 원 이하인 주주와 중소기업의 주식을 코스닥시장을 통하여 양도한 주주
③ ① 및 ② 외의 법인	보유하고 있는 주식의 액면금액 또는 출자총액의 합계액이 500만 원 이하인 주주등

163조 제2항, 제3항).

① 천재지변 등으로 장부나 그 밖의 증명서류가 멸실된 때에는 그 사유가 발생한 월의 전월 이후분은 해당 사업이 원상회복한 월이 속하는 전월분까지 그 보고서의 제출의무를 면제

② 권한 있는 기관에 장부나 그 밖의 증명서류가 압수 또는 영치된 경우, 그 사유가 발생한 당월분과 직전 월분에 대해서는 보고서의 제출이 가능한 상태로 된 날이 속하는 월의 다음 달 말일까지 제출기한을 연장

(2) 변동상황명세서 기재사항

주식등변동상황명세서에는 주식등의 실제소유자를 기준으로 다음의 내용(이하 '필요적 기재사항')을 적어야 한다(법령 제161조 제6항, 제7항).

① 주주등의 성명 또는 법인명, 주민등록번호·사업자등록번호 또는 고유번호

② 주주등별 주식 등의 보유현황

③ 사업연도 중의 주식등의 변동사항(매매·증자·감자·상속·증여 및 출자등에 의하여 주주등·지분비율·보유주식액면총액 및 보유출자총액등이 변동되는 경우를 말함)

4. 가산세

주식등변동상황명세서를 제출하여야 하는 내국법인이 다음 중 어느 하나에 해당하는 경우에는 그 주식등의 액면금액 또는 출자가액의 1%를 가산세로 해당 사업연도의 법인세액에 더하여 납부하여야 하며, 이 경우 산출세액이 없는 경우에도 가산세는 부담하여야 한다(법법 제75조의 2 제2항, 제3항 및 법령 제120조 제2항). 다만, 제출기한이 지난 후 1개월 이내에 제출하는 경우에는 가산세액의 50% 상당액을 감면하며, 해당 의무를 고의로 위반하지 아니한 경우에는 1억 원(중소기업기본법상 중소기업의 경우 5천만 원)을 한도로 가산세를 부과한다(국기법 제48조 제2항 제3호 나목, 제49조 제1항).

① 주식등변동상황명세서를 제출하지 아니한 경우

② 주식등변동상황명세서에 주식등의 변동사항을 누락하여 제출한 경우

③ 다음과 같이 제출한 주식등변동상황명세서가 불분명한 경우. 다만, 내국법인이 주식등의 실제소유자를 알 수 없는 경우 등 정당한 사유가 있는 경우는 제외한다.

- 제출된 변동상황명세서에 필요적 기재사항의 전부 또는 일부를 기재하지 아니하였거나 잘못 기재하여 주식등의 변동상황을 확인할 수 없는 경우
- 제출된 변동상황명세서의 필요적 기재사항이 주식등의 실제소유자에 대한 사항과 다르게 기재되어 주식등의 변동사항을 확인할 수 없는 경우

35 중소기업의 범위

1. 중소기업의 요건

다음의 요건을 모두 충족하여야 조세특례제한법상 중소기업에 해당한다. 다만, 자산총액이 5천억 원 이상인 경우에는 중소기업으로 보지 않는다(조특령 제2조 제1항).

(1) 업종요건

조세특례제한법상 중소기업에 해당하기 위해서는 부동산 임대업 또는 조세특례제한법 시행령 제29조 제3항에 따른 소비성서비스업**주1)**을 주된 사업으로 영위하지 않고, 성실신고확인대상 내국법인(법령 제42조 제2항 각 호)에 해당하지 않아야 한다**주2)**(조특령 제2조 제1항 제4호, 제5호).

(2) 규모 기준

매출액이 업종별로 중소기업기본법 시행령 별표 1에 따른 규모기준 이내이어야 한다("평균매출액등"은 "매출액"으로 봄).

주1) 소비성서비스업이란 다음의 어느 하나에 해당하는 사업을 말함(조특령 제29조 제3항, 조특칙 제17조).
① 호텔업 및 여관업(관광진흥법에 따른 관광숙박업은 제외함)
② 주점업(일반유흥주점업, 무도유흥주점업 및 식품위생법 시행령 제21조에 따른 단란주점 영업만 해당하되, 관광진흥법에 따른 외국인전용유흥음식점업 및 관광유흥음식점업은 제외함)
③ 무도장 운영업, 기타 사행시설 관리 및 운영법(관광진흥법 제5조 또는 폐광지역 개발 지원에 관한 특별법 제11조에 따라 허가를 받은 카지노업은 제외함), 유사 의료업 중 안마를 시술하는 업, 마사지업

주2) 부동산임대업을 주된 사업으로 영위하는 내국법인과 성실신고확인대상 내국법인을 중소기업에서 제외하는 규정은 2025년 2월 28일 이후 개시하는 사업연도 분부터 적용하되, 다만 2025년 2월 28일 이후 개시하는 사업연도 직전 사업연도의 종료일 이전에 다음의 어느 하나에 해당하는 규정에 따른 세액공제를 적용받고, 해당 규정에 따른 세액공제 대상 사업연도에 2025년 2월 28일 이후 개시하는 사업연도가 포함되는 경우의 중소기업의 범위에 관하여는 종전규정 적용
① 고용증대 세액공제(조특법 제29조의 7 제1항)
② 통합고용세액공제(조특법 제29조의 8 제1항)
③ 사회보험료 세액공제(조특법 제30조의 4 제1항)

중소기업기본법 시행령 [별표 1]

해당 기업의 주된 업종	분류기호	규모 기준
1. 펄프, 종이 및 종이제품 제조업	C17	평균매출액등 1,800억원 이하
2. 1차 금속 제조업	C24	
3. 전기장비 제조업	C28	
4. 의복, 의복 액세서리 및 모피제품 제조업	C14	평균매출액등 1,500억원 이하
5. 가죽, 가방 및 신발 제조업	C15	
6. 가구 제조업	C32	
7. 식료품 제조업	C10	평균매출액등 1,200억원 이하
8. 화학물질 및 화학제품 제조업(의약품 제조업은 제외)	C20	
9. 고무 및 플라스틱제품 제조업	C22	
10. 금속가공제품 제조업(기계 및 가구 제조업은 제외)	C25	
11. 기타 기계 및 장비 제조업	C29	
12. 자동차 및 트레일러 제조업	C30	
13. 기타 운송장비 제조업	C31	
14. 건설업	F	
15. 도매 및 소매업	G	
16. 농업, 임업 및 어업	A	평균매출액등 1,000억원 이하
17. 광업	B	
18. 담배 제조업	C12	
19. 섬유제품 제조업(의복 제조업은 제외)	C13	
20. 목재 및 나무제품 제조업(가구 제조업은 제외)	C16	
21. 코크스, 연탄 및 석유정제품 제조업	C19	
22. 전자부품, 컴퓨터, 영상, 음향 및 통신장비 제조업	C26	
23. 기타 제품 제조업	C33	
24. 전기, 가스, 증기 및 공기조절 공급업	D	
25. 수도업	E36	
26. 운수 및 창고업	H	
27. 정보통신업	J	
28. 음료 제조업	C11	평균매출액등 800억원 이하
29. 인쇄 및 기록매체 복제업	C18	
30. 의료용 물질 및 의약품 제조업	C21	
31. 비금속 광물제품 제조업	C23	
32. 의료, 정밀, 광학기기 및 시계 제조업	C27	
33. 수도, 하수 및 폐기물 처리, 원료 재생업(수도업은 제외)	E(E36 제외)	
34. 사업시설 관리, 사업 지원 및 임대 서비스업(임대업은 제외)	N(N76 제외)	
35. 산업용 기계 및 장비 수리업	C34	평균매출액등 600억원 이하
36. 전문, 과학 및 기술 서비스업	M	
37. 보건업 및 사회복지 서비스업	Q	
38. 예술, 스포츠 및 여가관련 서비스업	R	
39. 수리 및 기타 개인 서비스업(협회 및 단체는 제외)	S(S94 제외)	
40. 숙박 및 음식점업	I	평균매출액등 400억원 이하
41. 금융 및 보험업	K	
42. 부동산업	L	
43. 임대업(부동산 임대업은 제외)	N76	
44. 교육 서비스업	P	

비고 : 1. 해당 기업의 주된 업종의 분류 및 분류기호는 「통계법」 제22조에 따라 국가데이터처장이 고시한 한국표준산업분류에 따른다.

2. 위 표 제12호 및 제13호에도 불구하고 자동차용 신품 의자 제조업(C30393), 철도 차량 부품 및 관련 장치물 제조업(C31202) 중 철도 차량용 의자 제조업, 항공기용 부품 제조업(C31322) 중 항공기용 의자 제조업의 규모 기준은 평균매출액등 1,500억원 이하로 한다.

(3) 독립성 기준

중소기업에 해당하기 위해서는 업종요건과 규모기준 외에 소유와 경영의 실질적인 독립성이 다음의 어느 하나에도 해당하지 않는 기업이어야 한다(조특령 제2조 제1항 제3호, 제4항 및 조특칙 제2조 제7항, 제8항, 제9항).

① 독점규제 및 공정거래에 관한 법률 제31조 제1항에 따른 공시대상기업집단에 속하는 회사 또는 같은 법 제33조에 따라 공시대상기업집단의 국내 계열회사로 편입·통지된 것으로 보는 회사

② 자산총액이 5천억 원 이상인 법인(외국법인주3)을 포함하되, 비영리법인 및 중소기업기본법 시행령 제3조의 2 제3항 각 호의 어느 하나에 해당하는 자주4)는 제외)이 주식등의 30% 이상을 직접 및 간접 소유한 경우로서(자본시장과 금융투자업에 관한 법률에 따른 집합투자기구를 통하여 간접소유한 경우는 제외) 최다출자자주5)인 기업

③ 관계기업에 속하는 기업의 경우에는 중소기업기본법 시행령 제7조의 4에 따라 산정한 매출액이 상기 '(2) 규모 기준'에 맞지 않는 기업주6)

[용어의 정의(조특칙 제2조)]

1. 매출액

사업연도 종료일 현재 기업회계기준에 따라 작성한 해당 사업연도 손익계산서상의 매출액. 다만, 창업·분할·합병의 경우 그 등기일의 다음 날(창업의 경우에는 창업일)이 속하는 사업연도의 매출액을 연간 매출액으로 환산한 금액

2. 자산총액

사업연도 종료일 현재 기업회계기준에 따라 작성한 재무상태표의 자산총액

주2) 외국법인의 자산총액은 해당 과세연도 종료일 현재 기업회계기준에 따라 작성한 재무상태표상 외화로 표시된 자산총액을 해당 과세연도 종료일 현재의 매매기준율(기획재정부장관이 정하여 고시하는 외국환 거래에 관한 규정에 따른 매매기준율을 말함)로 환산한 금액으로 한다. (조특칙 제2조 제9항)

주3) 벤처투자 촉진에 관한 법률 제2조 제10호에 따른 벤처투자회사, 여신전문금융업법에 따른 신기술사업금융업자, 벤처기업육성에 관한 특별법에 따른 신기술창업전문회사, 산업교육진흥 및 산학연협력촉진에 관한 법률에 따른 산학협력기술지주회사, 그 밖에 이에 준하는 경우로서 중소기업 육성을 위하여 중소벤처기업부장관이 정하여 고시하는 자(중소기업 범위 및 확인에 관한 규정 제2조 참조)

주4) 이 경우 최다출자자는 해당 기업의 주식등을 소유한 법인 또는 개인으로서 단독으로 또는 다음의 어느 하나에 해당하는 자와 합산하여 해당 기업의 주식등을 가장 많이 소유한 자를 말하며, 주식등의 간접소유 비율에 관하여는 「국제조세조정에 관한 법률 시행령」 제2조 제3항을 준용한다.

① 주식등을 소유한 자가 법인인 경우: 그 법인의 임원

② 주식등을 소유한 자가 ①에 해당하지 아니하는 개인인 경우: 그 개인의 친족

주5) 관계기업에 속하는 기업인지의 판단은 사업연도 종료일 현재를 기준으로 한다(조특칙 제2조 제8항).

2. 사업확장 등에 따른 중소기업 유예 규정

중소기업을 판단함에 있어 중소기업이 다음의 사유로 중소기업에 해당되지 아니하게 된 때에는 최초로 그 사유가 발생한 날이 속하는 사업연도와 그 다음 5개 사업연도(최초로 그 사유가 발생한 날이 속하는 사업연도의 종료일부터 5년이 되는 날이 속하는 사업연도의 종료일 현재 해당 기업이 자본시장과 금융투자업에 관한 법률에 따른 유가증권시장 또는 코스닥시장에 상장되어 있는 경우에는 7개 사업연도)까지는 중소기업으로 보고, 해당 기간(이하 "유예기간"이라 함)이 경과한 후에는 사업연도별로 중소기업 해당 여부를 판정한다(조특령 제2조 제2항).주7)

① 자산총액이 5천억 원 이상이 되는 경우
② 매출액이 업종별로 중소기업기본법 시행령 별표 1에 따른 규모기준을 초과한 경우 ("평균매출액등"은 "매출액"으로 봄)
③ 관계기업 간에 합산한 매출액이 상기 '(3) 독립성 기준' 중 '③'의 요건을 충족하지 못하는 경우

다만, 중소기업이 다음의 사유로 중소기업에 해당하지 아니하게 된 경우에는 유예기간을 적용하지 아니하고, 유예기간 중에 있는 기업에 대해서는 해당 사유가 발생한 날(아래 ② 에 따른 유예기간 중에 있는 기업이 중소기업과 합병하는 경우에는 합병일로 함)이 속하는 사업연도부터 유예기간을 적용하지 아니한다(조특령 제2조 제2항).

① 중소기업기본법의 규정에 의한 중소기업 외의 기업과 합병하는 경우
② 유예기간 중에 있는 기업과 합병하는 경우
③ 상기 '(3) 독립성 기준' 중 '①'과 '②'의 요건을 갖추지 못하게 되는 경우
④ 창업일이 속하는 사업연도 종료일부터 2년 이내의 사업연도 종료일 현재 중소기업기준을 초과하는 경우

한편, 중소기업이 중소기업기본법 시행령 제3조 제1항 제2호, 별표 1 및 별표 2의 개정으로 새로이 중소기업에 해당하게 되는 때에는 그 사유 발생일이 속하는 사업연도부터 중소기업으로 보고, 중소기업에 해당하지 아니하게 되는 때에는 그 사유 발생일이 속하는 사업연도와 그 다음 3개 사업연도까지 중소기업으로 본다(조특령 제2조 제5항).

주6) 2024년 11월 12일이 속하는 사업연도에 최초로 중소기업에 해당하지 않게 된 사유가 발생하는 경우부터 적용함.

3. 겸업시 중소기업의 판정

2 이상의 서로 다른 사업을 영위하는 경우에는 사업별 사업수입금액이 큰 사업을 주된 사업으로 보되, 조세특례제한법 시행령 제2조 제1항 각 호의 요건은 해당 법인이 영위하는 사업 전체의 매출액을 기준으로 판단한다(조특령 제2조 제3항 및 조특법 기본통칙 6-2…1).

♠ 조정명세서 작성 사례

삼일주식회사는 식료품 제조업과 부동산업을 겸업하고 있는 비상장법인으로 사업연도는 1. 1.부터 12. 31.까지이다. 다음 자료에 의하여 제21기 사업연도(2025. 1. 1.~12. 31.)의 법인세 신고를 위한 「중소기업 등 기준검토표」를 작성하시오.

1. 수입금액 내역

(단위: 원)

구 분	사업수입금액	유형고정자산
제조업(식료품)	21,600,000,000	1,700,000,000
부동산업	3,400,000,000	400,000,000
계	25,000,000,000	2,100,000,000

2. 매출액
   - 전기: 200억 원
   - 당기: 250억 원

3. 자산총액
   - 전기: 300억 원
   - 당기: 350억 원

[별지 제51호 서식] (2025. 3. 21. 개정)

(4쪽 중 제1쪽)

<table>
<tr><td rowspan="2">사업
연도</td><td rowspan="2">2025. 1. 1.
~
2025. 12. 31.</td><td rowspan="2">중소기업 등 기준검토표</td><td>법 인 명</td><td>(주)삼일</td></tr>
<tr><td>사업자등록번호</td><td></td></tr>
</table>

<table>
<tr><td>구분</td><td colspan="2">① 요건</td><td>② 검토 내용</td><td>③ 적합 여부</td><td>④ 적정 여부</td></tr>
<tr><td rowspan="4">중
소
기
업</td><td>(101)
사
업
요
건</td><td>① 부동산임대업을 주된 사업으로 영위하지 않을 것
②「조세특례제한법 시행령」 제29조 제3항에 따른 소비성 서비스업을 주된 사업으로 영위하지 않을 것
③「법인세법 시행령」 제42조 제2항 각 호의 요건을 모두 갖춘 내국법인이 아닐 것
※ ①・③은 2025. 2. 28. 이후 개시하는 사업연도분부터 적용</td><td><table>
<tr><td>구분
업태별</td><td>기준경비율 코드</td><td>사업 수입금액</td></tr>
<tr><td>(01)
(제조)업</td><td>(04)</td><td>(07)
216억원</td></tr>
<tr><td>(02)
(부동산)업</td><td>(05)</td><td>(08)
34억원</td></tr>
<tr><td>(03)
그 밖의 사업</td><td>(06)</td><td>(09)</td></tr>
<tr><td>계</td><td></td><td></td></tr>
</table></td><td>(17)
적합
(Y)
부적합
(N)</td><td>(26)</td></tr>
<tr><td>(102)
규
모
요
건</td><td>ㅇ 아래 요건 ①, ②를 동시에 충족할 것
① 매출액이 업종별로 「중소기업기본법 시행령」 별표 1에 따른 규모기준(“평균매출액등”은 “매출액”으로 봄) 이내일 것
② 자산총액이 5천억원 미만일 것</td><td>가. 매출액
- 당 회사(10) (250 억원)
-「중소기업기본법 시행령」 별표 1에 따른 규모기준(11) (억원) 이하
나. 자산총액(12) (350 억원)</td><td>(18)
적합
(Y)
부적합
(N)</td><td rowspan="3">적
합
(Y)

부
적
합
(N)</td></tr>
<tr><td>(103)
독
립
성
요
건</td><td>ㅇ 「조세특례제한법 시행령」 제2조 제1항 제3호에 해당하는 기업일 것</td><td>・「독점규제 및 공정거래에 관한 법률」 제31조 제1항에 따른 공시대상기업집단에 속하는 회사 또는 같은 법 제33조에 따라 공시대상기업집단의 국내 계열회사로 편입・통지된 것으로 보는 회사에 해당하지 않으며, 실질적인 독립성이 「중소기업기본법 시행령」 제3조 제1항 제2호에 적합할 것
・자산총액 5천억원 이상인 법인이 주식등의 30퍼센트 이상을 직접적 또는 간접적으로 소유한 경우로서 최다출자자인 기업이 아닐 것
・「중소기업기본법 시행령」 제2조 제3호에 따른 관계기업에 속하는 기업으로서 같은 영 제7조의 4에 따라 산정한 매출액이 「조세특례제한법 시행령」 제2조 제1항제1호에 따른 중소기업기준((102)의① 기준) 이내일 것</td><td>(19)
적합
(Y)
부적합
(N)</td></tr>
<tr><td>(104)
유
예
기
간</td><td>ㅇ 「조세특례제한법 시행령」 제2조 제2항 및 제5항에 따른 유예기간에 있는 기업일 것</td><td>① 중소기업이 그 규모의 확대 등으로 (102)의 기준을 초과하는 경우 최초로 그 사유가 발생한 사업연도와 그 다음 3개 사업연도[2024년 11월 12일이 속하는 사업연도에 최초로 사유가 발생한 경우부터는 5개 사업연도(「자본시장과 금융투자업에 관한 법률」에 따른 유가증권시장 또는 코스닥시장에 상장되어 있는 경우에는 7개 사업연도)]까지 중소기업으로 보고 그 후에는 매년마다 판단
②「중소기업기본법 시행령」 제3조 제1항 제2호, 별표 1 및 별표 2의 개정으로 중소기업에 해당하지 않게 되는 때에는 그 사유가 발생한 날이 속하는 사업연도와 그 다음 3개 사업연도까지 중소기업으로 봄
ㅇ 사유발생 연도(13) (년)</td><td>(20)
적합
(Y)
부적합
(N)</td></tr>
<tr><td rowspan="2">소
기
업</td><td colspan="2">(105) 사업요건 및 독립성요건을 충족할 것</td><td>중소기업 업종((101))을 주된 사업으로 영위하고, 독립성요건((103))을 충족하는지 여부</td><td>(21)
적합(Y),
부적합(N)</td><td rowspan="2">(27)
적합
(Y)
부적합
(N)</td></tr>
<tr><td colspan="2">(106) 자산총액이 5천억원 미만으로서 매출액이 업종별로 「중소기업기본법 시행령」 별표 3의 규모기준(“평균매출액등”은 “매출액”으로 봅니다) 이내일 것</td><td>ㅇ 매출액
- 당 회사(14) (억원)
-「중소기업기본법 시행령」 별표 3의 규모기준(15) (억원) 이하</td><td>(22)
적합(Y),
부적합(N)</td></tr>
</table>

(4쪽 중 제2쪽)

<table>
<tr><th>구분</th><th>① 요건</th><th colspan="4">② 검토 내용</th><th>③ 적합 여부</th><th>④ 적정 여부</th></tr>
<tr><td rowspan="5">중견기업</td><td>107 「조세특례제한법」상 중소기업 업종을 주된 사업으로 영위할 것</td><td colspan="4">중소기업이 아니고, 중소기업 업종(101)을 주된 사업으로 영위하는지 여부</td><td>(23)
적합(Y),
부적합(N)</td><td rowspan="5">(28)
적합
(Y)
부적합
(N)</td></tr>
<tr><td>108 소유와 경영의 실질적인 독립성이 「중견기업 성장촉진 및 경쟁력 강화에 관한 특별법 시행령」 제2조 제2항 제1호에 적합할 것</td><td colspan="4">• 「독점규제 및 공정거래에 관한 법률」 제31조 제1항에 따른 상호출자제한기업집단에 속하는 회사에 해당하지 않을 것
• 「독점규제 및 공정거래에 관한 법률 시행령」 제38조 제2항에 따른 상호출자제한기업집단 지정 기준인 자산총액 이상인 법인이 주식등의 30% 이상을 직·간접적으로 소유한 경우로서 최다출자자인 기업이 아닐 것(「중견기업 성장촉진 및 경쟁력 강화에 관한 특별법 시행령」 제2조 제3항에 해당하는 기업은 제외합니다)</td><td>(24)
적합(Y),
부적합(N)</td></tr>
<tr><td rowspan="3">109 직전 3년 평균 매출액이 다음의 중견기업 대상 세액공제 요건을 충족할 것
① 중소기업 등 투자세액공제[구 「조세특례제한법」 제5조 제1항(2020. 12. 29. 법률 제17759호로 개정되기 전의 것)]: 1천5백억원 미만(신규상장 중견기업으로 한정합니다)
② 연구·인력개발비에 대한 세액공제[「조세특례제한법」 제10조 제1항 제1호 가목 2)]: 5천억원 미만
③ 기타 중견기업 대상 세액공제: 3천억원 미만</td><td colspan="4">직전 3년 과세연도 매출액의 평균금액</td><td rowspan="3">(25)
적합(Y),
부적합(N)</td></tr>
<tr><td>직전 3년</td><td>직전 2년</td><td>직전 1년</td><td>평균</td></tr>
<tr><td>(억원)</td><td>(억원)</td><td>(억원)</td><td>(억원)</td></tr>
</table>

2026년 대비 법인세조정계산서 작성실무

2025년 11월 26일 인 쇄
2025년 12월 5일 발 행(2026년판 발행)

저 자 삼일회계법인
발 행 인 오 연 관
발 행 처 삼일피더블유씨솔루션

저자협의 인지생략

서울특별시 용산구 한강대로 273 용산빌딩 4층
전 화 : (02) 3489－3100
F A X : (02) 3489－3141
I S B N : 979－11－6784－451－4 93320

정 가 : 35,000원

※ '삼일인포마인'은 '삼일피더블유씨솔루션'의 단행본 브랜드입니다.
※ 파본은 교환하여 드립니다.

조세법전
시행규칙 반영
2026년 개정판
삼일인포마인

지방세법전
2026년 개정판
SAMIL

단행본

법인세 조정과 신고 실무

삼일회계법인 저

삼일회계법인 Know-how의 역작

현장의 실무 경험을 바탕으로 다양한 사례(관련 사례 · 계산사례)를 수록, 기재 방법과 서식 간 유기적 관계 설명으로 서식 작성기법을 한눈에 볼 수 있어 합리적 경영관리의 새로운 기준을 제시합니다.

법인세의 실무

신찬수 · 이철재 · 정창모 공저

법인세를 가장 쉽게 이해하고 실무에 바로 적용할 수 있는 명쾌한 해설서

개정된 법인세와 관련 법령들을 상호 비교하여 모든 궁금증을 해결하고 법인세제의 흐름을 한눈에 파악할 수 있게 하였습니다.

2026년 신고대비

핵심 세액공제 감면의 정석

손창용 저

2026년 신고대비 핵심 세액공제 완벽 정리

통합고용세액공제와 기존의 고용증대세액공제를 도표로 비교하여 그 차이점을 한눈에 파악할 수 있도록 하였으며 통합고용세액공제와 기존의 고용증대세액공제(추가공제 포함)의 적용방법에 대한 부분도 자세히 설명하였습니다.

부가가치세 실무

황종대 · 백지은 공저

전문가와 실무자를 위한 부가가치세의 바이블

부가가치세 실무, 불복과정에서 발생할 수 있는 다양한 사례에 대한 심층분석과 다양한 예규, 심판례, 대법원 판례 등을 수록하기 위해 핵심내용을 간략하게 요약 · 서술하였습니다.

상속세와 증여세 실무

최성일 저

상속세 및 증여세법 개정작업과 유권해석 및 강의경험을 바탕으로 실무해설

세법 개정의 계기가 된 사건내용을 감안한 입법배경을 기술하는 등으로 독자들의 이해 및 적용능력을 높이고 예규판례내용을 요약 · 정리하여 적용방법을 추가 기술하였습니다.

가업승계와 상속 · 증여세

김주석 · 김정수 공저

국내 유일의 가업승계 관련 상속 · 증여세 테마형 실무해설서

170여 개의 해석사례 및 심판례를 각 유형별로 정리하였고 공제 및 특례요건별, 사후관리 유형별 사례를 정리 · 수록하여 제도의 이해와 활용에 도움이 됩니다.

사례로 이해하는 핵심 양도소득세

이득근 저

국세청 재산세제 및 개업세무사로서 실무 경험을 통한 획기적인 양도소득세 해설서

양도소득세 분야 중 재개발 · 재건축, 겸용주택, 이월과세, 부담부증여, 임대주택, 농지 · 신축주택의 감면 등에 대해서는 계산사례를 수록하여 학습효과 극대화하였습니다.

양도소득세 정석 편람

한연호 저

양도소득세 관련 법령을 사례 중심으로 해설과 함께 도표화

양도소득세 이론과 관계 법령을 사례별로 심층 분석하여 설명하였고 다양하고 난해한 각종 세액 계산 사례와 유형별 유권해석 및 심판례를 통하여 적법한 절세 방안을 제시하였습니다.

그림으로 풀어낸 양도소득세 실무해설

위 용 저

도표 등을 이용해서 최대한 쉽게 구성한 양도소득세 실무서

사례의 핵심내용을 상단에 3줄 이내로 요약하였고 요약된 내용을 그대로 목차로 구성하여 목차만 보아도 어떤 내용인지 쉽게 이해할 수 있도록 하였습니다.

사례와 함께하는

상속세 및 증여세법 해설

나성길 · 정찬우 · 정평조 공저

대학생 및 수험생과 연구자, 세무공무원과 기업의 실무자에게 적법한 세법 기본서

국세청 현직 세무서장과 회계법인 전문 세무사의 공동 저술로 상속세 및 증여세법의 법령내용을 이론과 사례를 곁들여 알기 쉽게 서술하였습니다.

성공적인 가업승계와 절세전략

안성희 저

최적의 가업승계 의사결정과 실행전략을 돕는 실무 가이드북!!!

단순하게 법령에 대한 설명이 아닌 현행 법령을 활용하여 최고의 절세효과를 누리면서 성공적인 가업승계를 할 수 있는 각 케이스별 전략적인 실행 전략을 소개하였습니다.

무역 회계와 세무실무

김겸순 · 정재완 · 황종대 공저

수출입실무 관련 무역이론과 조세법률 적용을 이해하기 쉽고 간략하게 전달

물품의 수출입과 관련된 무역실무와 조세법률의 적용을 경리업무를 담당하는 조세전문인에게 이해하기 쉽고 간략하게 전달하는 데 중점을 두었습니다.

단행본

기업가치평가와 재무실사

이중욱 · 김성수 공저

가치평가 및 재무실사의 실무자와 이해관계자가 필요로 했던 바로 그 책

이 책은 다양한 실무사례를 소개할 뿐 아니라 자본비용 등 여러 가지 실무적용 사례 분석을 수행하여 시장의 Practice를 참고할 수 있도록 구성하였습니다.

기업금융과 M&A

최상우 · 전우수 · 박준영 공저

합병 · 분할 및 자금조달 관련 등 기업금융 실무를 중심으로 명쾌한 해설

자본시장 업무종사자에게 10여 년간 많은 호응을 받아온 최고의 업무 실무서로 단순한 규정 나열이 아닌, 오랜 실무경험을 바탕으로 요약 · 서술된 기업금융 및 M&A실무 매뉴얼입니다.

기업구조조정실무와 DART 사례

임희주 · 김진석 공저

기업구조조정(합병 · 분할 · 주식의 포괄적교환 및 이전)을 진행하는 기업의 실무자를 위한 종합실무서

전자공시시스템(DART)상 공시사례를 통하여 벤치마킹을 제공하고 해당 시사점을 설명함으로써 실무상 활용방안을 제시하였습니다.

M&A금융과 실무

전경준 저

M&A금융의 실무에서 제기되는 다양한 법률문제를 계약서 기재례 및 판례와 함께 파악

20여 년간 금융자문업무를 담당한 현직 변호사가 그의 경험을 바탕으로 M&A금융 시 고려해야 할 사항과 실무에서 제기되는 다양한 법률문제에 대해 정리하였습니다.

M&A와 투자, 기업재편 가이드

이중욱 · 김성수 · 박윤진 공저

국내 환경에 맞는 M&A의 전반적인 프로세스에 대한 설명과 각 프로세스별로 개념적인 이해와 실무 적용이 용이하도록 깊이 있는 해설을 다루고 있는 최고의 M&A 가이드북

국내 환경에 맞는 M&A와 기업재편에 대한 쉽고 폭넓은 이해를 위한 책입니다.

경영권승계와 지배구조개선

박길동 · 최대현 공저

분할 · 합병, 가업상속공제, 이익의 증여, 기업지배구조, 주식 평가 등에 대한 핵심 규정 및 사례 소개

분할 합병, 지주회사, 현물출자, 가업상속공제, 주식평가를 활용한 경영권승계와 지배구조개선에 대한 최근 사례를 분석하여 시사점을 도출하고, 업무의 전체적인 흐름과 핵심규정 및 유의사항 소개하였습니다.

합병과 분할의 세무

윤선귀 저

합병과 분할에 관한 기업회계기준(K-IFRS 포함)과 세법을 많은 분개와 사례를 통해 설명함으로써 이 책 한 권으로 합병 · 분할을 마스터

합병과 분할에 대한 기업회계기준(K-IFRS 포함)에 대해 자세히 설명하고 세법과의 연관관계에 대해 자세히 설명하였습니다.

성실신고사업자 법인전환실무와 가족법인의 활용

조남철 저

성실신고사업자 절세와 가족법인, 임대법인 설립을 고민 중이라면 읽어야 할 필독서

개인사업자가 처음으로 법인을 설립하는 모든 것이 새로울 수 있는데 법인을 처음하는 경우 그리고 현물출자 등 어려운 실무를 하는 경우에도 필요한 모든 정보가 담겨있다.

자본거래와 세무

홍성대 저

자본거래에 따른 세무문제를 심층분석하여 고차원의 경영권승계 · 기업확장 전략 제공

궁극적으로 기업을 경영하는 데 자본거래를 활용할 수 있는 방안을 제시하고 높은 단계의 전략을 구사하려는 경영권승계와 기업확장에 대해 이론적, 논리적 근거를 서술하였습니다.

조문별 가맹사업법 실무 가이드

장춘재 · 이상명 공저

실무를 담당했던 경험을 토대로 가맹사업법을 조문별로 설명하고, 사례, 이슈 검토, 핵심 판례 등을 일목요연하게 체계적으로 정리한 종합 실무지침서

가맹사업법령 및 정책 · 제도, 사건처리 등에 관한 내용을 7개의 장으로 구성, 실무자가 알아야 할 조문별 내용을 설명하고, 사례, 이슈, 심결례, 판례 등을 알기 쉽게 정리하였습니다.

하도급법 해설과 쟁점

정종채 저

공정거래위원회와 법원에서 하도급법 조사사건 및 관련 소송을 담당하면서 얻은 실무경험 반영

20년간 하도급법과 공정거래법을 전문으로 처리해 온 현직 로펌변호사의 역작으로 하도급법의 이론과 실무, 그리고 개별 쟁점까지 심층적으로 분석한 실무 해설서입니다.

조문별 하도급법 실무 가이드

장춘재 저

실무를 담당했던 경험을 토대로 하도급법 조문별 사례 및 이슈검토, 핵심판례 등을 종합적으로 정리한 실무지침서

하도급법 관련 실무자(원 · 수급사업자의 담당직원, 조사공무원, 분쟁조정실무자 등)가 알아야 할 내용을 이해하기 쉽게 각 조문과 연계하여 사례위주로 설명하였습니다.

www.samili.com

재경 실무자의 필독서 시리즈

K-IFRS 주요 계정과목별

회계처리와 세무실무

이항수 저

반드시 알아야 하는 국제회계기준의 중요한 내용에 대한 설명과 이에 따른 법인세 세무조정을 누락없이 기술한 도서

국제회계기준의 최근 개정 및 제정내용에 대해 상세히 설명하였습니다.

K-IFRS 법인세 회계

정태권 저

자산부채법하의 이연법인세회계를 분명히 이해하고 이에 기초하여 기준서 규정을 이해하도록 한 국내 최초의 유일한 도서

다양한 법인세 회계처리의 오류가 어떻게 기준서 규정을 반영하지 못한 것인지 구체적인 예시를 통하여 법인세회계를 학습하도록 하였습니다.

계정과목별 K-IFRS와 세무 해설

삼일회계법인 저

계정과목별로 K-IFRS 적용 하에서 기업회계와 세무회계의 차이를 체계적으로 설명

국제회계기준 하에서 기업회계와 세무회계의 내용을 각 계정과목별로 분류하고, 실무중심의 다양한 사례를 곁들여 알기 쉽게 설명하였기 때문에 해당 주제에 대한 깊은 지식이 없는 실무자들도 업무지침서로 활용할 수 있습니다.

K-IFRS 연결회계 이론과 실무

박길동 저

K-IFRS 지분법 및 연결회계 대상 기업과 전문가들의 필독서

실무에 직접 적용할 수 있는 접근 방법을 제시하였으며 지분법과 연결회계에 대한 목표(Should be)와 방향을 제시하였고 독자들의 이해와 가독성을 위한 문체로 서술하였습니다.

계정과목별 일반회계와 세무해설

삼일피더블유씨솔루션 저

일반기업회계기준의 내용을 종합적으로 이해할 수 있도록 계정과목별로 사례와 함께 설명

일반기업회계기준과 세법의 내용을 계정과목별로 비교 해설함으로써 기업회계와 세무회계의 차이를 체계적으로 설명하였습니다.

일반기업회계기준 연결회계 이론과 실무

박길동 저

지분법과 연결회계 대상 비상장기업 실무자와 전문가의 필독서

지분법과 연결회계에 대한 목표(Should be)와 방향을 제시하고, 사업 결합 개념에 기초한 일관된 접근방법을 제시하였습니다.

비영리법인 회계와 세무 실무

삼일회계법인 비영리전문팀 저

비영리법인 및 단체의 실무자, 회계 · 세무전문가도 쉽게 활용할 수 있는 최고의 지침서

30년 이상 축적된 Know-how를 보유하고 있는 삼일회계법인과 세무전문가의 공동역작으로 비영리법인의 경영, 회계, 세무에 대한 실무적 경험 및 차별성과 특수성에 대해 알기 쉽게 해설하였습니다.

국제회계기준 해설

김태식 저

새롭게 제 · 개정된 기준서 및 해석서 포함

K-IFRS를 주제별로 구분하여 가능한 많은 사례와 K-IFRS Bound Volume의 중요한 결론도출근거, 실무지침 및 적용사례의 내용을 체계적이고 이해하기 쉽게 설명하였습니다.

업종별 회계와 세무실무

이강오 · 박상용 공저

세무전문가 및 회계사무소 종사 임직원의 필독서

다양한 업종(50여 업종)의 거래형태, 관련 법령, 세무처리 등을 서술하여 세무상담, 기장대리 등을 위한 세무전문가 및 회계사무소 종사 임직원의 필독서입니다.

외국환거래법과 검사, 모르면 당한다

신민호 · 공일규 · 하만석 공저

외국환 신고실무, 관세청 정기 외국환검사 대응, 외국환 사전점검 및 자진신고 실무, 이 책 한 권으로 끝낸다!

한국은행 사례, 기획재정부 사례, 실제 외국환 조사사례, 법원 판결례 등을 수록하여 외국환거래법 이해도 심화한 실무서입니다.

내부회계관리제도 실무

김형남 · 김덕래 공저

내부회계관리제도 구축 및 운영을 위한 훌륭한 실무지침서

내부회계관리제도는 미국의 Sarbanse-Oxley Act에 기반한 만큼 미국의 SEC와 PCAOB의 해석, 해외 컨설팅 기관의 적용기법을 이용하여 그 배경이론을 설명하였습니다.

너만 몰랐던 지출증빙실무

윤희원 · 최영경 · 최세영 · 김정윤 공저

실무자를 위한 실제 증빙을 이용한 회계처리와 세무처리 및 유의사항 정리

증빙과 관련하여 발생하는 단계별 체크사항 및 유의사항을 체계적으로 정리하고 실질증빙을 활용한 풍부하고 구체적인 실전 회계 및 세무처리 사례를 수록하였습니다.

www.samili.com

단행본

부동산 가족법인 절세의 모든 것

나태현 저

부동산 승계를 위한 가족법인 주제의 유일한 책

VVIP들만 받던 가족법인 절세 컨설팅! 자산가들의 부동산 승계 비법과 법인을 통한 투자방법을 이 책으로 살펴볼 수 있습니다.

현금흐름분석과 현금흐름표 작성

박길동 저

현금흐름의 개념과 분석방법, 현금흐름표의 작성원리를 이론부터 실무까지 간결한 문체로 설명, 분석 사례와 양식(Template)을 통해 즉시 실무에 접목되는 도서

실제 기업들에 대한 현금흐름 분석 사례를 제시하고, 기업에서 사용하는 양식에 따라 현금흐름표 설명으로 실무 적용에 매우 용이한 도서입니다.

한국과 미국의 상속 · 증여, 차이를 알면 답이 보인다

김상훈 · 박유진 · 박하얀 공저

한국과 미국 양쪽에 걸쳐 발생하는 상속증여 문제 해결을 위한 지침서!

한국과 미국 상속, 증여에 관한 법제와 세제를 비교하고 기초 개념부터 상속플래닝, 상속분쟁 그리고 상속증여세까지 포괄적으로 다룬 도서입니다.

디지털자산의 이해를 위한 회계 · 세무 · valuation 안내서

전우수 · 김성수 · 이중욱 공저

회계, 세무, valuation을 통해 디지털자산의 이해의 폭을 넓혀주는 책

4차산업과 블록체인, 가상자산, 암호화폐, NFT의 개념 및 시장의 이해, 가치평가, 회계, 세무 설명서입니다.

내 재산을 물려줄 때 자산승계신탁

신관식 저

내 재산을 물려줄 때 반드시 고려할 수밖에 없는 법, 규정, 세금, 비용 등에 대해 알기 쉽게 문답식(Q&A)으로 구성한 도서

'내 재산을 자녀, 손주 등에게 물려주고 싶은 약 1,000여 명의 상담 사례'를 바탕으로, '공통적이고 핵심적인 질문 53가지'로 신탁 · 서비스를 활용하여 고객의 자산승계 전략을 제시하고 있는 도서입니다.

절세컨설팅의 숨겨진 비밀

황범석 · 황희곤 공저

절대 실패하지 않는 절세컨설팅 핵심가이드

대한민국 최고의 방패 중 하나인 법무법인 율촌과 유일한 창인 국세청에서 근무한 경험을 가지고 있는 (전)조사국 겸임교수가 들려주는 실전 이야기입니다.

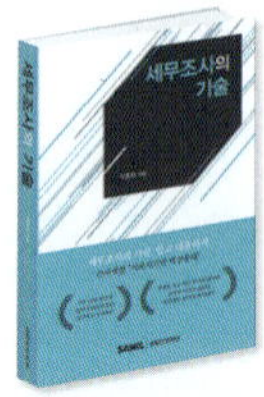

세무조사의 기술

이정희 저

조사전문가가 오랜 경험에서 얻은 조사 노하우와 개인적인 통찰을 넣은 세무조사의 필독서(비기서)

세무조사 A부터 Z까지 수록하여 세무조사의 구조와 운용부터 조사개념과 조사실시 방법까지 세무조사 전반을 누구나 쉽게 이해하고 활용할 수 있도록 하였습니다.

혼자서 터득하는 원천징수와 4대보험 업무 가이드

윤지영 · 최세영 공저

원천징수의 개념부터 원천징수 신고, 지급명세서 제출까지 혼자서 척척!!

원천징수제도에 대한 기본적인 개념을 혼자서도 터득할 수 있도록 상세하게 설명하였고 원천징수대상 소득에 대하여 소득구분을 정확히 할 수 있도록 법규정 및 예규를 자세히 수록하였습니다.

세무조사 이것만 알면 된다

황성훈 · 송영관 · 김하나 공저

경리 실무자라면 반드시 알아야만 하는 국세청의 세무조사 관련 규정과 최근 사례

국세청 근무 경험이 없는 세무전문가, 세무조사가 불안한 경리 실무자들이 반드시 알아야 되는 각종 세무조사 관련 규정(조사대상자 선정, 조사절차, 조사방법, 조사유형 등)을 수록하였습니다.

가치투자를 위한 나의 첫 주식가치평가

이중욱 저

가치평가가 무엇인지 알려주는 가장 쉽고 친절한 안내서!

주식가치평가방법을 쉽고 단순하게 이해할 수 있도록 도와주며, 그 과정에서 주식가치평가의 가장 중요한 요소인 회사의 핵심가치에 다가갈 수 있도록 하는 것을 돕고자 하는 책입니다.

창업 · 법인 · 개인사업자 절세의 기초와 노하우

장보원 · 조현우 공저

창업, 법인, 개인사업자 절세를 위한 기초를 다지고 실제적인 절세노하우를 이해하자!

단순히 절세사례를 소개하기보다는 해당 세금의 기본적인 원리와 구조를 설명하고 더 나아가 실제적인 절세노하우를 제시함으로써 절세 근본 원리를 깨닫는데 중점을 두었습니다.

재개발 재건축 권리와 세금 뽀개기

김예림 · 안수남 · 장보원 공저

재개발 재건축 입주권 투자와 관련된 모든 사람들이 반드시 읽어야 할 책

재개발 재건축 투자상담 시 세금과 절세에 관한 답을 주기 위해 반드시 읽어야 할 책입니다.